《国家中长期教育改革和发展规划纲要（2010—2020 年）》专项调研重大成果

中国民办教育

ZHONGGUO MINBAN JIAOYU

中国民办教育协会　组编

陶西平　王佐书　主编

教育科学出版社

·北　京·

主　　编　　陶西平　王佐书
常务副主编　　季明明
副 主 编　　胡　卫　王文源　董圣足

编　　委

（按姓氏笔画排列）

丁祖诒　于　果　于松岭　王玉芬　王庆林
王琳达　任　芳　刘　林　孙珩超　朱　玉
许志忠　吴志清　宋作文　张克强　张杰庭
张剑波　李书福　李孝轩　李学春　李宣海
陈　宇　陈万年　陈登斌　周星增　俞敏洪
胡大白　赵　超　秦　和　黄　藤　黄纪云
谢可滔　廖　鸿　瞿延东

许嘉璐名誉会长于2008年5月17日在中国民办教育协会成立大会作主旨演讲

教育部副部长、党组副书记袁贵仁同志（现任教育部部长、党组书记）于2008年5月17日
在中国民办教育协会成立大会上讲话

陶西平会长于2008年5月17日在中国民办教育协会成立大会作工作报告

王佐书常务副会长于2008年5月17日在中国民办教育协会成立大会作报告

代　　序[①]

坚持改革创新　引导民办教育健康发展

袁贵仁

今年是我国改革开放30年，也是我国民办教育再度兴起的30年，又适逢举世瞩目的北京奥运会即将召开。在这样的时候，我们在这里召开中国民办教育协会成立大会暨第一次代表大会，这对我国民办教育乃至整个国家教育改革发展都是一件具有重要和深远意义的大事。

30年来，民办教育沐浴在党的教育方针下兴起、发展，伴随着国家改革开放的步伐前行、壮大。经过全国民办教育工作者的辛勤努力和不懈探索，我国民办教育事业有了长足的发展。2007年，全国各级各类民办学校和教育机构约11万所，在校学生约2700万人，民办教育已经成为我国教育事业的重要组成部分，为促进我国教育事业的发展作出了重要贡献。民办教育的兴起和发展是新时期我国改革开放的一项标志性成果。

第一，深入贯彻落实科学发展观，全面把握发展民办教育的重要意义。

党的十七大站在建设中国特色社会主义全局和战略的高度，对今后一个时期我国经济社会发展进行了全面部署，提出要深入贯彻落实科学发展观，建设社会主义和谐社会；强调要优先发展教育，建设人力资源强国，办好人民满意的教育；特别指出要“鼓励和规范社会力量办学”。5月3日，胡锦涛总书记在北京大学师生代表座谈会上的重要讲话中又指出：“要增强我国的综合国力和国际竞争力，要实现又好又快发展，要牢牢把握自己命运、不断开辟美好前景，说到底，必须不断提高全民族的思想道德素质和科学文化素质，尤其必须造就一支庞大的高素质人才队伍。”这些都对我国教育事业改革发展提出了新的更高的要求。

---

① 此文系教育部副部长、党组副书记袁贵仁同志（现任教育部部长、党组书记）于2008年5月17日，在中国民办教育协会成立大会上的讲话。原文刊于《中国教育报》2008年6月26日第3版。

教育涉及千家万户，惠及子孙后代，关系民族未来。坚持教育科学发展，提高教育质量，促进教育公平，形成公办教育和民办教育共同发展的格局，是新阶段党和国家教育方针的根本要求，是构建社会主义和谐社会的重要任务，是教育改革发展所努力追求的主要目标。

30年来的实践表明，发展民办教育事业对于增强国家教育能力，增加教育服务品种，扩大教育资源，促进教育公平，建设全民学习、终身学习的学习型社会，具有不可替代的作用。特别是民办学校满足了社会多样化的教育需求，民办教育所呈现的成长性和活力展示了教育事业广阔的发展空间。中国特色社会主义教育体系将始终坚持公办教育与民办教育共同发展的格局，引导民办教育健康发展将始终是各级政府公共管理和教育行政的重要职责。

第二，坚持改革创新，积极探索进步，努力开拓中国特色民办教育发展道路。

改革开放30年来，我国民办教育坚持走具有中国特色的探索发展道路，没有简单照搬外国的做法，也不同于解放前的私立教育。我们从国情出发，解放思想、实事求是、与时俱进，在民办教育的法制建设、政策扶持、管理模式、治理结构和资金筹措等方面不断改革创新，积累了有益经验，涌现出一批办学质量高、社会声誉好、富有特色的民办学校，初步形成了具有中国特色的民办教育发展模式。

在不断深化民办教育理论和实践的双重探索中，我们要继续坚持面向现代化、面向世界、面向未来的办学方针，全面把握民办教育发展新的阶段性特征，认清当前面临的新情况、新问题，明确工作的新思路、新举措，在已有工作和成绩的基础上，坚定信心，开拓奋进，努力开拓中国特色民办教育发展道路。

当前，我们要充分认识我国教育发展的时代性、规律性、创造性，尊重教育发展中的差异性、多样性、选择性，采取更加开阔开放的发展思路，更加务实有效的推进策略，更加多种多样的手段举措，提高民办教育的现代化水平，为办好让人民群众满意的教育作出新的贡献。

第三，坚持教书育人、育人为本，以高度的社会责任感促进民办教育事业又好又快发展。

教育包括民办教育是社会公益性事业。学校包括民办学校是人类文明传承、文化知识传播与祖国人才培养的神圣殿堂。教书育人、育人为本，是各级各类学校应承担的首要责任，是全社会教育工作者包括民办教育工作者所肩负的共同使命。

胡锦涛总书记在北京大学师生代表座谈会上提出“四点希望”：要大力弘扬爱国主义精神；要努力造就高素质人才；要不断创造一流学术成果；要积极培育优良校风。这是对全国各级各类学校的共同要求。全国所有的教育工作者都要认真学习领会、全面贯彻落实，牢记使命，履行职责，切实把总书记的“四点希望”落实到学校办学过程中，体现在教育教学和学校发展的各方面。

当前，民办学校的举办者要以高度的社会责任感，切实承担起全面贯彻党的教育方针，端正办学思想、规范办学行为的第一责任。以改革创新的精神和求真务实的态度，着力完善学校法人治理结构，创新教育发展理念、转变教育发展方式、破解教育发展难题，努力提高人才培养质量和办学效益，以更加广阔的视野、更加开放的姿态、更加敬业的精神、更加执著的努力，不断促进学校的可持续发展，更好地为社会主义现代化服务，为人民服务。

民办学校的干部教师要牢固树立以人为本的教育理念，以培养更多更好的人才为己任，以促进学生的全面发展为第一要务。民办学校的干部教师应当努力坚持依法治校、以德治教，建设和谐校园文化、培育校园文明风尚，营造良好的育人环境，形成健康和谐的干群关系、师生关系。

诚然，由于种种原因，《民办教育促进法》中规定的一些政策目前尚未得到很好的落实，各级政府在这些方面还需要进一步加大工作力度。但我相信，这些问题一定会随着民办教育事业的深入发展得到解决。我也相信，民办教育事业发展得越好，这个问题解决得也越好。这是相辅相成的。因此，我希望，民办学校的干部教师要以事业为重、以学生为本，在推进民办教育事业发展和学生发展中获得自身更好的发展。

相比较而言，民办学校拥有比公办学校更加自主探索和创新的空间，投身民办教育就意味着拥有了更加宽广的施展才华的天地。让我们共同努力，为社会培养更多的高素质人才，为我国民办教育持续健康发展贡献自己的全部力量。

第四，加强协会建设，开展行业自律与行业服务，切实发挥社会组织的应有作用。

发展和重视社会组织是时代的潮流。中国民办教育协会的成立，是贯彻落实十七大精神和《民办教育促进法》要求的一项重要举措。它反映了全国民办教育工作者的共同愿望，也是我国教育事业科学发展的客观需要。

中国民办教育协会是属于全国民办学校和民办教育工作者自己的行业服务与自律管理组织。希望协会成立后，一要努力加强协会建设，广泛团结全国民办教育工作者和各级各类民办学校，依法依章开展活动，把协会建设成为行为规范、运作有序、代表性强、公信力高的社会组织。二要认真履行协会职能。要发挥政府参谋和助手的作用，发挥联系政府和学校的桥梁和纽带作用，发挥行业服务、自律管理的作用，努力为维护民办学校及其师生的合法权益服务，为规范民办学校办学行为服务，为促进民办学校健康发展服务。三要深入开展调查研究。要抓住民办教育实践和发展中出现的新情况、新问题、新矛盾，认真开展调查研究，推动民办教育理论创新，为有关政策的制定、完善和落实提出先进科学、切合实际、有力有效的对策建议。四要积极开展合作交流。协会是我国民办教育对内及对外合作交流的重要平台，要让所有民办学校和有关组织，在合作交流中分享经验、互通有无、共享成果、谋划发展。

党中央、国务院历来高度重视发展民办教育事业。教育部将进一步采取切实有效的措施，依法落实民办教育的发展方针，优化民办教育的政策环境，转变行政管理职能，增强服务意识，提高服务效率，促进民办教育事业科学发展、健康发展、和谐发展。我们已经有了一个国家的《民办教育促进法》，又有了一个全国性的行业协会，中国民办教育进入了一个新阶段。在党和政府的重视关怀下，在社会各界的大力支持下，经过全国民办学校和广大民办教育工作者的共同努力，我国民办教育事业一定会迈出新的步伐，创造新的成果，有一个更加美好的明天！

前　言

新中国成立以来，特别是改革开放以来，我国教育面貌发生了翻天覆地的变化，取得了举世瞩目的成就，实现了从人口大国向人力资源强国的历史性转变。我国已经全面普及了九年义务教育，高等教育进入了大众化发展阶段，职业教育的改革发展取得了历史性突破，教育公平迈出了重大步伐，确立了中国特色社会主义教育体制的基本框架，走出了一条中国特色社会主义教育发展道路。我国教育事业为经济社会发展作出了重大贡献，也为向人力资源强国攀登奠定了坚实的基础。

我国教育事业的发展是中国人民改革开放事业的巨大成果，而作为改革开放的重要产物和教育事业的重要组成部分，我国的民办教育为此也作出了重要的贡献。

30多年来，在党和国家“鼓励社会力量办学”精神的鼓舞下，广大民办教育工作者解放思想、开拓创新、敢于实践、积极奉献，各级各类民办学校不断提高办学质量，彰显办学特色，全面推进素质教育，赢得了良好的社会声誉，培养了大批合格学生，涌现了一批优秀的举办者和办学者，我国民办教育事业蓬勃发展并取得了重要的成就，已成为国家教育体系的重要组成部分，为增强国家教育能力，扩大教育资源，促进教育公平，推进教育改革，建设全民学习、终身学习的学习型社会作出了重要的贡献，受到了社会的高度重视和广大人民群众的积极肯定。

伴随着我国综合国力的增强、教育事业的快速发展、人民物质文化生活水平的提高，广大人民群众对教育的需求已经并将继续发生明显变化，如何提供多样化的教育越来越成为人民群众最关心的热点问题。温家宝总理在《百年大计　教育为本》一文中指出：“要加快民办教育发展，满足不同社会群体多样化的教育需求。”为此，必须进一步推动我国教育在体制、类型、办学模式、投资主体等方面的改革，坚持公办教育与民办教育走共同发展的道路，按照教育公益性的原则，形成政府主导、社会广泛参与、办学主体多元、办学形式多样的有中国特色的办学体制。在办学形式上，强化公办学校与民办学校并举。进一步解放思想、转变观念，鼓励和支持社会力量以多种形式办学，并依法规范、引导民办教育的健康发展。在教育投入上，强化政府投入与社会投入并举，一方面依法加大政府对教育的投入力度，另一方面，建立激励机制，努力增加社会团体、企业等对教育的投入，健全教育的多元化投入机制。在教育消费上，倡导在政府提供基本均等化的教育公共服务并向困难地区、困难群体实行政策倾斜的基础上，鼓励并引导合理的教育消费。引导群众增加选择性的教育消费在总消费中所占的比例，以逐步完善教育成本分担机制，促进学习型社会的建设。

民办教育是新阶段教育事业发展的重要增长点，是促进教育改革的重要力量。政府应将发展民办教育作为重要的工作职责，积极促进公民个人、企业事业单位、行业组织的多种投入方式，形成独立举办、共同举办、中外合作举办等各种社会力量办学格局。同时，引导民办学校以提高教育质量和满足多样化需求为方向，创新体制机制，办出特色，办出水平。近年来，各地政府在国家法律框架下，因地制宜、创造性地出台了积极扶持民办学校发展的法规和政策，为促进民办教育发展提供了宝贵的借鉴。

在未来相当长的时期，我国民办教育依然有着广阔的发展空间。世界银行公布的一份报告说，中国小学到大学的学生人数占世界的17%，但是教育市场价值却只占2%。未来10年，中国将是全球增长潜力最大的教育与职业培训市场。中国的民办教育，资产安全性较高，收益稳定性较好，资金比较充沛，消费群体很大，产业属性也很好。这些投资优势说明，民办教育不仅有必要也有可能进一步充分发展。因此，面对机遇与挑战，我国民办教育事业需要通过进一步深化改革，实现地位、作用、管理方式、调节方式、竞争方式、发展模式的合理转型。民办教育工作者要为民办教育从高速发展的初创期向成熟期过渡进行理性的思考和实践的努力，以实现民办教育在更高层次上的健康发展。

我国民办教育应坚持根据教育改革与发展的趋势和市场需求恰当定位。我国义务教育阶段的选择性教育，从长远看，需要由民办学校承担。我国非义务教育领域，特别是学前教育、职业教育、高等教育以及教育培训新的增量，相当一部分也需要由民办教育提供。民办学校应制定科学的发展规划，找准发展方向。

我国民办教育应坚持增强学校的核心竞争力。要健全学校内部治理结构，建立合理的决策体制以及内部制衡与外部问责的制约机制。要不断完善办学理念，优化教师队伍，改进学校管理，建设学校文化，提高教育质量，打造学校品牌。

我国民办教育应坚持履行学校承担的社会责任。坚持办学的长期性，防止短期行为；坚持办学的公益性，防止单纯营利；坚持办学的规范性，防止无序办学；坚持办学的社会责任感，防止丧失社会信誉。

我国民办教育应自觉促进教育事业的改革与发展。为我国的教育体制、教育结构、教育思想、教育内容、教育方法的改革不断创造新鲜经验，促进社会的稳定与和谐，并为加强教育的国际合作与交流作出努力，成为我国教育改革与发展的有生力量。

2008年5月17日，经教育部和民政部批准、国务院同意，中国民办教育协会在北京成立。两年来，我们按照成立大会决议以及袁贵仁同志代表教育部在会上对我会提出的“努力加强协会建设、认真履行协会职能、深入开展调查研究、积极开展合作交流”四点希望，全面推动协会建设，各项工作积极推进，社会影响不断扩大。尤其是从2008年下半年起，根据教育部党组的指示，我会积极参加了《国家中长期教育改革和发展规划纲要（2010—2020年）》（以下简称《教育规划纲要》）的研究起草工作，以多种形式在全国广泛开展调查研究，形成了《中国民办教育改革和发展调研报告》，提出了促进民办教育科学发展的重要政策建议，受到教育部领导的充分重视和肯定。

《中国民办教育》一书正是中国民办教育协会参与《教育规划纲要》起草大调研全过程的产物，是全面反映改革开放以来我国民办教育事业的发展历程、成就，分析存在的问题及其原因，探讨民办教育积极、健康、可持续发展对策思路的重要研究成果。在《教育规划纲要》颁布之际，希望这本既具有史料价值，同时又是紧扣时代主题、探讨民办教育理论和实践新思路的重要著作，能为我们更好地理解、执行《教育规划纲要》关于民办教育的指示精神，发挥积极的作用。

“风物长宜放眼量”，在《教育规划纲要》精神的鼓舞下，我们要坚定信念，与时俱进，开拓创新，共同努力为全面促进我国民办教育事业的科学发展，实现从人力资源大国向人力资源强国转变作出更大的贡献。

二〇一〇年七月

出版说明

2008年8月，党中央、国务院决定研究起草《国家中长期教育改革和发展规划纲要(2010—2020年)》(以下简称《教育规划纲要》)。根据教育部党组的指示，中国民办教育协会高度重视并积极参与了《教育规划纲要》的研究制定工作。

中国民办教育协会专门成立以会长陶西平为组长的关于民办教育的调研报告起草小组，围绕我国民办教育中长期改革和发展战略及重大政策主题，制订了调研方案及调研大纲。各调研组协调力量，通过文献研究、数据统计、抽样调查、实情考察、问卷调查、案例分析、专家咨询、座谈研讨和区域与国际比较等方式，深入开展调研。

中国民办教育协会负责同志亲自深入多个省、地、市的多所民办学校开展调研，作了多场宣传《教育规划纲要》研究起草相关精神的专题报告，与社会各界共同探讨如何促进民办教育积极、健康发展的对策思路。中国民办教育协会有些同志还直接参与了《教育规划纲要》文本的起草、修改、统稿工作。

改革开放以来，我国民办教育领域涉及面最广的这次大调研历时一年多。截至2009年年底，先后形成26个省、市、区的调研报告、20多篇专题调研报告和研究文章。以大调研、大讨论所形成的一系列成果为主，同时吸收以往国内同类研究成果，由中国民办教育协会法律事务部整理、加工而成的《中国民办教育》一书，由教育科学出版社正式出版。

是所至盼，不胜企望。本书力图较全面地体现改革开放以来中国民办教育事业的成就、经验、特点和存在的问题，探讨促进其科学和持续发展的新思路，不仅具有一定的史料价值，也将成为我国民办教育界包括政府部门和相关领域学习、领会《教育规划纲要》关于民办教育指示精神的重要参考文献。

受时间、精力及能力所限，书中难免有疏漏乃至错误之处，请广大读者谅解并批评指正。书中还有一些观点尚不成熟，有些是属于作者个人提出供大家研究探讨的观点，希望能由此引发更多人对民办教育理论和实践问题更深层次的研究和思考，期盼能为教育领域和社会各界进一步探索中国特色民办教育发展新路作出有益的铺垫。

最后，诚挚感谢积极参加上述大调研并以不同方式、从不同角度为本书出版付梓辛勤劳动的同志们！诚挚感谢本书吸取的不少公开发表同类研究成果的原作者！诚挚感谢教育科学出版社领导和编辑同志为本书出版所作出的重要贡献！

二〇一〇年七月

目　录

Contents

第一章

总　论①

20 世纪 70 年代末、80 年代初以来，以中国共产党十一届三中全会精神为强劲动力，我国民办教育迅速崛起。党和国家因势利导、不失时机地积极推进民办教育这一项对于建设中国特色社会主义具有重要战略意义的全新的事业。1982 年全国人民代表大会修订通过的《中华人民共和国宪法》规定："国家鼓励集体经济组织、国家企业事业组织和其他社会力量依照法律规定举办各种教育事业。"1985 年《中共中央关于教育体制改革的决定》指出："要充分调动企事业单位和业务部门的积极性，并且鼓励集体、个人和其他社会力量办学。"1986 年全国人民代表大会通过的《中华人民共和国义务教育法》规定："国家鼓励企业、事业单位和其他社会力量，在当地人民政府统一管理下，按照国家规定的基本要求，举办本法规定的各类学校。"1997 年国务院颁布的《社会力量办学条例》全面、系统地规定了发展民办教育的方针政策。2002 年 12 月 28 日全国人大常委会审议通过了《中华人民共和国民办教育促进法》（以下简称《民办教育促进法》），作出了允许出资人从办学结余中取得合理回报等重大突破性规定。2004 年 4 月 1 日起实施的《中华人民共和国民办教育促进法实施条例》（以下简称《民办教育促进法实施条例》）进一步细化了促进民办教育发展的扶持与奖励政策。伴随着党的方针政策和国家法律法规的逐步完善以及社会主义市场经济体制的逐步建立，我国民办教育大体经历了恢复起步、积极探索、迅速崛起和规范发展四个阶段。

30 多年来，由于党和国家的重视、支持，在改革开放时代精神的鼓舞下，一大批民办教育工作者殚精竭虑、奋力拼搏、开拓创新、积极奉献，中国民办教育取得了重要的成就、积累了宝贵的经验，对于教育大国的崛起和落实人才强国战略、建设社会主义

① 本章主笔：季明明；参与执笔：胡卫、王文源、丁秀棠、吴华、周孟奎、王文博、董圣足、单伟娜、方建峰、刘熙；董圣足协助修改。本章吸收了本书其他部分作者的调研成果。

和谐社会作出了重要的贡献。

当前，我国民办教育发展的基本面是好的，但是，所存在的问题也不容忽视，需要引起各方面的足够重视。今后一个时期，我们要坚定不移地将推进民办教育和公办教育的共同发展作为我国教育领域深入贯彻落实科学发展观的一项重大战略举措，进一步解放思想，坚持开拓创新，采取强有力的举措，全面开创我国民办教育事业的新局面。

第一节　中国民办教育发展的成就

经过三十年的发展，当前我国民办教育无论是学校数量、学生规模，还是其所涵盖的类型、领域，都已远远超越了我国各个历史时期的私立教育，呈现出勃勃生机，充满着极大活力，其所取得的显著成就和所总结的宝贵经验已经引起社会各界的广泛关注。

一、中国民办教育的地位与作用

（一）从办学规模和所涉及类别看，各级各类民办教育从无到有、从小到大，已成为社会主义教育事业的重要组成部分

1. 在国家各级各类教育中，民办教育规模已分别占有一定或较大的比例①

到2008年年底，全国共有各级各类民办学校（包括民办幼儿园）10.0万所（不含民办培训机构1.96万所），占当年全国学校和幼儿园总数的17.33%。各级民办学校学历教育在校学生达2824.4万人，占全国学历教育在校学生总数的10.86%。

民办幼儿园83119所，占全国幼儿园总数的62.2%；在园幼儿982万人，占全国在园幼儿总数的39.7%。数字充分表明，民办幼儿教育机构已经成为教育大国学前教育的重要力量，必将在普及我国学前三年教育的历史进程中发挥不可替代的作用。

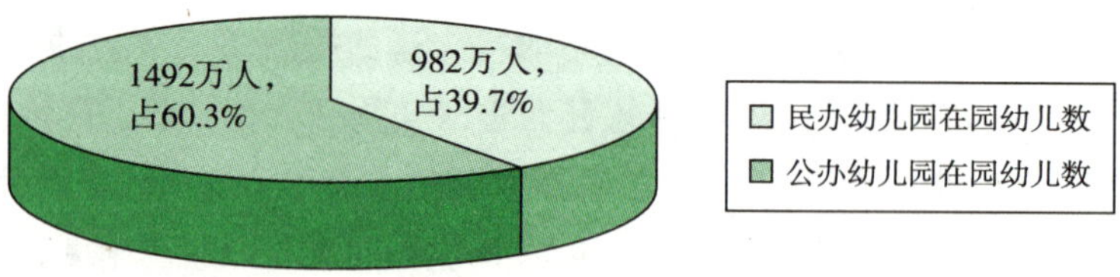

图1-1　2008年全国民办与公办幼儿园在园幼儿数对比

民办普通小学5760所，占全国小学总数的1.9%；民办普通小学在校生480.4万人，占全国小学在校生总数的4.7%。

民办初中学校4415所，占全国初中学校58092所的7.6%；民办初中在校生428.6

① 参见：附表：1996—2008年中国民办教育发展统计。

万人，占全国初中在校生 5566.2 万人的 7.7%。

虽然从整体看，民办中小学在全国中小学总量中所占的比重比较低，但就某些区域而言，民办中小学所占的比重却很大，如广东东莞、江苏宿迁等地，这对当地顺利实现“两基”目标，尤其是对普及流动人口子女的义务教育发挥了至关重要的作用。

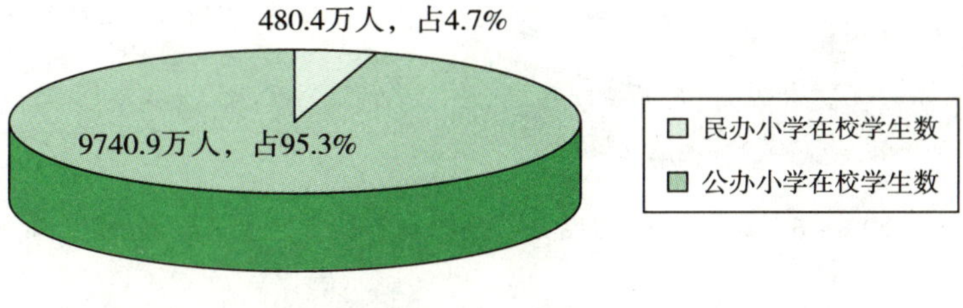

图 1－2　2008 年全国民办与公办小学在校学生数对比

民办普通高中 2913 所，占全国普通高中学校总数的 19.2%；民办普通高中在校生 240.3 万人，占全国普通高中在校生总数的 9.7%。

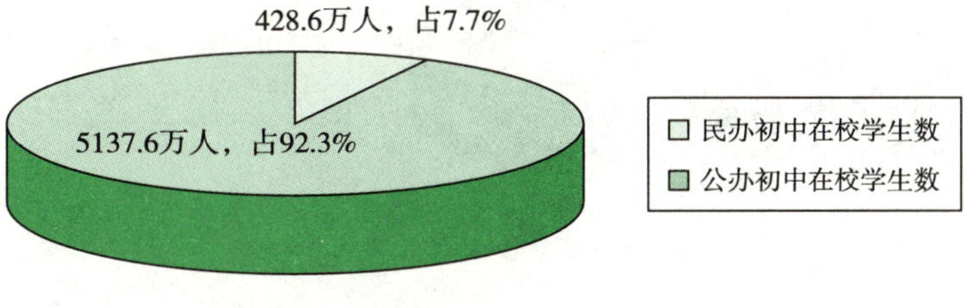

图 1－3　2008 年全国民办与公办初中在校学生数对比

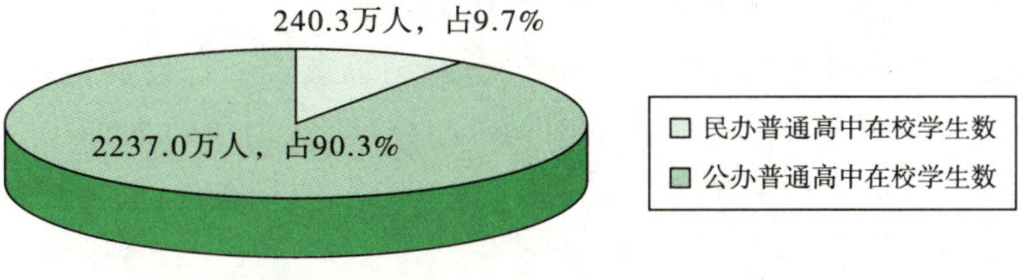

图 1－4　2008 年全国民办与公办普通高中在校学生数对比

民办中等职业学校 3234 所，占全国中等职业学校总数的 27.5%；民办中等职业学校在校生 291.8 万人，占全国中等职业学校在校生总数的 17.3%。民办中等职业教育已成为我国职业教育发展新的增长点，是推进职业教育改革、扩大职业教育规模的重要力量。

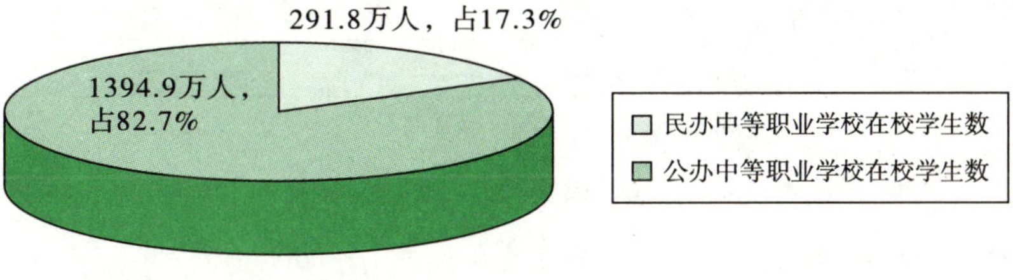

图 1－5　2008 年全国民办与公办中等职业学校在校学生数对比

民办高校640所（其中，民办普通高校318所，独立学院322所），占全国普通高等学校总数的28.3%。民办高等教育招生人数已占全国普通本、专科招生总数607.7万人的22.2%（其中，民办普通高校招生人数为68.5万人，独立学院为66.1万人）。

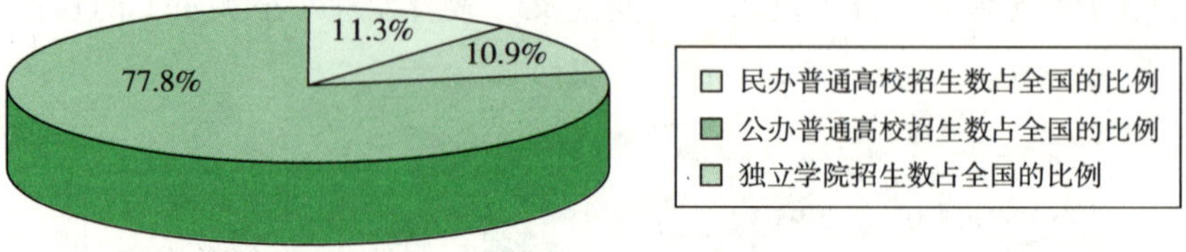

图1－6　2008年全国民办与公办高等教育招生数比例对比

民办高校在校生401.3万人（其中，民办普通高校为182.9万人，独立学院为218.4万人），已占到全国普通高校本、专科在校生总数2021.0万人的19.9%。

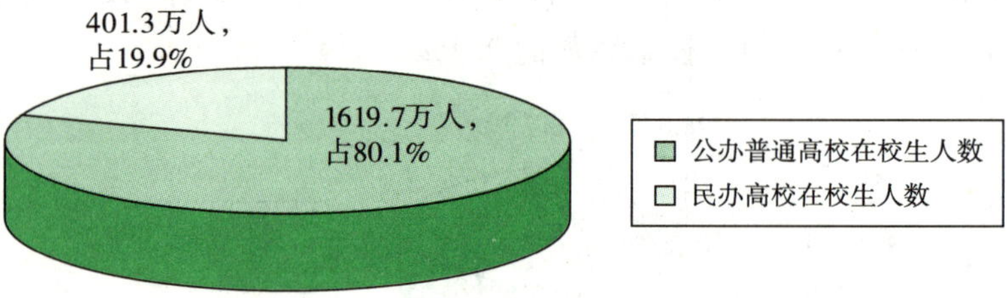

图1－7　2008年全国公办普通高等学校与民办高等学校本、专科在校学生数对比

2008年，在独立设置的高职（专科）院校中，民办高职院校数已占近1/5，招生人数和在校生人数占全国的比例也分别达到了16%和14%。

独立学院是在高等教育领域利用民间资金和公办教育资源发展高等教育的重要探索。我国民办高等教育在校生人数从2001年的14.3万人增加到2008年的401.3万人，其中独立学院为此贡献的增长额约为10倍，而2007年全国普通高等学校在校生总量只增长了1.4倍。[①]

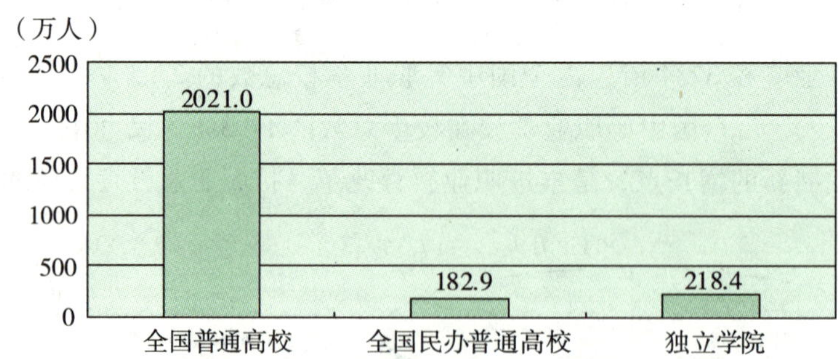

图1－8　2008年独立学院与全国普通高校及民办普通高校本、专科在校学生数对比

① 胡卫，等. 调研课题：中国民办教育发展的历程、特征和成就［Z］.（未发表）2008.

由此可见，在以往我国加快扩大高等教育规模的重要历史阶段，民办高等教育（包括民办普通高校和独立学院）的发展，加快了我国高等教育大众化的进程，在为人民群众提供更多高等教育选择机会上发挥了重要作用。

2. 部分省市民办教育的人数比例远远超过全国的平均数

以浙江省为例，该省 2007 年共有各类民办教育机构近 9000 所。其中，民办幼儿园 8181 所，在园幼儿 92 万人，占全省在园幼儿总数的 62.0%；民办小学 212 所，在校生 28 万人，占全省小学在校生总数的 8.3%；民办初中 152 所，在校生 18.2 万人，占全省初中在校生总数的 10.0%；民办中等职业学校 133 所，在校生 10.7 万人，占全省中等职业在校生总数的 16.0%；民办普通高中 195 所，在校生 19 万人，占全省普通高中在校生总数的 22.0%；独立设置的民办普通高校达 12 所，独立学院 20 所，在校生共 22.8 万人，占全省普通高校在校生总数的 32.0%；另有其他民办高等教育机构 30 所。

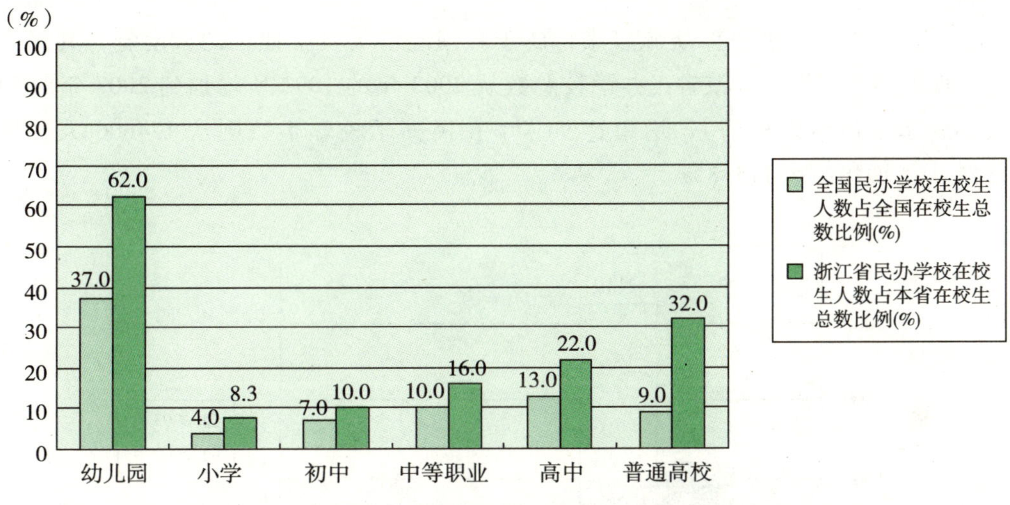

图 1－9 2007 年浙江省民办学校在校生数占总数比例与全国比例对比

资料来源：浙江省民办教育协会．浙江省民办教育情况调研报告[Z].2008(28).

同样，河南省的民办教育也发展很快。该省 2007 年共有民办幼儿园 3268 所，占全省独立设置幼儿园总数的 80% 以上，个别地市甚至达到了 90% 以上。

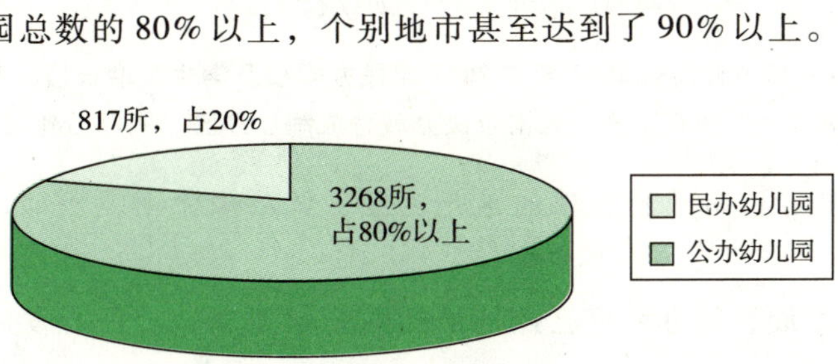

图 1－10 2007 年河南省民办幼儿园与公办幼儿园数对比

资料来源：河南省民办教育协会．河南省民办教育发展情况和政策建议的报告（上）[Z].2008(24).

近年来，广东省东莞市民办中小学的数量更是以平均每年净增 33 所的速度发展，民办中小学在校生人数从 2001 年的 2.2 万人增加到 2007 年的约 36 万人，占全市中小学生总数的比例从 2001 年的 4.99% 增加到 2007 年的 47.6%，远远高于同年全国的平均数（4%）。

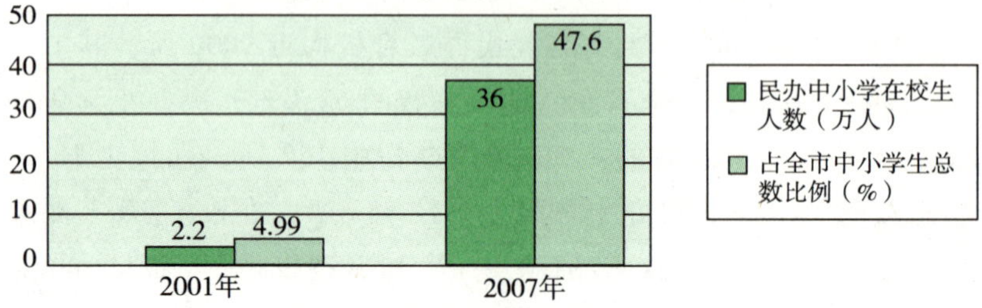

图 1－11　东莞市 2001 年与 2007 年民办中小学在校生人数增长情况对比

资料来源：张铁明．持续发展，东莞市民办教育成绩斐然［N］．广东民办教育，2008－08－30(9)．

自《民办教育促进法》实施以来，属于我国经济欠发达地区的云南省，其民办教育也实现了超常规发展。该省民办学校总数从 2003 年的 1092 所增加到 2007 年的 2119 所（不含非学历培训机构），增幅达 94.0%；民办学校学生数则从 174606 人猛增至 481562 人，增幅高达 175.8%。

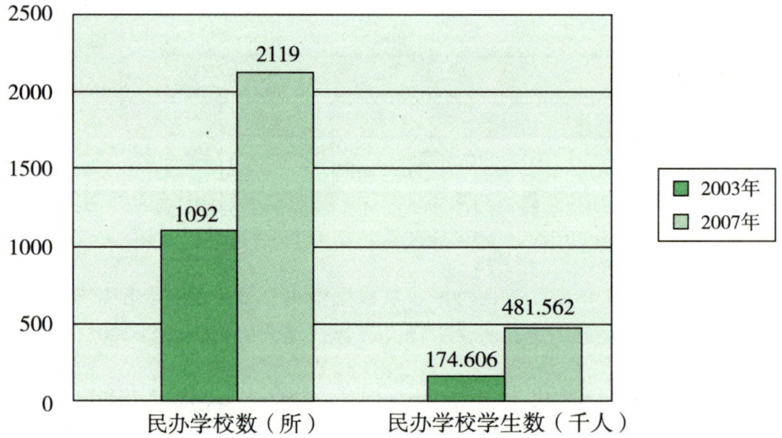

图 1－12　云南省 2003 年与 2007 年民办学校及学生数增长情况对比

资料来源：云南省民办教育协会．云南省民办教育成绩、经验、问题与建议［Z］．2008(21)．

3．我国民办教育已由最初出现的单一类型、低层次化向多层次、多类型、多领域发展

经过 30 年的发展，民办教育已经从最初的非学历文化补习班发展为贯穿人的一生的各个阶段，渗透社会生活的各个领域。随着我国经济社会发展水平的提高、市场经济的逐步成熟以及教育的不断发展，民办教育的办学类型正在逐步拓展、完善，办学层次也在不断调整、提高。

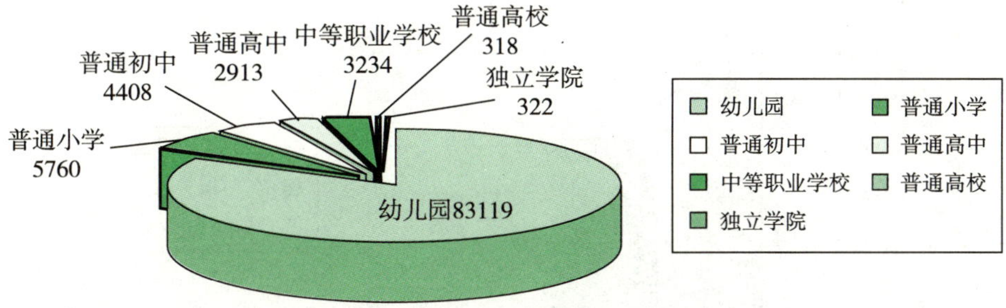

图 1－13　2008 年全国各级各类民办学历教育机构和幼儿园数（所）

（二）从地域分布看，我国民办教育从最初发祥的少数中心城市，现已扩展到全国城乡各地

改革开放之初，民办教育先是在北京、浙江、上海、广州、深圳、河南等少数省市出现。到如今，各级各类民办教育已经遍布全国的 31 个省、自治区和直辖市。

早在 2002 年，民办学校及民办教育机构在数量最多的浙江省已达 9766 所；西部的民办教育的发展同样方兴未艾，在甘肃，民办学校和民办教育机构达 549 所，宁夏达 70 所，青海达 126 所，新疆达 305 所，连雪域高原西藏也有 28 所。

到 2007 年年底，我国西部经济欠发达的 12 个省域（除西藏以外）都分别拥有了数量可观的民办高校。其中，共有独立学院 70 所，占全国 318 所独立学院的 22%；共有民办普通高校 60 所，占全国 297 所的 20.2%。西部民办普通高校在校生总人数占全国民办高校在校生总数的 20% 左右。

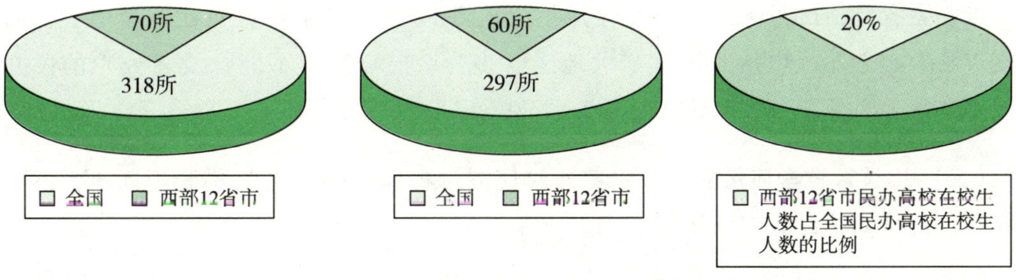

图 1－14　2008 年全国民办高校与西部 12 省市民办高校对比情况

资料来源：吴华，等．我国民办教育改革和发展的地区性差异分析与若干启示［Z］．中国民办教育协会简报，2008：32.

在城乡分布上，2008 年全国共有 5760 所民办小学（占当年全国小学总数的 1.9%），其中农村民办小学 4159 所，城市民办小学 1601 所，分别占全国民办小学总数的 72.2% 和 27.8%。

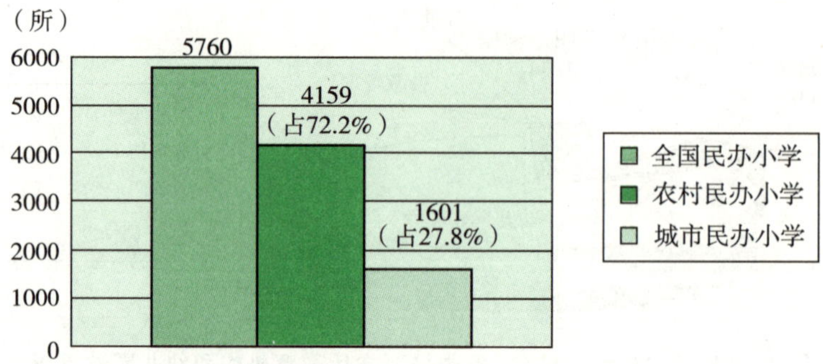

图 1－15　2008 年全国民办小学与城市、农村民办小学对比情况

2008 年，全国共有注册幼儿园 13.4 万所，其中民办幼儿园 8.3 万所，占全国总数的 61.9%，分布在城市的有 2.3 万所，在县镇农村的多达 6.1 万所。

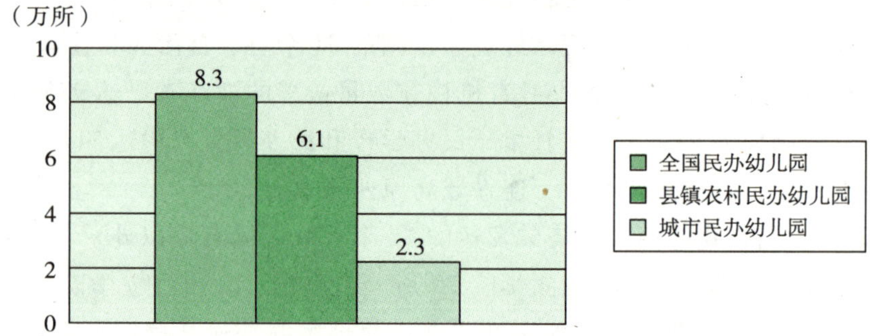

图 1－16　2008 年全国民办幼儿园在城乡分布的情况

以安徽省芜湖市为例，全市仅有公办幼儿园 19 所，且主要分布在市县中心，而遍布在市县中心之外（包括乡镇）广大地区（多为政府资源所不能顾及之处）的民办幼儿园则多达 186 所，占该市幼儿园总数的 90% 以上。[①]

（三）从教育教学质量看，一批高水平民办学校和民办教育机构脱颖而出，办学质量和特色已得到社会的广泛认可

经过多年的发展，我国各地已经拥有一批注重办学质量和内涵发展、精心打造品牌与特色的民办学校和民办教育机构，形成了可以与公办学校相竞争的优势，在市场上牢牢地站稳了脚跟。

例如，到 2007 年年底，河北省先后评出各级各类民办明星校 83 所，对于推进全省

① 郭福昌，等. 民办学前教育的成绩、经验、存在问题与政策性建议［Z］. 中国民办教育协会简报，2008(20).

民办教育整体水平的提高起到了积极的作用。① 广东省东莞市已有20所民办中小学被评为省、市一级学校，25所民办幼儿园被评为省、市一级幼儿园。② 广东省佛山市顺德区还出现了“民校即名校”的两个“绝大部分”现象：一是顺德区民办学校的学生，仅仅占全区中小学生的13%（编者注：多为高收费、选择性教育），但是绝大部分都是本地人；二是外来工子弟就读于公办学校就达5万多人，占了外来工子弟的绝大部分③。这个情况几乎已超前地与一些经济合作与发展组织（OECD）国家教育发展趋势相吻合。学前教育市场也出现了具有品牌影响力的民办幼儿教育机构，有的已成为集幼儿教育研究、幼儿教育发展、幼儿社区教育和幼教优质资源供给于一体的多功能服务平台。在中等职业教育领域，某省民办骨伤科学校坚持产、学、研结合，已形成了集医学教育、幼儿教育、医疗临床、医用材料生产于一体的教育产业实体。在民办高等教育领域，也涌现出一批各具特色和质量较高的民办普通高校和民办高职学校，成为同行业的排头兵和领头羊。在培训领域，同样也出现了一批在国内外具有广泛影响力的著名培训机构。

（四）从拉动投资和内需看，民办教育吸引了大量非财政性教育投资，有效扩大了内需，有力地促进了社会的和谐发展

1. 民办教育的发展有效地增加了我国教育资源的总量

据有关机构的不完全统计，目前各级各类民办学校所积累的总资产已达3000亿元④。2006年，全国教育经费总额为9815.3亿元，其中“社会团体和公民个人办学经费”为549.0亿元，占5.59%。2006年以来，民办学校每年吸纳的学杂费均在1000亿元以上，按2006年财政性教育经费占当年教育总经费的65%测算，相当于减少了年度公共教育经费支出600亿元以上。2003—2007年的五年，民办教育吸纳的学杂费（不计资本性投资）总额超过3000亿元，相当于减少了公共教育经费支出1500亿元以上。⑤

① 河北省民办教育协会. 关于民办教育发展的政策建议［Z］. 中国民办教育协会简报，2008(10).

② 张铁明. 持续发展，东莞市民办教育成绩斐然［N］. 广东民办教育，2008-08-30(9).

③ 张铁明，等. 直面现实问题，规范提升发展［Z］. 中国民办教育协会简报，2008(17).

④ 参考：胡瑞文同志于2008年11月29日在“责任与使命——纪念改革开放30年中国民办教育大型论坛”上的讲话。

⑤ 吴华，等. 我国民办教育改革和发展的地区性差异分析与若干启示［Z］. 中国民办教育协会简报，2008(32).

案例 1－1

若干省民办教育吸纳社会资金

广东省民办教育吸纳的社会资金达到300亿元以上。这个数额相当于2006年国家财政性教育经费的近1/20；相当于2006年广东省政府预算内教育经费的57.33%，相当于今后5年广东省计划大力发展高中教育政府总投入的1.5倍，相当于可以新建10万所希望小学，相当于2005—2006年广州市两年的教育总投入，相当于可容纳40万个学位的“广州大学城”的固定资产数。①

浙江省2007年全省地方教育经费总投入为705.86亿元，其中民办学校筹集的教育经费达71.9亿元，占全省教育总投入的10.2%。单是700多所实施学历教育的民办学校，已共为全省各级财政分担了30多亿元教育事业费。②

福建省仅2007学年度全省民办学校就为政府节省财政开支近13.6亿元（不含固定资产的投入，不含幼教经费），相当于省预算内教育经费174.87亿元的7.8%。③

湖北全省民办基础教育已拥有固定资产40亿元，民办中小学每年为国家少支出公共教育经费6亿元。④

河北省民办教育总占地面积2036万平方米，校舍面积863.7万平方米，固定资产总额98.2亿元。⑤

事实证明，民办教育也是吸引投资和拉动内需的重要领域，在当前抵御金融危机的关键时刻具有特殊的重要意义。据粗略估算，仅全国承担学历教育的民办学校加上广大幼儿园就直接吸纳了教职员工约300万人；由其所带动的交通、通信、邮电、信息、网络、电力、建筑、建材、食品、餐饮、零售、加工、造纸、出版、印刷、服装、金融等行业，还解决了间接就业人员约400万人。如按创造一个就业岗位约需5万元费用计算，单在安置就业上，民办教育就给国家增加了3500亿元的投资。再以每人平均年收入按2万元计，则又增加了约1500亿元消费的可能。可见，这样的投资和消费不仅对经济发展是直接的拉动，而且对促进社会和谐与民族素质的提高也具有极为重要的意义。

---

① 张铁明，等．直面现实问题，规范提升发展［Z］．中国民办教育协会简报，2008(17)．

② 浙江省民办教育协会．浙江省民办教育情况调研报告［Z］．中国民办教育协会简报，2008(28)．

③ 福建省民办教育协会．福建省民办教育情况调研报告［Z］．中国民办教育协会简报，2008(29)．

④ 湖北省民办教育协会．湖北省民办中小学、幼儿园情况的调研报告［Z］．中国民办教育协会简报，2008(26)．

⑤ 河北省民办教育协会．关于民办教育发展的政策建议［Z］．中国民办教育协会简报，2008(10)．

此外，据有关方面介绍，目前我国每年各级各类培训的市场消费份额已达3000亿元之巨，这极大地促进了服务业的发展，进而有效地扩大了内需的增长。在市场机制起主要作用的社会培训领域中，民办教育机构也扮演着十分重要的角色，发挥了主力军的作用。

2. 民办教育的兴起，促进了我国教育投资主体的多元化和资金来源的多样化，推动了教育投融资体制的改革

30年来，民办教育领域先后出现了多种多样的投资、融资方式，包括合伙人集资、收取学费滚动发展、捐资办学、企业投资、海外融资以及上市公司与学校合作①等，改变了延续了几十年国家对教育统一拨款的单一模式。

以河南省为例，该省民办教育的开办及运行资金就来源于多种渠道：一是以学生学费为主要资金来源，如黄河科技学院、郑州科技职业学院等民办高校；二是靠公司投资注入，如北大附中河南分校、周口中英文学校等民办中小学校；三是主要靠境外投资、融资办学，如郑州大学升达管理学院、郑州大学西亚斯国际学院、项城昌福学校等民办院校。②

目前，鉴于国家有关政策法规尚不够健全和明朗，受“非营利性质”的束缚，民办教育尚难以在国内进行公开融资，有些教育机构乘机已开始向海外融资和上市。以新东方、诺亚舟、弘成教育等6家在海外上市教育培训机构为例，共融资约5亿美元；以巨人学校、新世界教育、环球雅思、学大教育等10家教育机构为例，已获得国际风险投资总额超过2亿美元。

表1－1　近期上市教育机构一览表

企业简称	上市时间	上市地点	所属行业	涉及金额
东大正保	2008.07.30	美国（NASDAQ）	教育培训	5367万美元
ATA	2008.01.29	美国（NASDAQ）	教育行业	4630.31万美元
弘成教育	2007.12.11	美国（NASDAQ）	教育培训	6820万美元
诺亚舟	2007.10.19	美国（NYSE）	教育行业	1.38亿美元
新东方	2006.09.06	美国（NYSE）	教育培训	1.12亿美元
东方纪元	2006.06.01	新加坡（Catalist）	教育行业	1164.8万新元

① 参见：附表：部分境内外上市公司投资或举办民办高校统计表。

② 河南省民办教育协会．河南省民办教育发展情况和政策建议的报告（上）［Z］．中国民办教育协会简报，2008(24)．

表 1－2 近期教育机构获得风险投资一览表（1000 万美元以上）

机构名称	金额（万美元）	投资者
游戏学院	1000	凯鹏华盈
易才集团	1200	纪源资本、华威
学大教育	1000	鼎晖
安博教育	5421	麦格理、思科、华威、艾威基金
华育国际	1000	软银赛富
新世界教育	2000	凯雷集团
巨人学校	2000	启明创投、海纳亚洲
东方标准	1000	DCM、德同资本
环球雅思	2500	软银赛富
瑞思教育	3000	迪拜基金

资料来源：高飞．进入国际资本市场要注意的几个问题［Z］.（未刊稿）2008.

民办教育机构在海外资本市场直接融资给教育机构本身所带来的利弊，当下尚难以作出全面评估。新东方集团负责人曾表示，金融海啸对新东方股市的冲击尚小。① 截至 2008 年 11 月 7 日，从其市值变化看（见图 1－17②），总的趋势比刚上市时有所增长。而通过股市所募集到的大量资金则有力地促进了该集团在国内业务上的扩张。

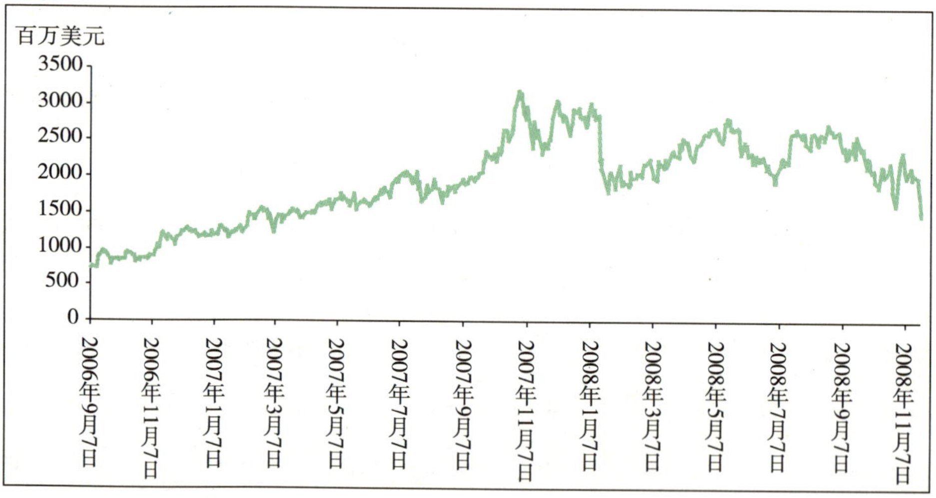

图 1－17 纽约交易所新东方市值走势图

① 中资教育研究所．民办高等教育的融资浅析［Z］．中国民办教育协会简报，2008(42).

② 该图由凯雷基金吴云经理提供。

（五）从发展和运作模式看，一些民办教育举办者已从传统办学方式转向校企合作、产学结合、连锁经营和实业投资，走上了规模化、产业化、集团化发展轨道

实践中，不少民办学校在坚持教育公益属性的前提下，充分运用市场机制推进事业发展，以教育联动和带出产业链，大胆探索富有特色的教育产业，走上了集团化发展的路子，并取得了良好成效。例如，河南省民办学校就出现了多种办学模式，包括以学养学的滚动发展模式、教育集团模式、独立学院模式、集团投资模式以及引资办学模式等。该省某教育集团已拥有包括虞城县实验中学、春来小学、春来初中、春来高中和河南农业大学华豫学院 5 所学校，在校生达 20000 多人①。与此同时，各地也涌现了一批知名度较高且发展前景让人看好的教育集团。但与美国的教育产业集团主要从事“教育服务”主业不同，我国多数教育集团不仅拥有不同层次的民办学校，同时还参与商业、地产、房产以及二、三产业相关领域的投资或经营活动，有的还到海外投资办学，足见其综合实力颇为雄厚。

在民办教育办学模式创新上，还有一个值得关注的现象就是国际交流与合作办学。近年来，已有不少学校（主要是民办中小学）注重提高办学的国际化水平，开展了多种形式的中外合作与交流活动。除了广泛开展各类国际夏令营、冬令营和形式多样的国外游学活动外，一些国内教育机构还同国外教育机构对接，联合开展了许多实质性的合作办学项目。如宁波万里教育集团与英国诺丁汉大学合作举办了宁波诺丁汉大学，西安交通大学与英国利物浦大学则合作在苏州举办了西交利物浦大学。与此同时，不少国内的民办学校则开始招收国外留学生来华进修学习或接受学历教育。例如，在北京市私立汇佳学校现有的 2000 名在校生中，就有来自 14 个国家的外籍学生 200 多名，占了 10% 左右。

案例 1－2

宁波诺丁汉大学办学模式

浙江宁波诺丁汉大学引进世界一流大学优质教学资源、实行全英文授课，学生毕业后授予英国诺丁汉大学学位。该校实行与英国诺丁汉大学完全一致的教学评估体系，提供多个本科、研究生层次专业教学，学校师资全部由英国诺丁汉大学严格选派，现已拥有90多位专任外籍教师。随着学校的不断发展，国际生源的比例将

① 河南省民办教育协会．河南省民办教育发展情况和政策建议的报告（上）［Z］．中国民办教育协会简报，2008(24)．

逐渐达到在校生总数的25%。此外，每位学生都有机会到英国诺丁汉大学学习。

资料来源：参见：浙江宁波诺丁汉大学主页，http://gkqw.edu.sina.com.cn/vipshow.php?vipuid=717&cid=12.

案例1-3

广州华美学校打造国际化品牌

15年来，广州华美英语实验学校国际化品牌建设取得飞跃。作为广东省民办学校的领头羊，学校率先开办了“国外大学预科”，积累了丰富的预科教学和管理经验，先后与加拿大、英国和澳大利亚等国知名学府合作，取得了令人瞩目的成绩。澳大利亚墨尔本蒙纳士大学是全球排名第33位、本国八大名校之一，与华美教育成功嫁接，200多名学生完成了在中国校区的学习，并顺利进入了该校二年级学习。来自美国、加拿大、韩国、日本、印度尼西亚、南非、东南亚和中国港澳台等十多个国家和地区的近200名国际学生与外籍教师一起把多种理念带入了具有浓厚国际化特色、充满活力的华美校园。该校已先后培养2000多名学生留学海外，分别在美、澳、欧、亚四大洲的知名学府深造。学校还相继在一年级开设了三个月游学班，在高一开设了精英班，每年都派学生参加由教育部有关机构组织的AFS国际中学生交流项目。学校被广州市人民政府侨务办公室确定为市华文教育基地，承担接受海外华裔学生和接待海外华裔青少年夏（冬）令营学习中华文化的任务。

同属一个教育集团的天津英华国际学校是华美教育品牌向北方城市移植的成功案例，短短五年内已成为天津市内口碑很好、规模最大的民办学校。除了其小学部、中学部整体教学质量位居所在地前列，其国际部2008届毕业生共17人全部升入加拿大知名大学。其韩国部来华留学生已达100多人；其2008届韩生高考班中，有13人考取我国著名大学，3人考取韩国大学。赴韩留学预科班的32名学生通过在校一年的学习，全部达到赴韩国重点大学留学的标准。

资料来源：广州华美国际投资集团办公室提供。

（六）从扩展教育机会看，民办学校较好地满足了人民群众多样化、选择性的教育需求，有力地推进了我国教育事业公平与均衡发展

在众多的民办学校中，除了有少部分可供中等以上收入家庭为其子女选择多样性、差异性教育机会的“精英”学校（这类学校办学条件好、教学质量高，收费相对昂贵）外，主体是属于为满足城乡一般收入居民子女就读需要的大众型学校，也有一部分是学费低廉、以招收低收入家庭和农民工子女为主的平民学校。

妥善解决流动人口及其子女的教育问题，是我国教育领域在经济体制转型期落实以人为本的科学发展观的一项重要的战略任务。许多地区民办学校在安置农民工随迁或同住子女就学方面，也发挥了重要的作用。以广东省东莞市为例，至 2007 年年底，在民办学校就读的学生达 32.3 万人，占全市非户籍中小学生总数的比例高达 73.1%；而在公办中小学借读的学生只有 11.9 万人，占全市非户籍中小学生总数的比例仅为 26.9%。①

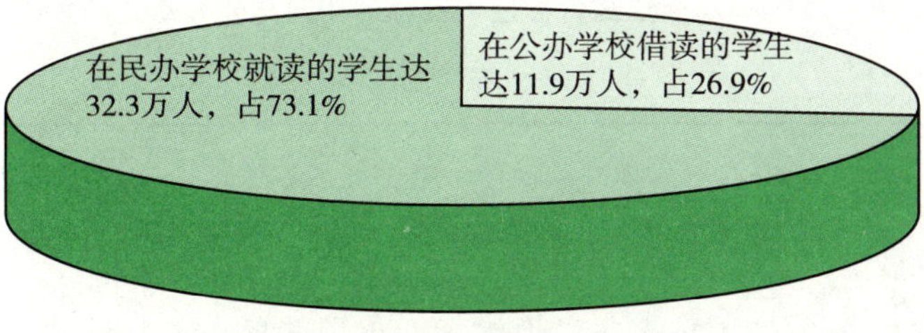

图 1－18　广东省东莞市流动人口子女就读于民办学校与公办学校人数的比例

再以经济并不发达的江苏省宿迁市为例，其各级各类民办学校的超常规发展有力地增强了当地教育的实力，大大缩小了与发达地区教育总体水平的差距。2005 年年底，该市民办中小学和幼儿园为 973 所，占全市校、园总数的 56.8%；在校、园生数 29.7 万人，也占全市在校、园生总数的 26.9%。其中，民办幼儿园 822 所、在园幼儿 8.3 万人，分别占全市幼儿园总数的 99.2%、在园幼儿的 94.6%；这使得全市 2—5 周岁幼儿的入园率高达 83.5%（截至 2005 年年底，我国学前 3 年儿童毛入园率只有 41%，预计到 2010 年也只能达到 45%②）。新办民办初中 51 所、在校学生 9.1 万人，分别占全市初中学校总数的 27.7%、在校学生总数的 27.5%。新办民办普通高中和中等职业学校 53 所，在校学生数 7.7 万人，分别占全市高中阶段学校总数的 63.1%、在校生总数的 41.6%。由此，全市初中毕业生升学率达到 88.51%，比 2000 年提高了 40.7 个百分点，并首次在苏北五个地市中位居第一，③民办教育功不可没！

除此之外，全国还有数百万高考落榜生就读于其他民办高等教育机构，其中不少人在此接受参加国家自学考试等形式的学历教育的辅导，这为数百万家庭的子女提供了又一种受教育的出路，对于社会的稳定也发挥了重要的作用。

①③　吴华，等．我国民办教育改革和发展的地区性差异分析与若干启示［Z］．中国民办教育协会简报，2008（32）．

②　雷海潮，刘新亮，李立秋，王晶．中国妇女儿童发展政策及主要进展研究（2001—2006）［Z］．首都医科大学研究课题，2007．

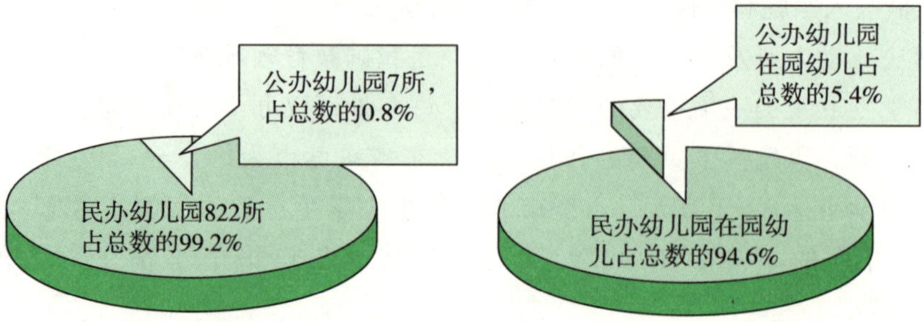

图1－19　2005年年底江苏省宿迁市民办幼儿园与公办幼儿园规模对比

相关链接1－1

OECD国家支持私立教育的重要原因

关于政府资助私立教育的基本理论依据，美国兰德尔教授认为可以从私立学校的“公共性（publicness）”中寻找。他在《私立学校与公立学校：多元化的案例》一书中将私立学校的“公共性”概括为：（1）服务于家长的教育选择，提供与公立学校不同的教育服务；（2）培养的人才供社会享有；（3）节约公共教育开支；（4）探索新的办学模式为公立学校改革提供借鉴。

OECD报告明确指出：“国家鼓励公立学校和私立学校发展并提供资源是出于多种原因。在许多国家，一个原因就是为了扩展学生及家庭的教育选择权。”自从20世纪90年代初期以来，瑞典政府一直采用类似教育券（Voucher）的方式给家长资助，让他们有权利选择送孩子去公立学校或独立学校（私立学校）学习。美国部分州也发送教育券给家长，允许他们选择私立学校。通过提高人们的教育选择性，从而使那些被家长“抛弃”不选的学校不得不通过各种措施提高教育质量与可选择性，以加强学校之间的竞争，提高教育效率。

资料来源：丁秀棠．私立教育中的政府资助比较研究［Z］．中国民办教育协会简报，2008（48）．

事实表明，就解决我国教育公平和均衡发展的难题来看，广大民办学校确实帮了政府的大忙，发挥了不可替代的作用，主要表现在：

一是民办教育直接面向弱势群体，包括大量农民工子女、贫困学生、特殊学生、农村劳动者、下岗、转岗和失业人员等，为他们提供接受基本教育和培训、提高基本素质和能力、增加就业和再就业的机会；

二是民办教育的大力发展增加了我国教育经费的总量，减轻了公共财政的负担，有利于各级政府有更多财力与能力发展公办学校事业，进一步推动教育的公平；

三是民办学校提供的多样性选择，使相当数量的人放弃了去公办学校学习的机会，因而为公办学校腾出学位并节省了办学费用，让更多的人享用公共资源，有利于促进社会的和谐与稳定。

（七）从促进终身教育、全民学习的角度看，民办教育通过大力发展继续教育和职业培训事业，较好地推动了学习型社会的建设

“终身教育”作为一种先进的教育理念是学习型社会的基石，其最大特点就是使传统教育从精英教育转变为社会成员普遍参与的学习活动。与一些高不可攀、令人望而生畏的公办名校相比，广大民办学校已经并正在发挥其所具有的大众化教育的本色，为建设全民学习、终身学习的学习型社会作出了积极贡献。

统计数据显示，截至2006年年底，全国经劳动保障部门审批设立的民办培训学校有2.1万所，年培训955万人次，培训后实现就业者达746万人次。其中，广东、江苏、四川、山东、河南、河北、湖北、辽宁、黑龙江九省的民办培训学校数已超1000所；从年培训规模看，排在前5位的省份分别是江苏、广东、河南、四川和浙江。①

调查还表明，在落后地区和流动人口居多的省市，民办培训学校的主要受教育对象就是缺少继续教育和终生学习机会的农村劳动者和下岗失业人员。在安徽、河北、四川、广西、湖南、浙江、江西、山西八省及自治区的民办培训领域，农村劳动者生源都超过了40%，下岗失业人员是第二大生源。②这类培训的范围主要涉及第二、三产业；培训层次则涵盖国家职业资格各个等级以及其他适合就业的专项技能；培训对象包括下岗失业人员、劳动预备制人员、农村富余劳动力、企业在职人员等。许多民办培训学校扎根于平民之中，其课程周期有长有短，更加注重实务性内容和就业技能的提高，通过大量吸纳和培训转型期各类待业或待转业群体，促使和帮助他们更好地进入传统制造业和传统服务业。

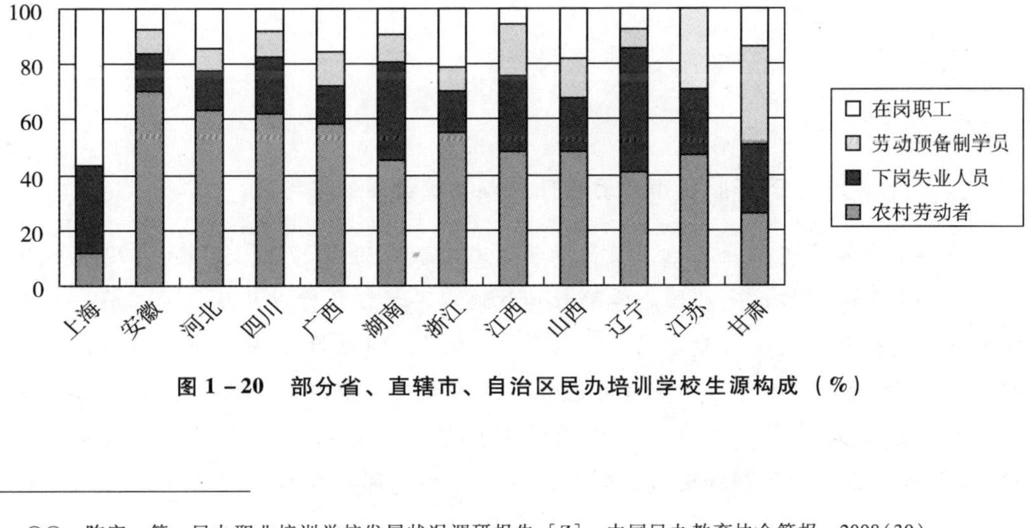

图1-20　部分省、直辖市、自治区民办培训学校生源构成（%）

①②　陈宇，等．民办职业培训学校发展状况调研报告［Z］．中国民办教育协会简报，2008(30)．

当前，为抗击金融风暴，尽快通过专项技能培训和继续教育，帮助多达2000多万下岗农民工重返各类中小企业等劳动密集型行业，各类民办教育机构将同样发挥重要的作用。如以新东方为例，截至2007年10月，该校在全国34个城市设立了36所学校和6家子公司，累计培训学员近500万人次。

（八）从推进教育体制改革看，民办教育的发展直接推动了多元办学格局的形成，促进了政府部门由包揽大量公共服务产品提供的“万能型政府”向“有限目标政府”的转变

在民办教育的发展过程中，出现了各种体制办学模式的尝试，如国有民办、完全民办、公民联办、集团连锁、名校办民校、政府托管、独立学院和中外合作办学等。这样一种局面，应该说有力地推进了我国办学体制的改革，促使教育领域形成了前所未有的多元化办学新格局。

案例1－4

诏安县政府托管学校新招

福建省诏安县为提升农村教育水平，将办学条件差、教学效果不好的三所农村薄弱学校，在“三个不变”（公办学校性质和国有资产产权不变；学校承担的义务教育职责不变；政府承担的责任不变）的情况下，委托给当地北苑集团等民间教育机构管理。于是，这三所学校实现了“三个转变”：投资机制转变、管理机制转变、运行机制转变。经过三年时间初见成效，步入良性发展轨道。

资料来源：福建省民办教育协会．福建省民办教育发展情况与政策建议［Z］．中国民办教育协会简报，2008(29)．

案例1－5

齐齐哈尔市政府委托民办学校管理公办学校

齐齐哈尔市是老工业基地，国企办学占城市教育的44.7%。20世纪90年代国企几乎全部陷入困境，一些国企学校教师被迫以罢教方式索要被拖欠的工资。在政府难接、国企难办、学校难活的“三难”情况下，1998年2月，市政府将被国企拖欠了16个月工资的八所学校（连同607名在岗教工和364名退休教工），委托民办黑龙江东亚大学（现齐齐哈尔职业学院）管理，并批准其为“教育改革试验区”。引入民办管理体制和运行机制后，这些濒临倒闭的学校焕发出勃勃生机，有些学校先后成为国家和地方的示范校。十年来，托管学校在没有财政拨款情况下，通过向社会提供教育服务收入1.14亿元，学校走上了“自主办学、自担费用、自我完善、自我发展”的良性循环轨道。

资料来源：曹勇安．管理创新——民办学校发展的核动力［Z］．中国民办教育协会简报，2008(44)．

相关链接1－2

国外办学体制公、私融合的趋势

各国办学体制有一种从传统的公、私截然分开状态走向公、私融合的趋势。在经费来源和分配方面，公共教育经费有较大比例用于资助私立学校，公立学校也有较大比例经费来自非政府拨款；在办学机构方面，出现了美国的“特许学校”、英国的“独立于地方政府的公立学校”等多种混合制的学校，有人将这些变化视作一次“公共教育体制的重构”。[①] 在此过程中，政府与民间在教育中的权利与义务也发生了相应的变化，民间承担了更多资助教育的义务，同时也获得了更多自主管理学校的权利，但是，政府只是放松了对公立学校具体办学过程的管制，却加强了对包括私立学校在内的各类学校在课程、师资等方面的宏观管理。杰夫·惠迪等在对英国、美国、新西兰、澳大利亚、瑞典五国公立教育改革进行研究后认为：“在我们所选定的五国中，无论是国家还是州政府，都掌握了决定学校知识的标准、成就评估的方式以及评估报告的对象等新的权力。”[②]

资料来源：文东茅．办学体制的国际比较及其启示［Z］．中国民办教育协会简报，2008(27)．

民办学校灵活的办学体制和运行机制，以及由此所具有的相对自主性，正在有力地呼唤并促进政府转变职能，要求政府部门必须更加注重宏观管理，在政策引导、行政监管和专业服务上下功夫，尽可能将一些专门性、技术性强的工作转交给市场或社会来完成，从而从包揽一切教育公共服务产品的提供，转向将其中部分公共产品委托给社会提供，以及直接或间接从社会购买服务。同时，也要求政府注意发挥教育中介机构等社会组织对民办学校监督、评估，以促进其在依法办学和行业自律方面的积极作用。

---

① 劳凯声．重构公共教育体制：别国的经验和我国的实践［J］．北京师范大学学报：社会科学版，2003(4)．

② 杰夫·惠迪，萨莉·鲍尔，大卫·哈尔平．教育中的放权与择校：学校、政府和市场［M］．马忠虎，译．北京：教育科学出版社，2003：49．转引自：文东茅．办学体制的国际比较及其启示［Z］．中国民办教育协会简报，2008(27)．

案例1－6

河南省民办教育协会的作用

河南省民办教育协会认真履行“服务、维权、管理”的工作职责，积极呼吁和促使政府与社会更加重视民办教育，并努力当好政府的参谋，及时做好下情上达工作，提出建议，供政府部门决策时参考，同时还积极推动有关政策措施和地方性法规的出台，改善了民办教育的政策环境，有力地推动了全省民办教育持续健康地发展。

受省教育厅委托，协会曾组织召开全省高等教育学历文凭考试部分试点专业性教材调研会，组织召开学历文凭考试专业教学计划论证会和学历文凭考试考纲评审会，解决了教材不统一、考纲不规范的问题；协助省政府筹备全省民办高校改革与发展研讨会。在《民办教育促进法》及《民办教育促进法实施条例》出台前，多次组织座谈会，提出修订意见，正式实施后，又接受省政府委托组织调研活动，向省政府上报了执法情况的调研报告。

协会还汇集多方资源举办大型公益宣传活动，为民办教育的发展营造良好的外部环境；同时还定期召开年会，表彰典型学校和办学个人以及交流办学经验，邀请省专家作报告。协会先后在开封市求实中学、辉县市新博学校、北大附中河南分校等学校举行现场会，推广办学经验与教学特色，成为全省民办基础教育界每年一度的盛会。

资料来源：河南省民办教育协会．河南省民办教育发展情况和政策建议的报告（上）[Z]．中国民办教育协会简报，2008(24)．

二、中国民办教育的基本特点

（一）《民办教育促进法》实施以来，我国各级各类民办教育规模增长速度虽低于曾经出现过的快速增长期，但总体看仍稳中有升

1996—2007年，全国民办幼儿园数和在园幼儿数总体增幅分别为217%和566%。其中，《民办教育促进法》颁布实施的2003年，全国共有民办幼儿园55500所，在园幼儿480.23万人。到2008年，全国共有民办幼儿园83119所，在园幼儿982万人，增幅分别为49.76%和104.49%。

1996—2007年，全国民办小学学校数和在校生人数总体增幅分别为299%和869%。其中，2003年，全国共有民办小学5676所，在校生人数为274.93万人。到2008年，全国共有民办小学5760所，在校生人数为480.4万人，增幅分别为1.48%和74.74%。

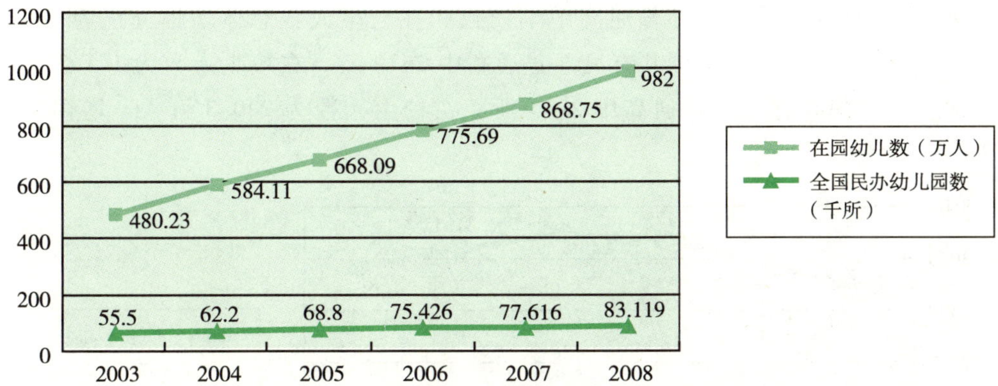

图 1－21　2003—2008 年全国民办幼儿园发展走势图

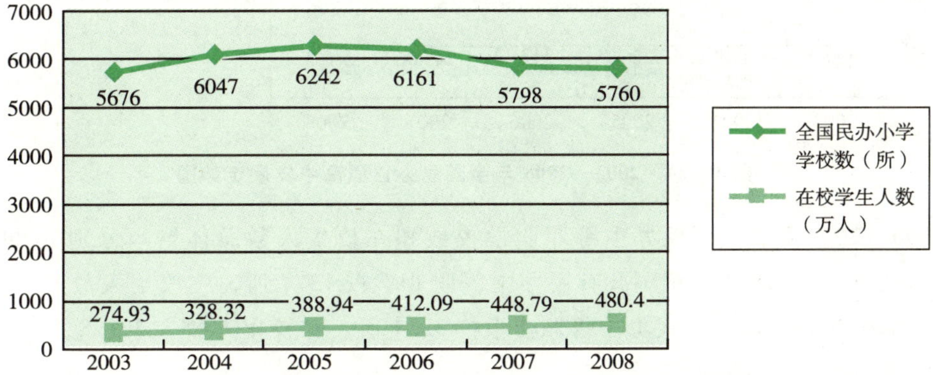

图 1－22　2003—2008 年全国民办小学发展走势图

1996—2007 年，全国民办初中学校数和在校生人数总体增幅分别为 276% 和 1286%。其中，2003 年，全国共有民办初中 3651 所，在校生人数为 256.57 万人。到 2008 年，全国共有民办初中（含民办普通初中及民办职业初中）4415 所，在校生人数为 428.58 万人（含民办职业初中在校生 2002 人），增幅分别为 20.93% 和 67.04%。

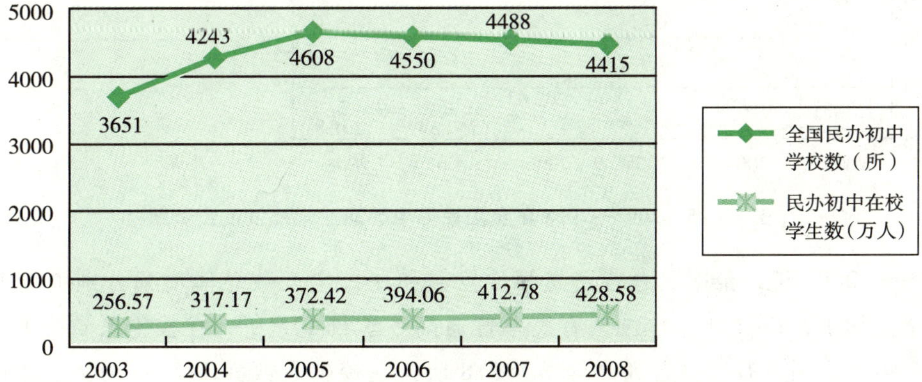

图 1－23　2003—2008 年全国民办初中发展走势图

1996—2007 年，全国民办普通高中学校数和在校生人数总体增幅分别为 542% 和 2565%。其中，2003 年，全国共有民办普通高中 2679 所，在校生人数为 141.37 万人。到 2008 年，全国共有民办普通高中 2913 所，在校生人数为 240.3 万人，增幅分别为 8.73% 和 69.98%。

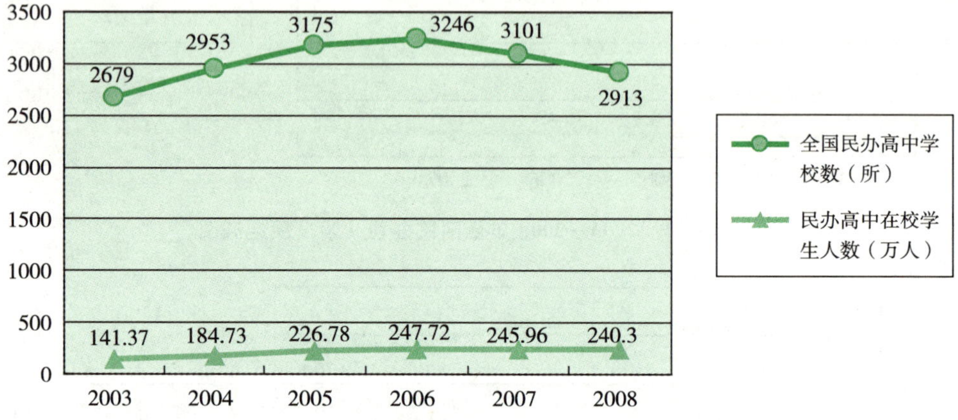

图 1－24　2003—2008 年全国民办普通高中发展走势图

1996—2007 年，全国民办中等职业学校数和在校生人数总体增幅分别为 443% 和 1975%。其中，2003 年，全国共有民办中等职业学校 1377 所，在校生人数为 79.31 万人。到 2008 年，全国共有民办中等职业学校 3234 所，在校生人数为 291.8 万人，增幅分别为 134.86% 和 267.92%。

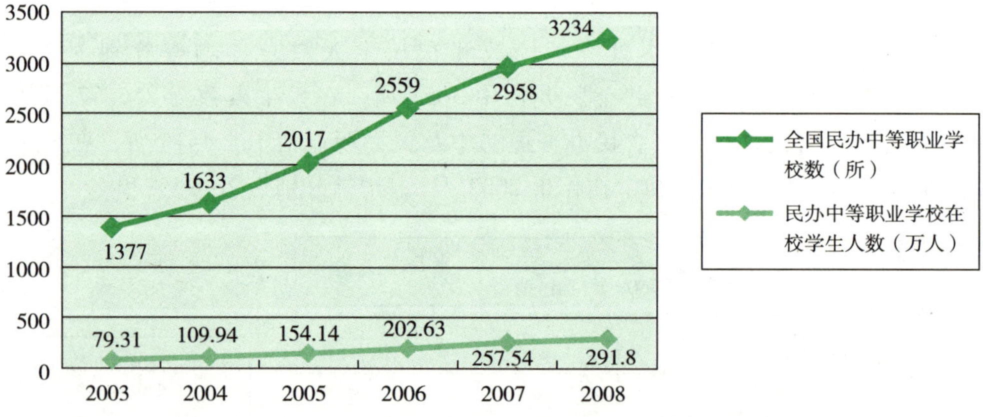

图 1－25　2003—2008 年全国民办中等职业学校发展走势图

1996—2007 年，全国民办普通高等学校数和在校生人数总体增幅分别为 1314% 和 13377%。其中，2003 年，全国共有民办普通高等学校 175 所，在校生人数为 81 万人。到 2008 年，全国共有民办普通高等学校 318 所，在校生人数为 182.86 万人，增幅分别为 81.71% 和 125.75%。

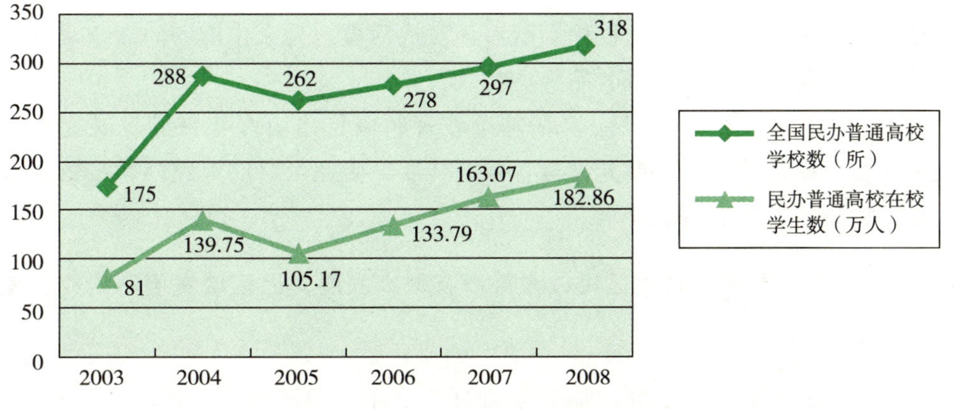

图 1－26　2003—2008 年全国民办普通高等学校发展走势图

上述一系列有说服力的数据充分表明，尽管民办教育发展中还存在着许多困难、问题和各种不同的认识，但几年来我国民办教育发展的基本面是好的，《民办教育促进法》对这项新兴事业在这五六年来更趋于理性和积极的发展起着重要的保障作用。

（二）不论是从机构数还是从在园幼儿数看，民办学前教育都已成为我国学前教育办学的主体力量

根据教育部公布的《教育统计报告》，1998—2005 年，在幼儿园的机构数上，全国幼儿园由 18.1 万所下降到 12.4 万所，而在教育行政部门登记注册的民办幼儿园却从 2.45 万所（占当年全国总数的 13.54%）上升至 6.88 万所（占当年全国总数的 55.49%），特别是从 2004 年开始，注册的民办幼儿园数量超过了公办幼儿园的数量。在园幼儿人数上，全国公办幼儿园的在园幼儿数量减少了近 500 万人（占当年全国总数的 18%），而民办幼儿园的在园幼儿却由 130 万人（占当年全国总数的 4.89%）上升至 668 万人（占当年全国总数的 30.66%），上升了约 25 个百分点。①

（三）民办教育从过去以满足过度教育需求为主导，逐步转向注重提供差异化、选择性教育服务

改革开放初期，我国民办教育发展的起点低、基础差，90% 以上民办教育机构办学条件不佳，教育教学质量处在中低端水平，学校主要靠较低收费、较大规模招生维持运转。随着我国经济社会的发展，民办学校办学实力不断增强，部分学校逐步向高端的选择性教育服务市场挺进，开始注重为多样化、个性化教育消费群体提供优质教育服务。民办学前教育在满足大众化需求的基础上出现了不少选择性、个性化资源；民办义务教

① 郭福昌，等. 民办学前教育的成绩、经验、存在问题与政策性建议［Z］. 中国民办教育协会简报，2008 (20). 详见本书第二章第四节。

育正越来越向富有办学特色的优质选择性教育方向迈进；民办职业教育日益显示出与市场保持近距离的优势；民办培训机构则既有面对成规模、大众化市场的需求，又有朝着连锁经营和集团化方向发展的著名品牌。

总之，我国民办教育（当前主要在基础教育领域）已由多年来满足补充性教育需求为主，逐步向提供选择性、差异性教育服务转变，由此也对广大民办学校的办学质量构成了新的挑战，提出了新的要求。

（四）从全国范围看，各地区民办教育都有很大发展，但区域发展不均衡，差异性较大

东部地区民办教育整体上在体制探索方面先于中、西部地区，发展也更充分一些，而西部局部地区民办教育的发展则有后来居上之势。如广东、浙江、北京、上海等省市的民办学校，曾率先采用过教育储备金、股份制合作、公办学校转制等办学新形式，在民办教育发展上积聚了先发优势。而近年来，受宽松政策的推动，中、西部地区民办学校的数量规模则超过了东部地区。东部沿海地区民办学校更注重办学特色和学校品牌，出现了许多面向收入较高家庭的高端学校；西部地区的民办学校办学条件相对简陋，更多面向低收入和贫困家庭的子女；中部地区的民办学校则介于东部和西部之间，既有高收费的，也有面向低收入家庭的。

值得注意的是，在一些省级行政区内，民办教育出现了明显的区域积聚现象。① 如浙江省的杭州、宁波、温州和台州4个地、市，就集中了全省（共11地、市）从小学到高中的大部分民办教育资源。该省共有民办小学212所，其中，上述4个地、市的民办小学共160所，占全省民办小学总数的75.5%，民办小学在校生202143人，占全省民办小学在校生总数的72.3%；全省民办中学在校生共372702人，上述4个地、市的民办中学在校生226463人，占全省民办中学在校生总数的60.8%。

又如，河南省2007年民办小学在校生数最多的前6个地、市（周口市、商丘市、濮阳市、驻马店市、平顶山市、南阳市）共有民办小学434所，占全省（共23个地、市）民办小学总数797所的54.5%，民办小学在校生217797人，占全省民办小学在校学生总数的53.2%。该省民办初中在校生数最多的前6个地、市（周口市、郑州市、商丘市、濮阳市、开封市、新乡市）共有民办初中229所，占全省民办初中学校总数501所的45.7%，民办初中在校生203485万人，占全省民办初中在校生总数的56.3%。②

①② 吴华，等. 我国民办教育改革和发展的地区性差异分析与若干启示［Z］. 中国民办教育协会简报，2008（32）.

（五）民办教育发展与地区经济发展水平呈非正相关关系，社会需求及政府的重视程度通常是决定民办教育发展状况的关键因素

以民办高等教育发展为例，2007 年民办高等学校数量排名靠前的省份中，既有人均 GDP 排名靠前的，也有人均 GDP 排名靠后的省份，这表明区域民办高等学校发展规模与该省的人均 GDP 水平呈非正相关关系。调研表明，所有民办高等学校数量排名靠前的省份都有一个共同特征，即基本上都是属于人口大省，而大多数民办高等学校数量排名靠后的省份，也有一个共同特征，即都是人口小省。这意味着决定当地民办高等学校数量发展的首要因素，很可能是本地公办高等学校满足不了当地人民群众对于高等教育的实际需求，当这种需求受到当地政府的高度重视并出台积极扶持政策加以引导时，就成为推动当地民办高等教育发展的强劲动力[①]。人均 GDP 排名靠后，而民办高等学校数量却排名靠前的省份，如江西、陕西、湖南、安徽、四川、湖北等省份的相关统计数据，正好验证了上述判断。

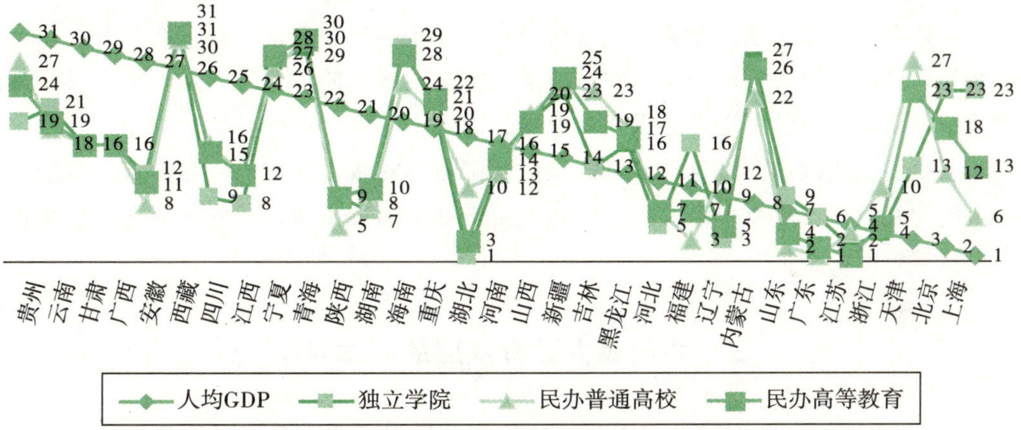

图 1－27　2007 年各省人均 GDP 排名与民办高等教育学校数排名关联性

调查表明，在多数情况下，凡是经济发展水平高的地区，其民办教育发展情况也相对较好，当地政府在政策创新方面的力度往往也更大一些。出现这种状况的原因，一方面可能源于经济发展所产生的教育需求增多以及人民支付能力的增强；另一方面则可能是随着社会经济的发展，人们的思想观念也更解放一些，因而更敢于进行政策突破与制度创新。

统计情况也表明，少数地区虽然经济较为发达，但由于当地政府重视与支持得不够，致使其民办教育的发展反而相对比较滞后。而中、西部一些地区，如湖南、江西、云南、河南等省份，随着其经济社会的快速发展，加上当地政府的积极作为和主动引

① 吴华，等．我国民办教育改革和发展的地区性差异分析与若干启示［Z］．中国民办教育协会简报，2008(32)．

领，各级各类民办教育正在迅速崛起，大有后来居上的势头。[①]

（六）民办教育的发展基本上不为行政性指令计划所左右，而是依靠市场这只“看不见的手”来调控和进行资源配置，市场机制是我国民办教育产生与发展的原动力

我国民办教育多元化发展的特征也是源于市场机制所起的重要作用。由此导致民办教育无处不在，填补着公办教育的空白，任何公办教育不愿意做或未能做的，民办教育都能及时地去补充和发展。

在市场机制的作用下，我国民办学校从最初的草创和恢复性发展，到后来迅速扩张并站稳脚跟，再到今天已进入大浪淘沙、资源重组和优胜劣汰的转型期。广大民办学校正面临着从依靠广告、宣传、造势竞争，向依靠实力竞争转变；从倚重征地、造房、扩招的外延式规模发展，向稳定规模、提升质量、注重特色、打造品牌的内涵式发展转变；从摸着石头过河探索，向依靠“两大规律”（教育规律和市场规律）确保持续发展转变；从补充教育资源不足的“卖方市场”，向提供选择性、多样性、差异性教育资源（当前主要体现在民办基础教育领域）的“买方市场”转变；从“家族式”或“合伙人”办学体制，向健全法人治理结构、建立现代学校制度转变。正确把握和主动适应上述这些基本趋势，是广大民办学校在当前落实科学发展观的重要切入点，哪个学校就此走在前面，哪个学校就更有希望做优、做强、做大，实现可持续发展。

综上所述，我国民办教育的发展既顺应了国际私立教育发展的一般潮流，与别的国家和地区的私立教育具有很多共性，同时又由于基本国情不同以及发展模式的区别而具有不少自身鲜明的特征。

三、中国民办教育发展的基本经验

（一）国家教育法制和政策环境的不断改善，是促进我国民办教育事业健康发展的重要制度资源

从1982年新修订的《中华人民共和国宪法》作出“国家鼓励集体经济组织、国家企业事业组织和其他社会力量依照法律规定举办各种教育事业”的规定，到1985年《中共中央关于教育体制改革的决定》明确提出要“鼓励、指导”社会力量办学，再到1993年《中国教育改革和发展纲要》提出“改变政府包揽办学的格局，逐步建立以政府办学为主体、社会各界共同办学的体制”和1997年国务院发布的《社会力量办学条例》首次从法规层面明确国家对社会力量办学实行“积极鼓励、大力支持、正确引导、依法管理”的“十六字”方针，最后到2002年年底和2004年年初《民办教育促进法》

---

① 吴华，等. 我国民办教育改革和发展的地区性差异分析与若干启示［Z］. 中国民办教育协会简报，2008（32）.

和《民办教育促进法实施条例》的相继颁布实施①，标志着我国民办教育的法制和政策环境随着经济社会的发展而得到了显著改善。与此同时，民办教育的宏观管理也逐步走上法制化、制度化和规范化轨道。这有力地促进并推动了整个民办教育事业的健康发展。

（二）各级政府的高度重视与大力扶持，是推动我国民办教育事业持续发展的重要力量

不少地方政府"视民办教育与民营经济同等重要"，把发展民办教育作为教育发展的主要增长点来抓，重视研究解决民办教育发展中遇到的具体问题，有力地促进了当地民办教育的发展。如陕西、四川、重庆和黑龙江等地，由主要领导带头，组织各方面认真学习、积极宣传贯彻《民办教育促进法》及《民办教育促进法实施条例》，开展专题调研，制定出台了一系列扶持民办教育发展的政策与措施；湖北、湖南、河南、云南等地要求各部门"在观念上对公办、民办一视同仁，在政策上向民办教育倾斜，在行动上对民办学校帮扶到位"，都极大地推动了当地民办教育又好又快地发展。

各地的教育事实充分表明：凡是办得好的民办学校，无一不是当地政府的热情关爱与精心扶持的结果。在这样的地区，往往能形成民办教育与公办教育共同发展、和谐发展的大格局。可见，政府完全有能力、有办法促进民办教育的健康发展。反之，脱离了政府的支持或是受到不公平政策挤压的地方，民办教育就难以发展或发展得不好。在这样的地方，民办学校即使是依法、规范办学，也难以做优、做强、做大。

案例 1－7

有关地区积极促进民办教育发展

浙江省台州市政府于2001年发文规定：对规模较大、教育质量较高的民办中等职业学校，按不少于公办职校生均经费的20%给予补助。

杭州市政府有关部门于2005年联合发文规定：具备条件的民办学校教师，可以参加市区机关事业单位职工基本养老保险。

宁波市政府于2007年发文规定：对民办学校聘用的具有中级以上（含中级）专业技术职务的教师，可申报参加事业养老保险。对学校按规定缴纳的社会保险费中学校承担的部分，由市财政给予不少于1/2的补助。

① 民办教育的地方立法工作也取得了很大进展，各地都在《民办教育促进法》及《民办教育促进法实施条例》的法律框架内，结合当地实际，积极探索促进民办教育健康发展的政策和法制环境。目前已有陕西、贵州、黑龙江、辽宁、江西、宁波、深圳、内蒙古、北京和湖南等省市相继完成了地方立法，颁布了相关法规；重庆、四川、山西和湖南等省市还制定了政府规范性文件，推出了一系列旨在促进民办教育发展的政策措施。

温州市政府2008年发文规定：从2008年起，市财政每年安排500万元，设立民办教育发展专项资金。对民办义务教育学校，要依照公办义务教育学校预算内生均公用经费定额标准，由当地财政提供一定比例的经费补助。

河南省周口市出台了一系列优惠政策，吸引了江浙一带客商纷纷投资抢占周口教育市场。目前，全市各级各类民办学校483所，在校生243668人，教职工12444人，被誉为“河南民办教育第一城”。

资料来源：浙江省民办教育协会．浙江省民办教育情况调研报告［Z］．中国民办教育协会简报，2008(28)．

（三）实事求是，因地制宜，不断创新制度设计，是区域民办教育领先发展的重要经验

由于当前中央部门的政策法规尚不健全，很多地区在《民办教育促进法》的框架下，因地制宜、创造性地制定地方法规和扶持政策，成为目前我国自下而上促进民办教育发展的主导因素，由此也形成了民办教育发展不同的区域特征。

浙江省长兴县、瑞安市通过“教育券”，促进当地民办教育发展取得良好效果，成为县级政府利用制度创新实现自主发展的一个典型。该省诸暨市通过对民办学校提供基于学生人数的公共财政资助和为民办学校提供其教师总数1/3的公办教师编制，有力地促进了当地民办教育的发展，以至于在这个县级市出现了3所6000人以上的民办学校，60%以上的生源还来自于该市以外，成为全省民办教育发展的一个特例。

江苏省宿迁市、河南省周口市都是在国家法律法规基本框架下，紧密结合地区实际，制定了富有创新性、突破性的地方法规和政策，从而有效地推进了当地民办教育的发展。

（四）坚持严格管理，强调依法办学，是实现民办学校持续、健康发展的重要保证

各级政府及其相关部门在积极扶持民办教育发展的同时，坚持严格管理，强调依法办学。在实践中，一些地方政府在民办教育管理上重视把好“三关”，即严格审批权限、程序、条件，把好准入关；加强学校财务监督，建立风险金制度，把好安全关；维护教师权益，稳定教师队伍，把好保障关。此外，针对民办学校办学过程中存在的薄弱环节，很多地方还实行了“招生广告审批制度”、“学校法人年检制度”和“教学督导评估制度”等一系列常规检查制度。这样一些监管措施，既有力地规范了民办教育的办学秩序，也切实地维护了民办学校各利害相关者的合法权益，保证了民办教育的健康、和谐与可持续发展。

（五）守法诚信、规范办学，注重质量、强调特色，是民办院校自身不断发展壮大的关键所在

在实际办学中，各级各类民办教育都涌现出了一大批充满生机和活力，既有雄厚实力又有光明前景的优质民办学校。这些“绩优”的民办学校虽然各有自身独特的发展思路和办学经验，但其中都有一个共同特点，即守法诚信、规范办学、注重质量、强调特色。归纳起来，成功的民办学校具有以下一些基本经验：一是坚持教育公益性原则，诚信立校、质量兴校、特色强校；二是出资者严格履行出资义务，加大资金投入，不断改善办学条件；三是规范招生、收费行为，提高服务质量，树立民办教育良好形象；四是面向市场办学，适应社会需要，不断优化专业设置，培养各类实用型人才；五是完善内部管理体制，重视队伍建设，充分调动和发挥教职员工的工作积极性和主动性；六是深化教育教学改革，探索人才培养新模式，提高教育教学质量；七是艰苦创业，开源节流，厉行节约，努力改善办学效益。

综上所述，我们可以说，中国民办教育历经30余年的发展，已取得了重大的成就，呈现出鲜明的特点，积累了宝贵的经验，对于增强国家教育能力、加大教育投入、拉动投资和消费，增加教育服务品种以及多样性、差异性、选择性教育资源，促进教育公平，深化教育体制改革和制度创新，建设全民学习、终身学习的学习型社会，建设人力资源强国以及建设社会主义和谐社会都作出了重大的贡献。毋庸置疑，我国民办教育事业是改革开放的重要产物，是30余年来中国教育巨大成就的重要组成部分！

中国民办教育的兴起，同样符合世界教育发展的潮流。同时，我国改革开放的特殊历史时期，在政府、社会及广大民办教育界的共同努力下，从无到有、从小到大所形成的中国民办教育，无论是对其办学的层次、类别、形式和内容以及所涉及对象的普遍性、多样性作观察，还是以其对全社会渗透的广度、深度来衡量，它都已不是20世纪50年代在我国消亡的私立教育的简单复制。作为一项全新的社会事业，中国民办教育已经在中国大地坚强崛起，方兴未艾，呈现出无限的生命力。

第二节　中国民办教育发展存在的问题

当前，从总体上看以及与不少国家相比，我国民办教育的规模还不大，层次还较低，质量还不高，影响还较小。[①] 民办教育的发展在地区间、学校间的差异很大、很不平衡；由于政策的或自身的原因，有些地区的不少民办学校已经倒闭或陷入难以维系的困境，当地的民办学校举办者、办学者普遍信心不足，疑虑很多。可以认为，《民办教

① 参见：附表：OECD国家（及其伙伴国）各级各类私立教育学生所占的比重。

育促进法》颁布多年来，期望形成的促进发展的局面在不少地区并未形成。民办教育发展中存在的主要问题表现在以下几方面。

相关链接 1－3

有关国家私立教育在校生比例变化情况

利用联合国教科文组织统计数据，对比 1980 年和 1992 年私立教育在校生比例变化情况发现，在此期间，提供了相关数据的 98 个国家中，初等教育阶段私立学校在校生比例增加的有 53 个国家，占 54%，相应比例下降的有 28 个国家，占 28.6%，比例不变的有 17 个国家，占 17.3%；在这 98 个国家中，私立教育在校生比例增减幅度在 5% 以上的只有 15 个，占 15.3%，而且主要分布在非洲、拉丁美洲和亚洲，很少出现在欧洲（东欧除外）和北美洲；在提供了相关数据的 78 个国家中，中等教育阶段私立学校在校生比例增加、减少和不变的国家分别为 42、31、5 个，分别占 53.7%、37.9%、6.4%，升降幅剧烈的国家也主要在亚洲、拉丁美洲和非洲，欧美国家公私立教育的平等局面已经基本形成，很少出现大起大落的现象。①

资料来源：文东茅. 办学体制的国际比较及其启示 [Z]. 中国民办教育协会简报，2008 (27).

相关链接 1－4

私立教育是许多国家教育的重要组成部分

根据各国不同性质教育机构的比例或就读这些机构的学生比例，有学者将教育体制概括为“私立教育主导型”、“私立教育与公立教育均衡发展型”、“私立教育补充型”等几种模式。

在私立教育主导型体系中，私立学校数及其在校生数均高于公立学校。在初等教育阶段：荷兰、比利时、黎巴嫩、津巴布韦等国属于这种模式；在中等教育阶段：荷兰、比利时、孟加拉、博茨瓦纳、海地等国属于这种模式；在高等教育阶段：日本、韩国、菲律宾、哥伦比亚、智利等国属于这种模式。在公立教育和私立教育均衡发展型教育体系中，公立、私立教育的比例相当，二者在国家教育体系中扮演着同样重要的角色。在初等教育阶段：智利、苏里南、西班牙、阿联酋等国属

① 洪成文. 世界私立中小学教育的发展与现状 [J]. 比较教育研究，1998(3).

于这种模式；在中等教育阶段：印度尼西亚、坦桑尼亚、智利、韩国、哥伦比亚等国属于这种模式；在高等教育阶段：巴西、印度属于这种模式。私立教育补充型，从整体上看，在世界各国的教育体系中，私立学校大多数都属于这种类型；前两种模式在实践中都只是少数。[①]

资料来源：文东茅. 办学体制的国际比较及其启示 [Z]. 中国民办教育协会简报，2008(27).

一、政策制定滞后，法规体系不完备

《民办教育促进法》虽已颁布多年，但《民办教育促进法实施条例》及其他政府规范性文件存在某些与该法基本精神不完全一致的地方，导致该法操作性不强、难以实施；配套的不少政策（如税收优惠）至今迟迟不能出台；针对临时突发事件出台的某些规定（如教育部令第25号）又因缺少总揽全局的高度和立足长远的视角，而在某种程度上偏离了《民办教育促进法》的立法本意。不仅如此，现有涉及民办教育的法律法规及行政规章的规定，还存在着诸多不协调、不衔接之处，使得相关部门在法律适用上无从取舍，导致相关法律法规的权威性受到影响。例如：（1）将民办学校定性为“民办非企业单位”，不仅不能准确反映民办学校的法人属性，还导致其与公办学校的同等法律地位无法体现，各项平等政策待遇难以兑现。（2）现有教育类法律法规基本是基于捐资办学的前提而制定的，在强调学校法人财产权保全的同时，却对举办者权益缺少有效保护，这在很大程度上抑制了社会力量出资办学的积极性。（3）将公办学校以国有资产参与举办的学校纳入民办教育管理范畴，不仅混淆了“民办非企业单位”的定义，也加剧了民办教育行业的不公平竞争。

二、民办学校法人属性模糊，导致其产权不明晰

《民办教育促进法》法律明确规定：“民办教育事业属于公益性事业，是社会主义教育事业的组成部分”。但是，民办学校在民政部门注册时，根据政府有关法规被界定为“民办非企业单位”，这是超越《民法通则》提出的新概念。尽管有了“民办非企业单位”的概念，但就民办学校税收、教师福利待遇、社会保险等重要问题并未制定与之相应的政策，相反目前只按企业的标准执行，而并未按“非企业”来对待。

《中华人民共和国宪法》规定，“公民的合法的私有财产不受侵犯”。《民法通则》

① 高金岭. 国际视野中的私立教育发展模式研究 [J]. 教育理论与实践，2000(11).

和《物权法》据此也有相关的类似规定，如《物权法》第四条就明确规定："国家、集体、私人的物权和其他权利人的物权受法律保护，任何单位和个人不得侵犯。"但是《民办教育促进法》并未就民办学校剩余财产的最终归属问题作出清晰规定，只是说"按照有关法律、行政法规的规定处理。"

2004年国务院颁布的《民办非企业单位登记管理暂行条例》第四条和第二十一条分别规定："民办非企业单位不得从事营利性经营活动"和"民办非企业单位的资产必须合法，任何单位和个人不得侵占、私分或者挪用民办非企业单位的资产。民办非企业单位开展章程规定的活动，按照国家有关规定取得的合法收入，必须用于章程规定的业务活动。"而民政部据此出台的《民办非企业单位登记暂行办法》（民政部令第18号）第六条则明确规定："民办非企业单位须在其章程草案或合伙协议中载明该单位的盈利不得分配，解体时财产不得私分"。财政部《民间非营利组织会计制度》也规定："任何单位或者个人不因为出资而拥有非营利组织的所有权；收支结余不得向出资者分配；非营利组织一旦进行清算，清算后的财产应按规定继续用于社会公益事业"。

按照上述这些规定，如果民办学校"民办非企业单位"的法人属性不改变的话，那么出资者的权益事实上是缺少保障的。强行要求出资人将投入民办学校的资产过户到学校法人名下，全面落实民办学校法人财产权，虽然从法理上讲是必须的也是必要的，但事实上在没有解决产权的最终归属之前，出资人对自己投入学校资产的安全问题是心存疑虑的。不少举办者认为，目前的法律和政策规定大多是基于捐资办学的前提假设而制定的，这实际忽视了我国民办教育的主体是投资办学的基本特征，将民办学校举办者的出资办学行为视同捐资对待，某种程度也将出资人视做了"慈善家"。显然，这就严重脱离了我国的基本国情，导致政策手段与政策目标的背离，不仅挫伤了现有举办者继续出资办学的积极性，也阻碍了潜在的社会资金不断转化为有效的教育资源。产权不清晰，权益无保障，也导致有些举办者在学校存续期间采取不规范做法，抽逃资金、挪用学费、逃废债务，或采取其他非法手段回收投资，从而不仅加剧了政府监管的难度，也增加了办学风险和安全隐患。

三、合理回报尚无合理解决的办法

《民办教育促进法》第五十一条规定："民办学校在扣除办学成本、预留发展基金以及按照国家有关规定提取其他的必需的费用后，出资人可以从办学结余中取得合理回报。取得合理回报的具体办法由国务院规定。"应该说，允许出资人从办学结余中获取一定的合理回报，是《民办教育促进法》根据现阶段我国民办教育的主流是投资办学而非捐资办学这一基本国情而作出的实事求是的规定。这一规定也被认为是《民办教育促进法》的"最大亮点"，其根本宗旨是在坚持教育公益属性的前提下，通过物质上的激励，吸引社会力量出资办学，促进教育事业更大的发展。

然而，由于种种原因，这一民办教育出资人热切期待的“利好”规定，却在实际执行中遭遇到了一系列政策和制度障碍，至今未能得以真正兑现。其主要原因在于：一是针对出资人要求取得合理回报的民办学校的税收优惠政策迟迟没有出台，这使得许多想取得合理回报的出资人，在换发办学许可证时不敢注明要求取得合理回报，担心税务部门对自己出资的民办学校征税，享受不到国家规定的税收优惠。由于受政策的影响，有些出资人则转而采取暗箱操作的办法获取收益，而不愿通过合理回报这种公开形式得到奖励。二是目前有关合理回报的程序规定过于烦琐，无法实际操作，而且现有规定未体现“鼓励与扶持”本意，因为回报只能从办学积累扣除诸多费用后，才能按规定比例提取，结果七扣八扣结余无几，合理回报成了“画饼充饥”。三是出资人担心要求取得经济回报会被“打入另册”，受到歧视，结果不仅享受不到政府的优惠政策，还会被外界误认为是营利性学校，带来不良的社会影响，不利于招生和学校发展，因此大多数本想要求回报的民办学校举办者，在学校章程和办学许可登记上，都违心地选择了“不要合理回报”。上述原因导致相关法律规定得不到贯彻落实，也使立法机关通过“设定合理回报条款，吸引民间资金，扩大教育投入”的立法本意未能得以实现。

四、法定扶持与奖励措施尚未完全落实

《民办教育促进法》及《民办教育促进法实施条例》所规定的包括设立专项资金、经费资助、税收优惠、信贷支持、拨付承担义务教育任务的经费及用地和建设优惠等扶持、奖励措施，有关政府部门及不少地区至今未能完全贯彻，也未出台切实可行的操作办法。据调查了解，在全国30多个省级行政区域，目前只有少部分省份建立了民办教育财政资助制度，多数地区还没有设立法定的民办教育政府专项资金。在税收方面，2004年财政部、国家税务总局《关于教育税收政策的通知》（财政［2004］39号）规定：“对学校经批准收取并纳入财政预算管理的或财政预算外资金专户管理的收费不征收企业所得税；对学校取得的财政拨款，从主管部门和上级单位取得的用于事业发展的专项补助收入，不征收企业所得税。”依据这项规定，利用非国家财政性经费举办的民办学校，其收入不能纳入财政预算管理，也不能纳入财政预算外资金专户管理。于是，在不少地区即使是对从事学历教育民办学校的学费收入也被规定应征收企业所得税。与此同时，由于教育资产不得设定抵押和担保，学费质押贷款又受到严格管制，民办学校信贷融资正变得越来越困难，这严重制约了学校的建设和发展。另外，法律规定的民办学校教师接受业务培训、职务聘任、教龄和工龄计算、表彰奖励及合理流动等待遇，在不少地区也未得到很好落实。由于民办学校教师的社会保险目前只能按企业标准执行，这一方面给学校增加了很大的开支；另一方面也导致教师在退休后享受的养老保险金只相当于公办学校同级教师的一半左右，严重影响了师资队伍的稳定。

五、民办教育未被依法列入国民经济社会发展规划

民办教育已被法律确定为“社会主义教育事业的组成部分”，《民办教育促进法》第三条明确规定，“各级人民政府应当将民办教育事业纳入国民和社会发展规划”。但是，令人遗憾的是，不论从国家层面还是从区域层面，民办教育至今尚未被完全纳入中央及地方各级政府国民经济和社会发展规划，仍然游离于公共财政预算的视野之外。有的政府部门潜意识里始终抱有“公共财政”即“公办财政”的旧有观念，甚至误认为民办学校属于非国家财政性经费举办，因而不能享有国家财政性经费的资助和奖励。这些错误观念，都是与世界私立教育的发展趋势及其治理方向背道而驰的，也是不符合国际惯例和通行做法的。

由于缺少整体规划和通盘考虑，以及受到各种传统乃至错误观念的干扰和误导，我国民办教育很大程度上仍处于盲目发展、无序竞争和自生自灭的状态。如果这种局面不能在短期内得以扭转的话，对于我国民办教育事业的健康、和谐与可持续发展是不利的。

六、法定的办学自主权得不到充分的保障

《民办教育促进法》第五条规定：“民办学校与公办学校具有同等的法律地位，国家保障民办学校的办学自主权。”而实际上从各方面所反映的情况看，法律所赋予民办学校的办学自主权并没有得到真正的全面的落实，具体表现在以下方面。

第一，不能自主设置专业与课程，民办学校同质化倾向日益严重。由于受到政策环境的影响和社会氛围的诱导，当下很多民办学校（尤其是中小学）也在走公办学校的老路，片面追求升学率，专业、课程设置高度雷同，教学组织形式和评价手段极为单一，既影响了自身特色的形成，也削弱了市场的竞争力。

第二，招生计划受到严格管制，影响了民办学校教学资源的利用效率。所有民办学校的招生都被纳入了政府计划，高中及高校主要根据其办学条件和核定规模下达招生指标，小学和初中大多采取学生自愿报名、电脑派位、政府调剂的方法。由于近年适龄学生数量锐减，加上不少地方在招生指标分配上存在优先保“重点”、保公办的现象，导致民办学校的生源空间受到严重挤压，校舍设备大量闲置，造成教学资源的很大浪费。

第三，学历教育收费仍然实行严格的审批制度。几年前政府确定的民办学校收费标准，已经远远低于公办学校的生均经费标准，虽然有些地区在民办学校收费标准的核定上有所突破，但大部分民办学校实行的还是低收费标准，随着学校办学成本的逐年提高，民办学校往往处在举步维艰的境地。同时，民办学校执行的基本上是一样的收费标准，显然也没有反映出不同的办学成本和办学质量的差别，不符合市场规则。

上述这些问题，使得民办学校无法根据效率原则自主地进行资源的优化配置，也不能根据自己掌握和支配的外部信息及时作出预期反应和采取相应行动，造成民办学校发展的内源性动力严重不足。这些问题的产生，原因是错综复杂的。就宏观层面讲，政府职能没有真正转变，行政管理越位、缺位和错位现象普遍存在，很大程度上导致了民办教育“一收就死，一放就乱”的局面。

七、民办学校缺少与公办学校公平竞争的环境

一些公办学校参与举办的所谓“民办学校”（独立学院或名校办民校），至今未完全依照有关规定做到“五独立”（具备独立的法人资格，具有独立的校园及基本教育教学设施，实行独立的财务会计制度，独立招生录取及注册学生学籍，独立发放学业证书）。公办名校参与举办的“民办学校”，在银行贷款、土地划拨、师资待遇、招生政策等方面享有其他真正由社会力量单独举办的民办学校所没有的优惠条件。由于这类公办学校在改制实验的过程中出现了偏差，既从“计划”中得到好处，又从“市场”中获利，从而加剧了民办教育行业之间的不公平竞争。不少地区以扩大优质教育资源为名，盲目扩大公办重点学校的办学规模，对示范校、重点校不断加大投入，助长了基础教育阶段择校和公办学校乱收费的不正之风。而对同样承担义务教育任务的民办学校所招收的地区生，则不按公办学校生均经费标准拨付经费。近年来，公办学校教师待遇逐渐赶上和大幅度超过民办学校，加上民办学校教师地位不明、待遇偏低等原因，使许多好教师不是被公办学校挖走，就是主动选择去公办学校任教，这种情况正在愈演愈烈，严重影响了民办学校的正常运行，挤压了民办学校的生存空间。

八、一些政府部门对民办教育认识不足、管理不当

有些政府部门至今对民办教育的存在价值和重要意义认识不足，不少地方有关民办教育发展的指导思想不甚明确，有的部门、有的人员，至今对发展民办教育的重要性和必要性认识模糊、重视不够，对民办学校和公办学校不能做到一视同仁，习惯于计划经济时代管理单一体制教育的思维与做法，甚至以“怀疑论”、“多余论”、“麻烦论”等消极被动心态对待教育领域的这一新生事物。

目前，各级政府都或多或少地缺乏有效整合与推动民间资源进入教育领域方面的能力和办法，尚不能主动适应和满足人民群众多样化的教育需求。一些政府部门对民办教育发展的总体趋势及基本规律缺乏正确研判，对于成长期民办教育出现的某些局部问题或偶发事件不能客观分析其深层原因并对症下药、采取措施，而对于一些存在重大风险隐患的尖锐问题和矛盾，仓促出台的解决方案则往往又失之于简单。在民办教育的行政管理上，一些政府部门不同程度地存在“错位”、“越位”和“缺位”现象。如在专业

的设置、招生计划的确定和收费标准的制定等方面，政府管制仍然过多，民办学校的自主权还非常有限；而对某些民办学校的办学失范行为，相关部门的监管和查处措施则不够有力，导致不同类型的教育机构以及某些民办学校之间围绕生源出现了恶性竞争。

九、民办学校自身面临的很多问题和矛盾制约了发展

这些问题和矛盾集中体现在以下五大方面。①

第一，办学理念有偏差。有的举办方无视国家法律规定，将学校视为营利机构，违规变相转移办学资金，直接影响了学校的稳定运行；一些民办教育机构存在明显的失范行为，如在招生宣传上夸大其词、在录取环节上违规操作、在收费项目上混乱不堪、在教学安排上"偷工减料"、在就业统计上弄虚作假、在毕业文凭上欺骗学生等，以及由此而导致的一些负面事件，已不同程度地损害了民办学校的整体形象，影响了民办学校的社会声誉。

第二，内部运行不规范。有的民办学校董事会形同虚设，举办者与办学者之间矛盾尖锐；有的学校董事会不按章程规定和教育规律行事，不恰当地介入校务当中，造成学校管理无序，效率低下。不少民办学校领导班子严重老化，学校缺少生机和活力。大多数民办学校（尤其是民办高校）法人财产权尚未落实到位，加上一些学校银行负债较高，财务管理比较混乱，客观上给这些学校的安全运行造成了较大隐患。

第三，党的组织不健全。不少民办院校党组织建设不到位，管理体制没理顺，党组织应有的地位未能真正得以确立。由于民办学校普遍实行董事会领导下的校长负责制，党组织与董事会、校行政班子之间的关系协调机制仍不健全，党组织的政治核心作用和监督保障作用难以发挥，致使有的民办学校违规违纪办学，乃至发生举办者在学校内部宣扬宗教思想等偏离社会主义办学方向的错误行为，却得不到有力监督和及时纠正。

第四，教师权益无保障。一些民办学校举办者将教职工仅仅视做"打工者"，忽视师资队伍建设，致使学校没有凝聚力和向心力。加上工会组织薄弱，教职工代表大会等民主管理和民主监督制度不健全，一些民办学校教职员工的合法权益得不到有效保障，导致教职工缺少组织认同感和集体归属感，造成人心不稳，人员流动频繁，直接影响学校的稳定发展。

第五，学校发展缺后劲。受办学经费限制，相当一部分民办学校教学投入不足，教育教学质量没有保障，所培养的学生难以适应用人单位的需要；不少民办学校缺乏科学规划，盲目求全求大，定位存在偏差，发展缺少依托；少数民办院校的举办者则沿袭企业做法，在办学上搞低水平重复建设，以牺牲质量为代价，大量举债，盲目扩张，已到了难以为继的地步。

---

① 董圣足. 我国民办高校法人治理问题研究［D］. 上海：华东师范大学教育科学学院，2009：2－4.

但是，对于一项仅有30年左右历史的崭新事业，在民办教育的发展进程中，无论是宏观管理还是微观运行方面存在这样或那样一些问题和矛盾，是在所难免和可以理解的。只要我们秉持以科学的态度和实事求是的精神，积极、主动、适时地采取恰当的对策措施，就一定能够不断克服前进中的各种困难，继续推进民办教育事业又好又快地发展。

第三节　中国民办教育发展的对策思路

民办教育已经并将继续在我国教育体系中占据重要位置。通过放手发展私立（民办）教育，形成多元化的办学格局，满足人民群众多样化、选择性的教育需求，是很多国家及地区的普遍做法。当前和未来一段时间，我们要把握世界教育发展大趋势，认真总结和充分重视30多年来我国民办教育发展的宝贵经验，站在时代的高度，深刻认识中国民办教育的历史地位和作用，按照党和国家的总体部署，以法律为准绳，以事实为依据，进一步厘清促进民办教育发展的基本思路，采取更加符合国情而且切实可行的对策措施，实现民办教育事业持续、健康发展。

一、指导思想和基本原则

以邓小平理论和“三个代表”重要思想为指导，深入贯彻落实科学发展观，按照党的十七大报告关于“鼓励和规范社会力量办学”的总要求，立足于建设全民学习、终身学习的学习型社会和人力资源强国的战略高度，全面贯彻落实《民办教育促进法》，切实维护民办教育和广大民办学校及其师生的法律地位，坚定不移地贯彻“积极鼓励、大力支持、正确引导、依法管理”的方针，进一步解放思想，深化改革、鼓励创新，切实开创我国民办教育事业的崭新局面，为实现全面建设小康社会目标和建设社会主义和谐社会作出重要的贡献，这是我国民办教育发展的指导思想。

同时，需遵循以下基本原则。

（一）坚持共同发展的原则

坚持发展和不断繁荣中国民办教育事业，是党和国家教育方针的根本要求。要坚定不移地将发展民办教育作为我国教育和社会领域深入贯彻落实科学发展观的一项重大战略举措。各级政府及其教育行政部门要像重视基础教育、职业教育、高等教育和继续教育一样重视民办教育，统筹协调国家公办教育和民办教育的发展，创设公办教育和民办教育互相促进、公平竞争的环境，积极促进民办教育质量、管理水平的不断提高和总体规模的逐步扩大，努力形成民办教育和公办教育共同发展的大格局。

（二）坚持依法行政的原则

各级政府和教育行政部门要全面、积极地理解和认真贯彻落实《民办教育促进法》，以问题为导向，努力借鉴国外及国内一些地区的成功经验，注重解放思想，采取更加开阔、开放的发展思路、更加务实有效的推进策略、更加多种多样的手段举措，积极促进民办教育的科学发展，自觉维护民办教育的法律地位和民办学校法定的办学自主权。同时，科学引导、有效监督广大民办学校切实依法规范办学，自觉承担各项法定义务。

（三）坚持因地制宜、分类指导的原则

在许多领域包括民办教育领域发展的不均衡，是我国当前也将是今后长期存在的一个基本国情。国务院相关行政部门对各地民办教育的指导、部署和决策，要分清情况、区别对待，避免简单地作“一刀切”的规定；要充分允许并积极鼓励各地在国家法律框架下，因地制宜，勇于实践，大胆创新，将民办教育办出各自的特色；要以各种形式大力宣传和推广地方政府重视和发展民办教育的成功经验，充分调动和发挥全社会大办民办教育的主动性、积极性、创造性。

二、发展目标、对策思路和保障措施

（一）发展目标

到2012年，制定和完善各项配套法规、政策，形成有利于我国民办教育积极、健康、持续发展的制度环境和社会氛围；稳步扩大各级各类民办教育的总量规模；形成完备的民办教育公共管理体系和良好的管理秩序；促进教育要素合理流动和有效配置，营造包括民办学校、公办学校在内的各类办学主体公平、有序竞争的社会环境；广大民办学校完善法人治理结构和努力建立现代学校制度，端正办学指导思想，规范办学，坚持内涵发展，各级各类民办教育中涌现一批高质量、有特色的示范校。

到2020年，民办教育总体布局结构趋于合理，形成民办教育和公办教育共同发展和多元体制办学的大格局，有规模、有质量、有特色的民办教育融入我国整个教育事业，国家教育实力得到有力的加强，走出一条中国特色民办教育发展的道路。

（二）基本思路

为了全面落实2012年及2020年我国民办教育的指导思想、发展目标和主要任务，建议采取以下对策思路和重要举措。

1. 拓展民办教育的内涵，重新定义“民办教育”

长期以来，由于对民办学校存在“公”与“私”问题的狭隘理解，导致在处理民

办学校属性和奖励、税收、公共财政支持以及教师身份与待遇等问题时往往陷入难以作决定的困境。有必要按国际组织的定义，除将“利用非国家财政性经费”办学作为以往界定我国民办学校的标准外，还须拓展为凡是由非政府或非公共机构承担管理责任的学校及其他教育机构（包括中外合作办学等）也都属于民办教育的范畴。这样有利于在我国进一步形成全社会以各种形式积极参与举办教育的局面。

相关链接 1－5

国际上对私立教育的定义——“公”与“私”并非绝对

联合国教科文组织（UNESCO）将私立教育机构（Private Educational Institution）定义为“由非政府组织（教会、工会或企业）控制和管理的教育机构，不论其是否接受公共权力机构的资金支持”。在其1995年的《世界教育报告》中特别指出“由政府提供资助的学校，如果其属于私人管理，即被视做私立学校”。OECD对各国公立、私立教育进行统计时，区分“公立教育机构”与“私立教育机构”的主要标准是“按照该教育机构最终是由公立部门享有控制权还是由私立部门享有控制权”。与此同时，“私立教育机构”又按照对政府教育经费的依赖程度大小分为“政府依赖型私立教育机构”（government-dependent private institutions）和“独立型私立教育机构”（independent private institutions）。其中，“政府依赖型私立教育机构”是指其主要经费的50%以上来源于政府部门，或其教师工资是由政府部门来支付的教育机构；而“独立型私立教育机构”是指从政府部门获得的经费资助少于其全部办学经费的50%或其教师工资并非由政府部门支付的教育机构。由此，从经费来源上看，在世界上绝大部分国家，公立学校和私立学校之“公”与“私”都不是绝对的。公立学校很可能从政府之外收取学费或接受政府资助，许多国家的私立学校也接受政府提供的公共经费资助。在一些国家（如荷兰），私立学校不仅可以获得与公立学校同等的财政资助，甚至也同样是由政府出资建立的，只不过拥有更大的管理自主权而已。

资料来源：丁秀棠．私立教育中的政府资助比较研究［Z］．中国民办教育协会简报，2008(48)．

2. 统筹公办教育和民办教育的发展，切实营造各类学校间公平竞争环境和多元办学大格局

按照“五独立”原则，对公办学校参与举办民办学校作切实的规范。

根据建立社会主义市场经济体制的总要求，深化和加快我国教育的投资体制、管理体制、办学体制的改革，有效吸纳更多的社会资源进入教育领域。在明晰产权前提下，

鼓励以完全民办、公办民助、公办民管、民办公助、公办改制以及中外合作等多种形式办学，千方百计形成多元体制办学的大格局。

调整完善教育总体布局结构，确保符合条件的民办学历教育学校招生、办学的规模；支持地方政府将高等和中等职业教育扩招部分的任务主要交给民办教育承担；在各级各类教育规模中，积极稳妥地扩大民办教育所占的比重。

3. 全面推进民办学校依法规范办学

采取有力有效措施，促进广大民办学校切实落实学校法人财产权；真正建立民办学校法人治理结构，依法设立由校内外利益相关方代表参加、结构合理的理事会（或董事会）、监事会，依法行使决策权，确保民主决策、科学决策；落实教职工和社会有关方参与民主管理、公共监督的权利；建设高素质学校领导班子；自觉执行国家法律和政策、法规，全面贯彻国家教育方针，坚持社会主义办学方向和教育公益性原则，维护广大师生权益，尊重教育规律和市场规律，注重办学质量，提高管理水平，努力建立现代学校制度和建设和谐校园，确保学校安全稳定，走科学、内涵、持续发展的道路。

4. 依法行政，建立合理有序的民办教育管理新体系

通过对民办学校的规范管理，努力达到管好、管活的目的。

各级政府依法有效行使对民办教育的统筹规划、综合协调、宏观管理以及指导、监督的责任，切实维护广大民办学校的法定办学自主权以及广大师生的权益。

大力加强民办教育行业协会建设，根据民办教育存在的问题以及国家和地方各级民办教育的中心工作任务，以委托、授权等多种方式，充分发挥其促进民办教育规范发展和落实民办学校自律行为的重要作用，努力形成以政府为主导实施监管和提供有效服务，社会组织全面协助监管和推进行业自律，广大民办学校依法自主办学、规范有序的民办教育管理新体系。

（三）保障措施

一是建议全国人大2010年在全国范围内组织一次执法检查，全面调研、考察《民办教育促进法》贯彻落实的情况，总结典型经验，发现问题，查找原因，为修改完善《民办教育促进法实施条例》奠定基础。

专栏1-1

《民办教育促进法》执法检查重点专题

（一）国务院有关部门和各级政府落实“积极鼓励、大力支持、正确引导、依法管理”方针，促进民办教育发展的情况；

（二）国务院教育行政部门“对全国民办教育统筹规划、综合协调和宏观管理”，以及各级人民政府“将民办教育事业纳入国民经济和社会发展规划”的情况；

（三）各级政府部门保障民办学校享有法定办学自主权的情况；

（四）民办学校教师、受教育者关于与公办学校教师、受教育者享有“同等法律地位”、“同等权利”、“同等权益”规定落实的情况；

（五）国务院有关部门和各地政府关于落实设立专项资金；采取经费资助、税收优惠、信贷支持，给予用地及建设优惠以及给予合理回报等法定扶持、奖励规定的情况；

（六）各级各类民办学校依法办学的情况。

二是建议国务院教育行政部门召开第一次全国民办教育工作会议，总结、交流、推广地区和学校的典型经验，表彰先进事迹，统一思想，明确方向，增强信心，落实对策，推进我国民办教育事业积极健康地发展。

三是把握当前民办教育发展中所遇到的棘手问题，从国家战略高度实施带有全局意义的重点项目（或工程）。

专栏 1－2

推进全局意义重点项目

1. 完善政策法规和民办教育制度建设工程；
2. 民办学校行业自律和依法诚信规范办学推进工程；
3. 提高民办教育质量和各级各类民办示范校建设工程；
4. 落实民办教师平等地位、待遇和建立民办学校教师交流区域公共服务平台试点工程；
5. 民办学校产权明晰和落实合理回报试点工程；
6. 民办学校举办者、办学者岗位培训工程。

四是将民办教育事业发展的状况，列为考核各级政府及其教育行政部门政绩的一项重要内容。

五是国务院教育行政部门增设“民办教育司”，在各相关司局中具有综合协调功能，负责全国民办教育的政策研究和日常管理。

六是适当时机组织修订《民办教育促进法》及《民办教育促进法实施条例》，完善和调整有关条款。

三、妥善处理合理回报和产权问题

本次调研中，社会各方对如何解决民办学校合理回报和产权问题，以及与此所相关的税收优惠、财政资助等问题争论很多、反映强烈，主要存在以下两种思路，须经充分论证作出选择。

思路一：

应确保现有法律法规的延续性和广大民办学校的稳定性，主张在《民办教育促进法》及《民办教育促进法实施条例》等法律法规框架下，完善相关配套政策，包括就落实合理回报、明晰产权以及税收优惠、财政资助、财务会计制度等出台合理政策与办法。

具体建议为：

1. 明确民办学校事业法人属性

按照中共十六届三中全会决定以及《国务院关于鼓励支持和引导个体私营等非公有制经济发展的若干意见》中关于“允许非公有资本进入社会事业领域”的精神，组织修订《事业单位登记管理暂行条例》，突破民办学校不能登记为“事业单位”法人的传统观念和政策障碍，确认民办教育机构按“民办事业法人”登记。

与此同时，尽快制定相关制度，将经营性民办培训机构纳入工商部门登记注册范畴，实行企业法人管理办法。

2. 切实落实民办学校法定办学自主权

改变按照公办学校模式确定民办学校分配招生指标的做法，以其办学条件为主要依据，核定办学总规模，由民办学校自主确定每年的招生计划、招生范围、招生标准和方式，教育行政部门按照核定的其办学规模对注册人数进行认可。

选择办学质量高、信誉好的民办高校进行自主考试、自主招生、自主颁发学历证书的试点。允许符合办学条件的民办学校有权自主设置专业、开设课程（实施义务教育民办学校的教育教学活动应达到国家规定的课程标准）、选用教材（报教育行政部门备案），积极鼓励广大民办学校办出各自的特色。

落实民办学校法定收费权，改变目前学历教育民办学校收费审批制度，由民办学校自主确定收费标准和项目，报物价主管机关备案。但对于有些民办学校明显不合理的高收费现象，物价及教育行政部门要加强监督检查，并采取必要的措施予以纠正。

3. 制定合理回报参考标准和各项配套政策

制定合理回报操作细则和举办者奖励办法。考虑到现阶段我国私人资本在原始积累阶段负债率较高的特点，对举办者的投入部分，建议参照银行贷款长期利率水准给予合理回报。

制定民办学校专门的财务、会计、资产管理制度，制定民办学校税收优惠政策，制定民办学校土地使用、水电费、信贷等优惠政策；制定鼓励民间向民办学校提供捐赠的优惠政策。

鼓励各地因地制宜制定积极促进民办教育发展的政策法规及政府规范性文件。

4. 落实民办学校税收优惠政策

对出资人不要求取得合理回报的民办学校，可考虑将其收费统一纳入财政预算外资金专户管理，享受与公办学校相同的税收优惠政策；对出资人要求取得合理回报的民办学校，可参照高新技术企业的优惠税征收企业所得税；出资人将应当取得的合理回报继续用于学校建设和发展的，应允许作为再投入计入其出资额，并免除这部分再投入资金的相应税款；对从事非学历教育、带有公益性质的民办学校，其提供教育劳务所取得的收入，应该予以免征营业税；逐步改变现行以“由国家财政部门拨付事业经费”或“经费纳入国家财政专户管理”，作为享受税收优惠学校条件的做法。

5. 以公共资源积极资助民办教育

将发展和推进民办教育纳入公共预算。借鉴国外成功经验，建立各级政府公共财政资助民办教育的制度，努力拓宽公共经费资助民办教育的渠道，优化公共财政资助民办教育的机制。

鼓励地方政府及相关部门将公有闲置房屋、校舍、设施等，无偿或低价租赁给有条件的民办学校办学。

相关链接 1－6

OECD 国家资助私立教育做法

公共财政资助私立教育是许多国家的通行做法。在有些国家，在公共教育经费中，资助私立教育经费甚至占据了相当高的比例[①]。

政府资助是指政府通过各种渠道、各种形式将公共资源给予私立学校，包括资金，也包括相当于资金形式的其他资源，如政府提供的服务、土地使用等。政府资助形式多种多样，如学校在开办时提供其教育基础设施与设备、免税期、关税减免、免费或低价提供土地或出租土地等；在学校运营过程中，政府公共财政向学校提供补贴、学生贷款、科研基金、学生奖学金和助学金，实行教育券计划等。

对私立学校进行税收减免是各国普遍的做法。如意大利宪法规定，团体和私人均有权建立私立大学、中小学或从事学历教育的教育机构，而不必向国家纳税。韩国对私立学校进行税制支援，与学校正常运营直接相关的国税、地方税以非课税为

① 参见：附表：OECD 国家（及其伙伴国）各级各类教育经费来源。

原则，在教学设备购买和进口时可以减免特别消费税，对学校法人事业的收益、附属医院等实行税收优惠。与此同时，多数国家按照一定的标准对私立学校基础建设费用和日常办学经费进行直接补贴，包括人事费用、教材图书、教师养老金基金补贴等，同时加大对学生补贴的力度，包括学费补贴、交通费用补贴等。对私立高等教育，许多国家除了提供基础建设费用外，特别注重加大对学校的研究资助力度，以提升私立大学的研究水平。英国私立高等教育机构约90%的基建费和75%的教育经费依靠政府拨款。日本采用给私立大学经费的补助和政府拨款补助地方各类私立学校办法，维持和改进私立学校的教学和科研条件。1957年日本文部省颁布了《国家对私立大学科研设备补助法》，着重对私立大学在研究方面进行资助；20世纪90年代，日本采用竞争性资助方式，主要用于帮助私立大学提高研究和学术水平。韩国对私立学校的专门财政支援包括：私立学校的设备设施投资、学校事业费用和私学振兴基金。

资料来源：丁秀棠．私立教育中的政府资助比较研究［Z］．中国民办教育协会简报，2008（48）．

对于承担义务教育任务的民办学校，各级政府应依法根据其学生数量和当地实施义务教育公办学校生均教育经费标准，拨付相应的教育经费。

大力支持地方政府积极开展多样化办学体制的实验。包括在明晰产权、建立科学监管、规避风险和合理退出机制的前提下，可将部分公办学校（如幼儿园，中小学，中等、高等职业学校等）委托给经评估、审核具备条件的民间机构、社会组织管理，增强办学活力，提高办学效率。

同时，要加强对投入民办学校的公共资源使用情况的审计和绩效评估，以保证公共资源真正用于学校的建设和发展，确保民办学校法人财产的完整和安全。

6. 明晰民办学校产权，完善退出机制，拓宽融资渠道

稳定目前出资人、举办者的信心，首先要充分看到以往特殊历史背景下所形成的不同类型民办学校产权结构的复杂性，以及需要承认事实上已存在的多元产权问题。在正确开展试点的基础上制定合理可行的产权明晰办法，确保学校法人财产的落实，要求举办者履行按时足额出资、承担债务和资产过户等义务，严格执行国家财务和资产管理制度。

同时，考虑到以往绝大多数出资人或举办者出资举办民办学校的初衷不是“捐赠”而是“投资”，建议在现行法律框架下，以变通办法明晰举办者所合理拥有的

“产权”（“财产所有权”）①，以此确定以学校法人财产权为主体的民办学校合理的产权结构，作为在目前基本国情下解决历史遗留问题的一个特例，以及落实合理回报办法的一个重要依据。但是，经评估和验资，资不抵债或已有严重亏损的民办学校不在此列。

案例 1－8

黑龙江省明晰民办学校产权

黑龙江省人民政府颁布的《关于支持民办教育发展的若干意见》（黑政发［2005］25号）规定：《民办教育促进法》颁布前主要靠学费滚动发展起来的民办学校，可从学校净资产中提取15%作为创办人的初始出资额。

创办于1991年的黑龙江东亚大学（齐齐哈尔职业学院），靠学费滚动发展起来，先后于1993年兼并了公办职工大学，1998年托管了8所公办学校，校产形成过程复杂。齐齐哈尔市政府依据上述文件，聘请会计事务所和律师事务所组成由国资委牵头、民办学校参加的“产权界定工作组”。本着尊重历史、客观公正、合法合规、合情合理原则，按照“谁投入、谁所有、谁受益”的国企产改原则，将学校办学结余形成的资产全部界定为集体产权，由此使国有、学院相关个人以及教职工集体的产权分别得以明晰和量化，为学院股份制改造、构建法人治理结构、建立现代学校制度打破了坚冰、奠定了基础。

资料来源：曹勇安．管理创新——民办学校发展的核动力［Z］．中国民办教育协会简报，2008(44)．

同时，按党的十七大报告关于“要坚持和完善按劳分配为主体、多种分配方式并存的分配制度，健全劳动、资本、技术、管理等生产要素按贡献参与分配的制度”的精神，研究制定专门办法，就民办学校存续期间净资产合法增量的部分按举办者、办学者以及教职工群体的贡献确定适当的比例认定为其“产权”（属于教职工群体的部分可设立专门的奖励基金），以此作为合理回报的重要办法之一；鼓励举办者将此项所得反馈学校建设或归入师生奖励基金，计入其出资额，并返还相应的税款。

① 《民法通则》指出，“财产所有权是指所有人对自己的财产享有占有、使用、收益和处分的权利”；《物权法》指出：“所有权人对自己的不动产或者动产，依照法律享有占有、使用、收益和处分的权利。”

案例 1－9

陕西省破解民办学校产权难题

《陕西省民办教育促进条例》第二十七条规定："办学积累达到一定规模且有办学结余的民办学校，对未明确出资额的实际举办者，经学校理事会、董事会或者其他形式的决策机构决定，审批机关核准，可以给予一次性奖励。具体办法由省人民政府制定。"①

明文规定允许民办学校可用非教学资产作抵押和学费收费权作质押向银行申请贷款，鼓励举办者用其其他资产作抵押；允许银行对符合条件的民办学校提供信用贷款；允许符合条件的民办学校申请长期建设贷款，由政府酌情贴息。

通过合法手续和经学校理事会（或董事会）讨论通过，在学校各项规定的办学经费有保证的前提下，同意以部分学费收入提供举办者对投资学校所欠债务的还本付息。

案例 1－10

有关省积极拓宽民办学校融资渠道

《辽宁省民办教育促进条例》明确规定："鼓励社会基金组织为民办学校提供贷款担保，鼓励信托机构利用信托手段筹集资金支持民办学校的发展"；

《湖南省实施〈中华人民共和国民办教育促进法〉办法》规定："民办学校可以依法向金融机构申请贷款，鼓励金融机构对民办学校实行信用贷款，鼓励国有资产经营公司、国有投资公司以及其他企业和社会财团为民办学校提供贷款担保"；

《重庆市人民政府关于促进民办教育发展的意见》规定："民办学校可以用非教学资产作抵押和学费收费权作质押向银行申请贷款，用于扩大和改善办学条件。"

资料来源：由上海建桥学院董事长周星增提供，2009 年 1 月。

抓紧规范和允许符合条件的民办学校按合法程序和办法吸纳海外资金。

建立民办学校贷款融资担保、信用和风险评估体系。

建立民办学校举办者和民办学校法人合理的退出机制。在产权明晰情况下，允许学校产权在特定条件下可以对校外转让，增加民办学校投资和资产的流动性。

支持设立民办教育发展和奖励基金。

---

① 吴华，等．我国民办教育改革和发展的地区性差异分析与若干启示［Z］．中国民办教育协会简报，2008（32）．

出台民办学校知识产权和无形资产评估办法。

7. 构建民办学校教师公共服务平台

建立县级以上民办学校教师人事代理机构。其功能为：为符合条件的民办学校教师实行人事代理，统一管理其档案；合格教师按事业身份对待；落实其教师资格认定、职称评定等事项；建立教师人才库，其依法享受与公办学校教师同样的社保政策，所需费用由政府、学校和教师个人合理分担，政府争取承担其中一半左右（台湾为50%）的比重；允许公办学校教师停薪留职进入民办学校，连续计算工龄，支持教师在公办学校和民办学校间的合理流动。

案例1－11

上海市建立民办学校年金制度

为改善民办学校教师的退休待遇，积极鼓励和支持本市民办学校建立年金制度。

本年金制度，是指民办学校在依法参加国家法定的基本养老保险并履行缴费义务的基础上，根据民办学校的经济承受能力自愿建立的补充养老保险制度。

建立年金制度的民办学校，应制定本校的年金方案，签订年金基金管理合同，并经教职工代表大会或相应的民主程序通过，报上海市人力资源和社会保障局备案。

本市和各区县人民政府均应设立促进民办教育发展专项资金，民办学校建立并实施年金制度，是申请促进民办教育发展专项资金的条件之一。

资源来源：沪教委发［2008］123号文件。

思路二：

考虑到民办学校类型、教育服务内容和资金性质的多样性、复杂性，以及现有有关法律法规的不衔接、落实相关政策的种种困难等因素，借鉴一些国家做法，明确将民办学校区分为“营利性”（或“经营性”）和“非营利性”（或“非经营性”）两类，制定不同政策和分类管理办法。

具体建议为：

1. 修改《教育法》、《民办教育促进法》等相关条款，将民办学校分为营利和非营利性两大类，取消允许合理回报的规定。

2. 民办学校举办者自愿选择并经专门机构评估后，确定学校的“营利性”或“非营利性”属性，由此，享受不同的优惠政策，执行各自的运行规则。

3. 营利性学校参照公司制企业进行法人登记，并建立相应的法人治理结构，其法人性质、财务会计和产权界定按照企业有关制度执行，实行盈亏自负，资产归举办者所有，并制定对其税收优惠的政策。

4. 非营利性民办学校（实际是属于捐赠性质的民办学校）参照事业单位法人进行登记和管理。举办者对其投资及学校的节余均不享有任何权利与利益诉求。此类学校在法人性质、税收、人事、财务会计制度等方面享受与公办学校同等的政策，政府给以财政资助，按照非营利组织的法规处理学校的所有资产。就此须先期制定并颁布配套政策与规定。

5. 先从非学历教育入手，进行民办教育产业股份制改造和进入资本市场的探索和试验。

同时需要提醒的是，将民办学校区分“营利性”与“非营利性”两类管理，应高度关注和解决好以下问题：

（1）要考虑就此修改《教育法》和《民办教育促进法》等法律的可行性，以及全国人大在短期内就此纳入修法计划的可能性。

（2）开展学历教育的民办学校戴上“营利性”帽子后，是否会遇到新的生存困难，对此要先作认真的评估。

（3）民办学校按“营利性”与“非营利性”两类管理，由于其以往类型和多年发展模式的不同，对其产权结构的界定有相当大的难度和复杂性。须事先作大量调查研究，先期出台一系列合理可行的办法。

（4）出台将民办学校区分为“营利性”、“非营利性”的新政，必须广泛听取意见，并充分考虑如何确保现有广大民办学校和民办教育机构资产的安全、师生的稳定及其合理过度问题。要区别情况、分类处理，不宜简单地作“一刀切”的规定，尤其应在个别地区成功开展试验的基础上，稳步推广开来。

第二章 各类民办教育的发展

第一节　民办高等教育的发展①

中华民族具有悠久的私人办学传统。几千年来，我国私学与官学并举，为传承中华文明、传播科学知识、发展教育事业作出了不可磨灭的贡献。就私立大学而言，我国私立大学兴起于近代，最早的私立大学是教会大学，而后才有国人自己开办的私立大学。近代私立大学既是外强进行文化侵略的产物，也是“西学东渐”的产物。新中国成立之后，1951 年，我国政府首先接管了所有的教会大学，随后，政府推行“对私有制改造”的政策，于 1952 年把私立高等院校全部改为公立。自此，私立高等院校在我国倏然消失，在高等教育的历史上留下了一个私立高等教育的断裂期，时间长达 30 余年。

20 世纪 70 年代末 80 年代初期，伴随着改革开放的春风和旺盛的高等教育需求，民办高等教育悄然兴起。经过 30 多年的发展，民办高等教育从无到有、从小到大，从最初的租赁校舍到自建校园，从自考辅导到文凭试点，从非学历教育到学历教育，从专科层次的学历教育到本科层次的学历教育，学生人数不断增加，办学层次不断提高，整体结构不断优化，办学实力不断增强，已经成为我国高等教育体系的重要组成部分。民办高等教育的复兴，在缓解升学压力、满足社会需求、提高国民素质、促进市场经济发展，以及推动高等教育办学体制改革、推进高等教育大众化等方面，都作出了积极的贡献。

回顾改革开放以来我国民办高等教育的发展历程，总结、借鉴以往的经验和教训，对于民办高等教育乃至我国高等教育的整体发展，无疑具有十分重大的意义。

---

① 本文作者：邬大光，卢彩晨。原发表于：中国高等教育学会组编．改革开放 30 年中国高等教育发展经验专题研究［M］．北京：教育科学出版社，2008．

一、民办高等教育兴起的背景

（一）国内背景

世界私立高等教育发展史告诉我们，私立高等教育与私有制经济相联系，但它的存在和发展又不仅仅以私有经济为依托，同时要受政治、科技、文化的综合影响和制约。我国民办高等教育的发展也是如此，它是在我国政治、经济、文化的综合作用下复兴的。

从政治上看，1976 年粉碎“四人帮”，我国彻底结束了历时 10 年的文化大革命，彻底结束了无政府主义状态，恢复了社会主义民主法制政治体制。尤其是“文革”后于 1982 年颁布了《中华人民共和国宪法》，在宪法第十九条中规定：“国家鼓励集体经济组织、国家企事业组织和其他社会力量依照法律规定举办各种教育事业”。这一个规定，无疑为民办高等教育在我国获得政治合法性奠定了基础，打破了“历史的坚冰”①。其后，虽然“姓社姓资”、“姓公姓私”的问题仍不时困扰和阻碍着民办高等教育的发展，但由于民办高等教育在宪法中获得的“政治上的正确性”，使其逐步得到了社会的认可。

从经济上看，在 1978 年党的十一届三中全会召开之后，党和国家的工作重心从以“阶级斗争为纲”转移到以“经济建设为中心”的正确轨道上来，这极大地促进了经济建设和社会的发展。1982 年，党的十二大召开，以个体经济为代表的非公有制经济形式得到承认。十二大报告明确指出：社会主义国营经济在整个国民经济中居于主导地位。巩固和发展国营经济，是保障劳动群众集体所有制经济沿着社会主义方向前进，并且保障个体经济为社会主义服务的决定性条件。由于我国生产力发展水平总的来说还比较低，而且很不平衡，在很长时期内需要多种经济形式并存。只有多种经济形式的合理配置和发展，才能繁荣城乡经济，方便人民生活。报告中特别提出：“在农村和城市，都要鼓励劳动者个体经济在国家规定的范围内和工商行政管理下适当发展，作为公有制经济的必要的、有益的补充。”这充分肯定了个体经济的地位和作用，促进了社会主义商品经济的形成。乡镇企业、个体经济、私营经济和三资企业等多种经济成分的并存和发展，不仅对我国高等教育培养人才的数量、质量、结构、层次、专业类别等提出了前所未有的新要求，也为个人和企业投资民办高等教育提供了坚实的经济基础。

此外，从教育自身来看，“文革”使我国高等教育系统遭受了严重的，甚至是毁灭性的破坏，导致我国原本比较薄弱的高等教育系统雪上加霜，在改革开放之后，高校招生能力十分有限，难以满足人们接受高等教育的强烈愿望。据有关资料显示，1978 年，

① 王建华. 第三部门视野中的现代大学制度［D］. 厦门：厦门大学，2005：254.

全国普通高校仅招生30多万人，录取率不到2%[①]。与此同时，除应届高中毕业生以外，一大批被“文革”耽误的青年人甚至是中年人，在尊重知识、尊重人才的大背景下，释放出了强烈的接受高等教育的需求。一批有识之士，正是利用了改革开放提供的契机，开始举办民办高等教育。

（二）国际背景

20世纪70年代末80年代初，是我国民办高等教育复兴之际，正值“新自由主义”经济思想在世界主要资本主义国家盛行之时。“新自由主义”经济思想对教育产生了深刻影响，主要表现在两方面：一是市场机制被引入教育之中；二是私立教育日渐盛行。

“新自由主义”经济思想是由美国经济学家米尔顿·弗里德曼于20世纪50年代提出的，其中心思想是“利用市场机制经营公共服务”。作为1976年诺贝尔经济学奖获得者、美国“新自由主义”经济理论的杰出代表弗里德曼认为，资本主义体系本身是稳固的，只要充分发挥市场机制的作用，不需要政府干预私人经济，应该让市场充分发挥作用。因此，他极力主张将市场这只“看不见的手”伸到所有的社会领域之中；主张应尽可能地依靠私有机制，用私人的办法来解决公共问题；主张以市场为导向来进行教育改革，以市场为导向进行资源配置。与哈耶克不同，他在主张市场导向的同时，并不完全排斥政府的作用。不过，虽然弗里德曼极力推崇“市场”，但是，“新自由主义”经济理论在当时的历史条件下并没有市场。

20世纪70年代末80年代初，资本主义世界经济危机和政治危机接连不断，表明以往被资本主义国家奉为圭臬的凯恩斯“国家干预主义”已经失灵。为了恢复经济，渡过危机，资本主义国家迫切需要一种新的经济理论来指导其经济发展。在这一背景下，弗里德曼的“新自由主义”经济思想才在许多国家得到了认同。尤其是美国和英国，“新自由主义”经济思想在里根总统和撒切尔夫人执政时期被推向了极致，一定程度上已经成为当时这两个国家的官方经济学。

在“新自由主义”经济思想影响下，1981年美国总统里根上台后就削减了83个预算支出项目，其中大部分是福利项目[②]。这使整个高等教育领域发生了显著的变化，主要特征是：高等教育市场化被认为是合理的现象；公立与私立大学并存；大量多层次和多类型的高等教育机构开始兴起；联邦和州政府对高等教育的政策松绑；相关的法律得到进一步健全。此时，英国和澳大利亚的高等教育经费也进行了大幅度削减。

与此同时，一些国家将发展私立高等教育作为缓解财政困难、社会压力和市场需求的一项举措，积极扩充和引入私立高等教育机制。如哥伦比亚、日本、菲律宾、比利时、巴西、孟加拉、荷兰等国家，在私立大学或学院就读的学生数均达到高等教育学生

① 刘莉莉. 中国民办高等教育发展的研究 [M]. 长春：吉林人民出版社，2002：2.

② 朱科蓉. 英美教育市场化改革述评 [J]. 清华大学教育研究，2003(1).

总数的50%以上，有些甚至高达70%—80%。有些国家的私立高等教育机构无论是机构扩充速度还是招生规模都大大超过公立高等教育。

上述国内和国际背景催生了我国民办高等教育的复兴和发展。可以说，其复兴与发展既是我国改革开放后经济社会发展的客观诉求，也是人们日益增长的高等教育需求使然，并与国际私立高等教育发展的大背景达到了某种契合。

二、民办高等教育的发展阶段

回顾30年来我国民办高等教育的发展，国内学者对其发展阶段，按照各自的标准，有“三阶段”、“四阶段”和“五阶段”等划分方式。根据我国民办高等教育规模和数量的变化，我们认为，大致可以将其划分为以下五个阶段。

（一）恢复重建期（1978—1983）

改革开放以来我国民办高等教育的复兴究竟从何时算起，对此众说纷纭。有的认为其起点应是1978年10月湖南长沙中山业余大学创办补习班，有的认为应是1982年3月北京创办的中华社会大学。目前比较公认的看法是把中山业余大学作为我国改革开放后民办高等教育的雏形，把1982年创办的中华社会大学作为民办高等教育复兴的标志。其实，无论是湖南长沙的中山业余大学，还是北京的中华社会大学，都只能说是“助学机构”，而非严格意义上的学历教育。但恰恰是这种“助学机构”，为后来我国民办高等学校的发展奠定了基础①。1982年12月4日五届全国人大五次会议通过的《中华人民共和国宪法》规定：“国家鼓励集体经济组织、国家企业事业组织和其他社会力量依照法律规定举办各种教育事业。”这一规定为发展民办教育提供了法律依据。此后，全国各地陆续出现了一批以自考助学、文化补习和职业技能培训等为主要办学形式的教育机构。到1983年，北京已经有4所这样的教育机构，其中面授与函授的教育机构各两所。

（二）复兴期（1984—1991）

1984年3月，北京海淀走读大学——第一所国家承认学历的民办高校诞生，极大地鼓舞了民间办学的热情。在短短的两年时间里，全国民办高等学校迅速发展到370所②。1986年通过的《中华人民共和国义务教育法》规定：“国家鼓励企业、事业单位和其他社会力量，在当地人民政府统一管理下，按照国家规定的基本要求，举办本法规定的各类学校。”同年9月11日，由国务院办公厅转发的《国家教育委员会、国

① 刘莉莉．中国民办高等教育发展的研究［M］．长春：吉林人民出版社，2002：28－29．

② 国家教育发展研究中心．2001年中国教育绿皮书［M］．北京：教育科学出版社，2001：134．

家计划委员会、财政部、劳动人事部关于实施〈义务教育法〉若干问题的意见》中，添加了“个人依法办学可以试办”的规定。在此期间，《中共中央关于经济体制改革的决定》、《中共中央关于科技体制改革的决定》、《中共中央关于教育体制改革的决定》相继颁布；国家教委也先后颁布了《关于社会力量办学的若干暂行规定》、《社会力量办学财务管理暂行规定》、《社会力量办学教学管理暂行规定》等规章制度，为民办教育的发展奠定了基础。

据统计，2000 年 37 所具有颁发学历文凭资格的民办高校中，有 11 所创办于 1984—1985 年，包括北京海淀走读大学、邕江大学、凉山大学、中原职业学院、黄河科技学院、西安女子培华大学、福建华南女子职业学院、浙江树人大学、长江职业学院、湖北函授大学、天津联合业余大学①。这一时期民办高等学校的特点是“无校舍、无资金、无教师”，主要是依靠租用校舍、聘请教师来实现低成本扩张。由于有些学校办学不规范、办学质量低、盲目追求经济利益，因此，这一时期，社会各界和教育主管部门基本是采取纠偏的姿态。一方面对民办高校进行清理整顿，撤销了一批不合格的学校；另一方面，对民办高校的增设进行了限制。从 1987 年到 1991 年年底，全国民办高等学校及民办高等教育机构数量，从 1986 年年底的 370 所增加到 450 余所②，平均每年增加 16 所。与此同时，由于 20 世纪 80 年代末 90 年代初，社会关于“姓社姓资”、“姓公姓私”的争论异常激烈，从总体上看，各方面都无暇顾及民办高等教育的整体发展。在社会意识形态领域争议四起的背景下，复兴的民办高等教育似乎从复兴之日起就预示着今后发展之路的坎坷与艰辛。

（三）快速发展期（1992—1996）

1992 年年初，邓小平发表南方谈话，整个社会思想得到了进一步解放，一些传统的思想禁锢被打破，民办高等教育进入了快速发展时期。1993 年 2 月，《中国教育改革和发展纲要》颁布，提出“改变政府包揽办学的格局，逐步建立以政府办学为主体、社会各界共同办学的体制”，并对民办教育的发展提出了“积极鼓励、大力支持、正确引导、加强管理”的方针。与此同时，具有我国特色的学历文凭考试于 1993 年开始试行，北京市率先在 15 所民办高校的 15 个专业试行学历文凭考试。1994 年 2 月，国家教委首次受理和审批了民办黄河科技学院、上海杉达学院等 6 所民办高校颁发学历文凭资格。此后，全国民办高校急剧增加。

以陕西省为例，陕西省 1993 年仅全日制民办高校就达 101 所，另有业余制民办高等教育机构 60 余所，当前陕西省具有较强实力的民办高校多是在这一阶段成立的。如

① 刘莉莉．中国民办高等教育发展的研究［M］．长春：吉林人民出版社，2002：29.

② 教育部发展规划司，上海市教育科学研究院．2002 年中国民办教育绿皮书［M］．上海：上海教育出版社，2003：7.

西安外事学院（原西安外事服务培训学院）、西京学院（原西京职业大学）、西安欧亚学院（原西安涉外人才培训学院）、陕西服装艺术学院（原陕西服装培训学院），等等。这一时期民办高校发展的特点是：学校数量多，办学层次多，举办单位类型多，办学人员以年富力强的中青年为主①。事实证明，陕西民办高等教育能在21世纪走在全国的前列，与这一时期年富力强的办学者加盟具有一定的相关性。从全国来看，根据有关部门的统计，1994年全国有民办高校880所，至1995年已经发展到了1209所。一年间净增329所，相当于每天成立一所民办学校，由此可以看出当时人们对举办民办高校的热情之高。今天回过头来看，当时民办高校的大发展，也从另一个侧面反映出社会举办民办高校的非理性和政府审批中存在的盲目性。这种非理性和盲目性，给此后许多民办高校的发展埋下了一定的隐患。

（四）规范发展期（1997—2001）

1997年国务院发布《社会力量办学条例》，这是新中国成立后第一部民办教育行政法规。《社会力量办学条例》的颁布，标志着我国民办高等教育进入了规范化发展时期。一方面，全国各地通过第二次换发《办学许可证》，对民办高校进行了大规模的清理和整顿。如陕西省为了规范办学行为，注销了陕西炎黄文化进修大学、陕西秦岭科技培训大学等一批办学机构②。据统计，1996年全国民办学校为1130所，1997年减少到1115所，1999年为1277所，2001年为1415所。尽管在此期间，有一批民办高校被关闭，但在总体上，民办高校数量仍呈上升趋势。

这一时期民办高等教育发展的主要特点是涌现了一大批“三高”学校，即高起点、高投入、高标准。如天狮职业技术学院、广东潮汕职业技术学院、宁波大红鹰职业技术学院、西安思源培训学院、西安高新科技培训学院、西安海棠专修学院，等等，全国民办高校的校园建设、办学条件发生了巨大改变，极大地缓解了以往办学的“三无”状态。与此同时，民办高校之间的差距也日益明显，竞争日趋激烈。一些办学条件较差的学校逐渐退出市场，有的则被其他高校兼并重组。如西安外事学院1997年以来，先后并购了即将倒闭的西安科技学院和西安工业专修学院。③

（五）依法发展期（2002年至今）

2002年12月28日《中华人民共和国民办教育促进法》的出台，以及2004年《中华人民共和国民办教育促进法实施条例》的出台，标志着我国民办高等教育进入了依法办学、依法管理的新的发展阶段。尤其是关于举办民办高校可以适当取得合理回报的规定，虽然由于主客观原因没有得到很好的贯彻和落实，但无疑是对我国以往高等教育办

①② 李维民．民办教育的创新与发展［M］．西安：陕西人民出版社，2005：327．

③ 刘莉莉．中国民办高等教育发展的研究［M］．长春：吉林人民出版社，2002：32．

学理念的一次重大突破，也是对我国以往大学制度的重大突破。这一规定的出台，使我国民办高等教育的相关制度更加接近民办高等教育的实际，对于我国民办高等教育的健康发展产生了重大影响。

三、民办高等教育发展的特征分析

改革开放以来，我国民办高等教育的发展十分迅猛。1982 年，民办高等教育机构（包括学历和非学历高校在内）只有 30 余所；到 2005 年，已经发展到 1329 所。从 1982 年到 2005 年的 24 年间，增长了 44.3 倍，每年平均增长 50 余所。其中，1993—1995 年的 3 年间增长速度最快，3 年共增加了 709 所，年均增加 236 所。就民办普通高校而言，1991 年为 6 所，到 2007 年年底已经发展到了 297 所，总量增长了 49.5 倍，年均增长 18 所。增加最快的时期是 1999 年我国高等教育实行扩招以来，民办普通高校从 25 所增至 275 所，7 年间增长了 11 倍。

下面分别从办学形式、办学规模、办学条件、办学结构、办学质量等方面，对我国民办高等教育的发展状况进行回顾。

（一）办学形式

改革开放以来，我国民办高等教育主要经历了以下三种形态：不具备国家承认学历文凭的高等教育机构、高等教育学历文凭考试试点学校、具备颁发学历文凭资格的民办普通高校。此外，在上述三类高等教育机构中，还有中外合作办学的高等教育和非学历培训活动，以及依托公办大学举办的民办独立学院。2004 年国家取消了学历文凭考试试点学校的审批，这标志着学历文凭考试试点学校已经结束了历史使命。

目前，在国家统计的民办高等教育机构中，由于独立学院单独统计，事实上民办高等教育机构主要包括民办普通高校和民办其他高等教育机构这两种办学形式。据《2007 年全国教育事业发展统计公报》显示，截至 2007 年年底，全国共有民办普通高校 297 所，在校生 163.07 万人，其中本科生 21.12 万人，专科生 141.94 万人，另有其他形式教育的学生 22.36 万人，民办非学历高等教育机构 906 所，各类注册学生 87.34 万人。

（二）办学规模

改革开放以来，从总体上看，我国民办高等教育的学校数量升中有降，学生数量逐渐增长，校均规模相差悬殊。

1. 从学校数量来看，升中有降

升是指学校总数逐渐上升，尤其是民办普通高校数量始终保持上升；降是指在整个民办高等教育的发展过程中，学校总体数量有的年份上升，有的年份下降。

1984 年我国有民办教育机构 120 所，到 2005 年，民办普通高校和其他民办高等教育机构已经达到1329所。截至2007年年底，民办普通高校已经达到297所。从1995年至今，民办普通高校与民办其他高等教育机构的数量总体保持在1000所左右（见表2－1）。

表2－1　1980—2007年全国民办高等教育机构数和在校生数

年份	学校数合计（所）	民办普通高校		民办其他高等教育机构	
		学校数（所）	学生数（万人）	学校数（所）	学生数（万人）
1980	30			近30	
1984	120			120	
1985	170			170	
1986	370			370	
1991	456	6		450	
1992	506	6		500余	
1993	813	13		800	
1994	896	16		880	
1995	1227	18		1209	71
1996	1130	21	1.2053	1109	108.4
1997	1115	20	1.6054	1095	119
1998	1222	22	2.2232	1200	
1999	1277	37	4.0186	1240	118.4
2000	1325	43	6.8321	1282	98.17
2001	1415	124	14.0359	1291	128
2002	1335	133	31.98	1202	140.35
2003	1279	175	81	1104	100.4
2004	1415	228	139.75*	1187	105.33
2005	1329	252	105.17	1077	109.15
2006	1272	278	133.79	994	93.9
2007	1205	297	163.07	906	87.34

* 包括独立学院学生数。

数据来源：饶爱京．江西民办高等教育发展研究［D］．厦门：厦门大学教育研究院，2005．2003—2008年各年全国教育事业发展统计公报。

在民办高校数量逐渐增长的同时，也出现了一些民办高校倒闭的现象。1996年5月18日，全国民办高等教育委员会第二次会员大会在北京钓鱼台国宾馆召开。这是20世纪中国民办高校的盛会，共有400多所民办高校出席了这次大会。而到2002年，当年与会的400多所民办高校仅存40所[①]。从总体上看，民办高校在1996年、1997年、2002年、2003年、2005年、2006年、2007年绝对数量有所减少，分别比上一年减少97所、15所、80所、56所、86所、52所和67所。从1993年到2007年的15年中，总计减少453所民办高校，其中绝大多数是民办高等教育机构。这只是从全国的总体数量上看，如果从各省内部变化来看，民办高校倒闭的数量可能会更大。以陕西省为例，陕西民办高等教育从1984年的第一所学校开办至今，平均办学年限只有9.7年。1991年以前，陕西批准成立的民办高等教育机构17所，合并、注销5所；1992—1996年，批准成立101所，合并、注销27所；1997—1999年，批准成立34所，合并、注销33所；2000—2002年，批准成立10所，合并、注销31所[②]。也就是说，从1992年到2002年，陕西省共批准民办高等教育机构145所，合并、注销91所，倒闭的比率是62.76%。

就民办普通高校而言，其数量总体上一直呈上升趋势。从1991年的6所增加到2007年年底的297所，增长了48.5倍（见图2－1）。但是，从2004年江苏培尔职业学院台商撤资学院停办开始，民办普通高校也出现了兼并现象。截至2007年年底，民办普通高校被其他院校兼并的共有5所。可见。民办高校倒闭或兼并似有向民办普通高校蔓延的趋势。

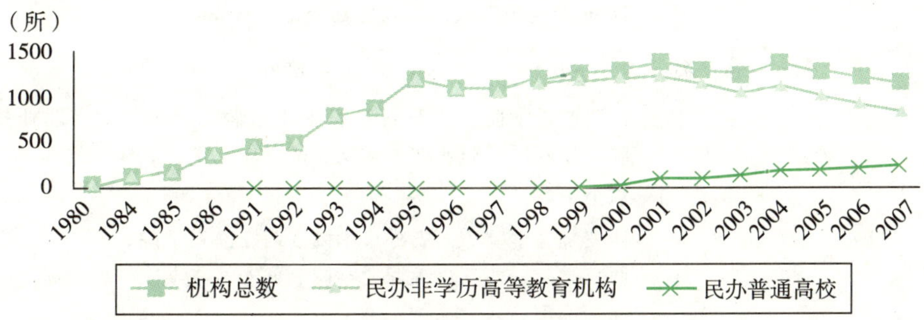

注：机构总数是指民办其他高等教育机构与民办普通高校二者数量之和。

图2－1　1980—2007年全国民办高等教育机构发展趋势

资料来源：根据表2－1制作。

2. 从学生数量来看，总体逐步增长

2000年至2007年，民办普通高校的学生数从6.83万增长到163.07万，增长了约23倍（见表2－2、表2－3）。与此同时，由于教育部于2004年取消了学历文凭考试试点学校的审批及招生，所以，民办其他高等教育机构的学生数量有下降的趋势。

---

① 曹勇安．中国民办高等教育问题［R］．厦门：厦门大学教育研究院，2006．

② 郝瑜，王冠．论陕西民办高等教育的缘起与发展［J］．高等教育研究．2004(2)：77．

表 2－2　2000—2007 年中国民办高等教育发展状况

年　份	全国民办高校				民办普通高校			
	学　校		学　生		学　校		学　生	
	数量（所）	比上年增长（%）	数量（万人）	比上年增长（%）	数量（所）	比上年增长（%）	数量（万人）	比上年增长（%）
2000	1282	—	105.03	—	42	—	6.83	—
2001	1291	0.70	128.11	21.97	89	111.90	14.04	105.12
2002	1202	－6.89	140.35	9.55	133	49.44	31.98	127.78
2003	1277	6.24	181.4	29.25	173	30.08	81.00	153.28
2004	1415	10.81	245.08	35.10	228	31.79	139.75*	72.53
2005	1329	－6.07	214.32	－12.55	252	10.53	105.17	－24.74
2006	1272	－4.29	227.67	6.23	278	10.32	133.79	27.21
2007	1205	－5.27	250.41	9.99	297	6.83	163.07	21.89

注：*包括独立学院学生数。

数据来源：潘懋元．2020：中国民办高等教育的前瞻［J］．浙江树人大学学报，2005(3)．2005—2007 年各年《全国教育事业发展统计公报》。

表 2－3　2006 年全国万人规模民办高校地区分布

地　区	数　量	排　名	学校名称
江西	6	1	江西蓝天学院、江西新亚职业技术学院、江西大宇职业技术学院、江西服装职业技术学院、南昌理工学院、江西渝州科技职业技术学院
陕西	6	2	西安翻译学院、西安外事学院、西安欧亚学院、西京学院、西安思源职业学院、西安培华学院
北京	4	2	北京城市学院、北京吉利大学、北京人文大学、北京科技职业技术学院
山东	3	3	山东英才学院、青岛海滨职业学院、烟台南山学院
广东	2	4	广东白云职业学院、广东岭南职业技术学院
湖南	1	5	湖南涉外经济学院
浙江	1	5	浙江树人大学
福建	1	5	仰恩大学
河南	1	5	黄河科技学院
湖北	1	5	武汉生物工程学院

资料来源：饶爱京．江西民办高等教育发展研究［D］．厦门：厦门大学教育研究院，2005：18．

3．从校均规模来看，相差十分悬殊

校均规模差异主要表现在两个方面：一是民办高校内部相差悬殊。从单个民办高校的办学规模来看，既有在校生达几万人的巨型大学，也有在校生仅十几个人或几十人的民办高等教育机构，校均规模相差十分悬殊。如2007年广东白云职业学院、广东岭南职业技术学院、西安翻译学院、西安外事学院、西安欧亚学院、西京学院、西安思源学院、西安培华学院等13所民办高校的在校生超过了万人。二是与公办高校对比相差悬殊。就民办普通高校而言，2006年26所本科院校校均规模13273.12人（见表2－4）。从民办高校整体看，“九五”末期民办普通高校的校均在校生人数仅为1500人左右，大大低于当时公办高校校均4000多人的规模。2003年，民办高校校均在校生规模为4682人，公办高校的校均规模为6586人[①]，二者的差距仍在2000人左右。如果把民办其他高等教育机构计算在内，那么差距更加明显。

表2－4　26所民办本科高校基本数据一览

序　号	学　校	在校生（人）	专职教师（人）	占地面积（亩）	建筑面积（万平方米）
1	北京城市学院	28000	800	500	25
2	吉林华桥外国语学院	5000	282	1140	76
3	黑龙江东方学院	6300	410	409	27
4	上海杉达学院	7385	323	838	18
5	江苏三江学院	7000	450	589	19
6	浙江树人大学	10000	550	500	30
7	仰恩大学	10000	—	2500	80
8	河南黄河科技学院	25000	722	2700	35
9	西安培华学院	15000	525	1100	30
10	西安外事学院	36000	1330	1843	51
11	西京学院	20000	1000	1620	60
12	西安欧亚学院	20000	426	1100	35
13	湖南涉外经济学院	14800	795	1700	46
14	长沙医学院	6000	450	1070	18
15	武汉生物工程学院	18000	1100	1312	49
16	江西蓝天学院	34000	502	2201	53
17	南昌理工学院	18000	1300	5746	86
18	广东白云职业学院	8600	421	440	27
19	广东培正学院	8000	359	1700	26

① 徐绪卿. 新时期中国民办高等教育发展研究［M］. 杭州：浙江大学出版社. 2005：19.

续表

序　号	学　校	在校生（人）	专职教师（人）	占地面积（亩）	建筑面积（万平方米）
20	辽宁对外贸易学院	7525	424	1600	22
21	青岛海滨学院	8000	500	1015	32
22	烟台南山学院	10291	586	1170	42
23	安徽新华学院	8000	130	1500	12
24	宁夏理工学院	5300	125	400	23
25	上海建桥学院	8000	308	487	24.5
26	宁波诺丁汉大学	900	60	887	18

注：1—24 项数据截至 2005 年 3 月；25—26 项数据截至 2006 年 6 月。

数据来源：徐绪卿．新时期中国民办高等教育发展研究［M］．杭州：浙江大学出版社，2005：25．相关大学网站，http：//www.gench.com.cn/，http//www.entry.nottingham.edu.cn/cx2.asp。

（三）办学条件

从最初的白手起家，到 20 世纪 90 年代初期企业加盟民办高等教育领域，民办高校的办学条件日益得到改善。但是，在民办普通高校和民办非学历高等教育机构之间仍然存在着很大差别，民办非学历高等教育机构的办学条件仍需改善。

1．从校产积累来看，办学硬件条件日益改善

我国民办高校资产积累的来源主要有两条：一是投资者投资；二是学费。

从我国民办高校的兴起与发展来看，无论是黄河科技大学胡大白校长最初 30 元的广告费，还是北京海淀走读大学傅正泰校长办学初借来的 5 万元启动资金；无论是许多民办高校当初白手起家的人力资本投入滚动发展，还是 20 世纪 90 年代初期至今许许多多企业巨额资金的相继注入，都带有明显的投资办学特征。

1997 年年底，全国 23 个省（自治区、直辖市）向国家教委报送了 221 所学历文凭考试试点民办学校的简况表。根据教育部政策法规司对 221 所民办高校创办财产的统计，有国有财产、创办者投入财产和捐赠财产的学校分别为：有国有财产的 50 所；有创办者投入财产的 158 所；有捐赠财产的 4 所；其余 9 所既无国有资产又无捐款财产（见表 2－5）[①]。

---

① 邵金荣．中国民办教育立法研究［M］．北京：人民教育出版社．2001：3．

表 2－5　1997 年年底全国学历文凭考试试点民办高校财产状况统计

地　区	学校数（所）	国有财产（万元）	创办者投入财产（万元）	捐赠财产（万元）	办学积累财产（万元）	有国有财产学校数（所）	有创办者投入财产学校数（所）	无创办者投入财产学校数（所）	有办学积累财产学校（所）
湖　南	20	506.00	2109.45	—	2834.18	1	14	6	18
湖　北	6	5053.00	6688.00	—	9002.00	3	4	2	5
山　东	17	5127.00	15272.78	—	5926.58	7	14	2	13
江　苏	12	—	579.00	—	989.40	—	11	1	11
贵　州	2	388.00	387.05	—	—	1	1	—	—
浙　江	9	1133.00	5097.00	6.0	1222.98	3	6	2	8
四　川	9	390.00	341.10	—	3064.70	2	7	2	8
广　东	6	2000.00	19545.00	—	800.00	1	6	—	4
重　庆	4	2160.00	1823.70	—	2325.00	2	4	—	4
福　建	4	300.00	3597.00	—	386.00	1	4	—	3
上　海	13	3527.00	2129.60	—	1583.40	2	9	4	12
江　西	4	50.00	5330.10	—	2500.00	1	4	—	4
河　南	7	1107.00	3746.00	525.8	7405.10	2	4	3	2

续表

地　区	学校数（所）	国有财产（万元）	创办者投入财产（万元）	捐赠财产（万元）	办学积累财产（万元）	有国有财产学校数（所）	有创办者投入财产学校数（所）	无创办者投入财产学校数（所）	有办学积累财产学校（所）
辽　宁	34	3102.00	7873.00	—	1616.00	10	29	5	25
吉　林	4	—	2296.50	—	1117.60	—	3	1	4
黑龙江	3	200.00	—	325	1008.00	1	—	3	3
天　津	10	3598.55	4.80	—	202.94	8	1	9	2
山　西	5	—	253.00	20	893.00	—	5	—	5
内蒙古	2	—	516.40	—	296.00	—	2	—	2
安　徽	2	—	4941.00	—	1750.00	—	2	—	1
河　北	4	668.90	3703.00	—	547.20	1	2	2	3
陕　西	20	—	21299.60	—	4433.00	—	15	5	20
北　京	24	4138.03	1220.50	—	5610.86	4	11	13	22
总　计	221	33448.58	108853.58	876.8	55513.94	50	158	60	179

资料来源：邵金荣．中国民办教育立法研究［M］．北京：人民教育出版社，2001：5－6．

可见，我国绝大多数民办高校都是依靠创办者投资，或者是依靠滚动发展建成，捐资办学在中国民办高校中只是凤毛麟角。

表 2－6　学费收入占民办高校总收入的比例

学校名称	学费占学校每年收入的比例（%）	学校名称	学费占学校每年收入的比例（%）
民办华联学院	90 以上	中国科技经营管理大学	100
中原职业技术学院（河南省）	30	民办白云职业技术学院（广东省）	100
北京中新企业管理学院	100	郑州大学升达经贸管理学院	100
厦门华厦学院	100	浙江大学城市学院	95
广州岭南职业技术学院	100	宁波大学科技学院	100
南华工商学院（广东省）	85	吉林华桥外国语学院	70
西安欧亚学院	100	邕江大学	85
山东万杰医学高等专科学校	80	北京吉利大学	50
上海建桥大学	不详	湖北函授大学	90
黑龙江东亚大学	75	海淀走读大学	85
江西民办蓝天职业技术学院	100	天津联合业余大学	95 以上
黄河科技学院	95	浙江树人大学	80
福建育青职业技术学院	100	三江学院	95
西安翻译学院	100	长江职业学院（湖北省）	95
宁夏石嘴子职业技术学院	70	明达职业技术学院（江苏省）	70
福建华南女子学院	80	黑龙江东方学院	90
培正商学院（广东省）	100	新侨职业技术学院	80
杉达学院（上海市）	100	民办东海职业技术学院（上海市）	86.90
天狮职业技术学院	60	西安外事学院	100
西安东方亚太学院	90		

资料来源：邬大光．中国民办高等教育发展状况分析［J］．教育发展研究院，2001(7)．

表 2－7　全国民办高校校舍情况　　单位：平方米

年　份	校舍总面积	教学辅助用房面积	行政办公用房面积	生活用房面积
1995	290112	109199	15300	165623
1996	325911	143304	18631	163976
1997	399808	174578	21216	204014
1998	660685	313944	26896	319845
1999	1726363	728887	92580	904896
2000	2988605	1251785	134898	1601922
2001	7424603	3422992	319237	3682374
2003	9251641	4438779	620752	3706454
2004	10363731	5070184	880596	3969401
2005	7644136	3805645	437222	3030355
2006	6685823	2970090	483267	2939134

数据来源：教育部发展规划司，上海市教育科学研究院．2002 年中国民办教育绿皮书［M］．上海：上海教育出版社，2003：86. 2003—2007 年各年《中国教育统计年鉴》。

2. 从师资队伍来看，专兼职并存，兼职居多

我国民办高校最初是从“三无”即“无资金、无校舍、无教师”的状况起家的。发展至今，民办其他高等教育机构仍以兼职教师为主，如广东专兼职教师比例为18.2:81.8。就民办普通高校而言，专职教师逐渐充实。从年龄结构上看，呈现出“两头大中间小”的态势，即新毕业和已退休的教师多，中年教师比较少①。从学历结构上看，本科学历居多，硕士学历和博士学历占少数。但是，最近几年，在民办普通高校中，拥有硕士和博士学历的教师人数也在逐渐增多（见表 2－8）。从职称结构上看，拥有高级职称和其他职称的教师比例大约为 4:6（见表 2－9）；从生师比来看，民办高校的生师比总体较高，个别学校达到 60:1 甚至更高（见表 2－10）。

① 中华人民共和国教育部发展规划司．中国教育统计年鉴 2006［M］．北京：人民教育出版社，2007：57.

表 2－8　全国民办普通高校专任教师数和学历结构　　单位：人

年　份	合　计	博　士	硕　士	学　士
1995	764	5	109	389
1996	887	7	117	468
1997	988	8	137	557
1998	1369	21	195	734
1999	3354	46	396	2231
2000	5895	90	570	3973
2001	12172	267	1317	7895
2003	22543	664	3153	16800
2004	26048	696	3643	17194
2005	22528	724	3026	14804
2006	21776	652	2896	14941

数据来源：教育部发展规划司，上海市教育科学研究院．2002 年中国民办教育绿皮书［M］．上海：上海教育出版社，2003：87．2003—2006 年各年《中国教育统计年鉴》。

表 2－9　全国民办普通高校专任教师职称情况

年　份	教师数（人）	正高职（人）	副高职（人）	中　级（人）	初　级（人）	无职称（人）	高级职称比（%）
1995	764	91	300	214	147	12	51.18
1996	887	106	356	237	155	33	52.08
1997	988	111	394	266	159	58	51.11
1998	1369	161	481	417	249	61	46.89
1999	3354	372	1051	1064	630	237	42.43
2000	5895	668	1702	1743	1215	567	40.20
2001	12172	1898	3186	3264	2661	1163	41.76

数据来源：教育部发展规划司，上海市教育科学研究院．2002 年中国民办教育绿皮书［M］．上海：上海教育出版社，2003：87．

表 2－10　部分民办高校师生比

学校名称	在校生（人）	教师（人）		行政人员（人）	师生比
		专　职	兼　职		
江西大宇专修学院	9000	90	500	325	1:15
江西财经理工学院	4100	10	320	170	1:12.4
湖南涉外经济学院	5800	400	—	160	1:14.5
江西航天专修学院	4276	80	105	—	1:23.1
江西蓝天职业学院	18000	200	980	300	1:15.3
黑龙江东亚大学	5700	60	140	200	1:28.5
黑龙江东方学院	2300	60	260	—	1:7.19
松花江专修学院	580	32	36	—	1:8.5
西安欧亚学院	11000	130	280	—	1:26.8
西安亚太学院	2550	40	150	—	1:13.4
西安思源学院	7400	40	80	—	1:61.7
西安翻译学院	22000	80	750	—	1:26.5
湖北函授学院	6000	160	—	20	1:33.3
长江职业学院	5300	50	350	100	1:13.25
西安外事学院	15600	120	350	—	1:33.2

资料来源：邬大光．中国民办高等教育发展状况分析［J］．教育发展研究，2001(7)．

（四）结构状况

我国民办高等教育主要集中在专科的高职层次。从专业结构来看，主要集中在文科类专业，存在着一定程度的专业趋同现象。就区域结构而言，由于各地区政策不同、政府与个人的重视程度不同，因此，区域结构非常不平衡。

从层次结构来看，以专科为主。2007 年年底，全国 297 所民办普通高校中，有 29 所本科院校，其余均为专科层次的高职院校。民办本科院校占民办普通高校总数的 0.98%，民办专科院校占 99.02%。

从科类结构来看，偏重文科。民办高校的学科结构主要集中在文科和个别应用性强的学科领域，几乎所有的民办高校都开设了外语、计算机、经济管理、旅游、会计等专业。近年来，虽然一些综合性民办高校的理工科与基础性学科和专业逐渐增多，但是，总体上看，依然存在偏重文科类的现象。以 2007 年江西某学院的专业为例，在本科 9 个系的 9 个专业中，有 8 个是文科类专业；在专科 14 个系的 36 个专业中，有 31 个是文科类专业。

从区域结构来看，分布不均衡。就其他民办高等教育机构而言，2007 年上海、辽宁、山东、北京、河北居多，其他省市次之（见表 2－11）。

表 2－11　全国各地区民办高等教育机构变化情况　　　单位：所

地区＼年份	1999	2000	2001	2002	2003	2004	2005	2006
北　京	87	—	95	—	76	79	60（10）	51
天　津	69	—	43	—	47	—	1	—
河　北	118	156	113	—	79	—	57（14）	47
山　西	55	—	41	—	47	—	41（5）	36
内蒙古	45	—	60	—	40	—	35（5）	27
辽　宁	40	46	37	30	42	24	195（10）	127
吉　林	24	—	26	—	27	—	29（4）	22
黑龙江	57	84	62	—	44	—	36（7）	32
上　海	187	—	175	—	210	—	248（16）	246
江　苏	53	75	49	—	23	—	31（20）	11
浙　江	35	—	37	—	44	—	41（10）	30
安　徽	7	—	10	—	17	—	19（9）	8
福　建	6	—	14	—	19	—	24（18）	9
江　西	32	45	51	49	58	49	41（10）	29
山　东	94	120	88	—	122	—	102（23）	102
河　南	83	181	70	—	89	83	56（10）	29
湖　北	6	108	14	—	24	—	18（10）	6
湖　南	37	134	75	—	65	—	52（11）	33
广　东	55	58	55	—	75	—	81（24）	51
广　西	6	—	6	—	8	—	11（8）	4
海　南	7	—	5	—	2	—	4（3）	—
重　庆	11	—	15	—	20	—	16（6）	10
四　川	33	—	45	—	37	60	33（9）	27
贵　州	3	—	4	—	4	—	4（1）	3
云　南	3	—	6	—	4	—	6（7）	—

续表

年份 地区	1999	2000	2001	2002	2003	2004	2005	2006
陕西	96	66	678	—	49	—	41（17）	20
甘肃	23	—	24	—	25	—	30（1）	34
青海	—	2	2	—	2	—	—	—
宁夏	2	1	2	—	2	—	2（2）	—
新疆	3	—	3	—	3	—	3（3）	—
合计	1277	—	1415	—	1279	—	1329	994

注：民办高等教育机构包括民办普通高校和非学历民办高等教育机构，括号中为2006年民办普通高校数。

数据来源：1999年数据来自：陈桂生．中国民办教育问题［M］．北京：教育科学出版社，2001：29．2000年数据来自：《中国教育年鉴》编辑部．中国教育年鉴（2001）［M］．北京：人民教育出版社，2001．江西各年数据来自：饶爱京．江西民办高等教育发展研究［D］．厦门：厦门大学教育研究院，2005．2001年数据来自：教育部规划司，上海市教育科学研究院．2002年中国民办教育绿皮书［M］．上海：上海教育出版社，2003：267．2003年数据来自：教育部发展规划司．中国教育统计年鉴2003［M］．北京：人民教育出版社，2004：187．2004年北京数据来自北京市教育委员会发展规划处网站 http：//www.fzgh.bjedu.gov.cn．2005年数据来自：陕西教育信息网 http：//www.shedu.gov.cn．2006年数据来自：教育部发展规划司．中国教育统计年鉴2006［M］．北京：人民教育出版社，2007：191．

就民办普通高校的分布而言，排在前10名的省份分别是广东、山东、福建、江苏、陕西、上海、河北、河南等（见表2－12及表2－13）。

表2－12　全国民办普通高校区域分布情况　　单位：所

年份/项目 地区	1998			1999			2000			2001			2007		
	总计	本科	专科	总计	本科	专科	总计	本科	专科	总计	本科	专科	总计	本科	专科
全国	17	1	16	37	1	36	43	2	41	85	2	83	295	28	267
北京	1	—	1	1	—	1	1	—	1	3	—	3	10	1	9
天津	—	—	—	1	—	1	1	—	1	1	—	1	1	—	1
河北	—	—	—	—	—	—	—	—	—	4	—	4	14	—	14
山西	—	—	—	—	—	—	—	—	—	1	—	1	6	—	6
内蒙古	1	—	1	1	—	1	1	—	1	1	—	1	5	—	5
辽宁	—	—	—	1	—	1	1	—	1	4	—	4	10	1	9

续表

地区＼项目＼年份	1998			1999			2000			2001			2007		
	总计	本科	专科	总计	本科	专科	总计	本科	专科	总计	本科	专科	总计	本科	专科
吉　林	—	—	—	1	—	1	3	—	3	3	—	3	4	1	3
黑龙江	1	—	1	1	—	1	1	—	1	2	—	2	7	1	6
上　海	1	—	1	3	—	3	3	—	3	6	—	6	16	2	14
江　苏	1	—	1	2	—	2	2	—	2	2	—	2	21	2	19
浙　江	2	—	2	2	—	2	2	—	2	2	—	2	11	2	9
安　徽	—	—	—	2	—	2	2	—	2	5	—	5	13	1	12
福　建	2	1	1	2	1	1	2	1	1	6	1	5	23	1	22
江　西	—	—	—	1	—	1	1	—	1	3	—	3	10	2	8
山　东	—	—	—	2	—	2	4	—	4	7	—	7	24	2	22
河　南	1	—	1	2	—	2	2	1	1	4	1	3	10	1	9
湖　北	—	—	—	1	—	1	3	—	3	3	—	3	11	1	10
湖　南	—	—	—	1	—	1	2	—	2	2	—	2	13	2	11
广　东	3	—	3	5	—	5	6	—	6	7	—	7	28	3	25
广　西	1	—	1	1	—	1	1	—	1	1	—	1	9	—	9
海　南	—	—	—	—	—	—	—	—	—	2	—	2	3	—	3
重　庆	—	—	—	—	—	—	—	—	—	4	—	4	6	—	6
四　川	2	—	2	2	—	2	2	—	2	2	—	2	9	—	9
贵　州	—	—	—	—	—	—				1	—	1	2	—	2
云　南	—	—	—	—	—	—	—	—	—	2	—	2	7	—	7
陕　西	1	—	1	1	—	1	1	—	1	5	—	5	17	5	12
甘　肃	—	—	—	—	—	—	—	—	—	1	—	1	1	—	1
宁　夏	—	—	—	—	—	—	1	—	1	1	—	1	2	—	2
新　疆	—	—	—	—	—	—	—	—	—	—	—	—	3	—	3

数据来源：教育部发展规划司，上海市教育科学研究院.2002年中国民办教育绿皮书［M］. 上海：上海教育出版社，2003：264. 中国教育在线民校频道，http：//minxiao. ed. cn。

表 2－13　2007 年民办普通高校分地区排名

项目 地区	总计（所）	本科（所）	专科（所）	专科排名	本科排名	总排名
全　国	295	28	267	—	—	—
北　京	10	1	9	8	4	10
天　津	1	—	1	14	—	18
河　北	14	—	14	4	—	7
山　西	6	—	6	10	—	13
内蒙古	5	—	5	11	—	14
辽　宁	10	1	9	8	4	10
吉　林	4	1	3	12	4	15
黑龙江	7	1	6	10	4	12
上　海	16	2	14	4	3	6
江　苏	21	2	19	3	4	4
浙　江	11	2	8	9	4	9
安　徽	13	1	12	5	4	8
福　建	23	1	22	2	4	3
江　西	10	2	8	9	3	10
山　东	24	2	22	2	3	2
河　南	10	1	9	8	4	10
湖　北	11	1	10	7	4	9
湖　南	13	2	11	6	3	8
广　东	28	3	25	1	2	1
广　西	9	—	9	8	—	11
海　南	3	—	3	12	—	16
重　庆	6	—	6	10	—	13
四　川	9	—	9	8	—	11
贵　州	1	—	1	14	—	18
云　南	7	—	7	10	—	12
陕　西	17	5	12	5	1	5
甘　肃	1	—	1	14	—	18
宁　夏	2	—	2	13	—	17
新　疆	3	—	3	12	—	16

注：统计数据截至 2007 年 5 月 18 日。

数据来源：根据教育部公布的数据整理形成。

民办普通高校数量超过15所的有广东、山东、福建、江苏、陕西、上海等省市。民办普通本科院校最多的是陕西和广东，分别有5所和3所。从总体上看，民办普通高校的区域分布与经济发展水平不构成正相关。

（五）办学质量

由于受主客观因素的影响，民办高校的办学质量总体上呈两极分化状态。从比例上看，在民办普通高校中，办学质量好、比较好和较差的，比例大致是3∶5∶2[①]。据一项“学生对学校基本情况评价”的调查显示，民办高等教育发展比较快的陕西省的5所民办高校，如表2－14所示，在课程评价中，认为课程结构、教材开发与选用、教学方式为“一般”的学生比例最高，分别为46.2%、50.7%和51.2%；在办学条件评价中，认为师资条件、教室与座位“较好”的学生比例最高，分别为43.9%和36%，对于图书资料、计算机与上网、实验教学设备、运动设施与器材等，多数学生认为“一般”。就从事高等教育学历文凭考试和高等教育自学考试助考的民办高等教育机构而言，虽然近几年在服从“应试”教育的同时，逐渐增加了人文素质教育的内容，但由于这些学校大多数办学条件不够完善，加上其他客观原因，办学质量提高困难较大，学生考试合格率仅为30%左右[②]。总体上看，除少数办学有特色、资源较充裕、毕业生就业率高的学校外，多数民办高校的办学质量都有待于进一步提高。

表2－14　部分民办高校学生对学校基本情况的评价（%）

评价指标		很　好	较　好	一　般	较　差	很　差
课程评估	课程结构适合就业	6.8	37.0	46.2	8.8	1.1
	教材开发与选用	4.6	29.9	50.7	11.9	2.8
	教学方式	6.0	34.6	51.2	6.3	2.0
办学条件	师资条件	13.0	43.9	38.5	3.2	0.8
	图书资料	13.6	35.0	35.8	11.3	3.7
	计算机与上网	12.5	25.3	40.5	25.3	12.5
	实验教学设备	16.4	33.2	35.9	9.1	3.0
	教室与座位	20.0	36.0	34.9	6.9	2.0
	运动设施与器材	10.1	24.8	41.2	16.3	5.7

资料来源：何峰．民办高校学生对学校基本状况评价的若干分析：对西安5所民办高校的抽样调查［J］．民办教育研究，2005(4)：69.

① 鲍威．经济全球化与教育产业化国际研讨会论文集［C］．北京：北京师范大学出版社，2004.

② 徐绪卿．新时期中国民办高等教育发展研究［M］．浙江：浙江大学出版社，2005：26.

四、民办高等教育存在的主要问题

经过 30 年的发展，我国民办高校积累了一定的办学经验，取得了一定的办学效益和社会效益，但与此同时也存在着许多问题，主要表现在以下几个方面。

（一）资金渠道单一，发展后劲不足

如上所述，我国民办高校的资金来源主要是两部分：一是早期的滚动发展和后期的举办者投资；二是学费。因此，无论是新设立的民办高校，还是已经举办多年的民办高校，资金问题都是制约其发展的一个十分重要的问题。

从新设立学校的角度来看，由于办学门槛的提高，模仿早期办学模式，靠滚动发展办学已经行不通了。在政府无力投入、捐资制度缺失的情况下，唯一的出路只有依靠举办者投资办学。而事实上，投资办学的路也并不平坦。由于法律上对学校产权没有明晰，使得投资办学基本上等于捐资办学，且投资—赢利的空间具有相当大的不确定性，这就在无形中阻碍了一部分投资者投资民办高等教育的积极性。对于一部分已经投资办学的办学者而言，由于对办学所需的巨额资金缺乏思想准备，往往在前期投入之后，后期投入难以跟上，使得这些学校处于十分尴尬的境地。

从民办高校运行来看，无论是前期靠滚动发展起来的民办高校，还是后期靠企业投入巨资举办的民办高校，其收入主要依靠学费。因此，生源是这些学校的生命线。在办学过程中，如果出现生源不足，往往会导致学校的资金链断裂，学校的生存和发展就会受到严重影响。退一步讲，即使不出现生源问题，由于教育投资具有递增性、连续性和时间上的延续性，随着自有教师队伍的建立，教职工待遇的逐步提高，以及为增强学校竞争力而开设新专业，等等，教育成本无疑都会逐步增加。但由于资金来源渠道单一，外来资金匮乏，一定程度上限制了民办高等教育事业的进一步发展。因此，寻求多种资金来源渠道，改变目前民办高校资金来源渠道单一的状况，或者对民办高校作出营利性与非营利性的制度安排，无疑是今后民办高等教育发展的选择。

（二）办学质量不高，特色不够鲜明

办学质量取决于多方面因素，比如生源质量不高，硬件条件不足，师资队伍质量不高，校园环境不良等。在民办高等教育领域，由于民办高校办学资金不足，资金来源渠道单一，许多民办高校的工作重心并不是教育质量，而是规模扩张。之所以许多民办高校作出这种“逆规律”的选择，原因就在于，对于资金来源渠道单一的民办高校而言，必须追求规模效益，没有规模，就等于没有生存权。而片面追求规模，在一定程度上势必影响教育质量。当然，在民办高校中也不乏规模和质量“两手抓，两手硬”的典范。但仅就一两所典范，并不能否定整体质量不高的局面。在现有投资办学的制度框架下，

规模扩张既是民办高校的必然选择，也是民办高校的无奈之举。与此同时，由于生源大多是公办高校挑剩下的，师资队伍中刚毕业、刚退休或兼职者居多，且流动性比较大。因此，除少数学校外，即使举办者和管理者使出浑身解数，也难以把民办高等教育的质量提高到一个十分理想的程度。从发展的角度看，如果民办高校的融资方式不进行彻底改变，这种局面必将在今后一定时期延续下去。

办学质量不高，缺乏个性和特色，对尚处于初级阶段且没有深厚历史积淀的民办高校而言，无疑是一场严峻的考验，是一场至今尚未结束、今后仍将持续的考验。

（三）办学尚欠规范，管理有待改善

改革开放后民办高等教育在我国得以恢复、发展，然而面对国内外新的形势，尤其对于个人或企业投资办学而言，没有现成的经验可以借鉴，因此在实际办学过程中难免良莠不齐，失之规范。

我国民办高校办学不规范，主要表现在以下几个方面。一是“空壳”学校大量存在。这主要是一些企业举办的民办高校，这些学校所有的资产都属于企业，学校只是企业的一部分，并没有自己的财产。对于这些学校而言，如果企业投资兴趣发生改变，或者投资无法获得预期回报，那么，学校就会面临发展的困难。二是学校董事会徒有其名。尽管《民办教育促进法》以及相关法律法规规定，民办高校应成立董事会，但事实上，由于产权不清，几乎所有民办高校的举办者都牢牢地掌握着学校的控制权。如，很多民办高校的创始人从管理层退出后安排其子女接班这一现象，就足以说明这一点。而正是因为这种控制权，使得一些民办高校的财务管理、教学管理等难以与现代大学制度接轨，于是就给许多民办高校的管理埋下了隐患。需要特别指出的是，许多企业投资的民办高校也有逐渐演变成家族式管理之势，对此不能不引起高度重视。三是招生秩序混乱。如，虚假广告、代理招生、传销式招生等，给正处于树立形象期的民办高校声誉造成了极其不利的影响。

（四）办学地点和专业设置过度集中与趋同

由于受师资、办学资金等多种条件的限制，不论是民办高等教育发展的初期还是后期，我国民办高等教育的复兴与发展都具有两个显著特点：一是学校设置地点相对集中在省会城市；二是专业以文科类为主。这两个特点无疑具有一定的合理性，但同时，非学历高等教育机构办学地点的过度集中设置与专业设置的雷同，也加剧了相互之间竞争的激烈程度。

1. 办学地点过度集中

从全国民办非学历高等教育机构的办学地点来看，基本上集中在省会城市或一些较大的城市。

1997 年湖南省 82 所民办高校中有 51 所坐落在长沙市，占全省民办高校总数的

62%；辽宁省40所民办高校中，坐落在省会沈阳的有20所，占总数的50%，另有12所位于大连市，占30%，而省内其他12个市只有8所[①]。到2001年，湖南省72所民办非学历高等教育机构有46所集中在省会城市长沙，占总数的64%，其他26所学校分布在8个城市，平均每个市约3所。2005年辽宁省24所民办非学历高等教育机构中有17所设在省会城市沈阳，占总数的70.8%，大连有6所，占总数的25%，其他城市仅1所，占总数的4.2%。2006年内蒙古有民办非学历高等教育机构65所，其中有61所集中在呼和浩特，占总数的94%，其他城市仅4所[②]。

2. 专业设置偏重文科类且趋同

20世纪80年代初，我国民办高等学校仅设置少数热门专业，如财经、会计、外语等，后来逐步开设理科、商科、医科、工科、金融等多种专业，但是，一直以来，财经、商业、外语等文科类专业始终是民办高校的主打专业。

根据1995年的调查，21所具有颁发学历文凭资格的民办高校中财经类专业占全部专业数的40%，其次是应用文科[③]。据调查，2000年，有学历授予权的37所民办高校中以文科为主的学校有22所，占总数的60%。2002年，108所具有授予学历文凭资格的民办高校中有13所财贸和工商学院，有5所外语学院，纯文科类院校累计占总数的23.4%[④]。

（五）缺乏公平竞争

市场经济的本质是一种竞争经济，而有效率的竞争必须建立在一套公平、公正、公信的竞争规则基础之上[⑤]。虽然《民办教育促进法》对公平问题作了明确的规定，但是，由于民办普通高校与公办高校在计划和公有制度安排下的观念定势，也由于民办高等教育创新不足、制度缺位以及管理失范等原因，因此，当民办普通高校被推向市场的时候，面临的仍是一个发育不完善与非公平竞争的市场体系。公办高校在市场上享有的特权，民办高校只有想一想的份儿，公平竞争的秩序被“人为”地扭曲。

公平是竞争的起点，公办、民办高校之间的不公平，加重了民办高校的生存危机。《民办教育促进法》第五条明确规定，民办学校与公办学校具有同等的法律地位。但事实上，无论是从立法上、执法上，还是从某些政策的制定上，民办高校的“同等的法律地位”并没有得到有效的保障，已经严重制约了民办高等教育的发展。就目前来看，民办高校与公办高校竞争的不公平性主要表现在以下几方面。

一是招生的不公平性。我国教育行政法规明文规定，所有教育机构均享有招生自主

① 刘莉莉. 中国民办高等教育发展研究［M］. 长春：吉林人民出版社，2002：57.

② 根据各省教育厅提供数据整理。

③ 杨学新. 关于目前我国民办高等学校学科专业结构的问题的思考［J］. 中国高教研究，1997(1)：71.

④ 同①，65.

⑤ 余立智. 家族企业的成长机理与变迁路径［M］. 北京：中国财政经济出版社，2004：230.

权。然而，在统一招生考试录取中，“公立高校优先，民办高校最后”的录取原则，使许多民办高校的招生质量和数量受到限制。二是学生待遇的不公平性。《民办教育促进法》第三十三条明文规定：“民办学校的受教育者在升学、就业、社会优待以及参加先进评选等方面享有与同级同类公办学校的受教育者同等权利。”然而，由于民办高等教育的发展尚不成熟，社会认可度不高，使得民办高校的学生在待遇上无法与公办高校的学生相提并论。这从毕业证书的实效性、学籍管理、学生申请助学贷款、国家拨款对贫困生的资助、户口的隶属关系等方面可见一斑。三是教师待遇的不公平性。《民办教育促进法》虽然从法律上规定民办高校教师与公办高校教师享有同等权利，但由于对民办高校教师在任职、休职、辞职、免职、一般权利、处罚条件等方面没有细化的规定，使得民办高校教师的医疗保险、住房、职称评定、养老保险等方面的问题往往不能得到有效解决。四是制度设计的不公平性。如果说招生、师生待遇的不公平性是制度实施上的不公平，是终点的不公平，那么，《民办教育促进法实施条例》第六条关于“公办学校参与举办民办学校”，即关于独立学院的规定，则是起点上的不公平。独立学院凭借母体的良好声誉，凭借民办高校灵活的办学机制，自然非纯粹民办高校所能匹敌。因此，有关独立学院的设置规定，从起点上，从制度设计上就为民办高校设置了不公平。

2003 年 4 月教育部下发了《关于规范并加强普通高校以新的机制和模式试办独立学院管理的若干意见》，全国很快就在 25 个省市雨后春笋般地涌现出 295 所“独立学院”。相比于民办高校，独立学院存在制度资源和体制资源上的优势。虽然这一不公平随着政府有关独立学院“五独立”政策的出台得到了某种程度的匡正，但事实上，不公平并没有因为政策的出台从根本上有所改观，而且，似乎有逐渐扩大之势。

（六）政策落实不力

中国民办高等教育的发展得益于改革开放的大环境，得益于计划经济向市场经济的转轨，得益于政府的政策。如果民办高等教育发展初期没有政府的“默许”政策，就不会有民办高等教育后期的不断壮大和发展；如果没有政策的支持，就不会有民办高等教育今天的规模和局面。因此，政策所发挥的促进作用是毋庸置疑的。客观地说，在我国民办高等教育发展的初期，民办高等教育政策十分匮乏，且极不稳定。随着民办高等教育的发展，国家关于发展民办高等教育的政策逐步得到了健全和完善。时至今日，问题的关键已经不是政策本身的问题，而是在国家既定的各项民办教育政策中，许多政策没有得到真正地或很好地落实的问题。

比如纳税问题，《民办教育促进法》第四十六条规定：民办学校享受国家规定的税收优惠政策。《民办教育促进法实施条例》第三十八条规定：捐资举办的民办学校和出资人不要求取得合理回报的民办学校，依法享受与公办学校同等的税收及其他优惠政策。出资人要求取得合理回报的民办学校享受的税收优惠政策，由国务院财政部门、税务主管部门会同国务院有关行政部门制定。此外，各地税收的政策也不一致，国家税务总局的税收规定与《民办教育促进法》的规定不一致。财政部、国家税务总局《关于教育税收的通知》第十款规定：对学校经批准收取并纳入财政预算管理的或财政预算外资金专户管理的收费不征企业所得税。然而浙江有的税务部门对实施学历教育的民办学校不予纳入财政预算外资金专户管理，这就意味着对这些民办学校要征收企业所得税①。

合理回报的政策问题也是如此。在坚持民办教育是公益性事业的前提下，作为对民办教育的一种扶持与鼓励政策，《民办教育促进法》第五十一条规定：民办学校在扣除办学成本、预留发展基金以及按照国家有关规定提取其他的必需的费用后，出资人可以从办学结余中取得合理回报。取得合理回报的具体办法由国务院规定。《民办教育促进法实施条例》对合理回报的原则、规范、取得办法等内容作出了相应的规定。但事实上，许多省并没有作出对民办高校合理回报的具体规定。

此外，还有土地问题、金融以及资本市场问题等，诸如此类的问题很多没有真正落到实处，因此，可以说，就民办高等教育的总体发展和实践而言，公平、规范的政策环境并没有真正建立起来。2004 年，杭州时代教育管理公司对 132 位民办教育投资者的调查结果充分证明了这一点。在对影响民办教育发展因素的调查中，选择“地方政府及教育行政部门的偏见”以及“法规政策环境”两项的受访者，分别占总数的 63.6% 和 52.3%（见图 2－2）。

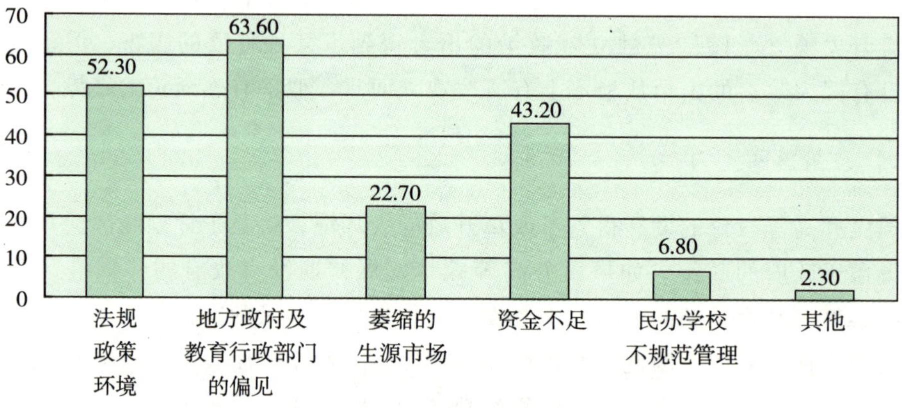

图 2－2　影响民办教育发展因素调查结果

资料来源：王康，吴志宏．中国民办教育研究 2004—2005［M］．上海：上海人民出版社，2005：209.

可见，虽然政府制定了相关的民办高等教育政策和法规，但事实上，由于落实不到位，因此，民办高等教育发展的许多运作机制并没有得到法律和政策的真正保障。

① 朱小蔓．对策与建议：2005—2006 年教育热点、难点问题分析［M］．北京：教育科学出版社，2006：183.

（七）管理机构缺失

1997 年颁布的《社会力量办学条例》对民办高校的权责问题作了明确规定，但迄今为止，无论是国家层面，还是各省、自治区、直辖市，几乎没有专门的民办教育管理机构。只有个别省市如陕西、江西等 6 个省市设立了专门的民办教育管理机构。多数省市是将管理民办教育的职能分散于各相应处室中，如教育厅法规处、高教处、财务审计处，都有权对民办高校的依法办学、教学质量、财务管理等方面进行监督管理。负责审批的不负责管理，负责管理的没有审批权。民办高校的管理部门众多，标准不一，存在着谁都管，谁又都不管的管理空白和无人管理现象。而正是因为管理机构尤其是地方的管理机构不健全，管理人员不足，导致对一些民办非学历高等教育机构监管不力。

（八）产权尚不清晰

民办高校的产权问题是最近几年民办教育实践者以及学界争论最多的问题之一，关于这一问题可谓见仁见智。争论的焦点在于投资办学形成的校产归属问题以及学校办学积累资产的归属问题不清。

《民办教育促进法》第三十五条规定："民办学校对举办者投入民办学校的资产、国有资产、受赠的财产以及办学积累，享有法人财产权。"第三十六条规定："民办学校存续期间，所有资产由民办学校依法管理和使用，任何组织和个人不得侵占。"第五十九条规定：民办高校变更与终止时"民办学校清偿上述债务后的剩余财产，按照有关法律、行政法规的规定处理"。这些规定表明，举办民办教育的投资者，投资后即丧失了资产所有权，更遑论收益权。

产权不清晰给民办高等教育带来了许多不利影响，主要有三点。一是影响举办者投资民办高等教育的积极性，弱化了社会资金对民办高校的投入，导致社会上的大量游资不敢贸然进入民办高等教育领域，限制了民办高等教育吸纳社会资金的能力。二是容易滋生财务混乱。由于在法律上丧失了所有权，因此，举办者必然想尽一切办法牢牢地掌握学校的控制权，以保证其投资能够逐渐收回。这样便很容易产生财务管理上的混乱。三是容易产生短期办学行为。因为从法律上看，投资办学即相当于捐资办学。因此，一些投资者为了尽快收回投资而采取短期办学行为，"见好就收"，导致办学秩序混乱。

总之，从上述简要回顾中可以看出，我国民办高等教育经过 30 年的发展，取得了一定的成绩。但是，客观地说，我国民办高等教育无论在机构数量、校生规模，以及办学层次和办学声誉上都还处于初级阶段，存在着许多问题和弱点。尤其是最近几年，由于一些办学者办学行为不端，采用欺骗等手段举办民办高校，导致了一些民办高校的倒闭，给整个民办高等教育带来了十分不利的影响。

五、民办高等教育的发展策略

改革开放30年来，我国民办高等教育取得了长足进展，与此同时，也存在着一些问题和不足，有的甚至是决定民办高等教育生存的根本性问题。承认民办高等教育存在的问题，并非是对民办高等教育的全盘否定，它表明人们已经开始对民办高等教育作进一步思考，这种思考进行得越早、越深刻，我国民办高等教育持续健康发展的步伐就会越坚实，速度就会越快。我国民办高等教育仍然具有较大的发展空间，这是决定我国民办高等教育是否存在和能否发展的前提。在今后的一段时期，我国民办高等教育的发展应该从以下几方面着手。

（一）转变办学观念，摒弃短期办学思想

观念影响和决定办学行为。有什么样的办学观念，就有什么样的办学行为。在我国民办高等教育的发展过程中，有许多不利于民办高等教育发展的观念需要转变。如社会普遍存在的民办高校是营利高校、民办高校质量差的观念等。转变整个社会对民办高等教育的观念，无疑是一项长期而艰巨的任务。而在各种观念的转变中，首先需要转变的是民办高校自身的机会主义办学观念。这是民办高校持续、稳定发展的前提。

长期以来，受民办非学历高等教育机构自学考试助学性质的局限，很多民办高校存在着得过且过的心理，处于“当一天和尚撞一天钟”的状态。许多民办高校没有长期办学的打算，尤其那些把举办民办非学历高等教育机构作为“副业”的举办者更是如此。即使有长期办学打算，也仅仅局限于自学考试助学，无非希望自学考试助学永远存在，如此则既不用太多投入，又可以获得丰厚的收益，因此，也没有形成长期“办教育”的规划。至于师资培训、发展规划等，由于学校的助学性质，客观地说，对于民办非学历高等教育机构而言，实际上并没有必要。因此，许多民办高校几乎很少注重硬件投入。

然而，未来一段时期内，如果民办高校依然抱着短期办学的机会主义思想，不注重师资队伍建设，不注重办学特色和办学质量，那么，这些学校必将列入下一轮被淘汰的行列。据研究，民办高等教育发展有两次“洗牌”阶段①。

第一次洗牌阶段是1982—2005年，洗牌的标准是办学条件，胜出的方式是水平式而非择优式。谁的办学条件达到了国家普通高校设置的标准，谁就可以从助学性质的民办高校升为民办普通高校。第二次洗牌阶段是2006—2020年，洗牌的标准是办学质量。这一阶段中国高等教育资源将由稀缺型向选择型转变，由单纯追求学历层次向多元化、个性化的职业教育发展转变。在高等教育大众化的背景下，高等教育的类型呈现了多样

① 曹勇安，王梧，于润林．中国民办高等教育的回顾与展望［J］．国家教育行政学院学报，2006(7)：49．

化。各层次的高校，都将产生出相应的品牌院校。社会和人民群众不再担忧能否接受高等教育，而是担忧能否找到与自己职业发展相匹配的优质的高等教育。在这一阶段中，社会对学校的评价标准不再是办学规模，而是专业特色。这一阶段中，学校的特色建设由依靠经济实力提高校园硬件的档次，转为依靠教学能力提升校园文化的品位，而政府将从行政性裁判走向法制化管理。

可见，未来一段时期将是民办高校的质量时期、品牌时期、校园文化建设时期，无论是从单个民办高校而言，还是从我国民办高等教育的整体而言，都需要民办高校摒弃机会主义办学思想，克服助学机构的思维惯性，克服办学的短期行为，惟其如此，才能保证民办高校的持续发展，才能保证我国民办高等教育整体的稳定和发展。

（二）改革办学类型，积极发展短期大学

目前，民办高等教育的危机乃至民办高校的倒闭，说到底是生源短缺与机构过剩之间的矛盾所致。如前所述，随着1999年普通高校的扩招，随着民办独立学院的异军突起，以及网络学院等其他各种教育形式的不断涌现，自学考试生源日渐减少。民办非学历高等教育机构的生存空间日益缩小，几乎普遍面临着生存危机。自学考试生源减少与助学机构相对过剩的矛盾，无疑是目前我国民办高等教育的主要矛盾。这一矛盾严重制约着民办非学历高等教育机构的生存和发展。因此，转变民办非学历高等教育机构的办学类型，无疑十分紧迫。

根据民办非学历高等教育机构的实际以及我国经济社会发展中技能型、实用型人才大量短缺的实际，未来一段时期，民办非学历高等教育机构的出路可能有三，即“一升”、“二降”、“三平移”。

具体而言，其一，“升”是指将那些有自有校园、硬件条件较好、社会信誉度较高的民办非学历高等教育机构“升格”为民办普通高校，保证其具有稳定的生源市场；其二，“降”是指将那些没有自有校舍、办学信誉差的学校“降格”为培训机构，摘掉民办非学历高等教育机构的“高等”头衔，彻底根除违法招生等不良办学现象；其三，“平移”是指建立“短期大学”，即将除前两者之外的民办非学历高等教育机构转为如日本短期大学和美国二年制大学一样的短期大学。如此，则既可以鼓励部分民办非学历高等教育机构的办学积极性，帮助这部分民办非学历高等教育机构走出困境，同时又可以满足家长和学生对学历文凭的客观诉求，与此同时，还可以极大地满足社会对技能型、实用型人才的大量需求，可谓一举多得。

这里有必要就设立短期大学的可行性作简要说明。从横向比较来看，在日本，高等教育大众化主要是依靠私立大学完成的。而在私立大学中，私立短期大学总数一直高于四年制私立大学，直到2001年之后，日本私立四年制大学的数量才超过了私立短期大学。由此可见，私立短期大学在日本高等教育大众化过程中发挥了重要作用。不仅如此，众所周知，日本私立短期大学也为日本经济社会发展培养了大批技能型、实用型人

才。从我国经济社会发展来看，整个社会对高等职业技术人才的需求将日益旺盛，积极发展短期大学教育，无疑对于满足社会对高等职业技能型人才的需求具有一定的积极作用。

因此，积极发展短期大学教育应该成为今后我国民办高等教育发展的主要方向之一。

（三）改革投资体制，突破单一资金渠道

经费是影响世界各国私立高等教育发展的关键因素之一。对于主要依靠学费生存的我国民办高校而言，尤其如此。因此，寻求多种资金来源渠道，突破目前民办高校资金渠道单一的局面，无疑是今后民办高校减少动荡、稳定发展的必然选择。

从国外看，对民办高校进行必要的资助是西方国家发展民办高等教育的重要措施之一。政府资助的目的，一是减轻民办高校的财政压力，促使其把注意力集中到教学上来；二是降低民办高校的收费，促进教育机会的均等；三是通过制定获得资助的条件，对民办高校进行必要的管理。

如，美国1965年施行的《高等教育法》首次确立了联邦政府长期资助私立高校的计划。1970年政府拨款占私立高校总经费的18.8%，20世纪90年代以后一直维持在15%左右。当然，其援助政策并非奉行“平均主义”，而是通过科研合同，鼓励公立、私立高校公平竞争，通过提供学生助学贷款、给予家长特殊的税收豁免权等形式进行资助。

在日本，根据私立高等教育具有公益性的理念，为了解决私立大学的经费不足问题，提高私立大学的办学水平与教育质量，日本政府自20世纪70年代开始着手解决资助私立大学的问题，并先后制定了《日本私学振兴财团法》和《私立学校振兴助成法》等法律。其中，《私立学校振兴助成法》第一条即规定：鉴于私立学校在学校教育中所发挥的重要作用，为维持与提高私立学校的教育条件、减轻私立学校学生的经济负担并加强私立学校办学的健全性、使私立学校得以健康发展而制定本法律。该法还专门规定政府可以拨款补助私立大学的日常办学经费。从1970年开始，日本政府对于私立大学日常经费的资助一直没有间断，只是近年来，由于受经济不景气等因素影响，补助金的年增长率有所降低，但补助金占私立大学日常经费总额的比例仍然维持在10%以上。①

政府除直接捐助私立大学以外，还通过减免税收来对私立大学进行间接资助。如日本对私立大学在税收上有很多优惠政策。一是免税。学校法人经营非营利事业时，免除法人税；学校法人的资产收益免除所得税；学校法人根据遗赠获得财产时，免除继承

---

① 日本广岛大学高等教育研究开发中心. 高等教育统计资料［EB/OL］.［2008－07－16］. http：//rihe. hiroshima-u. ac. jp.

税；学校法人根据捐赠获得财产时，免除赠与税；学校法人在对校舍、宿舍、图书馆等与教育直接相关的建筑物及土地进行使用登记时，免除注册执照税；学校法人在开具合同、票据时，免除印花税；学校法人的非营利事业，免除法人事业税；学校法人直接用于教育的不动产及学生宿舍，免除不动产所得税、固定资产所得税和城市规划税，等等。二是减税或降低税率。如在日本所有以营利为目的的企业法人都必须缴纳37.5%的法人税，而学校法人经营营利事业时，享受法人税的减免，由一般法人税的37.5%的税率减为27%。同时，日本还根据不同情况实施不同的税率。如学校法人的营利事业，年收益350万日元以下时，税率为6%，年收益超过350万日元而低于700万日元的时候，税率为9%，年收益超过700万日元时，税率为12%。三是允许税前捐赠后，享受优惠税收政策。如果学校法人营利事业的收益用于所从事的公益事业，可视为捐赠，将该营利事业全年所得的50%计入成本费用，不算入法人税的税基，从而免除一部分法人税①。

与此同时，也有国家规定私立大学可以举办营利性事业，以解决资金不足的问题。如《日本私立学校法》第二十六条规定：学校法人可在不影响所设私立学校教学的情况下，从事以获得营利为目的的事业。而在美国虽然没有类似的规定，但是，允许私立大学运用基金上市交易增加学校的收入，等等。

此外，发挥私立大学自身“造血”功能，通过向社会提供科研服务、开发新产品、出售专利、校产经营、销售教学软件和印刷品等获得办学资金。这些形式对私立大学自筹资金十分有效，而且也是普遍的做法。

上述这些做法，尤其是政府对私立大学的资助政策，特别值得我国借鉴。但是，在我国，由于民办高校大都为企业或私人投资举办，类似于美国的营利性私立大学，所以，政府出资对民办高校进行资助，还需要进一步解放思想，突破传统观念的束缚。事实上，在美国，即使是营利性私立大学，只要经过认证，也可以获得政府对学生的直接资助。美国有3/4的州对进入营利性私立高等教育的学生提供资助②。

总之，如果政府允许民办高校这种组织存在，在目前民办高校自身造血功能不强、主要依靠学费收入维持学校运行的情况下，政府有责任对民办高校进行经费资助，这对于保证民办高校的稳定发展无疑非常必要。

（四）改革内部管理体制，突破家族式管理局限

改革开放以来，我国的民办高校大都采用家族管理方式。时至今日，家族式管理依然是许多民办高校的主要管理方式，即使一些企业投资兴办的民办高校也逐渐出现了家族式管理的倾向。这是不争的事实。

① 天津市教育科学研究院．重点课题研究成果集［G］．天津：天津人民出版社，2005：272.

② 高晓杰．营利性私利高等教育机构进入资本市场研究［D］．厦门：厦门大学，2004：36.

正如企业一样，家族企业一直被主流经济学视为没有成长前途的前现代组织形态，但是从世界工商企业发展历史来看，几乎所有世界级的现代工商企业都是由某一创业家族所开辟的事业演变而来的。如果家族企业是不具有竞争力的企业形态，那么，为什么还有那么多企业家选择将它作为其初始的创富平台呢?[①] 与此同理，我国民办高校的家族式管理之所以能够产生并部分地获得了长足发展，无疑也有其产生的深厚的社会基础和经济基础。其一，我国以“家”为本的非正式制度规则为民办高校家族式管理的生成提供了深厚的组织资源。与西方国家崇尚理性思辨的科学主义文化传统不同，中国人生活在一个以儒家道德思想为行为规范的文化制度环境中，特定的文化背景塑造了中国人特定的行为方式和价值取向，其最突出的表现就是构建一个以“家”为个人价值归依，以血缘、亲缘、地缘为人际关系纽带的人格化价值认定标准和社会信用链条。它们对中国人的价值判断、行为取向和交互方式产生着根深蒂固的影响力和约束力[②]。其二，法权地位的模糊和维权成本的高昂，为民办高校家族式管理的生成提供了强大的组织动力。由于民办高校事实存在的“剩余权”在正规制度下得不到承认、支持和保护，所以，其举办者不得不主要借助于家族要素资源和家族资源慢慢成长，且从主观上讲“不愿”或者“不敢”被社会关注。因此，可以说民办高校家族式管理的生成既是我国历史文化环境、法律环境和市场环境的特定产物，同时也是民办高校在既定的宏观制度约束下的理性选择。

不容否认，家族式管理在民办高校初期和规模较小的时期，的确发挥了各种家族要素的聚集效应，减少了交易成本，增强了抵抗风险的能力。如果说在民办高校的初期或规模较小的时期，家族管理具有其存在的合理性的话，那么随着民办高校规模的逐渐扩大，民办高校家族式管理的弊端将日益凸显。比如，对非家族的高级人力要素的排斥、对民办高校“核心控制权”的控制、家长专制、差序分工、亲情管理，等等。尤其需要指出的是，家族式管理过程中日益出现的子女接班现象，可能将影响到民办高校的发展。民办高校初期的许多举办者是依靠个人的人格魅力支撑起学校的发展，而在交接班的过程中，难免有一些接班人缺乏其父辈的人格魅力和管理经验，这样极易导致管理层断裂，使一些学校的管理出现危机。因此，未来时期，民办高校如何突破家族式管理是一个不容忽视的问题

（五）改革宏观管理体制，加强宏观科学决策

民办高等教育的健康发展离不开政府部门的宏观管理和调控，一个宽松、公平、有序、适合民办高等教育发展的环境无疑需要政府的积极营造。政府的宏观调控将发挥两方面作用。其一，传递信息。有关部门可以收集并汇总民办高校的各类信息，制定指标

---

① 余立智．家族企业的成长机理与变迁路径［M］．北京：中国财政经济出版社，2004．229．

② 同①，187．

以便于同级民办高校之间进行比较，发挥各自特色，缓解和降低竞争压力。与此同时，也可以增强家长及社会各界对民办高等教育的了解，以便于学生和家长对民办高校作出选择。其二，引导民办高校发展取向。即对民办高等教育的宏观发展进行规划和科学预测，为民办高校举办者进入和退出民办高等教育领域提供参考，为正在运行的民办高校指明发展方向，避免大量的民办高校因信息不对称而走向失败。

但是，实际上，自民办高等教育复兴以来，从中央到地方，几乎没有民办高等教育发展的宏观规划，尤其是全国的民办高等教育发展规划。不仅如此，全国范围内，除少数几个省市以外，基本没有专门的民办教育管理机构。宏观规划和专门管理机构的缺失，导致的直接后果是民办非学历高等教育机构盲目扩张、民办高等职业教育不足，以及各项民办高等教育政策落实不力、民办高等教育的信息严重不对称，一定程度上影响和制约了民办高等教育的整体稳定和发展。

因此，为减少或避免民办高校在相对集中时间里“集体倒闭”，未来时期，一方面，各级政府应通过建立决策制衡机制，切实进行科学决策和规划，正确引导民办高等教育健康发展，以避免倒闭事件的发生；另一方面，各级政府应该建立健全民办教育的专门机构，为民办教育包括民办高等教育的健康发展提供保障。

（六）确定适度发展规模，避免学校设置过剩

根据对我国未来一段时期学龄人口的预测，到 2008 年，我国高等教育学龄人口将达到高峰，此后逐渐下降，到 2050 年将下降到 6938 万人[①]。因此，一方面，我们应该看到，无论是制度空间还是生源空间，我国民办高等教育仍然具有较大的发展空间；另一方面，我们也必须清醒地看到我国适龄人口逐渐下降的趋势。这就要求我们在未来时期应该对民办高等教育的发展确定一个适度的规模，避免非理性扩张。这方面，日本的教训非常值得我们借鉴。

在日本，1992 年 18 岁人口达到“二战”后第三次高峰，即 205 万人，到 2006 年下降至 132 万人，以后仍将逐年下降。从理论上说，当预测到适龄人口即将出现下降趋势的时候，教育主管部门应该及时作出决策，对教育规模扩张采取适度抑制政策。但是日本文部省却放弃了对高等教育规模扩张的抑制政策，为了维持一定的升学率，在一定范围内容忍了私立大学量的扩大，并且屈服于私立大学的抵抗，将迎接人口高峰期而临时增加的大学招生额的一半变成了正规招生定额。与此同时，对短期大学向四年制大学“升格”采取了宽容政策，对新设学校采取了“规制缓和”政策。在私立大学面临倒闭的重重危机之下，新增设大学依然故我。仅 2003 年，日本就新设了 14 所私立大学[②]。

① 中国教育与人力资源问题报告课题组. 从人口大国迈向人力资源强国［M］. 北京：高等教育出版社，2003：107.

② 2003 年度大学：短期大学［EB/OL］.［2008－07－06］. http：//www. n-dricom. co. jp/eye/data/03shide. htm.

对此，日本共济事业集团私立学校经营中心主任细谷小二指出，国家一直鼓励办学，保护办学者利益。后来由于办学门槛过低，手续简单，条件放宽，于是私立学校如雨后春笋般涌现，以致出现了供大于求的现象。时至今日，只招一半学生的私立学校有 22 所，并且随时都有倒闭的可能。另外，还有 86 所四年制私立大学也岌岌可危[①]。

由此可见，我们应该理性地看待民办高等教育的发展空间，既不能望而却步，也不能盲目冒进，应该对我国高等教育发展作出整体规划。惟其如此，才能保证我国民办高等教育的健康和可持续发展。

（七）根据投资办学属性，安排民办高校制度

投资办学与产权不清的矛盾，是我国民办高等教育的基本矛盾。因此，只有很好地解决这一基本矛盾，才能从根本上保证我国民办高校的稳定与发展。

从目前民办高校的制度来看，国家对投资办学已经作出了一些相应的制度安排。比如举办者可以取得“合理回报”，再比如在董事、校长、总务、会计、人事负责人之间取消了亲属回避制度，等等。从实践层面看，这些举措无疑有利于民办高校的稳定发展。就“合理回报”的规定而言，它既可以在一定程度上保证民办高等教育的公益性，也可以使举办者获得一定的“合理回报”，可谓一举两得。但是，事实上，这些举措并没有从根本上消除民办高校中存在的短期办学等各种不稳定因素和隐患。所以，从长远来看，我国民办高等教育应该采取捐资办学与投资办学两条腿走路，原因是无论从办学的稳定性来看，还是从办学公益性的充分表达来看，捐资办学较之于投资办学都具有一定的比较优势。因此，捐资办学与投资办学并举，这是增强民办高等教育整体稳定性的必然选择，也是提高民办高等教育质量的必然选择。

总之，从世界范围来看，高等教育民营化是当今世界高等教育的发展趋势之一。就我国民办高等教育的发展而言，无论从高等教育供给的视角，还是从高等教育需求的视角来看，我国民办高等教育蕴涵着较大的发展潜力和发展空间。大力发展民办高等教育不仅是我国经济社会发展的必然选择，也是我国实现高等教育大众化和普及化的必然选择。回顾我国民办高等教育的复兴与发展，尽管还存在着这样或那样的问题和不足，但其所蕴涵的竞争性、开放性，以及个性化和特色，对我国高等教育的整体发展，无疑具有十分重大的历史意义。

---

① 刘茅．僧多粥少：日本私立大学接连倒闭风光不再［EB/OL］．（2003－08－08）［2008－07－16］．hnp：//new3. xinhuanet. com/world/2003－08/08/content－l016786. htm.

第二节 独立学院的发展①

独立学院是指实施本科以上学历教育的普通高校与国家机构以外的社会组织或者个人合作，利用非国家财政性经费举办的实施本科学历教育的高等学校。独立学院始于20世纪90年代末，是我国高等教育规模扩展和高等教育改革的产物。至2009年5月，全国共有独立学院322所，在校生人数约占全国本科高等教育的1/3，成为我国高等教育的重要组成部分。独立学院作为我国高等教育的重要组成部分，在我国实现高等教育大国的过程中发挥了重要作用，对于我国早日实现高等教育强国也将发挥重要的作用。

当前是独立学院发展进程中非常关键的一个时期。独立学院在取得令人注目的成绩的同时，也遇到了一些新的问题和挑战。国家根据独立学院发展的现状采取了许多有针对性的措施。在这个关键时期，对独立学院的发展轨迹进行准确科学的描绘，深刻认识目前独立学院发展中所存在的问题和挑战，在此基础上完善各项针对独立学院的政策，对于促进独立学院的健康、可持续发展意义重大。

一、独立学院发展的历史阶段

从独立学院创办至今，我国独立学院发展历程基本上可以分为四个阶段，即1995年之前的理论酝酿阶段，1995—2003年的尝试阶段，2003—2008年的独立规范阶段，2008年至今的提升完善阶段。这四个阶段的划分，以教育部出台的代表性政策文件为依据。

（一）理论酝酿阶段（1995年之前）

我国高等教育长期滞后，难以满足社会对人才的需求和人民群众上大学的愿望。改革开放以后，民办高等教育恢复办学，但是，由于当时我国的经济基础较弱，资本集聚能力较低，加上政策限制等原因，导致社会对民办高校的投入不足，民办高校大多依靠学费积余，滚动发展，速度缓慢，成长困难。在这种情况下，国内高等教育理论界引入了国外经验，提出发展独立学院的设想。

印度的附属学院制度得到了国内理论界的关注。印度大学的附属学院制度是效仿英国伦敦大学而形成的。1857年印度最先成立3所大学，即加尔各答大学、孟买大学和马德拉斯大学，这几所大学自己不进行教学，只接纳本地区或邻近地区的高等教育机构为自己的附属学院。由这种模式开始，经过150多年的发展，印度衍生了大量的附属学

① 此文系《国家中长期民办教育改革和发展研究》课题之《民办高等教育的成绩、经验、存在问题与政策性建议》调研组成果；调研负责人：徐绪卿；执笔：王一涛。

院。到目前为止，印度高等教育机构已经达到 18000 余所，而其中绝大部分是附属学院，真正的大学只有 370 多所，附属学院成为印度高等教育发展进程中的主要力量，在推进印度高等教育大众化进程中功不可没。大学依靠其掌控的学位颁发权，对其附属学院的课程设置、教学大纲、教学内容等方面进行严格控制，进而保障其教学质量。很多学者认为，印度附属学院的做法可以在一定程度上供我们参考。从 1995 年开始，我国很多学者撰文介绍印度附属学院的经验和存在的问题，对我国高等教育引入附属学院的做法进行了初步的探讨。

（二）尝试阶段（1995—2003）

1995 年，已办三年的四川电影电视艺术进修学院与四川师范大学合作，成立了四川师范大学电影电视学院，这被公认为我国最早的独立学院。四川师范大学电影电视学院成立后，管理较为规范，教育质量较高，受到了社会各界的肯定和支持。不仅如此，独立学院向社会展示了一种“双赢”的图景，四川师范大学也通过独立学院极大地改善了办学条件。全国人大副委员长许嘉璐曾给这种办学形式较高的评价：“这种办学模式在全国是很少见的，对于现在的管理体制有所突破，事实证明是成功的。”

从 1999 年开始，我国高等教育“大众化”拉开了序幕。但是，当时我国高等教育资源空间不足，政府财政又无力兴办新的院校，亟须发展体制外资源补充，独立学院的诞生及其初期的良好发展态势，刚好契合了当时我国高等教育的发展形势。由于当时国家、普通高校、企业和学生等主体都有对独立学院这种教育形式的巨大需求，因此，在这一个阶段，独立学院获得了迅速的发展。从 2003 年下半年开始，各地方（省级人民政府或省级教育行政部门）陆续批准举办或试办的独立学院有 360 多所。

（三）独立规范阶段（2003—2008）

从独立学院的产生之日起，独立学院就处于争议之中。支持者赞誉其为我国高等教育快速发展的创举，批评者则质疑其为我国高等教育畸形发展的“怪胎”。在对独立学院观望了 4 年之久之后，针对独立学院试点期间所出现的一些不规范行为，教育部于 2003 年颁布了《教育部关于规范并加强普通高校以新的机制和模式试办独立学院管理的若干意见》（通称“8 号令”），标志着独立学院发展进入了独立规范阶段。

“8 号令”把普通高校按新机制、新模式举办的本科层次的二级学院统称为独立学院，明确提出举办独立学院一律采用民办机制，独立学院应具有独立的校园和基本办学设施，实行相对独立的教学组织和管理、独立进行招生、独立颁发学历文凭、独立进行财务核算、应具有独立法人资格、能独立承担民事责任，即“六个独立”原则。“8 号令”还明确提出，独立学院属本科层次，应该由教育部审批。

继“8 号令”之后，教育部又先后出台了《教育部关于对各地批准试办的独立学院进行检查清理和重新报批工作的通知》（教发函［2003］247 号）、《教育部办公厅关于做好独立学院本科专业清理备案工作的通知》（教高厅［2004］22 号）、《教育部关于对独立学院办学条件和教学工作开展专项检查的通知》（教高函［2004］21 号）、《教育部关于加强独立学院招生工作管理的通知》（教学［2005］3 号）等一系列文件，对独立学院进行规范管理。此外，《民办教育促进法》、《民办教育促进法实施条例》、《民办高等学校办学管理若干规定》（教育部令第 25 号）等有关民办院校设置与管理、资产过户的法律法规、政策文件，对作为民办高等教育组成部分的独立学院同样适用。在这些法律法规的规范作用下，至 2007 年年底，经教育部审批确认的独立学院有 318 所，比 2003 年时的 360 所有所减少。2007 年年底，独立学院在校生共计 186.6 万。

（四）提升完善阶段（2008 年至今）

自 2003 年“8 号令”颁布以来，独立学院在规范中加快了发展步伐，但其距离“民、独、优”的要求还有不少距离。同时，经过前几年的基础设施建设和办学规模持续扩张，我国高等教育的供给能力不断提高，高等教育资源严重不足的局面已有一定程度的缓解，独立学院的环境发生变化，进入了质量竞争的新时代。这一阶段，我国独立学院的主要任务也由增加院校数量和扩大办学规模向稳定规模、进一步规范管理和大力提高质量转型。教育部于 2008 年出台了《独立学院设置与管理办法》（通称“26 号令”），标志着独立学院进入了提升完善阶段。“26 号令”对独立学院的设立、组织与活动、管理与监督、变更与终止、法律责任等方面都作出了明确规定。“26 号令”的附则指出：“本办法施行之日（2008 年 4 月 1 日）起 5 年内，基本符合本办法要求的，由独立学院提出考察验收申请，经省级教育行政部门审核后报国务院教育行政部门组织考察验收，考察验收合格的，核发办学许可证。”这标志着独立学院 5 年过渡期的开始。“26 号令”是独立学院在发展中规范、在规范中发展的里程碑，对促进独立学院的提升完善，起到了重要的作用。

继教育部第 26 号令之后，教育部又先后出台了《关于审批独立学院为学士学位授予单位工作的通知》（学位办［2008］17 号）、《教育部办公厅关于做好 2008 年独立学院招生简章审查工作的通知》（教学厅函［2008］8 号）、《教育部办公厅关于编报省级〈独立学院五年过渡期工作方案〉的通知》（教发厅函［2009］15 号）等一系列文件，其中，最后一个文件要求“各省级教育行政部门要摸清本地区独立学院的总体情况，逐校分析现状和存在的问题”，这标志着独立学院 5 年过渡期开始进入了倒计时阶段。

截至 2009 年 5 月，我国独立学院有 322 所，招生规模占本科招生的 1/3。独立学院的教育质量也有所提高，为中国高等教育大众化和实现高等教育大国作出了重要贡献。

二、独立学院发展的动因

我国独立学院之所以能够在 20 世纪 90 年代获得迅速发展，与我国的经济、社会和高等教育的大背景密切相关，是我国经济、社会和教育等诸多力量共同推动的结果。同时，国家、普通公办高校、独立学院的投资者和作为高等教育消费者的学生都存在着对独立学院的巨大需求，“教育供给是教育需求的必然结果和反映”，在这些需求力量的推动下，我国独立学院在20世纪末得到了迅速的发展。

（一）高等教育资源紧缺，国家财政难以支撑起庞大的高等教育系统

从1999年开始，我国普通高等教育开始大规模扩招，普通高校在校生人数由1999年的340万增加到2002年的903万，但即使如此，我国高等教育的需求仍然没有得到充分满足，社会公众对高等教育的需求依然非常旺盛，高等教育领域内“供不应求”的矛盾依然突出。20世纪末21世纪初，我国高等教育毛入学率很低，1998年我国高等教育毛入学率仅为9.8%，到2000年只有11.5%，距离高等教育大众化（毛入学率达到15%）的目标依然有一定的距离。高等教育需要进一步加快发展步伐，从而为经济和社会的发展提供更为强大的人力资源支撑。

从1999年开始，国家和地方政府都采取了包括加大资金投入在内的一些措施来加大高等教育发展力度。中央政府从1999年决定从用于国家基本建设在内的长期国债中抽取70多亿元用于高校基本建设，各地方政府也加大了对高等教育的资金投入。尽管各级政府作了非常大的努力，同期普通高校在校生由1999年的340万增加到2002年的903万，但是，由于普通高校在校生人数的增长远远超过了同期高等教育经费的增长，导致高校生均财政性教育经费的大幅下滑，普通高校生均财政性教育经费拨款从10050元下降到8529元。按照2001年的拨款标准，如果高等教育规模再扩大300万，就意味着政府需要每年再增加250亿以上的拨款。而在这个时期，一系列重大政策的落实均需要大量经费，导致国家对高等教育的拨款不可能在短期内有很大提升：农村税费改革导致农村义务教育经费不足，而普及农村义务教育成为此时我国教育发展的重中之重，这就意味着农村义务教育需要大量经费投入；建设世界一流大学目标的提出，也要求向重点高校进行经费倾斜。在这样的背景下，国家通过大规模增加高等教育经费来扩大高等教育规模遇到了困难，而大力发展独立学院，则可以在基本上不增加高等教育财政拨款的情况下提高高等教育的毛入学率。

（二）高等教育层次结构失衡，需要补充本科教育资源

国家经济发展水平不断提高，需要更多高层次人才；人民群众生活不断提高，对高层次高等教育产生了更为迫切的需求。在我国高校扩招过程中，虽然高等教育规模不断扩大，但是高等教育结构不合理的状况一直没有得到改变，存在的一个突出问题是专科层次教育在高等教育中所占的比重一直较高，本科层次所占的比例一直没有明显提升。2002年全国普通高校与成人高校本科招生共约332万，占当年全部招生人数的比例不足40%，比扩招第一年的1999年反而下降了1.2个百分点，见表2－15。本科教育机会下

降与人民群众日益增长的需求形成了反差，本科教育供需矛盾进一步激化。因此，扩大本科教育资源成为改变我国高等教育层次结构不合理状况的紧迫步骤，而独立学院作为一种以本科为主的教育形式，则成为优化我国高等教育结构的很好途径。

表 2－15 1999 年、2002 年全国普通与成人高校招生情况

	招生数（万人）		构成（%）	
年 份	1999	2002	1999	2002
合 计	284.8	563.1	100	100
研究生	9.2	20.3	3.2	3.6
本科生	114.4	219.8	40.2	39.0
专科生	161.2	323.0	56.6	57.4

资料来源：2000 年的《全国教育事业统计年鉴》、2003 年的《全国教育事业统计公报》。

（三）民办普通高校尚难以担当高等教育扩招重任

在高等教育大众化的进程中，当国家财政难以支撑起庞大的高等教育体系时，民办高校本来可以承担高校扩招重任，但我国民办高校从改革开放以来才逐渐得以恢复和发展，在 21 世纪之初，我国民办高校的力量还十分薄弱。大多数民办高校规模小，办学条件有限，社会认同度不高，办学层次低，除了少量几所民办高校以外，大多数民办高校没有学历授予资格。2000 年至 2004 年，我国具有学历授予资格的民办高校分别是 43 所、89 所、133 所、173 所、226 所，同期民办高校在校生人数分别是 6.8 万、14 万、32 万、81 万、139.75 万。在这些具有学历授予资格的民办高校中，大部分是进行专科教育，只有少数几所民办高校具备本科教育的条件和资格。2000 年，黄河科技学院首先升格为本科高校，2002 年上海杉达学院和江苏三江学院升本，2003 年浙江树人大学等 5 所高校升本，直到 2003 年 4 月，包括从独立学院转设而来的仰恩大学在内，我国总共只有 9 所民办本科高校。而且，在这些本科层次的民办高校中，只有少数专业是本科，大部分专业依然进行专科教育。

民办高校不仅规模小、层次低，而且其管理和教学质量也难以承担起高等教育扩招的重任。民办高校的管理不太规范，家族化现象严重，因此民办高等教育机构倒闭现象经常发生。由于种种原因，民办高校的师资力量十分薄弱，这进一步限制了民办高校育人质量的提高。在这些背景下，如何通过制度创新，创设既能够吸纳大量社会资金进入高等教育领域，同时又能够切实保障教育教学质量的新的办学机制，就摆在了我们的面前，独立学院便是解决此问题的很好途径之一。

三、独立学院的主要特征和优势

（一）独立学院的主要特征

独立学院的两个基本特征，可以概括为“依附”和“独立”。认识到这两个基本特征，则可以窥视独立学院的全貌。

1. 独立学院的“依附”性

依附性，是指独立学院依附于母体高校，主要表现如下。

第一，名称上的依附。大部分独立学院的名称都是“××大学（公办高校）××学院（附属学院）”，这种名称表明了独立学院对公办高校的附属性。名称上的依附实际上也就是品牌的依附，这使得独立学院在一定程度上甚至可以被看成母体高校的普通二级学院。

实际上，独立学院之所以能够有如此迅速地发展，能够得到广大考生和家长的青睐，在名称和品牌上依附于母体高校是一个很重要的原因。独立学院也属于民办高等教育，但其录取分数线和学费均明显高于纯粹的民办高校，一个很重要的原因就是品牌上依附于母体高校，所以独立学院才可以在与纯粹民办高校的竞争中占上风。即使在今天，虽然独立学院的独立性越来越强，与母体高校的疆界也越来越清晰，但是，名称上的附属仍使其笼罩着母体高校的光环。

名称和品牌上依附于母体高校，一方面使得独立学院可以在短时期内获得迅速发展；另一方面也不利于独立学院建立自己的独立品牌，一旦失去母体高校光环的笼罩，其竞争力可能就会很低。独立学院在品牌上依附于母体高校，也在一定程度上稀释了母体高校在长期发展中所积累起来的宝贵的无形资产，降低了母体高校毕业生在劳动力市场中的吸引力，因为用人单位往往要花费一定的信息成本来辨别自己聘用的毕业生到底是来自母体高校还是来自独立学院。

第二，教学资源上的依附。独立学院在教学资源上依附于母体高校，包括硬件资源和软件资源两部分。硬件上包括教学设备、实训场地、图书、信息资源等。但是，由于独立学院与母体高校往往不在同一个校园之内（这也是教育部的要求），有的独立学院与母体高校甚至不在同一个城市，如浙江大学宁波理工学院、同济大学浙江学院，硬件资源的共享力度有限，共享硬件资源需要花费的交通成本可能高于资源共享所能带来的收益。因此，软件资源便成为独立学院和母体高校之间所能共享的主要资源，而其中最为重要的就是管理的共享。管理水平的高低是决定一所高校发展水平的重要因素。独立学院可以通过很多方式学习、借鉴母体高校较为成熟的管理经验，从而促进自身快速发展。独立学院中有一部分董事和管理者来自母体高校，熟知母体高校的文化和管理，因而可以将母体高校的文化和管理移植到独立学院中来。除了管理之外，独立学院的师资力量也在很大程度上依赖于母体高校，独立学院的大部分骨干师资往往来自于母体高校。

第三，学历上的依附。在独立学院的发展早期，大部分独立学院都直接颁发母体高校的学历证书和学位证书，这是独立学院在学历上对母体高校的依附。当然，这种状况在慢慢地改变，“8 号令”要求独立学院发放独立学院学历，但是独立学院毕业生的学位证书还是由母体高校来发放。直到“26 号令”要求学位证书也要独立学院发放开始，独立学院才摆脱在学历和学位上对母体高校的依附。

2. 独立学院的“独立”性

独立学院也具备独立性，独立性是指独立学院在一些方面独立于母体高校，区别于母体高校一般的二级学院。独立性是独立学院成为一所独立院校的基础和必要条件。教育部“8 号令”指出，独立学院应具有独立的校园和基本办学设施，实施相对独立的教学组织和管理，独立进行招生，独立颁发学历证书，独立进行财务核算，应具有独立法人资格，能独立承担民事责任。《独立学院设置与管理办法》第三十八条进一步强调，独立学院的学位证书也应该独立颁发。

首先，独立学院具有独立的法人资格。从法律的意义上讲，独立学院和母体高校是两个不同的法人组织，独立学院能够独立承担民事责任。母体高校的普通二级学院不具备独立的法人资格，不能独立承担民事责任。

其次，独立学院独立招生，并独立颁发学历和学位证书。独立学院招生属于第三批次，录取线低于母体高校。若以高考成绩作为衡量标准，独立学院的生源质量低于母体高校。又因为独立学院自己发放学历证书和学位证书，就导致独立学院的学历和学位的“含金量”低于母体高校。因此，独立学院的毕业生在劳动力市场上不如母体高校的毕业生受欢迎，部分用人单位对独立学院毕业生有一定的歧视，一些国家和地区对独立学院的学历也不予承认。

再次，独立学院的办学资金由具有法人资格的公司或个人筹措，资金来源渠道与母体高校明显不同。目前独立学院的办学模式一般有四种，分别是“公办高校 + 企业”模式、“公办高校 + 地方政府 + 企业”模式、“公办高校 + 异地政府”和“公办高校通过多种方式自办”模式。除了高校自办的独立学院之外，独立学院的前期投入主要由参与举办的企业和异地政府负担，企业参与举办独立学院是希望得到回报的，母体高校也往往从独立学院的学费收入中提取一部分“管理费”，这些回报和成本最后都转换成了学费，需要由学生来负担。相比之下，公办高校的办学经费主要来自国家拨款，因此，独立学院的学费远远高于普通公办高校，高昂的学费在客观上排斥了许多低收入家庭的子女。

（二）独立学院的优势

独立学院是在吸收公办、民办两种办学机制优点的基础上发展起来的一种崭新的办学模式，它兼具公办高校的规范性和民办高校的灵活性，是公有性质与民营机制的有机结合，体现着公办、民办高等教育的双重优势。

1. 独立学院具有相对于纯粹民办高校的优势

首先，独立学院可以依靠公办高校的师资、管理等资源，在教育质量方面较有保障。影响我国民办高校发展的两个突出因素是管理和师资，而独立学院可以在师资和管理两种资源上实现与母体高校的共享。按照“8号令”等教育部文件的要求，母体高校对独立学院的教育质量负有相应的义务和责任。在师资方面，母体高校往往向独立学院选派经验丰富的教师、学术骨干负责教学、科研、学科建设，对提高教学质量、增强学科专业竞争力、营造浓厚学术氛围等提供了保障，有效弥补了独立学院师资缺乏、力量薄弱、经验不足的缺陷。在管理方面，大部分母体高校在举办独立学院之初，都抽调一批经验丰富的管理干部到独立学院负责各级管理。他们将母体高校先进的管理经验、成熟的管理制度同独立学院的办学实际结合起来，逐渐形成了独立学院的管理理念和管理模式，既保证了独立学院的办学方向和有序运行，又缩短了独立学院的摸索过程。在依托母体高校师资和管理资源的同时，独立学院也可以在一定程度上依托母体高校的品牌，使得毕业生在就业时可以相对避免用人单位对民办高校毕业生的歧视。

其次，独立学院在吸引社会资金进入教育领域方面也具有明显优势。我国居民的储蓄率一直处于世界较高水平，社会上存在大量闲置资金，这些资金若能够找到合适的渠道进入高等教育领域，必将对我国高等教育的发展产生十分积极的意义。民办高等教育虽然为民间资本进入高等教育领域开辟了渠道，但是由于一些原因，很多投资者对进入高等教育领域并没有充分的信心。首先，包括《民办教育促进法》在内的法律法规对民办高校举办者的权益保护力度不够；其次，投资者虽有举办高等教育的热情和兴趣，但是由于高等教育的复杂性，他们对如何办好一所大学并没有信心。独立学院这种新型办学形式的出现，使得投资者可以与公办高校联合办学，充分借助于公办高校的品牌和管理经验，这就极大地减少了投资者投资高等教育的顾虑，从而为大量社会资金进入高等教育扫清了障碍。

2. 独立学院具有相对于一般公办高校的优势

首先，独立学院的投资方往往都是规模大、资金雄厚、历史较长、热爱教育事业的大公司，他们熟悉产业界对毕业生知识结构、能力结构的需求，有的企业本身每年都要招聘大量毕业生。这些企业作为独立学院的举办者，能够自觉地按照劳动力市场的需求来优化独立学院的专业和课程结构，改革人才培养模式，这就可以避免一般公办高校人才培养目标不明、定位不准的问题。而且，举办者与产业界联系紧密，可以更好地开展校企合作，为学生提供大量实训实践的机会，从而为培养应用型人才奠定了很好的基础。

其次，独立学院多实行董事会领导下的校长负责制。董事会主要负责学校重大决策，如资金分配、校长任免等，校长主要负责教学、科研等事务，这种决策机制具有高效和科学的特点，避免了公办高校决策效率低下的弊端，使得独立学院具有很高的灵活性，能够根据社会需求的变化及时地进行专业、课程和人才培养模式的革新。在内部管理中，独立学院实行岗位聘任、绩能考核、优胜劣汰、能上能下的人才竞争机制，以及多劳多得、优劳优获的分配制度，可以充分调动各方的积极性。

四、独立学院的主要历史贡献

独立学院至今已经走过了十几个年头，虽然独立学院自产生之日起就伴随着各种争议，但是独立学院对我国高等教育发展所作出的贡献是不容忽视和抹杀的。

（一）独立学院为我国实现高等教育大众化作出了贡献

我国是一个人口大国，同时还是一个经济上处于落后状态的发展中大国。财政的短缺和高等教育筹资渠道的单一，使得高等教育长期以来处于滞后状态。“穷国办大教育”的基本国情，决定了我国高等教育必须采取多渠道筹资，既要坚持以国家财政资金为主，又要充分调动社会资金投入高等教育的积极性。独立学院的发展，拓展了高等教育投资的渠道，扩大了高等教育的规模，也壮大了我国高等教育的实力。就全国来说，2007 年全国高等教育毛入学率为 23%，初步进入了高等教育大众化的阶段，全日制本专科在校生 1884. 90 万，成为世界名副其实的高等教育大国，而独立学院在校生人数约占我国本科在校生人数的1/3，从这点上可以看出，独立学院对我国实现高等教育大众化作出了巨大的贡献。

（二）独立学院的发展拓宽了我国高等教育的资金来源渠道

长期以来，我国高等教育一直由国家财政独家承担。独立学院的发展打破了这个局面，拓宽了高等教育资金来源的渠道，减轻了国家财政负担，增加了高等教育的投入和资源供给，缓解了高等教育供求关系严重失衡的矛盾。通过举办独立学院，有效地增加了教育投入，补充了财政不足，吸纳了社会资金，促进了资源共享，对优化教育资源配置起到了一定的调节作用。据专家预测，目前维系中国高等教育正常运转的经费大约需要 4000 亿元，而国家现有的实际投入只有 800 亿元，高等教育经费紧缺是一个世界性的难题，即使在发达国家也不例外。我国目前支撑着世界上最庞大的高等教育体系，可以想见，仅仅依靠政府的力量是远远不够的。因此，举办独立学院对高等教育的长远发展具有重大的战略意义，其作用绝不仅仅局限于办好几所独立学院，更体现在对我国高等教育投资体制改革的巨大推动上。

（三）独立学院给高等教育带来了竞争和活力，有效促进了高等教育改革

独立学院通过新的办学机制，带来了高等教育的竞争，增强了高等教育的活力，

促进了高等教育的改革、发展和效率的提高。新时期高等教育体制改革，包括办学体制、管理体制、招生就业体制、经费筹措体制、校内管理体制的改革，这五大体制改革中，独立学院往往都走在改革的前列，还有许多改革都是独立学院首先开创的。一方面，独立学院在办学方面较其母体高校具有更大的独立性和自主性，在管理体制和运行机制上都可以进行创新，灵活地适应社会的需要，这便为教育、教学的创新改革提供了条件。另一方面，独立学院激活了高等教育内部的竞争，由于独立学院的办学经费并非财政性拨款，必须在竞争中谋生存、求发展，因而具有强烈的创新、改革的内部动力。此外，独立学院还具有优胜劣汰的竞争机制，精简、高效的管理体制，多劳多得、优劳优酬的分配机制等，这些体制使得独立学院具有较高的效率，因而有力地带动了公办院校的改革。

（四）独立学院满足了人民群众对选择性教育的需求

我国高等教育资源一直难以满足人民群众对高等教育的需求。改革开放以来，随着生活水平的不断提高，人民群众对接受高等教育产生了越来越强烈的渴求，而且，人民群众对高等教育的需求是多样化的。独立学院的成长和发展，形成了高等教育多样化的局面，增加了高等教育供给方式的选择性和灵活性。它增加了我国高等教育的规格和品种，增加了学生读大学、选大学的机会，在一定程度上缓解了现代化建设的多样化需求与现有高等教育规模有限的矛盾，满足了人民群众接受高等教育的强烈愿望，为更多的青少年提供了接受高等教育，选择学校、师资和学习内容的机会。由于高等教育资源的增加和丰富，我国的高等教育正逐步向可选性教育形式过渡，为促进“以人为本”为核心的个性化培养和人的发展创造了条件。

五、独立学院的局限性及存在的问题

独立学院还是一种新生事物，发展的时间不长，而发展的速度却十分快，因此在其发展过程中不可避免地存在一些问题。同时，我们对独立学院这种办学形式的认识还不深刻，管理经验还不够丰富，这也导致了独立学院在发展过程中所出现的问题不能得到及时解决。深刻地认识独立学院发展中存在的问题，有利于有针对性地提出改进措施，从而促进独立学院更好地发展。

（一）对纯民办高校产生“挤压”效应

独立学院作为民办高等教育的重要组成部分，其发展初衷之一是希望通过独立学院吸引更多社会资金进入高等教育领域，促进民办高等教育的发展，从而在总体上扩大我国的高等教育资源总量。但是，由于独立学院与公办高校联合颁发本科文凭，对学生具有强烈的吸引力，因此独立学院“挤占”了纯民办高校的生源，使这些院校招生数量和质量都受到影响。在“8 号令”出台之前，独立学院不论办学条件如何均可以举办本科层次的教育，而许多具有多年办学历史和较强办学实力的纯民办高校却无法举办本科教育，这其中显然存在办学标准和办学申报审批程序方面的不公平问题，这种不公平不利于纯民办高校和独立学院的平等竞争。20 世纪末至 21 世纪初，是我国民办高校和民办高等教育机构倒闭的一个高峰期，独立学院对纯民办高校的强大竞争或许是民办高校和民办高等教育机构倒闭的重要原因之一。

（二）对教育公平产生了一定的负面影响

由于独立学院普遍实行高收费政策，必然导致一部分上了“三本”分数线的考生由于家庭经济困难而只能选择上公办高职或专科，而一些成绩较差的考生却可以通过多交钱接受本科教育，甚至是重点大学的教育，这就导致“富人上本科，受好教育；穷人上专科，受差教育”的状况。这显然不符合教育公平的要求。

独立学院的文凭对母体高校的文凭构成了一定干扰，对母体高校的毕业生而言有失公平。在独立学院发展初期，毕业生的学历和学位都由母体高校发放，即使在“8 号令”出台以后的很长时间内，独立学院的学位证书依然由母体高校发放。虽然“26 号令”要求学位证书也由独立学院发放，但是，由于独立学院在名称上对母体高校的依附，独立学院的名称前均冠以参与举办的普通高等学校的名称，该具名同样出现在学历和学位等文凭的具印名称上。这种在单位具名上将独立学院和母体高校捆绑起来的具名方式，使得独立学院的学历和学位总是与母体高校有着千丝万缕的联系。在劳动力市场上，捆绑式名称使用人单位无法从心理层面将独立学院与其主办的母体高校分开，这就不可避免地会对劳动力市场的信息产生一定的干扰，从而降低了母体高校文凭在劳动力市场中的“信号强度”，这对母体高校的毕业生而言是一种不公平。

（三）“冒牌”式的独立学院违背了制度设计的初衷

独立学院作为我国高等教育领域内的重要制度创新，其制度设计出发点是联合公办高校完善的管理、师资、社会声誉与投资者的雄厚资金，创办出办学机制灵活的独立学院。但是，在实践中却存在很多“冒牌”式的独立学院，这些“冒牌”式的独立学院都没有实现独立学院制度设计的初衷。“冒牌”式的独立学院包括两种类型。

第一种，一部分公办高校借独立学院之名实行高收费，搞虚拟校园，个别公办高校还实行“校中校”，这本质上是在变相地搞收费的“双轨制”，这种“校中校”式的“冒牌”独立学院除了学生的高学费之外并没有额外的社会资本投入，因此并没有增加整个国家的高等教育资源总量。

第二种，一些原有的民办院校与一些企业投资建立的新学校，与一些公办高校“合谋”，假借公办高校之名举办独立学院，而这些独立学院实际上与母体高校没有任何的资源共享行为，母体高校并没有为独立学院教育质量的提升付出任何实质性的代价。在这种独立学院中，原有的民办高校因为有了独立学院的名声而有了更多的生源，母体高校在赋予了对方“具名权”之后，便得到了20%左右的独立学院学费收入。这看似是一种“双赢”，但是受到损害的却是独立学院的学生以及整个独立学院的社会信誉。“贴牌”现象不仅发生在与母体高校不在同一个城市的独立学院，也发生在虽然与母体高校同在一个城市但并没有实质性资源共享的独立学院。

（四）一定程度上存在盲目发展的现象

独立学院的盲目发展突出表现在举办独立学院的公办高校数量十分庞大，而许多公办高校实际上并没有多余的资源与独立学院共享。随着我国高等教育的大发展，公办高校的规模日渐膨胀，师资、教室等主要教育资源不足的现象日渐突出，因此，举办了独立学院以后，母体高校并没有多余的教育资源可以与独立学院分享。独立学院不仅没有分享到母体高校的教育资源，反而还需要向母体高校缴纳20%—30%的“管理费”。也就是说，在当前高等教育大发展的背景下，真正有余力举办独立学院、并且对独立学院的教学质量起到切实保障作用的公办高校并不是很多。但是，截至2009年，我国共有独立学院322所，占我国本科院校的40%左右，大约有30%的本科高校都参与了独立学院的举办。进一步分析独立学院的名单可以发现，除了北京之外，各省（自治区、直辖市）内最好的公办高校基本上都参与了独立学院的举办。不仅一流高校对举办独立学院积极性非常高涨，众多办学水平一般的公办高校对举办独立学院的积极性也非常高涨，获取相当数额的“管理费”是这些公办高校举办独立学院的主要目的之一。因此，独立学院存在一定程度的盲目发展现象。

六、独立学院的发展趋势

独立学院目前所存在的一些局限性，大都是由于独立学院没有真正独立造成的，因此，教育部关于独立学院的基本政策是促使其往“独立”的方向发展。“8号令”指出，独立学院应具有独立的校园和基本办学设施，实施相对独立的教学组织和管理，独立进行招生，独立颁发学历证书，独立进行财务核算，应具有独立法人资格，能独立承担民事责任。“26号令”进一步强调了“独立”的方向，并且在第三十八条特别指出，独立学院的毕业证书和学位证书都应该单独颁发，“并以独立学院名称具印”。“26号令”还规定独立学院从2008年4月1日开始进入为期5年的“过渡期”。2009年2月，教育部出台了《关于编报省级〈独立学院五年过渡期工作方案〉的通知》，要求各省级教育行政部门要摸清本地区独立学院的总体情况，逐校分析现状和存在的问题，这标志着独立学院5年的过渡期开始进入了倒计时阶段。

在这些政策的推动下，“独立”将成为我国独立学院未来发展的基本方向，在这个基本方向的引导下，未来几年我国独立学院的发展将会呈现出如下几种可能性。

（一）转设为民办普通高校

在“独立”的基本方向下，一部分独立学院将转设成为民办普通高校。独立学院要转设成为民办普通高校，首先要具备“6个独立”要件，并且资产都按照“25号令”的要求完成了过户。一般而言，两类独立学院倾向于较早地转设成为民办普通高校。

第一类，由专科层次的民办高校、非学历教育的专修学院或助学性质的高校与公立高校合作基础上成立的独立学院，在以独立学院形式办学的时间内，实现了办学规模的较快增长、办学层次的提升和社会声誉的提高，这些独立学院在国家“独立政策”的推动下，有可能率先走上独立的行列。

第二类，部分独立学院是按照“8号令”的要求建立起来的，虽然办学时间不是太长，但是起点较高，发展较快，已经在社会上产生了较好的知名度，这类独立学院也可能较早转设为民办普通高校。这些独立学院一般是以民间资本为主体，投资方在办学活动中居于主导地位，在办学过程中积累了较多的办学经验，也有了较高的办学信心。

母体高校的态度对于独立学院的转设非常重要，母体高校要具备开放、洒脱的胸怀。很多独立学院转设为民办高校的重要障碍之一就来自于母体高校，因为独立学院是母体高校的一棵“摇钱树”，独立学院需要将20%左右的学费收入以“管理费”或“资源占用费”的名义上缴母体高校。若独立学院转设成功，则母体高校就失去了这笔收入，因此很多母体高校并不愿意独立学院转设成民办高校。在这方面，东北地区一些高校就做得很好，比如东北大学就以孵化出大连东软学院（由东北大学东软信息学院专设而成）为荣，他们认为这也是自身对社会所作出的贡献之一。

独立学院转设成为纯粹的民办高校，是未来几年内我国独立学院发展的重要方向，有学者预计，未来几年将会有1/3的独立学院转设成为普通民办高校。独立学院的学历和学位不仅受到劳动力市场的普遍排斥和歧视，而且，也不被一些国家和地区所承认。与此同时，独立学院的学历和学位又是对母体高校学历、学位的混淆，因为毕竟独立学院的学历和学位证书上印有母体高校的名字，这会在一定程度上导致母体高校学历、学位的贬值。由于这些根本性的原因，从长期趋势看，可能会有更多的独立学院转设成为民办普通高校。2008年我国首次出现独立学院转设成为民办高校，这四所转设成功的独立学院分别是：东北大学东软信息学院转设为大连东软信息学院、沈阳师范大学渤海学院转设为辽宁财贸学院、吉林艺术学院动画学院转设为吉林动画学院、哈尔滨商业大学德强商务学院转设为哈尔滨德强商务学院。据学者透露，2009还有约10所独立学院计划申报转设为民办普通高校，其中，黑龙江省有3所，吉林省有1所，辽宁省有2所，湖北省有1所，重庆市有3所。

（二）以独立学院形式继续办学

独立学院这种办学形式还会在较长的时期内存在下去，其最后的发展形态可能类似于我国一些高校在异地办的分校，如山东大学威海分校，哈尔滨大学威海分校（现已更名为哈尔滨大学（威海））等。这些分校和本部在不同的地点办学，具有不同的准入要求（录取线），发放不同的学历。美国高校在各地设立分校的现象更多，如加州大学便有伯克利分校、洛杉矶分校、圣地亚哥分校等若干所。未来我国独立学院和母体高校之间的关系，可能也会类似于这些高校与分校之间的关系。

以独立学院形式继续办学的独立学院，也要首先具备“6个独立”要件，资产完成过户，否则无法通过教育部的考察验收。以独立学院形势继续办学的独立学院，往往都是母体高校通过各种方式自己举办的独立学院，或者有地方政府或异地地方政府参与，真正的社会资本投入很少。以独立学院的形式继续办学，实际上保护了母体高校和参与举办独立学院的地方政府的利益。当然，也有一些有真正社会资金投入的独立学院也会选择继续以独立学院的形式办学。对这些独立学院而言，投资方有可能会发生变化，有些公司可能会退出办学，新的公司可能会加入，也有的独立学院可能有多家公司共同投资，也有一些地方政府可能会从当前投资者手中“接盘”，比如，浙江财经学院东方学院将于2010年迁往海宁，与当地政府合作办学。

有学者估计，以独立学院形式继续办学的独立学院约占目前全国独立学院总数的1/5，而且多半是起步较早、规模较大、声誉较好的独立学院，虽然数量占1/5，但是其在校生总量约占全国独立学院在校生总量的1/3，这些独立学院属于独立学院中的“强势群体”。

即使以独立学院形式继续办学，独立学院与母体高校之间的关系也应该有所变化，尤其是独立学院需要向母体高校缴纳的“管理费”。目前，独立学院一般需要向母体高校缴纳15%—30%的“管理费”和“资源占用费”，这笔费用一般是在学费收入中直接切除，而不是从独立学院的办学结余中拿出的。独立学院目前还处于发展初期，各项建设需要大量经费，许多独立学院还有巨额债务，每年向母体高校缴纳的“管理费”加重了独立学院的负担。而且，母体高校实际上并没有为独立学院提供多少资源，独立学院向母体高校缴纳的管理费最后都由独立学院的学生来负担了，这对独立学院的学生来说不公平。因此，取消或者降低独立学院向母体高校缴纳的管理费，是今后独立学院需要解决的一个问题。与此相对应的第二个问题，母体高校要切实按照包括“8号令”在内的各项规定，切实负起独立学院的教学质量保障责任，通过各种方式指导、督促和保障独立学院的教育质量。

（三）“回归”母体高校

一部分独立学院将回归母体高校。回归母体高校的独立学院一般是由母体高校通过种种方式自己投资举办的，无合作方，无社会资金投入，明显具有“校中校”的痕迹。“25号令”和“26号令”都要求独立学院要进行资产过户，但对于很多属于“校中校”性质的独立学院而言，在5年过渡期内很难完成资产过户任务。教育部办公厅早在2006年

《关于对普通高校、独立学院办学条件等有关问题核查情况的通报》中，对完全靠租赁土地和教学行政用房办学的6所独立学院进行了严厉惩罚，“原则上2006年度不安排其招生；高等教育资源相对短缺的地区，可视情况安排其招生，但招生计划数不得超过去年实际招生数的一半。”对“自有土地、教学行政用房均不达标的5所独立学院”，“自有土地或教学行政用房不达标的33所独立学院”，“资产未过户到独立学院名下的189所独立学院”均进行了相应的批评。时至今日，还有很多独立学院的土地等基本资产基本上依靠租赁，可以预见，这样的独立学院很难躲过“考察验收”这一记重拳，回归母体高校是这些独立学院无奈的选择。“校中校”类型的独立学院回归母体高校，会大大降低不规范运作的独立学院的数量，有利于在整体上提高独立学院的社会声誉。

（四）并入其他民办院校

“26号令”规定，参与举办独立学院的母体高校要具备“具有博士学位授予权”、“本科教学水平评估结论良好”等要求。如果达不到这些要求，那么，母体高校就不能举办独立学院。即使达到这两项条件，母体高校原则上也只能举办一所独立学院。如果教育部严格执行这些政策，势必意味着一些独立学院不可能继续以独立学院的形式办学了。它们可以选择转设成为民办高校，也可以选择并入母体高校。但是如果由于客观条件的限制，比如，这些独立学院起步晚、发展慢、规模小、质量低、社会声誉差，转设成为民办高校很难生存，并入母体高校也存在很多困难和障碍，那么选择与其他民办高校合作办学或者被其他民办高校兼并就是它们所能够面临的选择之一。

有学者预计，此类独立学院约占独立学院总数的1/10。这些独立学院校均规模在3000人以下，多利用公办学校或企业办学的闲置校区，办学条件相对较差，没有预留发展空间，没有可能在规定时限内达到“考察验收”的要求，只得暂且寄人篱下、苟延残喘。

（五）终止办学行为

还有一些独立学院，规模非常小，办学条件极差，质量低劣，声名狼藉，因此可能选择终止办学。

我们可以对独立学院未来几年的发展态势作一个大体的推测。“独立学院”这一名词在“五年过渡期”之后仍将继续存在，但是，目前的独立学院阵营会发生重大分化。目前300多所独立学院中，经过教育部考察验收基本符合《独立学院设置与管理办法》要求的约60所院校将继续在校名前冠以母体高校的名称，另有部分有实力的“社会组织或个人”将按照《独立学院设置与管理办法》的要求，主要是在西部地区筹设新建独立学院，全国独立学院的总数将不会超过100所。另有约130所独立学院转设或合并为民办普通高校，其中本科层次约100所，专科层次约30所，彻底改变当前民办普通高校以专科层次为主的局面，壮大民办普通高校的力量，使我国的民办高等教育事业得到长足的发展。另有约100所独立学院在完成了推动高等教育大众化进程的神圣使命后，“功德圆满”地回归其母体高校的怀抱。另有10余所独立学院被终止办学、吊销办学许可证，从而退出中国高等教育的历史舞台。

七、今后一段时间独立学院的建设重点

目前，独立学院基本上完成了规模扩张的阶段，需要从规模扩张向内涵发展转变。今后几年，无论是选择从母体高校中独立出来成为真正的民办高校，还是继续以独立学院的形式办学，独立学院都要实现可持续发展，其关键是形成自身的特色和核心竞争力。未来高等教育竞争日渐激烈，独立学院若要形成自身的明显竞争力，尤其需要在如下几个方面下足功夫。

（一）明确院校发展理念，确定人才培养目标

办学理念是否成熟、明确，对于独立学院的可持续发展意义重大。办学理念是关于学校发展的一系列教育观念、教育思想及其教育价值的集合体，是大学自主建构的学校教育哲学，是一所大学基于“办怎样的学校”和“怎样办好学校”的深层次思考的结晶。“办怎样的学校”是指学校的目标定位，“怎样办好学校”是指实现学校目标的方式，这两者是紧密联系在一起的。

独立学院的办学目标，最主要的是人才培养的目标。对于大部分独立学院而言，应该将应用型人才（或称高级应用型人才）作为自己的培养目标。一方面，独立学院的师资、学术基础等都无法与办学历史较长的公办高校相竞争，在培养学术型或研究型人才方面并无优势；另一方面，我国经济发展急需大批高级应用型人才，若独立学院能够在培养高级应用型人才上建立自己的核心竞争力，就可以找到自己的广阔发展空间。独立学院定位于培养应用型人才并没有降低其标准。律师是法学领域的应用型人才，企业家是管理领域的应用型人才，程序师是信息科学领域的应用型人才，一所能够在培养律师、企业家和程序师等应用型人才有所专长的大学，一定是一所富有竞争力的大学。因此，将应用型人才作为培养目标非但降低独立学院的尊严和标准，而且这个目标对于独立学院建立起自己的核心竞争力具有特别重要的价值。

要培养合格的应用型人才，独立学院应该在专业设置、课程设置、师资评价、教学方法等各个方面加强与实践的联系，真正培养起社会所需要的人才。只有在与实践的紧密联系中，才能够培养起应用型人才所必备的应用性技能。加强与实践的联系，其内在的含义之一就是独立学院能够形成与区域经济协同发展的良好态势。要根据区域经济的发展水平、发展特色，形成自身的专业、课程、师资特色，与区域经济保持良好的互动，有机融入到区域经济发展中来，进而成为区域经济发展中不可缺少的一部分，这样独立学院才能够不断地壮大。

（二）加强师资队伍建设

“大学者，非有大楼之谓也，有大师之谓也。”师资在根本上制约着一所大学教育质量的高低。目前，大部分独立学院的师资建设都采取“专兼结合”的方式，而无论是专职教师，还是兼职教师，都存在着一定的问题。专职教师大部分是年轻教师，教学经验不多，独立学院一般实行人事代理制度，教师的工资和福利待遇低于公办高校，这大大降低了独立学院对优秀年轻教师的吸引力，同时很多年轻教师在获得高级职称之后流失到公办高校，使得独立学院沦落为公办高校的“培训基地”。独立学院的一部分兼职教师受聘自母体高校和其他公办高校，但近几年我国高等教育扩张迅猛，公办高校的师资也比较缺乏，独立学院很难聘请到经验丰富的高水平师资，所以，独立学院往往聘请大量在校研究生到校兼课，这些教师的教学经验更为不足，进一步降低了独立学院的教育质量。

因此，在未来很长的时间内，独立学院都应该将加强师资队伍建设作为重中之重，将师资建设作为学校发展的“第一工程”。要吸引更多优秀教师到校任教，就要在工作、学习和生活等方面关心年轻教师的成长，尽可能地提高他们的待遇，认真落实教职工的养老保险、医疗保险、失业保险，完善评价和激励体制，充分调动教师的积极性。针对部分独立学院中教师参与学校管理水平不高的状况，要健全教师代表大会制度，集中民智，反映民生，使教师感受到主人翁地位。

独立学院若要在培养应用型人才或高级应用型人才上建立起自己的核心竞争力，在师资队伍建设上一定要注意“双师型”教师的引进和培养。目前，我国高校教师大都是从学校到学校，理论基础较为扎实而实践经验薄弱，没有实践经验和应用技能的教师很难培养出真正的应用型人才。为了提高教师的应用型水平，可以从引进和培养两个方面入手。在招聘新教师的时候，可以招聘一部分具有企业工作经验的人，首先考察他们的实践技能水平，然后再考察他们的理论水平，对这部分具有企业经验的“技能型”教师，也要根据他们的实际制定特殊的评价和考核。在教师的培养上，对已有的或者从高校招聘的“理论性”教师，可以通过激励制度的引导，引导他们加强与实践的联系，在实践中提高他们的实践水平，从而成为优秀的“双师型”教师。

（三）完善财务管理体制

对于独立学院的稳定发展而言，健全的财务制度十分重要。当前一些独立学院的财务管理尚不健全，前段时间，媒体对中国传媒大学南广学院的虚假出资行为进行了报道，类似事件在独立学院中具有一定的代表性。独立学校财务制度存在的另外一个较大问题是，母体高校和投资方都存在一定程度的急功近利的思想，往往直接在学费收入中切出一定的比例（通常双方均各抽取20%—30%）作为管理费和办学回报，这样，独立学院的生均事业费只有学费的50%，这违背了《民办教育促进法》的关于“提取合理回报"的规定，不利于独立学院经济基础的不断巩固。

完善财务管理，总的原则是要坚持独立学院的公益性和稳健性，避免过度的营利行为和风险行为，如下几个方面显得非常迫切。第一，无论是母体高校管理费的提取，还是投资方办学回报的提取，都应该遵照《民办教育促进法》等法律法规的规定，不能直接从学费收入中提取。第二，投资方的出资要按时、按量到位，坚决杜绝虚假出资和抽逃出资的行为。第三，应当归属于独立学院名下的资产，应该尽快过户到独立学院名下。第四，加强风险管理，强化风险意识，认真做好债务风险的化解和防范工作。要合理控制债务规模，使债务规模适应于学校长期发展规划的需要，克服"只管贷款花钱，不管筹资还贷"的思想。近期浙江大学城市学院等一批独立学院都出现了严重的债务危机，让我们更加清醒地认识到控制独立学院债务风险的重要性。

（四）完善法人治理结构

法人治理结构是指民办高校内部的管理架构及其权力划分机制。大部分独立学院都借鉴了民办高校的成熟做法，其法人治理结构包括董事会、以校长为首的执行机构、以党委为首的监督机构等。构建完善的法人治理机构，能够保证决策科学民主，防止不规范、不科学的决策发生，为独立学院的可持续发展奠定内部制度保障。

董事会是独立学院的权力机构和决策机构，决定学校发展的重大问题，尤其是负责学校的财务决策、校长任免等重大事务。"8 号令"规定，为明确申请者（母体高校）和合作者（投资方）的责、权、利，双方应在试办独立学院时签署具有法律效力的合作协议，成立董事会。母体高校与投资方通常在"合作办学协议"和"独立学院章程"中就已经对董事会进行了权力配置，对董事会的产生办法、组成方式、人员结构及权力配置都有明确的规定。董事会中来自投资方和母体高校的成员比例要协调，避免投资方或母体高校任何一方对独立学院的过度控制。为了提高董事会决策的科学性和民主性，也可以吸收社会名流、企业家、教师、知名校友等利益相关者进入董事会。

以校长为首的校行政机构是独立学院的执行机构，贯彻执行董事会的决策，同时对学校的教学和科研承担主要的责任。当前，我国独立学院院长主要来源于三个方面：多数独立学院院长由母体高校在职人员担任；部分由公办高校的离退休人员（主要是公办高校的领导）担任。武汉科技大学中南分校 2009 年对全国 21 个省份的 36 位独立学院院长的实名问卷调查表明，有 9 位（占 25%）独立学院院长的年龄在 60 岁到 69 岁之间；少数独立学院院长由投资方符合任职条件的董事长兼任。为了提高校长的决策效率和水平，一方面需要对校长的任职资格和任职条件进行较为严格的要求，比如年龄原则上不能超过 70 岁，同时也要建立科学的考核评价校长的方式，激励校长严格认真治校。

独立学院的领导体制因为是董事会领导下的院长负责制，董事会及院长是独立学院的最高权力机关和行政负责人，因此，独立学院不能简单地套用公办高校党建工作的理念和方式。董事会、行政机构与党委三方需要明晰职责，各司其职，才能有力保证独立学院中党的领导体制的可操作性。独立学院中党委主要作为监督机构，行使对学校的办学方向、财务活动等事项的监督。在很多独立学院中，党委书记列席董事会参与决策的做法也是党委参与学校监督、保证办学方向的很好手段。

除了完善董事会、执行机构和监督机构之外，完善独立学院的法人治理结构还要大力推进教职工和学生参与学校管理的制度，如教师代表大会、教授委员会、学生会等机构，促进学校的民主管理水平。

（五）注重自身品牌建设

品牌是一所大学在长期发展中积累起来的宝贵的无形资产，优良的品牌一旦形成，就能够对大学的后续发展产生极大的促进作用：优良的品牌能够吸引到更好的生源和师资，毕业生在劳动力市场中也能够获得更好的机会。企业界经常用“大火烧毁可口可乐公司”这一假设来证明品牌的重要性：即使一把大火把可口可乐公司全部烧毁，但是只要保留品牌，可口可乐公司就会在一夜之间东山再起。对于大学而言，品牌的价值即使不比企业的品牌更重要，也至少和企业的品牌一样重要。伯顿·克拉克曾指出：“大学竞争的焦点是获得相对声誉……声誉一旦形成就是高校独一无二的最大资源。”

除了为数不多的几所独立学院之外，目前我国大多数独立学院在品牌建设上没有给予足够的重视，在品牌建设上没有什么建树，社会知名度和美誉度不高。一方面是因为大学的品牌建设是一个长期的历史过程，而独立学院办学时间普遍不长；另一方面是因为独立学院可以依靠母体高校的品牌来吸引学生，毕业生也可以依靠母体高校的声誉获得雇主的青睐。但是，从长期来看，无论是要转设成为普通民办高校，还是继续以独立学院的形式办学，独立学院都要加强自身的品牌建设。独立学院作为一种办学形式已经为社会所熟知，考生在填报志愿时，会理性地权衡各独立学院的办学能力和社会声誉，雇主在招聘毕业生时，也会对母体高校和独立学院的毕业生进行区别对待，因此，目前不注重品牌建设的做法将为独立学院的发展带来严重的影响。

独立学院品牌建设的目标是要建成具有自主品牌的优质大学，要具有自己的专业品牌、质量品牌、信誉品牌。进行品牌建设，一方面需要独立学院持续不断地提高教育质量，通过学生、毕业生、校友、用人单位等主体的口碑来传播自己的声誉。办学特色的形成对于品牌的传播往往发挥着特殊而重要的作用。另一方面，独立学院也要通过适当的方式扩大宣传，塑造良好的社会形象。在进行品牌宣传时，应汲取一些民办高校品牌宣传的教训，克服靠广告制胜、短视自吹的弊端，特别注意其宣传的真实性。对有可能损害到品牌声誉的事件或危机，要采取有效的措施及时解决。

第三节 民办中小学的发展①

一、民办中小学发展的基本状况

20 世纪 80 年代，我国民办教育重现于社会，在其后的二十多年间经历了从小到大、从非正规到正规教育领域的扩张，在数量上快速发展，在办学体制和运行机制改革方面不断深化。根据教育部发布的 2005 年统计：2004 年全国民办普通高中 2953 所，在校生 184.73 万人；民办中等职业学校 1633 所，在校生 109.94 万人。民办普通初中 4219 所，在校生 315.68 万人；民办职业初中 24 所，在校生 1.49 万人。民办普通小学 6047 所，在校生 328.32 万人。民办幼儿园 6.22 万所，在园幼儿 584.11 万人。

从下面的一系列统计表和增长图我们可以看到，从 20 世纪 90 年代初到现在，我国的民办中小学取得了长足的发展。

表 2－16　1991—2004 年中国民办中小学发展统计②

学校类型 / 年度	民办小学		民办初中（普通初中、职业初中）		民办高中（普通高中、职业高中）	
	学校数量（所）	在校生人数（万人）	学校数量（所）	在校生人数（万人）	学校数量（所）	在校生人数（万人）
1991	655	—	注：初中、高中学校数量共计 544 所。			
1996	1453	46.32	1191	29.76	1028	21.64
1997	1806	52.23	1460	40.39	1310	27.57
1998	2504	72.76	1809	53.59	1759	47.8
1999	3264	97.69	2129	71.71	2114	63.07
2000	4341	130.81	2730	99.14	2495	80.67
2001	4846	181.84	3171	160.42	2848	110.18
2002	5122	222.14	注：初中、高中学校数共计 6447 所，在校生共 352.96 万人。			
2003	5676	274.93	3651	256.57	4056	220.68
2004	6047	328.32	4243	317.17	4586	294.67

从图 2－3 和图 2－4 中，我们能够更加直观地看到数量的变化。

① 本节系《中央教育科学研究所 2004—2005 年度研究课题》之《我国民办中小学的现状调查与持续发展的对策研究》成果；执笔：程方平、杨红。

② 资料来源：相关年份的《全国教育事业统计公报》。

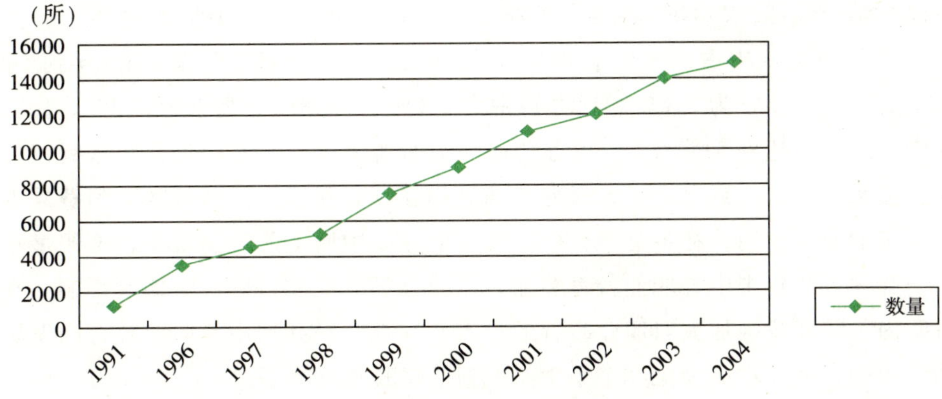

图 2－3　我国民办中小学数量增长图

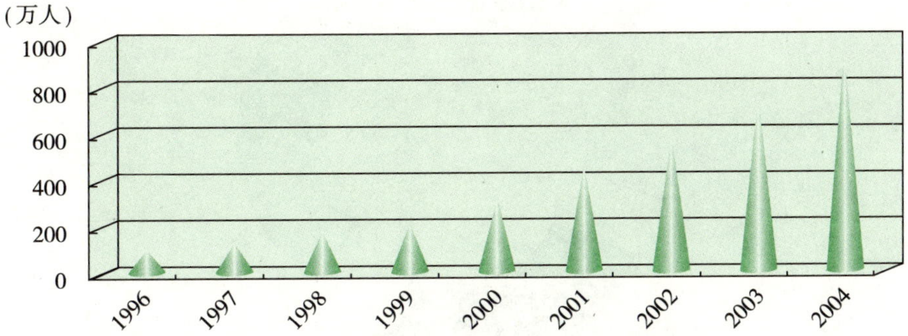

图 2－4　我国民办中小学在校生数量增长图

2004 年全国各级各类民办学校（机构）共有 7.85 万所，其中民办中小学占 19%。民办教育在整个教育事业发展中发挥着越来越大的作用。据 2004 年年底统计，民办普通高中和中职在校生 294.67 万人，占整个普通高中和中职的比例达到 8.21%，比 2003 年提高了 1.36 个百分点。①

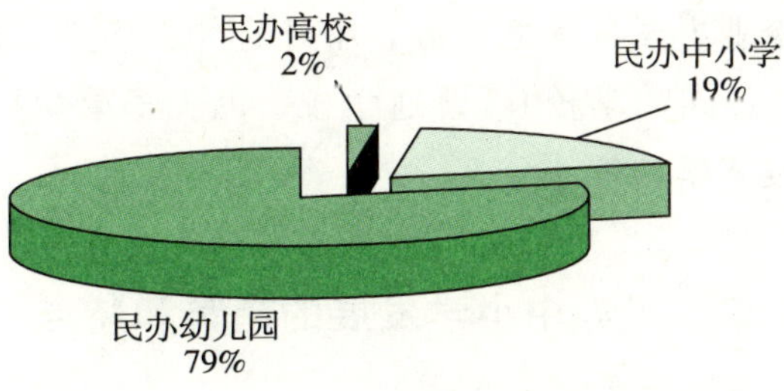

图 2－5　2004 年我国民办学校类型比例图

① 教育部. 2004 年中国教育事业发展状况 [EB/OL]. (2005－02－01). http://www.edu.cn/20050301/3129837.shtml.

在民办学校内部，2004年各类学校所占的比例如下：民办小学占40%，民办初中占29%，民办普通高中占20%，民办职业高中占11%。从各类学校1996年到2004年的增幅上看，民办小学为316%，民办初中为256%，民办职业高中为210%，民办普通高中的增幅最大，达到5112%。[①] 民办普通高中的增幅最大与我国近几年来高校持续扩招有一定关系，从这个意义上说，民办普通高中在满足我国居民高等教育消费需求方面起到了一定的促进作用。在各类学校中，民办职业高中所占的比例最小，增幅最小，这主要是受我国近几年来中等职业教育萎缩，以及办学方向和目标不明朗所影响。在未来一段时间内，随着我国加大对职业教育的投入和重视，民办初中等职业教育的发展潜力是相当巨大的，估计将成为民办中小学领域新的增长点和亮点。

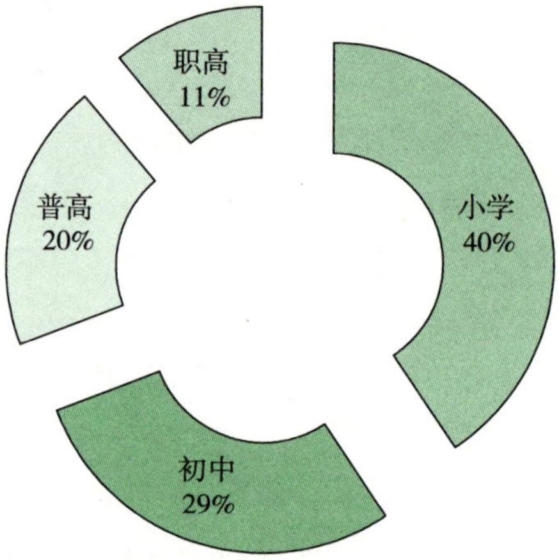

图2-6 2004年我国民办中小学学校类型分布图

我国民办中小学办学类型和办学模式呈现多样化的特点。民办中小学的举办者或投资主体主要有：社会团体、民主党派、企业公司、海外人士、公民个人、公办学校等。办学模式呈现多元化，有民办公助、公办民助（如在大城市普遍出现的公办学校转制的情况）、股份制、公司企业办学、私立自办、中外合作办学等。从服务的群体上分有：高收费学校（所谓的“贵族”学校）、普通学校、民工子弟学校、贫困地区出现的私塾[②]和不正规的家学、复式学校等。

二、民办中小学发展的趋势和特点

自从2002年年底《民办教育促进法》及《民办教育促进法实施条例》颁布以来，

① 增幅的计算公式：（2004年数据－1996年数据）÷1996年数据×100%。

② 近几年频繁见诸报端的有湖南等地大量存在的私塾，当地农民还非常欢迎这种学习期限短、学习内容有用的“传统”形式的教育。

全国的民办学校都非常认真地进行了学习和研究，省市社会力量办学条例也在地方政府和教育主管部门的主持下，通过地方人民代表大会讨论和征求广泛的社会意见，进行了补充和修改。陕西等省还提出了贯彻《民办教育促进法》精神，以促进发展、创办一流民办教育为目标，积极鼓励，大力支持，正确引导，依法管理，使民办教育事业沿着依法办学的轨道迅速发展壮大，在为当地社会和经济建设服务方面作出较大贡献的基本思路。民办教育的生存环境较之以往已经有了较大的改善，不少民办学校的校长和创办者已经成为全国和地方的人大代表或政协代表，他们的基本权益从多种渠道得到反映，甚至在一定程度上可以影响法律和政策的改变。

根据初步的调查与分析，全国民办中小学教育的发展呈现以下主要趋势和特点。

（一）注重服务

在基础教育方面，近年来民办中小学注重办学模式和管理模式的变革，主动适应市场经济发展需要，紧贴学生家长意愿，或推行保育制，或实行封闭式和半封闭式管理，或实行特色教育、成功教育，为学生全方位提供优良服务，除了关心学生的学习，民办学校在德育方面、在学生优良习惯养成方面都作了积极的探索，有的还编写了相关的教材。他们忧患意识强，竞争意识强，责任意识强，对自身事业的发展高度关注，对学生高度负责；他们的办学机制相对灵活，自主余地较大，在引入和推行新的办学理念、教育方式、管理模式、教材教法等方面能够自主选择，有探索和创新的丰富经验，其对社会所作的教育承诺得到了社会的检验。做得好的、履行承诺的自然就赢得了社会和学生家长的认可。从实际教育教学效果看，民办中小学生源质量虽然相对较差，但是经过学校一番辛苦培育，确确实实使一大批“学困生”得到了有效转化，逐步成为合格生、优秀生。资料显示，在各级教育部门历年来组织的公办、民办学校教学质量统一检测或升学统考中，民办学校考试成绩名列前茅的情况屡见不鲜。

（二）类型增多

民办学校因其办学自主权和自由度较大，因而可以通过办学形式的多样化实现因地制宜的发展。从投资方式上看，有独资办学、合资办学、公有民办、民办公助等多种形式；从办学场地来看，有租用场地办学的，有自征土地、自建校舍办学的，但目前基本上在向自征土地、自建校舍、高投资、高起点的方向过渡；从学段及学制上看，有单设的小学、初中和高中，也有小幼相接的，但实行九年一贯制和十二年一贯制的学校较多，这与主办者的教育理想和实验思路是紧密相关的。

从另一角度看，已经有部分民办学校在一定程度上有意识地改变了以往“贵族学校”的色彩，如广州的信孚教育集团就较早地举办了民工子弟学校，广东东莞也出现了一批民办的民工子弟学校，深圳的鹏基学校、百旺学校、茶光小学、世纪星学校等面向外来人员子弟举办的低收费民办学校在设施设备上也不断注重基本的标准和规范性，表现出民办教育的社会责任感。另外，在北京、上海和广州等部分大城市，一些办学条件较差、面向流动人口子女、由外地人员举办的所谓“黑学校”，在地方政府的协调和帮助下，使其办学资质得到确定、办学条件有所改善，而一些条件极差的学校则被勒令停办。

（三）非正规教育机构参与

由于大部分最初创办的民办学校没有较好的资金和资源的积累模式，以及有效和可行的发展模式，加之缺少法律和政策的支持和保障，所以在办到8—10年时已经难以支撑，相继关、停、并、转，“自生自灭”的情况比较普遍。而通过非正规教育或培训模式发展起来的民办教育机构却在这方面具有较为突出的经济优势，显示出较强的办学实力。在已有较好积累的基础上，为了拓展事业，一些非正规教育机构开始进军正规教育领域，并取得了良好的效果。如，北京的新东方教育机构在扬州投巨资开办了普通教育的学校，另一家以培训起家的精诚教育集团也收购了原北京华诚小学。在广东、上海、河北等地，类似的情况也比较普遍。

（四）由一线城市向二、三线城市扩散

以往民办中小学校的举办者大多选择在北京、上海、广州等经济最活跃、最发达、最有吸引力的城市办学，而这些城市又是公办学校资源相对最丰富的地方。随着学龄人口的减少，公办学校大量关、停、并、转，民办学校的生源也极大地萎缩，因此，民办学校的举办者逐渐把眼光投向二、三线城市，包括中西部地区的城市、东部地区的地县（区）级城市等。在这些地方，公办教育资源相对薄弱、优质资源相对短缺，非常适合民办学校的发展，也有利于民办学校办出特色和质量。近年来，在云南、内蒙古、青海等省区的一些城市，一些民办学校集团开始了他们的“开发西部”计划，并收到了较好的办学效果。

（五）竞争进一步激烈

由于在现实中存在对民办学校不公平的待遇和社会过分关注考试成绩的现象，又由于公办与民办学校入学生源的差异，使得一般人从理论上推论民办学校不可能超过公办学校。为此，部分民办学校也运用了一些市场化的和非公平竞争的手段进行抗争。如近年来长沙的一所开办四年左右的民办学校就通过给经费、开“小灶”等优惠条件吸引初中毕业的高分生，结果一连拿下几个省级“高考状元”。北京附近的张家口地区，也出现一些民办学校用高价买学生（民办学校给中考成绩优异的学生提供数千元到一两万元不等的“奖学金”）拼高考的现象，结果也培育出当地的“高考状元”。类似的情况在全国许多地区都或多或少地出现过，从一个特殊的角度提醒人们，民办学校需要公平竞争的环境，培养尖子也不是公办重点学校的专利，只培养几个所谓的“高考状元”

并不能说明普遍的办学质量和水平。作为民办中小学，在与公办学校的竞争中，除了拼高考，是否还有另外的价值追求？

（六）教师成为主要争夺资源

绝大多数民办学校都意识到高水平教师队伍的重要性，并根据其用人机制灵活的特点在全国和地区范围内争夺教师资源。其争夺的方向包括公办学校和其他民办学校，因而引起许多地区优秀教师资源的恐慌，本次调查涉及的贵州、河北、山东、湖南、广州、重庆等省市均有类似的情况。不可否认，民办学校普遍实行了董事会领导下的校长负责制、教职工全员聘任制、结构工资制、岗位责任制，这种管理模式使教师责、权、利相配合，体现了多劳多得的原则，极大地调动了教职员工的工作积极性，促进了民办教育质量的提高。但同时，民办学校的这种机制也体现出了一种“实用主义”特点，就是在教师聘用上注重拿来就用、不理想就炒，对教师的在职培养关注不够，对民办学校的教师队伍建设与教师整体素质的提高也是不利的。

（七）部分地方政府加大了扶持力度

近年来，随着整个教育事业的发展和民办教育法规的不断完善，许多地方政府也在转变观念、提高对民办学校的服务意识。如西安市就强调落实对民办学校的扶持发展政策，首先做到三个明确：（1）明确民办教育是教育事业的重要组成部分，应与公办教育同等对待；（2）明确民办教育仍处在发展初期，应该允许其先发展、后规范，以发展促规范；（3）明确民办教育作为新生事物，应该在政策上给予必要的扶持，为其发展排忧解难。该市坚持把民办教育纳入当地社会经济和教育发展的总体规划，指导民办教育有目的、有计划地发展；坚持审批民办学校执行公办学校标准，不附加条件；坚持民办教育与公办教育在评优、树模、争创先进、升级达标等方面同等对待、一视同仁，支持民办教育迅速发展。在具体工作中，做到思想观念到位、指导支持到位、政策法规落实到位。蒲城县为了鼓励民办中学的发展，把雏鹰、文光、崇实、兴蒲等民办初中划归到省级重点中学尧山中学的学区，初中毕业生按学区归尧山中学录取，大大提高了民办初中招生的吸引力，使民办学校很快形成规模，进入良性循环。澄城、韩城、富平、华阴等县市较好地落实了公办、民办学校同等对待的政策，坚持公办、民办学校统一检查、统一考核、统一评比、统一奖励，给民办学校参与办学和教学的竞争创造了一个公平的环境。在民办学校征地基建等问题上，当地都能给以积极的支持。如蒲城县雏鹰学校在征地过程中，县委主要负责人亲自召开部门协调会，使一些久拖不决的扯皮问题很快得到解决。华明市乐育小学在修建教学楼时，政府主管领导亲自协调有关部门，保证了该校基建工作的顺利进行。为了解决民办学校师资队伍结构不尽合理的问题，合阳、韩城、富平等县（市）教育局，结合民办学校缺乏中青年骨干教师的实际，为民办学校调配了急需的青年公办教师，改善了学校的教师结构。开发区人事局、教育局、公安局为希望保育学校在人事调配中提供便利，凡进希望保育学校的公办教师都可以办理正式调动手续，落户开发区。与此同时，还协调税务部门及时落实了国家对民办学校税务优惠政策，协调公安部门对民办学校的周边环境进行了整治，维护了学校的正常办学秩序。

（八）民办学校加强内部管理和自律

在地方政府和教育主管部门的帮助下，多数民办学校加强了内部管理。如西安等省市制定了《民办学校内部管理的意见》、《民办学校评估标准》等，对民办学校的领导班子建设、内部机构建设、制度建设、师资队伍建设和课程的开设情况提出了具体要求。为促使民办学校提高教学质量，还实行了民办中小学教学质量统一检测制度，进一步强化了民办中小学抓质量的意识。此外，还通过加强评估督导促进相关的工作，在年检工作中，注重整顿办学秩序和规范办学行为，加强民办学校之间的相互学习、相互交流。坚持年检结果公告制度，对年检存在一定问题的学校提出限期整改要求，对问题严重的不合格学校坚决取缔或责令停办，对优秀的学校及时予以表彰，有效提高了民办学校管理者的管理水平，对规范办学行为也起到了积极的促进作用。又如，2002 年成都的民办中小学联合制订了自律议定书，宣布不对学生进行虚假承诺。该市的民办中小学负责人达成共识，通过制订《成都市民办中小学行业自律议定书》，塑造良好的社会形象，促进民办中小学健康发展。该自律议定书内容共有 8 条，涉及了招生、收费等社会关注的问题，其具体内容为：全面贯彻党和国家的教育方针，全面育人，积极推进素质教育；依法治教，依法办学，公平竞争，共同发展；招生宣传要客观、公正、真实，不向家长作虚假承诺，学校之间不互相诋毁；招收学生不收取定金，不给回扣，学生因故经校方同意转学，应按标准退还费用；建立学校间收取学生费用情况通报制度；建立学校间教师待遇及教师信誉通报制度；做好学校安全工作，建立学校重大责任事故处理情况通报制度；学校应鼓励和支持教师信守合同，对擅自中止合同到其他民办学校应聘的教师，接收学校应与原学校协商。学期未结束即提出流动的教师，其他学校不予聘用。民办学校自发达成自律议定书，标志着民办学校的发展更趋健康和成熟，也说明对民办学校的管理不仅需要政府的政策法律规范，更需要民办学校自身的自觉。

（九）民办学校教育研究得到积极的推进

改革开放以来，特别是恢复和再现民办教育以来，相关的研究就逐渐得到学术界和教育界的广泛关注。起初，相关的研究主要涉及对以往历史经验和外国情况的研究，近几年研究的重点开始逐渐关注民办教育的现实问题，主要包括民办教育立法、民办学校管理、民办学校的产权和所谓的“营利性”问题、民办学校的师生待遇问题、民办学校与公办学校的平等竞争关系问题、民办教育的国际比较和标准建设等方面的研究。

已经初步形成研究特色和实力的机构除了上海市教育科学研究院民办教育研究所、浙江大学民办教育研究中心、北京市教育科学研究院民办教育研究所、广东省教育学院民办教育研究中心、中央教育科学研究所等专业性较强的研究机构外，一些民办学校也十分关注相关的研究，成立了相关的研究部门，部分社会知名人士和教育界的不少有识之士也通过调查研究、论坛、国际学术会议、出版报刊书籍、联谊会等活动推进相关的研究。在教育部有关部门的支持和引导下，全国民办教育的相关数据统计、文献整理、法律研究、政策回顾、案例分析等都在逐步面世，为整个教育界特别是民办学校提供了多方面的信息服务和智力帮助。

在近几年的促进民办教育立法的进程中，相关研究发挥了重要的作用，特别在每年的“两会”期间，基于调查研究提出的有关促进民办教育发展的提案显示出相关研究的水平在不断提高，不仅具有较高的政策法律水平、具有对现实问题和长远发展思路的关照，也有更加贴近地方实际、学校实际、师生实际的深入思考。随着中国民办教育的发展，相关的研究也将不断地丰富和成熟。

综观民办中小学的发展趋势和主要特点，可以说是喜大于忧，民办中小学的整体发展正在向着积极的方向推进，在许多方面已经有了不小的变化和改善。

三、民办中小学发展存在的主要问题

从上述统计数据看，民办学校的绝对数在缓慢地增长，学生数的增长在非义务教育阶段比较明显，总的趋势是令人满意的，但其中也存在着许多严重的问题，包括发展不均衡和政策不公平等。从 1992—1993 年最初举办的民办中小学校，在十几年中有 70% 以上都夭折或转型了。以北京市为例，1993 年开办的 40 余所民办中小学和幼儿园，已经有 2/3 以上都不复存在了，而其中多数是办学成分比较单纯的教育工作者办学。可见，虽然民办学校的绝对数在增加，但这一事实表明，民办学校的生存环境仍不是很理想。

专栏 2－1

邯郸 200 余民办小学处境尴尬①

河北邯郸市的 200 多所无证民办小学，正处在一个尴尬的境地之中。

该市鸡泽、魏县、曲周、临漳、大名、磁县等一些县，民办小学尤其多，其中少数经过批准，多数属于无证办学。据了解，魏县现有民办小学约 50 所，其中有证的 13 所；大名县去年 10 月统计有民办小学近 50 所，其中有证的 26 所；鸡泽县现有民办小学 30 所，其中有证的 8 所。据邯郸市教育局提供的不完全统计数字，目前全市有民办小学约 320 所，其中有《办学许可证》的 126 所，无证的近 200 所。

---

① 资料来源：邯郸 200 余民办小学处境尴尬［EB/OL］.（2005－10－20）. http：//www. smehb. gov. cn/assembly/action/browsePage. do？channelID＝1121148402648&contentID＝84693.

据一些县教育局的干部反映，10多年前，这些县因为财政困难，一些教师的工资不能按时发放。为此，当地政府提倡民办教师把自己所教的学生管起来，独立办学，这样就陆续出现了一些无证民办小学。

这些无证民办小学的实际情况，大都是“小院子、黑屋子、水泥板搭桌子”。一所学校只有几间教室，每个教室里只有“一个窗户，一个灯泡”的不在少数。有的不大的教室里挤满了四五十个学生，课桌多是用水泥长板搭起来的。鸡泽县一所学校现有学生200人，7个老师，办学十多年了。学校也是负责人的家，他们一家就在这个院里做饭、居住。

据调查，这些无证民办小学普遍存在一些问题，一是学校的教学活动不纳入县教育主管部门的管理范围，绝大多数学生没有学籍，不能保障学生们德、智、体诸方面健康发展。二是师资条件不符合要求。校长没有“校长上岗培训合格证”，教师没有“教师资格证”，而且许多教师是初中毕业。三是无法按教学大纲教学，学校没有正规的教学计划。学校为了追求学生考初中的升学率，一般只注重语文、数学，很少开设其他课，没能执行有关部门规定的作息时间，双休日一般都不休息。四是设施简陋。除了极少数学校有一定规模以外，校舍都设在农户院里，教室、教学用具、活动场地等各方面条件很差。

但这些民办学校往往收费较低，这使不少家长愿意把自己的孩子送进来。

按照规定，民办小学的办学手续应由县级教育主管部门审批。从去年秋季以来，有关县对这些办学条件较差的无证民办小学进行清理整顿，取得了一定的成效。他们一是对少数条件比较好的民办小学，经验收合格后发给了《办学许可证》；二是对具有一定规模，但总体上还达不到标准的小学，下达限期整改通知书；三是对场地狭小、设施简陋的14所学校下达停办通知书，予以取缔，学生要全部就近转入公办小学。

鸡泽县文化教育体育局一位负责人说，虽然国家实行对小学生“两免一补”政策，对学生的收费减少了，有利于生源从民办小学向公办小学流转，但因为民办小学存在的时间较长，加之一些将要被取缔的学校负责人有抵触情绪，对有些无证学校短时间取缔有一定难度，目前该县仍有无证办学的民办小学22所。

有关人士认为，如何处理这些无证学校，妥善安置学校的学生，是目前有关部门应尽快研究解决的问题。

专栏 2－2

民办中小学面对纳税冲击波①

2003 年 12 月 18 日，平潭私立岚华中学收到平潭县国家税务局发出的《限期缴纳税款通知书》，要求学校以 33% 税率缴纳 2002 年度企业所得税 472121.12 元。学校虽然不情愿，但出于公民纳税的意识，还是于次日缴纳了税款。2004 年 2 月 17 日，岚华中学向福州市国税局申请复议；2 月 20 日，福州市国税局决定受理该复议；4 月 14 日，福州市国税局决定依法延长复议期限 30 日；4 月 28 日，福州市国税局作出了维持平潭县国税局行政行为的处理决定。岚华中学不服税务机关要求其缴纳企业所得税，遂把平潭县国税局告上法庭，请求法院撤销被告的《限期缴纳税款通知书》，判令被告返还向原告不当收取的税款，并赔偿经济损失等。

2005 年 9 月 7 日，平潭县法院作出驳回原告平潭县私立岚华中学诉讼请求的判决。法院称“原告具有法人性质的有要求投资回报的民办学校，属于法律、法规、规章规定的民办非企业单位的企业所得税纳税人主体。原告于 1999 年在教育部门办理了《社会办学许可证》，于 2003 年 12 月 10 日才在民政部门登记办理了《民办非企业单位登记证》，不足以体现民办非企业单位旧登记事实，应以新登记民办非企业单位认定，被告依照有关法律、法规、规章规定有权核定原告企业所得税。”

此事件在民办教育界引起轩然大波，作为正规的民办中小学，承担着与公办学校一样的公益性工作，收费比一些公办学校还少，为什么要缴纳高达数十万元的税款，这些本应用于学校日常经费开销的钱理应用于学校对学生的服务。其中的法律问题引起了为时数月的大争论。

专栏 2－3

一些民办学校办学者出现问题对民办学校产生冲击

自 20 世纪 90 年代开始，北京市的一所民办中学的校长出现资金问题被“依法逮捕”，极大地震动了民办教育界。当时不少民办学校的办学者和校长都参加了庭审，心绪都比较暗淡。其后，类似的情况在全国时有发生，大家都等待《民办教育促进法》出台能给民办学校的办学者一个比较明确的说法。2005 年，南洋教育集

① 资料来源：平潭民办学校起诉该县国税局一审败诉［EB/OL］.（2005 － 10 － 22）. http://www.fj.xinhuanet.com/fjgs/2005－10/22/content_5408995.htm.

团的问题像一个重磅炸弹再次激起人们对民办学校的质疑。① 由于资金链断裂，南洋教育集团无法返还学生家长数以亿计的“教育储备金”，致使山西、山东、辽宁一带的南洋学校相继发生学生家长对学校的追讨事件。对此，各地警方已将南洋学校的问题以“涉嫌诈骗罪”正式立案，并将试图出境的南洋集团第二任老总帅建伦抓获归案，在全国民办教育界赫赫有名的南洋集团就此陷入巨大的困境，教师大量流失，管理出现问题，受害的是无辜的学生和家长。

有关资料显示，山西商人任靖玺于1994年创办了山西南洋国际学校。由于资金短缺，他采取了收取教育储备金的融资方式。即在学生入学时收取数十万元的资金，到毕业时全部返还，学生在校期间的学费、伙食费全免。与一些私立学校每年两三万元的学费、生活费相比，这一方式显然优惠得多，许多家长趋之若鹜。而南洋也因此像滚雪球一样迅速发展起来，最高峰时，在山西、江苏、四川、河南、山东、辽宁、北京等省市拥有12所南洋学校，成为中国民办教育的“王牌军”。然而，南洋学校近年来却遭遇了空前的挑战。2005年6月，济南南洋学校50多名交了教育储备金的学生毕业，但当家长向学校索要总计达1000多万元的储备金时，却被校方告知无力偿还。据济南市教育局调查，这所于2002年创办的学校，三年间共收取了约1亿元储备金。除此之外，该校还有6000多万元的银行贷款尚未偿还，欠供货商的债务也有200多万元。

2005年10月10日，山西大同的四五十名家长到南洋学校索要储备金，但校方称发完9月份教师工资后，学校账上的资金已全部用完，现在连学生吃饭也无法解决。在山西太原，由于要不到钱，愤怒的家长把刚刚接手南洋集团的蒋国斌扣留。

听到太原、济南、青岛等地的南洋学校出了事，大连南洋学校的学生家长也从全国各地赶来。从2005年10月8日开始，几十名学生家长进入大连南洋学校，学校教学秩序一度受到影响。知情人士透露，大连南洋学校涉及的教育储备金至少在5000万元以上。12月1日，该校已三个月没发工资的40多名教师也开始上访，要求政府保障他们的利益。

接到家长举报后，山东省和辽宁省的公安部门对南洋学校立案调查。10月11日，大连甘井子区法院下达民事裁定书，查封了大连南洋学校所有固定资产、账面流动资金及所有债权。随后，山东省公安部门向全国边检部门发出通告，要求限制南洋两任老总任靖玺、帅建伦出境。11月17日，帅建伦在黑龙江黑河口岸被抓获，并被移交山东警方。

① 资料来源：赵仁伟，赵华，吕福明．“民办教育最佳品牌”为啥办砸了［EB/OL］.（2005－12－23）．http：//news. xinhuanet. com/edu/2005－12/23/content_3961107. htm.

11 年时间，南洋学校从盛极一时到危机重重，当年成就它的“教育储备金模式”，如今成了套在脖子上的绞索。浙江大学民办教育研究中心主任吴华教授认为，用教育储备金方式经营，学校的如意算盘是将这笔钱的银行利息用于学校日常运转，本金还可用于其他投资活动。这在当年利息很高时是可以的。但自 1994 年开始的宏观调控带来了连续 8 次降息，这种经营方式再也无法继续下去，一批民办学校因资金链断裂而纷纷倒闭。他认为，南洋崩溃是迟早的事。但广东教育学院民办教育研究中心主任张铁明却另有看法。他认为，教育储备金是特定的历史产物，在 20 世纪 90 年代，这种方式对民办教育来说是一种创造，当时广东就因此建起了一批硬件水平很高的民办学校。问题出在后来。当国家的宏观金融环境发生了大的改变后，学校应该意识到危机所在，想办法积极应对。例如可以通过与家长协商，将储备金制转为收费制。事实上，广东一些学校就是通过这样的方式成功实现了转轨，得以顺利地发展下去。张铁明说，民办学校是市场经济的产物，要想在竞争中立于不败之地，就必须做好充分的制度准备。同时，目前中国的市场经济还不完善，民办学校要很好地生存下去，就必须充分关注政策变化，对自己的经营方式及时进行调整。而南洋学校在管理制度上存在着很大的问题。南洋的财务流程是，各学校收取的教育储备金交给其投资单位、总部位于北京的南洋教育集团，学校运转费用再由集团划拨。人、财、物权高度集中于高层，各地的南洋学校实际上没有独立自主的办学权力，这就使得这些学校丧失了应对风险的能力。而同时，由于铺的摊子太大、学校分散于全国各地，需要面对不同的政策环境，南洋集团的管理成本也很高，面对危机难以灵活应变，最终陷于困局。而在张铁明看来，对于南洋危机，各学校所在地政府也是有责任的。这表现在他们对南洋学校长期存在的问题缺乏省察，危机露出端倪时又没有及时介入，转化风险。要知道，民办学校毕竟是教育的一部分，关系到众多老百姓的利益，不能把它仅仅看成个人的投资行为，任其自生自灭。

时至今日，“南洋”留下了一颗难咽的苦果。这颗苦果，不仅学生要咽、家长要咽、教师要咽，各地政府也不得不咽。

在各地的南洋学校里，许多学生都来自于外地。一旦南洋学校停办了，他们中的许多人可能将不得不转回生源地继续上学。但教材不同，中考、高考不同，他们怎么适应？对于初三、高三的学生来说，这一问题尤其严重。

由于当年承诺给教师相对优厚的待遇，南洋学校也吸引了全国各地一批优秀教师。他们多数来自公办学校，如果学校垮了，他们将面临失业。

据了解，各地家长对政府大致提出了四点要求：尽快查清南洋问题；追回家长的教育储备金；惩办南洋集团老总；继续办好学校，保证孩子正常上学。但对各地政府来说，收拾南洋的烂摊子绝非易事。因为解决问题的前提是清理南洋学校的资产，而有关资料显示，南洋集团老总频繁易人，且资金状况混乱。南洋到底有多少资产、多少债务，至今仍是个谜。

据教育部统计，截至2004年年底，全国各级各类民办学校（教育机构）达7.85万所，在校生1769.36万人。然而，较之于公办教育，民办教育明显处于弱势地位。由于正处于成长过程中，民办教育还面临着市场规范程度低、竞争无序、管理水平不高等种种“成长的烦恼”。

但与此同时，对民办教育健康成长负有责任的政府，对其管理却同时存在着“缺位”和“越位”现象。一方面，一些地方政府片面认为自己的责任就是管好公办教育，民办教育是举办者自己的事，对其放任自流，疏于监管，更不屑于支持，管理出现“缺位”；另一方面，由于民办学校“有利可图”，行政权力又屡屡介入这一领域，挤压了民办教育的发展空间。

专家指出，南洋事件警示我们，对民办教育管理不当，将可能使我们面临难以解脱的困境，给老百姓造成难以挽回的损失，所以到了好好思考这一问题并拿出解决办法的时候了。

在上述民办中小学尴尬的处境和面临的危机背后，反映出我国民办中小学在其发展过程中出现的一些深层的问题。归纳起来，有如下几个方面。

（一）对民办中小学地位的认识问题

民办中小学为受教育者提供了除公办教育之外的多元化的教育选择机会，同时也形成了教育领域中真正的竞争机制，使教育事业和教育服务能够与市场经济条件下的社会学习需求相适应。从办教育者和受教育者两方面的权利角度看，这都是人的一种基本权利的实现。但是，由于受长期以来我国教育高度一体化的教育体制的影响，民办教育并没有享受到与公办教育同等的地位，民办教育的独特价值并未引起社会的普遍重视。因此，在一些地区，政府和社会并没有把民办教育作为我国教育事业的重要组成部分，对民办学校的偏见、误解与歧视大量存在。在不少地方，政府并没有把民办教育的发展纳入到社会经济发展的总体规划中，缺乏对民办教育发展的中长期统筹规划和积极引导，这些都限制了民办教育在社会、经济、文化发展中的基础性作用。

如何协调政府与民办学校之间的关系问题；如何明确民办学校的办学自主权（包括所有权、管理权等），使民办学校既能有效自主办学，又能使办学受到有效监督；如何探索多元办学主体和谐发展的道路，使民办中小学实现办学形式的多样化，并积极总结出股份制办学、集团办学、个人办学、国有民营等办学形式的经验，都成为我国民办教育发展亟待解决的重要问题。不给予民办教育一个合理、平等的地位，就不可能为民办中小学的健康发展提供合理和谐的外部舆论环境，民办学校将永远只是公办学校的补充和点缀，甚至只能在“自生自灭”的窘境中惨淡经营，直至消亡。

2005年，除了公办学校参与举办的民办学校，即所谓的名校办民校的“假民办学校”高歌猛进的时候，对其他相对纯粹的民办学校而言，生存的压力变得更加沉重之外，国家税务部门还要对民办学校普遍征收企业所得税的文件和传言，更使民办学校受到财政和信心的双重打击。迷茫、失望、沮丧的情绪在不断蔓延。与此同时，中国民办教育的规模还在扩大，中西部地方政府对于发展民办教育显示了极大的热情和创新精神，这种强烈的反差预示中国民办教育已经走到了一个新的十字路口。对于一个国家、一个民族而言，民办学校到底需不需要？仅有公办学校一枝独秀的教育生态是否符合教育发展的规律？兴办民办教育是否只对举办者有利？对于这些问题，政府和社会必须认真想好。

（二）相关政策和法律的完善问题

2002年颁布的《民办教育促进法》虽然从法律上解决了民办教育在国家教育体系中的地位问题，但是在实践中人们逐渐发现了《民办教育促进法》还有一些不尽如人意的地方，还需要不断明确和完善。2004年3月5日《中华人民共和国民办教育促进法实施条例》在大家的无比期待中终于出台，但其中“允许公校办民校”、对“合理回报”实施程序控制、搁置“产权归属”争议等内容，还是让许多人感到困惑和失望。

首先，对产权关系并未进一步明确说明。产权一般是指财产所有权以及与财产所有权有关的经营权、使用权等财产权。《民办教育促进法》第三十五条规定，民办学校对办学积累享有法人财产权。但该法对民办学校的财产所有权并未作出明确的规定。这就是说，民办学校的办学节余财产的最终归属，法律并未作出明确说明。如此，在司法实践中就难以对民办教育机构的产权作出准确的界定，宽一点可能民办学校的资金被抽走，严一点则一些正常的教育支出和市场运作行为都会被视为违法，在具体的操作和法律判断中伸缩性很大，给人为限制民办教育发展的行为留下较大的空间。这些问题都令民办学校的主办者心有余悸。

其次，民办教育促进法与企业、金融、保险等法律的关系还存在着一些相互抵牾、不能协调的问题。《民办教育促进法》规定，国家鼓励金融机构运用信贷手段支持民办教育事业的发展，但目前根据《担保法》的相应规定，很难发挥金融机构对民办学校的信贷支持作用。中国人民银行《贷款通则》第十条规定，除委托贷款以外，贷款人发放贷款，借款人应当提供担保，贷款人应当对保证人的偿还能力、质权的可行性进行严格审查。第九条规定，担保贷款是指保证贷款、抵押贷款、质押贷款，担保问题应当按照《担保法》的规定执行。而《担保法》第三十七条第二款规定：“学校、幼儿园、医院等以公益为目的的事业单位、社会团体的教育设施、医疗卫生设施和其他社会公益设施，不得抵押。”民办学校属于公益性事业单位，其教育设施不得用于抵押贷款担保，这就使很多民办教育机构难以获得所需银行贷款，其正常发展不仅受到影响，抗风险能力也大大削弱。一些民办学校尽管获得了贷款，但由于没有明确的法律保障，或是贷款处于“偏门”，或是一有风吹草动马上受到挤压，因此也难以使民办学校真正看到希望。

另外，《民办教育促进法》对捐资举办的民办学校和出资人都规定了可以享受税收优惠，但对于出资人要求取得合理回报的民办学校享受的税收优惠政策并没有作出具体的规定，而是期待由国务院财政部门、税务主管部门会同国务院有关行政部门另行制定。因此，就出现了一些实实在在的民办学校在学校性质确定方面的疑惑。尽管在《中华人民共和国义务教育法》的修订草案中已经肯定了义务教育阶段的民办学校具有公益性特点，应该享有国家的相关资助，但是在具体实践中不仅资助难以兑现，还出现了强行征税的问题。

自2004年以来，有许多地方的税务部门纷纷要求民办学校缴纳企业所得税，理由是执行国家税务总局的有关文件，这令民办学校感到十分困惑和不安。按照《民办教育促进法实施条例》第六章第三十八条第三款的规定，所有民办学校都应该进行税务登记。事实上，有相当一部分地方的民办学校已经从2004年年底开始进行税务登记。但是，民办学校进行税务登记并不意味着就要缴纳营业税和所得税，因为只有在发生税法规定的某些具体企业和商业行为时，纳税才依法成立。目前一些地方的区、县税务局根据国家税务总局《关于印发〈事业单位、社会团体、民办非企业单位所得税征收管理办法〉的通知》（国税发［1999］65号）要求民办学校（中小学、幼儿园等）缴纳企业所得税。

该通知的第三条是这样规定的：

> “事业单位、社会团体、民办非企业单位的收入，除国务院或财政部、国家税务总局规定免征企业所得税的项目外，均应计入应纳税收入总额，依法计征企业所得税。”

在财政部、国家税务总局（财税［2004］39号）文件（第一条第十款）中也有相应的规定：

> “对学校经批准收取并纳入财政预算管理的或财政预算外资金专户管理的收费不征收企业所得税；对学校取得的财政拨款，从主管部门和上级单位取得的用于事业发展的专项补助收入，不征收企业所得税。”

而《民办教育促进法实施条例》第六章第三十八条第一款已有明确规定：

"捐资举办的民办学校和出资人不要求取得合理回报的民办学校，依法享受与公办学校同等的税收及其他优惠政策。"

由此可见，地方税务局根据国家税务总局《关于印发〈事业单位、社会团体、民办非企业单位所得税征收管理办法〉的通知》（国税发［1999］65号）要求民办学校缴纳企业所得税的行为，理由是不充分的。① 其实，这个道理用不着复杂的分析和推理。试想如果现在的民办学校全部都由政府改为公办学校，那么由此增加的公共财政支出决不是税务部门通过向民办学校收税所能解决的。因此，通过民办教育立法明确在《民办教育促进法实施条例》中尚未明确的税收优惠政策，已经成为影响民办教育健康发展最直接的因素和最迫切需要解决的问题之一。② 至于民办学校所谓的企业性特点，主要是因为其自主经营的特点所致，没有政府担保和埋单，民办学校的生存和发展是需要有一定缓冲空间的，没有这个缓冲空间，民办学校可能随时出现严重的、不可抵御的危机。

《民办教育促进法》和《民办教育促进法实施条例》相继颁布以来，民办学校的反响是多方面的，民办学校普遍感觉相关法律对民办学校发展的多元化模式限制较大、对民办学校的基本权益规定比较空泛、在民办和公办学校之间还留有较大的灰色空间，诸多问题对民办学校来说，还有许多环境和条件具有不公正性，须作认真的调整和改善。民办学校与公办学校的同等法律地位问题，《民办教育促进法》虽然作了明确的规定，但是在实际操作中，政府与各相关部门和行业对此并没有相应的具体措施和制度的保障，一些扶持性的政策由于没有配套措施也迟迟得不到落实。

2004年11月15日，国家发展和改革委员会公布了《民办教育收费管理暂行办法》的征求意见稿，对民办学校收费行为采取了严厉的行政管制，尽管在最后发表的正式文件中已经有所改进，但手段之简单、严厉，以及传统的行政管理模式引发的紧张心态，使得不少民办学校还以为是政府工作人员把《民办教育促进法》出台以前的文件发

① 税务部门有关人士还认为，"对公办学校不收税是因为其收入已经'纳入财政预算管理的或财政预算外资金专户管理'，民办学校的收入没有'纳入财政预算管理的或财政预算外资金专户管理'，因此并不符合财政部、国家税务总局（财税［2004］39号）文件的规定，向民办学校收税是合理的。"这种认识显然犯了两个错误：第一，减免税是产业扶持政策，其目的在于扶持先导产业、战略产业、幼稚产业的发展，或者是为了扩大税基的需要，而不是根据资金管理方式；第二，《民办教育促进法实施条例》规定"捐资举办的民办学校和出资人不要求取得合理回报的民办学校，依法享受与公办学校同等的税收及其他优惠政策。"但并没有明确以"纳入财政预算管理的或财政预算外资金专户管理"为先决条件，由于民办学校并没有获得财政性资金，要求他们将收入"纳入财政预算管理或财政预算外资金专户管理"，既于法无据，也于情理不合，更不能以此作为不给民办学校依法享受与公办学校同等税收优惠政策的理由。当然，有关地方税务部门的所作所为，也是完全背离了《民办教育促进法》关于"民办学校与公办学校具有同等的法律地位，国家保障民办学校的办学自主权。"（《民办教育促进法》第五条第一款）的规定。

② 值得庆幸的是，全国各地还是有许多地方财税部门没有向民办学校收税。

错了。

令许多民办学校不平和难以理解的是，政府在处理民办学校和公办学校的关系问题上一直在“拉偏手”。民办学校的收费受到市场调节的限制和收费部门的限制，但一些公办学校的择校收费却高得惊人；民办义务教育阶段的学校需要缴税，公办非义务教育阶段学校（如幼儿园和高中）高收费的税收问题却无人问津；当国有资源提供给民办学校进行义务教育的公共服务时收费很高（北京某区一个占 14 亩地面积的小学对民办学校收费一年竟达 110 万元），而因名校办民校所利用各类国有资源却无人提出疑问；民办学校难以得到急需的贷款，而公办学校却可以在政府的支持和担保下“严重超标”盖星级的校舍；民办学校靠拼搏获得的经验和成绩无人理睬，而公办学校的按部就班却有大量宣传；如此等等，不胜枚举。公办学校的强势和民办学校的弱势形成了鲜明的对照，教育生态的严重失衡必然引发多层面的教育问题和社会问题。

（三）在民办中小学管理制度建设中存在的问题

对于民办教育这一类似老树新枝的“新生事物”来说，政府和民办学校自身教育管理制度建设的现状要落后和不适应于民办学校自身的发展。其主要表现为，制度资源明显不足，从中央到地方，从宏观管理体制到微观管理方式等方面，其思路都未理顺，既缺乏统一的发展思路和规划，配套性的扶持政策也迟迟未能出台。全国范围内仍然没有统一的民办教育管理机构，各地管理部门和机构设置也不能划一和形成系统，管理权限没有明确的界定，管理责任没有真正落实，在管理实施方面存在较大的随意性和人为因素。在各级教育主管部门中，涉及民办教育的部门一般都附属于相关教育管理部门，而且人员极少，管理者对民办学校的实际了解也很有限，难以做到对民办学校的发展提供及时有效的服务，许多亟须解决的问题难以落实。

正如前文提到的，政府及其主管部门在民办教育管理中的“缺位”和“越位”现象都比较严重，对民办教育的宏观指导、扶持和规范都严重不足。一方面，在民办学校教育的管理中存在很多空白地带，一些地区还没有确定民办学校设置的标准、民办学校的教师聘任规定、民办学校教学管理要求、民办学校督导评估办法、民办学校国有资产管理等方面的制度，难以有效地规范和约束民办学校的办学行为。另一方面，政府又参照公办学校的标准和模式，以强势方的意志去直接干预民办学校的内部管理，未经调研就制定一些不符合民办学校实际的硬性规定，使民办学校无法按照自身的机制去运作，管理过于僵化和集中。

在现代社会的发展进程中，管理并不意味着只制订规则，更不是靠管、卡、压就可以解决问题的。管理从某种意义上说，更应该是服务，更应该站在被管理方的角度，为其能够正常的和可持续的良性发展提供多方面的指导和支持。而在这些方面，一些地方政府和教育主管部门还没有转变观念，还缺少服务意识，管理模式依然陈旧，不仅不能适应民办学校教育的发展需要，对于教育的整体发展也会带来诸多消极影响。

（四）部分民办学校自身存在的问题

不可否认，我国民办中小学自身整体素质的问题也是影响其持续健康发展的一个关键性因素。在现实中，还存在着一些民办中小学办学制度不健全、办学行为不规范等问题。如，部分学校治理结构不完备，董事会制度不完善，董事会及其成员与校长的关系不清、职责不明；有的学校管理与决策过于集中，学校董事会与学校管理者之间的关系缺乏制度约束；有的学校财务管理缺乏监控，抽逃资金现象时有发生；还有一些民办学校在办学目的方面动机不纯，在广告、招生、收费方面欺骗消费者，“泡沫”承诺引起了很大的社会争议，严重破坏了民办学校的社会形象。具体地说，一些民办学校主要存在着以下几个方面的问题。

在学校管理方面，由于民办中小学的办学资金由办学者筹措，追求一定的经济效益是一般办学人最直接的目的之一，当然没有一定的经济效益，办学行为也难以为继。又由于民办学校在办学过程中必须克服公办学校“大锅饭”的分配制度和低效率的工作作风带来的弊端，所以大多数学校制定了比较苛刻的管理条例，主要表现在：一定程度的重管制轻理解，主客体对立多于融合，人治重于德治、法治，学生家长的主体地位高于教师的主体地位，一些学校人际关系紧张、不够和谐。

教师问题也是民办中小学发展中不可忽视的问题。（1）教师来源广泛，但稳定性差。主要来源于离退休教师、公办学校辞职教师、社会招聘人员、少量教育部门分配人员。（2）部分学校师资结构不合理，年龄老化问题突出。以离退休教师为主，较为稳定，年轻的社会招聘教师流动性大，既有一定教学经验又富有朝气的中青年教师求职渠道宽泛，人才流失可能性比较大。（3）雇用性质的师资管理，导致部分教师缺乏责任心。民办中小学的教师编制主要有公办编制，与公办教师享受同样的待遇，这部分编制的教师人数很少；挂靠编制，挂靠在教育部门或是办学机构或是人才交流中心等；无编制，这类教师比例大，管理和稳定有难度，流动性也较大。有的学校为了减少支出，聘请大量的兼职教师，与学校没有人事管理关系，相互之间没有权利与义务的约束，难以保证教学质量。（4）教师压力过重，有法难依，导致积极性不高。一方面，办学者为了节约成本，加大教师工作强度，延长工作时间或是增加基本工作量；另一方面，由于大多数民办中小学教师的人事关系没有被纳入到国家的教师管理体系之中，因而，在职称评定、业务培训、社会活动、质量评价等方面没有与公办学校教师享有同等的权益，尤其在劳动福利和社会保障方面，待遇往往随学校经济状况而定，不如公办教师稳定，容易挫伤教师的积极性。（5）缺乏就职后的继续教育培训，知识结构更新机会少，可持续发展条件不足。

与公办学校相比，民办学校的优势在于办学的多元化、个性化和精品化，它可以满足不同类型群体的教育需求。但是这一特色在部分民办学校并未体现出来，许多民办学校仍然没有摆脱公办学校管理模式的影响，管理观念落后，缺乏办学特色，单纯地依靠与公办学校比升学率来谋求发展，在品牌和特色建设上缺乏深刻的文化内涵。有的学校即便是有所谓的办学特色，实际上也是热衷于搞花架子，缺少实际的内容。可见，民办学校虽然是新生事物，但在内部管理和发展思路等方面同样需要改革和创新。既要争取自身依法发展的权利，也要有自强意识和危机意识，更要有自身的“核心竞争力”。“以质量求生存，用特色谋发展，向管理要效益”是不少办学成功的民办学校的经验之谈，也是这些学校在争取公平竞争权利和发展空间的同时首先要做好的基础性工作。

四、一些热点问题需要认真对待

（一）名校办民校

名校办民校是利，还是弊？众说纷纭，针锋相对，莫衷一是。核心争论集中在五大焦点问题上：

公办名校办民校特别是办义务教育阶段学校，在法律上是否成立，在现实中是否合理？

名校办民校是国有教育资源的流失，还是增值？

名校办民校是扰乱了民办教育市场，还是为迫切需要的民众提供了更多的优质教育？

名校办民校是开创了教育机会的公平，还是制造了教育的不平等？

名校办民校是拓宽了教育经费投入渠道，还是阻滞了政府对教育的投入？

持赞同者认为：（1）名校办民校是教育体制的创新。国家强调要加快办学体制改革，要改变政府包揽办学的状况，形成政府办学为主与社会各界参与相结合的多元办学新体制，以加快教育的整体发展。而名校办民校正是积极探索社会力量办学的多种实现形式，符合教育改革的大方向，有利于推动教育事业的发展，是教育体制的创新。（2）名校办民校使优质教育扩张增值，可解决政府对教育投入不足的问题，使国有教育资源短期增值，盘活了名校优质教育资源，促其充分利用，满足人民群众对优质教育的强烈需求，使整个社会的教育资源总量突增。（3）名校办民校创造了教育的更大公平。社会经济的多元化引发教育消费的多元化，经济条件优越或资质优异的孩子应享受符合其条件的优质教育。应该承认人才成长有差异性，应该尊重人才成长的规律，学校应该对各类人才的培养提供条件，为优秀人才的脱颖而出创造更适合的环境。教育的均等和公平强调的是适量的投入，而不是完全一样的投入，公办初中、小学择校消费的取消、示范高中附设初中的剥离、招生制度的电脑派位录取，阻断了一些人通过公办名校寻求优质教育的渠道。“名校办民校”收费标准界于高收费“贵族民校”和一般公办学校之间，中等收入家庭都可承受。这使义务教育在更广泛的意义上实现了教育机会的均等，满足了社会的需求，从而创造了教育的更大公平。（4）名校办民校为民办教育的健康发展作出了贡献。“名校办民校”在师资、管理、质量上都有相对稳定的保证，是真正的教育家在办教育；校舍、校名国有，大都采取“国有民办”或“民办公助”的办学模式，办学风险相对低，办学基础牢靠，较之企业家、投资商办的高收费民校不仅有教育质量上的保障，也客观上促进了民办教育的结构优化。事实上，现在很多纯民校在办学初期几乎都打过“名校”、“名师”、“名人”牌，可以说，只有企业家与教育家的有机结合，才能办出高水平的民办学校。所以，名校办民校是民办教育健康发展的重要因素。

持反对意见者认为：（1）名校办民校缺乏政策依据。公办学校没有独立承担经济风险的能力，它的法人代表也没有处理学校财产的任何权力，包括教师的编制、校名、土地、房舍等有形或无形资产，除了国家对其特别的用途，学校都无权独立支配。按有关规定，办民校要“四独立”，即“法人独立，校舍独立，财务独立，教学教务活动独立”，而现在有的学校并不具备这些条件就匆匆上马，甚至有的学校只凭一张“筹建许可证”就可以招生，与国家的法令、法律相悖，如果这不是欺诈行为，起码也是一种误导。《国务院关于基础教育改革和发展的决定》第三十五条“加强对公办学校办学体制改革试验的领导和管理”中，强调改制的目的是有利于改造薄弱学校，使薄弱学校与重点学校缩小差距，而并非让名校办民校收高价，进一步扩大差距。此外，改制的对象是薄弱学校、国有企业所属的中小学和政府新建的学校，并没有鼓励重点学校改制。（2）造成国有资产的转移、流失。名校的校名、老师是国有资源，利用公办学校的资源办民校是以公肥私，就好像私人开着公家的车去兜客赚钱，这是国有资产的流失，甚至会因为相关收入不公开、使用去向不明造成腐化、堕落、贪污等现象。不少人认为，优质教育资源从平民化变贵族化，尤其在义务教育阶段是不符合广大老百姓应该享受的利益的，扶持薄弱学校一样是利用资源、增加优质学校。（3）带来了新的教育不公平。名校所以成名校，一方面靠政府严重倾斜的优惠政策；另一方面垄断了优质生源，是站在普通学校的肩膀上办学。本来名校与普通学校就有很大的差距，现在名校一带上“民”字就高收费。公办学校收费按政策要实行收支两条线，或上交教育部门后再划拨给学校。“名校民校”则避开这一政策，高额收费进入企业、名校或个人的腰包，使公办学校之间老师的收入、学校的建设更加不公平、不合理。新建社区的配套学校多是高价学校，百姓不是轻易就可以入读的，这将引起两种民怨：同住小区内的读不起高价学校的心理不平衡，交了高价的又不服气，最终矛头都指向政府。（4）对真正的民办教育是个极大的冲击，不利于纯粹民办学校的发展。国家对民办教育的办学政策规定十分严格，而名校办民校却很容易避开法律对公办、民办学校各自的规定，在宽阔的灰色地带享受“最惠待遇”，甚至条件不具备就可以办学，这首先就不公平。其次，学校的办学成本最主要的是土地和房屋的投资，而名校是可以低成本甚至是无本经营的，这对民办学校而言是一种极具杀伤力的竞争。再次，名校办的民校与真正的民校抢夺生源，使真正民校的发展受到极大的冲击。（5）名校办民校正如过去的党政机关办企业一样后患无穷。公办、民办混合型的民校，一旦得利是“民”得利，一旦发生问题，是“公”承担责任，政府埋单掩盖了许多教育腐败。应该指出，名校是不能复制的，所有的民办学校在办校初期都可能很红火，但是三年以后将怎样呢？当名校办了民校后，其领导、教师、校舍、设备、管理等都处于超负荷状态，是一种明显的“透支”，甚至有的名校办了民校后，本校的教育水平也出现了下降的情况。办教育切忌短期的目光和浮躁的心态，如果名校的民校办砸了，还将名校拖垮，这无疑给国家造成损失。（6）阻滞了政府对教育的投入。政府对教育投入原本就不足，名校大办民校，给政府一种“学校可办学”的印象，政府教育投入热情可能进一步锐减，教育投入变得依赖于不稳定、风险高的企业，这会加剧教育境况的恶化。

我们认为，应当规范公办名校办民校的行为，政府要有培育教育公平竞争环境的清醒意识，政府教育行政部门的管理行为首先要维护教育公平竞争的环境。一方面，要把好“公办名校办民校”审批关，使“公办名校办民校”在一定程度上成为非义务教育的一种形式。另一方面，参与举办民办学校的公办学校应建立公办学校校长对国有资产管理的问责制度，确保“公办名校办民校”的教育收益全部用于本地区基础教育事业的发展。明确“公办名校办民校”仅仅是民办学校的一种类型，杜绝任何形式的政府资源或政策向“公办名校办民校”倾斜。据调查，在部分地区的县一级地方，普遍办有这类“名校”附设的“民校”，它们或是名校的“分校”，或是即将退休的校长的“自留地”，或是股份制的机构。尽管这类学校有的暂时比较成功，但普遍存在产权不明晰或不清楚的问题，其中不少学校建校严重超标，大量使用贷款，学校的收入除去日常开销仅够支付贷款利息，一旦生源不足，学校也将面临破产的危险，而这一切到时将找不到责任人，最终还是由政府埋单，使有限的国家教育经费被儿戏般地消耗了，其严重后果将在不久显现出来。

（二）民办学校的收费问题

民办中小学的收费问题一直以来备受社会的关注，随着管理的规范，部分地区已经出台了一些对收费的规定和条例。如上海市物价局、教委、财政局联合公布了该市主要的教育收费项目，其中民办中小学学费每学期最高可达5500元，公办转制中小学学费每学期最高可达5000元。主要教育收费公示项目包括基础教育、中等教育、高等教育和公办幼儿园托儿所四大类。其中基础教育收费包括小学和初中的杂费、普通高中学费、公办学校外省市学生借读费、中小学住宿费、公办高中择校费、民办中小学学费、公办转制中小学学费、特殊教育等，变化最大的课外活动费首次实行明码标价。

从2002年秋季新学期开始，所有杭州市区的民办中小学和国有民办的中小学将实行按教育成本收费的收费模式。这是杭州市物价局、教育局和财政局近日联合作出的规定。据介绍，新的收费办法实行后，将不允许这些民办学校再向学生家长收取各类名目的赞助费、建校费。按照杭州市新的民办中小学收费办法规定，实行收费改革后，学校收费项目统一为学杂费、住宿费和代管费 3 项。其中，学杂费、住宿费分别依据生均培养成本和住宿成本确定，代管费根据规定支出项目代收代付，单独核算，期末列出清单向学生家长公布。代管费项目包括课本费、作业本费、音像教材费、讲义费和班会费五项。

2004 年，浙江省宁波市物价局向当地 30 多家民办中小学发出了《关于加强民办中小学收费管理的通知》（简称《通知》），对民办中小学收费项目、收费标准等作出具体规定。民办中小学举办学历教育的收费标准，由学校根据各自的办学成本分别提出，报价格主管部门审批。价格主管部门按照各个学校的不同办学成本，逐一核定收费标准，由学校在规定的幅度内自主确定。民办中小学举办非学历教育的收费标准，由学校根据办学成本自主确定，报价格主管部门备案。《通知》规定的民办中小学学历教育收费项目为学费、住宿费、代管费 3 项。其中，学费标准主要根据平均每个学生的培养成本确定；住宿费标准主要根据住宿成本确定；代管费开支范围为课本费、作业本费、音像教材费、讲义费和班会费五项。这些费用按学期收取，不得跨学期预收。同时，收费项目要在学期或学年结束前列出清单予以公布。如果学生因故要求转学或退学，在开学后 1 个月内的，学费、住宿费退还 50%；超过 1 个月的，学费、住宿费可不予退还，代管费按实结算。学校代办校服、提供餐点、车辆接送等服务，必须根据自愿原则，并通过书面形式来征求学生家长意见，事后公布收支账目，接受社会监督。严禁在代办过程中牟利或变相牟利。《通知》要求学校收费应保持相对稳定。收费实行“老生老办法、新生新办法”，学段内（小学、初中、高中）中途不得提价。如情况特殊，对在校生需提高收费标准的，须经价格主管部门审核批准。

其实对于民办学校来说，其市场性和服务性的特点已经使之必须顺应社会需求的变化，其在经营和发展中也必然会考虑其办学服务成本和需求承受力的关系问题。因而，对于民办学校而言，市场的调节比政府的管理更能切中问题的关键。由此可见，政府出台的相关政策应该为民办学校的发展留有较大的空间，应该通过信息服务、提供参考建议、规定收费备案制度等，帮助民办学校了解教育市场和进行正确的收费决策，而不是代替民办学校作决定和思考，如此不仅民办学校的办学经营自主权会受到限制，政府的管理也会由于越位而对民办学校的发展带来困难。对于政府及其教育管理部门而言，需要进行收费规范的反而是公办学校和所谓的“转制学校”或名校所办的民校。

五、基于调研基础上的建议

（一）对政府的建议

对于政府及其主管部门而言，提高对民办教育重要性的认识，促进其加快发展是首要任务之一。我国普及、巩固九年制义务教育，扩大高中阶段教育规模，加强儿童早期教育等，实施教育现代化，仅仅依靠国家对教育的投入远远不能满足城乡居民对教育的需求。在这种情况下，大力发展民办教育，形成以国家办学为主，公办、民办共同发展的多元化办学体制，不仅必要，而且势在必行。这既符合我国当前教育的实际，也是广大人民群众在教育方面的利益所在，各级政府应提高对发展民办教育的认识，解放思想，实事求是，大力推进民办教育的健康发展。

在观念转变之后，应采取坚决措施，营造适合公办、民办学校共同和谐发展的良好环境，并提供积极、主动、有效和多方面的服务。各级政府要将民办教育纳入教育事业发展规划、纳入经济和社会发展的整体规划，各级政府要根据本地人们的经济能力确定公办、民办学校的比例，促进民办教育的健康有序发展，积极调动民办学校的积极性和主动性。涉及民办教育的重大公共政策，要作为各级政府政务公开的重要内容，接受公众和社会的监督。建立和健全决策论证、听证、公示和问责制度，保证人民群众对民办教育发展的知情权和参与权。在明确地方民办教育发展的基本方向和规划的同时，省一级政府还可以会同地方人大和政协，在《宪法》、《教育法》和《民办教育促进法》等规定的法律框架内，推动地方教育立法，为本地民办学校教育的发展提供更为良好的发展空间。

与此同时，还应进一步完善规章制度，切实加强管理工作。《民办教育促进法》及《民办教育促进法实施条例》是现实中推进社会力量办学及对民办学校实行管理的法律依据，必须严格执行。在此基础上，还要进一步完善规章制度，特别是建立健全教育督导和等级评估制度，通过检查评估促进社会办学的规范化、法制化和管理的科学化。政府职能部门要严把教育机构的审批关，严肃查处违规行为。同时对办学中出现的与《民办教育促进法实施条例》规定不符的情况，督促办学机构提出切实可行的改进意见，限期进行整改。对办学目的不端正、内部管理混乱、教育教学质量低的要在深入调研和认真诊断的基础上酌情对待和严肃处理。要严把教育质量关、收费和财产财务管理的监督关，从而促进民办教育实现新的跨越发展。

此外，还应在宏观、中观和微观等层面帮助民办学校理顺关系，帮助其在依法办学的基础上拓展发展空间。对义务教育阶段的公办优秀学校不再进行改制，对已改为公办民助的和“依托型”公办民助学校要尽快完成体制改革，明晰产权和性质，规范收费，真正按民营机制运营，限期实现“三独立”，以保证公办和民办学校的发展不再受到“灰色部分”的不良干扰和影响。

（二）对民办学校的建议

在民办教育发展的宏观背景得到改善的同时，民办学校基于自身生存和发展的需要，应该形成更为规范的行业自律。因为民办学校面对社会和教育消费者是作为整体而存在的，所以民办学校应当在相关领域内形成行业规范、加强行业自律。通过行业自律来减少欺诈的行为，使民办学校整体素质得以提升，使民办学校的信誉得到提高。

针对现实中存在的问题，实行和加强科学管理是民办学校做大做强的重要保障。为此，民办学校应建立起一个高素质的高层决策组织，选拔建立一支高素质的并且能适应新形势的管理队伍和师资队伍，要能够依据教育教学发展的最新趋势及时完善和调整学校的制度和发展思路，在竞争中不断成熟和完善。

特别是在发挥人才优势、完善用人机制方面，民办学校应该珍惜自己的优势，应充分发挥自身的用人自主权，从实际出发，不拘一格用人才，不仅以优厚的待遇吸引人才，还应为师生创造良好的工作环境和生活学习的环境；不仅为教师解决生活上的后顾之忧，还应为教师取得优异的成绩提供现代化的教学设施和及时的培训。

要真正意识到“力创办学特色，以质量取胜”的重要性。民办学校应当确立起自身的办学特色，而不是效法和追随所谓的“公办名校”。要利用自身的优势、特色和信誉来吸引学生，使教育消费者真正受益，以满足人们对教育不同的、高质量的学习需求。

（三）对社会需求和社会舆论的建议

有关专家指出，虽然在整个国家教育系统中，民办教育所占的比例还相当低，但就其增长势头而言，着实令人刮目相看。新闻部门要加强宣传报道，坚持正确的舆论导向，使各级政府发展民办教育的政策举措进一步做到公开、透明，并接受全社会和人民群众的监督。引导全社会提高认识、转变观念是民办教育发展的重要前提和保障。我国民办教育事业之所以发展迅速，并呈现强劲的旺势，一个重要的原因就是对相关法规，特别是《民办教育促进法》开展的广泛宣传。只有引导社会各界提高认识，转变观念，逐步形成公办、民办教育同等重要的共识，才能使民办教育事业得以健康发展。

第四节　民办学前教育的发展①

党的十一届三中全会以来，我国国民经济持续快速增长，客观上为更好地发展教育，尤其是学前教育打下了坚实的基础。改革开放以来，我国学前教育取得了长足的发展，社会对学前教育越来越重视，学前教育本身也在不断抓住机遇、改革创新，追求高质量、优服务，为构建和谐社会贡献力量。其中值得一提的是，改革开放以来，我国学前教育的发展格局发生了显著变化，各种社会力量举办的民办学前教育机构在全国各地纷纷涌现并快速成长，成为我国学前教育发展的一大亮点。

① 此部分系《国家中长期民办教育改革和发展研究》课题之《民办学前教育的成绩、经验、存在问题与政策性建议》调研组成果；调研负责人：郭福昌；执笔：苏靖。

一、民办学前教育的发展进程

追溯中国学前教育史，民办学前教育机构的创办其实是先于公办学前教育机构的，而且一直与公办学前教育机构齐驱发展。我国近代最早创办的幼儿园是1898年在厦门鼓浪屿建立的家庭式幼稚班，比第一所近代公立幼儿园——张之洞创办的湖北幼稚园还早5年。此后，民办幼儿园在我国逐渐发展，直到新中国成立初期，政府接管了全部私立学校，并使它们转制成为公立学校。

（一）改革开放初期，民办学前教育重新振兴

我国有着众多的教育人口，加上"文革"的破坏，经济底子相当薄弱，因此改革开放初期，我国教育发展面临"穷国办大教育"的窘境。1978年下半年，党的十一届三中全会提出了"百年大计，教育为本"的重要思想。到20世纪80年代，基于教育财政长期以来不堪重负的现实，随着国家"改革开放"和"解放思想"政策的推行，民办学前教育有了重新振兴的机会。整个80年代，相关政策的出台、相对灵活的办园模式以及教育行政管理，都促使民办幼儿教育机构逐渐复苏起来。

尽管国家相关政策已经提供了政策方面的支持，但由于当时的私有经济还比较薄弱，社会舆论对民办幼儿教育仍然持观望、怀疑态度，加之政府在管理上还有所保守，因此直到20世纪80年代末，民办学前教育在我国仍没有大面积发展。

（二）进一步解放思想，民办学前教育规模日益扩大

到了1992年，邓小平的"南方谈话"和党的十四大的召开充分肯定了社会主义市场经济体制，并进一步推动了人们的思想解放。经济体制改革也催生了教育战略发展的格局调整以及肯定和鼓励社会力量办学的相关政策。这些政策尽管不是专门针对幼儿教育，但同样为民办学前教育的进一步发展提供了政策上的依据。

与其他教育阶段的民办学校发展相比，民办幼儿园发展更为迅速。据不完全统计，至1997年，全国注册的民办幼儿园有24643所，在园幼儿数达1348830人，分别占全国幼儿园总数的13.5%和在园幼儿数的5.4%。而与公办幼儿园相比，民办幼儿园的发展也相对更迅速。由于经费问题，一些企事业单位的幼儿园被作为"包袱"或停办、或转制，给民办幼儿教育提供了更大的发展空间。

根据教育部发展规划司公布的《教育统计报告》，从1998年至2005年，在幼儿园的机构数上，全国幼儿园由18.1万所下降到12.4万所，而在教育行政部门登记注册的民办幼儿园却从2.45万所（占13.54%）上升至6.88万所（占55.49%），特别是从2004年开始，注册的民办幼儿园数量超过了公办幼儿园的数量。从在园幼儿数上，全国公办幼儿园的在园幼儿减少了近500万人（占18%），而民办幼儿园的在园幼儿却由

130 万人（占 4.89%）上升至 668 万人（占 30.66%），上升了约 25 个百分点。

（三）民办学前教育正在成为我国学前教育的办学主体

改革开放以来，我国民办幼儿园经历了从无到有、从小到大、从弱到强的发展历程，幼儿园的数量、在园幼儿数及其占同级同类教育机构的比例都呈逐年增长的上升态势，已成为我国幼儿教育不可忽视的组成部分。

截至 2007 年年底，全国共有注册幼儿园 12.9 万所，其中民办幼儿园 7.74 万所，占总数的 60.16%；全国现有在园幼儿 2348.83 万人，其中民办在园幼儿 868.74 万人，占总数的 36.99%；全国现有幼儿园教职员工 131.72 万人，其中民办幼儿园教职工 71.41 万人，占总数的 54.21%。例如，安徽省芜湖市是安徽省经济和教育发展较快的一座城市，该市的公办幼儿园有 19 所，主要分布在市县中心，而民办幼儿园已达到 186 所，占幼儿园总数的 90% 以上，民办幼儿园在数量上占据了绝对优势。

而实际上，官方统计口径中还未纳入大量未经登记注册的幼儿园。所以，民办在园幼儿、民办园、民办幼儿园教职工的实际数量已远远高于官方统计数字。目前，从幼儿园数量来看，民办幼儿教育机构已经成为我国学前教育事业的办学主体。

纵观我国民办学前教育的发展历程，从多到少，从少到多；从兴到衰，从衰到兴，历经艰辛。但可以看出，民办学前教育的发展在我国经济政治发展的历史背景下显然是一个必然趋势，也是学前教育进一步繁荣发展的生命力所在。

二、民办学前教育的成就与经验

我国民办学前教育发展历经艰辛，如今取得了不少丰硕的成果，逐渐被社会认可和接受，同时也积累了大量成熟或未成熟的实践、理论经验，这些成就与经验不仅仅是对民办学前教育发展的激励和促进，更是对我国学前教育整体发展的有益贡献。

（一）社会意义与成就方面

1. 减轻了国家负担，拓宽了学前教育投资渠道

学前教育作为社会体系的一部分，必然受到经济体制改革的影响。我国由计划经济体制向市场经济体制转变，带来了幼儿园办园体制的转变。同时，国家出现不堪重负的教育财政问题，由国家包办教育的道路走不通，也不该走，这就为大量民间资金流入教育领域提供了可能，企事业组织、社会团体及其他组织和公民个人等各种非政府性质的组织或个人积极筹措资金，依照相关法律法规开办了各种形式的幼儿园，在一定程度上缓解了国家的压力，学前教育资源得到了融合。

2. 满足了社会需求，提供了更多的受教育机会

民办幼儿园满足了社会对学前教育重视的需求，不同类型、不同特色的民办幼儿园

满足了家长多元化、多层次、个性化的需求，对于特殊儿童这样的弱势群体，一些民办幼儿园能够以科学的理念专业，周到细致的服务，使特殊儿童接受到同等甚至更适合自己的教育，使得其家庭也能在家庭教育方面得到有益的指导和帮助。可以说，民办幼儿园满足了让更多家庭走进幼儿园，让更多孩子接受教育、接受好的教育的社会需求。

3. 为义务教育奠定了好的基础，提供了好的起点

从科学发展观来看，早期发展是后期发展的基础，其质量直接影响后期发展的性质、方向和水平，同理，优质的民办学前教育为义务教育输送了好的生源，也为素质教育改革提供了良好的参考。

4. 促进了我国教育体制的深化改革

民办幼儿园的发展顺应时代潮流，既具有经济意义，也具有社会意义，在调动社会资源多元灵活办教育的形式上有所开拓。教育制度要多元化，从小学到中学甚至高等教育都要多元化，民办幼儿园的发展必然带动教育体制一系列的革新，提供可参考和可分析的经验与教训。

（二）成功经验方面

1. 国家政策积极主动，为民办幼儿园发展提供了法律和制度的保障

民办学前教育的发展离不开国家政策法规的积极扶持。1982 年在第五届全国人大五次会议上通过的《中华人民共和国宪法》首次规定："国家鼓励集体经济组织、国家企业事业组织和其他社会力量依照法律规定举办各种教育事业。"这是第一次以宪法的形式肯定了民间办学的合法地位，这一规定成为了发展民办教育的法律依据。此后又在陆续出台的《中共中央关于教育体制改革的决定》、《中华人民共和国义务教育法》、《国务院办公厅转发国家教委等部门关于加强幼儿教育工作意见的通知》、《中国教育改革和发展纲要》等许多政策和法律法规文件为民办学前教育的进一步发展提供了政策上的依据，提出的民办教育十六字方针，即"积极鼓励、大力支持、正确引导、加强管理"很具有指导意义，可以说，2002 年颁布的《民办教育促进法》在法律上确定了民办教育不可动摇的地位。这些都为民办幼儿园的生存和发展创造了一定的良性的社会环境。

2. 从国情出发，从实际出发

从国情出发是制定、执行政策的出发点和归宿。我国目前正处于社会主义初级阶段，经济基础决定上层建筑，现有国家资金力量无以支撑所有的教育需求，所以，尊重社会发展阶段性特征，从国情出发，鼓励和刺激社会力量投入创办教育是科学的、可行的，也是有效的。同时，尊重群众的积极性和首创精神，尊重城乡差异，从实际出发，因地制宜，提倡办园的多元化、多形式满足人民群众多样的需求也是民办幼儿园广受欢迎的宝贵经验。

3. 特色求生存，质量求发展

特色是园所发展的生命线，进行特色建设是民办幼儿园的出路。作为市场经济产物

的民办幼儿园，它们适应市场和家长的需要，明确鲜明地提出自己的办园理念，而且具有比较强的品牌意识，这些都使得幼儿园具有勃勃生机并备受欢迎。当然只有特色还不够，质量是保障，是特色的载体，主要体现在办园理念、教育服务、理论研究与教材开发、课程与教学、管理等方方面面，民办幼儿园在这些方面的研究、创新和实践赢得了广大家长的认可和欢迎，促进了民办幼儿园的可持续发展。

4. 坚持办园公益性的原则

民办幼儿园虽然是市场经济的产物，虽然是私人举办者自筹资金开办的，维持运行必然会出现结余并继续投入到民办幼儿园的建设上，也就是说民办幼儿园虽然讲究提高经济效益，但前提是一定要保证教育质量，保证更大多数人接受到更好的教育，具有一定的公益性，是社会公益事业的重要组成部分，这是保证民办幼儿园健康发展的前提。

5. 连锁办学模式以强带弱

民办幼儿园集团化发展通过连锁、加盟、合作、联合等形式，依托优势，以强带弱，借势发展，使得优质资源有效扩大和利用，对民办幼儿园整体发展是一个积极的促进。

三、民办学前教育的问题与反思

（一）民办幼儿园发展不均衡

目前，我国民办幼儿园整体发展呈现良好态势，但是存在不均衡现象，这体现在办园规模与形式、办园规范性、办园质量、收费、服务等方面，由城乡差异、经济发展水平差异、幼儿园举办者素质等多方面原因导致。比如在收费问题上，有些民办幼儿园可谓是贵族园，收费很高；而有的则非常低。这同时也决定着园所提供的教育服务与教师待遇等方面的差异。比如在办园规范与质量上，有些民办幼儿园投入很大精力用于教育教学研究与教师培训，遵守国家相关政策法规，品牌有着很好的社会信誉；而同时也存在一些民办幼儿园违背教育规律，违背教育公益性，不利于幼儿和家庭的急功近利的心态和做法。正是这些不均衡使得民办幼儿园发展的整体环境受到破坏，也使得社会对民办幼儿园发展仍存在一定偏见和误解，更使得政府对民办幼儿园监管起来难免出现“不出问题则好，一出问题就取缔”的做法，不利于民办幼儿园可持续发展。

（二）政府对民办幼儿园的管理有待重视、加强和规范

对于上面提及的问题，很大一部分原因是政府对民办幼儿园的重视程度与管理和监督还不够。尽管国家已经制定了一些相应的法律法规，但是针对性不强，对不同性质、类型、层次的民办幼儿园使用同一标准，不能很好地明确各类办学主体的责、权、利；而且对民办幼儿园的创办、监管也未能作出明确的法律规定，缺少具体的实施细则等。

在政府管理方面也存在多个管理体系混乱交叉管理的现象。政府监管职责不清或不准，“越位”与“缺位”并存。“越位”体现在对民办幼儿园的直接行政干预或管制过多，管理的随意性大，甚至有滥用职权的现象，如对民办幼儿园收费管理混乱、税收政策不严谨、注册登记工作不严格等；“缺位”则主要表现在对民办学前教育采取放任自流的态度，如对民办幼儿园没有提供必要的指导和信息服务等。正是这些使得民办幼儿园整体发展缺少方向和轨道，缺少政策指引和规范，使得占大多数的主流民办幼儿园在本来就很艰难的发展环境中还屡受打击，甚至受到少数民办幼儿园不规范带来的消极影响。

（三）政府对民办幼儿园的扶持有待加强

政府虽然越来越重视民办学前教育的发展，但是在资金方面却始终没有很大改观。民办幼儿园自己筹资也好，融资也好，都不容易，民办幼儿园也是学前教育整体的一个主要部分，它的进一步发展仍然需要政府的一定投入。民办幼儿园存在被“边缘化”的现象，与公办幼儿园相比，不仅在保证贯彻、落实正确的教育理念及国家的教育方针政策方面的指导上，而且在对民办幼儿园的评估、督导和激励上，在对教师专业成长、队伍稳定的保障上都还有很大的差距。这些与民办幼儿园办园质量息息相关的管理问题，政府不容忽视。

（四）社会舆论、媒体对民办幼儿园的报道负面多于正面

大众传媒关于民办幼儿园报道的信息客观性、科学性不够，在介绍、宣传民办幼儿园优秀经验和做法上不足，往往在一些敏感问题上做文章，从而将问题扩大化、复杂化，不利于创造良好的学前教育发展氛围。

（五）教师队伍有待加强

由于民办幼儿园与公办幼儿园的基础和地位的不同，在师资来源上公办幼儿园具有独特的优势，所以民办幼儿园不得不通过其他渠道开发新的师资，而且大多民办幼儿园建园时间都短，年轻教师居多，普遍缺乏相关的经验；而同时政府和幼儿园所本身给教师们提供的培训、学习的机会也很少；再加上教师的编制和待遇问题、评聘考核规定和监督管理问题等，这些都影响着民办幼儿园教师队伍的稳定性和专业素质的提高，从而影响着民办幼儿园的稳定发展。

（六）小区配套幼儿园承办费用不合理

随着房地产业的迅速发展，小区内配套幼儿园的数量也随之增加，且主要由民办幼儿园来承办。但是这就需要每年缴纳国有资产占有费，这一费用居高不下，阻碍了许多小区配套幼儿园的开办，从而影响了小区适龄儿童接受及时、优质的学前教育，这反映了我国社会公共服务体系的建立和协调还有待加强。

四、民办学前教育中长期发展

（一）指导思想

在以胡锦涛同志为总书记的党中央明确提出的坚持以人为本、全面协调可持续的科学发展观的指导下，贯彻落实科学发展观的深刻内涵与基本要求，为我国学前教育事业创设积极、和谐的发展环境，为民办幼儿园健康可持续发展提供强有力的支持。

（二）2012年中期规划构想

目前，全国幼儿教育改革的总目标是形成以公办幼儿园为骨干和示范，以社会力量兴办幼儿园为主体，公办与民办、正规与非正规教育相结合的发展格局，根据城乡差异，建立以社区为基础、以示范性幼儿园为中心、灵活多样的幼儿教育形式相结合的幼儿教育服务网络，为家长和0—6岁儿童提供早期保育和教育的服务。目前，民办幼儿园的蓬勃发展正在促进这一目标的实现。有如下五项具体目标需要加强落实。

1. 加强推进学前教育立法工作，教育部已把“学前教育法”列入了立法规划，将由国务院法制办具体研究再会同人大协商。下一步将继续加强学前教育立法在全国和各地的调研工作，推进“学前教育法”的出台进程。这对明确学前教育在整个国家教育体系中的地位、明确管理体制、规范学前教育事业发展诸多方面问题纳入法制轨道有重要意义。尤其对民办幼儿园的健康可持续发展有着重要保障和促进作用。

2. 进一步提高国家对民办幼儿园的认识和重视程度，广泛调研，征集意见，参考国外相关先进的经验做法，为下一步加强、完善法制建设，加大政府监管和扶持力度，为民办幼儿园创设良好的生存环境打好基础，可陆续出台一些成熟的法规或政策，如关于对民办幼儿园的资金支持方面的，关于民办幼儿园审批准入的、评价方面的，关于教师待遇方面的。

3. 对民办幼儿园收费问题进行全国范围内的全方位调研，收集数据进行定性定量的分析，为下一步制定政策提供科学依据和可行性参考，可在相对成熟时机推出试行办法。

4. 重视民办幼儿园发展不均衡的问题，广泛调研，出台相关政策和办法，尝试解决分化问题，促进民办幼儿园之间的和谐发展。

5. 尊重民办幼儿园从实际出发、因地制宜的特点，在广泛、深入的调研基础上，在《民办教育促进法》的指导下，争取出台更灵活更有针对性的民办幼儿园管理办法，在准入、考核、评审等方面做到大小有区分、城乡有差异，尽量满足人民群众多样、多元、多层次的需求。

6. 重视民办幼儿园与公办幼儿园之间的关系，广泛调研，消除误会，搭建平台，多提供机会促进二者之间的了解与交流，可在政策方面有所扶持。

（三）2020年长期规划

1. 进一步完善相关法律政策，完善政府对民办幼儿园的扶持与管理，保障民办幼儿园健康可持续发展。

2. 依据对收费问题的调研以及试行办法的执行情况出台相关政策，妥善解决收费问题。

3. 进一步通过各项相关政策解决民办幼儿园发展不均衡的问题，基本实现民办幼儿园之间的和谐发展。

4. 继续鼓励公办幼儿园与民办幼儿园之间的联动，促进民办幼儿园与公办幼儿园的和谐发展。“在共建中共享，在共享中共建”，在区域内建立优质教育资源的共建共享机制，进一步增强公办幼儿园、民办幼儿园的交流与合作，在区域内形成开放、合作、互惠、共赢的幼儿园发展格局，通过区域统筹、园际协作实现共同和谐发展，满足人民群众享受优质教育的需求。

五、几点建议

（一）政府层面

从政府层面来看，首先要强化责任意识，从实施科教兴国的战略，构建和谐社会和公平教育的高度去看待民办幼儿园的发展，在民办幼儿园中长期发展规划、战略目标的指导下，给予民办幼儿园积极的鼓励和扶持。如，引导社会舆论，加强社会对民办幼儿园的普遍尊重和认可；改革财政性学前教育经费的分配制度，提高经费的使用效率，利用管制、财政和公共基础服务设施等政策工具，为民办幼儿园提供一定的经费支持；同时，通过多种渠道引进各种形式的民间投入，增加社会对民办幼儿园的经费支持。

其次，要加强民办教育的立法工作，制定一系列相关、具体有针对性的政策和制度，尤其是建立相应的具有可操作性的规范，如对民办幼儿园的税收优惠政策、提高幼儿教师待遇的政策、对幼儿园合理收费的宏观调控政策，以及幼儿园办园的审批政策等，使民办学前教育机构在完善的法律、法规体系中良性运行，有法可依、有章可循。

再次，加大对民办幼儿园的监管、评估力度。本着公平、公开、公正的原则，规范民办幼儿园的审批准入环节，规范对民办幼儿园的收费管理，加强对民办幼儿园依法办园、园所管理、教育教学、卫生保健、安全设施、伙食管理及财务管理等方面的管理，规范幼儿园的收费标准，加大对非法办园的治理力度，加强新建小区配套幼儿园的规划与管理等。同时还要重视对民办幼儿园的合理评估，建立完善制度，积极鼓励发展良好的民办幼儿园，树立典型，以点带面，以强带弱，促进整体发展。

最后，重视幼儿园尤其是民办幼儿园的课程、教材问题。由于学前阶段毕竟不同于义务教育阶段，而且教育活动的组织和实施也是教师创造性开展工作的过程，所以目前我国幼儿园主要还是依照《幼儿园教育指导纲要（试行）》和《幼儿园工作规程》的精神与要求，从本地、本园的条件出发，结合本班幼儿的实际情况，制订切实可行的工作目标和计划并灵活执行，没有统一规定的课程或者教材。但是这并不意味着可以任其发展，尤其民办幼儿园，大都以创建特色为发展契机，所以相应课程与教材更为多元、个性和复杂，标准不一，良莠不齐。建议国家能够组织一个中介评审机构，在《幼儿园教育指导纲要（试行）》等标准的指导下，对各种课程或者教材从专业的角度进行审定，实行编审分开，这将有利于保证民办幼儿园课程教材的质量，从而保证民办幼儿园教育教学的质量。

（二）园所层面

首先要明确民办园投资者与经营管理者双方职责权利的关系，进行严格区分，实施园长负责制；其次要从实际出发，合理打造“特色教育”、特色服务，不盲目跟风，不哗众取宠，找准自己的发展定位与空间，不断提升教育品质，走良性发展之路；再次要注重教师的在职培训和学习，不断提高教师的素质，让教师看到成长发展的希望。

（三）社会层面

在政府和民办幼儿园之间，在民办幼儿园和公办幼儿园之间，在民办幼儿园和民办幼儿园之间需要社会团体组织机构帮助架起连接的桥梁，这样有助于营造民办幼儿园健康可持续发展的良好环境，促进民办幼儿园之间和教育工作者之间的团结互动，实现我国民办幼儿园和公办幼儿园之间的和谐共处，构建幼儿成长的健康完整体系。这样的社会团体组织机构致力于团结关心民办幼儿园的发展，促进民办幼儿园的融合、共进、自律和维权，积极开展调研，创建研讨平台，打造资源共享基地，真正为民办幼儿园全面协调可持续发展服务。

总的来说，展望我国民办幼儿园未来的发展，应该是一个持续发展且不断壮大的趋势。民办幼儿园生存和发展的社会环境将进一步优化和规范，无论是政府扶持力度的加大还是政策法规制度体系的完善，无论是社会舆论的积极导向还是行政监管的进一步有效，都将为民办幼儿园发展赢得良好的有利空间。

第五节 民办培训事业的发展

一、民办社会培训的发展[①]

(一) 我国培训产业发展现状

在市场经济条件下，有需求就会有供给，巨大的利润吸引了大量投资者进入培训服务领域。目前，我国培训服务市场利润丰厚，而进入的技术壁垒和资金壁垒却比较低。据统计，目前全国提供培训服务的机构已达数百万家，包括外资、合资、民办、高校办等各种性质。学员接受培训的种类和内容包括学历文凭、高教自考、技术职称、外语、电脑、管理、高考复习等。其中，竞争最为激烈的是外语类（CET、PETS、口语、雅思、GRE、口译、商务英语等）、计算机类（等级考试、图形设计、网络技术、编程技术等）和管理类（企业团体培训、MBA 等）。

1. 培训行业的规模

目前培训服务市场到底有多大？还有多大的发展空间？首先从总体上来分析。2005 年居民储蓄存款突破 14 万亿元[②]，国家计委宏观经济研究院课题组的研究表明，为了子女上学准备的储蓄占总储蓄额的 44%，并认为教育消费是一个大的消费领域。也就是说，我国存在一个巨大的潜在教育市场。据业内人士分析，IT 培训、英语培训和少儿教育已成为目前培训服务产业的三大支柱。赛迪顾问发布的数据表明，2005 年整个 IT 教育和培训服务市场销售额达到 41.49 亿元，并仍然保持着年增长率 30% 以上的发展势头。据中国社会调查所公布，当前我国英语培训市场的市场总值大约是 150 亿元。预计 2010 年，我国英语培训的市场总值有望突破 300 亿元。根据我国第五次人口普查统计结果，我国 6 岁以下的婴幼儿达到 1.4 亿，其中城镇为 5200 万左右。按照城镇家庭每月为 6 岁以下的孩子教育投资 50 元的保守估计，6 岁以下儿童教育市场消费额就可达 312 亿元。专家预计，在未来五六年中，我国婴幼儿教育市场消费额将达到上千亿元的规模。[③]

各主要培训领域的培训规模如下：

（1）外语培训。外语培训一直是培训市场的主力军，据保守估算，中国每年约有

---

① 本部分系《国家中长期民办教育改革和发展研究》课题之《民办社会培训的成绩、经验、存在问题与政策性建议》调研组成果；调研负责人：刘林；执笔：刘林、蒋士强、魏真。

② 郭永刚. 2005 年我国城乡居民储蓄存款首次突破 14 万亿元 [EB/OL]. (2006 - 01 - 16). http://news.sina.com.cn/c/2006 - 01 - 16/09577995427s.shtml.

③ 范春颖. 婴幼儿教育市场：寻觅理性投资者 [EB/OL]. (2006 - 07 - 24). http://finance.sina.com.cn/money/lcestablish/20060724/00352755359.shtml.

150 亿元的市场空间。仅上海一地，外语培训市场每年的份额就高达 10 亿元。而北京奥运、上海申博成功，以及出国留学热的不断升温，都进一步促进了外语培训市场的发展。然而，就在外语培训热的表象后面，却存在着诸多问题：一是培训机构鱼龙混杂；二是培训课程过于雷同，大多数培训机构的课程研发能力不够，而是奉行“拿来主义”，拷贝别人的课程，导致培训课程“千人一面”的现状日趋严重；三是培训质量堪忧。

（2）管理培训。据统计，目前我国管理培训的市场份额有 50 亿元以上。在管理培训市场中，高管培训占据着很大的市场份额。据中欧国际工商管理学院的专家分析，目前我国高层经理培训的市场价值约达数十亿美元，并且还在不断增长，可以预见高管培训将成为商学院收入的主要来源。业内专家也有相同观点，对商学院而言，收入的主要来源是不授予学位证书的高层经理培训课程，而并非 MBA。最近一项调查显示，全球高层经理培训市场价值达 3500 亿美元。在美国，来自高层经理培训课程的收入要占学院总收入的 60%—70%。而在我国，这样的课程还只是刚刚起步，如中欧国际工商管理学院的高层经理培训课程在总收入中所占的比例还没有超过 1/30。

（3）IT 培训。随着“信息化带动工业化”策略的深入人心，许多人的工作开始与计算机紧密相连，甚至不可分离，这就造成了大量的工种需要进行 IT 技能的培训。据统计，目前 IT 业已经有 200 多种认证。不算各类社会 IT 认证，每年仅参加教育部、劳动部和人事部组织的 IT 认证考试的人员就有 600 多万人，面对如此规模的培训需求，我国 IT 培训认证市场以惊人的速度发展着。据赛迪顾问的数据结果显示，国内 IT 认证市场以每年 30% 的速度递增，远高于全球 12% 的增长速度。我国政府相关部门预测，信息产业在 GDP 中的比重将达 15% 左右，总值约 20000 亿元。在这样的形势下，IT 培训的势头将有增无减。信息产业部公布的数据表明，我国 IT 业目前对 IT 人才的需求每年至少达几十万人，具有较大的人才空缺，这主要依靠 IT 培训机构来培养。

2. 培训机构情况

（1）培训机构数量。据行业专家粗略估计，全国培训机构大概有 10000 家以上，从全国范围来看，北京、上海、广州、西安、重庆、成都、武汉这些高校云集的地区，培训机构相对较多。其中，北京有 2000 家，上海有 3300 多家，广州有 1000 家。培训机构的性质比较复杂，以上海市为例，根据政府有关职能部门注册和登记的机构性质分类，经教育部门审批的有 1543 个，年培训 230 万人次；劳动部门审批的有 420 个；人事部门批准的人才中介机构（有培训功能的）有 240 个；在工商部门登记的教育培训咨询公司 1000 多个；行业协会培训中心 140 个。全国开展 IT 培训的公司将近 2000 余家，其中中关村所在的海淀区 IT 培训机构有 465 家，北京市至少 1000 家以上。培训企业规模不等，开展的培训项目也不一样，其中，知名的、能独立进行认证培训的机构有 30 多家，如，北大青鸟培训中心、新东方 IT 教育、中科院软件所培训中心、天极网校、清华万博、前景创业、北京长城计算机学校等。据一项不完全统计，国内的外语培训教育机构已经超过3000家，学费根据培训内容、课程安排的不同，从几百元到几千元甚至上万元不等。

（2）培训机构类型。第一类是政府部门下属的行政事业单位或培训中心。它们是国家各部委和地方政府下属的行政事业单位，是培训市场的生力军。这些机构的优势在于“背靠大树好乘凉”，由于与政府部门有着千丝万缕的关系，甚至这些机构本身就担负着行业管理或指导的职能，因此往往可以拿到“指定培训”、“内部培训”、“公章培训”等行业系统内部的培训项目，或自己制造“证书”培训课程，培训项目销路异常火暴。这些培训项目的主要消费人群是公款消费。这些机构的市场开发更多依赖的是“红头文件”，具有很强的垄断性特征。随着市场经济体制的逐步完善、政府职能的转变和国家事业单位的改制，这类培训机构将逐渐转化为培训市场竞争主体，靠“红头文件”来开展培训业务的方式将会改变。但在目前情况下，其政府背景将使其在培训市场竞争中占据有利的地位和态势。第二类是各行业协会组织。最近几年，国内的各行业协会组织发展速度迅猛，如企业管理协会，近几年的发展尤其突出。各类企业管理协会或专业管理协会对于我国的管理培训市场作出了卓越的贡献，比如中国企业联合会、中国企业家协会、中国人力资源开发研究会等都在全国具有很高的影响力。这些专业协会由于聚集了大量的业界专家、行业顶级企业，同时掌握海外资源，举办各类研讨会议、培训具有很高的质量，受到了企业界的普遍欢迎。从国家政策来说，也鼓励行业协会、学会组织的发展。《中共中央关于完善社会主义市场经济体制若干问题的决定》指出：“废止妨碍公平竞争、设置行政壁垒、排斥外地产品和服务的各种分割市场的规定，打破行业垄断和地区封锁。积极发展独立公正、规范运作的专业化市场中介服务机构，按市场化原则规范和发展各类行业协会、商会等自律性组织。”可以预见，随着行业协会建立健全市场机制，其市场自我调节能力将会加强，行业协会组织在各相关行业领域的培训中将发挥主导作用。高校继续教育培训机构如何加强与行业协会、学会的联系与合作，将成为打入行业培训市场的一个关键性问题。第三类是高校专业院系与培训公司。知名高校的专家学者一直是培训市场中的热点人物，是决定培训质量的关键因素。因此，高校各院系利用自身的专家优势，开设各种专业的培训，具有核心的竞争优势。高校专业院系与培训公司的合作更是双赢举措，前者利用后者的市场优势，后者利用前者的资源优势。从近十年的实践中可以看到，高校专业院系与专业培训公司的联姻体现出极大的活力。但需要注意的是，高校与专业培训公司“联姻”，要坚持“以我为主”的原则，提高自主研发能力，打造核心培训产品，避免因“贴牌培训”而导致高校培训资源的流失、自身市场竞争力的降低和培训市场的旁落，导致高校在培训市场上的边缘化。

3. 培训机构运行模式

（1）通过市场细分实现准确定位。培训服务市场利润丰厚，而进入的技术壁垒和资金壁垒却比较低。但这并不意味着谁进入这个市场都能赚到钱。北京市每年新增培训服务机构约300家，同期自然“死亡”的也有300家左右。从目前的现实情况看，整个培训服务市场的需求是富有弹性而且呈现高、中、低不同层次的，因此这些培训机构失败的原因，除了本身机构太小、力量太弱以至于没有能力站稳脚跟之外，更重要的是市场定位不准，没有找准适合自己的细分市场，并制定适合自己的竞争策略。

在我国，“英语热”作为一种特殊的经济社会现象并不是新鲜事物。英语培训有其自身的特点：英语培训行业所提供的产品具有特殊性；影响服务质量因素的复杂性和主观性；市场进入门槛低。正是因为英语培训市场的上述特征，导致了目前我国英语培训市场的一系列问题。对于英语培训市场的发展方向来说，根据市场营销理论，任何行业发热的时候，将出现高度的整合和集中。当前国内的英语培训市场尚处于地方品牌占主导地位、市场割据的局面。但是因为英语培训市场所提供的服务产品在本质上的同质性，为培训主体提供了跨区域经营的可能性。实力强大的培训主体将因为培训质量优良、师资力量雄厚、管理规范、培训产品丰富而获取更大的市场份额，而质量差、规模小、没有核心竞争力的培训主体所面临的将只是倒闭或被兼并的命运。品牌至上、适度集中将成为未来英语培训市场发展的总趋势。到目前为止，英语培训市场上的“特色分化”已经很明显了。除新东方等诸多应试英语培训外，口语培训市场如EF英孚教育、疯狂英语、洋话连篇都以外教为卖点；贝立兹、新橙、奥瑞根在职业英语方面发展迅速。

总体来说，目前的培训服务产业中，低端市场和中端市场进入门槛太低、竞争激烈而残酷，而高端市场进入门槛较高，利润也相对丰厚。据统计，华尔街、英孚、新东方等高端英语培训市场仅占北京英语培训总体市场的1/3。北京市目前有上千家规模不同的语言培训学校，每年吸引参加培训的人数达30余万，产值达到20亿元。因此，中、低端外语培训市场还有很大的空间，蕴藏着巨大的商机，而且投入小、风险小，利润相对丰厚。IT方面的培训市场也存在类似的情况。因此，对于少数有实力的培训服务公司，要坚持和发展自己的品牌，比如新东方这样的公司，保证质量、维护品牌信誉、处理好规模扩张和管理、质量监控间的关系是非常重要的。而对于中小培训机构来说，其竞争策略不应该是求“大”、求“深”，而是认真分析细分市场，选准某一个需求点，深入地做下去。比如IT培训，除各种流行的认证外，还可以开设电脑商务办公、网络商务资讯、计算机辅助设计、网络安全、平面广告设计、室内装潢设计、网页设计等某一个方面的专业知识培训。比如在经济管理培训领域，可以进入市场营销、国际贸易、项目管理、人力资源、团队建设、人际沟通能力等不同细分市场，关键是在培训内容、课程设计、培训理念上要有创新设计，敏锐发掘新的市场需求，为某一部分人“量身定做”培训计划，这样才能在某一个领域获得稳定的客户资源，赢得竞争中的比较优势。当然，对于中小培训机构而言，树立良好的形象和信誉亦非常重要，要想真正在培训服务市场谋求发展，就得一切以市场规律和诚信原则为准则，形成可持续发展的运作体制。

（2）通过业内协作、客户化课程开发赢得客户。培训是一种服务，培训机构只有向客户提供高质量、有针对性的服务才能赢得客户的好感，因为不同的客户其培训需求也不同。因此，培训机构在选准定位的基础上，还必须听取客户第一线的声音、了解客户真正的需求，才能为之提供有效的服务。培训服务的客户化课程开发一般有两种表现：一是培训机构与国家部委、行业协会合作，联合开发有关培训项目，特别是一些行业认证项目，从而取得市场先机、获取垄断性利润；二是培训机构在提供标准的课程以外也同时注重向客户提供可定制的（客户化的）培训课程，通过内容定制、形式定制、时间定制以满足不同行业、不同部门、不同技术层次的客户的需求。

客户化课程开发的一般流程是：培训机构首先要明确客户的培训要求，然后依据客户的实际情况开发相应的培训计划，并选择合适的方式将该计划落到实处。相对而言，客户化课程开发对培训机构自身的要求较高，因为实施客户化课程开发的过程中，面对的是多种多样特定的客户。这时候培训机构所做的工作已经不是把已有的培训推销出去，而是根据特定的客户开发特定的课程。因此，要想实施客户化课程开发，培训机构一方面要在选定的市场做精做专，另一方面还必须与业内保持充分的协作，这样才能在客户提出特定需求时找到合适的合作对象共同开发培训课程，因为任何一家培训机构都不可能也没有必要在所有的培训领域保持领先。当然，客户化课程开发在实施过程中还需要注意对整个培训流程的细致观察和正确指导，通过相应的课程鉴定等方式对培训过程进行评估，并对培训的有效性进行评定。这样，培训机构可以随时修正培训计划，从而确保该培训的有效性并从真正意义上赢得客户。

（3）通过特许连锁实现规模扩张。企业在获得一定市场之后，要想实现规模扩张，连锁经营、特许经营已使很多企业获得了最终的成功。在北京市的服务业市场中，连锁培训所占的市场总容量一直很高，而特许加盟正是他们迅速扩张的武器。统一规范化的市场运营体系是培训教育连锁企业的核心。以少儿教育、英语培训、IT 培训为代表的一批企业渐成规模，连锁经营方式开始成为具备一定规模的教育培训企业实现快速扩张的有力武器。事实上，经过多年的发展，像北大青鸟 APTECH、环球雅思连锁学校、红黄蓝儿童教育、东方爱婴等一些教育培训企业在资金、人才、管理、培训等方面都已经积累了相对充足的实力和经验，特许连锁正成为他们实现快速扩张的有力武器①。

成立于 2000 年的 IT 培训企业北大青鸟，通过对印度 APTECH 的 ACCP 软件工程师培训产品的本地化，在短短两年时间内，就在国内市场做到了行业第一，并且连续 4 年雄居榜首，在先进的管理教学经验、系统完美的教材编排、灵活机动、以人为本的课程设置的基础上，已发展成为中国现代信息技术教育领域的先锋。公司采取特许连锁经营模式，在全国培训服务机构及相关机构中广泛发展合作伙伴，建立标准化的“北大青鸟 APTECH 计算机授权培训中心”。截至 2006 年 9 月，北大青鸟 APTECH 已经在全国 70 多个城市拥有 150 多家培训中心。

① 马永斌，吴志勇．中国培训市场现状与发展报告［EB/OL］．http：//www.tnet.gov.cn/NewsInfo.asp?NewsId=241.

（二）培训产业目前存在的问题

培训服务产业发展中存在的问题很多，归纳起来主要有以下几个方面。

1. 培训内容同质化严重

目前，各培训机构所开展的同一专业领域培训项目中，内容大都非常相似，雷同现象严重。不少培训机构不是从本地区发展的实际需要、自身的优势和已有资源等条件出发，开发既适合市场需求又符合自身特点的培训项目，而是盲目跟风，看到市场上赚钱的项目就不顾一切地招生开班，由于时间仓促等原因，不可能开发出自己的课程，只能奉行“拿来主义”，照搬照抄别人的内容，致使培训内容严重雷同甚至没有差别（参见表2－17）。众多机构的相互模仿和低层次重复，导致了培训市场上缺乏自主开发的核心课程，本土案例少，缺乏针对性、系统性和实效性，严重影响了培训的质量。调研显示，目前培训市场70%以上都属于跟随型即模仿型培训，真正属于自主研发，既有自身特色又紧密结合市场实际需要的培训课程为数甚少。

培训产品的高度同质化具有多方面的危害，不但使培训对象因学不到实在的知识而深受其害，而且各培训机构不能在研发产品上开展合理竞争，随之转向其他途径，如虚假的招生宣传、愈战愈酣的价格大战甚至互相诋毁，从而造成整个培训服务产业陷入恶性竞争和恶性循环的境地。

表2－17　四培训机构人力资源管理类培训课程对比

培训机构	项目名称	课程内容	使用教材
A	企业人力资源管理及高级人力资源管理师	基础知识，劳动关系，招聘与配置，培训与开发，绩效管理，薪酬管理，战略规划与串讲	《企业人力资源管理人员国家职业资格培训教程》、《企业人力资源管理人员基础知识》、《企业人力资源管理人员法律手册》
B	国家人力资源管理师资格认证实战培训	战略性人力资源管理与规划，劳动法，培训与开发，绩效管理，招聘与配置，薪酬管理，串讲与考前强化辅导	
C	国家人力资源管理师/助师职业资格认证考试	战略性人力资源管理与人力资源规划，劳动法，培训与开发，绩效管理，招聘与配置，薪酬管理，考前串讲	《企业人力资源管理人员国家职业资格培训教程》、《企业人力资源管理人员基础知识》、《企业人力资源管理人员法律手册》
D	人力资源管理研究生双证班	人力资源基础，组织行为学，人力资源规则，招聘与配置，员工培训开发，绩效考核与管理，薪酬福利管理，劳动法	

资料来源：根据培训通网站 http：//bj. pxto. cn/course/zige/show_ courses. asp 资料整理。

2. 培训模式和手段落后

各培训机构在培训模式上各具特色，花样不断翻新。但是，从整体上看，多数培训机构缺乏科学规划，也没有内行人负责运作，导致管理不规范、随意性强、运行效率低下。同类培训机构之间不能充分整合资源提高利用率，不能进行优势互补从而产生规模效益，而是重复设置、各自为战、盲目发展，既使得运营效率低，增加了运营成本，又使得专业重叠，造成了资源的浪费。在培训实施过程中，许多机构特别是小机构还停留在“一支笔、一本书、一个老师、一间屋”的课堂讲解阶段，虽然有的机构也配备了多媒体等设备，但要么使用率低，要么只是做个简单的课件对付一下而已，并没有实质性的改变；少数机构引入了体验式等实战型的培训方式，但由于租用场地、设施等花费较高，也是作为点缀偶尔“体验”一次。总的来说，培训服务产业尚未形成现代企业化管理模式，这一方面是培训机构不注重投入造成的，更重要的是由于培训服务产业管理人才的缺乏。

3. 师资短缺与良莠不齐并存

富有本土经验尤其是深入了解客户培训需求的培训师十分缺乏，这一点已成为制约高层次培训发展的瓶颈。一些具有研发能力的培训机构开发出一个好的培训项目后，一推向市场不久就会有跟随者，但有心人会发现，这些跟随者所请的教师与先行者所请的老师几乎没有多大区别。有些高端培训项目，也许全国就只有几名老师能讲。不少培训机构的领导人士认为，培训类学校的灵魂实际上是师资，但是目前培训机构的师资却基本上处于波动状态，许多培训机构的老师都是兼职，老师可能在几个学校同时任职任教，处于赶场状态。据估计，在国内目前大约37000多家培训类公司中，真正有实际经验的精英培训师还不到100人①。北京市的情况和全国具有相似性。一方面，很多培训公司根本没有能力培养自己的培训师尤其是高水平培训师，只能临时聘请几个有一定知名度的培训师，完全依靠这部分常年在各地赶场的培训师维持生存；另一方面，许多现有的培训师存在着“身份造假”现象，由于市场对优秀的培训师要求很高，而真正合格的优秀培训师很少，不少人便伪造各种证书和个人经历进行招摇撞骗，这已经为业内的许多人所熟知。随便登录几个培训网站就会发现，在其介绍的培训师中，有相当一部分几乎无所不能，既擅长人力资源又精通市场营销，既是质量管理方面的能手，又是生产管理方面的专家，这种状况显示出目前许多培训师的身价“水分”很大。

4. 培训市场呈现混乱局面

首先，以虚假广告为代表的欺骗行为严重。2005年年初，前程无忧培训频道作过的一项调查显示，很多人都遭遇到不同程度的培训陷阱，约有34.8%的人认为培训效果有夸张成分，20.8%的人将意见集中在培训老师名不符实，19.3%的人觉得培训学校不够规范，17.5%的人认为培训证书有水分，还有7.6%的人反映课程安排相当混乱②。

---

① 郑惠文．培训服务产业在恶性竞争中扭曲成长［J］．中国经济周刊，2005(45)：22－23.

② 佚名．培训服务产业：煽动下的暴利［J］．中国投资，2006(1)：25－26.

其次，过度竞争，价格战愈打愈烈。培训价格竞争的白热化，导致一部分中小培训机构在教学质量上大打折扣。正是由于这部分中小培训机构在降低培训价格的同时，也降低了教学质量，从而使一些盲目对比价格的学员往往忽略了自己来培训的真正目的。面对国际和港澳培训机构的价格透明操作机制，国内培训机构“乱哄哄”的价格战还不知道要打到何时。此外，部分培训领域存在垄断和暴利现象。这主要出现在具有政府背景和行业背景的培训机构中，这些培训机构独占了本领域的职业资格认证权和相关培训资源，成为了垄断性的培训服务提供者，他们操纵了组织报名、培训内容和效果评价的全过程，收费高且毫无讨价还价的余地，从而获得了大量的垄断利润，这种垄断和暴利行为严重影响了培训市场的公平竞争，阻碍了培训服务产业的健康发展。

5. 缺乏国际竞争力

除了像新东方、北大青鸟等为数不多的培训机构具有较大规模、较强实力和一定的品牌影响力以外，其他培训机构以作坊式的小型机构为主，既没有规范的管理，又缺乏研发力量和具有自身特色的课程，同时也没有能力吸引或聘请到高水平的培训师，从而极其缺乏竞争力，在激荡的培训市场中左右摇摆、随波逐流，随时都会因生源枯竭而惨遭淘汰。因而，目前总的来看，具有可持续发展能力和较强的市场竞争力的培训机构的领军企业还非常少。而在西方发达国家，培训已经成为一种产业，具有一整套先进的管理模式、规范的操作方法、丰富的培训产品，培训形式也多种多样，已经出现了许多知名品牌和实力强大的培训机构。随着国外培训逐步进入国内市场，我们本土培训机构的竞争力亟待增强，否则，培训服务产业的“巨大蛋糕”就有被外国强有力的培训机构“瓜分”的危险。

二、民办职业培训的发展①

为了解我国民办职业培训学校的发展情况，我们对此进行了专项调研，向全国30个省（自治区、直辖市）的劳动保障厅（局）下发了民办职业培训学校（以下简称“民办培训学校”）发展情况调查问卷，并组织召开专题座谈会，向部分地方劳动保障部门了解情况；分别到江苏、广东、河南等地进行了实地调研，调研工作涉及近20个省份。

（一）我国民办职业培训学校发展现状

1. 基本情况

（1）管理方式。民办培训学校是我国民办教育的重要组成部分。劳动保障部门负责民办培训学校源于对社会力量举办就业训练机构和短期职业培训实体的管理。1997年国务院颁布的《社会力量办学条例》，明确了劳动部门对社会力量办学机构和项目的审批管理职

① 本部分系《国家中长期民办教育改革和发展研究》课题之《民办职业培训教育的成绩、经验、存在问题与政策性建议》调研组成果；调研负责人：陈宇；执笔：陈宇。

责。《民办教育促进法》及《民办教育促进法实施条例》相继颁布实施(《社会力量办学条例》同时废止)，规定教育部负责全国民办教育工作的统筹协调、综合协调和宏观管理，劳动保障部门和其他有关部门在职责范围内负责有关工作。劳动保障部门主要对“以职业技能为主的职业资格培训、职业技能培训的民办学校”进行审批和相应管理。据此，2004年劳动和社会保障部印发了加强民办职业培训工作的通知，制定了《民办职业培训学校设置标准（试行)》，2007年在全国组织开展民办培训学校诚信评估工作。

（2）发展情况。长期以来，在推进职业培训市场化、社会化的过程中，民办培训学校发展很快。2006年年底，全国经劳动保障部门审批设立的民办培训学校有2.1万所，年培训955万人次，培训后实现就业746万人次。其中，广东、江苏、四川、山东、河南、河北、湖北、辽宁、黑龙江九省的民办培训学校数已超1000所；从年培训规模来看，排在前五位的省份分别是江苏、广东、河南、四川和浙江。培训范围主要涉及第二、第三产业；培训层次涵盖国家职业资格五个等级以及其他适合就业的专项技能；培训对象包括下岗失业人员、劳动预备制人员、农村富余劳动力、企业在职人员等。

（3）培训类型。劳动保障系统审批和管理的民办培训学校有技工学校（学制教育）和职业技能培训机构（短训）两大类，后者数量占多数。全国管理规范、影响较大的民办技校主要集中在广东，如广州白云、华立技校，这些学校办学时间长，已进入稳定、规范发展期。白云技校的一体化教学模式在全国都处于领先地位。影响较大的短训机构主要集中在山东、河北、安徽等地，主要以实用就业技能培训为主。

按照《民办教育促进法》规定，根据出资人要求，民办培训学校主要有以下三类。

①公益性培训学校。这类机构举办者不以营利为目的，依据《民办非企业单位登记管理暂行条列》，在民政部门注册登记。举办者可以在保证培训机构正常发展的基础上，从办学收益中适量提取合理回报或不要求取得合理回报。实践中，多数举办者选择此种办学类型。

②捐资设立的培训学校。此类机构属举办者无偿捐赠办学，不通过办学取得资金回报，注册为民办非企业法人。目前，捐资举办的职业培训学校数量不多，比较知名的有广东碧桂园集团出资专门为退伍兵提供免费培训服务的国良职业培训学校。

以上两类民办培训学校是《民办教育促进法》调整的主体。

③经营性培训机构。这类机构是在工商部门登记注册的企业法人，其经营范围是提供教育或培训服务等活动。《民办教育促进法》规定此类机构的管理办法由国务院规定，目前暂缺。此类机构在培训市场中表现十分活跃，劳动保障部门并不掌握其数量。

2. 基本特点

（1）学校数量稳中有升，培养规模提高较快。几年来，全国民办培训学校数量基本平稳，保持在2万所上下。在回收问卷的14个省中，2007年与2005年相比，民办培训学校数量增长9.3%，培养规模增长36.1%，校均培养规模增长24.5%。此外，民办培训学校学生取证人数占当地鉴定取证人数比例也较高，达到30%以上，说明民办培训学校已成为重要的职业培训资源。

（2）专业以投入少、就业好的职业（工种）为主，集中度较高。我们对各省劳动保障厅统计的本省民办职业培训规模前十位的专业进行了分析，得到 13 个样本省的总体专业排序结果，依次为：计算机操作、美容美发、烹饪、电工、焊工、数控机床、车工、服装加工、汽车维修、家电维修、按摩。各省排名前十位的专业呈现一定的趋同性，如计算机类专业在几乎所有样本省中都是培训规模最大的专业。我们分析，开设主体专业趋同主要受两个因素影响：一是教学及实训前期投入和成本较低的专业，如计算机类、美容美发、烹饪、按摩、客房餐厅服务员、家政以及其他知识技能型人才的培训专业。这主要是由于民办培训学校所要求的民间资本投入门槛不高，能吸引较多小规模资金进入职业培训领域。开设这类投入少的专业，可以降低风险，保证资金安全。二是毕业生就业前景较好的专业。民办培训学校办学灵活机动，主要瞄准就业需求量大的专业，从而保证学校的正常办学规模，使投入资金能顺利回收。为此，部分民办培训学校也举办一些学生就业前景好、但投入较大的专业，如数控、机加工、汽车修理等专业。三是上海和江苏前十位培训专业中还出现了创业培训。我们走访的广东顺德民办创业培训学院专门开设 SYB 培训，为失业人员、退伍兵和当地老板子女培养创业技能、提供开业指导服务。上述地区经济发展水平在我国靠前，商业环境较为成熟，地区创业氛围较强。由此可以预测，随着经济不断发展以及就业形式的日渐多样化、创业促就业氛围的形成，其他地区对创业培训的需求也将会逐渐增大。

（3）生源主要是农村劳动者和下岗失业人员。从民办培训学校的生源情况看，农村劳动者在以上各省都占较大比例，如安徽、河北、四川、广西、湖南、浙江、江西、山西八省的农村劳动者生源都超过了 40%（见图 2－7）。一方面，我国正处于快速城市化进程中，大量农村劳动者需要通过接受职业教育来获得在城市中生存和发展的机会；另一方面，在我国现有的规划中，民办培训学校已与公办职业培训机构、公办技工学校在技能人才培养方面形成互补，发挥各自优势。民办培训学校受体制、机制影响较小，能够为农村劳动者提供较多的就学难度较小、形式灵活、资金成本和时间成本较低的教育机会。

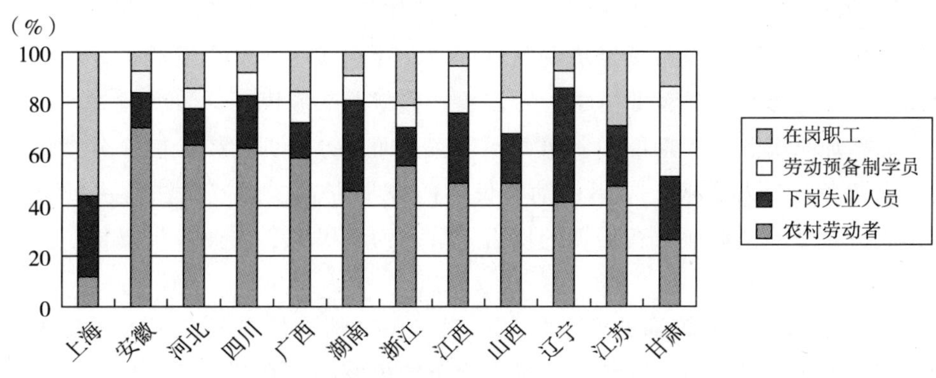

图 2－7　部分省、直辖市、自治区民办培训学校生源构成

另外，下岗失业人员作为民办培训学校的第二大生源，也从一个侧面反映了民办培训学校在促进就业方面发挥的重大作用。

(4) 办学层次以初、中级技能等级培训为主，培训后就业率高。一是民办培训学校培训内容以技术工种为主。民办培训学校开设的基本上都是培训时间不超过 1 年的短期培训项目，且参加职业资格类培训项目的学员取证目的性强。民办培训学校在校生取证人数占当年度招生人数比例较高，绝大多数省份都在 30% 以上（见图 2－8）。二是学员所获证书 90% 以上都是初、中级，与技工学校相比，办学条件和能力都有限，培养层次不高。三是 14 个反馈调查问卷省的数据显示，就业人数占招生人数的比例达到 76%，与全国民办培训学校培训后就业情况相吻合，培训后就业率高。

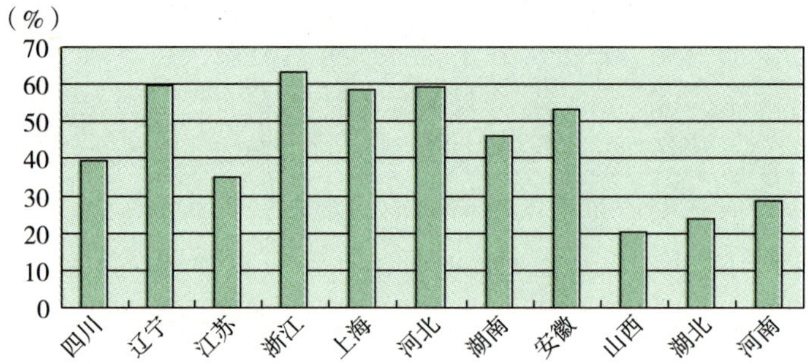

图 2－8　部分省、直辖市民办培训学校在校生取证人数占招生人数百分比

3. 发挥的作用

在调研过程中，我们与劳动保障部门、职业教育培训专业人员进行探讨，普遍认为民办培训学校在以下方面发挥了重要作用。

(1) 在提高劳动者素质、促进就业方面发挥了重要作用。随着我国就业政策的落实和就业工作的大力推进，市场就业、技能就业、素质就业已成大趋势。目前，吸纳就业较多的第三产业入门技能要求较低，一般在接受短期专门培训之后即可胜任。民办培训学校在这类培训中发挥了重要作用，培训后就业效果十分明显。

(2) 提供了适合农民工、失业人员等弱势群体培训服务。当前，公办职业学校虽然具有很多优势，但在适应市场经济变革过程中，存在滞后于社会发展需要的问题，不能完全满足人力资源市场的就业需求。对需要转移就业的农民工、再就业失业人员，要求他们全部参加系统、长周期的学制培养不现实。而民办培训学校恰能充分考虑技能培训市场和求学者的个人需求，采用机动、灵活的办学方式，想方设法解决社会各类群体、个体成员接受不同职业教育培训的供需矛盾，为农民工、失业人员提供了实用技能培训。

(3) 促进了职业教育培训的竞争发展。由于民办培训的参与，引入了竞争，促进了职业教育培训机构进一步提高培养质量、突出特色发展，有利于职业培训规模和质量的提高，有利于优质培训资源的培养和发展。

（4）弥补了我国财政性职业教育培训经费的不足。目前，我国每年投入的财政性教育经费还十分有限。其中，2005 年教育经费仅占国民生产总值的 2.82%，低于国际认可的 4%—5% 的水平，且教育经费主要向义务教育倾斜，远远不能满足全民接受各级各类教育特别是职业培训的需要。而民办培训学校，在举办不同形式、层次、类型、内容的职业培训过程中，通过吸纳社会资金投入职业培训事业，弥补了国家目前在职业培训投入上的不足。

（二）民办职业培训学校面临的困难和问题

1. 民办培训学校自身发展中的问题

（1）资金投入不足，基础较薄弱，自我发展能力不强。多数民办培训学校资金投入渠道单一，经费有限，规模不大。由于举办者资金投入不足，办学主要靠收取学费，场地多数靠租赁，办学经费来源渠道不宽，资金匮乏，已成为制约民办职业培训办学水平和机构发展的重要因素。民办职业院校特色学校和品牌专业不多。

（2）有的民办学校未落实法人财产权。从法律上来说，民办培训学校一经设立，就是独立法人，享有法人财产权。民办学校存续期间，所有资产由民办学校依法管理和使用，任何组织和个人不得侵占。但在现实运作中，部分民办学校的举办者在其他地区开设分校，分校的人、才、物全部归总校掌握。这种总校、分校的管理模式，一方面与法律要求相违背；另一方面，总校也很难保证分校的教学过程和质量。

（3）宣传、招生、收费等环节不够规范。民办培训学校的招生主要依靠广告，广告宣传虚假夸大、收费容易退费难等是投诉焦点。

（4）管理人员和教师职业素养参差不齐。民办学校举办者、校长或其聘用的管理人员，有的不具备职业培训管理专业素质，甚至不了解办学规律和管理常识，也难以理解和执行劳动保障部门的工作要求。师资存在“两多两少”，即兼职教师多、离退休教师多，专职教师少、中青年骨干教师少，教师力量不足，流动性大，队伍不稳定。

2. 民办培训学校发展的外部环境不够宽松

（1）民办技校未能享受到其他中等职业学校享受的税收优惠政策。财政部、国税局关于中职教育劳务营业税的优惠政策，根据文件规定应包括技校，但实际上民办技校未能享受。近几年，深圳市劳动保障局多次就此问题与深圳市地税部门协调，但深圳市地税部门在请示国家税务总局后，答复“国家税务总局目前正在研究非教育行政部门审批设立的技工学校相关免税政策，在国家税务总局没有正式明确之前，对此类技工学校提供的教育劳务取得的收入，不能比照教育行政部门审批的技工学校免征营业税”。

（2）教师待遇需要提高。民办培训学校反映，与公办教育相比，民办培训学校教师的身份、待遇问题往往难以得到有关部门和社会的认可。例如，民办短期培训机构的教师身份问题解决不了，政府组织的教师表彰评优工作，一般不包括这部分人员。民办白云技校的骨干教师被广州市属技校招走很多。

（3）政府促进支持不够充分。只有少数大的民办技校能得到政府的支持，民办短训机构往往机会不多。部分民办培训学校提出自身能力不足，希望政府能加强在师资培养方面的支持和服务，并建议建立民办培训工作者的表彰激励机制。

（三）劳动保障部门的主要管理措施

1. 对培训学校设立的审批

各地通常做法是根据举办者身份和拟办学目标实施分层分级审批。从目前实际审批情况看，以地市级劳动保障部门审设的数量多，省级劳动保障部门直接批设的数量少（见表2－18）。

表2－18 部分省、直辖市分层审批数据统计

省 区	民办职业培训学校数量（所）	省级劳动保障部门审批数量（所）	省级劳动保障部门审批数量所占比例（%）
北京	492	200	40.7
河北	1070	26	2.4
湖南	898	99	11.0
江西	814	111	13.6
贵州	310	116	37.4
江苏	1250	29	2.3
陕西	920	203	22.1

2. 对民办培训学校进行日常监管

各地劳动保障部门主要从以下几个方面进行监管。

（1）对办学活动实行备案管理。招生简章和广告、专业设置、教材选用、学籍和教学管理、出资人取得合理回报的决定等，由培训学校向审批部门及相关主管部门报送材料核准备案。

（2）对办学行为进行年检。部分劳动保障部门实施办学情况年度检查评估制度，年检内容基本上涵盖培训学校的内部机构、人事设置、培训项目开展、技能鉴定、收费、教学质量、教职员工资质、招生广告以及执行相关政策法规等方面。根据年检结果实行动态管理，对办学不规范的予以降级、限期整改，对整改不合格或常年不开展教学活动的，予以撤销。

（3）对校长和教师进行培训。深圳市劳动保障局委托深圳市职协每年举办两次民办学校校长和教师免费培训，并开展教师资格证认定、优秀教师评选表彰工作。

（4）探索对培训过程进行监管。如佛山劳动局引导民办培训机构签署承诺书，要求民办培训机构开展技能培训，组织参加技能鉴定，通过对鉴定过程的管理来监管培训过程。广州市拟在市培训中心建立信息管理平台，集中组织招生和信息披露。

3. 组织诚信办学评估

从2007年开始，全国近2/3的地区组织开展了民办培训学校诚信办学评定工作，树立规范办学典型。黑龙江、山东、湖南、陕西、广东等省份的诚信达标等级（地市级）的评定工作已基本完成，正在进行诚信良好等级（省级）评定工作。

4. 加强支持服务

各级劳动保障部门把民办培训学校作为职业培训工作的重要依托，普遍根据规定对符合条件的培训机构给予培训经费补贴，购买培训成果。2008年，广东省劳动保障厅和财政厅通过组织评估，对白云、华立等5所民办技校给予每校300万元、共计1500万元的专项资金支持。此外，劳动保障部门主要通过提供市场需求信息、制定培训标准、提供鉴定和就业服务、组织工作检查和经验交流等方式，加强指导和服务。

（四）对民办职业培训工作的总体认识

在调研中我们体会到，对于民办职业培训工作，相关方面从不同角度出发，有不同的感受：政府部门感觉管理难度较大，社会公众对部分民办培训学校质量存有疑问，而民办培训学校又反映竞争环境不公平、发展政策不宽松。

1. 民办职业培训学校总体发展良好，但个体实力还不强

目前，民办职业培训已成为我国职业教育培训的一支重要力量，在开展培训、技能训练、促进就业方面发挥着重要的、独特的、不可替代的作用，办学水平、质量、管理都在逐年提高，办学条件不断改善。但是，总体上看，民办培训学校基础还比较薄弱，发展尚不平衡，能够规范运作、规模较大的学校不多，总体实力并不强。

2. 地方劳动保障部门对办学情况基本掌握，但管理力度还须提高

各地劳动保障部门对民办职业培训发展都很重视，通过日常监管和集中检查，各地对当地民办培训总体情况、存在问题有了全面掌握。从各地情况看，吉林、河南、湖南、甘肃等多数省90%的民办培训学校符合办学要求。

但受各种因素制约，政府对民办培训学校的监管力度和广度还需要提高。地方劳动保障部门管理力量不足。通常是全省成百上千的民办培训学校，具体管理工作只有一人负责，而且负责这项工作的人员还同时身兼其他数项业务工作，难以全面了解情况，难以实施全程监管，也就难以准确把握形势。

3. 有关部门各司其职、齐抓共管，但仍有隐患

交流中，地方同志虽然普遍认为民办培训发展健康、平稳，但也流露出困惑和担

心。民办培训涉及劳动、教育、民政、价格、税务、工商等多个部门，但基层这些部门间普遍沟通较少，“各自为政”的现象较为明显，既容易出现重复管理，又易产生管理盲区，不利于民办培训的规范发展。最明显的例证是基层都反映存在很多无证无照培训机构及培训活动。这些擅自开展培训的无证照机构，以及其他机构超范围开展的培训项目活动，处在监管盲区，无人审批无人监管，隐患很大。

（五）促进民办职业培训发展的对策

我们从人力（劳动）保障部门自身、与相关部门联合以及需提请配合上级机关三个方面，提出以下建议。

1. 高度重视做好民办职业培训规范管理工作

（1）做好民办职业培训工作规划，统筹安排、协调发展。建议各级劳动保障部门结合本地区职业培训工作基础和就业需求情况，做好民办职业培训工作规划，并将其纳入本地区培训就业规划和教育发展规划，统筹安排民办培训学校数量、专业类型、招生规模和分布区域，从审批环节形成合理布局，协调发展的局面。

（2）要抓住关键环节，切实加强民办培训学校规范管理和教学监管。一是审批管理。建议结合当前新形势，进一步修订《民办职业培训学校设置标准》，适当提高设置门槛，以保证民办培训学校的基本素质。二是招生管理。以招生广告审查作为关键点，抓好对民办培训学校招生宣传的管理。建议对招生广告备案审查进行统一标识，提高公众对招生广告的识别度。未经标识的，严禁进行广告宣传。三是加强教学全程监管。劳动和社会保障部可研究制定社会通用、专业的职业培训课程标准和教学大纲，作为指导培训教学的依据，并加大监督执行。四是实行教师上岗和教材审核制度。建立民办培训学校教师上岗考核制度、教材使用备案审核制度等。五是实行培训质量督导。将民办培训学校办学活动纳入劳动监察范畴。六是完善培训违规举报制度。设立专门的举报电话并向社会公布，公开监管，接受举报并及时处理。

（3）进一步强化管理和服务。一是发挥系统资源优势，形成劳动保障行政部门制定政策、统筹协调，培训协会、鉴定中心等分工明确，具体实施，加强管理服务。二是推进信息化建设。教育部可开发建立民办职业培训信息化管理服务平台，并与地方联网，集中披露信息，公开办学和监管流程，公布办学质量。三是建立民办培训学校校长、教师定期培训和工作业绩备案制度。每年组织民办培训学校校长、教师开展业务培训和经验交流，并将培训经历记录在案。建立将民办学校管理人员培训列入技校校长培训计划，给予经费支持。四是继续推进诚信评估工作。抓紧启动优秀等级的评估工作，并适时组织经验交流。五是依托中国职协和中国民办教育协会组建民办职业培训学校专业委员会，推动行业自律，加强同业交流，树立规范办学的典型。

（4）重视并研究培训项目审批工作。《民办教育促进法》及《民办教育促进法实施条例》未对开展培训项目设立审批制度。而现有情况是，我国存在大量的如企业培训中心、职业院校和其他培训机构等教育培训优势资源，这些机构往往具备较优良的职业培训软硬件条件，也应为其提供相应平台，以充分发挥他们从事职业技能培训的功能作用。基层对此呼声十分强烈。因此，建议结合有关立法工作，研究明确培训项目实施的管理制度办法。

2. 与相关部门加强政策协调形成工作合力

（1）加强与税务部门的协调配合，落实民办培训学校税收优惠政策。建议加强与国家税务总局的联系与协调，研究明确对劳动保障部门（非教育行政部门）审批的民办技工学校免征营业税的具体方法，使相关政策措施落到实处。

（2）与工商部门组织联合检查。建议由工商部门牵头，劳动保障部门等有关部门参与，对目前存在的无证照开办的民办培训学校进行清理、整顿，符合设置条件的核发办学许可证，不符合设置条件的予以取缔。

（3）与民政、工商部门建立稳定的信息沟通机制。建议在各地劳动保障、民政、工商部门间建立民办培训学校办学许可审批、登记情况信息沟通机制，共同规范培训机构办学行为。

3. 配合立法机关加强法制建设

（1）抓紧解决目前的立法盲区问题。一是提请国务院及工商部门抓紧研究在工商登记注册的经营性民办培训机构管理办法，规范市场培训行为。二要建立民办培训学校税制分类管理制度。针对要求取得合理回报的培训机构、捐资办学的培训学校、经营性培训机构不同性质，实行分类税制管理。

（2）推动建立民办培训学校风险抵押金制度。风险抵押金制度具体指，在审批部门的监督下，由民办培训学校设置专门账号，注入相应数额资金，仅作为民办培训学校遇有重大办学风险时的抵押资金。任何人不得将这笔资金挪作他用，并由审批监管部门和民办培训学校董事会共同监督这笔资金的使用。

（3）建议修订《民办非企业单位登记管理条例》。该条例对民办培训学校（属民办非企业单位性质）取得合理回报没有预留空间，地方反映实际工作难实施，呼吁对该条例进行必要的调整。

第六节　中外合作办学的发展①

中外合作办学是指外国教育机构同中国教育机构在中国境内合作举办的以中国公民为主要招生对象的教学活动。中外合作办学是中国教育事业的组成部分。国家对中外合作办学实行“扩大开放、规范办学、依法管理、促进发展”的方针。中外合作办学包

① 本节系《国家中长期教育改革和发展规划纲要（2010—2020年）》专题调研课题之《教育改革与制度创新》分专题调研组成果，执笔：何晋秋、徐永吉、聂瑞麟、薛二勇。

括两种类型，即中外合作办学机构和中外合作办学项目。

中外合作办学机构是指外国教育机构同中国教育机构在中国境内合作举办的教育机构。中外合作办学项目是指中国教育机构与外国教育机构以不设立独立教育机构的方式，在学科、专业、课程等方面合作开展的教育教学活动。

中外合作办学机构和项目，均可分为三个层次，即高等教育、中等教育（义务教育阶段除外）和学前教育。

一、中外合作办学概况

中外合作办学在我国改革开放后得到恢复和发展，在此发展历程中，中外合作办学可以分为三个阶段。

第一阶段，中外合作办学的起步探索阶段（20 世纪 80 年代至 90 年代中期）。20 世纪 80 年代以来，在对外开放的大背景下，我国重新开始了中外合作办学。改革开放后的第一个中外合作办学机构，是 1986 年 9 月经国务院批准成立的南京大学—约翰·霍普金斯大学中美文化研究中心。随着改革开放的深入，1993 年，原国家教育委员会发布《关于境外机构和个人来华合作办学问题的通知》（以下简称《通知》）。《通知》对中外合作办学采取积极态度，提出了“积极慎重、以我为主、加强管理、依法办学”的原则。到 1994 年年底，根据对 20 个省、自治区、直辖市的不完全统计，已设立中外合作办学机构 70 个。

第二阶段，中外合作办学的逐步规范阶段（1995—2002）。1995 年，原国家教育委员会发布《中外合作办学暂行规定》，中外合作办学具有了法律依据。《中外合作办学暂行规定》充分肯定了中外合作办学的地位和意义，指出“中外合作办学是中国教育对外交流与合作的重要形式，是对中国教育事业的补充”。随着国家有关部门相关政策法规的出台，中外合作办学逐步走上了规范化道路，全国大部分城市的中外合作办学机构和项目迅速增加。据不完全统计，截至 2002 年年底，全国经审批机关批准的中外合作办学机构或项目共有 712 个，遍及 28 个省、自治区和直辖市。

第三阶段，中外合作办学的持续发展阶段（2003 年至今）。2003 年 3 月 1 日，国务院公布《中华人民共和国中外合作办学条例》（以下简称《条例》），中外合作办学进入了新的历史时期。为了更好地实施《条例》，2004 年 6 月 2 日，教育部发布《中华人民共和国中外合作办学条例实施办法》（以下简称《实施办法》）。2004 年 8 月 20 日，教育部下发《教育部关于做好中外合作办学机构和项目复核工作的通知》，对《条例》施行前后依法设立和举办的中外合作办学机构和中外合作办学项目进行复核。针对中外合作办学中存在的突出问题，教育部于 2006 年 2 月 7 日发布了《教育部关于当前中外合作办学若干问题的意见》。这些法律法规和政策性文件对中外合作办学具有重要意义。

目前，我国中外合作办学呈现出以下特征。

第一，国内合作办学地域分布不均衡，多数集中在东部沿海地区，这与我国经济发展状况相关。

第二，国外合作伙伴以英语国家为主，这主要与英国、澳大利亚、加拿大等英语国家推行教育产业政策有关，他们与中国合作办学积极性较高，合作办学机构和项目最多。其次是欧洲大陆的德国、法国，再次是亚洲的日本与韩国。

第三，中外合作办学专业设置趋同严重，其中大学本科专业以经济学、管理学门类为主，高职高专专业以财经类、电子信息类为主。

第四，中等教育和学前教育层次的中外合作办学，更多集中在兴办办学条件优越、收费较高的机构和项目。

第五，总的来讲，我国中外合作办学机构和项目中大多数都有一定的特色，办学条件较好，教学质量较高，注意维护办学的品牌和形象，基本上得到了社会的认可，但收费普遍高于全日制学生的平均水平。

表 2－19　中外合作办学总数及地区分布

区　域	省　份	中外合作办学机构（个）	中外合作办学项目（项）	合　计
	总计	119	705	824
东部地区	北京	8	47	55
	天津	7	27	34
	河北	1	21	22
	辽宁	15	19	34
	上海	15	126	141
	江苏	7	77	84
	浙江	7	45	52
	福建	4	8	12
	山东	15	10	25
	广东	2	13	15
	海南	0	0	0
	小计	81	393	474

续表

<table>
<tr><th>区 域</th><th>省 份</th><th>中外合作办学
机构（数量）</th><th>中外合作办学
项目（数量）</th><th>合 计</th></tr>
<tr><td rowspan="9">中部地区</td><td>黑龙江</td><td>1</td><td>152</td><td>153</td></tr>
<tr><td>吉林</td><td>6</td><td>12</td><td>18</td></tr>
<tr><td>山西</td><td>3</td><td>0</td><td>3</td></tr>
<tr><td>安徽</td><td>1</td><td>10</td><td>11</td></tr>
<tr><td>江西</td><td>0</td><td>14</td><td>14</td></tr>
<tr><td>河南</td><td>0</td><td>56</td><td>56</td></tr>
<tr><td>湖北</td><td>4</td><td>14</td><td>18</td></tr>
<tr><td>湖南</td><td>0</td><td>17</td><td>17</td></tr>
<tr><td>小计</td><td>15</td><td>275</td><td>290</td></tr>
<tr><td rowspan="14">西部地区</td><td>四川</td><td>6</td><td>11</td><td>17</td></tr>
<tr><td>重庆</td><td>7</td><td>8</td><td>15</td></tr>
<tr><td>贵州</td><td>2</td><td>2</td><td>4</td></tr>
<tr><td>云南</td><td>1</td><td>4</td><td>5</td></tr>
<tr><td>陕西</td><td>7</td><td>12</td><td>19</td></tr>
<tr><td>甘肃</td><td>0</td><td>0</td><td>0</td></tr>
<tr><td>青海</td><td>0</td><td>0</td><td>0</td></tr>
<tr><td>西藏</td><td>0</td><td>0</td><td>0</td></tr>
<tr><td>宁夏</td><td>0</td><td>0</td><td>0</td></tr>
<tr><td>新疆</td><td>0</td><td>0</td><td>0</td></tr>
<tr><td>广西</td><td>0</td><td>0</td><td>0</td></tr>
<tr><td>内蒙古</td><td>0</td><td>0</td><td>0</td></tr>
<tr><td>小计</td><td>23</td><td>37</td><td>60</td></tr>
</table>

注：根据教育部国际合作与交流司数据统计（2008 年 3 月 7 日前，只采用复核数量，不包括新批数量）。

二、中外合作办学的模式和成效

（一）模式

中外合作办学情况比较复杂，可以从不同角度对其进行分类。为了便于理清中外合作办学中的各种关系，我们从四个方面进行分类：从办学类型，可分为中外合作办学机构与中外合作办学项目；从办学层次，可分为高等教育、中等教育（义务教育阶段除外）与学前教育；从办学形式，可分为独立机构（具有法人资格）与非独立机构（不具有法人资格）；从是否实施学历教育，可分为学历教育与非学历教育。中外合作办学机构的独立性与非独立性涉及其是否具有法人地位，是办学的核心问题之一。

1. 独立机构与非独立机构

独立机构是指具有法人资格的中外合作办学机构，它不隶属于任何单位，在合作办学机构（一般为学校）理事会或董事会的领导下运行，在课程设置、教师聘用、招生和财务等方面自主运作。非独立机构是指不具有法人资格的中外合作办学机构，它一般隶属于国内某一办学机构（如高等学校），在中外合作办学者组成的联合管理委员会的领导下运行。

目前，我国开展的中外合作办学活动大都以非独立设置的机构和项目为主，通常有两种形式：一种是在学校领导下，由某个二级学院与国外办学机构合作办学；另一种是学校抽调一部分力量以项目的形式与国外机构合作。非独立机构的特点是，形式灵活多样，可根据不同学校的特点和需求来设置合作专业，规模可大可小，进则可发展成为独立的机构，退则可由原来学校消化吸收，没有太大的后顾之忧。

我国目前独立设置的中外合作办学机构相对较少，独立机构的生存与发展均依赖于自身的经营，投入产出意识较强，比较注重教育教学质量和办学特色，重视建立自身品牌和长远发展，必须有一定的规模来支撑机构的良性运行和发展。

2. 学历教育与非学历教育

中外合作办学可分为学历教育和非学历教育两大类。目前，国内中外合作办学机构和项目中非学历教育占多数，学历教育占少数。正规的学历教育主要以高等教育（含高等职业教育）层次的学历教育居多，还有部分中等教育和中等职业教育层次的学历教育；在高等教育层次学历教育中，主要以本科和专科学历教育为主，还有部分研究生学历教育。高等教育的合作办学形式多种多样，有单文凭、双文凭，单校园、双校园等。非学历教育则以技能和证书培训为主，分布在各种层次和各类教育当中，也包括学前教育等。培训的项目主要以国际上认可的、通用的专业技能为主，以获得诸如会计师证书、英语等级证书等为目的。

（二）成效

近年来，通过中外合作办学，我们不仅引进了教育发达国家的先进教育理念，同时还直接引进了一些国外教材和教学方法、教学管理和教育管理制度，形成了多渠道、多模式发展教育的办学形式，使教育供给的多样化与选择性成为可能。更重要的是，使我们获得了全球教育信息和部分国外的教育资源，让我们能够在国际教育竞争中知己知彼，及时发现并发挥我国的教育优势和长处，找到我国学校教育教学工作中的某些不足，探讨教育教学改革的方向和措施，使我们的教育能更好、更快地融合到国际教育的大环境之中。实践证明，中外合作办学在创新教育模式、深化教育体制和教学改革、促进学科建设、提高师资素质和拓宽人才培养途径以及改进教学和行政管理等方面，日益显示出独特的优势和作用。

1. 中外合作办学引进了国外优质的教育资源和先进的教育理念，有利于我国教育在办学理念、课程体系和教学模式等方面的改革

通过合作办学，了解并注意到“服务意识”、“营销意识”、“教育品牌意识”等一系列新的教育市场性理念，在办学中体会到市场意识的重要性。通过合作办学，认识到要树立为教育消费者服务的思想，要按照社会需求设置专业、开设课程、选择教师、教材、教法，以优质服务去赢得信誉，最终获得回报；有利于逐步改变我国长期形成的教育脱离社会、脱离实际、以教定学、以教师为中心的做法。

中外合作办学为推动教学改革和管理体制改革提供了有益的借鉴。如国外学校在专业设置和课程设置上注重理论和实际的结合，强调实用性和可操作性，外籍教师的课堂教学采用案例分析、互动式教学方法等，这些对提高学生的综合素质和实践创造能力，以及学校的教学改革、管理体制改革都产生了促进作用。

中外合作办学推动了我国教育国际化，有利于我们成建制、成体系地学习和借鉴国外有益的办学经验为我所用，促进我国教育事业的发展。

2. 中外合作办学通过学历教育和非学历培训，推动了国内一些重要教育领域的发展和人才培养，同时也促进了一些薄弱领域的发展，为我国培养了较多质量较高、适应性较强的人才

通过与国外大学的合作，针对我国经济发展急需的一些领域（如高等教育中的工商管理、公共管理、金融、计算机、外语等）和层次的人才需求，引进了一批新专业，一定程度上缓解了某些专业和领域的教育需求，加强了部分薄弱学科（如学前教育、职业教育等）的建设，促进了学科的发展。例如，MBA 教育模式的引进促进了我国当时还处于“试点”期的工商管理教育；又如在高等职业教育方面，我国原有的高职一直停留在传统的课堂教育模式上。“珠宝首饰设计与加工”等新专业和务实的教学内容和方法的引进，填补了我国在这些专业领域中的空白，改造了在某些领域已有的专业，使专业的设置和分布更贴近于行业发展，推动了理论与实务操作技能相结合。

中外合作办学为我国建设事业的发展培养了较大数量的某些急需和薄弱领域所需的人才。

3. 中外合作办学增加了我国教育供给的多样性和选择性，满足了部分教育消费者的多样化的教育需求

我国目前开展的中外合作办学已经不同程度地覆盖了除义务教育领域之外的所有教育层次，丰富了我国教育供给的多样性，部分教育消费者的受教育机会也由此相应增加，在一定程度上满足了不同教育消费者的需求。例如，非学历成人教育的中外合作办学项目中的各种培训机构遍及全国，英语培训、计算机培训、管理培训等，都具有广阔的市场。多层次的学历教育和非学历教育项目满足了部分群众多层次、多样化的教育和学习需要。

4. 中外合作办学是我国教育对外交流与合作的重要形式，同时它也进一步推动了我国教育对外交流与合作的发展

通过中外合作办学，国内学校及管理部门增加了对国外教育状况的更深入的了解，有利于国内更有针对性地开展国际教育交流与合作，并容易取得实质性的成效。同时，通过合作办学，国内教师和教学管理人员可以获得较多的出国考察、学习、培训的机会。这也为国内教师和管理人员的深造、开阔视野、掌握双语教学技能和管理能力等提供了便利条件。国外教师、管理人员在国内从事教学及管理活动，也为国内教师、学生、管理人员提供了更直接、更有效率的学习机会，其效果十分明显。

三、中外合作办学存在的问题

（一）法律制度不够健全，现有法律执行力度不够，配套政策尚待完善

《条例》对中外合作办学机构的设立、组织与管理、教育教学、资产与财务、变更与终止及法律责任等都作了详细的规定。但是，有关在工商部门登记注册的经营性的中外合作培训机构的管理办法至今尚未出台。教育公益性和世界贸易组织（WTO）服务贸易规则之间，尚待作好进一步的衔接。

从执法角度来看，由于现阶段对中外合作办学的管理处于过渡时期，因此缺乏必要的协调机制和有力的监督制度来规范中外合作办学活动。

中外合作办学的组织和实施过程中涉及面较宽。管理职能不同的政府各相关部门，当前还缺乏完善的配套政策来引导中外合作办学的发展。在中外合作办学实践中，教育、人事、物价、银行、海关、民政等部门之间的协调和配合不够，缺乏必要的配套政策规章。例如，从现有的中外合作办学形式看，办学涉及外部资金的引入，如何将非营利性办学投入与纯商业性投资企业加以区别，需要外汇、教育、民政等管理部门制定统一标准；引进外籍教师的审批，多次出入境签证和因教学需要必须相对长时间在境内居

住的问题，以及办学机构的学生出国继续学习的出国留学国内公证、审批等，同时涉及教育、公安、劳动、公证等部门；用外汇支付外籍教师的工资，引进国外的教学器材、设备、软件等，涉及教育、外汇、文化、海关等部门；中外合作办学机构的收费标准问题十分敏感，涉及教育及物价部门等等，有关法规、政策尚待完善。

（二）引进优质教育资源不足

目前，与我方合作的外方院校大多数是一些规模小、名气不大的院校。尽管近年来我国一些高校努力寻求与国外名校合作办学的机会，但从总体上看，中外合作办学的层次还是不高，办学质量也参差不齐。外方合作办学者的课程质量、教学管理经验以及学术声誉都很难判断与保证；甚至还有些外方学校本身并不具备合作办学资格，也被国内的办学机构引进，损害了办学机构和学生的利益，造成了不良的影响。

专业的重复设置也是优质教育资源引进不足的一种表现。中外合作办学较多集中在外语、经济、管理等办学成本较低的专业，占国内引进专业总数的50%以上，且大部分学科单一，多为经济管理、商业贸易和计算机信息技术等的技能培训，其中高水平的国外院校很少。而理工类、医学类、农业类的专业，与国外合作办学的机构和项目也很少，且参与合作的国外名校更少，这在一定程度上造成了国内教育资源的浪费。

（三）中外合作办学的评估、审批机制不够健全，管理与监督尚待规范

中外合作办学尚未建立科学的评估机制，合作办学的国外与国内办学单位的评估内容及相应的指标体系、评估人员的组成及机构、评估结果与审批及监管的关系等均尚待明确和建立。

中外合作办学的审批，目前基本上由教育部有关部门承担。由于中外合作办学的机构和项目申报的数量很大，对申报项目的前期评估机制尚未建立，由省、市、自治区教育行政部门在掌握审批标准时存在一些困难和问题等多方面的原因，致使审批工作长期以来进展缓慢，审批结果有时也不能令人满意，对申报单位的工作造成一定的困难，影响中外合作办学工作的正常开展。

由于中外合作办学科学的评估和监管机制尚未建立，对中外合作办学的引导和指导力量不足，在实施有效监督和管理方面困难较多，影响了中外合作办学的规范运营、办学效果和效益。

政府层面上，管理主体不完全明确、内部协调不够且难度较大，而经常性的管理缺乏制度性的规范。办学者层面上，管理水平及办学效果差距很大，目前尚存在诸多不规范的情况，例如，有的办学机构和项目在招生、收费、颁发证书、经费使用等方面并未完全遵守国家有关规定；一些不具备办学资质的机构和个人，未经批准即擅自与境外的机构非法开展办学活动；某些办学机构超越批准的办学层次和范围任意开班招生，教学

周期短、教学质量低；以及监督管理部门缺乏必要的执法手段，在政策执行中监督检查不力。

（四）部分中外合作办学单位对中外合作的办学目的和动机认识不清楚

一些教育机构对中外合作办学作用的认识不够，对中外合作办学的性质的认识不明确，主要体现在两个方面：一是中外合作办学与我国的教育主权的关系，包括意识形态问题在中外合作办学中如何正确掌握；二是中外合作办学中取得合理回报的政策界限。只有对上述两方面的问题在认识上进行必要的界定，取得基本的共识，中外合作办学才有可能得到更健康的发展，才会取得更大的办学效果和效益。

中外合作办学的主要目标是引进优质教育资源，增加教育供给的多样性和选择性，借鉴国外有益的教学和管理经验，提高学科建设和师资队伍水平，推动教育教学改革，更多更好地为国家培养人才。但在实际办学中，许多中外合作办学机构和项目往往更加重视单位或项目的经济利益，而忽视了国家强调的中外合作办学的目标，导致国家整体和长远办学目标与实际办学目标和运作之间存在较大差距。

（五）中外合作办学缺乏整体规划，对办学单位的引导和指导不足，中外合作办学在某种程度上存在着盲目、自发发展现象

我国虽然也提出了现阶段中外合作办学的总体目标和方针，但在实施中缺乏整体规划，对各办学单位的政策引导和行政指导不足；而办学单位缺乏对国外合作办学机构的了解，对国内中外合作办学发展的全局也不太清楚，其往往从本单位局部利益出发，导致合作办学带有一定的盲目性，浪费了国内的教育资源、办学质量不高、效益较低，有的甚至上当受骗，造成了不良的社会影响。

（六）中外合作办学中优质教育资源的信息基础平台建设不够

中外合作办学涉及合作国家（如美国、加拿大、英国、法国、德国、澳大利亚、新西兰、日本等）的教育环境和教育理念。由于各国的国情和教育发展状况有别，对学生的教育要求不尽相同，教育目的和教育质量观念存在差异。中外合作办学从学生入学、教学内容、课程体系、教学模式、学生考试与成绩评定以及毕业文凭的发放等各个环节与国内传统教育和教学有较大差异，也不能完全等同于外方合作国家传统的教育和教学模式。目前，我国中外合作办学层次多样，不同层次的教育环境与目的也不同，优质教育资源的评判标准具有相对性，但我国却缺乏中外合作办学优质教育资源的信息基础平台，不利于引进适宜的优质教育资源，不利于中外合作办学的高质量、健康发展。

四、中外合作办学的措施和政策建议

（一）完善政策法规，发挥政府宏观调控与指导、引导作用

中外合作办学正在逐步进入深化改革、规范管理、提高质量、增进效益的新阶段，建议在教育部指导、推动下，由各地教育行政部门制定中外合作办学分类指导意见，其中应包括《高等教育（含高等职业教育）中外合作办学指导意见》、《中等教育（义务教育阶段除外）中外合作办学指导意见》和《学前教育中外合作办学指导意见》，使各种类型和层次的中外合作办学进一步明确办学方向与重点，规范办学体制及健全教学管理和行政管理制度。同时，各级教育行政部门还应加强对高等教育中外合作办学的学科、专业的规划和政策引导，研究制定中外合作办学的学科专业指导目录，明确国家鼓励、允许、限制和禁止的学科和专业，并结合国家、地方经济和社会发展，以及我国高等教育体系发展和完善的要求，加强对中外合作办学的区域布局的科学引导。建议在总结实践经验和存在问题的基础上，适时对《条例》进行修订，使中外合作办学的法规和政策更加完善。

（二）对外国教育机构进行资质认证，积极推进对国外优质教育资源的引进

教育资源是指教育教学过程中所占有、使用和消耗的人力、物力、财力和无形资产等资源。优质教育资源就是在对上述几个方面综合评价的基础上具有相对领先优势的教育资源，高等教育、中等教育（义务教育阶段除外）及学前教育均应有优质教育资源，每个层次教育考虑关注的重点不同。在选择国外合作办学机构的过程中，仅依靠国外的认证和评估结果还不够（因为这些认证和评估中有许多只能保障其评价对象不低于某个基本标准，却无法反映其真实的办学质量和水平），国内应对那些希望进入中国的国外教育机构进行资质认证，并对这些机构在其本国地位深入了解和掌握。在此基础上，积极推进对国外优质教育资源的引进工作，发布中外合作办学指导意见，提出国家支持的重点项目，并采取鼓励和专项资助等措施，推动国外优质教育资源的引进。

（三）中外合作办学机构应与国内设立的教育机构具有相同的权利，允许其向国家和地方有关部门申请设立重点实验室、工程设计研究中心、教学研究基地等教学和科学研究机构，并能参与各种层次的评奖活动

我国国家和地方有关部门，为了推动国家和地方建设事业的发展，在国内的部分教学、科研机构设立了国家重点实验室、部门重点实验室、工程设计中心、工程研究中心、教学研究基地、科学研究基地、孵化器、科技园等。应该允许中外合作办学机构申请，在审批时应与国内的教学、科研机构一视同仁，参与公平竞争。

同时，国家和地方有关部门设立的教学、科研评奖活动，应允许中外合作办学机构参加。

国家和地方有关部门设立的有关教学研究、科学研究项目，也应允许中外合作办学机构参与申请。

（四）实施“优秀中外合作办学机构推进工程”及“中外合作办学项目重点支持工程”

为了推动我国中外合作办学事业的发展，引进国外优质教育资源，应在国内建立创新型、示范性的各类中外合作办学机构和项目，使之与国内的教育机构和项目相互学习、交流和借鉴，以促进我国建设事业的发展。

1. 建议实施“优秀中外合作办学机构推进工程”

从2012年开始评选优秀中外合作办学机构，至2020年，可根据中外合作办学发展的具体情况确定表彰和奖励的优秀机构的数量以及奖励资助的总金额。

由教育部制定“优秀中外合作办学机构推进工程”的评选标准及奖励资助经费使用办法，适时予以公布。

2. 建议实施“中外合作办学项目重点支持工程”

从2012年开始评选重点支持的中外合作办学项目，至2020年，可根据中外合作办学发展的具体情况确定资助项目的数量以及资助的总金额。

由教育部制定“中外合作办学项目重点支持工程”的评选标准及资助经费使用办法，适时予以公布。

（五）建立健全中外合作办学的质量保障机制

建立科学的评价标准和办法，主要包括两个方面，即课程与教学质量评价和综合办学质量评价。完善中外合作办学的课程与教学质量评价体系，与国内办学比较，中外合作办学的教育教学有其特殊性，在质量评价与管理的标准和方法上要有所区别。例如，对于大部分使用国外原版教材、采用国外教育教学模式的中外合作课程，在评价与管理中应体现出对其“先进性”、“本土化”和“为我所用”的要求。建立中外合作办学综合质量的评估体系，对中外合作办学综合质量评估不应照搬国内目前的标准和办法，应充分考虑到国外的办学理念、要求，制订各种类型、不同层次的标准和办法，经试行后，总结经验，不断改进和完善。

研究开发跨境教育评估标准。国际上在资格认证和质量保障方面，教育输出国与输入国之间很少有双边或多边认可的标准。如果要对中外合作办学水平和教育质量是否达到教育目标和标准作出判断，就要建立跨境教育评估标准，其中包括办学标准和质量标准等。应考虑到中外合作办学活动的客观规律，加快研究步伐，制订出相应的标准，以满足我国国内各级教育发展及扩大教育对外开放的时代要求。

建立独立的评估机构。将中外合作办学的办学审批权和办学质量水平的评估权分离，建立公正严明的、独立的、全国性的中外合作办学评估机构，由合作办学中介评估机构对办学质量和水平进行评估。从我国目前国情出发，可以在政府支持下，根据地区特点与可能的评估任务、办学需求等，在全国建立四个半官方性质的独立评估机构，即东部沿海地区北部7个省市（北京、天津、山东、河北、辽宁、吉林、黑龙江）、东部沿海地区南部7个省市（上海、江苏、浙江、福建、广东、广西、海南）、中部地区6省（山西、河南、湖北、湖南、安徽、江西），及西部地区11个省市自治区（重庆、四川、陕西、云南、贵州、甘肃、青海、宁夏、内蒙古、新疆、西藏），逐步过渡到真正独立的中外合作办学中介评估组织，针对不同类型、不同层次的中外合作办学机构和项目进行分类评估。

中外合作办学的质量评估标准应向社会公布，做到公开透明、公平、公正。

（六）完善中外合作办学机构和项目的政府、社会监管及自我监管体制，建立中外合作办学机构和项目的年度报告制度

教育部和各省、自治区、直辖市应加强和完善对中外合作办学机构和项目的监管工作，应有专门的监管机构或监管人员，明确职责分工。建立中外合作办学的社会监督系统，各级政府主管部门及办学单位应主动听取中外双方教师与学生、学生家长及社会各方面的意见，充分发挥教育部教育涉外监管网的中外合作办学监管工作信息平台等有关网络的作用，保证各类中外合作办学机构和项目规范正常运营，并取得预期的合作办学成果和效益。

应建立和完善校内自我监管体系，校内的自我监管是内部质量保证和规范办学很重要的方面。办学单位利用其建立的质量保障体系对本单位存在的问题进行评价，自行纠偏及时改正，确保办学质量和规范办学。

中外合作办学的机构和项目应于每年1月31日之前完成上一年的“中外合作办学机构（项目）年度报告”，高等教育阶段的中外合作办学机构（项目）年度报告同时报教育部主管部门和省、自治区、直辖市教育行政部门。中等教育（义务教育阶段除外）和学前教育阶段的中外合作办学机构（项目）年度报告报省、自治区、直辖市教育行政部门。上述报告必须在1月31日以前报出。年度报告内容按教育部规定的项目撰写，报告内容必须真实可靠，由中外合作办学机构（项目）第一负责人签字，并对报告内容的真实性承担法律责任。

（七）建立中外合作办学的信息咨询和服务系统

建立中外合作办学信息咨询和服务系统，为国内外教育机构、各级政府机关、学生及其家长等社会各方面提供信息咨询和服务。在我国教育部教育涉外监管网的中外合作办学监管工作信息平台等的基础上，整合其他资源，建立信息全面、服务周全的强大的

信息咨询和服务平台。用以公布政府关于中外合作办学方面的法规、政策；提供国外院校及合法中介机构的主要信息；为国外教育机构提供进入中国教育市场进行合作办学的信息；提供国际高等教育合作办学动态；公布中外合作办学机构和项目的评估情况；公布不合法办学机构，对合作办学中出现的问题进行揭示；介绍中外合作办学外方合作伙伴的情况，特别是有关国外机构资格认证咨询，进行合作办学相关信息调查及研究；为学校的合作办学进行总体规划设计，对办学必要性和可行性进行科学分析等。在中国建立高透明度的信息平台以促进中外合作办学机构和项目质量的改进，保证社会和教育消费者享有的“知情权”。同时，为中外合作办学机构和项目、学生、家长等各方面提供广泛的服务，使中外合作办学为推动我国教育事业的发展发挥更大的作用，为我国社会主义建设事业作出更大的贡献。

第三章 区域民办教育的发展

第一节 华北地区

一、北京市民办教育[①]

（一）北京市民办教育发展的基本情况

改革开放以来，北京市民办教育的发展经历了恢复发展、整顿治理、规范发展、多元发展四个阶段。进入21世纪，特别是在党的十六大精神的鼓舞下，教育改革和发展面临新的形势和要求，在首都教育要率先实现现代化的背景下，民办教育面临新的定位和挑战，而《中华人民共和国民办教育促进法》的出台，为民办教育的规范、发展奠定了基础，提供了良好机遇，引导和推进北京民办教育在法制化、规范化道路上健康协调地发展。

进入21世纪，民办教育的法制化与多元化成为全国民办教育发展的总趋势，民办教育在我国社会主义教育事业中的性质与地位得到法律上的确认。经过30年的实践发展，北京市民办教育从单一的文化补习学校起步，已经覆盖到各级各类教育，进入了全面发展与提高的新时期。

1. 民办教育的数量

2007年，全市共有各级（不含民办职业技术培训机构）民办学校537所，其中民办普通高校10所，民办其他高等教育机构50所，民办普通高中76所，民办中等职业学校23所，民办初中16所，民办小学19所，民办幼儿园343所。民办学校共有在校学生

① 本部分摘自于北京市民办教育协会调研报告。

367603 人，招生 97487 人，教职工 31278 人（其中专任教师 15899 人）。此外，全市民办职业技术培训机构 1796 所，培训 1656242 人次。

2. 民办教育结构

从学校数量看，民办职业技术培训机构占 76.98%，民办幼儿园占 14.70%，民办高校占 2.57%（其中民办普通高校占民办高校总数的 16.67%），民办普通中学占 3.94%，民办职业中学占 0.99%，民办小学占 0.81%。从在校生数看，比例最大的是民办职业技术培训机构占 67.65%，民办高校占 22.05%，民办普通中学占 3.63%，民办公助幼儿园占 4.21%，民办小学占 1.90%，民办职业中学占 0.55%。

（二）北京市民办教育发展的成就与经验

1. 发展的主要成就

（1）民办教育由数量扩张开始进入到内涵发展的转型时期。从民办学校数量上看，民办学校从无到有，由少到多，民办学校在量的发展上已经进入相对稳定和结果调整阶段；从民办教育规模上看，虽然民办教育在北京整个国民教育体系中所占的比重还比较小，但凭借其多形式、多类型、多层次的办学和有针对性的服务面向，北京民办教育显示出的强劲发展势头和发展潜力不可忽视，特别是民办高等职业教育在高等教育体系中已经占有一定比例，民办培训机构已经成为培训市场的主体。

（2）办学实力不断增强，办学条件逐步得到改善。相当一部分民办学校经过多年的滚动发展，积累了一定的办学经验，管理水平不断提高。在拥有一定办学资金的基础上置地建校，逐步改变原来办学实力弱、办学条件差的状况。同时，随着民间资本力量的增强以及民办教育领域竞争的加强，一些新的办学主体进入民办教育领域，举办者比较注重校园设施等硬件条件的建设，并将硬件条件的建设和改善作为吸引生源的重要条件。

（3）开展多样教育服务，注重特色创新。由于教育市场需求和品牌质量竞争，民办学校越来越重视特色创新，形成个性化的办学理念和人才培养模式，在办学方向、办学目标、专业设置、课程内容、教学方法、教学手段等方面充分发挥办学的主动性、积极性和创造性，开始走上特色发展的教育创新之路，充分展现了民办教育的体制优势与活力。

（4）形成了较完备的民办教育法规、政策和管理体系。早在 1981 年，北京市政府就出台了《北京市私人办学暂行管理办法》。1984 年，北京市出台了《北京市社会力量办学试行办法》，并在当年《北京市成人教育局、北京市教育局、北京市高教局关于鼓励社会力量办学的意见》中明确提出："社会力量办学是社会主义教育事业的一个组成部分，是国家、集体和企事业办学的重要补充。""国家机关、群众团体、大中小学及社会各方面都应积极支持社会力量办学。""在各级人民政府的领导下，市、区（县）成人教育部门要配合有关部门加强对学校的指导和管理，做好各类学校的综合平衡工作，维护学校正当权益，保护办学的积极性。""民办学校的工作人员及其设备可向社会保险部门投保，以解决老年、医疗等保险问题，社会力量办学所需的教材、教学设备和取暖用煤等，应与国家、集体和企事业办学一视同仁，有关部门负责供应。”可见，在民办教育发展的初期，北京市就制定了以政府积极鼓励和引导、社会各方面大力扶持、教育行政部门严格管理为主要内容的宏观政策体系，在充分认识民办教育重要作用的基础上提出公办、民办一视同仁的观点，这为以后北京市民办教育的迅猛发展奠定了坚实的政策基础。

1990 年，为加强对社会力量办学的管理，根据国家教育委员会发布的《关于社会力量办学的若干暂行规定》和北京市有关规定，北京市人民政府颁布了《北京市社会力量办学管理办法》和《〈北京市社会力量办学管理办法〉实施细则》，这是北京市第一次从社会力量办学的适用范围、必须具备的条件、必须遵守的规定以及奖励和惩罚等方面对民办教育发展作出较为完整的政策性规定。

在此基础上，1994 年，随着民办教育的进一步发展和人们思想认识上的转变，北京市人民政府根据国家有关规定重新制定了《北京市社会力量办学管理办法》，进一步扩大了社会力量办学的范围，明确了学校的办学条件及其设立、变更与终止的程序，并单设章节强调了对民办学校的监督管理和奖励与处罚办法；随后，1996 年出台了《〈北京市社会力量办学管理办法〉实施细则》，进一步强调了民办教育机构的运行和行政管理、教学管理以及财务管理等。

1997 年，我国民办教育的第一部正式法规——《社会力量办学条例》颁布实施。为适应新形势下民办教育发展的需要，北京市政府于 2000 年颁布了《北京市社会力量办学若干规定》，就民办教育的管理机构及职责、权限和举办单位及条件、待遇等作了明确规定，进一步完善了北京市民办教育的法规建设。

2006 年 11 月 3 日，北京市第十二届人大常委会第三十二次会议审议通过了《北京市实施〈中华人民共和国民办教育促进法〉办法》，并已于 2007 年 3 月 1 日施行。此文件以国家法律法规为依据，认真贯彻《民办教育促进法》和《民办教育促进法实施条例》的精神，结合本市民办教育发展的实际提出有针对性的解决问题的措施，把握促进与规范并重的原则，进一步明确本市民办教育发展方向、加强政府支持鼓励的导向性、进一步完善政府各项扶持和奖励政策，落实平等待遇。同时，明确政府加强对民办学校的规范管理，提高民办学校的办学水平和教学质量，增强民办学校对首都经济社会发展的服务贡献能力，为本市民办教育的健康发展和规范管理工作提供了强有力的法律保障。

（5）为全方位的教育改革作出了重要贡献。教育教学方面，民办学校优先享有充分的办学自主权，使得学校在探索新的教育教学模式、全面推进素质教育方面进行了诸多有益的探索，为整体的教育教学改革积累了丰富的经验。很多民办学校通过独特的教育理念和教育教学模式，追求学生素质的全面提升，积极贯彻素质教育精神，为民办学校尤其是民办中小学的健康发展提供了参照。

2. 发展的主要经验

（1）政府和领导的重视是民办教育发展的重要保障。早在 1981 年，北京市政府就出台了《北京市私人办学暂行管理办法》。随后制定了以政府积极鼓励和引导、社会各方面大力扶持、教育行政部门严格管理为主要内容的宏观政策体系，并制定了一系列旨在促进民办教育事业发展的政策措施。邓小平和彭真先后为北京自修大学和中华社会大学题写校名，在社会上产生很大反响，表明了政府和领导对民办教育的支持态度。在民办教育发展过程中，政府制定了关于征地、贷款、投资等的优惠政策，鼓励国际、国内的教育投资者来京投资办学；对民办学校进行表彰和奖励。市委、市政府在围绕实施首都率先实现教育现代化的战略发展中，把民办教育摆在突出重要的地位，提出政府今后的重点主要是在教育存量上进行调整，而在教育增量上则主要依靠社会力量大力发展民办教育。总之，北京民办教育的健康持续发展离不开领导的重视和政策的扶持。

（2）在规范中求发展，使民办教育逐步走向法制化。从北京民办教育的发展历程来看，走的是一条在规范中求发展的道路。如：为规范民办教育的发展，创造良好的发展环境，政府先后针对一些不规范办学行为出台了系列文件；为加强对民办学校的管理与服务，先后成立了社会教育处、社会力量办学管理办公室、民办高校党建工作办公室与民办教育协调工作办公室和民办教育处作为民办教育的管理和服务机构。北京的民办教育经历了从无到有，从弱到强，走过了一个兴起——快速发展——整顿调整——在增减相对平衡中稳步发展的过程，在发展速度、数量、规模、结构、质量、效益、管理、外部环境、影响和作用等方面，都体现着“在规范中求发展”的主旋律，并逐步走上法制化轨道。

（3）面向教育需求市场和人才需求市场，依靠质量和特色开拓发展空间。面对公办学校的强大竞争，民办学校一般采取“避强定位”，根据市场需求设置专业和课程，并依靠独具特色的培养模式来赢得社会认可。坚持多元化的教育体制，允许不同社会团体的办学方式存在，倡导自由办学、平等竞争；促进办学形式的多样化，使不同社团及经济集团积极通过一定形式的办学来改变自身的生存条件，从而使教育成为引导经济发展和社会进步的重要手段。多元化教育动员了全社会的办学积极性，多样化的办学形式使民办教育从不同方面获得支持，也为社会提供了多种多样的教育机会。

（4）凭借外部环境及自身优势，充分利用社会资源促进自身发展。北京市的主要优势如下。①地理区位优势。北京有着得天独厚的国际大都市的经济内涵和文化氛围，其特殊的自然地理和人文地理的位置，是全国学子向往之地，“首都教育”本身就具有吸引生源、吸引资金、发展民办教育事业的独特优势。②教育资源优势。北京普通高校、科研院所、公共图书馆、博物馆等教育科研文化机构密集，拥有丰富的师资、课程、教学手段、图书资料等教育资源，为北京民办教育的发展提供了强有力的支持。③办学环境优势。北京是世界历史文化名城，市委、市政府十分重视、支持发展教育事业，提出了首都教育率先基本实现现代化的战略目标，围绕实施“首都教育先导发展战略”制定了一系列旨在大力发展首都教育事业的政策，同时也以一种包容的态度，欢迎国际、国内的教育投资者来京投资办学，使有实力的真心办学者在北京可能得到更多的优惠，获得更加宽松的办学环境。④发展基础优势。北京民办教育拥有一批起步较早、知名度较高的民办学校，这些学校积累了较丰富的办学经验，为进一步发展打下了良好的基础，首都民办教育的“品牌学校”正逐步形成。同时，经过30年的实践，北京拥有一大批懂教育、支持热爱民办教育事业的热心人士和专家人才，还吸引了一大批年富力强、热爱民办教育事业，并具有创新精神和创新能力的中青年人才。

（5）实现民办学校的内联外合，增强民办学校整体竞争力。为增强民办学校自身的竞争力，一些民办学校努力实现校际之间的联合（包括民办学校之间的联合，民办学校与公办学校的联姻），资源共享，共同发展和提高。

（6）宏观管理与指导，保证民办学校办学自主权。教育行政部门坚持“有所为与有所不为”相结合的原则，对民办教育进行宏观管理与指导，充分尊重民办学校的办学自主权，从而推动了北京市民办学校办学模式和运行机制的创新，使其与市场紧密结合。

二、天津市民办教育①

改革开放以来，天津市的民办教育走过了从恢复办学到蓬勃发展再到规范提高的健康发展之路，为天津教育的改革和发展、满足人民群众多元化的教育需求作出了贡献。

（一）天津市民办教育基本情况

民办教育是我国教育事业的一个重要组成部分。近年来，在国家“积极鼓励、大力支持、正确引导、依法管理”的方针指导下，在天津市各级政府的重视和支持下，天津民办教育得到了稳步发展。据2007年统计，天津市有各级各类民办教育机构916所，其中高等学校1所，高级中学32所，中职学校8所，初级中学15所，小学15所，学前教育机构49所，培训机构（包括老年大学）796所；每年民办学校招收的中小学生达2万多人，各级各类培训学生328773人；教职工总数为25116人，其中专职（专任）教师11432人，兼职教师10076人；校舍面积150万平方米，固定资产近11亿元，基本形成一个多渠道、多层次、多规格、多形式、门类较为齐全的办学格局。天津市民办学校的办学特点，主要有以下几个方面。

1. 多种形式办学格局初步形成，体系建立，分布较广，特色不同

据初步统计，天津市民办教育的办学主体多达几种形式。举办者有企事业单位办学的，有民主党派、社会团体办学的，个人办学的，等等。天津市的民办教育已经涵盖基础教育、高等教育、职业教育和成人教育、学前教育等各个领域，办学内容涉及各个行业。有的行业根据自己的行业特点，培训本行业的专门技术人才，为社会提供急需的培训服务。民办教育机构已遍及全市18个区县和开发区。

① 本部分摘自天津市民办教育协会调研报告。

2. 民间投资逐步加大

近年来，随着《民办教育促进法》的颁布实施和民办教育事业的发展，民间资本投资教育的积极性越来越大。民办教育广泛吸纳运用民间资金，在更大程度上弥补了国家教育投入的不足，改变了政府包揽办学的格局，满足了人民群众对不同层次教育的需求。例如：天狮集团在武清新技术产业园区征地688亩，投资4.2亿人民币，建成16.06万平方米的教学行政用房，举办了天狮职业技术学院。

3. 根据社会需要和市场需求，设置专业，确定规模，安排教学

从幼儿园到老年大学，民办教育为社会不同层次的人群提供了学习的机会。尤其是职业教育坚持面向市场，培训机构办学形式灵活，根据自身的办学条件、师资情况、学员的需要等开设适应企业等用人单位需求的专业；可以根据办学情况制订适合自己的教学计划和大纲；可以在学校里面学习，也可以深入到企业上门服务，为用人单位提供方便。

4. 注重创新，突出特色

民办学校在办学过程中，注重创新，突出特色，积累了一定的办学资源，涌现出一批具有时代特征的办学典型，在社会上赢得了良好声誉，为天津市民办教育的进一步发展奠定了良好的基础。

（二）天津市民办教育的基本经验和成绩

1. 建立专门管理机构，加强管理

天津市委、市政府非常重视民办教育事业，在2000年政府机构改革中，批准新组建的市教育委员会设置了专门管理机构——社会力量办学处，并明确其管理职责是：统筹指导各级各类民办教育的业务工作。从实践看，教委内设主管的专门处室发挥了积极的促进作用。由于有了专管处室，配备了专管人员，明确了管理职责，落实了管理经费，并按教育部的要求，实行了归口主管和分工负责相结合的内部管理体制和管理机制，改变了过去管理分散、政出多门、遇事推诿和人员不足的被动局面。特别是专管处室和相关处室制定了相应的审批管理职责和办事规则，按程序办事、团结协作，促进了工作的开展。

2. 制定规章制度，坚持依法行政

根据国家和天津市的有关法规，制定颁布了一系列扶持民办教育发展的具体规定、制度和措施，为天津市民办教育的发展起到了极大的推动作用。为加强对民办学校规范管理，保障民办学校举办者和学校、教职工和受教育者的合法权益，引导民办教育健康发展，维护社会和谐与稳定，天津市政府批转了市教委《关于加强民办学校规范管理引导民办教育健康发展意见》（津政发［2008］011号），同时还制定了《天津市民办高等教育机构设置标准（试行）》、《天津市民办中小学校的设置标准（试行）》、《天津市民办非学历培训机构设置标准（试行）》、《天津市高等教育自学考试助学机构设立及管

理办法（试行）》、《关于民办学校办学风险保证金有关问题的通知》等相关文件。这些文件就社会力量办学的办学性质、办学条件、审批程序、教育教学、考核发证、经费收支、师资队伍建设、办学管理等作出了规定和要求。

修订和完善民办学校的审批办法，规范审批程序，制定了《民办学校申请表》，对民办学校的审批、备案做到标准、程序、时限公开，使审批程序更加科学化、规范化，提高办事效率。

3. 深化办学体制改革，积极促进多元化办学

为推进民办教育的持续、健康、有序地发展，认真贯彻“积极鼓励，大力支持，正确引导，依法管理”的方针，天津市确立了“三个有利于”，即有利于充分调动全社会的积极性，有利于增强教育整体发展的活力和动力，有利于满足人民群众日益增长的多元化教育需求的指导思想，依法落实和完善鼓励多元化办学的政策措施。凡法律法规未禁止的办学领域和形式，均允许民办教育进入和试验，调动和保护了民间办学的积极性，维护了民办学校的合法权益。

4. 整顿民办教育秩序，规范办学行为

办学行为的规范化是学校健康、有序发展的重要保证，天津市从规范管理着手，针对民办教育机构在名称、广告、招生和收费等“多发性”的办学问题，健全和完善教育行政管理的规程和规章，制定了《非学历民办学校招生管理办法》、《民办学校的广告备案制度》等规范性文件，在招生广告、收费、退费、办学活动等方面都作了明确的规范。对有教育欺诈行为和违反政策不规范办学的行为，建立必要的惩罚制度。打击、查处、取缔无证办学和非法招生，擅自印发广告等违规行为的学校。

5. 加大扶持力度，切实有效地支持民办教育的发展

为落实天津市委、市政府《关于加强民营经济发展的意见》，调动社会力量办学的积极性，拓宽教育投资渠道，优化教育资源配置，以科学发展观为指导，促进天津市民办教育健康有序的发展，天津市政府于 2007 年 12 月 27 日批转了市教委《关于促进民营经济进入教育领域的实施办法》（津政发［2007］105 号）。

为保证民办教育健康稳定的发展，落实《民办教育促进法》第七章对国家支持民办教育发展的有关政策作出了一系列规定，天津市教委每年拿出适当的经费设立民办教育发展专项资金，用于民办学校的特色建设，奖励社会声誉良好、办学有特色的学校。

三、河北省民办教育①

按照中国民办教育协会的要求，河北省民办教育协会认真制定了河北省民办教育调研工作方案。一个多月的时间内，先后由协会召开了 14 所民办学历高校、5 所基础类

① 本部分摘自河北省民办教育协会调研报告。

民办学校座谈会；深入到张北县4所学校进行实地调查研究；委托唐山、衡水、邯郸三个省辖市教育局的主管科（处）长在更广的范围内进行了调研，并写出了书面问题和建议，选定了石家庄精英中学、围场卉原中学、唐山玉田县银河中学、邢台私立英华学校、石家庄科技信息职业学院，结合自身发展实际，总结归纳办学经验，分析面临的问题，提出今后发展的基本思路及政策建议。协会对上述渠道得到的资料进行了归纳，形成了这个调研报告。总体说来，河北省的民办教育取得了显著成绩，这是主流。当前民办教育的发展正处于转型期，民办学校既面临着一些新的机遇，也面临着许多新的挑战。从长远来看，民办教育发展的巨大空间毋庸置疑。但在现实中，绝大部分民办学校仍然处于竞争的弱势者地位，出现整体走弱趋势。因此，尽快完善与调整有关民办教育的方针、政策，采取有力措施解决制约民办教育健康发展的瓶颈问题，是十分迫切和现实的需要。

（一）河北省民办教育现状

经过30年的发展，河北省的民办教育从无到有，从小到大，形成了多形式、多类别、多层次，覆盖整个教育的完整办学体系，成为河北省教育事业的重要组成部分。

截至2007年年底，河北省共有民办学校2684所（不含培训机构），各类学历教育在校生1178174人。学校数量与在校生规模分别占全省教育的9.26%和9.28%。其中，民办幼儿园1694所，在园儿童231895人，分别占全省幼儿园的26.3%、17.11%；民办普通小学292所，在校生166645人，分别占全省普通小学的1.68%、3.58%；民办普通初中258所，在校生292006人，分别占全省普通初中的7.58%、9.54%；民办普通高中154所，在校生139880人，分别占全省普通高中的20.24%、9.93%；民办中等职业学校255所，在校生146361人，分别占全省中等职业学校的32.65%、14.35%；民办普通高校14所，在校生56315人，分别占全省普通高校的15.91%、6.05%；独立学院17所，在校生145072人。

另外，非学历高等教育机构53所，在校生10600人；短期培训机构3000余所，每年培训230余万人次。

（二）河北省民办教育发挥的作用与贡献

1. 增加了教育资源总量，缓解了国家发展教育的财政压力

河北省是人口大省，但不是经济强省。尽管各级政府在加大教育投入方面作了很大努力，但仍难以满足教育事业的发展和人民日益增长的教育需求。发展民办教育是自筹资金，自我发展，面向社会，适应需要，不需政府出资，只需政策得当，再依法管理，便异军突起，成为发展教育的巨大力量。就现有民办教育的规模看，总占地面积2036万平方米，校舍面积863.7万平方米，固定资产总额98.2亿元，承担着近120万名学生的教育任务，这部分如完全靠财政负担，政府压力是十分巨大的。所以说，发展民办教育减轻了国家发展教育的财政压力，是建设教育强省的必由之路，也是落实科教兴冀战略的重要途径。

2. 带动了相关产业的发展，为拉动内需、促进地方经济的发展提供了动力

2007 年年底，河北省民办学校在校生 117.8 万余人，按年平均每个学生消费 5000 元，一年消费 58.9 亿元，这些消费直接拉动了建筑、交通、餐饮、印刷、零售等相关行业的发展。

3. 扩大了就业渠道，为稳定社会作出了贡献

全省 2684 所民办学校吸纳专任教师 62832 人。有的是刚毕业的大学生，有的是下岗人员再就业，这为造福民众、社会稳定作出了贡献。

4. 满足了社会对教育的多样化需求

民办教育是市场经济的产物，伴随市场经济的不断完善，人们对教育的“个性化”需求越来越迫切，只有发展民办教育才能满足社会多种多样的教育需求。从办学实践看，目前，办学形式与内容公办学校有的民办教育都有，公办学校没有的，只要社会有需求，民办学校也有。

5. 促进了教育体制的改革与创新，为建立以政府办学为主、社会各界共同参与、公办学校与民办学校共同发展的新格局发挥了重要作用

民办教育由其生存需要与体制特点所形成的竞争机制和创新机制，成为教育事业改革与发展不可或缺的重要因素。现在公办教育的许多改革实际是借鉴了民办教育所创造的机制，同时，民办教育的发展打破了公办学校一统天下的局面，建立了相互竞争、彼此促进、共同发展的格局。

（三）河北省在民办教育发展中积累的主要经验

河北省民办教育之所以能得到蓬勃发展，取得显著成绩，因素是多方面的。在调研中我们了解到，河北省各地在发展民办教育中有许多好的做法，积累了一些宝贵经验，归结起来主要有以下几点。

1. 领导重视、大力支持，是民办教育发展的根本保证

河北省各级党政领导认真贯彻“积极鼓励，大力支持，正确引导，依法管理”的十六字方针，对民办教育高度重视、大力支持，有力地推动了民办教育的快速、健康发展。由于领导的重视，1996 年 2 月，河北省在全国率先设立了“河北省教委社会力量办学管理处”，定编 5 人，统筹管理各级各类民办教育工作。因此加大了“支持和规范”的力度，先后出台了二十多个政府规章，有效地促进了民办教育事业有序、快速地发展。2000 年省直机构改革，由于要求机构设置上下对口，所以社会力量办学管理处被撤销。在此情况下，河北省教育厅主管领导闫春来同志本着政府机构改革的精神，积极倡导把省民办教育协会搞实，配备专职工作人员，发挥协会职能作用，使民办教育工作体制迈出了新的步伐。2001 年河北省在全国率先制定了民办教育地方法——《河北

省民办教育条例》，使河北民办教育的发展有法可依。为了落实《民办教育促进法》，河北省教育厅于2003年4月开展了省级民办教育明星学校的评选工作，到2007年年底，全省先后评出各级各类民办教育明星学校83所，这对于推进河北省民办教育提高整体水平起到了积极的作用。2006年5月河北省教育厅积极开展民办教育管理工作先进个人和先进集体评选活动，表彰奖励了为河北省民办教育事业的发展作出突出成绩的集体和个人。各市教育行政部门都积极为民办学校创造宽松的办学环境，如石家庄市、保定市、滦南县教育局等于2003年较早设立了教育人才交流中心，解决民办学校教师档案存放、职称评定、工作流动等实际问题。保定、秦皇岛、衡水、唐山、邯郸等市都先后以政府的名义出台了促进民办教育发展的规章和措施。大家深切体会到，没有各级党政领导的高度重视和大力支持，民办教育是不可能出现良好发展局面的。

2. 依法管理、规范办学是促进民办教育健康发展的重要环节

发展需要规范，规范是为了更好地发展。河北省在民办教育工作中，坚持一手抓发展，一手抓规范，全面贯彻国家“十六字方针”，取得了良好成效。国务院办公厅101号文件、教育部25号令等文件出台后，河北省教育厅认真落实国家有关规定，及时组织专门人员，依据有关规定，对全省民办高校及高等教育机构进行了全面调查摸底，纠正了个别学校的不规范办学行为，净化了办学环境。同时，河北省教育厅每年都认真做好年度检查工作，就民办学校安全、办学方向、招生管理、财务管理等方面严格检查，规范办学行为，查处违法办学问题。各市教育行政部门严格实行办学审批的专家评议制度、年度检查制度、招生广告备案制度，保证民办学校设置的严格性和规模、布局、结构的合理性，以及日常运作的规范性，确保民办教育健康发展。

3. 加强师资队伍建设，是确保民办学校兴旺的重要条件

学校“以人为本”，终极体现在两个方面：一是教育以学生为本，二是教学以教师为本。要办“让人民满意的学校”，首先要有“让人民满意的教师”。没有一支优秀的教师队伍，就难于提高教学质量、培养出“优秀人才”。卉原中学之所以8年办学取得骄人成绩，一个重要原因就是十分关注教师队伍建设。他们本着“以高薪吸收名师，以名师创建名校”的原则建设队伍；本着“用人唯德，用人唯才”的原则聘用教师；本着“能者上，庸者下”的原则任用教师，并采取了一些“拴心留人”的措施稳定教师，在教师中形成了“卉原靠我发展，我靠卉原生存”的强烈意识。优秀教师队伍成为卉原中学教学成绩优异、学校发展迅速的重要因素。卉原中学高中部六届高考，连创辉煌，三届有4人夺得承德市文科状元，有8人荣登魁星楼。卉原中学初中部成绩骄人，2005年中考，全县第一、第二名全出在该校；2006年中考全县前10名，卉原中学占3名，而且状元出在卉原中学；2007年中考前10名，卉原中学占了6名，而且状元也是出在该校。现在卉原中学已由自筹60万元起步，租赁校舍办学，发展为自征地168亩，自建校舍7万平方米，在校生6000多人，资产总额1.2亿元人民币、设备现代化的一所民办完全中学，被河北省教育厅评为“省级民办教育明星学校”、“河北省示范性普

通高级中学”。

4. 依靠质量兴校是民办学校持续发展的关键

质量是民办学校的生命线，是民办学校发展的永恒主题。实践证明，凡是成功的民办学校，都是教育质量好的学校。因此，民办学校要持续发展，就必须牢牢把握住质量兴校这个关键。大家总结办学实践感到，所谓质量，不能只是教学质量，还应包括领导班子（主要是董事长、校长）、师资队伍、运行机制、管理水平、硬件设施等，讲质量应是这些要素的有机结合。讲依靠质量兴校，就是要提升学校的综合实力和整体水平。如果只是注重教学质量，而领导班子素质不高，管理水平低下，违规违纪办学，同样会导致学校的衰败。石家庄精英中学在这方面就是好的例子。他们一是有一个“两好合优”的领导班子。董事长翟志海先生比较开明，尊重教育规律，放手让校长行使职权；而历任校长素质较高，办学理念先进，工作尽职尽责。二是注重师资队伍建设，有一支结构合理、相对稳定、素质较好的师资队伍。三是有一种好的办学机制，规章健全，管理严谨，运行顺畅。四是注重科研兴校，已取得众多理论和实践成果。五是不断加大投入，改善办学条件，具有良好的办学设施和教学环境。学校自 1993 年办学以来，顺利发展，不断壮大，由起初租赁校舍办学，发展到现在自建校舍，占地 150 亩，建筑面积 14.7 万平方米，在校生 5937 人，资产总额达 4 亿元人民币的一所现代化、高水平的民办学校。

5. 诚信办学是民办学校健康发展的决定因素

诚信办学是民办学校的立校之本。许多民办学校兴衰的事例说明了这一点。邢台英华学校自办学以来，始终坚持对社会负责、对家长负责、对学生负责的原则。在领导班子建设上，不断完善法人治理结构，建立了专家指导委员会，民主决策，规范管理，科学发展；在招生宣传上，实事求是，不夸大其词，不言过其实，办不到的不乱许诺，学生及家长十分满意，感到学校诚信办学，把孩子送到学校放心；在教学上，坚持改革创新，寓教于乐，努力形成自己的特色；在教育服务上，坚持高质量、周到、细致。因此，社会声誉良好，生源充足，学校发展有后劲。2008 年仅小学部在校生就达 3000 人左右，初中部、高中部都发展良好。

四、内蒙古自治区民办教育①

（一）内蒙古自治区民办教育发展现状

内蒙古自治区民办教育在自治区党委、人大、政府、政协及社会各有关部门的关心支持下，坚持贯彻“积极鼓励、大力支持、正确引导、依法管理”的方针，经过二十

① 本部分摘自内蒙古自治区民办教育协会调研报告。

多年的努力，民办学校从无到有、从小到大，从幼儿教育、中小学、中等职业教育到高等教育及教育培训机构逐步发展壮大，已成为自治区教育事业的组成部分。

1. 民办高等教育

内蒙古自治区民办本科独立学院共计两所，2008 年经教育部批准并开始招生，现有在校生 2000 多人。按照教育部 2007 年的统计，全国民办独立学院 318 所，在校生 1866243 人；内蒙古自治区民办高等职业技术学院共计 5 所，现有在校生 10764 人，校均学生数 2152 人。全国民办高校（含高职）297 所，现有在校本科生 1630661 人，专科生 1419419 人，计 3050080 人，校均学生人数 10270 人，校均规模是内蒙古自治区的 4.8 倍；内蒙古自治区其他民办高等教育机构 67 所（非学历），现有在校生 17894 人，校均学生人数 267 人。全国民办高等教育机构 906 所，现有在校生 873356 人，校均学生人数 964 人，校均规模是内蒙古自治区的 3.6 倍。从民办高等教育的发展情况、规模、校均学生数来看，内蒙古自治区民办高等教育发展相对较慢，规模偏小，校均规模远低于全国平均水平，尚属起步阶段。

2. 民办高中教育

内蒙古自治区现有民办中等专业学校 34 所，民办中等职业学校 39 所，共计 73 所，比 2007 年增加 33 所（中专增加 12 所、中职增加 21 所），现有在校生 32523 人，校均学生人数 446 人。按教育部 2007 年的统计，全国民办中等职业学校 2958 所，现有在校生 2575442 人，校均学生人数 871 人，校均规模是内蒙古自治区的 1.95 倍；内蒙古自治区民办普通高中 43 所，现有在校生 17851 人，校均学生人数 415 人。全国民办普通高中 3101 所，现有在校生 2459561 人，校均学生人数 793 人，校均规模是内蒙古自治区的 1.9 倍。从内蒙古自治区民办中等教育的发展情况来看，其数量、规模仍低于全国平均水平。

3. 民办义务教育

内蒙古自治区现有民办初中学校 61 所，比 2007 年减少 5 所，现有在校生 32068 人，校均学生人数 526 人。按教育部 2007 年的统计，全国现有民办初中学校 4482 所，现有在校生 4125485 人，校均学生人数 920 人，校均规模是内蒙古自治区的 1.7 倍；内蒙古自治区现有民办小学 70 所，比 2007 年减少 3 所，现有在校生 44873 人，校均学生人数 641 人。全国现有民办小学 5798 所，现有在校生 4487915 人，校均学生人数 774 人，校均规模是内蒙古自治区的 1.2 倍。内蒙古自治区义务教育阶段民办学校的发展数量、规模都低于全国平均水平，而且呈递减趋势，其主要原因是部分地区没有依法拨付相应的教育经费，学生享受“两免一补”政策受阻。

4. 民办学前教育

内蒙古自治区现有民办幼儿园 1069 所，在园儿童 75434 人，学前班儿童 23211 人，共计 98645 人，幼儿园平均在园儿童 92 人。按教育部 2007 年的统计，全国现有民办幼儿园 77616 所，在园儿童 8687481 人，幼儿园平均在园儿童 112 人，内蒙古自治区在园儿童数接近全国平均水平。

5. 民办培训机构

内蒙古自治区教育、劳动行政部门批准设置的各类民办教育培训机构933所，在校生151670人，主要以开展职业技能培训为主。

内蒙古自治区民办学校与全国的情况及区内同级同类公办学校相比，也存在着相当差距。全区现有公办高校37所，在校学生316700人，校均学生数8559人。5所民办高职在校生10764人，校均学生数2153人，仅占普通高校校均人数的1/4；全区公办普通中等专业学校89所，在校学生126553人，校均学生数1422人；中等职业学校172所，在校学生147638人，校均学生数858人；民办普通中专34所，民办中等职业学校39所，二者在校生人数32523人，校均学生数446人；全区公办普通高中324所，在校生541084人，校均学生数1670人，民办普通高中43所，在校生17851人，校均学生数415人，高中阶段民办教育校均规模、条件等也落后于公办学校；全区公办幼儿园1664所，在园儿童186606人，园均儿童数112人，大体上与民办幼儿园校均规模持平。义务教育阶段的民办学校作为补充教育，这里不作分析对比。

内蒙古自治区民办教育经过几个不同的发展阶段，到目前为止，全区现有各级各类民办学校2323所，在校学生408288人，社会投入的办学资金30多亿元，在校教职工28365人（不含聘用教师），初步形成了多形式、多层次、多元化自主办学、自主管理，服务社会的民办教育格局。民办教育的发展从一定意义上讲，扩大了教育资源，满足了社会需求，减少了政府投入，推动了教育改革，实现了办学主体多元化，为自治区经济建设和社会发展作出了一定的贡献。

（二）促进民办教育发展的基本思路

1. 为了进一步贯彻落实《民办教育促进法》及《民办教育促进法实施条例》以及《内蒙古自治区实施〈中华人民共和国民办教育促进法〉办法》，自治区应加大对民办教育资源配置、条件保障、政策措施的扶持力度，把促进民办教育发展作为战略问题考虑，切实为民办学校提供宽松的发展空间和有力的政策支持。要参照兄弟省市做法，以自治区政府名义召开民办教育工作会议，出台保障扶持政策，力争使全区民办教育在政策上有所创新、办学上有所突破。

2. 要切实加强民办教育的公共财政和金融扶持力度。内蒙古自治区应依法建立民办教育发展专项资金，引导民办学校健康发展。据了解，全国许多省市都出台了扶持政策，依法建立了民办教育专项资金。湖南省党委、政府作出决定，确认民办学校是民办事业单位。同时，将民办教育与公办教育一同纳入当地国民经济和社会发展规划，并依法设立专项资金500万。陕西省除设专项资金外，还率先从组织管理、招生计划、项目安排等方面，将民办学校与公办学校同等对待，北京、山西、江苏、四川、山东等省都相继下发了促进民办教育发展的决定，扶持民办教育的发展。自治区呼和浩特市政府设立了200万元的民办教育专项资金，包头市也安排了50万元的经费支持民办教育的发展。上述这些地区由于扶持政策和经费支持力度大，办学者劲头高，办学效益非常好，同时，也对本地区经济发展和社会进步发挥了重要作用。建议自治区政府也要考虑建立专项资金，就像在经济发展上下大力气和代价吸引外资和扶持中小私营企业发展一样，来鼓励扶持民办教育发展。另外，争取从高教生均定额补助费中拿出10%的经费，对办学质量高、办学效益好的民办学校给予奖励性投入，努力促进自治区民办教育健康持续发展。

3. 要多渠道、宽领域筹措办学资金，改善办学条件。要千方百计拓宽资金筹措渠道，鼓励民办学校自筹和引进资金相结合，贷款和融资相结合，不断改善学校基础设施建设，促进民办学校和公办学校协调发展。

4. 要加强民办学校党建工作、思想政治工作，全面贯彻党的教育方针。各级教育行政部门应统筹考虑民办学校的师资队伍建设、学生思想政治工作和安全教育。在安排教师进修培训、表彰奖励等方面，民办学校教师应占一定比例。在开展学生思想政治工作、安全教育等方面，应同时考虑民办学校的学生，保证民办学校教师和学生与公办学校教师及学生享有同等的法律地位。

5. 民办学校要强化自身建设，规范办学行为。各级各类民办学校要增强法制意识，依法办学，依法管理，依法开展各项工作。举办者要增加投入，改善办学条件，逐步提高教师待遇，稳定教师队伍；要针对学生实际，加强思想政治工作和教学管理工作，努力提高教学质量；要多种形式办学，走校企联合、校校联合，注重就业的办学路子；学校要及时调整专业设置，优化专业结构，不断拓展教育项目，加强职业技能型人才的培养，为社会输送用得上、用着好的实用型人才，为内蒙古自治区经济建设和社会发展作出更大贡献。

第二节　东北地区

一、吉林省民办教育①

吉林省民办教育有较好的基础，具有吉林特点和比较优势，已成为全省各级各类教育的重要组成部分。尤其是《民办教育促进法》颁布后，民办教育办学规模有所扩大，发展速度有所提升，教育质量逐年提高，正在稳步、健康、有序地发展，已经彰显出活力，呈现出较好的发展态势。

① 本部分摘自吉林省民办教育协会调研报告。

（一）民办教育发展基本情况

目前，吉林省民办教育已初步形成了从幼儿园到高等教育、从学历教育到各种形式的短期培训，从全日制到业余及半脱产形式的较完整的民办教育格局。据2008年统计，全省民办教育机构共有2037个，在校生人数36.5万人。其中：独立设置的普通高校4所，在校生17716人；经教育部确认的普通高校举办的独立学院10所，在校生总数7.9万人；民办中等职业学校62所，在校生3.1万人；民办初中29所，在校生4.2万人；民办高中29所，在校生2.6万人；民办小学16所，在校生2.6万人；民办幼儿园1872所，在园幼儿数13.7万人；经省教育厅批准民办非学历高等教育机构15所，在校生6380人。此外，全省还有其他民办非学历培训机构1035所，在学人数约73万人。

（二）民办教育发展基本特点

1. 民办教育同经济社会发展基本相协调

一是多种形式融资，如以办学积累、职工自愿集资、企业投资、贷款等形式为主的融资渠道，每一种模式都有运作很好的事例。二是充分发挥了公办教育的优势和资源扶持民办教育的发展。全省公办教育具有优势，平均每万人口大学生人数居全国前列。高等学校中有3所“211”大学，原中央部委下划的高校较多，都具有较好的基础。吉林省是全国第一批率先“普九”的省份之一，而且师资具有较强的优势。这些都是支持民办教育发展的重要基础条件。

2. 民办普通高等教育具有优势

如：吉林华桥外国语学院创办于1995年，一直保持健康发展的良好势头，1998年成为国家学历文凭考试试点单位；2003年经教育部批准，由高职升格为全国9所民办普通本科院校之一；2004年荣获“首届中国民办高校综合实力20强”称号；2007年被确定为省属重点高校。多年来，学校始终坚持“一切为了学生成人、成才、成功，使华桥成为中华儿女成才走向世界之桥梁，中西文化合璧之桥梁”的办学理念，坚持办学的公益性，强调办学要“无愧于家长的期望、学生的时间、社会的关注和教育者的良心”，按照取之于社会，回馈于社会的原则，把办学所取得的办学积累金，全部用于教育事业。将“生源质量第一，教学质量第一，质量管理第一，择业质量第一”转化为具体的制度和措施加以落实，得到了社会的认可和赞誉，办学的社会效益不断提高。

原吉林艺术学院动画学院建立于2000年，时为独立学院建制，由吉林省教育实业集团有限公司与吉林艺术学院举办。多年来，学校形成了比较完备的教育资源、丰富的教学成果和办学特色。2004年该校与中国传媒大学、北京电影学院、中国美术学院分别被国家广播电影电视总局批准为“国家动画教学研究基地”；2005年与长影集团、吉林出版集团同时被国家广播电影电视总局批准为“国家动画产业基地”，成为我国动画产业及教育领域唯一具有“双基地”的高等院校，“现代动画技术吉林省高等学校工程研究中心”设在该校；2007年经吉林省人民政府批准，将“吉林动漫游戏原创产业园”设在该院。经过多年建设，学校发展成为一所以动漫专业为重点、其他人文类专业协调发展的高等院校。2008年，经国家高等学校设置评议委员会专家组考察论证，教育部批准，学校转设为吉林动画学院，成为独立设置的民办普通本科院校。

3. 独立学院稳步发展

吉林省共有10所独立学院：长春大学光华学院、长春工业大学人文信息学院、吉林建筑工程学院城建学院、吉林农业大学发展学院、长春大学旅游学院、东北师范大学人文学院、吉林师范大学博达学院、吉林建筑工程学院建筑装饰学院、长春理工大学光电信息学院、长春税务学院信息经济学院。这些独立学院整体规划，均衡发展，特色突出，具有良好的发展势头。如：长春工业大学人文信息学院是由长春工业大学和吉林省关心下一代工作委员会联合举办，1999成立，2004年经国家教育部批准为普通高等学校举办的独立学院；2006年学院创建人陈坚董事长等发表“资产所属声明”，明确将学院全部资产归“长春工业大学人文信息学院所有”，实行公有民办体制；2007年被吉林省民政厅评为“省级民办非企业免检单位”；2007年被吉林省绿化委员会评为“绿化模范单位”；2008年被吉林省绿化委员会评为“绿化生态单位”。学校实行董事会领导下的院长负责制，院长为法定代表人，党委发挥政治核心作用。学校坚持以生为本、大爱育人，培养学生成人、成才、成功的办学理念；坚持育人为本、德育为先、教学中心、质量第一的办学思想；坚持质量立校、特色兴校、人才强校、依法治校的办学方针；确立求真务实、开拓创新、团结奋斗、关爱学生的校风；形成培养创新和奉献精神强、专业技能强、综合素质高的应用型专门人才的办学特色。学校始终走人才强校办学之路，以市场需求为导向，以质量建设为核心，重视德育工作和学风建设，重视就业工作。教育教学水平和人才培养质量得到了社会各界的好评。目前，学校正值二次创业时期，向着更高更远的目标迈进。

吉林建筑工程学院城建学院由吉林建筑工程学院与吉林省国土资源开发集团有限公司合作举办，为城市建设和城市发展领域培养城市规划、建筑、管理各行业高级工程技术应用型人才。在八年的办学实践中，遵循教育规律，适应社会需要，坚持规模、质量、结构、效益协调发展，坚持“注重基础，重视应用，强化实践，特色育人”的理念，以人才培养为根本，以教学工作为中心，以队伍建设为核心，以改革创新为动力，全面实施“质量立校、机制活校、人才强校、特色兴校”的发展方针，立足省内，面向全国，突出土建特色，着力培养上手快、岗位适应性强、有后劲的高级应用型人才。办学规模逐步扩大，人才培养质量和社会声誉不断提高，毕业生受到用人单位的普遍好评和欢迎。

吉林建筑工程学院建筑装饰学院从注重学院的实际出发，提出了“从严培育，突出特色，以人为本，质量立校”的办学理念，确立了“基础理论要精，实践能力要强，特色培育要鲜明”的教学改革思路，按照“发挥两种优势，打造两全基地，实现双重布局，建设双师队伍，强化双重功能，培养两用人才”的建设模式，全力抓好校内外实践教学基地群建设，逐步扩大基地群的专业覆盖面，不断完善基地群的系统建设，努力为学生充分利用创造条件。把投资方企业、校外相关企业与学校紧密联系在一起，使学校的教学、生产、经营紧密联系在一起，有效地促进了教学与生产实践、科研活动融为一体，带动了教学内容、方法和手段的改革，促进了人才培养和社会实际需要的有效接轨。

4. 基础教育以质量求发展

如：吉林江城中学是1993年建立的吉林省首批民办中学。学校以先进的办学理念，突出的办学质量，鲜明的办学特色，逐步成为民办教育先进学校，荣获“中国民办教育创新与发展贡献奖”。2001年学校跨入了吉林省重点中学行列，先后被评为全国“社会满意十佳民办学校”，全国十大（民办）名牌中学，国家教育部、科技部“中小幼现代教育科技理论与实践研究”示范校，全国教育科学“十五”规划教育部重点课题优秀实验单位，吉林省人民满意的金牌形象学校，吉林省绿色学校，吉林省精神文明建设标兵单位，吉林省课程改革样板校，吉林省科技教育示范校。2008年学校被评为吉林省教育系统先进单位。学校坚持“面向全体学生，不让一个学生掉队，使各类学生都有所提高、有所发展”的办学理念，秉承“自强不息，追求卓越”的校训，确定了“创世纪名校、育时代英才”的办学目标；重视科技，培养创新人才，面向世界，与国家教育接轨；坚持“依法办学，以德治校，以人为本，科研兴校”的办学方针，打造一流学校，以独特的教育模式，实现个性化发展，以学生成长、成功、成才为主体，鞭策每一个学生不懈努力，立志成才。多年来，学校高考重点大学录取率达30%，本科录取率达70%，大学录取率近100%。

5. 加强管理，促进民办教育规范发展

（1）进一步理顺民办教育管理体制

自2000年机构改革以后，省教育厅对内设处室进行了调整，下发《关于内设处室职能划分的意见》，“社会力量办学管理办公室”牌子挂在发展规划处。民办教育（社会力量办学）管理职能划归发展规划处，初步理顺了管理职责，省教育厅内设其他各处室不再受理审批民办学校工作。

（2）进一步理顺民办教育管理职责

在充分调研、论证的基础上，省教育厅下发了《吉林省社会力量办学机构审批暂行办法》，明确分级管理的原则，民办高中、中等职业教育的审批权限下放各市（州）教育局，由各市（州）教育局结合实际情况，确定本地区民办教育职责。

（3）进一步规范民办教育管理规则

2001年，省教育厅印发了《吉林省社会力量办学机构审批暂行办法》，会同省委宣传部、省工商局联合下发了《关于加强社会力量办学机构刊发招生简章和招生广告管理的通知》。2001—2002年，先后出台了《关于加强普通高校与社会力量合作举办新制二级学院管理的意见》、《吉林省普通高校与社会力量合作举办民办二级学院设置规则（暂行）》、《吉林省普通高校与社会力量合作举办新制二级学院院长资格审核办法》等规范性文件，促进了民办教育持续、健康发展。

（4）加大民办教育规范发展的宣传力度

2004 年以来，吉林省教育厅先后组织省内教育部门及民办学校负责人，两次赴北京参加教育部民办法规学习，在长春市开展两次全省性学习活动，收到了较好的效果。此外，全省各级教育行政部门充分发挥报纸、电视等媒体优势，不定期地组织座谈会、研讨会、专题讲座等，同时，发挥民办教育自身优势，各市（州）教育局采取不同形式，组织展览、汇演、评比、媒体宣传等多种活动，营造促进民办教育发展的良好氛围。

（5）加强民办教育立法调研

2004 年，省教育厅开展了《吉林省民办教育实施条例》立法调研，起草初稿，并将立法调研及起草文本情况及遇到的难点问题，向省政府法制办和省人大教科文卫、法工委分别作了专题汇报。经研究认为，作为地方法规，几个难点问题如产权归属、合理回报难以突破，出台民办教育实施条例条件尚不够成熟，暂缓提交省人大讨论。但是，近两年来，人大、政协、社会各界呼吁尽快进行地方立法，为了更好地促进我省民办教育发展，拟制定《吉林省人民政府促进民办教育发展若干规定》，以省政府规章的形式出台。

二、辽宁省民办教育[①]

（一）辽宁省民办教育发展的基本情况

30 年来，辽宁省民办教育事业发展迅速，取得了显著的成绩。学校数量和办学规模总体持续增长，教师队伍建设不断加强，办学条件日益改善，办学水平和教育质量逐步提高。

仅从 2002 年到 2007 年的 6 年间，辽宁省各级各类民办学校和教育机构数量就增长了 70%，在校生数量增长了将近一倍。经过几年的发展，全省民办教育事业的存量资源更为雄厚，层次更为完整，类型更为齐全，各种层次和类型的民办学校都出现了一批规模大、投资多、特色突出、社会信誉好的教育机构，部分学校的办学条件和办学水平已经达到国内同层次同类别民办学校的一流水平。

据辽宁省教育信息中心统计，截至 2007 年 9 月，辽宁省各级各类民办学校和教育机构达到 9657 所（不包括教育网站、网校），其中，独立学院 23 所，民办高等职业学

① 本部分摘自辽宁省民办教育协会调研报告，执笔：黄元维、何增强、王旭。

院 10 所（含具有本科层次的辽宁对外经贸学院），民办专修学院 22 所，高等教育自学考试助学机构 84 所，民办普通高中 101 所，民办中等职业学校 105 所，民办初中 39 所，民办小学 36 所，民办幼儿园 4620 所，非学历教育培训机构 4599 所，中外合作办学机构 18 所。

全省各级各类民办学校和教育机构在校生 1517443 人（不包括教育网站、网校）。其中，独立学院 91745 人，民办高等职业学院 31712 人，民办专修学院 1003 人，高等教育自学考试助学机构 30551 人，民办普通高中 75339 人，民办中等职业学校 37379 人，民办初中 43687 人，民办小学 20362 人，民办幼儿园 348239 人，文化、职业培训机构 823618 人，中外合作办学机构 13808 人。目前，在全省 9657 所民办教育机构中，幼儿园和文化、职业培训机构占了绝大多数。幼儿园占 47.8%，培训机构占 47.6%。

2007 年，辽宁省各级各类民办学校专任教师总数已从 2002 年的 27952 人增加到 53587 人（不包括教育网站、网校），增加了 25635 人，增长 91.7%。专任教师与聘请机构外教师的比例已从 2002 年的 1.94∶1 提高到 3.68∶1。

近年来，辽宁各级各类民办学校越来越重视改善办学条件和提升质量。2002—2007 年，全省各级各类民办学校的办学条件不断改善。拥有产权的校园占地面积已达到 19722500 平方米，拥有产权的校舍建筑面积已达到 8146648 平方米，拥有产权的学校藏书已达到 1776.87 万册。

辽宁省各级各类民办学校的办学层次逐步高移。民办高等院校达到 10 所；有 23 所独立学院（全部为本科层次教育）经过教育部审批，获得办学资格，学校数在全国各省居第 3 位（一度居第 2 位）；辽宁对外经贸学院获教育部批准成立，成为辽宁省第一所独立设置的民办本科高校。在非学历教育领域，主要面向高层次人才的培训机构也有所发展。

（二）辽宁省民办教育发展的主要作用

30 年来，民办教育事业的发展为辽宁省经济、社会和教育发展作出了突出的贡献。

1. 打破了政府包揽办学的传统格局，为教育创造了一个更具竞争性的发展环境，促进了教育体制改革和创新

民办教育机构的出现打破了传统的国家包揽教育的单一办学体制，使辽宁省教育从政府办学的单一体制向与市场经济体制相适应的多元化办学体制过渡。多元化办学带来了民办学校之间、民办学校与公办学校之间的竞争，促进了公办学校提高管理效率和办学效益。民办教育新的办学体制和教育观念，为全省教育改革增添了活力。民办学校灵活自主、形式多样的办学、管理方式，科学有效的激励与分配机制，已经促使一些公办学校受到启发，改变办学思路和管理模式。民办教育的发展在客观上起到了促进宏观教育体制改革和公办学校内部管理体制改革的作用。

2. 形成了规模可观的教育存量资源，涌现了一批水平质量较高的民办学校

经过30年的发展，辽宁省的民办教育事业已经初具规模，形成了可观的教育存量资源。目前，全省各级各类民办学校和教育机构近万所，各级各类民办学校和教育机构在校生150余万人。民办幼儿园数量已占全省幼儿园的63.9%，在园幼儿数已达到全省在园幼儿数的一半。在各级各类民办学校和教育机构中涌现了一批投入大、办学条件好、办学水平和质量比较高的学校，如辽宁对外经贸学院、大连东软信息技术职业学院、大连理工大学城市学院、东北育才外国语学校等。大连东软信息技术职业学院（东北大学东软信息学院）是全国35所示范类软件学院之一。

3. 满足了社会对教育的多样化需求，弥补了公办教育的不足

辽宁省民办教育事业已经涵盖了从幼儿教育到高等教育的各个教育阶段，学历教育与非学历教育并举、全日制学习与业余学习并存、系统专业学习与职业技能培训并重。从生源对象上看，目前全省民办学校中，既有满足中上收入城镇居民家庭子女就学需要的高投入、高收费学校，也有满足普通城乡居民子女就读需要的平民学校。民办中、高职学校充分发挥机制、体制灵活的优势，在专业设置上紧贴市场需要，积极与企业合作，通过“订单式”培养等方式，有力保证了学校旺盛的生源和通畅的就业渠道。多元办学、自由选择的民办教育，在一定程度上满足了社会对教育的多种需求，为社会培养了大批人才。

4. 增加了教育经费的投入，弥补了教育财政经费的不足，增加了教育资源总量

发展民办教育，打破了政府单一的教育投资体制，实现了教育投资的多源头、多渠道，将社会上的一部分资金吸纳到办学兴教事业中来，在相当程度上弥补了国家教育投入的不足。按照各级各类公办教育生均预算内教育事业费支出与民办学校在校生数来推算，2002—2006年5年间，基础教育阶段共节约教育事业费54276.6万元，高中阶段教育共节约教育事业费105007.0万元，高等教育阶段更是为政府节约了309390.5万元。仅从2002—2006年，各级各类民办教育就为辽宁省节约教育事业费投入468674.1万元。

5. 优化了教育的资源配置，提高了教育资源的利用效率

如果说公办学校是国家对教育资源有计划地利用和调节，民办学校则是对教育资源按照市场的方式进行配置和调节。具有经营意识和运营能力的民办学校举办者，把社会上有志于发展教育事业的单位和个人以及社会的资金、设备、教育场所等有机地组合起来，充分发挥效用，促进了教育资源的合理配置，提高了教育资源的利用效率。

6. 创造了更多的就业机会，拉动了教育消费，促进了经济发展和社会的稳定和谐

民办学校有一支庞大的教职工队伍，它既为一大批离退休教师、干部提供了发挥余热、老有所为的机会，也为一些大学毕业生和中青年知识分子提供了就业岗位，还为更多学生提供了再学习的机会。据2007年的统计，全省各级各类民办学校有教职工8万余人，也就是说，仅在这一年，全省民办学校就为至少8万余人创造了就业和再就业的

机会。民办教育在满足社会需求、扩大生源的同时，不仅拉动了广大城乡群众的教育消费，也带动了周边地区和相关行业的发展，为这些地区和产业部门创造了更多的就业机会。这不仅有利于教育事业的发展，也推进了社会的进步。

（三）辽宁省民办教育事业30年发展的主要经验

1. 党和政府的重视是民办教育快速健康发展的前提

民办教育发展的根本动因是社会的需求，但如果政府和社会对发展民办教育的战略意义没有正确的认识，发展民办教育就不会成为各级政府和社会力量的自觉行为，影响民办教育发展的一些重要问题解决起来就会十分困难，民办教育的发展就会滞后于社会的需要。30年来，辽宁省民办教育之所以得到快速健康的发展，一个极其重要的前提就是省各级党委、政府深刻认识到，“民办教育是社会主义教育事业的重要组成部分。发展民办教育对于深化办学体制改革、拓宽教育投资渠道、促进教育资源合理配置、形成教育竞争机制、发展教育产业、构建终身化学习社会、拉动经济增长、满足广大人民群众日益增长的教育需求，都具有重要作用”①。

正是由于对发展民办教育战略意义的认识不断提高，各级政府和教育行政部门认真贯彻“积极鼓励、大力支持、正确引导、依法管理”的方针，坚持在建设中促发展，在发展中促规范和适度从快、适度从宽的民办教育发展原则，政策扶持和依法规范管理相结合，不断完善民办教育的发展政策，允许各种办学形式大胆实验，积极探索，健全竞争规则，规范竞争秩序，不断改善全省民办教育的发展环境，辽宁省的民办教育事业才得以快速健康发展。

2. 鼓励创新和规范管理是民办教育快速健康发展的“双保险”

在公有制经济和公办教育长期占据绝对统治地位的中国，如何发展民办教育是一个没有现成经验可以借鉴的艰巨任务，只有根据实际情况，勇于探索，大胆创新，才能开拓局面，实现发展。30年来，辽宁省各地民办教育工作者和管理者，根据全省的实际情况，在民办教育的办学和管理体制、学校建设和教学模式等多方面进行了积极大胆的探索。在办学体制方面，采取股份制、股份合作制、“公办民助”、“民办公助”、“国有民营”等形式办学，多途径吸纳社会资金，依托老校、名校开发优质教育资源，较好地实现了教育总量的扩张；在民办教育管理方面，在全国各省中较早成立了民办教育协会，探索社会力量参与民办教育管理的有效途径。

发展民办教育需要创新，也需要规范，否则民办教育的发展就将处于无序状态，必将给民办教育本身以及教育和社会发展带来诸多负面影响。规范是对改革的完善而不是否定，规范不是向旧体制的回归。规范必须建立在制度创新的基础上，在不断总结民办教育发展和管理实践成果的基础上建设和完善。30年来，全省各级党和政府能够根据

① 参见：《辽宁省人民政府关于大力促进民办教育发展的若干意见》。

辽宁的实际情况，创造性地贯彻国家和省关于民办教育的一系列法规、规章和规范性文件，特别是认真组织实施《民办教育促进法》及《民办教育促进法实施条例》，不断完善民办教育的地方法规和规章，健全民办教育的管理机构和管理制度，促进民办教育健康有序发展。如1999年，通过了《辽宁省民办中小学管理条例》；2002年，成立了社会力量办学管理职能部门——辽宁省社会力量办学管理办公室（设在省教育厅，现名称为民办教育办公室）；2007年出台了《辽宁省民办教育促进条例》。

3. 不断提高教育质量和办学特色是民办教育可持续发展的关键

一所学校要具有持续发展的能力，教育质量和办学特色是关键。民办学校要得到社会的信任和欢迎，必须走内涵发展的道路，不断提高教育质量和办学水平，以质量求生存，以特色求发展。因此，民办学校必须在办学理念、师资水平、学校硬件设备等方面不断提升；必须在不断改革与创新中形成办学风格、办学特色。只有把学校办出特色，才能占领教育市场，才能取信于社会。多年来，辽宁省不少民办学校在积极扩大规模的同时，不断提高办学水平，创出自己的德育、外语、艺术、信息技术、体育特色，一批设施设备好、教育质量高、专家名师治校的民办学校正在成长。

4. 通过公共教育资源的扩散发展民办教育是符合中国特色的民办教育发展途径

辽宁是一个教育大省，公办教育资源比较丰富。很多民办学校的教师和管理人员都来自公办学校，很多民办学校利用了公办学校闲置的校舍。同时，一些公办学校为了解决教育投入不足和增强办学活力，也积极转变办学体制或机制，参与举办民办学校。所有这些都有力地促进了辽宁民办教育事业的发展。尽管公办学校转制和“名校办民校”引起了很多争议，但确有一些在公办学校基础上发展起来的民办学校，通过逐步规范运作取得了良好的办学成绩。辽宁省第一所独立设置的民办本科高校——辽宁对外经贸学院，就是以公办普通中专——辽宁省外贸学校中专为基础，通过股份制改造转制为民办普通高等学校的。在基础教育阶段，一些由“名校”举办的“民校”也大大提升了民办基础教育的总体水平。

第三节　华东地区

一、上海市民办教育①

随着民办教育的快速、稳步发展，以政府办学为主体、社会各界共同参与办学的体制格局已在上海市基本形成，民办教育成为全市教育体系的重要组成部分。各级各类民办学校的发展，为上海市教育资源的扩展作出了积极的贡献，为缓解政府公共财政的压力起到了一定作用。

① 本部分摘自上海市民办教育协会调研报告。

（一）民办教育基本情况

据统计，截至2008年年底，上海共有民办普通高校21所，其中本科学院2所、独立学院5所、高职学院14所；本专科在校生9.3万人，占普通高校学生数的18.5%；专任教师3626人，占普通高校专任教师数的9.8%；在用土地、校舍分别为7668亩和250万平方米，分别占普通高校土地、校舍的13%和12%。民办中、小学206所，在校生16.9万人，占全市中、小学生数的14.0%（两个比例均超过全国平均水平）。与2007年相比，民办小学的在校生数有较大幅度的增长（详见表3－1）。民办学校现有专任教师共12195人，已打造出一支稳定的专任教师队伍。

表3－1　2007—2008年上海民办学校的基本情况

学校类型	校数（所）		增长率（%）	在校生数（人）		增长率（%）
	2007年	2008年		2007年	2008年	
民办幼儿园	312	299	－4.17	56824	63846	12.36
民办小学	24	87*	262.50	35180	82189*	133.62
民办中学	124	119	－4.03	91056	86913	－4.55
民办高校（含独立学院）	21	21	0.00	86062	92516	7.50

注：新增部分主要为农民工子弟学校转设为民办学校。

民办教育的发展开辟了社会资源转化为教育资源的有效渠道，为民间参与举办教育提供了一条体制通道，对政府办学予以了有力补充，增加了全社会的教育投入，扩大了上海教育的总体规模，增加了优质教育资源，满足了一部分市民对多样化优质教育的选择性需求，为上海在全国率先实现教育现代化和高等教育普及化作出了积极贡献。

（二）上海市民办教育发展的主要成绩和经验

近年来，为贯彻落实国家政策，促进上海民办教育健康稳定发展，市教委会同有关部门，研究制定了相关政策，从鼓励与规范两方面入手，对民办学校做好服务工作。在经济上和政策上予以扶持的同时，对各民办学校办学行为予以规范，保障师生正当权益与学校健康稳定发展。已制定的鼓励和规范民办学校发展的政策如下。

1. 设立民办教育发展政府专项资金

为促进教育公平，提高教育教学质量，保障民办学校的教师和学生的合法权益，上海市政府自2005年起设立民办教育发展政府专项资金，基础教育部分的专项资金主要用于支持民办中小学改善办学条件，提高教育质量；高等教育部分专项资金主要用于教学基地建设、学校特色和内涵建设等项目。

2. 基础教育方面减免民办学校学生学杂费和书簿费

为增加民办中小学生源、减轻学校经济负担，上海市教委会同各区县政府，根据全市统一的对公办学校学生减免学杂费、课本和作业本费的政策，对民办学校学生按相同额度减免。从2008年春季起，全市免费向义务教育阶段公办和民办学校中有上海市学籍的在校学生（含外省市借读生）提供教科书和作业本。同年秋季，对普通高中学生实施“两免一补”资助政策（沪财教［2008］51号）。2008年，颁布了《关于进一步做好本市农民工同住子女义务教育工作的若干意见》，将66所农民工子女学校纳入民办教育管理并给予基本成本补贴，共接受5万余名农民工同住子女免学杂费和书簿费就读，降低农民工同住子女进入公办学校就读免借读费的条件。

3. 高等教育在招生和评选方面给予民办学校同等待遇

上海市民办高校与公办高校同批次录取、招生与考试政策与公办高校享有同等待遇。自主招生工作逐年扩大，到2009年共有12所民办高校参加。自主招生工作公平、公正、公开，得到了社会、家长、考生、学校等多方面的好评。在教育教学方面，民办高校在精品课程、重点学科建设、教学团队、优秀教材、教育科学优秀成果奖等评选方面，享有与公办高校同等的权利，并对民办高校的主干学科建设适当引导和扶持。此外，民办学校的教师在职务聘任、培训、申请课题和奖励项目等方面，享有与公办学校教师同等的权利，在历年的教学名师评选、优秀青年教师选拔等工作中占有一席之地。市教委在师资队伍建设方面的财政资金的投入也逐年递增。

4. 保障学生权益，实现学生资助工作全覆盖

上海市民办学校的学生在升学、就业、社会优待、参加先进评选等方面，享有与公办学校学生同等的权利。2007年，上海市家庭经济困难学生资助工作实现两个“全覆盖”，即学生群体全覆盖和家庭经济困难学生全覆盖，所有民办高校和成人高校中招收的全日制普通高校计划的学生全部纳入资助政策体系。2007年，出台了《关于完善本市普通高等院校学生医疗保障制度的若干意见》，将民办高校大学生纳入基本医疗保障范围，享受统一的医疗保障待遇。

5. 其他相关鼓励与规范的政策

2007年，上海市全面推进包括民办高校在内的高校治安技术防范工作。2008年，完成了全市中小学幼儿园治安技术方案设施完善工程的市政府实事项目，惠及包括民办学校和转为民办体制的农民工子女小学学生。从2008年起，上海市为包括民办学校学生在内的所有在校大学生和中职学生免除普通话水平测试费。在体育卫生工作、科普工作、文化艺术工作等方面对民办学校均一视同仁。在检查评估方面，2007年，对全市民办高校开展人才培养水平评估工作和民办中小学办学评估工作。在督导工作方面，2007年，根据国家政策要求，开展派驻民办高校督导专员试点工作，向部分民办高校派驻督导专员，并向存在重大问题的学校派驻督导工作小组。在信息公开方面，2008年，建立完善民办非学历教育机构办学基本状况公开系统，提供民办非学

历教育机构办学基本状况、社会评价和评估信息及培训市场供需信息等方面的网上发布和查询。

二、浙江省民办教育[①]

(一) 发展现状与作用

改革开放以来，民办教育在浙江省快速发展，迄今已具有相当规模，成为浙江省社会主义教育事业的重要组成部分。据调查统计，目前全省共有各类民办教育机构9200余所。具体如下：

独立设置的民办普通高校达12所，独立学院20所，在校生22.8万，占全省普通高校在校生总数的32%，其他民办高等教育机构30所；

民办普通高中195所，在校生19万人，占全省普通高中在校生总数的22%；

民办中等职业学校133所，在校生10.7万人，占全省中等职业教育在校生总数的16.0%；

民办初中152所，在校生18.2万人，占全省初中在校生总数的10%；

民办小学212所，在校生28万人，占全省小学在校生总数的8.3%；

民办幼儿园8181所，在园幼儿92万人，占全省在园幼儿总数的62%。

民办教育的作用与贡献已逐步为社会所认可。一是推动了浙江高等教育大众化和普及从学前到高中的15年教育进程。二是提供了多样化教育的选择，满足了一部分人民群众多样化的教育需求。三是拓展了教育投入的渠道，为政府分担了发展教育的财政压力。2007年全省地方教育经费总投入为705.86亿元，其中民办学校筹集的教育经费达71.9亿元，占总投入的10.2%。按该年度全省各级学校生均预算内教育事业费拨款标准推算，单是700多所实施学历教育的民办学校共为全省各级财政分担了30多亿元教育事业费。

(二) 政府的重视推动了民办教育发展

地方政府对民办学校实行政策扶持能够推动民办教育发展，是浙江民办教育得以稳定发展重要经验。近年来，一些市、县政府出台的扶持措施主要集中在两个方面：一是对民办学校实行有选择的财政资助，二是对民办学校的教师试行与公办学校教师相一致的社会保险政策。其中，台州、杭州、宁波、温州先后出台的一些政策力度较强，影响较大。

台州市政府于2001年发文规定：在校生超过1000人、1500人、2000人的民办学

① 本部分摘自浙江省民办教育协会调研报告。

校，每年按5万元、10万元、15万元的额度给予奖励；对规模较大、教育质量较高的民办中等职业学校，按不少于公办职校生均经费的20%给予补助。

杭州市政府有关部门于2005年联合发文规定：具备条件的民办学校教师，可以参加市区机关事业单位职工基本养老保险。市教育行政部门统一为这些民办学校教师参照公办教师工资制度建立并管理人事工资档案。这些教师到达退休年龄，由所在学校报市教育行政部门办理退休审核手续并核定退休费待遇。市社保经办机构凭市教育行政部门审核材料核发退休费。

宁波市政府于2007年发文规定：对民办学校聘用的具有中级以上（含中级）专业技术职称的教师，按规定报审批机关办理有关手续后，可申报参加事业养老保险，对学校按规定缴纳的社会保险费中学校承担的部分，由市财政给予不少于1/2的补助，对实施义务教育和中等职业教育的民办学校，按本市户籍学生数由市财政给予不少于相对应的公办学校生均教育事业经费1/4的补助。

温州市政府2008年发文规定：各地要按照事业单位性质为符合条件的民办学校教师实行人事代理，并依照公办学校教师标准落实"五险一金"政策（即养老保险、医疗保险、失业保险、工伤保险、生育保险和住房公积金），使民办学校教师社会保险、住房公积金享有与公办学校教师同等待遇，所需费用除由学校和教师个人参照公办学校缴纳比例标准分别承担外，当地政府要视自身财力、学校类别给予一定的以奖代补资金。还规定，从2008年起，市财政每年安排500万元，设立民办教育发展专项资金，专门用于奖励各级各类重点示范民办学校以及为促进民办教育事业作出突出贡献的集体和个人，对自建校舍办学的民办职业学校，每培养1名中职毕业生补助600元。对民办义务教育学校，要依照公办义务教育学校预算内生均公用经费定额标准，由当地财政提供一定比例的经费补助，具体为省级和市级示范民办义务教育学校分别按60%和50%补助，一般民办义务教育学校按30%补助。

三、安徽省民办教育①

近年来，安徽省非常重视民办教育，努力贯彻实施《民办教育促进法》及《民办教育促进法实施条例》，把发展与规范并重作为民办教育改革与发展的方针，努力创造宽松的政策环境，有力地促进了民办教育的发展，初步形成了以政府办学为主、社会力量办学优势互补、公平竞争、共同发展的教育新格局。

（一）基本情况

截至2008年年底，安徽省各类民办学校3973所，占全省学校总数的16.6%；专任

① 本部分摘自安徽省教育厅民办教育处调研报告。

教师总数69079人，占全省教师总数的12.4%；在校学生总数1668913人，占全省在校学生总数的13.7%；民办学校占地面积达3415.4万平方米，校舍建筑面积达1504.7万平方米，累计总资产1633552.9万元。

1. 民办高校办学规模不断扩大

高校扩招及《民办教育促进法》颁布实施以来，安徽省民办高等教育招生规模大幅增加，学校管理逐步规范，办学条件不断改善，出现了快速发展的良好势头，15所民办高校在校生75827人，教职工5493人，其中专任教师3583人；民办高等教育总资产328172万元，校舍184.9万平方米，教学仪器设备25997万元，图书486万册；师生比为1∶15.8，生均校舍面积24.4平方米。

2. 民办高中阶段学校发展较快

目前，全省经省、市两级教育主管部门审批的民办普通高中达到164所，中等职业学校159所，占全省高中阶段学校的27.9%；在校生262860人，占全省高中阶段在校生总数的18.3%；其中专任教师18168人，兼职教师2188人，学校总资产为590637万元，校园占地面积达1352.1万平方米，校舍建筑面积达639.2万平方米。

3. 民办小学和初中争得一席之地

作为义务教育阶段学校，民办初中和小学的发展空间相对较窄，其学校数目和在校生数在整个义务教育中所占份额较小。包括一些九年一贯制或十二年一贯制的民办学校中的初中部、小学部在内，目前，全省民办初中352所，占初中总校数的11.1%，在校生388922人，占初中在校生总数的12.5%；专任教师17327人，兼职教师908人；民办小学共有296所，仅占总数的1.8%，在校生168596人，仅占总数的3.2%；专任教师7886人，兼职教师334人。

4. 民办学前教育发展迅速

安徽省经济社会的发展，人民生活的不断提高，使学前教育越来越受到社会的重视，民办幼儿园的快速发展，既解决了社会对幼儿教育的需求，也解决了一部分中等学校毕业生的就业问题。全省民办幼儿园2410所，占全省幼儿园总数的74.5%，在园幼儿318272，占全省在园幼儿总数的36.4%，教职工21789人，专任教师16187人；校园占地面积279.1万平方米，校舍建筑面积150.4万平方米。

（二）民办教育发展的主要成效

1. 提高了高中阶段、高等教育入学率，加快了人力资源开发步伐

民办高中阶段学校、民办高校的不断兴办，提高了高中阶段、高等教育入学率，满足了一部分初、高中毕业生的就学愿望，同时也为实现党的十六大提出的到2020年普及高中阶段教育及实现高等教育大众化目标作出了应有的贡献。此外，我国的制造业发展已进入主要靠高中阶段人才支撑的阶段，民办高中阶段教育对增加全省高中阶段人力资源的储量和促进高等教育人力资源的开发具有重要的现实意义。

2. 吸纳和激活了社会闲置资金，缓解了政府财政资金的压力

据初步统计，安徽省民办学校的办学资产已达163亿元，民办中小学达91亿元，这一方面反映了民办中小学办学的硬件实力，另一方面也显示了社会组织和个人投资兴办民办教育为各级财政减轻压力的能力。利用社会资金来提高国民受教育的程度，正是处于社会主义初级阶段的我国实现“穷国办大教育”的需要。

3. 民办教育打破了政府包揽办学的格局，形成了多元化的办学局面，体现了办学体制改革的丰硕成果

民办教育在丰富安徽省教育投资主体的同时，也为部分家长及子女提供了多样化的教育选择，如：不少民办初中及小学甚至高中以较高的教育质量和全封闭半军事化的严格管理，为外出的农民工或城市一些因工作繁忙顾不上管教子女的家长提供了一个放心让子女求学的处所，这也是民办学校开拓生存空间的重要路径之一。此外，民办学校虽然处于弱势地位，但在与公办学校的竞争中仍有许多优势，主要在体制和机制的灵活高效上使公办学校相形见绌。如能进能出、能上能下的用人机制，增强了教职工的危机感，从而强化他们工作的责任心。此外，民办学校的举办者的效益观念较强，在发挥教育资源的效益、避免教育资源的闲置和浪费上也大都比公办学校稍胜一筹。

4. 民办学校的办学行为在不断规范

近年来，在省、市、县等教育主管部门的不断指导和要求下，各民办学校一方面按新课程改革的要求开齐开足课程，另一方面也不断规范和强化教育教学常规管理，逐步缩小与公办学校在常规管理上存在的差距。在教职工的聘用上实行合同化管理，工资与业绩挂钩，财务账目也按《会计法》的要求进行规范。有的民办学校还建立了突发事件应急机制，在实行封闭式管理的基础上对学生安全防范的各个环节进行了周密的安排。其他方面的规章制度也不断充实和完善。

5. 民办教育对促进地方经济发展作出了贡献

一是解决了一部分人的就业问题，特别是为高校毕业生提供了用武之地，既解决了他们的生计问题又为他们提供了一个在实践中锻炼和增长才干的机会，另外也为城乡一部分失业和无业人员提供了就业岗位，为政府分了忧。二是通过投资和消费对地方经济的发展起了一定的拉动作用。

（三）发展民办教育的主要做法

1. 认真学习、宣传和贯彻、实施《民办教育促进法》，引导社会认同和支持民办教育

《民办教育促进法》颁布实施后，由安徽省教育厅牵头，与省委宣传部、省人大教科文卫工委、省司法厅、省劳动和社会保障厅等五部门联合行文，发出《关于开展〈民办教育促进法〉宣传、学习月活动的通知》，要求在全省范围内开展多种形式宣传、学习活动。邀请教育界、企业界及民办学校代表举行学习《民办教育促进法》座谈会，

开展有关宣传和咨询活动，举办了安徽省暨合肥市民办教育成果展。各市、县都采取多种措施加强了对民办教育政策法规的宣传工作，特别注重对《民办教育促进法》及《民办教育促进法实施条例》的宣传。如芜湖、安庆、宣城等市都印制了《民办教育法律法规汇编》，阜阳、铜陵等市面向民办学校举办者和校长开办了民办教育法规培训班。各地还通过报纸、网站、宣传栏、现场会等手段扩大对民办教育法规政策的宣传，基本上达到了解放思想、更新观念的目的，有力地提高了社会各界对民办教育的理解、支持和重视。

2. 努力改善民办教育政策环境，促进民办教育快速发展

安徽省政府出台《关于鼓励支持社会力量办学的若干意见》，对民办教育的政府扶持、规范管理、落实民办学校及其教师和学生的同等待遇作出了明确规定。《安徽省人民政府关于促进职业教育发展的若干政策意见》，在依法保障建设用地、减免建设规费、落实税收优惠政策、鼓励民间资本办学等方面作出了明确的规定。同时还规定职业院校建设新校区或原校区扩建，其非营利性教育设施用地，按划拨方式提供土地使用权；鼓励民间资本通过股份制参与公办职业院校改制，改制后三年内，政府对改制院校原有职教经费投入保持不变；各级政府可采取出租或出让闲置的国有资产等多种措施对民办职业院校予以扶持；民间资本、境外资本举办的职业院校，在征地和减免建设配套等有关费用方面享受与公办院校同样的优惠政策，在申报重点职业学校、重点学科、重点实训基地建设项目，申请国家和省职业教育专项补助资金，评奖、评优等方面享受与公办院校同等待遇。为贯彻落实《安徽省人民政府关于进一步加快个体私营等非公有制经济发展推进全民创业的意见》（皖政［2007］1号），支持非公有制经济发展民办教育，确保民办教育的可持续发展与质量水平的稳步提高，省教育厅下发了《关于支持非公有制经济发展民办教育的通知》（教秘［2007］150号）和《关于进一步推动非公有制经济参与兴办民办教育的通知》（教办［2009］11号），要求各级教育行政部门进一步提高对发展民办教育重要性的认识，明确民办教育发展的目标任务，完善推进民办教育发展的政策措施，切实加强对民办教育的指导、管理和服务；要做好与当地有关部门的协调与沟通，进一步完善推进民办教育发展的政策措施；要协调有关部门落实民办学校建设用地、金融信贷、接受捐赠等方面的扶持政策，落实民办学校及其教师、学生与公办学校及其教师、学生的同等法律地位，积极支持非公有制经济发展民办教育。

2008年，省人大将《安徽省实施〈民办教育促进法〉办法》调研论证纳入地方立法规划，有关部门积极开展立法调研，力争将政府支持民办教育的政策措施纳入地方法规，以保障这些扶持和优惠政策的全面落实。

此外，还会同有关部门积极督促市、县政府按照省政府《关于鼓励支持社会力量办学的若干意见》的规定，落实民办学校校舍用地、办学经费筹措、规费减免方面的优惠政策；落实民办学校及其教师、学生在教育教学业务管理、税收优惠和教师资格认定、职称评定、评先选优以及学生升学就业、表彰奖励、社会资助等方面，享有与同类公办

学校及其教师、学生同等的待遇和权益的规定。

3. 各级党委、政府对民办教育的重视和支持，提高了办学积极性

近年来，不少市、县党委、政府都把吸引外来投资创办民办学校纳入招商引资、激活县域经济的范畴，在征地、规费减免等方面提供优惠政策，取得了突出成效。如安庆市委、市政府把安庆九一六学校、安庆市外国语学校新校区建设纳入“3231”战略2007年重点督查工程范畴，由市级领导牵头抓，解决两校建设中的困难和问题。该市的望江、枞阳两县县委、县政府在2004—2006年3年间通过招商引资分别办起了3所以高中阶段为主的民办学校，从而大幅度提高了高中阶段入学率。巢湖市政府2005年同意汇文实验中学、春晖学校在市区中心地带征地建校并在征地费用上给予优惠。该市无为县为巢湖华星集团申请办学一次性解决征地300亩。蚌埠市淮上区为投资达5000万元的美佛儿国际学校解决征地200亩。不少市、县党委、政府还积极出台政策促进民办教育的发展。如宣城市委、市政府在2003年9月出台的《关于实施中小学教育六项工程的意见》把“民办教育促进工程”作为六项工程之一。总之，各市、县党委、政府的重视和支持有力地加快了民办教育发展的步伐。

4. 教育行政部门严格审批指导，强化服务管理，清理非法办学、违规办学，使民办学校逐步走上健康发展的轨道

其主要做法有：一是严格审批设置程序和标准，把好准入门槛。各市、县对民办高中阶段学校实行两级审批以市为主的体制，高中以下的民办学校都由县（区）教育行政部门负责审批，同时也落实了《民办教育促进法》及《民办教育促进法实施条例》和新《义务教育法》的相关要求，做到达标一个审批一个。二是对非法、违规办学行为进行了清理整顿，控制住了非法、违规办学的发展势头，使不少不符合条件和要求的“学校”改弦易辙。三是加强常规管理，规范了办学行为。各市、县教育部门出台了一系列加强民办学校管理的指导性文件，从招生、教育教学常规、师资队伍建设、财务管理、安全等方面指导民办学校规范办学行为，同时还通过年检、开学检查、不定期督查等手段纠正一些民办学校的违规行为。对义务教育阶段的民办学校，则严格依据教育厅颁发的《安徽省义务教育办学行为规范》进行要求。四是强化质量和特色品牌意识，提高办学水平。督促各民办学校为教师提供参加优质课评比、教学观摩和继续教育培训等活动，提高教师整体素质；指导学校制订和完善教育教学制度，规范课堂教学行为。

5. 增强民办学校依法诚信办学意识，以自律自强精神抓质量、强管理、创特色、树品牌，使学生、家长对学校的信任度、满意度不断提升，社会的理解和支持也不断增加

不少民办学校的举办者和校长以依法诚信办学为底线，以质量求胜为目标，逐步加大投入，改善办学条件，选聘优秀教师，想方设法稳定优质教师队伍；改进教学管理和课堂教学行为，引进先进的教学理念和模式；以学生为中心做好生活服务、安全防范和学生的不当行为纠偏工作等，通过不懈的努力，为学校自身赢得了较为有利的发展空间。

四、福建省民办教育[①]

在改革开放引领下，福建省民办教育已经走过了 20 多个年头，建立了从学前教育到高等教育比较完整的教育体系。各级各类都涌现出的一批投资比较大、管理规范、注重质量、社会信誉好的民办学校，对全省教育改革与发展以及为政府和家长分忧所作出的贡献是有目共睹的。

（一）发展的基本情况

据福建省有关方面的统计，2007 年，全省经审批的各级各类民办教育机构达 4536 所（含独立学院 9 所），占学校总数的 18.38%，其中正式设立的民办高校 23 所（高职学院 22 所，本科 1 所），正在筹建的民办高职院校 21 所，招生 42057 人（占高等教育招生总数的 25.13%）；高中教育阶段，民办普通高中 108 所，招生 25150 人（占招生总数的 9.70%）；民办中职学校 74 所，招生 21434 人。义务教育阶段，民办初中 97 所，招生 55542 人（占招生总数的 10.53%）；民办小学 140 所，招生 18220 人（占招生数的 4.35%）；民办幼儿园 3839 所，入园幼儿数 166836 人（占入园数的 39.97%）。各级各类在校生总数 102.23 万人（其中学历教育在校生 64.18 万人，学前教育人数 38.05 万人），占全省在校生总数的 11.81%，比 2006 年的 87.82 万人增加 14.41 万人，增长 16.41%。在校生 10 万人以上的除福州、厦门、泉州外，增加了漳州市。各级各类民办教育机构的产权固定资产、教学仪器设备总值 133.55 亿元，比 2006 年增加了 45.02 亿元，增长 50.85%。

根据国家公布的《2006 年全国教育经费执行情况统计》，福建省各级各类公办学校生均预算内教育事业费和生均预算内公用经费支出情况如表 3－2 和表 3－3。

表 3－2　各级各类生均预算内教育事业费情况　　单位：元

普通小学	普通初中	普通高中	职业中学	普通高等学校
1986.62	1945.84	2378.59	2090.78	2219.41

表 3－3　各级各类生均预算内公用经费情况　　单位：元

普通小学	普通初中	普通高中	职业中学	普通高等学校
308.40	402.44	333.12	396.72	1531.68（2005 年是 1885.04）

① 本部分摘自福建省民办教育协会调研报告。

如将2006年福建省由财政支出的各类生均事业费和公用经费分别乘以2007年全省各类民办学校的在校学生数，仅2007学年度全省民办学校就为政府节省财政开支近13.6亿元。

从总体看，一些学校招生虽不尽如人意，但全省民办教育的走势仍然呈发展势头，即使是义务教育阶段，政府出台了许多优惠政策，学龄儿童入学数总体又在下降，而作为有偿服务的民办教育，无论是初中还是小学，也无论是招生数还是在校生数，却连续几年仍呈增长的态势。其他各类教育也都在增长，普通高中2007年招生比2006年略有减少，在校生总数仍增加了2700多人，中等职业学校2007年比2006年减少了两所，招生数也比2006年略有增加。这既有力地表明了民办学校的生命力和社会对民办教育的认可度，也明显地告诉我们，个别地方、个别学校招生数的下降，并不像有人所说的，民办教育已进入所谓的“危机期”，“社会对民办教育需求的热度在下降”。

（二）作用与经验

总体上应当肯定发展民办教育已产生巨大的社会效益。

民办教育的发展，不仅在促进教育改革和发展、满足人民群众对教育的不同需求、弥补财政性教育经费不足等方面发挥了重要作用，而且在增加就业岗位、活跃当地经济、稳定社会治安等方面也作出了积极的贡献。同时，还为教育改革提供了有益经验。

民办教育的发展，是社会多元化的需要和必然，也是教育结构改革实现多元化的需要和必然。民办教育机构办学模式和教学方式多元化，专业设置多元化，能够尽可能地满足社会对教育多元化的需求。民办教育资金来源多元化，增加了教育投入、扩大了教育资源、减轻了财政负担、繁荣了办学所在地经济。民办教育机构管理体制多元化，人员结构多元化，增加了就业岗位，为名校长、老教师继续发挥智慧和才干创造了发挥优势再作贡献的机会。民办教育的发展节约了公共教育经费，扩大了教育规模，促成了教育的多样性，有利于公办教育事业的优质、均衡发展，培养了国家需要的多种人才。

民办学校的管理模式及其所建立的内部运行机制的经验，已为一些地方政府所重视。

以福建省为例，为提升农村教育水平，该县将办学条件差、教学效果不好的三所农村薄弱学校，在“三个不变”的情况下，委托当地私立北苑集团等民间教育机构管理。所谓“三个不变”就是公办学校性质和国有资产产权不变，学校承担的义务教育职责不变，政府承担的责任不变。

这三所学校实行委托管理之后，实现了“三个转变”。

1. 投资机制转变

按照教育局与受托方所签订的协议，承办者应与当地乡镇政府共同消化“两基”时的遗留债务，首期注入三所学校的资金达550万元，用于这三所学校“两基”时遗留的“半拉子工程”续建，同时还新建扩建科学楼、教学楼，购置必需的教学仪器设备等。在整个委托管理期间，政府原有的投入（主要是人员工资）并未减少，且随着财力的增加有所增加（如生均公用经费从2002年的零拨付增至2007年的184元）。这样，原来单一由国家财政投入的投资体制转变为多元的投资体制了。

2. 管理机制的转变

教育行政主管部门对学校管理由直接指令性管理转变为宏观指导性调控，承办者依照国家有关法律、法规和政策，采用民办学校管理体制。在学校人事管理上，校长及校级领导班子从以前由宣传部、教育局考核任命变为学校董事会提出人选、教育局认可的方式产生。在学校管理上，托管后的学校淡化教育主管部门的管理，突出教育行政部门对学校的业务指导和监督。在学校财务管理上，县财政局、审计局负责学校财产登记移交和财务审计工作。

3. 运行机制的转变

在遵循依法治校、接受法律监督和政府行政监督的前提下，学校运行机制发生了变化，变得更为灵活高效，主要体现在学校人事管理权、经费使用权等方面拥有较大的办学自主权。

在人事管理方面，学校核编数70%的教师由县教育局负责调配（另外30%由学校自行聘用），公办教师原有的身份与待遇保持不变。县教育局根据学生数每三年核编一次，教师每三年为一个聘任期。教师调配实行双向选择，教师可以自由选择是否留在原学校任教，学校也拥有选择教师的权利。比如，以前县教育局分配谁，学校就接受谁，而不论其所教学科是否为学校所需。如今实行了双向选择，学校就只接受其所需学科的教师了。本着因才用人的原则，教师可以在北苑教育集团几所学校之间交流使用，努力使学科比例与教师配置合理化。学校有权辞退不合格的教师，办学协议规定：学校“对公办教职员工和聘任教师拥有管理权，对不胜任工作或有严重错误的教师有权予以辞退。甲方（指委托方，即县教育局）应采取相应的组织处理措施，并对缺额教师及时给予调配补足”。此外，对中层领导的选择，学校也拥有自主权，先由校长提名，后经董事会认可，再报县教育局备案即可。

在经费使用方面，学校不再执行“收支两条线”，其收费由承办者自行统筹使用，教育经费及其他费用由受托方自主筹措，但义务教育阶段收费严格按物价部门核定的公办学校标准收取。

学校要根据群众的需求，大力发展高中阶段教育，全面推进素质教育，努力提高教育教学质量，致力于培养社会主义建设事业的各类人才。

经过三年时间，公办学校委托民间机构管理初见成效，步入了良性发展之道。

五、江西省民办教育[①]

改革开放以来，江西的社会力量办学得到了长足的发展，特别是在1992年邓小平南方谈话、1997年国务院《社会力量办学条例》以及2002年全国人大的《民办教育促进法》颁布以后，全省各地解放思想、艰苦创业、依法治教、规范办学，促进了民办教育事业稳步、健康地向前发展。目前，社会力量办学已经形成了包括高等教育、职业教育、基础教育、学前教育、成人教育等在内的较为完整的教育体系，成为全省教育事业的重要组成部分。

（一）主要成绩

1. 规模迅速扩大

江西省自1983年萍乡市创办第一所民办中职学校以来，经过多年发展，民办教育规模迅速扩大，至2008年1月，全省共有各级各类民办学校（教育机构）6225所，比“八五”末增长了5.5倍，各类学历教育在校学生达1206501人，是“八五”末在校学生的8.7倍。其中，民办幼儿园5607所，在园儿童487116人；民办普通小学72所，在校生70060人；民办普通初中134所，在校生127525人；民办普通高中183所，在校生114951人；民办中等职业学校202所，在校生178854人；民办高校27所，在校生227995人。民办学校教师队伍建设进一步加强，由创办初期完全依赖外聘教师，发展到拥有专任教师41577人。

2. 结构进一步优化

教育结构是一个有着既定目标的多层次、多因素、多功能的多维的立体结构体系，是教育系统的各个部分按某种比例和方式联结构成的社会有机体。从层次结构上看，江西省的民办教育结构的逐步优化主要体现在以下几点：民办中小学教育，尤其是义务教育逐渐减速发展；民办高等教育迅速发展，民办高等教育质量日益受到学校的重视并逐步提高；民办中等职业技术教育和短期高等教育在曲折中发展；民办非学历教育不断发展。从布局结构上看，江西省各个地市的民办教育都有了一定的发展，朝向均衡的方向发展。从办学质量上看，江西省各个民办教育机构的水平逐渐提高，并在优势办学特色和优质师资的基础上，获得了越来越好的社会声誉。

3. 质量与效益明显提高

（1）推动了办学体制改革进一步深化。民办教育机构的出现打破了传统的国家独家包揽教育的单一办学体制，使江西省教育从政府办学的单一体制逐渐向多元化办学体制过渡。目前江西省举办民办教育已形成了多元的格局：既有公民个人，又有社会团

① 本部分摘自江西省民办教育协会调研报告。

体、民主党派和事业单位办学；既有民办公助型，又有企业出资办学；既有教育集团式的连锁，又有中外合作办学，形成了独资民办、民办公助、国有民办、校企联办、股份制合作办学等不同体制并存的格局。民办教育多元化的办学体制不仅带来了民办学校之间、民办学校与公办学校之间的竞争，为全省教育改革增添了活力，同时也推动了全省各级各类学校办学体制改革的进一步深化。

（2）满足了社会对教育多元化的需求。随着社会的多元化，人民群众接受的教育层次、教育内容、教育品质、教育形式的需求也日趋多样化。适应受教育者多样化的需求，不论是在公办教育还是在民办教育中，都是办学者所应追求的重要目标。由于民办学校主要靠学费和社会资金运转，为了获得更多的生源和经费，它们往往更注重满足学生和家长的需求，并通过开展各种特色教育，以吸引具有特殊需求的受教育者。多年来，江西省的民办学校在办学条件上有的坚持高标准、高投入、高收费、环境优美、设施一流、质量较高，满足生活条件好的家庭需要；有的条件一般，学费偏低，适合大众化普通家庭的需求；在办学形式、办学层次上，也都陆续涌现出各具特色的民办学校；在课程设置上，大都注重以市场为导向，开辟新的富有特色的课程，大大丰富了教育选择的内容，满足了广大学生家庭的多样化需求。

目前，江西省已发展形成包括高等教育、中等职业教育、基础教育、学前教育、成人教育及各类职业技能培训在内的较为完整的多元化的民办教育体系，为社会提供了多样化、可供选择性的教育条件和机会，在一定程度上满足了人民群众多元化的教育需求。

（3）人才培养规模与质量共同提高。近年来，江西省民办教育，特别是民办高等教育得到快速发展，目前已有 13 所（其中 3 所为 2008 年新增院校）实施本、专科学历教育的民办高校。这 13 所民办高校的前身一般都是非学历教育专修学院。“九五”期间，大的办学规模 3000 人左右，小的办学规模不足 1000 人，在“十五”期间通过先后举办高职教育，快速成长起来。

江西省民办教育不仅仅是数量的扩张，更可喜的是质量上的提升。2004 年，江西省有 4 所民办普通高校进入《中国青年报》组织评选的“全国民办高校 20 强”，与北京、陕西并列第一；2007 年和 2008 年，由“中国校友会网大学评价课题组”分别完成的 2007 年、2008 年我国反映民办大学和独立学院综合办学能力状况的评价报告——《2007 中国民办高校评价研究报告》、《2008 中国民办高校评价研究报告》相继出炉。在最受关注的民办大学与独立学院综合排行榜上，江西省江西蓝天学院蝉联 2007 年、2008 年中国民办大学排行榜榜首。

（4）校企合作，产学结合迅速发展。校企合作办学是职业教育改革的重要方向，也是大力发展职业教育的必然要求。江西民办教育以职业教育居多，各级各类民办学校都在积极探索校企合作的有效途径，主动寻找企业作为合作伙伴，成立校企联合教育集团，培养高技能人才，取得了良好的效果。无论是中等职业技术学校还是民办高职院校，都在努力寻求校企合作，走产学结合的发展道路。以高级职业中学为例，在校企合作方面作出成效的民办职业中学不在少数，如吉安地区有华忆吉安高级中学，2002年与台湾跨国公司——忆声电子集团合作办学，成立华忆教育集团。忆声集团决定五年内投资8000万元，兴建新校园。第一、第二期工程相继竣工，投资3000多万元，建筑面积5万多平方米，教学设备、生活设备近千万元，开创了一条引进境外资金，真正走校企合作的“华忆之路”。

然而，校企合作最普遍的学校还属于民办高校。在各民办高校内，都成立了专门的校企合作机构，建立了与企业实行“订单”培养的长效机制，订单教育的规模逐年上升。全省10所民办学校和几十个企业建立了长期的合作关系，进行订单式培养，招得进、留得住、送得出，为企业输送了大量适需人才。江西蓝天学院在校企合作方面成效显著，从2001年以来开始实施订单教育，先后与华硕电脑（苏州）有限公司、华鼎科技（苏州）有限公司、宁波南苑饭店、中国联通江西分公司等17家国内外著名的企业开办了41个订单班，已为企业成功输送了2000余名“订单”毕业生。现在“订单”式培养正在逐年扩大，预计三年后将覆盖到学院1/3的专业，每年的培养量将超过2000人以上。

（5）推动了区域经济和社会发展。江西省民办教育历经二十多年，从无到有，从小到大，从单一到多元，从幼教到高教，从学历教育到非学历教育，几乎涵盖了教育的各种类型和层面，为全省教育事业和区域经济、社会的发展作出了积极的贡献。

江西省民办教育的发展，为政府节约了大量的教育经费，使公共财政能够更多投入到义务教育阶段和农村基础教育，有利于教育公平的实现，有力地促进了全省教育事业的发展；同时，民办教育对拉动内需、刺激区域经济增长也发挥了积极作用。以民办高等职业教育为例，全省民办高等职业教育在校生16.8万人，按每年学生年消费8000元计算，年消费总额13.4亿元，其中，约有75%的学生来自外省，每年为江西省吸引外省资金10亿元，大大地促进了学校所在地第三产业的发展，安排了一大批农村转移劳动力，对促进区域经济发展和社会稳定都起到了积极的作用。

（6）为构筑江西人才高地作出了重要贡献。江西省民办高校自开办以来，已为国家培养了大批中高级职业人才，为社会培养、培训了数以百万计的各类实用技术人才，为江西省的第三产业发展培养了各级各类的职业型人才，对江西的经济、社会发展提供了重要的人才资源，未来3年还将培养输送20余万名建设人才。在江西，民办高校面向全国办学，开设的专业很多是公办学校不能完全满足社会需求的专业，特别是适应我国建设“制造大国”而设置的各类工程技术及加工专业，主要包括机械、电子、汽车、软件、网络、服装、旅游、营销、食品等社会需求量持续增长的职业岗位类细分专业，培养的毕业生绝大多数是市场急需的技术、技能型高中级实用人才。他们主要面向省内新兴工业园区和东南沿海地区就业，为江西建设提供了大量的人力资源，同时也为江西劳动力输出培养了新一代骨干力量。

江西民办学校在把农村沉重的人口负担转化为人力资源过程中发挥了重要的作用。当前，江西民办学校在建设人力资源强省的过程中，担负着建设民办高等职业教育强省的重任，为兴赣富民、江西崛起，构筑江西人才高地将作出更大的新的贡献。

（二）主要经验

1. 贯彻《民办教育促进法》，依法办学

自《民办教育促进法》和《民办教育促进法实施条例》颁布以来，江西省委、省政府组织各级各类民办教育机构和民办教育工作者深入学习、宣传和贯彻实施《民办教育促进法》及《民办教育促进法实施条例》，长期坚持“积极鼓励、大力支持、正确引导、依法管理”的方针，采取统筹规划、综合协调和宏观管理的思路，促进全省民办学校依法办学。

2006 年 9 月，为进一步贯彻落实《民办教育促进法》，江西省人大常委会颁布了《江西省民办教育促进条例》。该条例是在国家已经实施《民办教育促进法》和《民办教育促进法实施条例》等法律法规基础上制订并完善的，对江西民办教育的权利以及法律地位进行了明确认定。江西规定，民办学校享有与同级同类公办学校同等的招生权，可以自主确定招生的范围、标准和方式。民办高等学校的学历教育招生工作应当遵守国家有关规定，并纳入本省普通高等教育招生计划管理；相关行政部门应当根据其办学条件核定招生计划。同时，江西在对民办学校的扶持奖励上突出了与公办学校同等对待的原则，对民办教育中的教师权益保障也有了明确规定。另外，若有违规招生等情况，将受到重罚直至被取消招生资格。《民办教育促进法》、《民办教育促进法实施条例》及《江西省民办教育促进条例》在全省的贯彻实施，促进了各级各类民办学校依法规范办学，教育事业发展蒸蒸日上。

2. 优化政策环境，政府积极扶持

江西省各级政府为鼓励社会力量投资举办教育，出台了一系列优惠政策，为民办教育的发展创造了良好的政策环境。据统计，江西省先后出台了上百个鼓励支持发展民办教育的文件。省委组织部 1997 年下发了《关于加强社会力量办学教育机构党组织建设的意见》，2000 年省政府出台了《江西省人民政府关于鼓励支持社会力量办学的若干规定》等。各设区市、各县（市、区）也相继出台了一系列鼓励支持民办教育发展的文件。这些文件在学校建设、师资队伍建设、招生、收费、融资、学生待遇、表彰奖励等方面都制定了具体的优惠政策和支持措施，提供了优质服务，引导民办教育快速健康、持续发展。

一是在建校用地方面，各级政府将民办学校建设纳入当地城乡建设规划，享受与公办学校同样的优惠政策，均按公益事业用地及建设的有关规定给予优惠，并优先规划、定点和审批。对一些办学质量高、社会信誉好的民办学校，政府还免费提供土地。政府减免学校建设规费，有的地方实行“零规费”政策，并搞好“三通一平”等基础设施，努力从各方面降低投资者的办学成本。

二是在教师招聘方面，允许民办学校面向社会自主招聘教职工，允许公办学校教师和事业单位的在职工作人员到民办学校兼课、任教。对脱离公办学校教学岗位到民办学校任教的教师，地方政府规定财政拨款工资照发，人事关系和有关待遇保留不变，在一定期限内要求回到公办学校任教的，可与其他公办学校教师一样平等地参与竞聘上岗。在业务培训、职称评定、教龄和工龄计算、表彰奖励、社会活动等方面，民办学校教职工依法享有与公办学校教职工同等权利。

三是在招生方面，为努力扩大招生规模，江西省改革职业学校招生录取办法，实行提前招生、春秋两季招生、自主招生、对口招生、联合招生、预科录取、推荐入学、注册入学、多次录取等多项招生制度改革，并允许民办职业学校不受地域限制招生，任何单位、个人不得以任何借口限制学生报考志愿、限制家长择校。

四是在收费方面，在国家规定的政策范围内，实行收费放开、随行就市，一校一费制，由民办学校根据办学成本等因素，自主确定收费标准，报物价部门审批或备案后实施。

五是在融资方面，鼓励地方金融机构从事教育贷款业务，加大民办学校的融资力度，对于大额投资民办学校的举办者，各级政府根据财力情况，给予适当的补贴性支持。如新余市政府为解决制约民办学校发展融资难问题，制定了《新余市民办教育发展基金管理办法》，设立了“新余市民办教育发展信用担保基金”和“新余市民办教育发展专项经费”专户。

六是在学生待遇方面，与公办学校学生一视同仁。针对民办职业学校学生来自全国各地的实际情况，地方政府制定了相关政策，解决学生的后顾之忧。如帮助民办学校学生解决“农转非”问题，允许民办职业学校的毕业生档案存放在市人才交流中心，等等。

七是在表彰奖励方面，与公办学校同等对待。一些地方政府还专门建立了民办教育基金，用于资助民办学校的发展，对为发展民办教育事业作出突出贡献的组织和个人，给予奖励和表彰。

3. 营造良好的社会环境

近几年来，江西省紧紧抓住《民办教育促进法》及《民办教育促进法实施条例》正式施行这一契机，加强服务管理，努力营造民办教育发展的良好社会环境。

一是建立健全了民办教育服务管理机构。江西省教育厅专门成立了社会力量办学管理处，各区市教育局也成立了相应的机构，强化了民办学校的统筹与管理。成立了社会力量办学党委，强化党组织在民办学校的思想政治教育工作，保证教育方针在民办学校能够得到贯彻落实。成立了江西省民办教育协会，建立了以省级协会为龙头、区市协会为基础的社会网络，凝聚了全省民办学校的力量，为广大民办教育工作者提供学习交流、理论研讨、咨询服务、对外宣传、评估督导和行业自律的场所。

二是加大对民办教育工作的宣传力度，引导社会舆论。近年来，江西省教育厅在各种新闻媒体宣传民办教育的地位和作用，宣传民办教育的成就和贡献，宣传民办教育的发展趋势和前景，对在发展民办教育中作出突出成绩的单位和个人予以重点宣传报道。与此同时，对于民办教育改革发展中出现的困难和问题，也实事求是，从关心、爱护的角度，注意场合，掌握分寸。用积极的、正面的、鼓舞人们士气的材料引导人们转变对民办教育的偏见，消除鄙视民办教育的世俗观念，让全社会正确认识民办教育。江西省还建立了“江西教育网”民办教育专页，创办了《江西民办教育》，开展了“江西民办教育可持续发展”课题研究。这些都大大改善了民办教育发展的社会环境，扩大了民办教育的社会影响。

三是规范民办学校招生行为，杜绝虚假宣传。江西省教育厅每年都要下发通报，公布民办学校年检合格单位、基本合格单位名单，对不合格单位责令限期整改，整改不合要求，停止学校招生资格。专门制定了《招生行为公约》，对学校刊登招生广告，实行严格的审批制度。面对竞争激烈的招生市场，江西省要求全省各级各类民办学校建立并完善招生工作目标责任制，做到不浮躁、不浮夸、不违纪，主动在扩大对外宣传上下功夫，以“诚”招生；在改革招生机制上下功夫，以“新”招生；在改进工作作风上下功夫，以“勤”招生；在提高学生就业率和就业稳定率上下功夫，以“信”招生。

四是为民办学校排忧解难。江西省委、省政府、省人大、省政协的领导同志经常深入民办学校视察工作，定期开展专项调研，对民办学校的教育教学、党团建设、内部管理、招生和推荐就业等工作进行指导。省内三级人大、政协热情关心爱护民办教育的成长，每年都提交一批建议和提案，为民办学校排忧解难，督促同级政府采取措施促进民办教育发展。

4. 建立良性的宏观管理体制和运行机制

近年来，江西省政府统筹规划、综合协调和宏观管理的力度增强，省、市、县（区）三级教育行政部门均设立了民办教育专管机构，建立和健全了民办教育机构的审批制度、年终考核评估制度、财务财产审计制度、总结表彰制度、广告备案制度，负责对全省民办学校的统筹与管理。

江西省政府在对民办学校的宏观管理中，针对不同类型的民办学校的不同特点，分别加以指导和引导：对国有民办型的民办学校，重点放在引导其保证办学的独立性和保障国有资产上；对私立、股份合作及中外合作型的民办学校，着重引导其端正办学指导思想，全面贯彻落实党的教育方针，坚持民办教育的公益性，严格内部教育教学管理和财务管理，切实做到对学生、家长负责，对社会负责，为社会培养有用人才；对实行董事会下的校长负责制的民办学校，要指导其确定举办者与办学者的责、权、利，并完善其内部管理体制，逐步建立决策、执行和监督相结合的新机制。对全省民办学校中的一些不规范、不完善行为，除了立法规范外，还通过年检和督导以及开展民办学校的评估、办学等级评估等多种手段和方式来加以引导和规范。

如在对全省民办高校的管理中，江西省委、省政府下发了《关于进一步加强和改进民办普通高等学校工作的若干意见》（赣发［2007］3号），为贯彻落实好中央和省里加强民办高校管理重要文件精神，省委教育工委、省教育厅狠抓配套制度建设，一年来，先后出台了四个方面18个具体制度文件，包括：①健全内部管理体制，下发了委派督导专员实施办法、决策机构组成人员备案办法、校长和副校长核准办法；②招生管理，下发了招生简章和广告审查备案办法、招生工作意见、招生政策公告、派出招生监管工作组、迎新接站、报到通知书审查备案、建立公示牌、规范报到程序、建立信用记录制度、建立学生信息库、在规范招生中发挥党组织作用等规范文件；③财务管理，下发了法人财产权管理办法、学生退学退费办法；④依法管理，下发了年检办法、维护正常教学秩序、打击非法办学机构和招生中介等方面的通告。这些具体管理办法，针对性、操作性较强。通过组织实施，狠抓落实，全省民办高校规范管理开始进入制度化、常态化。

5. 强化学校内部管理，科学办学，内涵发展

目前，江西省民办学校已基本形成了校（院）长负责制、校（院）务委员会领导下的校（院）长负责制、董事会领导下的校（院）长负责制等形式的校内管理体制。各民办学校根据实际情况建立健全了教学督导、学生评教、财务资产等涉及学校管理各方面的制度，保证了全省民办学校的正常运转和办学质量、办学水平的提高。

为确保超大规模民办学校的健康发展，江西省民办教育主动适应中部地区崛起的新形势，按照“科学发展、和谐创业”的要求，强化学校内部管理，如在全省民办高校形成督导专员履行督学、督导、督察职责，学校决策机构依法依规集体决策，校长行使学校教学行政管理权，党委发挥政治核心和监督保证作用，教代会进行民主管理和监督等，努力实现从发展规模数量向提高教育质量的战略转移，更加注重提高学校教育教学质量，以体现学校优势和特色的内涵建设为主，以全面提升办学综合实力为主，实施民办教育示范性建设工程。在民办高等教育中，着力建设了若干个省级重点实验室和工程中心、若干个国家和省级示范性实训基地、一大批校企联办订单式特色高职专业，促进民办高等教育的内涵发展。

第四节　中南地区

一、河南省民办教育①

（一）河南省民办教育的主要成就

1. 民办高等教育

民办高等教育是让河南人为之骄傲的一个领域。20世纪90年代初期和中期，全国

① 本部分摘自河南省民办教育协会调研报告。

出现民办高等教育看河南的现象，鼎盛时期的河南民办高校在全国有着较大的影响。2000年，河南民办高校达到了118所，其中新中国成立以来中国第一所民办本科高校黄河科技学院就诞生在河南，全国较早的合作办学机构郑州大学升达经贸管理学院也是扎根于河南。

改革开放以来，我国的民办高等教育有了长足的发展，特别是《民办教育促进法》和《民办教育促进法实施条例》先后颁布并实施后，河南民办教育更是如火如荼、雨后春笋般地蓬勃发展起来。资产超千万元以上的民办高校有36所，出现了一批在全国具有较大影响的高层次、高水平学校。

目前，河南省高等教育总规模约为127.36万人，民办高等教育机构在校生已占普通高校在校生总数70.28万人的11.6%，达8.15万人。其中，本科院校3所（其中两所2008年9月才有本科生），在校生1.73万人；3所学校总占地面积7000多亩，实验仪器价值已达9800万元，拥有图书资料200多万册。

河南民办高等教育的发展，弥补了国家兴办高等教育财力的不足，为更多青年学生提供了进入大学深造的机会，进一步优化了教育资源，为国家节省了大量财政资金。按照培养一个高等学历教育学生国家财政每年需拨款6000元，非学历教育学生每年需培养经费3000元计算，河南民办高等教育机构每年为国家节约教育经费2.5亿元以上；从新征土地、新建校舍方面计算，每年可以为国家节省资金6.4亿元以上。同时，一些民办高等教育机构还租用了公办技校、干校、培训中心等教学场所办学，有效地利用了教育资源；从公办高等院校、科研机构和企事业单位聘用了一大批离退休教授及管理人才到民办高校任职，合理地利用人才，发挥了人才的最大效益。

2. 民办中等职业教育

河南民办中等职业教育发展迅猛。目前，全省中等职业教育学校959所，招生50.71万人，在校生126.09万人。其中，民办中等职业学校有近70所，占全省中等职业学校总数的7.29%；在校学生9.88万人。

3. 民办中小学教育

改革开放以来，河南民办中小学教育发展迅速，呈现出前所未有的发展态势和新的特征。

截至2005年，河南省有各类民办中小学、幼儿园4242所，在校（园）学生（幼儿）130.39万人。其中，民办普通高中197所，比上年增加27所，占全省普通高中总数的20.85%；在校学生19.19万人，比上年增加6.26万人，增长48.42%。民办中等职业学校69所，比上年增加28所，占全省中等职业学校总数的7.19%；在校学生9.88万人，比上年增加3.49万人，增长66.33%。民办普通初中485所，比上年增加87所，占全省普通初中总数的9.22%；在校学生32.66万人，比上年增加6.85万人，增长26.54%。民办小学777所，比上年增加192所，占全省普通小学总数的2.35%；在校学生33.48万人，比上年增加8.5万人，增长34.03%。民办幼儿园2714所，比上年增加592所，占全省独立设置幼儿园总数的65.52%；在园幼儿35.18万人，比上年增加8.47万人，增长31.37。

4. 民办学前教育

学前教育作为基础教育的基础，越来越受到重视。据不完全统计，截至2007年，河南民办幼儿园有3268所，占全省独立设置幼儿园总数的80%以上。民办幼儿园所占的比重越来越大。据了解，目前有15个省辖市的民办幼儿园占到当地幼儿园总数的80%以上，个别突出的地区，达到90%以上。

5. 二级学院

21世纪初期，郑州大学升达经贸管理学院、郑州大学西亚斯学院等先后建成并开始招生。随后，河南理工大学万方科技学院、河南大学民生学院、中原工学院信息商务学院、安阳师范学院人文管理学院、河南师范大学新联学院、新乡医学院三全学院、河南科技学院新科学院、信阳师范学院华锐学院、河南农业大学华豫学院、河南财经学院成功学院等十余所独立学院或二级学院出现在广大学生面前。现在，独立学院已成为河南民办高等教育的主力军。此外，河南民办培训机构也有较大发展。

（二）河南省民办教育发展的经验

河南民办教育一直保持着良好的发展势头，尤其是近年来，民办学校的数量持续增长，一大批在发展模式、管理文化、教学改革等方面具有独特价值的成功民办教育品牌的成长，一个具有开拓精神和创新能力的创业群体的出现，以及民办教育整体推进的区域典型的涌现，都让河南民办教育的发展成为业内人士关注的焦点。在这一过程中，河南民办教育的发展也积累了丰富的经验。

1. 政府的政策扶植与规范管理

河南教育近年来的快速健康发展，与国家先后出台的《民办教育促进法》及《民办教育促进法实施条例》密不可分。两个国家层面法律文本的先后出台，为民办教育的发展营造了一个良好的政策环境。与此同时，河南省各级政府相关政策的支持和教育行政部门有效的规范管理，对民办教育的繁荣发展起着重要的推动作用。

具体来说，主要包括：2004年11月，河南省教育厅出台了《关于进一步促进民办高等教育发展的意见》；在民办基础教育阶段，实施民办学校贫困学生可享受“两免一补”政策；在地方政府层面，2007年，郑州市二七区出台政策，在公办和民办学校之间推行教师交流制度，鼓励公办、民办学校合作办学，拨给承担部分义务教育任务的民办学校一定的教育经费，并设立民办管理专项资金，建立民办教育表彰奖励制度；在规范管理方面，省教育厅多次下发通知要求各地对所辖中小学校、幼儿园的安全教育、安全管理制度、安全应急预案、安全责任制的落实情况进行全面检查；郑州、开封、周口、平顶山、驻马店等地教育行政部门每年都坚持对民办学校进行年检，对一些年检不合格的学校给予取缔或整顿。

2. 民办教育协会行业的积极推进

河南省民办教育协会自成立以来，认真履行“服务、维权、管理”的工作职责，积极向政府和社会各界呼吁，促使政府和社会更加重视民办教育，提升民办教育地位，并努力当好政府的参谋，及时做好下情上达工作，提出建议，供政府部门决策时参考，还积极推动有关政策措施和地方性法规出台，改善了民办教育的政策环境，有力地推动了河南民办教育的持续健康发展。

协会曾接受省教育厅委托，组织召开河南省高等教育学历文凭考试部分试点专业性教材调研会，统一省内学历文凭考试教材；协助省教育厅组织召开学历文凭考试专业教学计划论证会和学历文凭考试考纲评审会，解决了教材不统一、考纲不规范的问题；协助省政府筹备河南民办高校改革与发展研讨会。在《民办教育促进法》及《民办教育促进法实施条例》出台前，多次组织民办学校座谈会，讨论修订意见，正式实施后，又接受省政府委托组织调研活动，向省政府呈报了调研报告。

协会还汇集多方资源，合力举办大型公益宣传活动，为民办教育的发展营造良好的外部环境。协会定期召开年会，表彰典型学校和办学个人，会聚全省民办学校代表交流办学经验，从 2006 年起，协会的年会与发展论坛相结合，邀请省内外专家学者作主题报告。

组织召开特色办学经验现场会，是近年来协会基础教育工作委员会致力于推进的一项工作，已成为协会每年一度的盛会。协会基础教育工作委员会成立以来，先后在开封市求实中学、辉县市新博学校、北大附中河南分校等学校举行现场会，推广成功学校的办学经验与教学特色。

3. 地方教育制度的创新

推动区域民办教育发展的一个重要因素是地方教育制度的创新。一些地方政府在民办教育领域积极探索，为民办教育的发展创造了良好的条件，政府的制度创新在很多地方尤其是经济欠发达地区成为民办教育发展的重要推力。

4. 理论研究与媒体支持

自民办教育诞生、发展以来，理论研究一直相对滞后。但河南民办教育界的理论支持在全国比较超前。省民办教育协会与黄河科技学院率先在全国分别成立了民办教育研究所。研究所成立以来，承担了政策分析、信息反馈、理论研讨等任务，为民办教育发展建言献策。《河南民办教育通讯》和《黄河科技学院学报》专门开辟了民办教育研究板块，为民办教育理论研究搭建了平台。

媒体支持为民办教育发展营造了良好的舆论环境。近年来，《河南日报》、河南电视台、《大河报》、《教育时报》等媒体都对民办教育发展取得的成绩给予了报道。

（三）河南省民办教育发展的特点

1. 办学形式多元化

民办教育的办学形式与学校的办学主体、所有权的界定、资金来源以及运行机制等多种因素密切相关。随着河南经济和教育事业的发展，河南民办教育的办学形式也呈现出多样化的特征。

从办学主体是单一的还是联合的来看，河南民办教育可分为单一主体民办学校和联合主体民办学校。从产权状况来划分，河南省民办教育办学模式可以分为公办民助、民办公助和私立学校。

2. 发展道路多样化

随着社会主义市场经济的不断发展，国民经济结构日趋多元化，河南民办教育的发展道路也日趋多样化。除了传统的滚动式发展模式之外，以大型私营企业、企业集团或个人的投资为依托，通过教育与资本市场各种形式的联姻，民办教育出现了教育集团模式、独立学院模式、集团投资模式、引资（包括引进外资）模式等。

一是以学养学、滚动发展模式。即以学费为主要的经费来源，依靠内部积累，逐步改善办学条件和扩大招生规模。以黄河科技学院、郑州科技职业学院、周口海燕职业中专、开封求实中学等为代表的民办学校就是这一类学校的发展典范。

二是教育集团模式。即按照企业的管理办法对教育资源进行市场化经营，提高教育产业的组织化程度，优化教育资源的配置效率的发展模式。在河南民办教育中，商丘春来教育集团具有代表性。该集团已拥有包括虞城县实验中学、春来小学、春来初中、春来高中和河南农业大学华豫学院 5 所学校，在校生 20000 多人，被业内人士誉为“民办教育的成功典范”，其发展模式与创造的奇迹一定程度上领跑了商丘乃至全省民办教育的发展。

三是独立学院发展模式。即以普通本科高校的优质资源为依托，多渠道、多形式吸引社会资金投入，从而充分调动办学各方的积极性的一种发展模式。河南大学民生学院、中原工学院信息商务学院、新乡医学院三全学院等校属于这种发展模式。

四是集团投资模式。指学校由集团公司投资办学的发展模式。它们起点一般较高，前期投资大，硬件设施好，能够充分发挥校企结合、互相促进的办学优势。

五是引资办学模式。指引进外资或发达地区的资金进行办学的模式。周口模式就是这样。

此外，河南民办教育还有以长葛实验中学为代表的股份制模式等。

多样化的发展模式为河南民办教育的发展注入了新的活力，使河南的民办教育在竞争与合作中稳步发展。

3. 办学层次多样化

市场经济的发展以及各市教育环境的相对宽松，促使河南民办教育的办学层次逐步走向多样化。目前，河南民办教育已形成民办各级各类教育、其他民办培训机构共同发展的多层次、多格局的民办教育体系。

4. 融资形式较为单一

办学自筹资金而不靠国家财政性投入，使得民办学校必须保证经费来源渠道的灵活多样，除了最基本的学费收入，以学养学之外，社会、企业或个人投资、捐资、集资、赞助，银行贷款，校产收益，国家或政府一定数量的补贴、奖励（包括政策的优惠和隐形的资助）也都是非常主要的渠道。但在现实中，民办教育融资难却是事实。公办学校所享有的国家财政拨款、银行的无息、低息或贴息贷款等权利对民办学校来说，几乎很难享受到。对于那些起步早、发展快或靠企业集团投资的民办学校来说，它们大多在较短时间内完成了自身规模的扩张，进入了良性发展，资金可能已不是制约学校发展的最主要因素。但对于那些最初靠个人投资、规模又相对较小的民办学校，则渐渐表现出后续资金的严重不足，进而严重影响学校的发展。

河南民办学校在多年的发展中对融资形式也进行了积极的探索和实践。就目前来说，河南民办教育主要有以下几种资金来源方式：一是以黄河科技学院、郑州科技职业学院等一些滚动式发展为代表的学校，主要资金来源为学生学费；二是北大附中河南分校、周口中英文学校等一些学校主要依靠集团公司的投资；三是以郑州大学升达管理学院、郑州大学西亚斯国际学院以及由香港昌福集团投资的项城昌福学校等为代表的学校，主要融资渠道是境外投资。而从总的情况来看，河南民办学校融资渠道相对来说比较单一，大多数对学费的依赖性比较大。

5. 坚持诚信办学原则

河南省有关主管部门对民办教育的诚信非常重视。早在 1984 年，省教委针对民办学校中出现的管理混乱、坑蒙拐骗现象，颁发了《河南省社会力量办学暂行管理办法》，并连续多年对一些不规范的学校进行通报，令其停办或限期整顿。2007 年 8 月，针对全省 1600 多家民办职业培训机构办学质量良莠不齐的情况，河南率先在省直民办职业培训学校及洛阳、安阳、许昌、漯河 4 个省辖市民办培训机构中实行诚信办学信用等级认证试点，并于 2008 年在全省开始推广普及。

与此同时，大多民办学校自觉坚持诚信办学的原则，不坑不骗，获得了社会各界的广泛认可。

6. 坚持社会公益性原则

河南民办学校在发展中始终坚持社会公益性，在社会上引起了巨大的反响。黄河科技学院长期为灾区学生和残疾学生免除学费，为贫困学生减免学费，提供各种帮助，并连续十年免费为下岗女工举办技能培训班。

北大附中河南分校每年拿出至少 500 万元用于减免贫困学生的学费和生活费，斥巨资为品学兼优、家境贫寒的学生设立奖学金与助学金，并与世界报业百强《大河报》联手创办河南省大河宏志学校，每年拿出 300 万元资助优秀寒门学子，为解决家庭贫困学生就学问题作出了贡献。民办学校强烈的社会责任感获得了社会各界的一致认可。

7. 规模扩张与质量提高并重

在经过一段时期的规模发展之后，民办学校必须以优质的教育、优质的服务来吸引生源，以人员的精干、运转的高效来降低办学成本，这就是我们所说的质的提高。

如果说“量”是民办高校生存的条件，“质”则是河南民办教育生存的基础。规模、质量、效益相协调，质量高而且相对稳定的生源是民办学校办学质量得以提高的重要因素。稳定而充足的生源是学校发展的基础。除了生源的数量，生源质量的好坏更能直接对办学的质量产生影响。正是基于这样的共识，河南的民办教育发展呈现出规模与质量协调发展的良好势头。

目前，河南的高等教育仍然具有潜在的巨大的生源市场，参加高招的考生每年都在增加，普通民众对高等教育的需求有增无减，地区和经济差异带来的教育资源分配不均的现象将进一步得到改善，这些因素促使民办教育规模的继续发展成为必然。

8. 管理规范化

总体来讲，河南各地市教育主管部门的政策相对较灵活。比如，河南省各地的教育主管部门对民办教育的发展给予越来越多的政策优惠，同时，在加强规范管理方面职能越来越突出。以郑州市为例，2005 年 10 月 9 日，郑州市召开民办教育工作会议。这次会议出台了《郑州市人民政府促进民办教育发展的意见》。同时，在郑州市教育局社会力量办学管理处的领导下，该市各级教育行政部门的民办教育管理服务机构也在不断建立健全。各县区教、文、体局都建立了民办教育工作制度，不少地方设立了专门的管理机构。

但是，河南的民办教育政策与我国经济发达地区、教育先进地区相比，却具有滞后性，《民办教育促进法》和《民办教育促进法实施条例》出台几年了，省里的实施意见却迟迟没有出台。近年来，省政府及有关部门对省内民办教育的发展比较关注，2004 年河南省教育厅等相关部门联合出台了《关于进一步促进民办高等教育发展的意见》，在提高民办高等学校的竞争能力和发展水平、政府向民办高校委派督导员的制度、民办高校的资产过户问题、民办高校的年检制度、民办高校招生简章和广告的管理方面作出一些规定。

9. 发展道路波浪式

20 世纪 80 年代初期，河南一批热心于教育事业的志士仁人开始投身于民办教育，开始了河南省民办教育发展的新时期，民办教育迅速复苏发展。但是，从总体上看，30 年来河南省的民办教育发展呈现出波浪式发展的特点。鼎盛时期的河南民办高校在全国有着较大的影响，2000 年，河南民办高校是 118 所，现在只剩下十几所。尤其是 2004 年学历文凭考试制度的取消，一大批民办高校先后淡出人们的视野。另外，民办高校的发展也曾遭遇过两次政策变化的冲击。高校的扩招，为考生提供了更多的升学机会，而原来规模小、以自学考试辅导为主的民办高校开始出现生源危机；学历文凭考试制度的取消，使民办高校面临新的转型。一些医学院校在教育行政部门的引导下开始转向中等学历教育。学历文凭考试制度的取消和医学专业自学考试的停止，给民办高校的发展发出了一种危机预警。

面对严峻形势，河南的教育主管部门没有作壁上观，而是积极为民办学校的发展提供各种帮助。民办教育的发展拓宽了教育投资渠道，增加了优质教育资源，走出了一条教育为地方经济服务的新路子。与公办学校在同样的竞争格局中，民办学校表现出了明显的优势。现在，一些渡过危机的民办学校均已步入了良性发展的轨道。

10. 育人模式学历教育与职业技能教育相结合

在高等教育大众化阶段，高等教育的主要功能必然转向满足更为广泛的社会需求、满足公民个人接受更高层次教育的需求。从多年的教育实践中，河南的民办教育界逐渐认识到，从自身的实力和经验以及市场的需求出发，应培养适销对路的应用型人才，特别是民办高等教育，不能脱离社会实际需要而盲目追求高层次高学历。因此，以黄河科技学院为代表的省内民办高校走出一条“本科学历教育与职业技能教育相结合”的育人模式之路。这种人才培养模式的基本特征有以下几点：一是适应社会需要，以培养一线创新人才为目标；二是优化人才培养方案，使学科教育与职业技能教育相结合；三是加强实践教学，使基本技能训练与职业素质教育相结合；四是扩大“双师型”教师队伍，使教学与实践相结合。这种人才培养模式，遵循教育教学规律和人才培养规律，从社会对人才的需求出发，立足于民办本科高校的目标定位，培养出一大批广受社会欢迎的优秀的应用型一线人才。

11. 师资队伍自己培养与遴选聘任相结合

由于民办学校被定性为“民办非企业单位”，直接影响了其教师的身份和与公办学校教师的平等待遇问题，阻碍了教师流动，也由此导致了一些学校对聘用教师重用轻培、只用不培。为了学校的生存和发展，民办学校普遍采取了遴选聘任和自己培养相结合，专职与兼职相补充的师资队伍建设模式。

学校根据不同专业对职业技能教育的要求，从科研单位、企业、媒体、医院、金融机构等引进了一批既有学术水平、又有很强实践能力和教学能力的专业技术人才，组织他们参加高等教育教学理论培训，使其获得高等学校教师资格证，从而保证“双师型”教师适应教学需要，实现了教学与生产、教学与社会现实问题的结合，收到了良好的教学效果。学校坚持开放办学，派出青年骨干教师到企业单位参与学生实习指导、科研考察和工程实践等锻炼，帮助他们提高专业素质和实践能力，促进教学与科研、教学与实践的紧密结合。

12. 重视理论教学，突出实践教学

河南省的民办学校总体上看，具有重视理论教学、突出实践教学的特征。重视加强实验室和实习（实训）基地建设；深化实践教学内容与体系改革，规范实验、实习、实训、课程设计、社会实践、毕业设计（论文）等实践教学环节；积极开设综合性、设计性实验，推进实验室开放，加强职业技能的训练与培养；加强课外实践和科技创新活动，着力培养学生的创新精神和实践能力。主要从以下几个方面着手加强实践教学。一是要加强实验室和实习基地建设，搭建基本技能训练和职业素质教育的平台。二是依据应用型人才培养目标，坚持目的性、系统性和科学性的原则，构建和完善“四模块”的实践教学体系，主要包括基础实践模块（军训、入学教育、基础实验、认知实习），专业实践模块（见习、生产实习、专业实验实习、课程设计），综合实践模块（综合性设计性实验、职业技能训练、社会实践、毕业设计/论文），创新实践模块（开放实验、第二课堂、学科竞赛、科技创新活动）。实现第一课堂与第二课堂、校内教育与校外实践的良性互动，构建了与理论教学协同发挥作用的实践教育体系。三是大力推行职业技能训练，鼓励学生参加职业资格证书考试。本科学历教育与技能培训有机结合，就应该积极创造条件组织学生参加职业资格考试，增强学生就业能力和职业竞争能力。四是要积极组织课外实践和科技创新活动，培养学生的创新精神和实践能力。这些活动的开展成为第一课堂的有益补充，为学生搭建一个良好的实践平台。

河南省民办学校的发展是健康的、循序渐进的，办学行为是规范的，教育教学质量逐年提高，毕业生就业形势良好，并逐步形成多样化的发展模式、灵活的办学机制以及一校一策的办学特色。

二、湖北省民办中小学、幼儿园①

（一）民办中小学、幼儿园的发展现状

改革开放以来，特别是近几年，湖北省贯彻“积极鼓励、大力支持、正确引导、依法管理”的工作方针，民办中小学、幼儿园有良好发展，已成为湖北省教育事业不可分割的组成部分。

1. 办学规模

全省民办中小学384所，占全省中小学总校数的2.9%；在校生28.73万人，占全省中小学在校生总数的3.6%。其中：民办高中（含完中）147所，占全省普通高中（含完中）总校数的22.2%，在校生11.88万人，占全省普通高中在校生总数的9%；民办初中136所，占全省初中总校数的5.6%，在校生9.40万人，占全省初中在校生总数的3.3%；民办小学101所，占全省小学总校数的1%，在校生7.45万人，占全省小学在校生总数的2%。

全省已登记注册的民办幼儿园1707所（尚有1000所左右未办理许可证），占全省在幼儿园总数的66.3%；在园儿童22.6万人，占全省在园儿童总数的60%左右。

① 本部分摘自湖北省民办中小学幼儿园协会调研报告。

2. 主要特点

（1）起步较晚，发展较快。湖北省民办教育起步于20世纪80年代后期，《民办教育促进法》实施后有了较快的发展，如黄冈、黄石、随州、咸宁、仙桃、天门等市。湖北省多数民办学校是近几年举办的，目前大部分地区民办幼儿园已成为学前教育的主体。如宜昌、黄石、仙桃等市，民办幼儿园占全市幼儿园的90%左右。近年来，民办高中新增109所，比五年前增加了3倍。

（2）办学主体多元化，投资形式多样化。从办学主体看，主要有公民个人单独或者联合办学、社会组织（包括企事业单位、社会团体）办学、公民与社会组织联合办学、公办学校参与办学等。在一些地区，公办学校参与举办的民办学校成了该地区民办教育的主要部分，如武汉市。

从投资形式看，主要有公民个人、社会组织独资办学；合资办学或股份制办学；利用公办名校品牌和教育资源办学；利用公办名校品牌吸收社会资金办学；公办名校教职工集股参与办学等。

从办学条件看，主要有租赁、改造闲置的社会资源和公办教育资源办学；利用小区配建学校和转制的企业子弟学校办学；投资征地新建校舍办学等。也有几所将公办学校转制为民办学校的。

（3）发展态势较好。《民办教育促进法》颁布实施后，湖北省部分市（州）、县（市、区）政府和教育行政部门先后出台或正在制定政策法规与措施，加大了扶持和管理的力度，民办教育发展的外部环境逐步改善。民办学校依法规范办学行为，不断增强办学实力，形成办学特色，提高教育质量，正在逐步实现向优质教育资源转化。一批民办学校已被社会认可，并在省内有一定影响。

（二）主要成绩

1. 提高了基础教育的普及程度，适应了社会各层面教育选择的需要

义务教育阶段民办教育的发展，适应了社会各层面对教育多样化的需求，一定程度上缓解了择校入学的矛盾。民办幼儿园是普及学前教育的主力军。城市民办简易学校的举办，对解决农民进城务工子女入学难的问题起到了补充作用。而民办高中的发展，增加了初中毕业生的升学机会，提高了初中毕业生的升学率。

2. 增加了教育存量资源，减轻了国家财政负担

发展民办教育，打破了政府单一的教育投资体制。通过广泛吸纳社会资金，实现了教育投资的多元化，减轻了国家财政负担。据统计，湖北省民办基础教育已拥有固定资产40亿元，形成了庞大的教育存量资源。一批民办中小学校的建校投资超过亿元。按公办学校财政投资的办学经费计算，全省民办中小学每年要为国家节省教育经费6亿元。

3. 缓解了就业压力，维护了社会安定团结

民办学校充分利用大量社会闲置的教育资源，促进了教育资源的合理配置。民办学

校有一支庞大的教职工队伍，既为一批退休干部、教师提供了发挥余热的机会，又为大批的大学毕业生和下岗职工提供了就业岗位。民办学校在自身建设发展中，还带动了周边交通、通信、电力、建筑、建材、餐饮等行业，扩大了内需，促进了经济发展。

4. 形成了竞争环境，推动了教育改革

民办教育的出现，打破了传统的国家包揽办学的单一办学体制，形成了公办、民办教育之间相互促进的竞争环境，为全省教育改革和发展增添了活力。

（三）基本经验

1. 政府重视是民办教育发展的根本保证

黄冈、仙桃等市委、市政府认为“发展民办教育与发展民营经济同样重要”，要把民办教育的发展作为教育发展主要的新的增长点来抓，并多次召开专题会议，研究解决民办教育发展中的政策问题和具体问题。大冶市政府要求各部门“观念上公办、民办一视同仁，政策上向民办教育倾斜，行动上对民办学校帮扶到位”。赤壁市委、市政府领导带头，认真学习、积极宣传《民办教育促进法》、《民办教育促进法实施条例》，开展专题调研，制定一系列扶持民办教育发展的政策与措施。

2. 宽松的办学环境是民办学校发展的重要条件

近年来，不少市、县政府和教育局相继出台了许多扶持民办教育的政策，就民办学校的审批、管理、征地、建校、引资、融资、税收、招生、收费、教师队伍建设以及维权等方面的政策优惠和扶持作出相关规定，把对民办教育的支持落到实处。

3. 严格管理、依法办学是民办学校持续、健康发展的重要保障

不少市县教育部门提出要把好“三关”：严格审批权限、程序、条件，把好准入关；加强学校财务监督，建立风险金制度，把好安全关；维护教师权益，稳定教师队伍，把好保障关。为了加强民办学校的常规管理，实行了“招生广告审批制度”、“教育教学常规视导制度”、“年检制度”、“综合办学水平督导评估制度”等。

4. 走优质、特色之路是民办学校发展的关键

湖北省不少民办学校利用办学机制带来的活力，坚持特色办学、办优质教育学校，民办学校开始走上持续健康发展之路。

三、湖南省民办教育①

（一）民办教育发展现状

湖南省民办教育从 20 世纪 70 年代末起步，21 世纪初步入了发展的快车道。至

① 本部分摘自湖南省民办教育协会调研报告。

2008年9月止，全省各级各类民办学校（教育机构）已达5533所，在校学生143.61万人，教职工10.26万人；民办职业技术培训学校（机构）898所，教职工1.1万人，年培训学生（员）23.8万人。湖南省民办教育机构涵盖了学前教育、义务教育、高中阶段教育、高等教育以及职业技术培训各个领域，民办教育已成为湖南省教育事业不可或缺的重要组成部分。

1. 民办高等教育已成为推进湖南省高等教育大众化的重要力量

湖南省现有民办普通高等学校28所（含普通高校举办的独立学院），为全省同类高等院校数的1/3，其中本科学院2所，独立学院15所，高职学院11所，在校学生18.08万人，占全省高等院校在校生人数的19.06%；民办非学历高等教育机构30所，在校学生1.55万人。2008年，民办普通高校和民办非学历高等教育机构共招收学生67905人，毕业学生38777人。自1999年湖南省第一所全日制民办高等学校正式招生至今，已经培养本、专科层次毕业生约20万人，促进了全省高等教育毛入学率的提升，推动了全省高等教育大众化的进程。

2. 民办中等职业教育的办学规模赢得了湖南省中等职业教育“半壁江山”

湖南省现有民办中等职业学校（机构）321所，占全省中职学校（机构）的46.72%，在校生26.56万人，占全省中职学校在校生人数的34.79%。近年来，湖南省民办中职学校的办学水平和办学质量稳步提升，一些地方民办中职学校办学规模甚至超过公办中职学校，涌现出长沙环球职业中专学校、衡阳华岳电子工程学校、怀化市万昌中专学校、岳阳湘北女子学校、怀化振华职业学校等一批优秀民办中职学校，它们紧贴社会用人需求，实施“订单教育”，注重办学特色，强化对学生的技能培养，毕业生就业率保持在95%以上，有力地推动了全省农村富余劳动力转移和城镇就业率的提高。

3. 民办学前教育已成为湖南省学前教育的主力军

截至2008年年底，湖南省有民办幼儿园4751所，占全省学前教育机构总数的86.13%；在园幼儿55.02万人，占全省在园幼儿的51.94%。民办幼儿园遍及全省城乡，多数实现了“独立的园舍，独立的法人，独立的财务，独立的用人机制”，对推动全省学前三年教育的普及发挥了重要作用。岳阳市岳阳楼区着力为民办学前教育营造良好的发展环境，民办幼儿园已达191所，占区内幼儿园总数的98.45%，在园幼儿1.89万名，占区内入园幼儿的92.3%，是值得推广的全省城区学前教育发展模式；地处边远贫困山区的安化县，所辖23个乡镇均建起了民办中心幼儿园，形成了公办、民办幼儿园相互促进、共同发展的新格局，为全省农村乡镇幼儿教育的规范发展提供了很好的范例。

4. 民办基础教育涌现出一批优质教育资源

湖南省现有民办中小学403所，在校生42.4万人，其中小学117所，在校生10.95万人；初中137所，在校生17.83万人；普通高中149所，在校生13.62万人。这些民办普通中小学，一定程度上缓解了当地基础教育学位短缺的状况，并承担了九年制义务教育的责任。湘潭凤凰中学、北京师范大学株洲附属学校、长沙同升湖国际实验学校、涟源私立行知中学、双峰国藩实验学校、郴州明星学校、新宁崀山实验学校、武岗展辉国际实验学校、益阳市高平中学等民办学校“高起点规划、高标准建设、高质量发展”，满足了人民群众对优质教育的需求，不少学校跻身市级示范性学校行列，湘潭凤凰中学还被评为省级示范性高中。

5. 民办职业技能培训机构成为从业人员接受培训的主阵地

自20世纪90年代后期以来，湖南省民办职业培训学校（机构）异军突起，现有898所学校（机构），占全省同类培训学校（机构）的56.58%；年培训各类技工、技能型人才23.8万多人，满足了社会上诸多行业从业人员继续教育的需求，也满足了“再就业”人员、农村富余劳动力学习技术的需求，并形成了一批培训质量高、信誉好的“名牌”。如从事软件技术培训的“牛耳”、从事烹饪技术培训“新东方”、从事汽车维修技术培训的“北方汽修”等。民办职业培训学校（机构）为湖南省构建学习型社会作出了贡献。

（二）民办教育对湖南省教育事业和经济社会发展作的贡献

1. 增加了教育经费的投入

截至2008年9月，湖南省各级各类民办学校（不含幼儿园）校舍建筑总面积为1961.2万平方米，图书藏量2511.28万册，教学仪器设备总值18.46亿元，固定资产总值142.62亿元；办学过程中的运行经费已逾500亿元。2006—2008年，湖南省各级各类民办学校共毕（结）业学生（不含学前教育和职业技术培训）724491名，仅按生均培养经费3000元的低标准计算，3年就为国家节约教育经费支出23.73亿元。改革开放以来，全省民办学校历届毕（结）业学生300多万人，已累计为国家节省教育经费近百亿元。民办教育的发展，一方面增加了全省的教育投入，扩充了教育资源总量；另一方面则缓解了政府的财政压力。

2. 推动了教育体制的创新与改革

民办教育的复兴与发展，对推动全省教育体制的创新与改革起了十分重要的作用。如：办学经费的多渠道投入，公办民助、民办公助的办学形式，绩效挂钩的管理机制，与企业用人标准零距离对接的“订单”培养模式等，都是源自民办教育机构在办学过程中的探索，它们主动关注社会需求，勇于创新教育理念、办学模式和管理机制。湖南省中职教育近几年的快速发展，民办中职学校功不可没，它们在“双师型”教师培养、主动寻求校企协作办学、强化职业技能训练等方面的探索，为全省中职教育发展注入了新的活力，提升了中等职业教育的品质。

3. 满足了人民群众对教育的多样化选择需求

湖南省民办教育基本上是伴随着社会日益高涨的教育需求而发展起来的。以2006—2008年的统计数据为例，3年来，全省民办普通高等学院和民办非学历高等教育机构共招收学生183219人，帮助这些青年学子实现了接受高等教育的愿望；民办高中和民办中职学校共招收学生488509名，使这些学子顺利完成了高中阶段教育。近年来，职业技能培训成为社会教育需求的热点，民办技术培训学校（机构）便应时而生，既满足了人们学习职业技能的需求，又为企业的发展提供了熟练的技能人才。民办幼儿园近几年的快速发展，恰好与人民群众对学前教育的需求相吻合。据不完全统计，改革开放以来，全省民办教育共为近500万名学子提供了学习机会，使他们实现了自己的求学愿望。

4. 缓解了经济社会发展对各类人才的需求矛盾

湖南省民办中等职业学校紧紧贴近市场需求，开设的专业大都为社会所急需，所培养的毕业生就业率一般都高达95%以上，有效地缓解了企业特别是民营企业和“三资”企业对初、中级技能人才的需求矛盾。

5. 增加了就业岗位

改革开放以来，湖南省民办学校聘任教师和服务管理人员逐年增加，2008年全省民办学校教职工人数已达11.36万人，围绕民办学校间接服务的就业人数更多，为缓解全省社会就业压力、维护社会稳定，作出了积极的贡献。

6. 整合了闲置的教育资产和人才资源

民办教育吸纳量大，通过市场力量重新配置资源，充分挖掘了现有人才资源，盘活了一大批闲置的教育资产。一大批热爱、热心民办教育事业的优秀人才、退休干部、退休教授服务民办教育事业，使这些人才资源最大限度地发挥了效应，为全省教育大省向教育强省转化作出了应有的贡献。教育布局调整后，民办学校以购买、租赁等方式利用大量校舍、设备，使这些闲置的资产得以重新利用，确保了国有资产的保值、增值。

7. 拉动了相关产业的发展

随着民办教育办学规模的逐年扩大，在一定程度上也拉动了建筑、交通、印刷、出版、零售、餐饮、物流等相关产业链的发展，从而带动经济的增长，产生了综合性社会效益和经济效益。据测算，全省150余万名师生，每年可拉动内需和城乡居民消费达70亿多元。

8. 推动了教育为“三农”服务

民办学校的学生，尤其是民办职业院校的学生，约90%来自于农村，其中又有20%来自于老少边穷地区，他们经过职业教育后赴沿海地区或省中心城市就业，使家庭迅速摆脱贫困；民办幼儿园在农村的兴起，满足了农民子女的入园需求；在农村民办寄宿制中小学的学生中，留守儿童就占了70%以上，在一定程度上化解了“留守儿童”教育、监管缺失的问题。民办学校为推动湖南省的“社会主义新农村”建设作出了重大贡献，不仅弥补了湖南省农村公办教育资源的不足，而且也促进了农村教育事业的进步。

四、广东省民办教育[①]

（一）发展基本情况和发展思路

近年来，广东省民办教育办学规模不断扩大，办学质量不断提高，在教育体系中的地位越来越重要。截至2008年，全省有民办普通高校27所，独立学院17所，在校生31.9万人，占全省本专科在校生的26.2%；民办中等职业学校158所，在校生17.5万人，占全省中等职业学校在校生总数的17.5%；民办普通高中115所，在校生8.8万人，占全省普通高中在校生总数的4.8%；民办初中646所，在校生50.5万人，占全省初中在校生总数的10.1%；民办小学821所，在校生136.1万人，占全省小学在校生总数的14.3%；民办幼儿园7386所，在园幼儿124.9万人，占全省在园幼儿总数的53.7%。

广东省民办教育的发展，促进了办学主体的多元化和办学形式的多样化，改变了政府包揽教育的传统格局，初步形成了政府办学为主、社会各界共同参与办学的体制，在一定程度上满足了社会多样化的教育需求，扩大了教育资源供给，缓解了学位教育资源状况；促进了投资主体的多元化和资金来源的多样化，吸纳了社会资金投入教育，拓宽了经费来源渠道，弥补了政府教育经费投入的不足；深化了教育内部管理体制改革，促进了教育成本核算方式和人事制度的变革，逐步形成了同级不同类型学校相互竞争的氛围。可以说，广东省民办教育的发展，为全省经济社会的发展和教育本身的改革与发展作出了历史性贡献。

党的十七大指出，鼓励和规范社会力量兴办教育。广东省的民办教育工作，坚持两手抓，促进发展和规范管理“双管齐下”，为民办教育的健康快速发展创造良好的政策环境和法制环境。广东省将坚定不移地贯彻落实《民办教育促进法》提出的“国家对民办教育实行积极鼓励、大力支持、正确引导、依法管理的方针”，促进民办教育持续、快速、健康的发展。

1. 把民办教育纳入教育发展的总体规划

各地切实制定民办教育近期和中期发展的目标和措施，把民办教育从自发发展纳入有序发展的轨道。调整、充实、提高民办幼儿园、小学和初中，改善条件，扩大规模，提高质量，形成特色；大力发展民办普通高中、民办中等职业技术学校和民办高等学校。只要适应经济社会发展的需要，任何形式的非义务教育阶段的民办教育，都鼓励加快发展。做大做强现有民办学校并高起点发展新办学校。对已批准的民办学校，继续鼓励扶持，逐步通过督导评估，促使改善办学条件，并选择一批办学思想端正、有潜质的

① 本部分摘自广东省民办教育协会调研报告。

民办学校予以重点扶持，办成优质学校，形成规模和品牌效应。有条件的地区鼓励举办教育集团，形成系列，扩大规模，规范管理，做大做强，形成品牌。对于新办学校，严把准入关，力求高起点办学，防止新的“麻雀”学校和薄弱学校，防止无证办学，做到布局合理、办学合规。

2. 落实各级政府对民办教育的管理职责

县级以上地方各级政府教育行政部门主管本行政区域内的民办教育工作，明确内设机构发展和管理民办教育的职责，切实建立对属地民办学校的管理制度，将民办教育纳入正常管理范畴，改进管理方法和手段，提高管理效率和水平。劳动和社会保障、财政、税务、审计、工商、物价、民政、公安等有关部门在各自的职责范围内，分别做好民办教育的有关工作。加强民办教育法制建设，教育、公安、民政、工商等部门要加大综合执法检查力度，相互配合，坚决打击和制止无证办学、乱办学、乱发招生广告等行为，规范全省民办教育的市场秩序，促进民办教育健康发展。为加强民办教育的管理工作，建议各级教育行政部门成立民办教育管理的专门机构。

3. 建立完善民办学校准入制度

加强民办教育的规范管理，需从源头抓起，进一步建立完善各级各类民办学校的准入制度，制订科学合理的设置标准，严把准入关。把好举办者这道关，举办民办学校的社会组织应当具有法人资格，举办民办学校的个人应当具有政治权利、完全民事行为能力和政策规定的其他相应条件。严把审核关，审批机关应当认真审核申办者资格、资金来源，考察办学条件是否符合设置标准，严格把关，按程序审批。对办学条件达不到要求，办学资金没有保障或以营利为目的不予审批。严把硬件关，新成立的民办普通高等学校、民办普通高级中学和民办中等职业学校要有规定面积的自有用地，提供校园《建设用地许可证》和《土地使用证》，没有达到自有用地面积标准的不予审批。

4. 加强民办学校财务管理，落实法人财产权

加强财务管理，是防范民办学校办学风险的重要手段。依法落实民办学校法人财产权：民办学校的举办者应当按照《民办教育促进法》及《民办教育促进法实施条例》的规定，按时、足额履行出资义务；民办学校的资产必须在学校设立之日起一年内过户到学校名下。依法规范民办学校财务管理，民办学校应当按照《民办教育促进法》的要求，遵照国家关于学校财务制度、会计制度的规定，依法建立财务、会计制度和资产管理制度，设置会计账簿，进行会计核算，编制会计报告。切实规范民办学校收退费行为：民办学校对受教育者收取学费等费用要按规定程序和审批权限报教育主管部门审核、物价部门批准（备案），并向学生进行收费公示；学校要按照物价部门审批或备案的收费项目和标准收费，严禁任何学校和单位自立收费项目、自定收费标准和跨学年收费；民办学校收费应使用财税部门规定的统一票据。学校存续期间不得以任何方式和名义抽逃资金和挪用办学经费。加强对民办学校的财务监管：教育主管部门对其批准设立的民办学校要加强财务管理、监督和工作指导；建立学校财务状况定期报告制度，定期

组织财务状况审计；学校提供的年度财务报告应按照教育主管部门的要求委托社会中介机构进行审查鉴定，对财务管理混乱，弄虚作假，抽逃办学资金等情节严重的，要终止其招生办学，吊销其办学许可证。

5. 完善民办学校招生广告备案

依法规范民办学校招生行为：各级各类民办学校应当按照办学许可证核定的学校名称、办学地点、办学层次、办学类型等组织招生工作和开展教育教学活动；各级各类民办学校未经教育主管部门许可，不得在办学许可证核定的办学地点之外办学，不得设立分支机构，不得出租、出借办学许可证；各级各类民办学校招生简章和招生广告必须载明学校名称、办学地点、办学性质、招生类型、学历层次、专业设置、学习年限、收费项目和标准、退费办法、招生人数、证书类别和颁发办法等。

6. 建立民办学校年检制度

实行民办学校办学情况年度检查制度，是各级教育主管部门加强民办教育规范管理，促进民办教育健康发展的有效手段。民办学校的年检职责实行“分级管理、分级年检，谁审批、谁年检”的原则。省教育厅负责全省民办普通高校、独立学院和经其批准设立的民办非学历高等教育机构及其他民办教育机构的年检工作。市、县（市、区）教育行政部门按照各自权限负责本区域内经其批准设立的民办普通中小学、幼儿园，民办中等职业学校及其他民办教育机构的年检工作。

（二）对民办教育的扶持和鼓励政策

近年来，广东省委、省政府高度重视民办教育事业，采取了一系列措施，促进和规范全省民办教育健康发展。一是制定促进民办教育发展的政策。省委、省政府在2004年8月印发了《广东省教育现代化建设纲要（2004—2020年）》，提出要加快推进教育体制创新，深化办学体制改革，义务教育坚持以政府办学为主、以社会力量办学为补充，非义务教育实行更加灵活、开放、多样的办学体制和办学模式，形成以政府办学为主、公办学校与民办学校共同发展的格局。2005年8月，省政府印发了《广东省教育现代化建设纲要实施意见（2004—2010年）》，其中对各级各类教育办学体制改革、落实民办教育发展的优惠政策、规范民办教育管理等提出明确的要求。二是设立民办教育发展专项资金。2005—2010年，省政府每年拨出3000万元专款，作为省民办教育发展专项资金，用于鼓励和资助民办教育。省政府同时要求各市、县（市、区）政府设立相应的专项资金，支持当地民办教育发展。《广东省民办教育发展专项资金管理办法》已经制定，专项资金拨付程序将于近期启动。一些市正在按照省的要求，设立民办教育专项资金，如深圳市，在最近出台的《深圳市人民政府关于加强民办教育规范管理的若干意见》中明确规定，市、区两级都要设立民办教育专项资金，具体经费正在落实之中。三是加快民办教育地方立法。针对全省的实际情况，为使《民办教育促进法》及《民办教育促进法实施条例》得到更好的贯彻执行，推动民办教育加快发展和规范管理，省教育厅在调研的基础上，正在抓紧推进地方性法规的立法工作。目前，形成了《广东省民办教育促进条例（草案）》以下简称《条例（草案）》，已经提交省政府审议，再提交省人大立法通过。

《条例（草案）》的主要内容，重点体现了政府促进和扶持民办教育发展的措施，主要有：一是关于政府可以设立民办教育发展专项资金。民办教育的发展离不开各级政府的大力扶持和奖励。广东省委、省政府为更有力地促进民办教育的发展，已设立了“广东省民办教育专项资金”。从 2005 年起，连续 5 年以每年 3000 万元对办学信誉好、办学质量高的民办学校进行奖励。这一举措使民办学校的举办者、校长、学生深受鼓舞，对民办教育的发展产生了积极作用。随后，一些市也相应设立了“民办教育专项资金”。结合全省各地经济发展还很不平衡的实际，《条例（草案）》第十条强调“政府可以设立民办教育专项资金”，用于奖励办得好的民办学校，体现了政府鼓励和扶持民办教育的积极导向。二是给予民办学校平等待遇的税收和收费优惠。公办、民办学校最根本的区别就是资金来源不同，其所作的贡献是同样的。《条例（草案）》第十一条至第十五条，对民办学校建设纳入城乡规划、用地建设规费减免、税收优惠、制发事业专用票据、对承担义务教育任务的民办学校拨付经费、给自筹经费的事业编制，资产过户规费减免、收取行政事业性费的项目与标准，以及用电、水、气、排污、通信收费优惠等方面作了规定。三是给予民办学校一定数量的自筹经费的事业编制。《条例（草案）》第十四条规定：“县级以上人民政府对本区域内办学信誉好、办学质量高的民办学校可以给予一定数量的自筹经费的事业编制。”这项规定有利于解决教师的退休社保、医保购买标准、户口、教师资格和职称问题等后顾之忧，能极大稳定民办学校教师队伍，提高民办学校的教育质量，还不增加财政的负担。这一做法，在江苏、浙江等一些地市已经实施，更早前广州市也对几所民办高校给过这样的支持，效果很好，是对民办学校教师队伍建设最关键的制度扶持。四是对出资人“奖励扶持”作了明确规定。为有利于吸引社会力量兴办教育，有利于满足人民群众对教育的多元化需求，有利于缓解财政经费的不足，《条例（草案）》第十六条第一、二款规定：“鼓励企业捐资助学。企业通过中国境内非营利的社会团体、国家机关向民办教育事业的捐赠，依照税收规定予以税前扣除。企业用税后利润在所在地出资办学的，与其出资额相对应的企业所得税地方所得部分，由财政部门奖励给企业，全额用于办学。”第十七条规定：“出资人不要求取得合理回报的，经学校董事会（理事会）讨论决定，可以以出资人举办时的出资数额为限，每年按不超过出资额的 7% 从学校办学结余中逐步提取，用于奖励出资人。”这些规定，能够更有效地调动社会力量兴办教育，让民办学校的出资人放心投入，舍得投入，并长远地办好教育，避免短期行为。

（三）对民办学校监督管理的措施

《条例（草案）》涉及监督管理的内容，主要有：

1. 设立民办学校按照下列权限审批和管理

（1）实施本科教育以及师范、医药、公安类专科教育的民办普通高等学校，报国务院教育行政部门审批。

（2）民办高等职业技术学院，由省人民政府审批，并报国务院教育行政部门备案。

（3）民办普通高中、民办中等职业学校，由地级以上市教育行政部门审批，报省教育行政部门备案。

（4）民办义务教育学校、民办幼儿园、文化教育类非学历民办教育培训机构，由县级教育行政部门审批。

（5）实施以职业技能为主的职业资格培训、职业技能培训的民办学校和民办技工学校，由县级以上人民政府劳动和社会保障行政部门按照国家规定的权限审批，并抄送同级教育行政部门备案。

2. 加强民办学校财务和资产管理

（1）民办学校应当依法建立财务、会计制度和资产管理制度，对举办者投入的资产、国有资产、受赠的财产、公益信托财产、收取的费用以及办学积累等分别核算、登记建账，并接受有关部门检查监督。举办者投入民办学校的资产应当与举办者的其他资产相分离。民办学校存续期间，举办者不得抽逃出资，不得挪用办学经费。

（2）民办学校应当在每个会计年度结束时制作财务会计报告，委托会计师事务所依法进行审计，并公布审计结果。民办学校应当聘任具有会计从业资格证书的人员担任会计。其中，担任会计机构负责人的，还应当具备会计师以上专业技术职务资格或者从事会计工作 3 年以上经历。

（3）涉及国有资产占用的学校、接受政府经常性财政资助的学校、接受社会捐赠的学校，政府有关部门应当建立监督检查机构加以监管。

（4）民办学校所收学费应当确保用于学校基本建设、教育教学、教师工资和日常运作，每年应按适当的比例提取发展基金和福利基金。负有债务的民办学校，应当将年度办学结余首先用于偿还债务。

目前，广东省民办学校实行的财务会计制度没有统一的规定。据了解，学校现在实行的有企业会计制度、事业单位会计制度和民间非营利组织会计制度。为了规范和加强民办高校的财务管理工作，2006 年广东省教育厅、省财政厅和省审计厅专门制定和下发了《广东省民办高校财务管理暂行办法》，实施效果良好。根据国家有关规定和民办学校发展的需要，将建议民办学校统一执行《民间非营利会计制度》，以进一步规范和加强学校的财务管理工作。

3. 加强对民办学校办学行为的监管

（1）各级教育行政部门和劳动保障行政部门应当建立和完善民办学校风险防范机制，加强对民办学校的举办及其过程的指导、监督与管理，对经费使用、教育质量、师生权益安全等可建立多方联动预警机制，并可以适当方式向社会公布学校办学状况。

（2）民办学校应当按照《中华人民共和国广告法》等相关法律法规的规定，发布招生简章和广告。民办学校的招生简章和广告，应当报审批机关备案。发布的招生简章和广告内容应当与审批机关备案的内容一致。招生简章和广告内容应当真实、准确。招生简章应当载明学校名称、办学层次、办学形式、办学地址、培养目标、招生专业、招生办法、招生人数、住宿条件、收费项目、收费标准、证书发放等事项。

（3）支持和鼓励成立民办教育行业协会等社会中介组织，加强民办教育行业自律。行业协会依法维护民办学校及其举办者、校长和师生的合法权益，为民办学校提供法律咨询和法律援助等服务。

五、海南省民办教育①

海南省教育厅按照“积极鼓励，大力支持，正确引导，依法管理”的方针，坚持健康发展为主题，规范管理为主线，积极推进民办教育的改革与发展。建省 21 年来，海南省民办教育得到了长足的发展，社会效益显著，一定程度上满足了人民群众多样化的教育需求。

（一）民办教育的基本情况

目前，海南省有民办中小学校 160 所，占全省中小学校总数的 4.8%，在校生 106373 人，占全省中小学在校生总数的 6.6%，教师 6169 人；民办中等职业学校 32 所，在校生 9903 人，占全省中等职业学校在校生的 8%，校均在校生规模为 300 人；民办高校 8 所，占全省高校总数的 44%，在校生 55799 人，占全省普通本专科学生总数的 44%。

（二）民办教育的主要成绩

1. 民办基础教育

（1）开拓进取，教育质量稳步提高。民办学校坚持走内涵发展的道路，坚持以质量求生存，以质量谋发展，加强教育教学管理，深入开展教育科研，促进教育质量稳步提高。海口华兴学校引进洋思教育理念，结合本校实际，从德育入手，做到既关注学生成绩，又关注学生心理健康成长，并承担了国家教育科学“十五”规划教育部规划课题——《民办中小学学生心理品质培养与道德素质教育结合与渗透研究》，取得了较好的教育教学成果。湖南师大附中海口中学积极引进内地优质教育资源，与湖南师大附中联合办学，快速推进“名师工程”，提升办学品位，成为亮点。该校继续发挥教育教学研究上的优势，形成了以课改课题为中心，学校发展课题为基点，形成了国家级、省级

① 本部分摘自海南省教育厅调研报告。

和市级课题相结合的课题研究体系，并致力于国家级课题《促进学生数学学习的评价试验与研究》、《英语任务型教学课题研究》、《小语“童话体作文教学”试验与研究》三个课题的研究工作。海口景山学校、海南国科园实验学校在学科竞赛、科技创新大赛及兴趣特长比赛中再创佳绩；景山海甸分校、昌茂花园学校全面实施素质教育，加强德育工作，重视外语和现代信息技术教育，培养学生艺术特长，促进学生全面发展。

（2）结合实际，注重特色发展。民办学校在教育模式上自主调节，教育课程的设计灵活多样，许多民办学校根据自身的实际情况开办了特色专业班级，实行小班化教育。不少学校把课程改革作为学校发展的突破口，大胆创新，涌现出一批课改实验先进学校。如湖南师大附中海口中学立足于新课程改革实验和学科发展研究，积极开展教研活动，教师们主动参加各级论文竞赛，并获得了较好的成绩，极大地促进了教学教研能力的提高；景山海甸分校特别聘请了外教，开设了国际英语实验班，还引进“小语发展与创新实验”、“童话引路”、“小学生日常英语实验”等课题，激发学生的学习兴趣，改变学生的学习方式，取得较好成效；国科园学校除了开展十几种民乐、声乐、舞蹈、武术、国际象棋、书画等兴趣活动外，还开展诵读古文等陶冶情操的活动，丰富了学生的学习内容。民办学校在面对激烈的市场竞争时，已经由原来的无序竞争抢生源转变为积极修炼内功吸引生源，以特色教育树立品牌，吸引学生家长。如寰岛实验小学、湖南师大附中海口中学、海口市美舍学校、景山海甸分校等学校在办学过程中积累出一套好经验，并形成良性循环，招生年年爆满。

（3）规范办学，完善内部管理体制。加强管理是保证民办学校健康发展的关键，海口市出台了《海口市民办教育促进和管理办法实施细则》以下简称《细则》，积极促进民办学校改善办学条件。海口寰岛实验小学对原教学楼进行了防震改造。湖南师大附中海口中学在投入巨资新建高中教学楼之后，又新建了图书馆，改造了8000平方米的运动场等设施，大大改善了学校的办学条件；健全学校各项规章制度，严格按照《细则》要求管理学校，及时足额预存专项风险保障金；在招生时，如实向社会公布自己的师资力量、办学水平并交教育主管部门备案；在学籍管理上，按要求向教育主管部门报批，在财务管理上，严格执行财务会计制度，自觉接受财务监督和审计，在重大事项变更时，做到及时申请备案，管理较为规范。

2. 民办中职教育

（1）扩大了职业教育规模，优化了教育结构。民办中职教育的发展弥补了公办教育资源的不足，有力地缓解了公办中职学校学位紧张的压力；另外，民办中职学校的开办，促进了职教主体多元化发展，形成了公办、民办一齐上的中等教育发展新格局。

（2）深化了职业教育的办学体制改革，进一步优化了全省中等职业教育资源。民办中职学校办学形式灵活，在办学模式上，推行“订单培养”的运行机制，以市场需求为导向，大力做好毕业生的就业服务，按照就业需要配置教学资源，积极探索职业学校和职业中介一体化的经验。在办学机制上，采取灵活学制和学习形式，通过“1 +

2”、“2+1”、“1+1+1”等办法，加强学校和企业、城市和农村、国内和国外的职业教育资源有机结合。

（3）职教领域教育教学改革得到深化。为数不少的民办中职学校专业性很强，如烹饪专业、电子电工专业、外语专业、美术专业、艺术专业等，都有以此为主要教学内容的专科学校，它们较为注重培养受教育者的创新精神、专业技能和创业能力，为海南省培养了一大批生产、服务一线的高素质劳动者和实用型专业人才。

3. 民办高等教育

（1）完善制度，规范管理，为民办高等教育健康发展奠定了坚实基础。海南省认真贯彻落实国家有关文件精神，针对民办高等教育发展实际和存在的突出问题，制定和完善相关制度，加强对民办高校的规范管理，促进民办高校健康发展。如指导民办高校制定学校章程，明确学校办学宗旨和办学定位，建立健全学校内部管理体制，同时建立民办高校校长任职资格审核制度，确立校长在学校教育教学和行政管理中的核心地位；建立民办高校办学条件指标年度报送和发布制度，督促民办高校不断加大办学投入，改善办学条件；坚决落实法人财产权，确保学校资产真正过户到学校名下；建立民办高校招生简章和招生广告的审核制度，规范民办高校的招生行为；指导和帮助民办高校建立健全党团组织，确保党的教育方针得到切实落实，确保民办高校的社会主义办学方向，确保民办高校的稳定。

（2）落实政策，积极扶持，为民办高校的健康发展创造良好环境。海南省各级党委、政府高度重视民办高等教育的发展，在土地征用、校园规划、校舍建设等方面给予大力支持和积极帮助，有些学校的建设甚至被写进政府工作报告和被列为政府重点支持项目，重点支持，重点建设。如海南大学三亚学院，在省政府和三亚市政府的大力支持下，创造了“当年设立，当年建设，当年招生”的“海南速度”；海南职业技术学院在省委、省政府的支持下，连续两次申报国家示范性高职院校，终于在2008年取得成功，两年来，省财政如期拨付配套经费，支持其项目建设。海口经济学院、三亚航空旅游职业学院、三亚城市职业学院的建设都得到了当地政府的大力支持。

（3）加强领导，强化监督，为民办高校的健康发展提供有力保障。海南省成立了民办高等教育管理协调领导小组，定期研究、解决民办高等教育发展中存在的突出问题；建立健全教学督导制度和民办高校年检制度，加强对民办高校各项工作的指导和监督，促进民办高校健康发展。

第五节 西南地区

一、重庆市民办教育[①]

（一）民办教育改革和发展的基本情况

成为直辖市以来，重庆市民办教育得到长足发展。截至 2007 年年底，重庆市共有各级各类民办学校（教育机构）2474 个（不含民办培训机构 172 个），占重庆市学校（教育机构）总数的 17.5%；在校学生人数 48.6 万，占重庆市教育机构学生总数的 8.4%。与 1997 年相比，学校所数和学生人数显著增长，见表 3－4。

表 3－4 直辖十年来重庆市民办教育增长情况表

学校类型	学校数（所）		增长率（%）	学生数（人）		增长率（%）
	1997 年	2007 年		1997 年	2007 年	
总数	1063	2474	133	209776	485700	132
民办学前教育机构	789	2113	168	92888	187000	101
民办小学	187	159	－15	76230	52000	－31.8
民办初中	51	109	113.7	24301	55000	126
民办普高	7	15	114	1598	20000	1152
民办中职	29	65	124	14759	100000	578
民办高校	0	13		0	71700	

（二）基本经验

重庆市民办教育的发展，政府重视是关键，部门管理是保障，学校自律是根本。

1. 政府重视，政策支持

重庆市委、市政府充分认识到民办教育的重要性，为鼓励、支持、促进民办教育发展，出台了一系列支持和促进民办教育发展的文件，营造了有利于民办教育发展的政策环境。10 余年来，先后出台了《重庆市人民政府关于鼓励支持社会力量办学的意见》、《重庆市人民政府关于加强民办高校规范管理，引导民办高等教育健康发展的通知》、《重庆市人民政府关于促进民办教育发展的意见》、《中共重庆市委组织部、中共重庆市委教育工委关于进一步做好民办高校党建工作的通知》、《重庆市民办高中阶段学历教育学校办学管理规定》、《重庆市民办高等学校管理规定》等文件。这些政策性文件，

① 本部分摘自重庆市教育委员会调研报告。

确立了重庆市民办教育的定位、发展目标、优惠政策、保障措施、管理办法等，同时这些政策性文件中的部分内容（如在退还土地出让金；免收资产过户费；允许多渠道融资、多种形式进行资本运作；政府财政经费扶持民办教育等方面）具有前瞻性、创新性，在全国具有较大的影响。

2. 部门协作，依法管理

重庆市教委和市级有关部门坚持依法管理，努力为民办教育机构提供有效指导和优质服务。一方面，市教委严格实行办学准入制度，完善年检制度和督导评估制度；另一方面，市级相关部门严格执行国家和重庆市相关政策，在招生就业、财政扶持、税费优惠、土地征用、学历认同、资本运作、融资等方面，给予民办学校与公办学校同等的国民待遇，着力优化民办教育发展环境，及时研究解决民办教育发展中的各种重大问题。

3. 学校自律，打造品牌

一是坚持教育公益性原则，诚信立校、质量兴校、特色强校；二是绝大多数投资人严格履行投资义务，加大资金投入，不断改善办学条件；三是规范招生、收费行为，提高服务质量，树立民办教育良好形象；四是面向市场办学，优化专业设置，办社会需要的专业，育社会需要的人才；五是改革和完善学校内部管理体制，充分调动和发挥干部和教师工作积极性和主动性；六是深化教育教学改革，探索人才培养新模式，提高教育教学质量，打造校本特色；七是艰苦创业，创新思维，开源节流，增大学校资产，改善办学条件。

（三）机遇和挑战

目前，重庆市民办教育面临大好发展机遇。一是胡锦涛总书记为重庆发展作出了“314”总体部署；国务院确定重庆为全国统筹城乡综合配套改革试验区；国务院批准了《重庆市城乡总体规划（2007—2020 年）》；教育部和重庆市人民政府签订了《部、市战略合作协议》。二是重庆正在打造西部地区的重要增长极、长江上游地区的经济中心、我国重要的中心城市、国家特大型都市、西南地区综合交通枢纽、城乡统筹发展的直辖市；加快推进新型工业化、城镇化和农业现代化，加快建设西部教育高地、长江上游教育中心。民办教育已成为重庆教育体系不可或缺的重要组成部分，是重庆教育的重要增长极。

重庆市民办教育发展也面临挑战。一是社会对民办教育重要地位与作用的认识有待提高；二是民办教育的法制化进程有待加快；三是民办教育发展的资金、师资保障有待加强；四是民办教育的办学水平和质量有待提高；五是民办教育国际交流与合作有待扩大。

二、四川省民办高等教育①

（一）四川省民办高校基本情况

1. 民办普通高校基本情况

2008 年，四川省有 11 所民办普通高校，比上年增加 2 所。在校生 48411 人，比上年增加 45.78%；校均规模 4401 人，比上年增加 19.30%。教职工总数 4496 人，比上年增加 20.80%。其中，专任教师 2729 人，占教职工总数的 60.70%，比上年增加 3.70%。生师比 17.74，比上年升高 2.08。专任教师中，高级职称有 703 人，占专任教师的 25.76%，比上年上升 2.42%；研究生及其以上学历有 1228 人，占专任教师的 45%，比上年上升 14.40%；双师型教师有 559 人，占专任教师的 20.48%，比上年减少 4.56%。生均图书 61.03 册，比上年增加 0.75 册。固定资产总值达到 147351.68 万元，比上年增加 57.82%，其中，教学科研仪器设备 21581.74 万元，比上年上升 54.31%。学校占地面积共计达到 3562209 平方米，比上年上升 49.13%。学校建筑面积共计 1360385 平方米，比上年上升 31.14%。由此表明，2008 年四川省民办普通高校进一步扩大规模，随着学校规模的扩大，办学条件逐步得到改善，但在提高教学质量、注重内涵发展等方面任重而道远。

2. 独立学院基本情况

2008 年，四川省有 12 所独立学院，与上年持平。在校生 111814 人，比上年增加 20.81%；校均规模 9318 人，比上年增加 20.81%。教职工总数 10142 人，比上年增加 14.53%。其中，专任教师 6346 人，占教职工总数的 62.57%，比上年增加 2.93%。生师比 17.62，比上年增加 0.09。专任教师中，高级职称有 2366 人，占专任教师的 37.28%，比上年上升 4.12%；研究生及其以上学历有 3565 人，占专任教师的 56.18%，比上年上升 1.53%。生均图书 62.73 册，比上年增加 0.19 册。固定资产总值达到 419781.93 万元，比上年上升 12.73%，其中，教学科研仪器设备 62217.13 万元，比上年上升 19.24%。学校占地面积共计达到 6629464 平方米，比上年上升 4.23%。学校拥有建筑面积共计 2850135 平方米，比上年上升 7.15%。由此表明，2008 年四川省独立学院仍然是 12 所，各项指标均有不同程度增加。

2008 年，四川省民办普通高校和独立学院发展速度都很快，民办普通高校增加了 2 所，独立学院校数虽未增加，其规模却发展更快。民办普通高校除了在生均占地面积方面仍优于独立学院外，其他方面的发展速度均落后于独立学院的快速发展，尤其在师生规模、固定资产总值、高级职称教师所占比例、高学历教师所占比例等方面，差距仍然

① 本部分摘自四川省民办教育协会调研报告。

较大。

需要强调的是，四川省的民办普通高校和独立学院在落实学校法人财产权上均需进一步加大力度。

（二）四川省民办高等教育与全国的横向比较

由于教育部公布的《2008 年全国教育事业发展统计公报》中将民办普通高校与独立学院两者合称为民办高校，其数据是两者合计，因此，四川省的数据也是以民办普通高校与独立学院两者合计来进行比较。为了统一称谓，将两者合称为民办高校。

1. 2008 年全国民办高校的总规模

2008 年，全国有民办高校 640 所（含独立学院 322 所），占全国普通高校总数（2263 所）的 28.28%；全国民办高校在校生 401.3 万，占全国普通高校普通本、专科在校生总数（2021.02 万）的 19.86%。

2. 2008 年四川省民办高校的总规模

2008 年，四川省共有普通高校 90 所（普通高校 78 所，独立学院 12 所）。全省民办高校共 23 所（民办普通高校 11 所，独立学院 12 所），占四川省普通高校总数的 25.56%；全省民办高校在校生 16.0225 万（民办普通高校在校生 4.8411 万人，独立学院在校生 11.1814 万），占四川省普通高校普通本专科在校生总数（99.1072 万）的 16.17%。

3. 2008 年四川省民办高校规模占全省比例与全国比例的比较

截至 2008 年，四川省民办高校占全省普通高校总数的比例是 25.56%，比全国平均比例（28.28%）低 2.72 个百分点；四川省民办高校在校生占全省普通高校普通本专科在校生总数的比例是 16.17%，比全国平均比例（19.86%）低 3.69 个百分点。

由此可见，2008 年四川省民办高校规模占全省比例与全国平均比例的差距比 2007 年虽有进步，但总体上四川省民办高校的发展规模仍滞后于全国平均水平。

表 3－5　2008 年四川省民办高校规模占全省比例与全国平均比例的比较（%）

学校类型	学　校			在校生		
	四川省比例	全国平均比例	比　较	四川省比例	全国平均比例	比　较
民办高校（民办普通高校，独立学院）	25.56	28.28	－2.72	16.17	19.86	－3.69

资料来源：根据《2008 年全国教育事业发展统计公报》（教育部 2009 年 7 月）和《2008 年四川省教育事业统计提要》（四川省教育厅计财处，2009 年 3 月）计算。

三、云南省民办教育①

改革开放以来，云南的民办教育逐步得到恢复和发展。经历了20世纪90年代的高峰期后，目前已初具规模，基本形成了从幼儿教育到高等教育的学校体系。民办教育在弥补教育投入不足、丰富教育供给形式、挖掘社会教育资源潜力、缓解升学和就业压力、维护社会稳定等方面为云南社会经济和教育事业的发展做出了积极贡献，但也存在不少问题。一方面，云南民办教育的发展明显滞后于全国的发展水平，特别是滞后于发达省区的发展水平；另一方面，云南民办教育的生存环境并不宽松，步履维艰，还远远达不到“与公办教育并重”的程度。

（一）现状及特点

与发达地区比较，云南的民办教育虽然起步晚、总量少、办学条件有待改善，教学质量有待提高，特色有待创新，但与云南经济和社会的发展基本相适应，并呈现出以下特点。

1. 学历教育层次齐全且比重不低

到2007年年底，全省共有民办学校2119所，在校生481562人，分别占全省学校总数的9.3%和在校生总数的4.78%。其中，民办普通高等教育在校生6.1万人，占全省普通高等教育在校生总数的12.58%；民办中等职业教育在校生3.27万，占全省中等职业在校生总数的8.78%；民办普通中小学在校生16.23万人，占全省普通中小学在校生总数的2.3%；民办幼儿园在园人数22.6万，占全省在园幼儿总数的26.2%。《民办教育促进法》颁布实施以来，在2003—2007年的4年间，云南全省民办学校总数从1092所增加到2119所（不含非学历培训机构），增幅达94%，学生总数从174606人增至481562人，增幅达175.8%。

2. 涌现出了一批各具特色的民办学校

在高等教育领域，云南经济管理职业学院以诚信和服务为宗旨，以就业为导向，面向社会、面向市场办学，坚持“专家治校、质量立校、特色强校、就业兴校”的发展战略，严谨教学，规范管理，创新教育理念，积极开展国际化合作，在社会上赢得了良好的声誉，目前在校学生已近万人。云南爱因森软件职业学院坚持“以父母之心办教育、帮助学生成功”的办学理念，不断改善办学条件，在短短几年时间里建成了总占地1000亩、总投资3.5亿元的现代化校园。在中等职业教育领域，在校生近5000人的云南骨伤科学校坚持产学研结合，现已形成了集医学教育、幼儿教育、医疗临床、医用材料生产于一体的教育实体。在中小学领域，昆明光华学校将“理性管理”和“非理性

① 本部分摘自云南省民办教育协会调研报告。

管理”有机结合，办学十多年来探索出了一套以“爱”为核心的教育教学管理办法，坚持师生同吃同住同学习，积极实施“培优补差”工程，在转化“后进生”方面取得了显著成绩；保山曙光学校以“严”和“爱”为校魂，以“立足基础，培养能力，发展特长”为办学方针，坚持从发达省区选聘名优教师，注意培养学生良好的学习习惯和生活习惯，积极开展创新教育，把因材施教落实到每一位学生，以优异的教学质量和鲜明的办学特色赢得了家长和社会的厚爱；红河卷烟厂等企业创办的弥勒县庆来学校坚持高起点、高规格办学，在硬件建设上已步入全国一流民办中小学行列。在幼教领域，也涌现出了海贝幼儿园、锦艺幼儿园等大批与公办名园相比也毫不逊色的特色民办幼儿园。

3. 民办学校大都靠学费滚动发展

从办学投入上看，一方面，限于云南民营经济的欠发达，非公有制经济所占比例不高，像外省市那样由大型民营企业一次性投入大笔资金兴建高规格、高起点的民办学校在云南尚不多见。另一方面，限于本省政策的不够明确和已有政策措施的落实力度不够，省外民间资本进入云南民办教育市场的积极性也不高。

（二）民办教育发展的主要贡献

1. 增加了教育资源总量

民办教育的发展，增加了教育资源总量，弥补了政府财力对教育投入的不足。以高等教育为例，全省民办高校在校生6.1万，按照云南省现行公办高校生均财政拨款标准计算（本、专科生均3550元/年），仅民办高校每年就为政府节约教育经费2.2亿元。据不完全统计，全省民办学校占地总面积已近8万亩，校舍建筑面积超过500万平方米，民办教育总资产已超过30亿元。

2. 弥补了公办教育的不足，满足了社会多样化的教育需求

从生源对象上看，目前全省民办学校中，既有满足中上收入城镇居民家庭子女就学需要的高投入、高收费学校，也有满足普通城乡居民子女就读需要的平民学校，还有以招收进城务工人员子女为主的中小学校。在非义务教育领域，民办中、高职学校充分发挥机制、体制灵活的优势，在专业设置上紧贴市场需要，积极与企业合作，通过“订单式”培养等方式，有力地保证了学校旺盛的生源和通畅的就业渠道，为开发农村剩余劳动力作出了积极贡献。

3. 拉动了教育消费，促进了经济发展

民办教育在满足社会需求、扩大生源的同时，也拉动了广大城乡群众的教育消费，每年形成了超过10亿元的教育增加值。同时，民办学校通过吸纳社会资金建盖校舍，有效地带动了建材、劳动力市场的发展。此外，民办学校48万学生的日常消费已经成为区域性经济和社会发展的增长点。

4. 引进了优秀人才，增加了就业机会，为社会和谐稳定作出了贡献

第一，民办学校都是公开面向全国招聘教职工，引进了相当数量的优秀教师。尤其是省优质民办高中，绝大部分骨干教师来自于省外教育发达地区。另外，民办学校现有教职工 3.6 万，这就意味着在不花国家一分钱的情况下，民办学校为社会提供了 3.6 万个就业机会，而且这个数字必将随着民办教育的发展而逐步增加。

第二，相当一部分民办学校招收的学生，属于被公办学校淘汰或拒收的，其中不少是品学方面存在问题的。如果这部分学生流落社会，则必将给社会的稳定带来隐患。而民办学校招收了这些学生，通过严格的管理和教育让他们成长成才，客观上为社会的稳定与和谐作出了贡献。

5. 促进了教育体制改革和创新

首先，民办学校灵活自主、形式多样的办学、管理方式，科学有效的激励与分配机制，已经促使一些公办学校受到启发，改变了办学思路和管理模式，走上了改革创新之路；其次，民办教育的发展还在客观上起到了促进宏观教育体制改革和公办学校内部管理体制改革的作用。

四、西藏自治区民办教育①

西藏自治区位于中国的西南边疆，青藏高原的西南部。全区土地面积约 120 多万平方千米，约占全国总面积的 12.8%，居全国省、市、自治区国土面积第二位。全区行政区划为 7 地（市）74 个县，第五次人口普查总人口为 261.63 万，在全区人口中，藏族及其他少数民族人口占 94%，汉族人口占 6%，是中国藏族的主要聚集区。

西藏民办教育事业经过十几年的发展，学校数量不断增加，办学水平不断提高，取得了一定成绩，对培养人才、促进办学体制改革、改变国家包办教育的状况，起到了积极的作用。但在发展过程中也存在不少问题，民办高校及中等职业学校目前还是空白，影响到民办教育的健康均衡发展，需要引起各方面的关注。

改革开放以来，随着全区政治经济的长足发展、人民物质生活水平和精神文明程度的不断提高，社会对教育的需求逐渐扩大，全区民办学校从无到有，数量不断增加，规模逐步扩大，从单一的语言文化培训发展到目前包括学前教育、基础教育、职业培训、外语辅导及家教服务等多种形式，在校学生也发展到目前的 1 万多人，民办教育事业得到了较快的发展。

目前，经自治区各级教育行政部门依法审批并核发办学许可证的民办教育机构共 84 所，其中学前教育类 47 所，小学 5 所，中学 10 所，非学历职业培训类机构 22 所。全日制民办学校在校学生达 12000 余人，非学历短期培训机构年培训近 8000 人，配备

① 本部分摘自西藏自治区教育厅职业教育处调研报告。

专业教师946名，师生比为1:24，初步形成了以政府办学为主体、公办学校与民办学校共同发展的新格局，民办教育呈现出良好的发展势头。

第六节　西北地区

一、陕西省民办教育[①]

（一）基本情况

截至2009年年底，陕西省民办幼儿园3252所，入托幼儿39.1万人；民办小学252所，在校生12.1万人；民办初中94所，在校生12.0万人；民办高中126所，在校生11.0万人。民办高校（含机构）41所，在校生27.5万人，独立学院12所，在校生6.85万人，民办高校与独立学院在校生合计34.4万人。

截至2009年年底，陕西省民办学校毕业（结业）56.8万人，其中高校毕业生7.31万人，包括统招本科0.48万人，独立学院0.91万人，成人本科0.11万人，统招专科3.06万人，成人专科0.1万人，自考生2.65万人。中职毕业4.3万人，高中毕业3.4万人，初中毕业3.4万人，小学毕业2.2万人。教职工10.3万人，其中专任教师6.9万人，行政管理人员1.7万人，外聘兼职教师1.7万人。固定资产总值158亿元。校舍面积1821万平方米，其中自有721.9万平方米。图书3514万册。教学设备总值达到23.5亿元。

近年来，陕西省民办高等教育发展迅速，在全国处于领先地位。2009年，全省民办本科院校7所，占全国民办本科高校的14.5%。经教育部批准的医学高等专科学校1所，省政府批准的高职院校12所，民办高等教育机构23所。在18所民办高校中已有9所办学规模在万人以上。陕西民办本科院校数、万人以上民办高校数等项指标在全国名列第一。

（二）发展的成因

1. 陕西悠久的文化积淀、丰富的教育资源和优越的地理位置，为民办教育的发展奠定了基础

西安是十三朝古都，是中华民族和中华文化的发源地之一，文化积淀厚重。陕西又处在西部大开发桥头堡的位置，具有得天独厚的区位优势。同时，陕西共有各类科研机构1066个，各类专业技术人员82万人，也是我国重要的科研基地，综合科技开发能力居全国前列。这些为陕西省民办教育的发展提供了优越的外部环境。加之陕西消费水平

① 本部分摘自陕西省教育厅调研报告。

较低，学生上学的成本低，也是民办教育快速发展的重要因素。

2. 陕西省委、省政府积极的政策支持和规范的管理，为民办教育创建了宽松的环境

在国家有关民办教育政策的支持下，陕西省委、省政府积极出台地方性的扶持政策。2004 年 12 月，省人大又通过了《陕西省民办教育促进条例》。这些法规政策的颁布，对促使全省民办教育快速健康地发展发挥了重要的积极作用。政府在充分保障民办学校享有办学自主权的同时，在民办学校征地、税收、建校、贷款等方面都给予了优惠。

3. 多元化投资渠道和科学的资金管理

陕西省民办学校起步阶段基本采取滚动式发展，发展阶段主要采取负债经营，即“自有资金 + 规模化贷款”的筹资方式。在依靠学费收入进行滚动式发展的同时，积极争取商业银行贷款，各校还通过租赁、贷款和共建等方式进行融资和吸纳社会投资，开辟多元化的投资融资渠道，解决了上档次、上规模建校资金的需求。

4. 民办学校能与时俱进，探索民办教育发展规律

民办教育发展既要适应教育规律，也要适应市场规律，尤其是民办职业学校在专业设置、培养目标、学生就业等方面密切关注市场动向，严格按照市场需求设置专业，不断调整办学类型、办学模式、专业设置，努力提高办学层次，形成了多样化的办学格局。学校坚持“筹资、建校、规模、质量”并举的方针。在教育教学方面，学校注重招聘优秀教师、实施科学管理、采用现代化教学手段、购进先进设备、加快教学改革，努力提高教学质量，赢得了学生和社会的认可。

5. 民办学校引进竞争机制，显示出较强的群体优势

民办教育的发展，既取决于它配置稀缺教育资源的综合实力，即配备办学条件能力，聘用优秀教师能力和教学管理、学生管理能力等，又取决于社会环境和办学氛围。民办学校的竞争虽然激烈，但良性竞争的结果提升民办学校的地位，扩大办学规模，规范办学行为，提高教学质量，更有利于学校的稳步健康发展。

6. 有一批热爱民办教育事业的带头人

20 多年来，陕西民办教育涌现出一批思维敏捷、具有创新和开拓精神的带头人。他们不断研究民办教育的规律，提出办学的新思路、新举措，同时具有实干、苦干精神。由于他们的锲而不舍、勤奋努力，实现了民办教育的跨越式发展。

（三）民办教育的成绩与特色

1. 办学条件逐步改善，办学活动已形成良性发展

陕西省民办学校在起步阶段就十分重视学校的硬件建设，坚持以良好的办学条件吸引生源，在此基础上，确定的以质量求生存、以规模求发展的办学指导思想顺应了民办教育的发展规律。特别是近几年，全省民办学校在校园整体规划，教学行政用房、实验

室、图书馆、实习实训基地、体育场馆、校园网、后勤服务设施等基础设施建设方面有了明显进步，各具特色，具有较高建设水平。

陕西省民办高等教育更是成绩显著，在办学指导思想、管理模式、专业特色、校园建设、师资队伍建设、硬件建设等方面所形成的特点，丰富了我国民办高等教育的发展内涵，也为全国民办高等教育的举办者、管理者、办学者提供了许多经验和借鉴。

2. 重视师资队伍和管理队伍建设

近年来，民办学校普遍重视建设以专任教师为骨干、以兼职教师为主体的师资队伍。同时，各校还积极提高教师的政治素质和业务素质。近年来，许多民办学校的主要负责人通过进修学习，其理论水平和专业水平明显提高，领导管理学校的能力日益增强，民办学校领导班子建设取得新的进展。

陕西省民办学校在起步阶段，任课教师几乎清一色为兼职教师，随着办学历史的不断延伸，各校对师资队伍建设给予了高度重视。一是专任教师比例不断加大；二是高职称、高学历的教师不断增加；三是教师年龄结构趋于老、中、青三结合；四是专业带头人逐步齐全，教学梯队逐步形成；五是注意与公办学校的合作和交流，不断提高教师的教学水平；六是加强教师培训，不断提高教师自身的政治素质和业务素质，以适应教学的需要。

3. 学校内部管理不断加强

民办学校办学指导思想进一步端正，领导班子建设取得新的突破，依法办学意识进一步增强。目前，各民办学校普遍建立了学校董事会（理事会），规模较大的学校还成立了院委会、党委会、团委、工会等内部决策机构、执行机构和监督机构。从学生的实际出发，每所民办高校都建立了党团组织和学生会组织。这加强了各校领导班子的组织建设、作风建设和思想建设，促进了依法办学、民主治校、科学决策和民主监督机制的完善和落实，有效保障了民办学校的稳步健康发展。

4. 民办教育质量稳步提高

教育质量是学校的生命线。陕西省民办学校为了提高教学质量，投入了大量的人力、财力和物力，对教学条件建设投入了较多的资金，办得较好的一些学校在计算机中心、语音室、多媒体教室、实验室、实习实训基地、各类演练室等建设方面已达到较高水平，有些设施上达不到国内领先水平，教育质量明显有所提高。

各校在制订教学计划方面，根据民办学校学生情况、不同层次和各专业的特点，因材施教，总体推进，精讲精练；制订技能教育和实习实践计划，建立相对稳定的实习基地，不断加强实践性教学，加强对实习活动的组织指导，提高实习效果；保持与实习单位的联系，为以后学生的实习和就业安排奠定基础。陕西省民办高校以高等职业教育为主，立足于以服务为宗旨、以就业为导向，走产学结合的发展道路。

5. 专业设置和办学特色逐步形成

在全省民办高校布局中，各民办高校注意根据社会需求结合学校特点，准确定位，加强了学科建设、专业建设、教材建设以及师资队伍建设，建成了一批能满足人才培养所需的就业、实习、实训基地。一些民办院校坚持以学科特色为抓手，将传统学科与新兴学科结合，注意文理渗透、理工结合，推动学科综合化。这些学校在经济类、语言文学类、管理类专业建设上因投入小，市场需求量大，逐步形成了规模优势。还有一些单科性的院校，注重在重点领域与国计民生联系紧密的行业发展，建成了一批与衣、食、住、行、美、医等相关的单学科专业群。

6. 毕业生就业率和学校的社会声誉逐步提高

民办职业学校普遍重视对毕业生强化职业意识的教育。在学生入校时尽可能尊重学生志愿，让其选择自己感兴趣的、适合自己的专业。学校还经常对前期已就业的学生在工作岗位上的情况进行跟踪反馈，给在校学生以良好的职业示范。学校强调职业技能训练的一贯性，从入校即尽早接触专业技能。毕业前对学生进行就业指导，帮助学生做好走出校门适应职业生活、社会生活的心理准备。这一切对培养高质量合格人才起到了积极的推动作用，缩短了学生就业后的职业适应期，受到了用人单位的欢迎。

7. 落实政策，依法管理，规范办学

陕西省教育厅及有关委办厅局也在各自的职权范围内密切配合，相互协作，依法实施了对民办学校的扶持与管理。

（1）加强法规和规章建设。陕西省人大颁布了《陕西省民办教育促进条例》，解决了长期困扰和制约民办高校发展的一些问题。陕西省在抓紧民办教育法律法规建设的同时，还抓紧了有关配套规章制度的建设，制订了各类民办学校设置标准、民办高校党建工作的意见、民办高校领导班子建设的意见、民办学校安全稳定工作的意见、民办学校招生广告的备案审查办法等规定，进一步规范了政府的管理行为和民办学校的办学行为。

（2）加强对民办学校的监督管理工作。相继采取了一系列监督与管理措施，定期对教学管理、学生管理、后勤管理、学校治安与稳定等进行专项评估与检查；对乱招生、乱散发、刊播虚假广告（简章）等违法、违规行为严肃查处，保证了全省民办学校的稳定健康发展，规范了民办学校的办学秩序，维护了民办教育的形象和声誉。

二、甘肃省民办教育①

十一届三中全会以来，在甘肃省委、省政府的正确领导，教育部的大力支持及社会各界广泛参与下，甘肃省民办教育事业得到了前所未有的发展，覆盖了幼儿教育、基础教育、职业教育、成人教育、高等教育等领域，形成了从幼儿园、小学、中学到大学的办学格局。全省民办教育在打破政府包揽办学传统格局、扩大教育规模、增强教育供给能力、满足社会多样化教育需求、提高人民群众受教育水平、培养经济建设和社会发展需要的各种人才、减轻国家财政和就业压力等方面作出了重要贡献。

① 本部分摘自甘肃省教育厅调研报告。

（一）民办教育发展的几个阶段

伴随着改革开放的步伐，甘肃省民办教育经历了三个各具特点的发展阶段。

第一阶段：从1985年第一次全国教育工作会到1994年第二次全国教育工作会前，政府包揽办学的局面开始发生变化，一批民办幼儿园和文化补习学校率先出现。这一时期，幼儿教育公办和民办开始共同发展，基础教育办学体制以地方政府办学为主，企事业单位、集体和公民个人办学为辅；城镇和农村高中阶段教育以公办为主，社会力量办学刚刚出现。1987年10月，省教委在定西召开农村基础教育管理体制改革研讨会，讨论制定乡管校的条例和扶持私人办学的意见。为使社会力量办学纳入国家办学指导序列，甘肃省教委1988年1月转发了国家教委《关于社会力量办学的若干暂行规定》，并开展了社会调查。

第二阶段：1994—1998年，改革办学体制的步伐进一步加大，政府分级办学和社会力量办学相结合办学体制的探索实践初见成效，民办教育初步成型。这一时期，甘肃民办教育政策的导向以规范化建设为主，整章建制，摸底调查，检查评估，科学管理，使各级民办学校逐步走上了健康发展的轨道。1998年1月至6月，甘肃省教委对属于教育行政部门职责权限审批、管理的办学机构分级进行了检查评估，向社会公布了合格学校名单，颁发了国家教委统一印制的《社会力量办学许可证》，其中省教育行政部门管理的办学机构41个，市（州）、县（市、区）审批的学校305所。

第三阶段：1999年第三次全国教育工作会议后，国家加快了办学主体和投资主体多元化的步伐，甘肃省民办教育蓬勃发展，逐步成为全省教育事业的重要组成部分。这一时期，全省进一步深化了以公办学校和民办学校共同发展、政府办学为主和社会各界参与办学相结合的办学体制。非义务教育阶段，鼓励和支持社会力量以各种形式举办高中阶段教育、幼儿教育，有计划地举办民办普通高等教育。同时，积极开展公办学校的改制试点，采取国有民办、民办公助、股份制、联合办学等形式。

（二）民办教育发展基本情况

据统计，截至2008年年底，全省共有各级各类民办学校（教育机构）1151所，各类在校学生达20.96万人。民办幼儿园1023所，入园（班）幼儿57055人，在园（班）幼儿102566人。民办普通小学21所，在校生6913人。民办普通初级中学（含九年一贯制学校）14所，在校生10322人。民办普通高中58所，在校生30985人。民办中等职业学校29所，在校生19499人。民办高校6所（其中：独立学院5所），在校生39280人，占全省普通高等学校在校生数的11.84%。此外，另有民办高等教育机构30所，在校生5330人。

（三）发展民办教育的经验

改革开放以来，甘肃省民办教育从无到有、由弱变强，走过了一段不凡的路。回顾全省民办教育事业发展历程，总结这一时期各级政府和教育行政部门鼓励支持和规范管理民办教育的政策措施，可以概况为以下几个方面。

第一，在指导思想上，明确民办教育与公办教育在社会主义建设中的同等地位并给予足够重视，逐步将民办教育事业纳入国民经济和社会发展规划，对民办教育实行“积极鼓励、大力支持、正确引导、依法管理”的方针。

第二，在工作导向上，把民办教育作为教育事业的重要组成部分，与公办教育同等对待，同检查、同考核、同评比，做到民办教育与公办教育统筹规划、同步安排，指导与帮助民办学校扩大办学规模，提高办学质量。

第三，在学校建设上，要求县级以上人民政府根据国家有关规定和实际情况，将民办学校用地纳入到当地城乡建设规划，本着促进和鼓励民办教育发展的原则，为民办教育优先提供建设用地并免征配套费。

第四，在师资队伍上，采取民办公助的形式予以帮扶。给承担义务教育的民办学校按义务教育阶段学生数量核编并派遣公办教师，工资由政府承担；为民办高中派遣公办学校校长和教师，加强教学管理；允许民办学校从教育系统选聘公派教师到民办中学任教，被聘人员由教育局统一管理，享受教育系统其他教师同等待遇；为民办学校分配公办教师指标，促进民办学校与公办学校教师之间的合理流动；通过结对帮教形式，从公办学校选拔教师到民办学校任教；民办学校教师在任职资格、职称评定、业务培训、评优选模、教学交流、参加社会活动等方面与公办学校教师享受同等待遇。

第五，在招生政策上，民办学校实行自主招生，自定招生数量；与公办学校同时招生，还可以在不违反招生政策的前提下提前开展招生宣传。

第六，在对具体困难和问题协调处理上，采取互帮互助、共同扶持的办法，将公办学校闲置的教育资源低价出租给民办学校，或出借教学设备等，以确保民办学校教育教学工作的正常开展。

第七，在鼓励支持民办教育发展的同时，各级政府和教育行政部门不断加强民办学校的规范管理，始终坚持鼓励支持与规范管理并举的方针，是甘肃省民办教育健康有序发展的重要保障。

三、青海省民办教育[①]

（一）基本情况

1. 学校数量及办学规模

截至 2009 年，经青海省各级教育行政部门审批的各级各类民办学校及培训机构 359

① 本部分摘自青海省教育厅调研报告。

所，其中：

幼儿园 266 所，公民个人投资举办的 245 所，企事业单位举办的 18 所，社会团体举办的 3 所，在园幼儿 35715 人，专任教师 1848 人，自建校舍面积 27652 平方米，租用校舍面积 159681 平方米，固定资产达到 1399. 24 万元。

义务教育阶段中小学共 17 所（其中小学 12 所，初中 5 所），在校生 3556 人，专任教师 1381 人，自建校舍面积 17911. 24 平方米，租用校舍面积 14491 平方米；公民个人投资举办的 15 所，企事业单位举办的 2 所，固定资产 2086. 5 万元。

高中 9 所，在校生 2945 人，专任教师 124 人，自建校舍面积 5444. 76 平方米，租用校舍面积 11533 平方米；公民个人举办的 8 所，企事业单位举办的 1 所，固定资产 256. 92 万元。高考补习及文化培训机构 67 所，在校生 33009 人。

目前全省民办中小学办学规模在 1000 人以上的学校只有 1 所，700—800 人的有两所，多数学校在 100—200 人。与兄弟省市相比，青海省民办学校总量少、规模小，特别是学历教育机构所占比例低。高中、初中、小学学历教育学生数 6501 人，仅占全省中小学学生总数的 0. 75%；而甘肃、宁夏、陕西民办学历教育学生数大致占学生总数的 5%—7%；四川、重庆、江苏、海南等省占 10%—20%。幼儿园在园幼儿 35715 人，占全省幼儿总数的 70%；幼儿园专任教师 1848 人，占全省幼儿园专任教师的 74. 4%；中小学专任教师 1505 人，占全省中小学专任教师的 3. 1%。

2. 民办教育结构区域分布

目前，西宁市有幼儿园 191 所，小学 3 所，初中 3 所，高中 8 所，高考补习和文化培训机构 62 所；海东地区，幼儿园 25 所，文化培训 4 所；海西州，幼儿园 9 所，小学 3 所，初中 2 所；果洛州，小学 6 所，民族职业高中 1 所；黄南州，幼儿园 8 所；海南州，幼儿园 9 所；海北州，幼儿园 4 所，文化培训 1 所；玉树州，幼儿园 3 所。

青海省民办教育机构大多数集中在西宁市，幼儿园、学历教育、文化补习学校分别占全省的 72%、54% 和 93%。其次是格尔木，民办中小学占全省民办中小学总数的 30%。

3. 办学方式

一是企事业组织办学，如西建中英文学校、五四中学、英才学校等；二是公民个人办学，如西宁市第一私立高中，三源公学等；三是转制私人承包学校，如泰宁儿童潜能开发中心等。

4. 办学层次

大致可分三种类型，即学历教育、学前教育、培训补习。其中，既有小学、初中一体的九年一贯制学校，也有小学、初中、高中的 12 年教育学校和纯高中学校，幼儿园小学一体化学校。

5. 经费来源

一是企业投资。如西建企业投资 2400 万元；二是个人投资，如西宁市第一私立高中；三是金融融资，西建等有贷款；四是股份合资，如三源公学、西宁市商业幼儿园等；五是学杂费收入。

6. 收费标准

各民办学校收费标准经物价局批准，大致每学期收费（含伙食费和住宿费）小学3600元左右，初中4200元左右，高中4600元左右，幼儿园80—1000元不等。

7. 生源渠道

一是家长生意忙碌无暇照顾的家庭的子女；二是离异家庭子女；三是未考上公办学校或因种种原因辍学的；四是流动人口子女；五是州县学生到城市借读未能进入公办学校的。

8. 教师来源

教师来源基本有四个渠道：一是已停办的厂矿子弟学校的下岗教师；二是退休老教师；三是近几年毕业的大学生；四是招聘外省教师，第一私立高中基本上聘用的是山东籍教师。

（二）主要做法及启示

总结青海省民办教育发展的经验，有以下几方面的启示。

第一，依托国有资源得到政府支持的民办学校一般发展稳定，办学效益好。如西宁市第一私立高中市政府划拨20亩教育用地，学校修建学生宿舍、食堂，教育局协调同南川西路学校签订了20年的办学合同，解决了校舍等问题。西建中英文学校建校初城西区政府无偿提供土地23亩，教育局分配16名教师，西建公司前期投资2500万元，嗣后全靠收费运作。英才学校利用的是省少儿活动中心校址及师资、培训机构优势。而单纯个人或企业投资、租赁校舍的，则办学步履维艰，困难重重，效益也相对较差。二者相比，显然是在资源配置不平等的状况下竞争的结果。这给我们的启示是：要充分挖掘发展现有国有资源的潜力，大力发展“民办公助”学校；对私人或企业办学的要从各方面予以扶持。

第二，公民个人、企事业、社会团体投资，董事会聘请教育专家办学。如果办学经费充足，所聘请的校长办学理念新、管理水平高、具有开拓进取精神和较强的社会协调能力，学校就办得好，反之就差。所以选好校长是关键。

第三，要有稳定而素质高的教师队伍，才能提高教学质量，办出声誉，形成品牌。

第四，有固定的校舍、良好的设施、便利的交通条件、较充足的生源、得到社会的认可，民办学校才能生存和发展。

第五，民办学校具有体制新、机制活、效率高的优势。①具有较大的办学自主权。如自主聘任教师、自主确定内部机构设置，招生方式灵活。②用人机制灵活。教师的选用重能力不重学历，不搞论资排辈，能者上，庸者下，劣者淘汰。教师待遇与工作绩效挂钩，多劳多得，能最大限度地调动教师教书育人的积极性。③能够灵活地适应市场需要，如职业教育、幼儿园，可以根据市场需求确定专业、培养层次和服务内容。

但从整体上看，青海省民办教育起点低、规模小、总量少、发展缓慢，步履维艰。西宁市先后有“刚坚”、“外国语学校”、“百灵鸟”、“树人”、“博伦”5所民办学校因资金短缺、校舍不固定、生源不足等原因相继停办，中途夭折。全省民办学历教育占学生总数的比例不到1%，而外省大致占到10%—20%之间；民办中等职业学校4所，但民办高校还是空白。

四、新疆维吾尔自治区民办教育①

改革开放以来，新疆各类教育的规模不断扩大，教育结构日趋合理，教育质量和社会效益明显提高。2003年《民办教育促进法》的颁布，为全区民办教育的发展提供了法律保证，全区民办教育从小到大，从分散办学到集团办学，从单纯地从事幼儿教育、文化课培训，发展到从幼儿教育到高等教育较完整的民办教育办学体系，初步形成了民办教育与公办教育相互补充、共同发展的格局。据统计，自治区各类民办学校从2001年的243所、在校生4.4万人，发展到2008年的942所、在校生20.5万人，在校生规模净增了近3.6倍，累计形成了数十亿元的教育资产。目前，民办教育已成为全区教育事业的重要组成部分。

（一）民办教育发展的现状

2008年，全区各类民办学校中，职业技术学院3所，在校生6746人；独立学院5所，在校生14687人；中等职业学校9所，在校生10904人；普通中学73所（包括初、高中），在校生34245人；小学37所，在校生36482人，幼儿园819所，在校生101936人。民办学校现有专兼职教职工约16274人，其中，专职教师9996人。由于全区民办教育受各种因素的影响和制约，因此与民办教育发展快的省区比仍然显得规模较小。近年来，在自治区党委、政府的大力推动下，虽有了较快的发展，但尚来形成“民办教育与公办教育共同发展的格局”，目前，全区各类民办学校占当年全区学校总数8076所的11.6%，民办学校在校生占全区各类学校在校生总数440.5万人的4.6%，远不能适应自治区经济改革、社会发展的需要，远低于全国平均水平和部分省区民办教育在校生占10%以上的比例，民办职业教育的发展与自治区经济社会发展的需求很不协调。

民办学校的办学水平有待进一步提高，目前尚未形成知名的民办学校，有相当一部分民办学校办学条件差、在校生人数少，但是，自治区民办教育有进一步发展的空间。全区幼儿入园率仅为42%，低于全国平均水平，仍有30%左右的初中毕业生不能升入

① 本部分摘自新疆维吾尔自治区教育厅调研报告。

高中阶段接受教育，有1/3的高中毕业生不能升入大学；农村教育还不能满足农村青年的学习要求。

（二）制约民办教育发展的主要因素

一是对民办教育的性质、地位和作用认识不到位，对发展民办教育的必要性和重要性缺乏足够的认识，对民办教育的特殊性及其规律的研究还不深入，指导还不够有力，对民办教育发展过程中出现的各种问题和不足缺乏历史的、客观的、全面的分析和认识，求稳怕乱，存在着用姓“公”还是姓“私”来评判民办教育的观念，如一些人认为民办学校就是私人办学，就是为了营利赚钱等。

二是对国家关于鼓励、支持发展民办教育的各项政策落实不到位，配套政策法规还不健全，对《民办教育促进法》及《民办教育促进法实施条例》的学习宣传不够。一些职能部门对民办教育的相关法规政策了解甚少，存在着对民办学校与公办学校不能一视同仁，甚至有偏见和歧视的现象。如民办学校在建校用地、税收和贷款方面不能与公办学校享受同等待遇；民办学校的教师职称评审、资格认定，以及教师合理流动的渠道还不够畅通等。

三是对民办学校的审批和管理关心不够，无专职管理机构，存在着政出多门，多头审批的现象。除教育行政部门、劳动和社会保障行政部门外，科技、文化、体育，公安、交通、工商等行政部门也在审批相关的民办教育机构，对教育、劳动和社会保障行政部门依法批准的各类民办学校附加注册登记条件重新进行资格审查、评估、年检等。否则，不予注册登记，刻钢印章，不准招生，把注册登记职能变成了最终审批职能的部门甚至把民办学校当做财源，巧立名目乱收费、乱摊派、乱罚款，致使学校不堪重负。

四是办学规模小、层次低。从教育整体上看，民办教育还是一个极为弱小的群体，现有民办学校在校生人数分别占同类在校生的比率为：幼儿园25.7%、小学1.8%、中学2.3%、中等职业学校5.2%、高等学校9.3%，有的民办教育机构和幼儿园办学规模很小，在校生还不足100人。从办学层次来看，主要是学前教育机构，现有民办学前教育机构819所，占民办学校总数的86.9%，层次明显偏低。

五是民办教育发展不平衡，质量和效益不高。自治区民办学校主要集中在乌鲁木齐、昌吉、石河子、伊宁、库尔勒和哈密市，其他地区很少。由于资金投入不足，教学条件、师资力量都难以达到国家规定的标准，只有极少数民办学校拥有自建校舍。

第七节 民办教育发展的地区典型

一、昆明市突破性发展民办教育整体推进工作意见（摘编）[①]

（一）提高认识，切实加强组织领导

突破性发展民办教育，是市委、市政府贯彻党的十七大精神，实施建设教育强市战略的核心内容之一。各级党委、政府及相关部门要从战略和全局的高度，充分认识加快民办教育发展的重要性和紧迫性，切实加强领导，强化工作措施，形成工作合力，着力突破体制机制制约，加大招商引资力度，解决民办教育发展中存在的突出问题，实现我市民办教育的突破性发展和整体推进。

1. 加强学习，提高认识

全面贯彻国家“积极鼓励、大力支持、正确引导、依法管理”的指导方针，把加快发展民办教育作为当前和今后一段时间工作的重中之重，当作深入学习实践科学发展观的重大举措，充分认识加快民办教育发展的重要性和必要性，进一步增强工作紧迫感和责任感，切实抓紧抓好这项工作。

2. 解放思想，更新观念

在推进民办教育发展中，凡是现行法律、法规没有明令禁止的，有利于满足人民群众日益增长的多样化教育需求的，都要大力支持、大胆尝试。

3. 强化领导，齐抓共管

市委、市政府专门成立市民办教育发展协调领导小组，负责统筹研究、协调解决全市民办教育发展中的重大问题。市委目督办、市政府目督办要将民办教育发展工作目标纳入年度目标考核，强化目标责任管理，加大督查力度。

4. 健全机构，形成合力

统筹考虑机关内设机构和专门设立民办教育行政管理机构，配备和充实人员，按照“三定”规定审批程序报批。教育行政部门的内设机构要根据各自的职责，密切配合，协调一致，共同做好对民办教育的管理和服务工作。涉及民办教育的各相关部门在财政预算、规划审定、土地供应、项目立项等重大决策中，应充分考虑教育行政管理部门的咨询权和参与权，各司其职，各负其责，与教育行政管理部门密切配合，明确分工；建立联席会议制度，合力推进民办教育的发展。

---

① 摘自：昆明市委、市政府2009年4月文（昆办发［2009］12号）。昆明市民办教育发展协调领导小组组长为市委副书记、市长；常务副组长为副市长；副组长为市委、市政府副秘书长；成员为市规划局、金融办、纪委、市委组织部、宣传部、目督办、发改委、教育局、人事局、财政局、国土资源局、环保局、政府法制办、建设局、城管局、民政局、卫生局、国资委、工商局、税务局、投资促进局、市编办、公安局主要负责同志；领导小组办公室设在市教育局。

（二）突出重点，有效突破瓶颈制约

切实落实发展民办教育的义务和责任，使民办学校与公办学校在发展上真正体现平等待遇、平等竞争、一视同仁。

1. 加大财政投入力度，拓宽资金扶持范围

要从 2010 年起，统筹预算专款、本地教育费附加和接受捐赠，设立本级民办教育发展专项资金，进一步完善民办教育奖励机制和建立民办学校办学经费补助机制，将专项资金用于支持民办学校的规模发展、示范性民办学校建设、表彰奖励有突出贡献的集体和个人、民办学校办学经费补助以及新建和扩建项目贷款贴息等。从 2010 年起，市财政每年安排民办教育发展专项资金 1300 万元。

2. 强化规划统一指导，严肃规划刚性约束

要将民办教育纳入本地国民经济和社会发展规划、城乡建设总体规划、土地利用总体规划及环境保护总体规划，充分体现上述“四规合一”的要求，统筹安排，合理布局。在编制城乡建设总体规划时，应同步编制全市公办、民办学校布局布点专业规划，并征得教育部门同意，将经批准的专项规划纳入控制性详细规划，并依据批准的城乡总体规划、控制性详细规划及专项规划，办理各类教育设施项目所涉及的规划行政审批手续，教育设施布点专项规划一经批准，必须严肃规划刚性约束，教育规划用地不得用于其他用途；已规划作为教育预留用地的，必须确保用于发展教育事业。

3. 优先配置土地要素，保障资源有效供给

各级国土资源部门要研究制定民办教育用地政策，在执行土地利用总体规划时，根据规划对教育预留用地进行清理和收储，最大限度地缩短批转土地供地期，在用地指标上给予优先保障，确保教育建设用地需求。对民办学校新建、改扩建需要征用土地的，可采取行政划拨方式提供土地使用权，只要用途不变，土地可以无限期使用；也可以按政府零收益的方式实行土地协议出让，并按照“收支两条线”管理办法先缴纳土地出让金，再申请免缴。各级教育部门要进一步整合资源，在所有权不变的前提下，有效整合适合办学的闲置厂房和闲置校舍，优惠、优先提供给民办学校使用，解决土地资源供给不足的问题。

4. 建立健全社会保障制度，解除教师后顾之忧

要按照“规范到位、政府倾斜、扶持民办”的原则，建立健全我市民办学校教师包括基本养老保险、失业保险、基本医疗保险、工伤保险和生育保险五大社会保险险种在内的社会保险机制。凡领取《民办学校办学许可证》的民办学历教育机构的教师，按属地管理原则及相关规定，经批准参加事业单位基本养老保险，缴纳社会保险费；符合退休条件的，经人事劳动部门审核后，享受事业单位基本养老保险待遇。未开展事业单位养老保险的县（市）区的民办学历教育机构的教师，参加城镇职工社会保险，退休时养老金待遇的差额部分由同级财政足额补助。其他非学历教育机构的教职工和学历

教育机构的教辅人员，参加城镇职工社会保险。参加城镇职工社会保险民办学校教师的基本养老保险、失业保险、基本医疗保险中单位缴费部分由政府和民办学校各承担50%，工伤保险、生育保险由政府全额承担，所需经费由同级财政承担。个人缴费部分按各险种规定由个人依法缴纳。

5. 建立健全人事制度，促进人才合理流动

要制定公办学校和民办学校教师合理流动的人事政策，支持符合条件的机关、企事业单位人员、公办学校教师到民办学校任教或支教。公办学校教师自愿应聘到民办学校任教、并一直从事教育教学工作、年度考核均为合格的，其原有教职工身份保持不变；在民办学校工作期间，工资由聘用学校解决，原档案工资作为调资、晋级、计算退休费用的依据，退休后按公办学校退休教职工相关政策执行。民办学校教师被国家机关和事业单位录（聘）用，符合规定条件的，工龄连续计算。

6. 深化改革办学体制，积极探索多元化办学路子

要全面放开非义务教育市场，引进市场机制，鼓励和支持有实力的企事业单位、社会团体、民办教育机构、省内外名校、国外优质教育资源、其他社会组织和公民个人利用非财政性资金，进行独资、合资、合作、股份制办学。现有国有民办、民办公助学校，要理顺办学体制，明晰产权，积极探索多元化办学路子，构建竞争有序的良好发展格局。省一级示范公办幼儿园、省一级公办普通高中和国家级重点职业学校要按照“五独立”的原则，利用非财政性资金参与举办国有民办、民办公助、股份制等多种体制办学，组建教育集团。非义务教育阶段公办学校实施办学体制改革的，教职工实行“老人老办法，新人新办法”，现有教职工身份不变，工资渠道不变，退休政策不变。

7. 依法给予税收优惠，支持民办学校快速发展

要进一步完善和落实对民办学校的税收优惠政策，在国家现行政策规定范围内给予税收优惠。对实施学历教育的民办学校，按规定收取的学历教育劳务取得的收入免征营业税；符合国家有关规定的民办学校用于教学及科研业务的自用房产和土地免征房产税和城镇土地使用税；企业、公民个人和社会组织通过公益性社会团体进行的公益性捐赠，且捐赠符合《中华人民共和国公益事业捐赠法》所规定的范围，缴纳企业所得税的其捐赠支出在年度利润总额12%以内的部分，准予在企业所得税税前扣除；个人所得税符合规定的捐赠支出，允许在纳税人应纳税所得额的30%的部分，允许在税前扣除。

8. 合理设置各类规费，有效降低办学成本

价格主管部门要按照打造“三最四低”投资发展软环境的要求，对民办学校教育、教学涉及的城市建设配套费、资产过户费等行政性收费和服务性收费，建立并实施与公办学校同等待遇的政策，合理减免相关规费。

9. 建立健全收费机制，支持投资者合理回报

在调查民办教育办学成本的基础上，按照补偿教育成本的原则并考虑投资者合理回

报等因素，对民办学校学历教育受教育者的学费、住宿费收费标准制定政府指导价，民办学校在政府指导价范围内，可根据招生规模、专业设置、社会需求及社会承受能力等情况，自主确定学费收取标准，报价格主管部门备案并向社会公示。对非学历教育受教育者的学费、住宿费收费标准，由民办学校自行确定，报价格主管部门备案并向社会公示。要制定从事学历教育的民办学校收费管理办法，明晰投资者合理回报的额度比例、获得方式等，使民办教育投资者获得合理回报，保障民办学校的有效运转。

10. 拓宽各种融资渠道，鼓励社会资本加大投入

各级金融办要鼓励各类金融机构积极从事民办教育金融业务，创新民办学校金融服务项目，鼓励民办学校利用非教育设施作抵押向银行申请贷款，用于扩大和改善办学条件，积极为民办学校的建设和发展提供信贷支持。各级国资部门要积极探索以公办学校的房屋资产、土地资产为基础，整合本地教育资源，组建教育投资公司，搭建昆明市教育基础建设的投融资平台。各级投资促进局和各招商引资部门要加大民办教育招商引资力度，各地区每年至少要有 1 个具有一定规模的民办教育招商引资项目落地。

11. 努力扩大招生规模，鼓励民办学校做大做强

鼓励民办学校面向社会自主招生，努力扩大招生规模。对招收公费学位生的民办普通高中学校，由市财政按年生均 1500 元标准补助学校；对委托招收公费学位生的义务教育民办学校，由同级财政按年生均小学 800 元、初中 1000 元给予补助。将民办学校纳入办学水平等级评估范围，在省、市级三好学生、优秀干部评选中，按学生比例给予民办学校相应指标。

（三）依法治教，营造良好社会环境

1. 依法规范管理，促进健康良性发展

建立健全年检制度和质量评价机制，把好退出关。依法保障民办学校举办者的财产权、治理权和决策权，保障民办学校校长依法独立行使教育教学和行政管理权，依法规范民办学校教师聘任的管理。定期组织和委托社会中介组织评估民办学校办学水平和教育质量。集中力量认真清理未经批准私自无证办学的学校。建立优质公办学校结对扶持民办学校制度，鼓励优质公办学校在教育管理、教学科研、教师培训等方面对民办学校开展帮扶。

2. 切实保障合法权益，加快法制化进程

加快民办教育依法治教的法制化进程，真正做到有法可依、有令必行，切实维护国家、省、市发展民办教育法律法规的权威性和政策的严肃性。

3. 广泛宣传动员，营造良好发展氛围

加强对民办教育的正面宣传，及时宣传民办教育发展过程中涌现出来的先进典型。各级行政执法及有关部门要切实加强对民办学校周边环境的综合治理，依法严厉打击干扰和破坏民办学校教育教学秩序的违法行为，严禁对民办学校乱收费、乱摊派、乱罚

款，严禁侵占民办学校合法财产和教学场所，努力营造有利于民办教育发展的社会环境。

点评：突破性政策推动突破性发展[①]

昆明市突破性发展民办教育相关文件的颁行，是实施《国家中长期教育改革和发展规划纲要（2010—2020年）》（简称《教育规划纲要》）的一声春雷。我们从文件中看到党委和政府认识的到位，思想的解放，实验的大胆，政策的合理，措施的有力和组织的落实。文件的颁行体现了对地区教育事业发展的强烈的责任感和紧迫感，体现了高度的战略胆识和政治智慧，对全国各地落实《教育规划纲要》必将发挥重要的示范作用。

民办教育事业发展的困惑在于一些地区领导同志对《教育规划纲要》（公开征求意见稿）中提出的“民办教育是教育事业发展的重要增长点和促进教育改革的重要力量”缺乏清醒的认识，同时，对《教育规划纲要》中提出的“各级政府要把发展民办教育作为重要的工作职责”更不明确。有的地区政府只把自己定位于公办学校的举办者，而没有致力于形成以政府办学为主体、全社会积极参与、公办教育和民办教育共同发展的格局。也有些地区的领导同志虽然口头上也讲民办教育重要，但没有任何实际的政策支撑，结果“支持”变成一句空谈。有的地区虽然有扶持政策，但由于力度很小，实际对民办教育发展并没有多大推动作用。还有一些地区的相关政策，由于没有明确实施责任，所以，也难于落实。

《昆明市突破性发展民办教育整体推进工作意见》（简称《意见》）指出，要从战略和全局的高度，充分认识加快民办教育发展的重要性和紧迫性，切实加强领导，强化工作措施，形成工作合力，着力突破体制机制制约，加大招商引资力度，解决民办教育发展中存在的突出问题，实现昆明市民办教育的突破性发展和整体推进。

《意见》强调各级领导干部要解放思想，更新观念，转变思路，从不合时宜的思想观念中解放出来，冲破影响和制约民办教育发展的体制机制障碍，实现增强责任意识、服务意识、法治意识、创新意识和市场意识。在民办教育发展中，凡是现行法律、法规没有明令禁止的，有利于满足人民群众日益增长的多样化教育需求的，都要大力支持，大胆尝试。要充分发挥主观能动性，切实化思想为行动，全面推动昆明市民办教育事业的蓬勃发展。

《意见》在优先配置土地要素，保障资源有效供给；建立健全社会保障制度，解除教师后顾之忧；建立健全人事流动制度，促进人才合理流动；深化改革办学体制，积极探索多元化办学路子；依法给予税收优惠，支持民办学校快速发展；合理配置各类规费，有效降低办学成本；建立健全收费机制，支持收费者合理回报；拓宽各种投融资渠

① 本部分作者：陶西平。

道，鼓励社会资本加大投入等方面都作出了明确的规定，并且强调政府要切实做到依法治教、规范管理，促进民办教育健康发展，营造促进民办教育发展的良好法治环境和社会氛围。昆明市还成立了由市长任组长的民办教育发展协调小组，负责统筹研究、协调解决全市民办教育中的重大问题，督促、检查、考核相关各项政策和工作的落实。

文件从指导思想到具体政策都有着很强的针对性，对解决当前民办教育事业发展遇到的关键问题都作出了明确的回答。我们期待昆明市能在促进民办教育健康发展的道路上迈出更加坚实的步伐，更期待着全国民办教育事业能在《教育规划纲要》的指引下，沐浴更加明媚的春光。

二、宁波市创新民办教育政策[①]

改革开放以来，宁波民办教育异军突起。截至2008年年底，全市有各级各类民办学校1671所，民办学校总资产达88亿元。其中，全日制民办学校（幼儿园）数1229所，在校生36万人，分别占全市全日制学校数和学生数的55%和29%。全市另有6个民办教育集团和442家民办培训机构。

经过近20年的发展，宁波民办教育呈现主体多元、模式多样、形态完备、规模超大等特点，在全国、全省开创了许多第一。

（一）从“九个允许”推动到“五项制度”设计

1. 九个允许助推民办教育发展

宁波民办教育的持续快速发展，除了有民间办学的历史传统、丰富的民间资金、务实开放的思想观念外，主要得益于各级政府的重视和不断的政策供给。1992年以来，每隔3—4年就出台一个促进民办教育发展的文件。从1992年至2002年，宁波市对民办教育的扶持政策集中体现为九个允许。

一是允许民办学校在征用土地、免征城建配套规费等方面享受公办学校同等政策；二是允许民办学校在用水、用电、用气等方面享受公办学校同等待遇；三是允许公办学校教师去民办学校任教，保留公办教师身份；四是允许以股份制形式筹措办学资金；五是允许民办学校接纳社会捐助和学生家庭对学校的赞助，专项用于学校建设和教学设备的配置；六是允许给投资者略高于银行同期贷款利率的投资回报；七是允许投资者逐年回收除注册资金外的投资；八是允许民办学校按培养成本收费（备案制）；九是允许企业用税后利润在本地投资办学，与其投资额对应的企业所得税地方所得部分，由同级财政列收列支予以返还，全额用于办学。

① 此部分根据宁波市教育局政策法规处处长严新乔在中国民办教育发展大会暨中国民办教育协会2009年年会上的发言整理。

另外还有两个不允许：一是不允许举办者向学生收取教育储备金或向社会集资；二是不允许举办者租赁校舍办学，民办学校必须具有自有产权的校舍。

九个允许在当时调动社会力量投资兴办民办教育发挥了积极作用；两个不允许确保了民办学校的财产安全。

2. 地方立法推出五项制度设计

在社会教育资源过度需求的时代条件下，九个允许解决了民办教育发展的激励机制，特别是进入21世纪以后，我国许多地区开始进入从教育过度需求向差异需求转变的阶段，民办教育从跨越式发展阶段开始转向调整转型阶段，国内大批民办学校出现了倒闭的现象。在这种情况下，宁波市在2006年适时出台了《宁波市民办教育促进条例》（以下简称《条例》），着重推出了五项制度设计。

（1）民办学校财政资助制度。《条例》规定，市和县（市）、区人民政府应当设立民办教育发展专项资金。目前，政府对民办学校的财政资助主要分两类：一是对符合规定条件，实施义务教育和中等职业教育的民办学校，按照同类公办学校生均教育经费的1/4标准给予补助；二是对符合规定条件，为具有专业技术职务的教师按规定缴纳社会保险费用的实施学历教育和学前教育的民办学校，按学校缴纳部分的1/2给予补助。2008年市本级财政资助直属民办学校的经费达到1200余万元。

（2）民办学校教师养老保险制度。《条例》规定，实施学历教育和学前教育的民办学校，符合规定条件的，其聘用的具有中级以上专业技术职务的教师，可按规定参加事业养老保险，目前市直属民办学校参加事业养老保险教师1056人，占教师总数的58.6%。这对民办学校留住优秀骨干教师起到了一定作用。

（3）政府购买教育服务制度。《条例》规定，市和县（市）、区人民政府委托民办学校承担义务教育、高级中等教育任务的，应当按照当地同类公办学校生均教育经费标准拨付相应的教育经费。学校向受委托就读学生的收费，不得高于当地同级同类公办学校的收费标准。

（4）民办学校资产登记监督制度。《条例》规定，举办者投入学校的资产应当与举办者的其他资产相分离，并依法办理验资过户手续。同时又规定，对举办者投入的办学资产、国有资产、受赠财产、收取的费用以及办学积累分别登记建账，并在每个会计年度结束时制作财务会计报告，接受审批机关和其他有关部门的监督。

（5）民办学校风险防范制度。《条例》规定，民办学校应当设立风险保证金。风险保证金属于民办学校所有，由审批机关负责管理。动用风险保证金时，由民办学校提出申请，报审批机关核准后使用。近两年市本级民办学校已收取风险保证金600余万元。

（二）六大矛盾凸显民办教育危机

《宁波市民办教育促进条例》作为地方法规在一定程度上缓解了民办教育发展过程中的突出矛盾，但深层次、根本性的问题并没有得到解决，如教师身份、产权、合理回报等问题。归纳起来，当前民办教育改革和发展主要面临以下六大矛盾。

1. 民办学校法律地位上升与社会认同度下降之间的矛盾

《民办教育促进法》、《民办教育促进法实施条例》以及各省、市民办教育地方性法规的出台，使我国民办教育逐步走上法制化轨道，民办学校的法律地位得到进一步提升。但同时，目前社会上对民办学校的认同度却在下降。究其根源，一是由于公共财政投入增加，公办学校教育资源日益丰富；二是由于部分民办学校本身办学行为不规范；三是许多民办学校与公办学校有同质化趋向。

2. 民办学校教师地位的法律保障与现实差距之间的矛盾

《民办教育促进法》明确规定："民办教育属于公益性事业性质。"但在我国现行的法律制度下，公办学校属于事业单位法人，把民办学校性质界定为民办非企业单位法人，这就造成了双方事实上的地位不平等，并导致民办学校在税收、教师身份和社会保障等方面与公办学校存在较大差异。

3. 民办学校融资困难与民办教育发展之间的矛盾

举办民办学校是一种高投入、低收益的活动。目前，我国举债办学的现象比较普遍。近年来，民办学校由于提高教师工资、福利待遇等因素，办学成本逐年增加，但收费标准却仍停留在办学初期水平。民办学校过去依靠办学积累带动学校发展的传统做法现在变得越来越困难，而向金融机构融资的渠道又不畅通，这已成为影响民办教育进一步发展的瓶颈之一。

4. 民办学校资本营利行为与政府财务监管缺失之间的矛盾

民办学校贴近市场办学，但其天生具有公益性特征。我国民办教育投资办学的特质决定了大多数民办学校举办者都存在营利动机，有的举办者随意支配学校办学经费，甚至将学费收入用于校外投资或搞资本运作以赚取利润，造成民办学校办学经费体外循环。目前，无论是外部监管，还是内部规范管理，财务管理都是民办学校最薄弱的环节，政府缺位和学校失范加剧了民办学校的财务风险。

5. 政府鼓励社会办学与民间投资办学热情减退之间的矛盾

国家鼓励社会力量办学，但近几年民间投资办学的热情在减退，其主要原因：一是"合理回报"规定难于操作，《民办教育促进法实施条例》对合理回报的限制条件过于严厉，出资人想要而不敢要，或观望，或变通。二是民办学校产权不明晰，对举办者投入民办学校的资产以及办学积累的归属未作具体规定，对举办者创办过程中承担的风险和劳动没有给予适当的利益回报。三是民办学校税收政策相互矛盾。财政部、国家税务总局的文件同《民办教育促进法实施条例》相矛盾，不要求合理回报的民办学校，只要没有纳入财政预算外资金专户管理，就会被列为征税对象。

6. "名校办民校"、"招生壁垒"等不公平竞争与市场主体的利益诉求之间的矛盾

在目前民办教育整体走弱的态势下，"名校办民校"享受国有资源和民营机制双重优惠政策，造成了其与公办薄弱校和现有民办学校不公平的竞争，导致了教育不公平现象。

（三）“五项突破”呼唤民办教育新崛起

为加快推进政府职责转型，加大制度供给，重点在以下方面取得突破。

1. 教师身份的突破

建立民办学校教师与公办学校教师统一的人事管理机制和社会保障体系，所有教师都由教育行政部门师资交流服务中心实行人事代理。公办、民办教师相互之间可以无障碍流动。

2. 民校产权的突破

一是对非捐资举办的民办学校，按举办者投入、政府资助、办学积累明晰学校产权归属，建立民办学校的退出机制。二是增强民办学校出资人“合理回报”的可操作性，制定具体操作办法及审核程序。

3. 自主招生的突破

民办学校依法享有自主招生的权利。应当每年在招生前，将当年招生计划和招生办法报主管教育行政部门备案，并向社会公布。民办学校可以跨区域招生，生源地教育行政部门不得对外地民办学校实行招生壁垒，搞地方保护主义。

4. 建设融资的突破

能否解决民办学校融资难问题是关系到今后民办教育能否进一步发展的一个重大问题。解决这个问题：一是要推行股份制合作办学，建立一种利益共享、风险分担的财产组织形式，对吸纳民间闲散的资金、解决当前融资难题具有十分重要的作用。二是推动组建教育担保公司。教育担保公司以信用担保或连带责任担保的方式为各类民办学校提供担保服务，解决民办学校基本建设融资难问题。

5. 财务监管的突破

一是内部监管。加强民办学校内部财务监管，首先是要完善民办学校的法人治理结构，决策机构履行预算、决算审批，校长负责执行实施，监事会履行对决策机构和校长的监督职能，形成相互制约的机制；其次是设立独立的民办学校内部审计机构，定期或不定期将审计结果向决策机构和监事会汇报，及时发现问题，保护学校财产安全。二是政府监管。明确政府在民办学校财务监管中的职责权限，采取外部审计、年检、专员监督等监管形式，建立民办学校财务风险预警机制。三是社会监督。民办学校每年一次将财务审计情况向社会公示，接受社会的监督。

三、慈溪市民办教育新格局[①]

慈溪市位于杭州湾跨海大桥南岸，东南紧靠宁波，北与上海隔海相望，地处沪、

① 本部分摘自浙江省慈溪市教育局调研报告。

杭、甬经济金三角的中心地带，是长江三角洲城市群中迅速崛起的新兴城市之一。面积1154平方千米，户籍人口102.7万人，流动人口87万人，辖15个镇、5个街道。改革开放以来，慈溪市的国民经济快速发展，综合实力显著增强。目前已形成以家电、轴承、轻纺产业为主的重要制造业基地。全市各类主要经济指标增幅均列浙江省前茅。2007年，全市地区生产总值达530亿元，财政一般预算收入为75亿元，城镇居民人均可支配收入24535元，全市农民人均纯收入11126元。全市的基础教育、职业教育、农村成人教育的办学水平均名列浙江省前茅，是浙江省首批命名的教育强市，省级教育强镇覆盖面达到100%。初中毕业生升学率、高等教育毛入学率分别达到了97%和41%。县域经济基本竞争力和综合实力已列全国第3位和第14位。

（一）慈溪市民办教育的发展现状

自20世纪90年代开始，慈溪市在教育发展中积极探索多元化办学路子，民办教育有了较大发展。目前，已建立起以政府办学为主，社会各界共同参与，个人办学、股份制办学、国有民办、民办公助等各种形式并存的民办教育大格局。

慈溪市私企发达，民资雄厚，有眼光、有社会责任感的企业家把投资目光转到了民办教育这一全新领域，为激活教育的社会投资机制奠定了基础。同时，由于慈溪人民的生活水平提高，民间富裕，人们具有了对子女教育的投资实力。1995年5月，慈溪市第一所全日制民办学校——宁波（慈溪）光华学校成立，由此拉开了慈溪民办教育迅猛发展的序幕。目前，慈溪市现有全日制各级各类学校（含幼儿园）414所，在校学生总数为209750人。其中，民办学校（不含学前教育）在校学生总数为37432人，专任教师达1647人。

表3-6　2008年上半年慈溪市民办教育规模分析表

学校类别	学校数（所）		在校学生数（人）		民办学校学生所占比例（%）
	公　办	民　办	公　办	民　办	
普通高中	9	4	15516	5396	25.8
职业高中	6	—	14852	—	—
初级中学	37	7	33266	7550	18.5
普通小学	111	26	67676	24486	26.6
幼儿园	2	246	908	41516	97.9
培训机构	—	48	—	6445	—

（二）民办教育的发展模式

如果说发达的民营经济是慈溪民办教育发展源动力的话，那么宽松的政策环境则是慈溪民办教育发展有力的助推器。慈溪市政府坚持解放思想，实事求是，结合经济迅猛发展的经验，把发展民办教育作为教育改革的一件大事来抓，为社会力量办学营造良好的发展氛围。

1. 落实民办教育建设规划，鼓励发展规模型、现代化民办学校

慈溪市政府按照《中华人民共和国民办教育促进法》第五十条“新建、扩建民办学校，人民政府应当按照公益事业用地及建设的有关规定给予优惠”的规定，将民办教育的发展纳入当地的城镇建设规划，民办学校在征用土地和建设配套费等有关规费减免方面，享受与公办学校同等的优惠政策。

1998 年 5 月，慈溪市政府将位于城区中心区块，由公办高中置换出来的校舍优惠出让给民办学校，当时的慈溪市定时器总厂厂长沈宏邦先生在此投资 1600 万元兴建了慈溪育才中学。此后，市政府又结合城区普通高中和义务教育新网点的布局需要，为育才中学的迁建扩建和举办者投资近 8000 万元举办义务教育划拨教育用地，并提供政策支持；同年，慈溪市政府又以教育用地的性质，将地处城区黄金地段的 50 亩建设用地以行政划拨的方式出让给慈庄轴承工贸有限公司，用于举办慈溪实验中学；此后，又以同样政策支持该公司出资 5000 万元创建了慈溪实验高级中学。1999 年，慈溪市民营企业家徐娣珍女士一次性投入 3000 万元，建成浙江省内堪称一流的慈吉幼儿园，并在此基础上，组建了慈吉教育集团，又投资 2.5 亿元分别兴建了现代化的慈吉中学和慈吉小学。目前，慈溪市仅民办中小学的总资产就超过了 10 亿元，学校总占地面积达 83.2 万平方米，校舍建筑面积达 42 万平方米。

表 3-7 慈溪市部分民办学校办学规模

序 号	学校名称		占地面积（平方米）	建筑面积（平方米）	固定资产（万元）	设计规模（班）
1	慈吉教育集团	慈吉小学	53360	52000	10000	36
		慈吉中学（慈中书院）	166750	90000	23364	66
		慈吉幼儿园	16680	8654	3084	22
2	慈溪育才中学	高中部	87726	38225	5411	36
		初中部	40588	30718	5000	36
3	慈溪育才小学		20965	13500	2950	24
4	宁波光华学校		107000	26000	2453	38
5	慈溪实验高级中学		68933	36631	5000	48
6	慈溪实验中学（初中）		32046	19137	3309	24
7	慈溪阳光实验学校		35692	25547	3077	36
8	慈溪新世纪实验学校		54000	18500	3200	28
9	慈溪白沙小学（流动人口子女学校）		15667	6131	1410	28
10	慈溪爱心学校（流动人口子女学校）		13000	10800	1200	36

慈溪市按全市各类教育的需求总量规划学校网点布局，按同类公办学校的标准兴建民办教育，目前全市民办中小学校的实际平均规模已经超过了公办中小学的平均规模。如慈吉教育集团等许多民办学校的现代化程度和教育质量都超过了当地的公办学校，成为了慈溪优质教育资源重要组成部分，成为了老百姓选择优质学校的热点之一。

2. 落实民办教育的师资政策，鼓励民办学校与公办学校共同发展

慈溪市民办教育的发展初期，正是全市中小学师资数量紧缺、骨干教师竞争激烈的时期。为了支持民办教育的健康发展，在市政府的支持下，市教育行政部门按照《中华人民共和国民办教育促进法实施条例》第四十三条“教育行政部门应当会同有关行政部门建立、完善有关制度，保证教师在公办学校和民办学校之间的合理流动”的精神，开通民办学校与公办学校之间教师合理流动的通道，对民办学校教师实行分类管理，并出台了《慈溪市社会力量办学教师管理暂行规定》等一系列政策，支持民办学校顺利渡过初创期和发展期。其主要措施为：

（1）开通民办学校与公办学校之间教师合理流动的通道。凡经市教育局批准或推荐去民办学校任教的原公办学校教师，可以在教育行政部门保留公办教师编制和身份。

（2）民办学校招聘师范类高校毕业生，可以列入本市人事行政部门和教育行政部门统一组织的公办教师招考范围，毕业生被录用的，可以保留公办教师身份，安排在民办学校任教。这类教师也可以在民办学校与公办学校之间合理流动。

（3）凡具有公办学校教师身份的教师在民办学校应聘任教的，教育行政部门保留其档案工资，实际工资由民办学校负担。教师的社会保险与公办教师一视同仁，参加事业养老保险。

（4）民办学校的其他教师，均由市人事行政部门的人才服务中心实行人事代理。

上述措施稳定了民办学校的教师队伍，一大批优秀教师安心工作，促进了公办学校与民办学校的平等竞争，使民办学校的教学质量和发展有了根本的保障。

3. 落实民办教育的资助政策，鼓励民办学前教育整体健康发展

由于历史的原因，慈溪市目前学前教育的办园体制是以民办为主的。为了加快全市学前教育的改革与发展，建立“树强培优汰劣”机制，激励幼儿园开展创强创优活动，全面提升学前教育的整体发展水平。慈溪市政府按照《中华人民共和国民办教育促进法》第四十四条“县级以上各级人民政府可以设立专项资金，用于资助民办学校的发展，奖励和表彰有突出贡献的集体和个人”的精神，出台了《关于加快学前教育改革与发展的若干意见》，每年由市财政在预算内安排800万元，按经费用途划分为奖励经费、补助经费和公用经费三类，主要用于支持民办幼儿园师资培训、教育研究、公派幼儿园园长（教师）工资补助、学前教育奖励基金、低保等困难家庭子女保育费减免补助、农村边远地区学前教育事业的扶持等。

（1）星级民办幼儿园补助和星级创建工作奖励。对三星级及以上民办幼儿园，教师资格证书持有率占其本园教师（含园长）标准配备基数40%以上的幼儿园，每年按

班级数给予每班 0.9 万—1.2 万元奖励，80% 的经费用于补助教师工资、奖金。同时，对新命名的三至六星级幼儿园，当年度奖励每所 1 万—5 万元。

（2）为家庭经济困难的幼儿减免保育费。凡低保家庭子女、低收入农户家庭子女、烈士子女、社会福利机构监护儿童、五保供养的儿童及残疾儿童，由财政提供保育费全额补助。

（3）为民办学前教育机构教师提供社会（事业）保险补助。对既具有教师资格又具有专业技术资格的幼儿教师，其按规定缴纳的社会保险（包括按有关规定可参加事业养老保险的）中，幼儿园承担部分由市财政给予 50% 的补助。

4. 创新民办教育支持模式，鼓励民办学校吸纳流动人口子女入学

慈溪市是沿海地区流动人口流入规模较大、流入增速较快区域之一。目前办理居住登记的流动人口已达 87 万人，大量外来人员在慈溪这方热土打工创业，耕耘未来，同时也给全市流动儿童少年的就学安置和学校建设等造成了前所未有的压力。面对这历史性课题，慈溪市适时调整学校的布局规划，科学规划流动儿童少年入学工作，将解决流动儿童少年入学等工作全面纳入全市经济社会发展规划。截止到 2008 年 6 月，在全市就读的义务教育段流动儿童少年共 33675 名，占全市义务教育段在校学生的 27.5%。

除全市公办学校全力吸纳流动人口子女入学外，慈溪市政府按照《中华人民共和国民办教育促进法》第四十五条“县级以上各级人民政府可以采取经费资助，出租、转让闲置的国有资产等措施对民办学校予以扶持”的精神，鼓励、支持社会力量利用非财政性资金举办民办的流动人口子女学校，吸纳了 19617 名流动儿童少年入学。在资产归属不变的前提下，当地政府无偿提供学校布局调整中盘活的公办中小学校舍，设立了 20 所民办流动人口子女学校，占流动人口子女学校总数的 87%。同时，市教育行政部门向全市各民办流动人口子女学校公派校长和常年支教的公办教师达 50 余人。在经费安排上，市财政还每年安排专项经费支持这些学校办学。在流动儿童少年就学资助上，慈溪市按照国家的有关政策，对符合条件的学生全部免除了学杂费、课本费和作业本费。

民办学校的成功起步与发展，曾在慈溪大地上引起了不小的震动，并引发了一场争论：有民办学校冲击公办学校的“冲击论”，有民办学校办学的“营利论”，更有民办教育长不了的“怀疑论”。面对各种争论，慈溪市政府以改革求发展，坚持教育的多元投入，积极支持鼓励社会力量以多种形式参与办学；坚持民办教育的规范发展，满足社会对优质教育的需求。通过十多年的努力，充分证实了民办教育可持续健康发展的事实，赢得了社会各界对民办教育的信赖与支持。

表 3-8　慈溪市部分民办中小学事业发展情况

序号	学校名称		在校学生人数（人）					
			1999 年	2000 年	2002 年	2004 年	2006 年	2008 年
1	慈吉教育集团	慈吉小学	—	95	1052	2490	3050	2912
		慈吉中学（慈中书院）	—	207	1205	1303	1235	1506
		慈吉幼儿园	256	292	349	527	592	598
2	慈溪育才中学	高中部	542	661	678	1428	1709	1895
		初中部	—	336	518	958	1425	1761
3	慈溪育才小学		—	—	—	—	628	866
4	宁波光华学校		560	771	744	1219	1636	1585
5	慈溪实验高级中学		—	218	741	1588	2025	1990
6	慈溪实验中学（初中）		604	1103	1303	1576	1668	1682
7	慈溪阳光实验学校		246	308	1668	1872	2033	2043
8	慈溪新世纪实验学校		—	325	1090	1134	1166	1317
9	慈溪白沙小学（流动人口子女学校）		—	—	750	913	996	993
10	慈溪爱心学校（流动人口子女学校）		—	375	762	1518	1969	1780

在区域经济快速发展的热土上，慈溪民办教育的勃然兴起，与强势的公办教育一起形成了一股活力四射的“汇流”，如同两台强大的发动机，一齐拉升起了繁荣优质教育的风帆。我们相信，随着全社会对民办教育共识的不断凝聚和相关法律体系的不断完善，民办教育必将在我国教育体系中发挥越来越重要的作用。

四、东莞市民办中小学规模居半[①]

近几年来，广东省东莞市民办教育发展迅速，数量持续增长，办学层次丰富多样，办学规模不断扩大，办学质量不断提高，已取得了较大的进步。全市民办学校办学水平不断提高，办学行为逐步规范，涌现出一批如东华、光明、南开、虎门外语、岭南等优质学校，逐渐形成了品牌，树立了正面形象，赢得了良好社会声誉。

① 原文刊于：张铁明. 持续发展，东莞市民办教育成绩斐然［N］. 广东民办教育，2008-08-30(9).

（一）门类齐全，发展规模不断扩大

自1993年东莞市成立第一所民办学校——东莞市新世纪英才学校后，经过15年的发展，东莞市民办教育门类齐全，规模不断壮大。目前，全市民办中小学已发展到221所，幼儿园388所。特别是2002—2006年，全市民办中小学的数量以平均每年净增33所的速度发展。民办中小学在校生规模也在不断扩大，从2001年的约2.2万人增加到2007年的约36万人（见表3－9），占全市中小学生总数的比例从2001年的4.99%提高到2007年的47.6%。

表3－9　东莞市2001—2007学年度民办普通中小学学生情况表　　单位：人

项目 学年度	小　学	初　中	高　中	总　数	民办学校就读学生占全市学生比例（%）
2001	18427	1470	1780	21677	4.99
2002	58237	6497	5369	70103	14.1
2003	105578	12513	7832	125923	22.6
2004	172112	26675	10716	209503	32.7
2005	217049	37111	13178	267338	39.8
2006	243768	50715	12904	307387	43.2
2007	281827	64727	13146	359700	47.6

东莞市民办学校的发展，适应了经济和社会发展的需要，特别是满足了新莞人子女就读的需要，有利于解决新莞人子女接受义务教育问题。根据招生对象不同，东莞市民办学校主要分为两类：一类是高收费的民办学校，如东华、光明等18所；另一类是低收费的民办学校，以新莞人子女为招生对象（下称新莞人子女学校），有195所，占全市民办中小学的88%，解决了全市32.3万新莞人子女的读书问题，为在莞工作的务工人员解决了后顾之忧。

（二）办学主体多元化，教育投入社会化

经过15年的发展，多种类型、不同性质的办学主体进入了东莞市的民办教育领域，如民营企业办学、社会团体办学、公民个人办学等（见表3－10）。这些民办教育机构促进了东莞市办学主体的多元化和资金来源的多样化，吸纳了社会资金投入教育，拓宽了教育经费来源渠道，形成了多元办学主体、多种办学类型的民办教育发展格局，改变了政府包揽办学的传统格局，初步形成了市政府办学为主、社会各界共同参与办学的体制，在一定程度上满足了社会发展和市民对教育种类、数量、质量的多层次、多样化的需求，特别是有效地解决了大量新莞人子女接受义务教育的问题。

表 3-10　东莞市民办教育办学主体多元化一览表　　单位：所

层次 \ 项目	民办		民办公助	
	公民个人	企业（团体）	公民个人	企业（团体）
幼儿园	355	32	0	1
小学	101	13	0	2
九年一贯制（含初级中学）	78	13	0	2
高中	0	5	0	7
合计	534	63	0	12

东莞市民办学校在办学条件方面，参照同层次的公办学校的设置标准执行。据不完全统计，东莞市民办中小学建校首期投入资金超过亿元的有 9 所，5000 万—1 亿元的有 16 所，约占 7.2%，1000 万元以上的有 68 所，占 30.8%。全市民办中小学中自建校舍的有 103 所，占 46.6%（买地自建校舍的占 23.1%，租地自建校舍的占 23.6%）。在租赁旧校舍的基础上扩建校舍的有 48 所，占 21.7%。也就是说，东莞市民办中小学中自建或扩建校舍的占 68.3%。

表 3-11　东莞市 2001—2007 年民办学校每年投入资金情况表　单位：万元

年　份	投入资金	比上年增加（%）
2001	14536.7	1.4
2002	24680.7	1.7
2003	66517.1	2.7
2004	75517.7	1.1
2005	98302.7	1.3
2006	152182	1.5
2007	154458.6	1.0

目前，全市民办学校的校园土地面积 962 万平方米，校舍建筑面积 478 万平方米，教学仪器设备总值 6.5 亿元，图书 696 万册，社会力量办学投入资金达 63.5 亿元以上（见表 3-12）。自《广东省义务教育规范化学校标准（试行）》出台后，东莞市民办中小学将按此标准执行，各民办中小学硬件建设将有更大加强。

表 3-12　东莞市民办中小学办学首期投入资金情况表　　单位：所

层次＼项目	500万元以下	500万—1000万元	1000万—2000万元	2000万—3000万元	3000万—5000万元	5000万—1亿元	1亿元以上
小学	71	31	10	1	1	2	0
九年一贯制（含初级中学）	18	34	23	10	5	2	1
高中	0	0	1	0	1	3	8
合计	89	65	34	11	7	7	9

（三）领导重视，大力扶持民办教育

领导重视，大力扶持民办教育发展。东莞市委、市政府及各镇（街）委、镇政府都从社会经济和教育发展全局上重视民办教育，把发展民办教育作为扩大教育供给、激活教育机制的重要举措来抓。市政府出台了《东莞市民办学校管理办法》，为民办教育的发展提供了政策依据。各镇（街）也相应制定管理措施，为民办教育的发展营造宽松的办学环境。

健全管理架构，完善管理制度。东莞市教育局把民办学校纳入与公办学校同等的统一管理体系，民办学校管理科专门负责民办学校的设置审核和监督管理工作，收费、学籍、财务、教师、教育教学等方面由其他职能科室归口负责管理。各镇（街）宣教办也安排专职或兼职的人员负责民办学校的管理工作，保证对辖区内民办学校进行有效管理。在制度上，东莞市教育局先后制定了《东莞市民办学校管理办法》、《东莞市托幼园所设置及管理意见》等文件，从制度上规范民办学校管理。

（四）加强引导，提高办学水平

东莞市教育局及各镇（街）积极给予民办学校在办学方向、办学思想、办学质量等方面的指导，促使它们朝着健康的方向发展。

1. 加强对民办学校举办者的管理

通过加强对民办学校举办者的教育和培训，提高举办者依法办学的意识，引导他们端正办学思想，克服过于追求经济利益的思想和行为，将办学积累更多地用于学校建设，改善办学条件，提高办学水平。

2. 加强公办、民办学校的教学交流

各镇（街）在教师、学生之间积极开展“一帮一”结对帮扶活动。如：长安、塘厦、东坑等部分镇（街）采取派出公办学校骨干教师到民办学校交流、民办学校优秀教师到公办学校跟班学习等措施，充分利用公办学校的办学经验，帮助民办学校完善学校管理，提高教育质量和办学效益。

3. 引入民办学校竞争机制

各镇（街）积极鼓励和支持办学条件好、经济实力强的民办学校扩大规模，上等级，创品牌，做强做优。目前，全市已有20所民办中小学被评为省、市一级学校，25所民办幼儿园被评为省、市一级幼儿园。2007年东莞市有10所民办学校和5所民办幼儿园分别获得省财政资助。

整顿和规范民办教育秩序。东莞市教育局及各镇（街）一直重视做好整顿和规范民办教育秩序、查处违法办学、遏制恶性竞争、保护合法办学的工作。

（五）好学校有“星”为证

在东莞，除了市一级学校、省一级学校外，东莞市民办中小学还可申报三星级民办学校、四星级民办学校，通过各类等级评定后，东莞市、镇教育行政部门将给其一定的奖励。2008年7月，东莞市教育局公布了《东莞市民办中小学督导评估管理办法（试行)》(以下简称《评估办法》)，对东莞市民办学校的考核、评定的督导制度进行了重新修订。

根据该办法，民办学校每年3月和9月可申报三星级民办学校、四星级民办学校、市一级学校和省一级学校，而在每一学年结束时，民办学校必须进行年度自评，其考核结果将作为民办中小学年审的重要依据。凡年度自评考核结果不合格的，年检结果将不能评为合格等次。

东莞市民办中小学督导评估指标体系共设两个一级指标（办学条件和学校管理）、12个二级指标（产权经费、校园校舍、办学规模、设施设备、队伍配备、依法治教、办学方向与班子建设、教师队伍建设、德育工作、教学工作、体卫美劳工作、安全工作）和46个三级指标。这些指标几乎全部涵盖了学校硬件和软件建设的各个方面。

由于民办学校是自主办学、自主经营，且教师队伍流动较大，办学机制比较灵活，因此在制订这一指标体系时，有针对性地制订了一些指标。如“产权经费”、“依法治教”和“安全工作”三个二级指标就与公办学校有明显的不同，而其他大部分指标与公办学校的要求是基本相同的。

申报各个等级的民办学校必须符合有关要求：申报“东莞市四星级民办学校”的学校必须已被评为“东莞市三星级民办学校”一年以上；申报“东莞市一级学校”的学校必须已被评为“东莞市四星级民办学校”一年以上；申报“广东省一级学校”的学校必须已被评为“东莞市一级学校”一年以上。

对于为民办学校增设等级，东莞市教育局表示，东莞市绝大部分民办学校办学时间较短，学校办学条件和管理水平还无法立刻达到市一级学校的高标准要求。

设立“三星”、“四星”级别，是为了鼓励更多的民办学校通过一定的努力就能达到一定级别的办学层次。同时，分级督导评估也在于激励民办学校不断上等级、上台阶，最终实现优质均衡发展。

五、"周口经验"[1]

（一）解决中国民办学校教师长期稳定性的一个关键思路

自《民办教育促进法》实施以来的4年中，我国民办教育持续快速发展，从2002年年底的1116万人发展到2005年年底的2168万人，总规模几乎扩大了一倍。但与此同时，民办教育中的负面新闻也不绝于耳，如"南洋学校"连锁倒闭事件、江苏金山桥教育集团倒闭事件、重庆华桦实验学校清算事件、福建岚华私立高中被强制征税案等，与宏观层面民办教育的快速发展形成强烈反差，我国民办教育的发展正进入一个非常敏感的时期。在目前困扰我国民办教育健康发展的几大问题中，人们普遍认为，民办学校教师（以下简称"民办教师"）的稳定性居于核心位置，而目前影响其稳定性的最大障碍是在养老保险方面民办学校的教师不能享受公办学校教师同样的社会保障制度，导致民办学校教师的职业评价下降。

目前，国内大部分民办学校的教师在社会保障方面参加的都是企业养老保险制度，由此产生的一个可以预见的结果是，在现行的社会保障体制下，"民办教师"在退休后领取的养老金将比相同资历公办教师退休后领取的养老金少50%以上。[2] 这种承担同样的社会职责但却因为学校的所有制差异而导致"民办教师"的身份歧视，已经成为近年来民办学校教师不稳定的主要因素，也因此成为各省在民办教育地方立法中最积极关注的焦点之一。从目前各地的实践来看，解决这个问题的典型思路是让民办学校教师参与机关事业单位职工养老保险，以便他们在退休后领取的养老保险金能够与公办学校教师相当或至少能够缩小目前存在的巨大差距。[3]

毫无疑问，以这种方式解决了"民办教师"的养老保险以后，对于提高"民办教师"在民办学校的稳定性可以发挥一定的积极作用。因此，无论从贯彻执行《民办教育促进法》还是从保持民办教育稳定发展的现实需要出发，"民办教师"参加机关事业单位养老保险都是目前应该做，也是能够做的公共政策选择之一。但是，在我们积极推进以上政策出台的同时，务必需要牢记的是，养老保险相对于现期收入毕竟不是影响就业选择的核心要素。可以说，如果民办学校不能为"民办教师"提供高于公办学校教师的现期收入，即便如上述方案解决了养老保险的制度选择问题，仍然难以提高民办学校对"民办教师"的吸引力，而这个问题之所以前几年并不突出的一个重要背景恰恰是民办学校教师工资普遍高于公办学校教师工资的现实。问题在于，这种曾经的薪酬优

---

① 本部分作者：吴华。

② 该结论的测算依据是公办学校教师和民办学校教师都分别执行目前各自的养老保险制度。

③ 《杭州市劳动和社会保障局 杭州市财政局 杭州市教育局 杭州市人事局关于杭州市区民办学校教师参加机关事业单位职工基本养老保险的实施办法》（杭劳社险［2005］19号）。常德市劳动和社会保障局、常德市教育局《关于印发常德市民办学校教师基本养老保险实施办法的通知》（常劳社发［2006］65号）。

势目前正在消失，并且在一个不用太长的历史时期以后将会普遍消失。[①] 到那个时候，民办学校在为“民办教师”提供的物质利益方面将会普遍不如公办学校，民办教育整体走弱的系统性风险将难以规避。[②]

宏观上彻底解决这个问题的唯一办法是用公共财政为民办学校教师提供与公办学校教师同样的财政工资，学校则在“民办教师”所得到的财政工资以外追加学校工资，非如此不足以保持民办学校教师对公办学校教师的薪酬优势，除此以外的任何办法从长期来看都将失效，因此都不可能彻底解决民办学校教师的稳定问题。[③]

这是一个会令许多人都激烈反对的政策方案。在人们的习惯思维中，如果政府有财力给民办学校的教师提供财政工资，那政府为什么不自己办公办学校呢？所以在反对者提出进一步的反对意见之前，他们一定会想，有哪一个政府会这样做呢？就像所有教条主义者面对来自民间和基层的创新通常都会表现出的“先反对、再怀疑、消极观望、不情愿、随大流”的典型行为特征一样，这一次确实要令他们大大地吃惊了：这个公共政策方案已经有人实践了！不但已经实践了，而且已经取得了巨大的社会效益。这个实践者，就是河南周口地区。

（二）周口的实践

周口市位于河南省东南部，东临安徽省，国土面积11950平方千米，总人口1068万人。辖扶沟县、西华县、商水县、太康县、鹿邑县、郸城县、淮阳县、沈丘县、项城市、川汇区和开发区等11个县市区。该市现有各级各类民办学校483所，在校生17.73万人，教师11562人，分别占河南省民办教育学校数、在校生人数和教师人数的17%、19%和16%。全市民办高中20所，在校生23803人；民办初中77所，在校生57554人；民办小学160所，在校生61381人；民办幼儿园211所，在园幼儿25838人；民办职业学校（含非学历职业学校）15所，在校生8747人。

周口市在河南属于经济欠发达地区，经济基础比较薄弱，缺乏区位优势。但该市民办教育却枝繁叶茂，硕果累累，在河南独树一帜。他们的经验和做法被归纳为以下两个方面。[④]

一是优惠政策和真诚服务。2001年，周口市政府出台的《周口市人民政府关于鼓

① 教师工资如果年均增长10%，七年就可以翻一番。根据国家统计局的资料估算，近十年来教师工资大致是五年翻一番，照此推算，十年以后教师工资将是目前的4倍。对于民办学校来说，除非提高收费，否则不可能持续提高工资，而民办学校恰恰在近十年来的收费都基本没动甚至下降，由此得出的基本推论必然是公办学校教师的工资将会超过民办学校教师的工资。事实上，在沿海发达地区的公办学校教师工资已经开始超过民办学校教师工资。

② 在2004年年底的“中国民办教育社会贡献与发展政策高级论坛”（珠海，2004年12月24—26日）上，我们曾经呼吁政府和社会要警惕“民办教育整体走弱的系统性风险”，目前看来，民办学校教师工资跟不上公办学校教师工资的增长速度才是有可能导致“民办教育整体走弱的系统性风险”的关键因素。

③ 从普遍意义上，民办学校教师工资高于公办学校教师工资的合理性在于前者比后者有更高的工作强度。

④ 十堰市教育局办公室打印文章，http：//www. sy. e21. cn/jiaoyuju/Print. asp？ArticleID = 2614.

励社会力量办学 加快教育产业发展的意见》中明确规定：社会力量办学用地纳入城乡建设规划，按照公益事业用地优先安排，优先办理，在征地、新建、改建教学科研用房、教职工和学生生活用房及其附属建筑设施时，免收各种配套费、人防费、征地管理费、水资源费、土地增值收益等土地、建设和其他有关部门征收及代收的一切行政事业性收费。对工程招标费、预算审查费、标准审查费等服务性收费，给予最大优惠。社会力量办学税收政策与公办学校相同，优先为社会力量办学提供低息或贴息贷款。民办学校的教师享有与公办学校教师相同的权益，公办学校教师应聘到民办学校任教，其工龄可连续计算，正常晋升档案工资，养老保险、医疗保险、住房公积金由聘用学校按国家有关法律、法规进行交纳，符合退休条件的，由人事部门办理退休手续，享受退休后的有关待遇。向社会招聘的教师和大中专毕业生档案由教育人才交流中心统一管理，按有关政策办理户口关系。民办学校教师专业技术职务资格评审不受指标限制。对规模较大、生源较多的民办学校，还选派部分由财政发放工资的优秀公办教师和管理人员参与到学校的教育教学和管理中。

二是规范和促进。一手抓促进，一手抓规范，两手抓，两手硬，在发展中规范，在规范中实现发展，是周口民办教育发展的另一特点。

（1）出台政策，规范办学行为。原周口行署印发了《批转地区教委关于规范社会力量办学行为的通知》，周口市成立之后，市政府对这些政策又进行了调整和完善，出台了《周口市人民政府关于鼓励社会力量办学 加快教育产业发展的意见》，为管理和规范社会力量办学工作提出了政策性依据。

（2）依法整顿，加强管理。其一，严把关口，规范审批，持证办学。在办学许可证的审批上，既注重办学条件、师资水平、经费投入等硬件审核，又注重办学目的、办学思想、领导素质等软件的考察，对不具备办学资格和条件的不予发放许可证。对没有办学许可证的依法取缔。几年来，全市累计取缔非法办学班点多个。其二，加强指导，严格年检，规范管理。坚持民办教育年检制度。对一些办学条件简陋、管理制度欠缺、重利益不重质量的民办学校，限期整顿，跟踪问效。整改后仍然达不到要求的取消其办学资格。坚持民办教育的素质教育综合目标管理考核评估制度。结合群众公论，严格考核标准，半年抽查一次，年底综合终评，通报评估结果，表彰先进，鞭策后进。

（3）加强法律宣传培训，提高民办学校的管理水平，强化依法办学行为。《民办教育促进法》和《民办教育促进法实施条例》出台后，该市教育局印制小册子，免费赠送民办学校和民办学校申办者，并先后两次组织了民办学校校长或法人代表参加的业务和法制培训。

（4）对依法举办的民办学校，从目标管理、师生待遇、安全保障、奖罚措施等方面均按照属地管理原则，同当地公办学校一视同仁，促使民办学校管理逐步走上了规范化轨道，促进了民办教育健康发展。

综合相关报道和本文作者在周口实地考察的结果，周口在促进民办教育发展方面的政策大多数是全国各地共同的经验，也是在《民办教育促进法》及《民办教育促进法实施条例》中有明确要求的法律规定，他们的创新举措是：对于达到一定办学要求的民办学校的教师，由当地财政发放与当地公办学校教师同样的工资，并在《民办教育促进法》规定的其他各个方面享受与公办学校教师同等的待遇。[①] 正是因为这样的政策才彻底解决了民办学校教师的稳定性问题，也只有这样的政策，才能从根本上降低民办学校的办学成本，从而使民办学校能够在足够低的价格水平上保持市场竞争力。这也就是为什么周口对外地举办者有吸引力，实现民办教育蓬勃发展的关键原因所在。[②]

在浙江省的一些地区，当地政府也通过制定各种优惠政策以扶持民办教育发展，比如设立民办教育专项资金、为在民办学校入学的学生提供“教育券”、为民办学校提供一定的公办教师编制、让民办学校的教师参加机关事业单位养老保险等，在《民办教育促进法》出台以后，这些做法在全国其他地方也有类似政策出台，对促进当地民办教育发展发挥了积极作用。但是，除了周口以外，我们还没有发现国内其他地区当地政府明确规定为民办学校提供财政工资的扶持政策，从而使这种扶持政策具有了制度创新的特别价值。[③]

（三）“周口经验”的意义

1. 给予民办教师同等待遇在本文开篇我们分析了让“民办教师”参与机关事业单位养老保险对于稳定民办学校教师队伍的意义，但同时指出，这并不是一个彻底解决方案。因为“民办教师”即便参加了机关事业单位养老保险制度，在养老保险方面也没有取得与公办教师同等的社会保障待遇，仍然并不符合《民办教育促进法》第二十七条关于“民办学校的教师、受教育者与公办学校的教师、受教育者具有同等的法律地

① 陈强．河南周口为民办教育“铺路架桥”［N］．中国教育报，2005－02－28(1)．褚清源，丁玺．周口民办教育发生了什么？［EB/OL］．http：//www.usors.cn/blog/chuqy/MyEssayDetail.asp？id＝1074．《周口市人民政府关于鼓励社会力量办学　加快教育产业发展的意见》（2001年12月6日）；《中共川汇区委川汇区人民政府关于鼓励社会力量办学　加速教育产业发展的意见》（2002年1月16日）；《太康县人民政府关于加快民办教育发展的意见》（2003年8月18日）。

② 周口的经验大多数在浙江省都可以找到类似的政策，但只有这一条是他们的独创。这也是本文作者与周口中英文学校董事长黄苏涛等外地来豫举办民办学校的校长们广泛、深入访谈以后得到的最重要的结论。

③ 在《中共川汇区委川汇区人民政府关于鼓励社会力量办学　加速教育产业发展的意见》（2002年1月16日）中明确规定：“民办学校建成并经有关部门验收后，三分之一至三分之二的教师由区教委向学校选派，其工资由政府统一发放；其他教师及管理人员应在教育部门的指导下，面向社会公开招聘，并纳入教育部门的正常管理。专业技术资格评审不受指标限制。民办学校所聘人员的养老保险金、医疗保险金、住房公积金等，由聘用学校和应聘人员按国家有关法律、法规进行缴纳。符合退休条件的，由人事部门办理退休手续，享受退休后的有关待遇。公办教师在民办学校工作的，其工龄、教龄可连续计算，正常晋升档案工资。”在《太康县人民政府关于加快民办教育发展的意见》（2003年8月18日）中对于向民办学校教师发放财政工资制定了更为具体的规定：“向民办学校选派公办教师，实行民办公助。凡在我县一次性投资500万元以上，兴办初中以上基础教育的，县政府选派该校核编30%；投资1000万元以上的，选派50%；投资2000万元以上的，根据学校需求，县教育体育局公派教师，选派的公办教师享有国家法规规定的各种待遇。”

位。”的规定。并且在目前的社会保障体制下，民办学校教师无论是否参与机关事业单位养老保险都不能从根本上改变他们在养老保险方面受到的严重歧视。[①] 因此，虽然争取“民办教师”参与机关事业单位养老保险比目前普遍存在的让“民办教师”参与企业职工养老保险的状况是一个进步，但“民办教师”应该争取的法定权利却是获得与公办学校教师同等的养老保险待遇，而不是什么退而求其次的参加机关事业单位养老保险。周口的政策实践（以下简称“周口经验”）为彻底解决这个问题提供了一个政策范本，在周口这个公共财政如此薄弱的地方都能做到的事，其他地方还有什么理由以财力不足为借口拒绝落实《民办教育促进法》给民办学校和民办教师以公平对待呢？这是从“周口经验”中所看到的一个最直接的意义。

2. 实践了学生权利本位的教育公共政策准则。虽然《民办教育促进法》已经颁布实施四年，但在政府教育行政部门和其他职能部门的相当一部分官员的思想上，仍然错误地把教育公共财政等同于公办教育财政，他们并没有认识到，教育公共财政的服务对象是所有权利平等的合法主体，学生和教师的合法权利不应该因为他们在民办教育系统中而被剥夺。这个本来是公共政策的基本常识，但在计划经济体制下中国教育长期只有公办教育的现实禁锢了人们的正常思维，以至于中国社会近三十年的深刻变革，在教育领域政府仍然没有实现从公办教育到公共教育的观念转变和制度创新。现在周口用实践表明，政府职能实现从公办教育到公共教育的转变其实只有一步之遥，只要我们真正从人民的利益出发，从促进教育发展的国家根本利益出发，认真贯彻落实《民办教育促进法》，实现观念转变和制度创新并没有想象的那么艰难和复杂，而一旦跨出了这一步，迎来的必定是公办教育和民办教育普遍繁荣的局面。

3. 为民办教育的长期健康发展所需要的政策环境进行了一次实践检验。保持民办学校对教师的吸引力是民办教育长期健康发展的基础，虽然民办学校吸引教师的因素并非只是物质待遇，但没有这个为基础就不可能长期吸引足够数量的优秀教师。为了同时满足民办学校教师待遇相对于公办学校教师待遇的同步增长和控制办学成本这样两个相互矛盾的要求，各地也都进行了大量的实践探索，但根据我们前面的分析，只有周口的做法才是解决问题的根本途径，从而为其他地方结合本地实际进一步开展制度创新提供了有益的启示。

4. 丰富了教育领域建立“公私合作伙伴关系”的公共政策实践。现代社会发展的一个重要趋势和基本特征是在公共管理领域大力提倡“公私合作伙伴关系”，充分发挥政府机制、市场机制和社会自治机制各自的制度优势，整合各种制度资源以实现社会公

① 在目前没有实施全国统一的机关事业单位养老保险制度改革以前，公办教师只要满三十年教龄就可以在退休后领取退休前的全工资；但如果公办学校参加了机关事业单位的养老保险制度改革试点，则同样三十年教龄退休的公办教师在退休后领取的基本养老保险最高不超过退休前工资的50%，与是否参加机关事业单位养老保险还是参加企业职工养老保险并没有太大的差别。并且随着社会保障制度的进一步完善，机关事业单位养老保险与企业职工养老保险的并轨乃是基本趋势。

共利益的最大增长，比如公用事业民营化、非政府组织（NGO）以及教育领域的“教育券”、“特许学校”、“成本分担”、“国有民办”等都是这方面的重要实践。[①] 反观2006年国内在规范“国有民办”、“公办学校转制”、“民办公助”等政策主题上的主流声音却是要求“公私分明”、“不进即退”等“非黑即白”的简单化思维，与国际潮流背道而驰，反映了目前国内教育行政部门和教育理论界仍然受到计划经济把公办教育等同于公共教育的传统观念的严重束缚。周口的实践是在教育领域对现代社会提倡“公私合作伙伴关系”普遍原理的一次成功地检验，表明即使在中国、即使在非经济活动领域，建立“公私合作伙伴关系”的普遍原理仍然是有效的，从而极大地拓展了在教育领域开展“公私合作伙伴关系”的政策空间。

5. 加深了我们对《民办教育促进法》关于“民办教育”概念的认识。一直以来，人们对民办教育的规范认识都狭隘地理解了《民办教育促进法》总则第二条的规定“国家机构以外的社会组织或者个人，利用非国家财政性经费，面向社会举办学校及其他教育机构的活动，适用本法”。人们有意无意地把“利用非国家财政性经费”片面地理解为“民办学校不能利用国家财政性经费”，从而使政府对民办教育的扶持政策常常有力不从心的困惑。周口的实践为我们正确认识《民办教育促进法》的相关规定提供了新的视角，它意味着，在满足“国家机构以外的社会组织或者个人，利用非国家财政性经费，面向社会举办学校及其他教育机构的活动的同时，政府仍然可以合理合法地利用国家财政性经费支持民办学校的发展”。在这个意义上，《民办教育促进法》总则第二条的规定应该被理解为对举办者设立民办学校时需要具备的法律要件的规定。否则的话，政府对民办教育的扶持政策大部分都将面临理解上的观念冲突而无法落实，或成为少数人歧视民办教育的合理借口。事实上，各地对民办教育的扶持政策绝大多数最终都要通过财政性经费来体现，而“周口经验”的创新价值就在于为政府理直气壮地利用国家财政性经费支持民办教育建立了一个公开、透明和相对完备的制度规范，从而具有了普遍的推广价值。

（四）“周口经验”的启示

制度创新是保持我国民办教育发展不竭动力的根本，比如浙江的“教育股份制”、“教育券”、“现代学校制度”；江苏的“宝应模式”、湖北的“监利模式”等，包括现在河南的“周口模式”，都充分证明了尊重和鼓励来自基层和民间的创新精神是多么的重要。我在《宝应改革的意义》一文中曾经说过：宝应改革的成功实践再次向世人证明，来自基层和来自民间的制度创新是最有活力的，这对我们反思国家教育发展的宏观政策思路是一个重要的启示。长期以来，我们总是习惯于用一个全国一律的教育发展政

① 参见：E. S. 萨瓦斯. 民营化与公私部门的伙伴关系［M］. 北京：中国人民大学出版社，2002. 该书对这个问题有全面、深刻、细致的分析。

策来规范各地的教育发展，这样做的结果往往是好心办坏事，事与愿违，适得其反。从宝应实践中我们得到的经验或者教训就是，在促进教育发展的宏观思路上，最重要的并不是由中央政府出台什么灵丹妙药，而是在于为基层和民间的制度创新创造宽松的政策环境。激发省级政府的积极性，它的创造力至少是中央政府的三十倍，而如果能激发县级政府的积极性，它的创造力将是中央政府的三千倍！平常我们总是说什么“以人为本”，没有对人的创造力的尊重，怎么可能真正实现“以人为本”的伟大理想呢？在此我想再次重申同样的观点，让我们学会尊重地方的创新，让我们用心去发现地方的创新。

五、浙江省民办中小学现状与制度创新案例①

新时期的浙江民办教育，起步于我国改革开放之初，至20世纪90年代后期，在省政府《关于鼓励社会力量参与办学的若干规定》的指引下，得以快速发展。进入21世纪后，特别是近年来，由于国内大环境和其他各种内外因素的叠加影响，致使浙江省民办教育的发展步履维艰，整体面临日益加重的生存压力。2009年实施的义务教育学校绩效工资改革，对正处于艰难成长期的民办教育尤其是民办基础教育，无疑是又一次严峻的考验。

受中国民办教育协会的委托，浙江省民办教育协会成立专题调研组，在省市两级教育行政部门的大力支持下，从调查全省民办中小学办学现状入手，进行深入研讨。调研组由协会会长带领，于2009年2月26日至3月11日，先后到宁波、杭州、嘉兴、湖州、金华、绍兴、温州、丽水、台州、衢州10个市进行实地调研，分别召开了由当地市教育局领导、民办中小学校长和董事长参加的座谈会。10次座谈会的参会人数合计达303人，其中民办中小学校长和董事长252人（代表250所民办中小学），10个市的教育局正副局长和处长51人。与此同时，通过各市教育局向全省所有民办中小学发送了《办学现状调查表》，向7个市的民办小学和初中发送了《2009年教师增资情况调查表》，向全省11个市教育局发送了《〈民办教育促进法实施条例〉执行情况调查表》。至3月20日，共收回《办学现状调查表》135份，《2009年教师增资情况调查表》74份。11个市教育局也如期返回了问卷调查表。

现综合10次座谈会上的意见和建议，分析从三类问卷调查表中获取的一系列数据，提出促使浙江省民办教育持续发展的对策建议，供省人大、省政府和有关部门决策民办教育时参考。

---

① 本部分摘自浙江省民办教育协会调研报告。

（一）值得关注的九项统计数据

1. 135 所民办中小学近两年教师人均年收入情况

表 3－13　135 所民办中小学近二年教师人均年收入情况

人均年收入（万元）	2008 年				2009 年			
	小学（所）	初中（所）	高中（所）	合计（所）	小学（所）	初中（所）	高中（所）	合计（所）
8 以上	1	4	5	10	8	10	10	28
6—7.9	8	23	20	51	11	27	26	64
2.9—5.9	31	32	40	73	21	23	31	75
3 以下	23	16	5	44	22	16	3	41

说明：（1）由于所调查的 135 所民办中小学中，有的兼设初中部和小学部，有的兼设高中部、初中部和小学部，因而表中的合计学校数超过 135 所，确切地说，应是 208 个校（部）；（2）由于一时难以获取各市、县公办中小学教师人均年收入的数据，因而难以作两类学校教师年收入的比较。

统计数据显示，在所调查的 208 个校（部）中，2008 年教师人均年收入在 6 万元以下的校（部），共有 117 个，占总数的 56%；而其中人均年收入低于 3 万元的有 44 个，占总数的 21%。2009 年教师人均年收入在 6 万元以下的校（部），仍有 116 个；而其中人均年收入低于 3 万元的也仍有 41 个。由此推断，浙江省现阶段至少有约占总数 60% 的民办中小学，教师人均年收入低于当地公办学校；而其中 1/3 左右的民办中小学，教师年收入长期处于低水平状态，且与当地公办学校教师的收入差距越来越大。

2. 2009 年 74 所义务教育段民办学校教师增资情况

从表 3－14 的统计数据中可以看出，六个市 74 所接受调查的义务教育段民办学校中，有 21 所至今未给本校教师增发工资，占所调查学校总数的 28%；有 26 所学校的教师人均增资额低于当地公办学校，占所调查学校总数的 35%。以上两项合计，共有 47 所学校靠自身努力，已无法与当地公办学校同步等额增资，占所调查学校总数的 63%。

表 3－14 的这些数据也显示，现阶段，浙江省多数义务教育段的民办学校已没有与当地同类公办学校同步提升教师待遇的空间。其中，占调查总数 28% 的学校已陷入进退维谷的困境。值得一提的是，温州、台州等民办教育大市，填表的学校不到与会总数的 1/3，而与会的学校又多数属于中上水平。因此，实际陷于增资困境的学校比例，可能超过总数的一半。

表 3－14　2009 年 74 所义务教育段民办学校教师增资情况

受调查地区	受调查学校数（所）	已增资学校数（所）	人均增资额与当地公办学校比较			未增资学校中	
			与公办相同的学校数（所）	高于公办的学校数（所）	低于公办的学校数（所）	已公开承诺并在积极筹款的学校数（所）	迄今对增资仍束手无策的学校数（所）
温州市	10	5	2	0	3	1	5
丽水市	6	4	3	1	0	1	1
台州市	13	9	4	2	3	1	1
湖州市	24	20	6	2	12	2	4
金华市	15	11	1	3	7	2	2
绍兴市	6	4	2	1	1	0	1
六市合计	74	53	18	9	26	7	14
占调查学校总数的比例（%）		72	24	12	35	9	19

3. 2009 年 135 所民办中小学人员经费支出占学费收入的比例

表 3－15　2009 年 135 所民办中小学人员经费支出占学费收入的比例

人员经费支出占学费收入的比例（%）	学校数（所）	占样本总数的比例（%）
80 以上	31	23
70—79	22	16
60—69	28	21
59 以下	54	40
合计	135	100

从表 3－15 的统计数据中可以看出，学校人员经费支出占学费收入 60% 以上的民办中小学，共有 81 所，占所调查学校总数的比例为 60%；而其中人员经费支出占学费收入 80% 以上的学校，共有 31 所，占总数的 23%。据了解，浙江公办中小学人员经费支出占学校事业费支出的平均比例约为 60%。由此可以推断，现阶段，浙江省 60% 以上的民办中小学已没有提升教师待遇的空间，而且根据其现有的财务收支状况，也无法凭

自身能力进一步改善学校的办学条件。

4. 2009 年 135 所民办中小学生均培养成本与全省公办中小学生均教育事业费的比较

调查数据显示，2009 年，135 所参与调查的民办中小学中，有 17 所民办小学、25 所民办初中、41 所民办高中的生均培养成本低于全省公办小学（生均 7433 元）、公办初中（生均 9641 元）、公办高中（生均 12757 元）的生均教育事业费标准。三类学校合计，共 83 所，占所调查学校总数的 61%。

调查数据还显示，135 所民办中小学中，有 110 所在学费收取标准上受到当地物价部门的限高制约，占所调查学校总数的 81%。

5. 2009 年 135 所民办中小学的借贷情况

调查数据表明，在所调查的 135 所民办中小学中，有 68 所学校有 300 万元以上的欠债，占所调查学校总数的 50%；而其中欠债总额达 1000 万元以上的学校有 39 所，占所调查学校总数的 29%。有 33 所民办中小学的借贷资金占学校财产总值的 20% 以上，占所调查学校总数的 24%；而其中借贷资金占学校财产总值 50% 以上的学校有 15 所，占所调查学校总数的 11%。

6. 135 所民办中小学近三年专任教师流失情况

2007 年，流失的专任教师占该校教师总数的比例达 10% 以上的学校共 86 所，占所调查学校总数的 64%；而其中流失比例在 20% 以上的学校有 48 所，占所调查学校总数的 36%。

2008 年，流失的专任教师占该校教师总数的比例达 10% 以上的学校共 79 所，占所调查学校总数的 59%；而其中流失比例达 20% 以上的学校有 45 所，占所调查学校总数的 33%。

2009 年，流失的专任教师占该校教师总数的比例达 10% 以上的学校共 69 所，占所调查学校总数的 51%；而其中流失比例达 20% 以上的学校有 39 所，占所调查学校总数的 29%。

如果按一般常规，流失的教师占学校教师总数的比例在 10% 以下为相对稳定，那么，135 所参与调查的民办中小学中，有约占总数一半以上的学校师资队伍已难以稳定；而其中约占总数 1/3 的学校师资队伍已处于严重不稳定状态。

7. 2009 年 135 所民办中小学获得地方财政资助的情况

调查数据显示，2009 年在所调查的 135 所民办中小学中，有 72 所没有获得义务教育段学校学生免交杂费的财政补助，占所调查学校总数的 53%。这一年，除免交杂费的补助外，没有得到当地财政其他任何资助的学校共有 124 所，占所调查学校总数的 92%。这些调查数据显示，省政府规定的义务教育阶段民办学校学生免收杂费后，由地方财政给予等额补助的政策，在 50% 左右的县（市、区）没有得到落实。地方公共财政对民办学校的资助面，还不到民办学校总数的 10%。

8. 市县两级民办教育专项资金的设立情况

调查统计数据显示，全省迄今只有 3 个设区市本级财政依法设立了民办教育专项资金，不到总数的 1/3。2009 年，这 3 个市本级财政安排的专项资金合计为 2260 万元，其中宁波市达 1430 万元。全省只有 20 个县级财政依法设立了民办教育专项资金，约占总数的 22%。2009 年，这 20 个县级财政安排的专项资金合计为 4017 万元，县均 200 余万元。温州市 11 个县（市、区）中已有 7 个建立专项资金，2009 年合计金额为 600 万元。

上述调查数据表明，法律规定的公共财政资助政策，在全省绝大多数市、县得不到贯彻落实；在已设立专项资金的市、县中，多数市、县财政安排的资金额度也有待增大。

9. 近六年全省民办中小学的发展情况

调查统计数据显示，自 2004 年 4 月 1 日起施行《民办教育促进法实施条例》以来，六年中，全省新增纯由社会力量举办的中小学（不含民工子女学校）43 所；因各种原因终止办学的纯民办中小学 21 所；已被政府接管转为公办学校的纯民办学校 12 所。后两项合计共有 33 所纯民办中小学相继消亡。

与此同时，这六年中，全省新增由公办学校参与举办的中小学 42 所，迄今已正式转为公办的 20 所。

这六年中，全省新增了 125 所由社会力量合法举办的民工子女学校，这是由浙江特殊省情催生的特殊现象。对于民办学校中的这一特殊群体，政府应采取特殊的扶持政策。

上述调查统计数据表明，与全国多数省市的情况相仿，旨在促进民办教育发展的法律法规，并没有真正调动社会力量的办学积极性，却促进了“名校办民校”的高潮。

（二）发人深省的四种现象

10 次座谈会上，与会校长和董事长在摆现状、找出路、议对策的过程中，对近年发生在民办教育领域的四种现象进行了重点剖析。

现象之一：为什么 2004 年颁布的《民办教育促进法实施条例》在施行的六年中并没有促进“真民办”的发展，却导致了“公校办民校”遍地开花？

较为一致的看法是，《民办教育促进法实施条例》中的某些条文与《民办教育促进法》的立法宗旨不完全一致。先前在理论界乃至教育行政部门内部颇有争议的“公校办民校”，在 2004 年之后却“有法可依”了。正是大批“假民办”的兴起，挤压了“真民办”的发展空间，使真正的民办学校不得不面对来自公办名校和“国有民办”学校的双重挤压，从而导致普遍的生存危机，一批学校被迫终止办学，同时也使有志于回报社会的企业家和热心公益事业的社会人士望而却步。

现象之二：为什么同样在这六年里，一些市县的民办教育相对发展平稳，而另有一些市县则明显衰退？

大家的一致看法是，当地政府及有关部门的执法力度和政策扶持力度起着关键性作用。一些市县执法力度大，且不时推出创新举措和扶持政策；而在另一些市县，法定的扶持政策迟迟得不到贯彻，却炮制出不少歧视性的土政策和不合理的规定。

现象之三：为什么同一个市县，一段时间“风和日丽”使民办教育红红火火，隔了一段时间则“风雨交加”，办学者怨声载道？

大家的共同看法是，主要领导者和决策者的认识高度决定了一个地区民办教育的发展程度。对一个市县的民办教育发展起决定作用的领导人换了，民办学校的生存环境也就变了。

现象之四：为什么在冠名“促进”的法律法规颁行之后，在一些地区，关心、支持民办教育的领导干部反而少了，而轻视甚至歧视民办教育的人却相对多起来了？

与会者的一致看法是，某些领导干部的急功近利思想和短视行为，是问题的关键所在。在有些部门领导人的观念里，党和国家关于民办教育的“十六字”方针，只不过是政府办学财力不足时才采取的“权宜之计”，如今普及15年教育已大功告成，政府财力也今非昔比，“过河拆桥”乃理所当然。有些部门领导认为，民办学校是体制外存在的“异类”，将其打入另册，听其自生自灭，无可指责。有些部门领导则只把民办教育视为保持教育普及程度的组成部分，可以允许其存在，但不能让其办优办强，否则有损自己的脸面。

由此得出的结论是：这几年，导致浙江省民办基础教育在一些地区整体走弱的主要原因在外部，民办教育的相关法律法规执行不力是问题的关键所在，而当地领导干部特别是主要决策者的思想认识很不统一则是根本原因。

（三）值得推广的五项制度创新案例

民办教育是教育与社会主义市场经济接轨的重要接口，是教育体制改革的重要成果。这一新生事物在发展进程中面临的诸多问题，也只有通过深化改革、大胆探索才能解决。进入21世纪以来，特别是《民办教育促进法》颁布施行以后，浙江省一些市、县政府秉持“促进发展”的立法宗旨，解放思想，敢为人先，向困扰和制约民办教育发展的一些“老大难”问题相继发起攻坚战，取得了一系列制度创新和政策创新的可喜成果，为省人大、省政府及有关部门决策民办教育提供了可资借鉴的宝贵经验。

1. 长兴、瑞安等县市试行“教育券”制度

2001年，长兴县政府规定：自当年新生入学起，凡就读义务教育段民办学校和民办职业中学的长兴籍新生，可分别获得一张面额为500元和300元的教育券，学生持证可冲抵学杂费。当年，该县共发放两类教育券1845张，合计金额达61.5万元。

地处浙南温州的瑞安市规定：自2001年起，民办职高和民办普高每招收一名瑞安籍学生，可凭“助学凭证”分别获得300元、200元的公共财政资助。该市当年的资助

金额达170万元。

2. 台州、丽水等市实行以奖代补制度

2001年，台州市政府发文规定：凡被评为国家级、省级和市级优秀学校的民办教育机构，每年度分别按使用教师的2/3、1/2和1/3，给予相当于公办教师平均基本工资数额的奖励。自建校舍举办学历教育和学前教育的教育机构，在学校规范招生、规范办学的前提下，可以采取以奖代补的办法给予鼓励支持。在校生超过1000人的，每年奖励5万元；在校生超过1500人的，每年奖励10万元；在校生超过2000人的，每年奖励15万元。

2005年，属于经济欠发达地区的丽水市政府也发文规定：被评为国家级民办学校的，一次性奖励50万元；被评为省一级重点、省二级重点或省三级重点和市级优秀的民办学校，一次性奖励30万元、20万元、10万元，并每年度分别按应使用教师数的2/3、1/2、1/3给予相当于当地上年度公办教师统发工资数额的奖励。

3. 嘉兴市创建教师“无障碍流动”制度

嘉兴市教育局和人事局于2004年联合发文规定：按照“相对稳定、合理流动、资源共享”的原则，运用市场对人才的调节机制，打破教师单位所有、部门所有的壁垒，在本市范围内，凡公办学校合同期满或解除聘用合同的教职工、民办学校合同期满或解除聘用合同并具有完整的人事档案关系的教职工，可进行无障碍流动，学校不得人为设置障碍，不得收取各种不合理的费用。该文件阐明的原则与规定极具创新意义。

4. 德清县为民办中小学单独定编

2002年，县教育局联合县人事局等部门制定的《德清县民办学校中的公办教职工管理暂行办法的通知》明确规定：公办学校在职教职工到民办学校工作身份不变，编制按照学校规模进行单独核编，在公办学校与民办学校之间可相互流动，养老保险、失业保险、医疗保险、住房公积金等均由民办学校参照公办教职工标准到有关部门办理。该县现有民办普通中小学7所，在这7所民办学校任教的在编公办教师共201人。德清县的这一做法，曾得到上一届全国人大教科文卫委员会领导的高度肯定，认为值得在更广范围推广。

5. 杭州、宁波、温州等市试行与公办教师相一致的社保政策

绍兴市机构编制委员会于2003年发文规定：应聘进入民办学校的人员，原身份是事业性质的，继续享受与事业单位相一致的养老、失业、医疗社会保险政策；对新就业的大专及以上毕业生，被聘到教师或行政管理岗位的，可以参照执行与事业单位相一致的养老、失业、医疗社会保险政策，所需费用由民办学校和个人自理。这一规定率先打破了阻碍教师合理流动的“坚冰”，在全省乃至全国产生了积极影响。

杭州市劳动和社会保障局、财政局、教育局、人事局于2005年联合发文规定：达到规定要求和相关条件的市区民办学校教师，为参加市区机关事业单位职工基本养老保险的对象。市教育行政部门统一为参加机关事业单位职工基本养老保险的民办学校教师

参照公办教师工资制度建立并管理人事工资档案。参加机关事业单位职工基本养老保险的民办学校教师到达退休年龄，由所在学校报市教育行政部门办理退休审核手续并核定退休费待遇。市社会保险经办机构凭市教育行政部门审核材料核发退休费。

这一文件操作性强，在养老保险的办理、人事档案的管理及退休费的核发这三个方面均有新的突破。

《宁波市民办教育促进条例》颁布后，市人民政府于2007年发文规定：在校生人数达到本市同类学校校均规模的全日制民办中小学和幼儿园，对聘用的具有中级以上（含中级）专业技术职务的教师，按规定报审批机关办理有关手续后，可申报参加事业养老保险。对全日制民办中小学和幼儿园为具有专业技术职务的教师按规定缴纳的社会保险费中学校承担部分，给予不少于1/2的财政补助。宁波市的这一规定，在全省首开财政补助的先河。

温州市教育局等五部门于2008年7月发文规定：民办学校符合规定的教师，同等享受公办学校教师养老保险待遇、医疗保险待遇、失业保险待遇、工伤保险待遇、生育保险待遇和住房公积金待遇。教师达到法定退休年龄，民办学校报当地人事代理部门按人事代理的有关规定程序办理退休审批手续并核定退休费标准，社会保险经办机构凭人事代理部门批准的退休审批表核发退休费。未纳入社保统筹的地方性津贴，由民办学校保障。温州市五部门的这一规定，率先将民办学校教师的社保由单一的养老保险扩大到“五险一金”。

（四）浙江省民办教育持续发展的政策建议

1. 建议省政府尽早制定一个促进民办教育持续发展的政策性文件并作如下规定：

（1）各级政府要把民办教育纳入教育发展的总体规划。要统筹兼顾辖区内公办、民办学校的布局，为民办教育的发展留出空间；要积极支持、扶持一批有条件的民办中小学校成为“选择性”教育资源，满足人民群众的多样化需求。

（2）实施学历教育的非营利性民办学校属于自收自支的事业单位（或民办事业单位）。当地人事和教育行政部门要为这些民办学校（含符合省定标准的幼儿园）定编，其教师身份与公办学校教师相同；民办学校在编教师的人事与工资档案由当地教育行政部门代为管理；民办学校在编教师按照事业单位职工相同规定参加社会保险，由民办学校负责办理，当地财政给予50%比例的补贴。在编教师在职期间的工资由所在学校发放。其在民办学校连续工作到退休年龄时，由所在学校报当地教育行政部门统一办理退休手续，享受与公办学校教师同等的退休待遇。

（3）大力支持民办学校加强师资队伍建设。各级教育行政部门要建立教师在公办学校和民办学校之间合理流动的保障机制，给予民办学校一定比例的浮动编制岗位，允许公办学校教师带编到民办学校任教；要把民办学校教师的进修提高纳入当地政府制订的师资培训计划，并免收费用；要给民办学校招收优秀的大中专毕业生以特殊方便；要制止当地公办学校招收合同期未满的民办学校教师。

（4）依法确保民办学校的招生自主权。义务教育段和高中段的民办学校，可以依法自主确定招生的范围、标准和方式。当地政府及有关部门不得附加任何限制性规定，不得实行地区封锁，不得滥收费用。

（5）依法确保民办学校的收费自主权。当地物价部门制定的收费政策，应当有利于促进民办学校优化师资、提高质量、办出特色。民办学校向学生收取费用的项目及办法由学校自主确定，收费标准按照生均培养成本并略有节余的原则，由学校自主确定，报当地有关部门备案并公示。

（6）市、县两级人民政府要根据资助当地民办学校的实际需要设立专项资金。①对就读于民办的农民工子女学校、捐资举办的民办学校和政府委托举办的义务教育段民办学校的学生，实行“两免一补”；②对其他义务教育段民办学校和民办中、高等职业学校，实行一定比例的生均教育经费补贴；③对学费收取标准低于当地同类公办学校生均教育经费标准的民办学校，实行生均培养经费的差额补贴；④对按规定为教师办理社会保险的民办学校，实行50%比例的社保补贴。

（7）鼓励运用金融手段支持民办教育事业的发展。支持社会中介组织组建担保机构为民办学校申请信用贷款作担保，鼓励信托机构利用信托手段筹集资金支持民办学校的发展，允许民办学校利用非教学资产作抵押和学费收取权作质押向银行申请贷款。

（8）支持民办学校通过盘活现有资源做强做大。在符合当地教育总体规划的前提下，支持有条件的民办学校盘活现有资源，拓展发展空间；支持民办学校之间通过强弱联合等多种途径实行资源整合，促其上规模、上水平。

（9）确保非营利性的民办学校依法享受与公办学校同等的税收优惠。有关部门向民办学校收税，必须符合《民办教育促进法》的相关规定。

（10）依法建立民办学校举办者合理变更和退出机制。参照民营企业变更和退出的相关规定，制定适合于民办学校举办者变更、退出的相关政策。

2. 省政府、省教育厅尽快召开一次全省民办教育工作会议

从战略高度再次强调民办教育的重要性，统一各级政府及有关部门的认识；进一步重申和明确促进民办教育持续发展的指导思想，以消除民办学校举办者和管理者的种种疑虑，调动他们办学治校的积极性。同时，进行大范围的表彰和奖励；表彰一批对辖区内民办教育支持有力、管理有方、成效显著的政府部门及其负责人；表彰一批依法办学、不图回报、贡献突出的民办学校举办者；表彰并奖励一批事业性强、管理业绩突出的民办学校校长；表彰并奖励一批师德高尚、业务精良、教书育人成绩突出的民办学校教师。

3. 各级人大常委会加强对政府部门执法的监督

对政府有关部门执行《民办教育促进法》的情况，进行定期督查或抽查。建议在《国家中长期教育改革和发展规划纲要（2010—2020年）》颁布后，对政府部门清理、

纠正对民办教育歧视政策的情况，组织一次专项督查。

4. 各级政府教育督导机构将支持民办教育发展纳入督政范围

重点督查民办教育的法律法规执行情况，以及统筹兼顾辖区内公办教育和民办教育共同发展的情况，并将督查结果向社会公示。

5. 各级政府编制委员会支持教育行政部门设立专门机构，负责民办教育发展的统筹、规划和管理工作

6. 各级教育行政部门支持民办教育行业组织参与对民办教育的管理

尝试以行政授权的方式，将部分民办教育的行政管理事项，委托给具有一定资质和相应条件的民办教育行业协会代为实施。

7. 新闻媒体强化对民办教育的舆论支持

努力营造“兴教光荣，办学有功”的舆论氛围；大力宣传为发展民办教育事业作出突出贡献的组织和个人的先进事迹；引导社会舆论正确地认识民办教育的地位与作用，客观地反映民办教育的全貌。

第四章

专题研究报告

第一节　促进民办教育发展的对策思路[①]

一、"同等法律地位"的确立与民办教育的现实困境

（一）《中华人民共和国民办教育促进法》对民办教育法律地位的规定

2002 年 12 月 28 日，第九届全国人民代表大会常务委员会第三十一次会议通过了《中华人民共和国民办教育促进法》（以下简称《民办教育促进法》），2004 年 3 月 5 日国务院发布《中华人民共和国民办教育促进法实施条例》（以下简称《民办教育促进法实施条例》）。《民办教育促进法》第三条明确规定："民办教育事业属于公益性事业，是社会主义教育事业的组成部分。国家对民办教育实行积极鼓励、大力支持、正确引导、依法管理的方针。各级人民政府应当将民办教育事业纳入国民经济和社会发展规划。"第五条规定："民办学校与公办学校具有同等的法律地位，国家保障民办学校的办学自主权。国家保障民办学校举办者、校长、教职工和受教育者的合法权益。"第二十七条规定："民办学校的教师、受教育者与公办学校的教师、受教育者具有同等的法律地位。"《民办教育促进法实施条例》第三十八条规定："捐资举办的民办学校和出资人不要求取得合理回报的民办学校，依法享受与公办学校同等的税收及其他优惠政策。出资人要求取得合理回报的民办学校享受的税收优惠政策，由国务院财政部门、税务主管部门会同国务院有关行政部门制定。"概而言之，《民办教育促进法》和《民办教育促进法实施条例》首次以法律的形式明确了民办学校具有与公办学校同等的法律地位，这是我国民办教育事业发展史上的一个

① 此部分系《国家中长期民办教育改革和发展研究》课题之《促进民办教育和公办教育共同发展的政策性建议》调研组成果；调研负责人：胡卫；执笔：谢锡美。

里程碑，标志着我国民办教育的发展进入了法制化的阶段。

（二）民办教育的现实困境

《民办教育促进法》及《民办教育促进法实施条例》颁布实施后，民办教育获得了长足的发展。民办教育的快速发展，满足了社会和家长对优质教育选择的需要。“公办不择校，择校找民办”的原则越来越为教育行政部门、社会、学校和家长所接受，亦进一步厘清了基础教育阶段公办教育和民办教育的不同性质的定位，即公办学校面向所有学生，提供尽可能公平、公正的教育；民办学校，尤其是义务教育阶段的民办学校则更侧重于提供特色的、精品的、优质的和适应特殊学生群体需要的教育。民办教育的发展也更广泛地促进了教育的公平。由于优势阶层和崇尚自由经济的家长放弃其子女接受公办教育的机会而选择民办私立教育，这就使公办教育的资源更多地向工薪阶层、弱势群体和流动人口子女倾斜，使更多的社会成员能享受政府提供的教育机会，有力地推动了教育公平的实现。

虽然这几年我国民办教育事业得到较快发展，但是，也面临着一些严峻的现实，那就是我国民办教育事业呈现整体走弱的趋势。其主要体现在以下几个方面。

1. 民营企事业单位、社会团体和公民个人投资举办的“纯”民办学校的生存、发展的空间正在不断被挤压和缩小

《民办教育促进法实施条例》颁布后，公办学校参与举办的民办学校迅速发展。四川、湖北、广东、辽宁等地最近的发展情况表明，中小学阶段公办学校参与举办民办学校的现象已非常普遍。从全国范围看，独立学院发展迅速，2003 年 8 月教育部发出通知开始清理和规范民办二级学院，截至 2007 年，教育行政部门审批设立的独立学院已达 318 所。公办名校办民校的最直接的影响是扩大了整体的民办教育市场，不过，我们也应该看到问题的另一面，那就是在民办学校整体规模扩大的同时，真正意义上的民办学校却在迅速减少。更为重要的是，由于公办名校参与举办民办学校，使得这类民办学校的产权关系更为复杂，因为，公办学校投资中很难界定哪些属于非财政性经费投入。另外，公办学校举办民办学校，无论怎么说都是属于公办教育资源向民办教育领域的扩张，虽然从学校在校生规模上看比过去有较大的增加，但它却无形中掩盖了民办学校的真实生存状况，特别是掩盖了真正意义上的民办学校的萎缩状况及其深刻根源。

2. 民办学校办学经费日益紧张，教师队伍流动性加大

一些地方政府主管部门由于受错误的政绩观念的影响，对示范校、重点校加大投入，甚至在还有很多薄弱学校的改造任务远未完成的情况下，大规模地投资兴建形象学校。如某省在“普九”任务尚未完成，大量困难校、薄弱校未得到改造，适龄幼儿入托园比例还很低的情况下，竟斥资 7000 万元建一个示范幼儿园，人为造成教育条件的悬殊和教育的不均衡。而与此同时，我国的许多民办学校面临着严重的生存危机。一方面，一些地方政府把应该承担的义务教育责任部分地转嫁到了民办学校身上，而民办学

校在承担这一任务的同时，却得不到与公办学校一样的生均经费资助。另一方面，在沿海发达地区的大城市，政府对公办学校的财政拨付越来越高，教师待遇越来越好，而民办学校由于生源和收费受到限制等原因，从20世纪90年代初民办教师待遇高于公办学校，到跨入21世纪后北京、上海、广东、浙江等地公办学校教师待遇慢慢赶上和超过民办学校，使得许多民办学校出现不是好教师被公办学校“挖角”，就是教师自动选择离开民办学校去公办学校。这是《民办教育促进法》颁布后，国家立足于对我国民办教育进行“促进”的情况下出现的一个相当尴尬却又令人深思的一幕。

造成民办教育走弱的原因很多很复杂，其中一条重要原因就是法律规定的民办教育与公办教育享有同等法律地位的规定得不到落实。享受不到同等的法律地位，使得民办学校的生存空间不断受到挤压，而且使得民办学校原有的一些优势也渐渐丧失。可以说，民办教育与公办教育同等法律地位问题，是现阶段保障我国民办教育健康、快速发展迫切需要解决的关键问题。

二、我国民办教育法律地位的演变

民办教育在我国教育事业中的法律地位有一个演变的过程。民办教育出现之初，处于边缘化的地位，然后成为社会主义教育事业的重要补充，2002年出台的《民办教育促进法》规定民办教育是社会主义教育事业的组成部分，民办学校具有与公办学校同等的法律地位。

1. 民办教育萌芽与复兴阶段（1978—1991）

这一阶段重要的政策法律有：《中华人民共和国宪法》及《中共中央关于教育体制改革的决定》（下文简称《决定》）。我国1982年修订的《中华人民共和国宪法》规定：“国家鼓励集体经济组织、国家企事业组织和其他社会力量依照法律规定举办各种教育事业。”1985年颁布的《决定》指出：“要充分调动企事业单位和业务部门的积极性，并且鼓励集体、个人和其他社会力量办学。”在关于基础教育管理体制改革和发展职业技术教育问题上，也明确提出要“鼓励、指导”社会力量办学，要调动社会力量办学的积极性。

受《宪法》和《决定》精神的鼓舞，民办教育发展很快，也备受社会支持与关注。但这一阶段的民办教育基本上限定在非学历教育领域，主要开展文化补习、职业技能培训、函授教育、高等教育自学考试助学和学前教育等教育活动。只有浙江、上海、北京等少数地区，有极少量的民办职业高中和民办普通中学属于学历教育。1991年，全国仅有民办小学655所，民办中学544所，民办幼儿园12091所。[①] 民办教育发展的这种

① 教育部发展规划司，上海市教育科学研究院．2002年中国民办教育绿皮书［M］．上海：上海教育出版社，2003：8．

实际状况决定了其边缘化的地位。

2. 蓬勃发展阶段（1992—1996）

以邓小平同志南方谈话和十四大为起点，民办教育进入了思想解放、充满活力的探索时期。

1992 年 10 月召开了党的十四次全国代表大会，大会报告提出“鼓励多渠道、多形式社会集资办学和民间办学，改变国家包办教育的做法”。1993 年 2 月，中共中央、国务院颁布的《中国教育改革和发展纲要》规定：“改变政府包揽办学的格局，逐步建立以政府办学为主体、社会各界共同办学的体制。”“国家对社会团体和公民个人依法办学，采取积极鼓励、大力支持、正确引导、依法管理的方针。”首次明确了国家对民办教育的“十六字”发展方针。1996 年颁发的《全国教育事业“九五”计划和 2010 年发展规划》提出了“公立学校和民办学校共同发展”的思想。

我国的民办中小学基本上都是在 1992 年以后开办的，其中有相当一部分具有较大影响的民办中小学都是在这一时期创建的。1992 年，上海开办了民办扬波中学、明珠中学、新世纪中学、扬波外国语小学、新世纪小学，北京开办了私立正则中学。这些民办中小学的开办，受到社会各界的普遍关注，甚至被认为是中国改革开放的新鲜事物。此后，民办中小学在全国各地快速发展，至 1996 年年底，全国民办教育机构总计 29173 所，其中幼儿园 24466 所，小学 1453 所，普通中等学校 2035 所，高等教育机构 1219 所。多种形式的民办非学历教育也进一步活跃起来。期间还有两件具有重要历史意义的事件，即在民办高校开始高等教育学历文凭考试试点工作和国家首次批准具有独立颁发学历文凭资格的民办高校。

在这一时期，我国民办教育进行了多种办学体制的模式探索，主要有：一是北京、上海等地的民办公助模式，其特点是由个人或团体出面承办，部分经费、条件由教育等部门予以资助。这类学校一般办学质量、学校声誉较好，面向工薪阶层，生源比较充裕，具有较强的市场竞争力和生命力。二是珠江三角洲的教育储备金模式。这是为满足千百万富裕起来的群众对教育的需求，采取让家长出钱作为学校基金，学生毕业（或中途离校）时，学校将储蓄金如数退还，不支付利息的一种模式。三是温州地区的拾遗补缺模式，即多门类、多渠道、多主体的办学模式。四是中西部老少边穷地区的扶贫教育模式，其特征为因地制宜、因陋就简，帮助失学青少年复学，弥补农村义务教育不足。

此外，办学体制改革还直接深入到了公办学校。1994 年，国务院发布的《关于〈中国教育改革和发展纲要〉的实施意见》中明确提出，可以实行“民办公助”、“公办民助”形式。随后的几年，在上海、北京、天津等地出现了一批公办学校实行办学体制改革的“转制”学校，公办学校“转制”改革又成为办学体制改革的热门话题。利用民办学校在体制和机制上的优势，推动公办学校改革，这也是全面启动中国教育改革的重要步骤。

从 20 世纪 80 年代允许社会力量举办民办学校，到 90 年代鼓励民办学校发展并将其纳入政府议事日程甚至法规之中，意味着民办学校的地位有了一定的提高，由最初拾遗补缺的边缘化地位转而成为社会主义教育事业的重要补充。

这一阶段我们要注意到的另一个问题是，随着民办教育的迅速发展，出现的问题也越来越多，因此也可以说这是民办教育问题丛生的时期，如一些民办学校的教育质量难以保证，少数学校以追求利润为主而忽视了教育的公益性，对公办转制学校存在种种争议等。从政府到举办者，其行为亟待进一步规范和调整。

3. 规范发展阶段（1997 年至今）

1997 年 7 月国务院颁布了《社会力量办学条例》，这是国家第一次以行政法规的形式集中、系统、全面地把多年来国家有关办学体制改革和民办教育政策、方针作了明确的阐释和规定。自此，民办教育开始推进到各级各类教育，民办中小学教育、民办中高等职业教育和公办学校的办学体制改革实践等多种形式的民办学历教育得到快速发展。1999 年年初国务院批转教育部《面向 21 世纪教育振兴行动计划》中提出“今后 2—5 年，基本形成以政府办学为主体、社会各界共同参与、公办学校和民办学校共同发展的办学体制”。这进一步肯定了民办教育的地位，表明了办学体制改革深入推进。同年 6 月，《中共中央国务院关于深化教育改革全面推进素质教育的决定》中再一次强调了要“进一步解放思想、转变观念，积极鼓励和支持社会力量以多种形式办学，满足人民群众日益增长的教育需求，形成以政府办学为主体、公办学校和民办学校共同发展的格局。凡符合国家有关法律法规的办学形式，均可大胆试验。”

经过 30 年的发展，我国民办学校不论是在数量上还是在校生总量上都已远远超过了 20 世纪 50 年代的私立学校，而且表现出强劲的发展势头。总体看，这个时期的民办教育是民间积极性高、活力足，举办者的期待很高，但民办教育的政策环境偏紧，发展空间有限。围绕民办教育发展的一系列理论与实践问题争论很多，实践中发生了储备金办学危机问题，理论中主要集中在民办教育的地位作用、营利与非营利、合理回报与产权、民办教育产业化和公办学校转制，以及民办学校的内部管理体制、资本运作，集团办学、队伍建设、质量论证等。

伴随这些问题的讨论，自 1996 年始，我国进入了专门针对民办教育的立法时期，经过漫漫六年征程、多次研讨、全国人大四次审议、委员长亲赴一线等艰难过程，2002 年 12 月 28 日，经九届全国人大常委会第 31 次会议审议，《民办教育促进法》终于获得高票通过。与以往法律法规相比，《民办教育促进法》有了很大突破，如允许出资人从办学结余中取得合理回报；民办学校享受国家规定的税收优惠政策；侵犯民办学校合法办学权益将被追究法律责任等。可以说，《民办教育促进法》是我国民办教育走上规范发展道路的里程碑，标志着我国办学体制改革进入了一个依法规范与调整的新时期，预示办学体制正朝着公办学校与民办学校同台竞技、共同发展的格局迈进。

三、我国民办教育法律地位与现实地位落差巨大

（一）法律地位与现实地位落差巨大的表现

20 多年民办教育事业的发展为我国教育事业作出了积极的贡献，《民办教育促进法》及《民办教育促进法实施条例》也明确规定民办教育应该享受与公办教育相同的法律地位，然而，《民办教育促进法》实施 5 年来，民办教育的同等法律地位问题仍然得不到真正落实，法律的规定与现实之间存在较大的差距。主要表现在：《民办教育促进法》明确规定民办教育属于公益事业，是社会主义教育事业的组成部分，而现实中民办学校被登记为“民办非企业单位”，既非事业又非企业，法人类型中找不到归属，在实际管理中被视同企业对待；民办学校教师在养老保险、晋级晋升、专业进修、工龄计算等方面享受不到公办学校教师一样的待遇；民办学校学生在就业、助学贷款、医疗保险等方面待遇与公办学校学生有差别；民办学校要缴纳营业所得税；承担义务教育阶段教育任务的民办学校享受不到政府公共财政等额的生均经费资助；政府财政经费对公办学校逐年增加投入，而民办学校收费却受到严格限制；公办学校举办的民办学校在准入条件上与纯民办学校有差别，等等。具体表现为以下几方面。

1. 民办学校教师、学生的平等地位不能得到充分保障

《民办教育促进法》规定的“同等法律地位”除了指民办学校本身享有与公办学校同等的待遇外，还包括民办学校的教职员工和受教育者享有与公办学校的教职员工和受教育者同等的待遇。教师是决定民办学校质量的关键因素，因为只有拥有一支稳定的师资队伍，民办学校才能得到持续、健康的发展。从目前的实际情况来看，民办学校教师与公办学校教师身份上的不一致，导致民办学校的教师与公办学校的教师在事实上无法享受同等的待遇。

受传统计划经济体制的影响，我国公办学校作为公办事业性质，其教师享有国家事业单位的编制；而民办学校被划归到民办非企业性质，其教师就不能享有国家事业单位的编制。这一原因导致民办学校教师的身份问题一直没有得到妥善解决，致使相当数量的民办学校教师在职称评定、工龄计算、评优评先等方面享受不到与公办学校教师的平等待遇。突出表现在养老保险问题上，民办学校教师和公办学校教师的养老保险被纳入了企业和事业不同的体系，民办学校教师只能参加企业序列的养老保险，学校即使为教师缴纳与公办学校相同资历教师等额的养老保险金，到退休时，其所能享受的待遇也仍然大大低于公办学校教师；民办学校被定位为“民办非企业单位”，还阻碍了教师在公办学校与民办学校之间的流动，造成不少教师尤其是中青年骨干教师职业认同感差，对在民办学校任教缺乏信心，缺少长远打算，工作流动性大，导致民办学校师资队伍建设困难重重，成为制约民办教育健康发展的一大顽症。

民办学校的学生难以享有与公办学校学生同等的权利，在助学贷款、交通补贴（如享受半价火车票）、医疗保险等方面没有真正享受到公办学校学生的同等待遇。

2. 民办学校享受不到法定的税收及其他优惠待遇

税收优惠政策是检视民办学校与公办学校是否具有同等法律地位的重要指标。为了落实教育税收的优惠待遇，促进我国教育事业的进一步发展，2004 年 2 月 5 日，财政部、国家税务总局发布了《关于教育税收政策的通知》（以下称《通知》）。然而，由于其制定时未能充分地考虑我国民办教育的实际情况，更主要的是未能与《民办教育促进法》及《民办教育促进法实施条例》很好地衔接，因此，《通知》中的一些规定在实际执行中导致民办学校的税收优惠政策难以得到落实，造成民办学校与公办学校事实上的不平等待遇。

一方面，由于《通知》未能充分考虑我国民办教育的实际情况，造成立法的宗旨与现实的效应产生较大的落差。《通知》第一条第十项规定："对学校经批准收取并纳入财政预算管理的或财政预算外资金专户管理的收费不征收企业所得税；对学校取得的财政拨款，从主管部门和上级单位取得的用于事业发展的专项补助收入，不征收所得税。"依据这一规定，公办学校的预算内收入和纳入专户管理的预算外资金都免征所得税。而民办学校是利用非国家财政性经费来举办的，其收入不可能纳入预算内管理，也不可能纳入预算外的资金专户管理，这样一来，即使是对从事学历教育的民办学校的学费收入也应征收企业所得税。这就使得民办学校与公办学校在所得税的待遇方面存在明显的差距。在民办学校税收优惠问题上，《通知》的这一规定是在《民办教育促进法》之外附加了一个是否"纳入预算管理"的条件，很明显，这是根本没考虑我国民办教育实际的一种不合理条件。

另一方面，对要求取得合理回报和不要求取得合理回报的民办学校的定位，税务部门与教育部门之间存在明显的错位现象。从《民办教育促进法》对合理回报问题的规定来看，它是把其放在"扶持与奖励"一章中加以规定的。《民办教育促进法》对"合理回报"内容的结构安排也进一步说明，"合理回报"与民办学校的营利和非营利是不同性质的两个问题，换句话说，要求合理回报和不要求合理回报并不决定民办学校的性质。然而，在税务部门执法人员观念中，却只有营利性和非营利性的民办学校之分，而且他们对营利性民办学校和非营利性民办学校的判断，也不是依据《民办教育促进法》的有关规定来认定，而是事先认定了一个标准，即从民办学校财务报表的具体核算中看民办学校经营是否有盈余，如果有的话，则按对营利性的组织的税收征管办法来对民办学校征收所得税。这一做法虽然表面上未把民办学校当做营利性的组织，而事实上已把民办学校视为营利性的机构。允许民办学校可以取得合理回报，这本是《民办教育促进法》鼓励、促进我国民办教育事业最具实际意义的规定，然而，由于法律在允许取得"合理回报"问题上的标准过于笼统，相关的配套政策又迟迟未见出台，导致这一被认为在《民办教育促进法》中最具突破性、最能体现"促进"精神的允许民办学校取得合理回报的条款遭遇到了现实的尴尬。

《通知》在税收优惠问题上对公办学校与民办学校的这种不公平待遇，将产生一系列负面影响。从宏观的方面来看，由于《通知》的这种规定明显地与《民办教育促进法》中的相关规定冲突，这将导致社会公众对法律的权威失去信心，从而使《民办教育促进法》的实施失去基本的社会基础。从具体的方面来看，有的民办学校为了避免纳税，会想方设法去减少办学经费的节余，这会导致民办学校缺乏发展的后劲和承担办学风险的能力。更有甚者有可能引发一些不规范的办学行为。如为了达到免税或少税的目的，一些民办学校可能会人为地做假账。有的地方因为税收问题引发了民办学校与政府主管部门的司法官司，如福建省平潭县就因此而把当地国税局告上法院，引起社会强烈的反响。如此种种都是不利于民办学校的持续、稳定、健康发展的。

3. 民办学校法人财产权缺乏有效的保障和落实

《民办教育促进法》规定："民办学校对举办者投入民办学校的资产、国有资产、受赠的财产以及办学积累，享有法人财产权。""民办学校存续期间，所有资产由民办学校依法管理和使用，任何组织和个人不得侵占。"《民办教育促进法实施条例》规定："民办学校的举办者应当按时、足额履行出资义务。民办学校存续期间，举办者不得抽逃出资，不得挪用办学经费。"

然而，由于历史和现实原因，目前多数民办高校的法人财产都没有完全落实到位，尤其是由企业出资举办的学校，与办学相关的大部分校舍及土地资产，在财务处理上基本上都登记在投资公司账册上。这确实造成了民办高校法人财产权的虚置，加上一些民办院校银行负债较高，财务管理比较混乱，公司资产与学校资产混淆不清，客观上给这些学校的安全运行和健康发展带来了一定隐患，存在不稳定因素。

民办高校法人财产权不落实，首先是由政府审批政策前后不一造成的。最初申请建校，教育部门要求举办者必须具备土地，并建有校舍；而对于自然人而言，要取得土地、兴建校舍，就必须先成立企业。按照有关职能部门的意见和建议，许多举办者在学校成立前，都先行注册设立了教育公司，并以教育公司的名义办理征地、建房和财产登记手续，这就使得这部分学校从一开始就出现了法人财产虚置问题。其次，现有法律法规对举办者投入民办学校资产的产权归属未予明确，导致举办方对投入学校的私有资产的安全性存在疑虑，加上资产过户手续烦琐、税费高，举办者一般都不愿意将资产过户到学校法人名下。再次，由于民办高校举办者大多具有银行贷款，且学校资产不同程度地处于抵押状态，因此也给民办高校资产过户工作造成了很大障碍。一方面，如果债务不转入学校，一些既没有产业依托又无其他抵押置换资产的举办者将无法承担现有债务；另一方面，如果继续以现有资产作抵押，将已有的债务也一同转入学校，则显然又不符合《担保法》和刚刚颁布的《物权法》的有关规定，金融监管机构是否同意也是个问题。

4. 奖励扶持举措不到位

《民办教育促进法实施条例》规定，政府委托民办学校承担义务教育任务的，应当根据接受义务教育学生的数量和当地生均教育经费标准，拨付相应的生均经费。同时要求县级以上人民政府设立民办教育发展专项资金。现实的问题是，一些区县政府职能部门由于受错误政绩观念的影响，对示范校、重点校不断加大投入，而对同样承担义务教育任务的民办学校所招收的地段生，则不按公办学校生均经费标准拨付生均经费；近年来，公办学校教师待遇逐渐赶上和大幅超过民办学校，加上民办学校教师身份不明等原因，使许多好教师不是被公办学校“挖脚”，就是主动选择去公办学校任教，而且这种情况有愈演愈烈之势；部分地方设立了民办教育发展政府专项资金，这对于鼓励先进、鞭策后进，改善民办学校的办学条件起到了一定的促进作用，但专项资金的使用还不很合理，表现在更多地侧重于一些看得见的硬件投入，而对于师资队伍建设、专业结构优化、校本课程开发等扶持奖励不够。而且，在义务教育阶段，政府对民办学校的奖励和区县政府的配套机制尚没有完全建立起来。对于高等教育而言，目前政府部门对于民办高校的扶持力度也很有限，主要表现在用于民办高等教育的政府专项资金总量偏小且分配不当；民办高校参与示范性高职院校建设，不能享有政府的经费投入以及银行的贷款贴息；民办高校申报科研项目得不到预算内的经费支持；迄今为止，政府部门尚未建立起对民办高校举办者和办学者的奖励制度，等等。

现实中存在一些错误观念，认为民办学校是非国家财政性经费举办，就不能享有国家财政性经费的资助和奖励；政府在义务教育阶段的责任就是提供适龄学生足额的学位，家长选择民办学校就等于自愿放弃政府提供的免费公办教育的机会，政府不给予资助天经地义。同时，缺乏落实《民办教育促进法》及《民办教育促进法实施条例》扶持奖励措施的地方性行政法规，这既导致法律精神得不到落实，又使实施中的一些扶持奖励政策随意性较大。

5. “公办名校办民校”挤压了民办学校的生存空间

《民办教育促进法实施条例》颁布后，公办学校参与举办的民办学校呈加速发展的趋势。允许公办学校参与举办民办学校的目的本是为了有效集聚社会和教育的优质资源，深化办学体制改革，做大、做强、做活民办学校，但由于缺乏对公办学校参与举办民办学校管理的规范，导致许多不规范行为的出现，进而产生许多负面的影响。

由于教育行政部门审批不严，加上公办学校随意办学，这使得名校办民办学校一哄而上，这实际上造成对优质教育资源的“稀释”和损害，与扩大优质教育资源的初衷背道而驰。“名校办民校”还导致不少地方政府将新建住宅小区的配套学校由名校办民校，实行高收费和择优录取，由此使得众多业主的孩子被转移到其他学校就读，减少享受免费义务教育的机会，影响了教育的公平。

更为严重的是，公办学校参与举办民办学校会引发不公平竞争，恶化了原有民办学校的生存环境。众所周知，公办名校是政府财政支持和教育行政部门政策倾斜及长期历史积淀形成的产物，其教育质量和声誉得到社会认可，所举办的民办学校可以借助其优势，这就使靠民间资金举办的民办学校无法与其在同一平台上平等地进行竞争。如，公办名校参与举办的民办学校在贷款、划拨土地、师资待遇、招生政策等方面享有其他民办学校所没有的优惠条件，构成了这类民办学校的特殊优势。再如独立学院，一经审批即具有颁发本科学历资格，实际上在同专科层次的民办高职院校大规模竞争生源。由于这类公办学校既可以从“计划”中得到好处，又可从“市场”中获利，使得更多的公办学校争相举办民办学校，加剧了与民办学校之间的不公平竞争。近年来，不少原有民办学校濒临倒闭。为了生存，更多的民办学校只得与公办名校合并，或者挂靠在公办名校，“纯”民办学校的生存空间越来越小，生存环境越来越恶化。

6. 民办学校办学自主权被不适当地限制

随着《民办教育促进法》的颁布实施，与教育有关的行为主体参与办教育的积极性正在被调动起来，民办学校的办学主体也呈现多样化的趋势，但民办学校同质化的倾向日趋严重。原因之一，就是法律赋予其的办学自主权没有得到真正的落实。民办学校和公办学校竞争其实质都是升学的竞争，即把升入高一阶段的学校作为教育目标，搞题海战术，片面追求升学率，专业、课程设置缺少特色，教学组织形式缺少创新，教育评价手段单一，这种教育日渐趋同的现象不仅不利于民办学校自身优势的发挥，而且其由于内涵发展的不充分，导致与公办教育多元发展的格局难以形成。招生计划受到严格管制，民办学校的招生困难重重。政府几乎将所有的民办学校的招生都纳入了计划，高中和大学都由政府根据其办学条件和规模下达招生指标，小学和初中大多采取学生自愿报名、电脑派位、政府调剂的方法，由于近年来适龄学生数量锐减，许多区县的教育主管部门公然提出了保“重点”、保公办的口号，导致民办学校的生源空间受到严重挤压，民办学校的校舍设备大量闲置，造成资源的极大浪费。

收费自主权是《民办教育促进法》赋予民办学校的一项基本权利。建立一套合理、公正的收费制度是民办学校稳定、健康发展的保证。由于民办学校是由非政府公共资金举办的学校，因此，民办学校收费标准应主要通过市场调节并结合其办学质量、老百姓的承受能力来加以确定。政府相关职能部门应充分保障民办学校收费自主权，减少不必要的行政干预，简化审批程序，清除地方保护行为。但是，由于以下一些因素的影响，我国民办学校收费自主权却不适当地被削弱。

首先，现行民办学校的财务制度相当落后。民办教育发展已近30年，但至今还没有一套适合民办学校的财务会计制度。民办学校被政府有关职能部门告之既可选择使用企业的财务会计制度，也可选择采用事业单位的财务会计制度，这就为民办学校的财务管理造成困惑。

其次，按成本收费的做法存在误区。所谓教育成本，就是培养每个学生所消耗的全部费用，它既可以指一个人一生的教育成本，也可以指一个人某一阶段的教育成本。民办学校的办学成本无疑是取后一种意义。从现实情况看，规模大的学校和规模小的学校，自建校舍和租赁校舍的学校，聘用兼职退休教师的学校和聘用全职且为其办理养老、医疗等社会保障的学校，其办学成本是不一样的，有些甚至相去甚远。如果依据每一具体学校的办学成本来确定其收费标准，那毫无疑问是合理的，但也有许多地方是把所辖全部民办学校的成本加起来计算平均值。这种做法其实是不适当地限制了民办学校的收费自主权，错误地解读了“按成本收费”。

再次，构成成本的科目不明确。《民办教育促进法》已经把民办学校分成不要求取得合理回报和要求取得合理回报的两种，但无论前者，抑或后者，都不知道构成民办学校办学成本的科目有哪些，这就引起了民办学校会计做账的混乱，不要求合理回报的民办学校通过随意增加支出科目，而从中获取利润；要求合理回报的民办学校因为不知道哪些科目可以列入办学成本，而导致账面结余过大。

（二）造成法律地位与现实地位巨大落差的原因透视

1. 对民办教育缺乏正确的认识

首先，对民办教育的作用、地位存在错误的认识。一些地方和部门没有把民办教育提高到关系教育发展全局的战略地位高度来认识，有的认为民办教育可有可无；有的认为鼓励社会力量举办民办教育只是在国家办学经费紧张时的权宜之策，当国家办学经费充裕时，民办教育可以自行消亡；有的认为民办教育只是公办教育的补充。其次，对民办教育的相关问题存在不正确的认识。如合理回报问题，一些地方的政府职能部门把民办学校的举办者取得合理回报和营利性混为一谈，认为取得合理回报就等同于营利，甚至只要看到民办学校经营有盈余，即视民办学校为营利性民办学校；对扶持、奖励民办教育的政策认识不全面，把扶持、奖励民办学校政策视为约束民办学校的手段，对听从政府安排的，给予扶持和奖励，反之，则不予扶持和奖励。当政府主管部门的管理者存在这样的思想观念时，民办教育与公办教育的同等法律地位问题肯定得不到真正落实，也就必然会导致法律规定与现实状况的强烈差距。

2. 现行法律法规存在缺失

首先，《民办教育促进法》及《民办教育促进法实施条例》规定了民办教育享受与公办教育同等的法律地位，并明确了同等法律地位的具体内容，而这些规定并未在相关法律中得到体现。从法律的效力角度看，《教育法》的效力高于《民办教育促进法》，在《教育法》中未对这方面内容作出明确规定时，自然造成法律之间的不协调，必然导致这些规定在现实中难以得到真正的落实。其次，法律之间存在冲突。如我国《民法通则》规定的四类法人中没有“民办非企业单位”，而《民办教育促进法》虽然规定了民办教育具有与公办教育同等的法律地位，却未变更原来不合理的登记管理，致使民办学校实际上还是属于民办非企业单位，与公办学校属于不同类别的法人，在这一前提下，现实中又如何能保障其同等法律地位的实现呢？再如《民办教育促进法实施条例》规定民办学校享有与公办学校同等的税收及其他优惠政策。而 2004 年财政部、国家税务总局发布的《通知》却规定“对学校经批准收取并纳入财政预算管理的或财政预算外资金专户管理的收费不征收企业所得税”，而民办学校经费既未纳入预算内管理又不可能纳入预算外的资金专户管理，因此必须纳税，法律法规的这种不协调、不衔接造成了民办学校与公办学校事实上的不平等待遇。

3. 民办学校治理结构不规范，内部管理混乱

完善的法人治理结构和规范的内部管理，是确保民办学校安全运行和健康发展的关键。《民办教育促进法》规定，“民办学校应当设立学校理事会、董事会或者其他形式的决策机构”，“民办学校依法通过以教师为主体的教职工代表大会等形式，保障教职工参与民主管理和监督”，并对理事会或者董事会的人员组成及职责权限作了具体规定。然而，由于种种原因，目前我国不少民办学校法人治理问题仍比较突出，一些民办学校内部管理较为混乱，少数学校办学行为失范现象也时有发生。主要表现有：（1）一些学校法人治理结构不完善，管理体制和运行机制不健全。有的学校董事会形同虚设，举办者与办学者之间矛盾尖锐；有的学校董事会不恰当地介入校务当中，造成管理无序，效率低下。（2）部分民办学校领导班子严重老化，学校缺少活力。因为没有外在约束，也缺少一种正常的人事更替机制，有的民办学校尤其是一些民办高校的管理队伍，已呈青黄不接的局面。（3）少数院校办学思想不够端正，办学行为有待规范。个别民办学校的举办者将学校视为营利机构，以利润分成的方式承包给管理层经营；有的学校每年运行经费占学费的比例还不到50%，直接影响了教育教学质量；有的学校在招生宣传上夸大其词、在录取环节上违规操作，甚至在教学安排上存在“偷工减料”等不良现象。这些问题不仅不同程度地损害了民办学校的整体形象，影响了民办学校的良好声誉，也影响了同等法律地位的落实。

四、落实民办教育与公办教育同等法律地位的制度设计

（一）合理构建政府、学校与社会的基本权职关系

以现代学校制度理念为视角，从民办学校是由民间力量举办的社会公益性组织的特殊性质出发，对政府、学校与社会三者间的权职关系进行总体设计。建立政府实施宏观管理与提供公共服务，学校作为独立法人自主办学，学校内部建立权力制衡和监督机制，社会广泛参与学校管理与建设的一整套制度体系。

1. 正确处理好政府和学校之间的关系。政府部门是教育公共服务产品的供给者，它以民众的需求为出发点，其根本任务是保障基本教育资源的充足供给，提供均衡的义务教育，合理规划教育布局和结构，保障民众充分享有从学前至高中阶段教育的受教育机会，营造公平、法治的教育环境。学校包括民办学校，是教育服务的具体实施者，它以教育的最佳效果为追求目标，必须具有更多的独立性、灵活性、主动性。政府以公共

财政为基础，以信息披露为杠杆，以法律、政策为准绳，实现对教育的宏观管理、间接管理的目标。学校则以办学自主权为保障，以办学特色与内涵发展为宗旨开展教育活动。

2. 健全学校治理结构中的制衡与监督机制，落实决策权、执行权和监督权的分离和制衡。民办学校董（理）事会必须进一步放权，让更多的学校内部人员参与到决策过程中来。民办学校必须健全董（理）事会、校务委员会的建设及职责与功能的划分，为学校实现科学、民主决策提供保障。校长受聘于董（理）事会，作为董（理）事会意志的执行者，在其授权范围内管理学校。建立和完善民办学校监事会、职代会、学生家长委员会的监督机制。

3. 充分发挥社会参与作用，完善信息披露制度建设。构筑社会资源向学校开放，学校资源向社会开放的有效互动机制。进一步完善民办教育信息管理渠道和有关制度，打造民办教育信息高地，让民办教育的发展规划、布局与结构、教育质量、管理模式、学校特色等成为政府、学校、行业组织和社会共享的公共资源，营造公正、透明、科学、理性的社会舆论氛围。鼓励学校认证机构、行业协会发布民办学校在教学质量、师资队伍、教研水平等方面的信息。

（二）建立营利性与非营利性民办学校的分类管理制度

与国外由教会、基金捐资所办公益性的私立学校不同，我国民办学校更多是投资办学，“投资办学”的特性决定了举办者具有营利的诉求。《民办教育促进法》虽然规定了举办者可取得合理回报，但由于该条款欠缺可操作性，举办者实际上难以享受到回报，导致的结果是一些民办学校举办者通过改变财务科目之类不合法的方式获取回报。区分营利性和非营利性民办学校，不仅能合理地解决现有法律制度与现实需求之间的矛盾，解决法律规定的缺陷，而且能使《民办教育促进法》的“促进”精神落到实处。

1. 区分营利性与非营利性民办学校的标准

采取申报制的标准。由民办学校自己自主选择营利性和非营利性，向主管部门申报，主管部门核准登记后，对营利性和非营利性民办学校采取不同的管理制度和优惠待遇。如果民办学校的章程和办学许可证中，明确规定学校为营利性的，即使申报为非营利性民办学校，除了有特殊情况外，一般视同营利性民办学校。非营利性民办学校有两类：一是接受政府公共财政资助的，二是不接受政府公共财政资助的。无论是否接受政府公共财政资助，非营利性民办学校的办学节余皆不能用于分配，只能用于学校的发展。分类后，营利性民办学校归属于公司法人，非营利性民办学校归属于社团法人。

2. 财务制度

营利性民办学校适用公司的财务会计制度；非营利性民办学校适用非营利性组织的财务会计制度。

3. 办学自主权

招生自主权。非营利性民办学校招生纳入当地政府招生计划，享受与公办学校同等的招生待遇，同时保障其享有较大的自主招生权；营利性民办学校招生既可纳入政府招生计划，也可不纳入政府招生计划，由学校自由选择。教育行政主管部门不对营利性民办学校招生设立特定门槛，但应加强对营利性民办学校招生工作的指导，并强化对民办学校招生工作的监督和检查。

收费自主权。非营利性民办学校的收费标准由当地物价部门和教育行政主管部门协同，依据民办学校的办学成本和同级同类公办学校生均经费确定。收费低于当地公办学校生均经费部分，由地方公共财政予以资助。营利性民办学校依据办学成本和当地社会经济发展水平自主确定收费标准，报物价部门备案。

教育教学自主权。非营利性民办学校拥有教育教学自主权，在当地教育行政主管部门的指导下，协调国家、地方和学校三级课程的关系，确定适合学校特点的课程安排，选择适合学校学生实际的教材。营利性民办学校拥有教育教学完全的自主权。学校在遵循国家规定的教学大纲基础上，自主协调国家、地方和学校三级课程的关系，具有完全的课程抉择权和教材选择权。

4. 学校产权关系

不接受政府财政资助的非营利性民办学校和营利性民办学校拥有完全的学校法人财产权。营利性民办学校财产可以继承、转让，也可以质押，营利性民办学校可以上市，拥有申请破产保护的权利。

接受政府资助的非营利性民办学校的产权可由单位所有，也可由企业所有。非营利性民办学校终止办学时，学校财产由政府统一用于公益事业，有具体出资人的，对其一次性地给予补助。

5. 优惠待遇

非营利性民办学校拥有与公办学校完全同等的法律地位，享有政策法律所赋予公办学校的一切优惠待遇。

营利性民办学校，对于其收费低于同级同类公办学校生均经费额度的那部分经费，免征企业所得税、营业税；对于超出部分，享受国家赋予科技产业企业的优惠政策待遇。

6. 监督管理

接受公共财政经费资助的民办学校，必须与政府教育主管部门签订合同，在合同中明确拨付款项的额度、用途、期限，并具体规定双方的权利和义务。

接受资助的非营利民办学校应加强对政府投入的公共经费的管理，对拨付的经费专户存储，专人审核，在专设的会计明细科目内独立核算，并按照拨付期限出具专项经费拨付的会计报表，确保专款专用。

政府主管部门对投入的公共财政实行审计制，加强对民办学校资助经费使用情况的检查监督。如发现民办学校有挤占、截留公用经费和没有完成年度工作目标的，视情节轻重，缓拨、减拨、停拨以及追加已拨付的相应资助经费，并对责任人员给予一定的处罚；情节特别严重的，取消其非营利性民办学校资格。

（三）推进民办学校教师人事制度改革

当前，民办学校的教师队伍稳定问题已引起了各方关注，而民办学校的教师“身份”问题又是其核心所在，在身份的背后实际上是公办、民办教师待遇的不平等，导致了同一项公益事业两种不同编制的畸形现象，这严重影响了民办学校教师队伍的稳定，阻碍了民办学校的持续发展。因此，改革民办教师人事制度，对帮助民办教育走出困境、落实民办教育同等法律地位，具有十分重要的意义。

改革教师人事制度，逐步明确民办教师身份，有利于缩小公办、民办教师待遇的差距。而推行教育人事代理制度，不仅可以使学校真正建立起教师能进能出的良性机制，同时也可以割断教师以人事档案为核心的对学校的依附，变“学校人”为“社会人”，实现自主择业、合理流动，而且还可以使人事部门和学校从琐碎的具体事务中解脱出来，提高管理的规范性、科学性和整体水平。

民办学校教师人事制度改革可以分两步走：第一步建立县级或县级以上民办学校教师人事代理机构，将区域内所有民办学校教师的人事档案纳入统一管理，在民办教师资格认定、职称评定等方面享有与公办学校教师同等的待遇；同时推行企业年金制度，逐步解决民办学校教师在养老保险方面与公办学校教师的差距，解决民办学校教师的后顾之忧。第二步完全消除公办、民办教师身份之间的差异，取消事业单位编制，让公办、民办学校教师共同走向社会，建立全国统一的教师保障系统，让所有教师都由单位人走向社会人，这样有助于学校的管理职能发生重大改变，由对教师的身份管理向岗位管理转变，教师则由主体依附向主体平等转变。一方面学校可以自主用人，增强学校活力和自我发展能力；另一方面可以保障教师自主择业，达到鼓励竞争、促进流动、优化配置人才资源的目的。

五、落实民办教育与公办教育同等法律地位的对策建议

（一）加强舆论引导，提高对民办教育重要性的认识

首先，应从我国人口大国向人力资源强国转变的这一战略高度来认识民办教育的重要性，从实施科教兴国战略、建立终身教育体系、提高全民族素质高度来认识促进民办教育发展的意义。实现从人口大国向人力资源强国的转变，是国家中长期的发展目标。人才资源开发要达到同期发展中国家先进水平以及中等收入国家较好水平，预计至2020年高中阶段在校生将超过4900万人，毛入学率超过95%；高等教育在校生将超过

3500 万人，毛入学率超过 40%；学前教育毛入学率将达到 85%；全国 15 岁以上人口平均受教育年限将达到近 11 年，新增劳动力平均受教育年限将达到 13 年。而从国家教育经费投入的情况来看，政府对人力资源开发的投入将长期处于不足状态。2006 年，国家财政性教育经费支出占国民生产总值的比例为 3.01%，没有达到《中国教育改革和发展纲要》提出 2000 年达到 4% 的目标，1992—2003 年间我国政府教育投入总量不断增长，但占总投入比重却逐年下降，同期以学杂费为主的社会分担成本比重则从 18.1% 上升到 38%。因此，虽然国家社会经济较改革开放初有了突飞猛进的发展，但教育经费的严重不足将是制约我国人才强国目标实现的重要因素。为此，国家需鼓励更多的社会力量参与举办教育事业，而不是相反。

其次，加强对《民办教育促进法》及《民办教育促进法实施条例》的学习和宣传工作，让全社会领会法律的基本精神，深刻认识到在穷国办大教育的背景下，发展民办教育对于调动社会各方面办学的积极性、增加社会对教育的投入、扩大教育规模、为国家培养人才推动教育事业的改革和发展的重要作用。同时，我们认为不仅需要各级政府部门提高对举办民办教育必要性的认识，而且，为了促进民办教育的进一步发展，更应该充分保障民办学校的办学自主权，为民办教育的发展创造一个宽松的政策、制度环境。为此，需要各级政府部门合理界定政府行政行为和市场调节行为之间的界限，教育行政主管部门要明确职责。从理论上讲，政府的作用是保障教育公益性的实现，以促进社会的公平、公正性；市场的作用是提高教育公益性实现的效率，以保障教育的质量与水准。民办教育发展中需要依靠市场机制解决的问题，政府不应过多干预。

再次，政府各职能部门应提高相互合作、协调解决民办教育事业发展中出现的问题的认识。由于现阶段民办教育出现的许多问题具有综合性、多重性，仅仅依靠教育部门一家是难以解决的，因此需要与民办教育有关的职能部门如财政、税务、人事、民政、劳动、编委等的综合协调、协作，对制约民办教育发展的、涉及全局性的问题进行研究。为了加强政府各职能部门之间的协调与合作，其一需要各职能部门的主管领导对民办教育有正确的观念导向，真正认识到民办教育是社会主义教育事业的重要组成部分，是与公办教育一样培育人的公益事业；其二，需要各职能部门彼此要了解对方决策的背景和动因；其三，在协商基础上取得共识，并寻找解决问题的最佳方案。

（二）分类落实民办学校税收优惠政策

以“资金来源或资金管理方式”作为是否征收学校企业所得税的标准，必然导致民办学校无法享受与公办学校同样的税收优惠待遇。因为，税收法律确定的这一标准是以公办学校为依据的，不符合民办学校的实际情况。另外，税务部门与教育部门在对要求取得合理回报和不要求取得合理回报的民办学校的理解和认定上所存在的偏差和错位，也导致合理回报政策无法落实。《民办教育促进法》对合理回报问题的规定是把它放在“扶持与奖励”条款中加以体现的。换言之，要求合理回报与不要求回报并不影响民办学校公益事业的性质。然而，在税务部门执法人员观念中，却只有营利与非营利的民办学校之分，而且他们对营利性民办学校和非营利性民办学校的判断，也不是依据《民办教育促进法》的有关规定来认定，而是事先确定了一个标准，即从民办学校财务报表的相关科目中看其经营是否有盈余，如果有的话，则按营利性组织的税收征管办法对民办学校征收企业所得税。这一做法事实上已经把民办学校视同营利性机构。

为此，我们认为教育部及全国人大教科文卫委员会，“两会”期间可以提出议案，要求税务总局和财政部对现行的民办教育税收政策进行修订；明确各类民办学校的税收优惠政策的范围；改变现行以“由国家财政部门拨付事业经费”或“经费纳入国家财政专户管理的学校”作为税收优惠对象标准的做法；对非营利性民办学校免征企业所得税；对营利性民办学校，对于其收费低于同级同类公办学校生均经费额度的那部分经费，免征企业所得税、营业税，对于超出部分，享受国家赋予科技产业企业的税收优惠政策待遇。

在国家还未出台区分非营利性民办学校和营利性民办学校政策的情况下，税收征管也应根据《民办教育促进法》的规定对不同的民办学校区别对待，即（1）对不要求回报的民办学校给予享受公办学校同等的税收优惠待遇，其具体做法是：民办高等教育以本地公办学校同类专业的生均经费作为衡量标准，收费相当或低于这一标准的免征企业所得税；民办基础教育以所在区县教育生均经费和生均公用经费之总和作为衡量标准，收费相当或低于同一级公办学校标准的免征企业所得税。若民办高等院校和“中、小、幼”的收费高于公办学校经费标准的，对高出部分征收企业所得税，真正保证民办学校与公办学校享受同等的税收优惠待遇。（2）对要求合理回报的民办学校制定独立的税收优惠政策，使税务部门在征税时有法可依，照章办事；也使民办学校明确自己的纳税义务，并维护自身的合法权益。

（三）稳步落实民办学校法人财产权

首先，通过地方立法，从法律层面上进一步清晰界定民办学校法人财产的最终归属问题，保障投资者或出资人的合法权益，确保其存量资产以及相应增量资产的安全，从根本上打消举办者的思想顾虑。

其次，协调政策，实行“零成本”资产转换，并简化相应手续，鼓励举办方逐步进行资产过户登记。民办高校法人财产的落实，应以不增加举办者负担和确保学校平稳运行为前提，同时要妥善处理学校现有的债权债务和增值资产的评估界定等事宜。

再次，鉴于民办高校资产过户涉及大量问题和矛盾，存在众多具体的现实困难，建议各省市教育主管部门会同相关行政部门，从促进民办高校健康发展的战略考虑，尊重历史，因地制宜，总体设计，分类指导，按照“老校老办法，新校新办法”的原则，研究制定切实可行的政策措施，先行试点，分步实施，以稳妥推进民办高校法人财产权的落实工作。

最后，针对民办高校产权的实际状况及其复杂成因，借鉴浙江、江西等地的做法，可以采取比较务实的过渡性措施是，先按照不同的办学类型和办学规模，暂定举办者能够承受的法人财产权最低办学标准，再要求举办者按此标准先期转入相应资产并办理变更登记手续。如可暂定本科院校的注册资金标准为1亿—2亿元，高职院校的注册资金标准为0.8亿—1.5亿元。以后再逐年调整法人财产权的办学条件标准，直到全部校产转完为止。这样比较容易取得举办方的理解，也相对容易操作，同时有利于解决贷款偿还等敏感问题。

（四）规范公办学校举办民办学校的行为

公办学校参与举办民办学校是深化我国办学体制改革的一种尝试，政府、非政府组织和社会力量在市场的博弈过程中，只要符合市场规律，只要有利于促进教育资源的优化配置和教育质量的提高，公办学校参与举办民办学校无可厚非。但现在的问题在于：公办学校参与举办民办学校时掺杂进了太多的政府公权力因素，导致公办学校参与举办民办学校的过程中出现了许多不规范的行为。因此，为了培育教育公平竞争的环境，当务之急是要规范公办名校办民办学校的行为。

首先，规范政府管理行为，维护教育公平竞争的环境。促进民办教育的健康、快速发展，既需要加强对民办学校的办学行为进行规范和限制，同时也需要加强政府管理行为的规范。目前，教育行政部门利用其所掌握的公有教育资源，不自觉地介入了教育市场竞争的领域，诸如在民办学校的招生、收费等方面的不当干预或设置各种标准即为具体的表现。教育行政部门参与教育市场竞争的直接后果就是使其管理行为失去了应有的公正性，也直接导致对公办学校参与民办学校行为的管理渗入了利益因素，从而在对这类学校与一般民办学校的管理上失去了公平的尺度。因此，教育行政部门应该按照社会主义市场经济体制条件下政府职能转变的要求，退出教育竞争市场，创设促进民办教育发展的政策环境，保证教育市场的开放性和公平性。

其次，教育行政部门严格审批新的“名校办民校”。由省一级教育行政部门制定统一的公办学校参与举办民办学校的准入条件，教育行为主管部门审批要坚持公平、公正、公开的原则，自觉接受社会监督。严格按照《民办教育促进法实施条例》规定，禁止义务教育阶段公办学校转为民办学校，公办学校参与举办的民办学校必须真正做到“五个独立”，不允许公办学校或教育行政部门分享民办学校的收入，挪用办学经费，或者分享的收入必须全额用于民办学校办学，如果两者都无法保证，建议暂停对此类学校的审批。

再次，严格规范公、民两者联合办学的行为。联合举办民办学校，应当签署联合办学协议，明确双方的权利和义务，联合办学协议必须经公证机关的公证。联合办学要突出优质教育资源和社会资源的整合，一方面，参与举办民办学校的公办学校必须是办学质量好、社会知名度和知誉度高的优质学校；另一方面，必须引进社会资源（主要是资金投入)。禁止任何虚假的联合办学行为，保证公办学校与民办学校在办学过程中做到地位平等、利益共享，真正实现优质教育资源的扩张。

(五) 保障民办学校办学自主权

首先，充分落实民办学校专业设置或课程选择权。对于民办基础教育，政府要给予学校基于自身的资源优势自主选择课程的余地。在国家、地方、学校三类课程中，国家课程是基本要求，不是升学要求，强调的是基础性；允许学校自主选择教材，对管理水平、师资质量较高的民办学校进行课程松绑试验，校本课程实施计划一旦确定，应报送教育主管部门备案，同时，民办学校有权拒绝除国家和地方以外的所谓计划外课程和摊派课程。如果课程和教材还是搞一刀切，学校的特色便无从谈起。对于民办高校而言，也应充分授予其自主设置专业的权力。目前，民办院校专业设置名义上已实施备案制，但实质上还是受到主管部门的种种限制，因为只要后者认为不可行，则可以不予备案。

其次，依法落实民办学校自主招生权。民办学校有权根据国家法律法规的相关规定，在自身办学条件许可的范围内，自主确定招生计划、依法独立开展招生工作。只要没有违法违规，有关行政部门不应加以过多干涉。如果由于生源不足而须对招生计划进行调整的，也应坚持公办学校和民办学校一视同仁的做法，即同比例减少班级数和班额数。招生工作必须贯彻“公办不择校，择校找民办”的原则。

再次，逐步放开对民办学校收费的限制。随着越来越多家长择校的理性化和教育资源配置的日趋合理化，以及优质公办学校不断增加，相当一部分的民办学校纷纷把降低学费作为争夺生源的手段之一，为此，政府部门硬性设置学费标准的“天花板”已经失去了意义。建议政府根据有关国家法规的精神，将收费标准由审批制改为备案制，赋予民办学校更大的收费定价权。

(六) 加大对民办学校的奖励与扶持力度

在政府财政资金相对宽裕而民办学校办学经费普遍紧张的情况下，不仅对承担义务教育的民办学校应给予公共财政经费的资助，同时应加大法律规定的其他各项扶持奖励措施的落实。

首先，各省市地方政府应将对民办学校的经费资助列入财政性教育经费经常性预算之中。《民办教育促进法实施条例》第四十二条规定，县级人民政府委托民办学校承担义务教育任务的，应当根据接受义务教育学生的数量和当地实施义务教育的公办学校的生均教育经费标准，拨付相应的教育经费。因此，对于承担义务教育任务的民办学校，应根据接受地段生的数量和所在区县公办学校生均经费的标准拨付教育经费。政府拨付教育经费后，学校应在原有的学费标准中扣除或冲抵政府拨付的经费额度。接受政府财政资助的民办学校，经费使用应受到政府的监督。对于民办高校，在地方财力许可的情况下，可比照政府给予公办高校拨付生均经费的做法，按学生数给予民办高校一定的财政经费资助，明确用于降低学生的收费标准。这样既可以使广大纳税人的子女直接从中受益，也可以增强民办学校的市场竞争力。

其次，进一步做大、用活民办教育政府专项资金。在项目建设、师资培训等方面给予民办学校更大的扶持和激励。与此同时，按照现代公共治理理论，借鉴日本、韩国和我国台湾地区的做法，还应考虑在公共财政教育经费经常性预算中给予民办学校适当比例的补助，以帮助民办学校克服资金困难，改善办学条件，搞好内涵建设，开发校本课程，优化专业结构，提高教育教学质量。当然，也可参照浙江宁波等地的做法，政府的专项资金也可用于解决与教师利益直接相关的问题，如可以通过补充教师养老金不够的方式，保障教师队伍的稳定。

再次，制定专门针对民办教育发展扶持奖励措施的行政规章，使促进民办教育发展的扶持、奖励政策制度化、规范化。同时，各省市应根据当地财政性教育经费增长的速度，确保民办教育发展政府专项资金按一定的比例增长。

（七）制定和完善民办学校财务制度

在国家没有出台适合民办学校的财务会计制度前，在法律允许的框架下，建议先由教育部、民政部、国家税务总局等政府职能部门共同协商，研究制定适合于民办学校特点的暂行会计制度，取代目前包罗万象的《民间非营利性会计制度》。新制度应有利于相关职能部门在对民办学校作出评估、审计时有统一的标准。

明晰民办学校办学经费的成本构成，尤其是要明确哪些科目可以列入民办学校的教育成本。从基本自筹资金和部分自筹资金的民办学校每年实际支出经费的情况看，“固定资产折旧”、“利息支出”、“修购资金”、“风险基金”、“教育在职培训”、“人员解聘补偿”、“教育发展基金”等科目都应该体现在民办学校的成本科目中。只有明确了可列入办学成本的科目，民办学校才能准确地核算办学成本，制定合理的收费标准，合理回报也才有可靠的依据。

第二节　民办教育发展的新动向①

一、民办教育发展的新动向

（一）推动民办教育发展的政策主导模式转变

以《民办教育促进法》的出台为界，我国民办教育的政策演进方向呈现出两种相反的趋势。在2003年以前，从中央到地方与民办教育相关的公共政策都表现出积极支

① 此部分系《国家中长期民办教育改革和发展研究》课题之《我国民办教育改革和发展的新动向、新特征》调研组成果；调研负责人：吴华；执笔：吴华。

持的倾向，其中尤以全国人大在推动《民办教育促进法》制定过程中的态度最为积极。[①] 但这种趋势以《民办教育促进法实施条例》的出台为标志开始发生变化，管理、规范成为中央政府民办教育政策设计的主流，而地方政府依然保持更为积极的支持态度。

这种判断的一个有力事实是，在《民办教育促进法》颁布实施以来的五年中，除了国务院颁布《民办教育促进法实施条例》以外，教育部没有出台一项以鼓励民办教育发展为宗旨的公共政策，这期间出台的所有相关政策都以加强规范为主题。另一个更加明显的事实是，在这五年中，教育部也没有召开过一次全国民办教育工作会议，这意味着在教育部看来，民办教育的重要性已经开始下降。如果我们观察教育部在2001—2008年期间每年制定的年度工作要点，从中也可以得到明显的佐证。[②]

虽然自2003年以后中央政府对民办教育的政策取向已经发生了明显的变化，但地方政府支持民办教育发展的政策立场并没有随之改变，从这个时期在全国水平上民办教育还能保持较快增长的事实可以判断，民办教育已经进入地方政策主导的新发展时期。从这个意义上，《国务院关于做好免除城市义务教育阶段学生学杂费工作的通知》（国发［2008］25号）中明确将义务教育阶段的绝大部分民办学校排除在公共财政资助范围之外，即便不考虑合法性问题，也是非常不明智的政策选择。

目前最值得担忧的是，中央政府在规范公办学校参与举办民办学校办学行为时所体现的“公私分明”的政策思想，如果成为今后各级政府发展民办教育的基本指导思想，那么，对大多数民办学校来说，在学校办学成本长期持续增长的压力下，被淘汰出局恐怕就是他们现在就可以预见的结果。因此，对于我国民办教育的长期健康发展而言，确立用公共资源支持民办教育发展的政策思想，建立从税收、养老保障到学生资助等全面、系统的民办教育政策保障体系，已经成为各级政府必须正视的迫切的政策主题。

如果我们注意到2002—2007年间国家税收的大幅增长以及在此期间国家对公办教育投资的持续增加，不难得到一些启发。

2007年全国财政教育支出7065.35亿元，其中中央财政支出1076.35亿元，占全国财政教育总支出的15.23%，已经是新中国成立以来的最高比例。[③] 由于在中央和地方事权与财政支出责任划分中教育主要是地方事务，因此，促进民办教育发展给地方带来的财政利益要远远大于给中央带来的财政利益，这可以部分解释为什么地方政府比中央

① 全国人大为《民办教育促进法》的出台进行了艰苦和卓有成效的努力，详细情况见本课题组为该调研活动提交的背景研究报告：《中国民办教育政策发展报告》。

② 在教育部的年度工作要点中，2000年以前基本没有民办教育的内容，从2000年起到2004年，关于民办教育都以鼓励发展为基调，2005年是促进发展与规范管理并重，而从2006年到2008年，关于民办教育的主题就是规范独立学院发展（根据教育部工作要点整理，http：//www. moe. gov. cn/）。

③ 关于2007年中央和地方预算执行情况与2008年中央和地方预算草案的报告（摘要）［EB/OL］.（2008－03－06）http：//www. npc. gov. cn/npc/xinwen/jdgz/bgjy/2008－03/06/content_1407004. htm.

政府在促进民办教育发展方面有更强烈的制度创新动机和更高的积极性。[①] 如果这个解释是合理的话，那么，只要中央政府不再出台限制民办教育发展的政策法规，促进当地民办教育发展将会成为地方政府的内在需要。[②] 以此观察和分析目前民办教育中存在的种种现象和问题也都会有更合理的解释。比如，《民办教育促进法实施条例》第六条第三款规定“实施义务教育的公办学校不得转为民办学校”，这个规定明显违背了《民办教育促进法》第三条“民办教育事业属于公益性事业，是社会主义教育事业的组成部分”，第五条“民办学校与公办学校具有同等的法律地位，国家保障民办学校的办学自主权”和第二十七条“民办学校的教师、受教育者与公办学校的教师、受教育者具有同等的法律地位”的基本精神，表面上看起来是反映了政府依然把自己定位于公办教育管理者的观念局限和法治意识淡漠，而背后更深层次的问题恰恰在于中央政府因没有财政压力故更多关注非经济利益，而地方政府因存在现实的财政压力，所以对有助于减轻这种压力的制度创新都会更加务实的立场冲突。[③] 这种冲突在其他社会领域也是一种普遍现象。[④]

总体而言，中央政府的民办教育政策已经从积极鼓励转向加强规范。也正因为如此，《民办教育促进法》颁布以来的五年中，促进民办教育发展的主要推动力量已经从中央主导转变为地方主导。

《中华人民共和国民办教育促进法》的颁布实施为我国民办教育发展进入法制化轨道奠定了基础。但各地在促进当地民办教育发展的政策实践中却发现，困扰民办教育健康发展的“学校法人属性”问题、“教师身份”问题、“合理回报”问题、“产权归属”问题、“税收优惠”问题等，或者在《民办教育促进法》及其后出台的《中华人民共和国民办教育促进法实施条例》中没有明确规定，或者无法应对民办教育形势发展的需要，于是纷纷通过地方立法或制定地方政策，希望能够借此更加有效地解决当地民办教育发展面临的实际问题。

① 对中央和地方相关政策的比较表明，无论在《民办教育促进法》出台之前还是之后，地方在促进当地民办教育发展方面都有更为积极的政策法规。

② 无论今后政府是否对民办教育（学校）提供更多的公共财政资助，民办教育至少在建校投资和年度运行经费方面都会对公共财政有显著的贡献。

③ 政府如果真正将自己定位于全社会教育管理者和促进者的角色，真正认为民办学校与公办学校具有同等的法律地位，则《民办教育促进法实施条例》“实施义务教育的公办学校不得转为民办学校”的规定不但缺乏法律依据，而且明显不合逻辑，也不符合社会发展要求公办学校调整的现实需要。

④ 刘莘．国内法律冲突与立法对策［M］．北京：中国政法大学出版社，2003.

表 4－1　部分省市民办教育地方性法规（含地方政府规章、规范性文件）一览表

法规名称	颁布时间	颁布机构
桃江县关于促进民办教育发展的决定	2003 年 10 月 26 日	中共桃江县委、桃江县人民政府
绵阳市人民政府关于大力促进民办教育发展的决定	2004 年 4 月 15 日	绵阳市人民政府
漳州市人民政府关于加快我市民办教育发展的若干意见	2004 年 5 月 27 日	漳州市人民政府
德阳市人民政府关于大力促进民办教育发展的决定	2004 年 6 月 24 日	德阳市人民政府
南充市人民政府关于加快民办教育发展的决定	2004 年 8 月 30 日	南充市人民政府
常德市人民政府关于促进民办教育发展的决定	2004 年 9 月 16 日	常德市人民政府
九江市人民政府关于鼓励支持发展民办教育的若干规定	2004 年 9 月 29 日	九江市人民政府
娄底市人民政府关于促进民办教育发展的决定	2004 年 10 月 15 日	娄底市人民政府
陕西省民办教育促进条例	2004 年 12 月 2 日	陕西省人大常委会
湘西土家族苗族自治州人民政府关于促进民办教育发展的若干意见	2004 年 12 月 6 日	湘西土家族苗族自治州人民政府
上海市实施《中华人民共和国民办教育促进法》、《中华人民共和国民办教育促进法实施条例》若干问题的暂行规定	2005 年 3 月 24 日	上海市人民政府
鹤壁市人民政府关于大力促进民办教育发展的意见	2005 年 5 月 8 日	鹤壁市人民政府
晋城市人民政府关于促进民办教育发展的若干意见	2005 年 8 月 10 日	晋城市人民政府
贵州省民办教育促进条例	2005 年 11 月 25 日	贵州省人大常委会
武穴市人民政府关于促进民办教育发展的实施意见	2005 年 12 月 21 日	武穴市人民政府
山西省实施《中华人民共和国民办教育促进法》办法	2006 年 5 月 26 日	山西省人大常委会
内蒙古自治区实施《中华人民共和国民办教育促进法》办法	2006 年 6 月 1 日	内蒙古自治区人大常委会
恩施州人民政府关于促进民办教育发展的意见	2006 年 9 月 1 日	恩施州人民政府
焦作市实施《民办教育促进法》办法（试行）	2006 年 9 月 13 日	焦作市人民政府
吕梁市人民政府关于大力促进民办教育发展的意见	2006 年 9 月 15 日	吕梁市人民政府
江西省民办教育促进条例	2006 年 9 月 22 日	江西省人大常委会
海口市民办教育促进和管理办法	2006 年 9 月 27 日	海口市人大常委会
宁波市民办教育促进条例	2006 年 9 月 30 日	宁波市人大常委会
深圳市民办教育管理若干规定	2006 年 10 月 27 日	深圳市人民政府

续表

法规名称	颁布时间	颁布机构
北京市实施《中华人民共和国民办教育促进法》办法	2006 年 11 月 3 日	北京市人大常委会
湖南省实施《中华人民共和国民办教育促进法》办法	2006 年 11 月 30 日	湖南省人大常委会
辽宁省民办教育促进条例	2006 年 12 月 1 日	辽宁省人大常委会
朝阳市人民政府关于促进民办教育快速发展的意见	2006 年 12 月 25 日	朝阳市人民政府
淄博市人民政府关于规范民办教育管理促进民办教育发展的意见	2007 年 2 月 16 日	淄博市人民政府
吉林市民办教育促进条例	2007 年 3 月 28 日	吉林市人大常委会
黑龙江省民办教育促进条例	2007 年 10 月 12 日	黑龙江省人大常委会
岳阳市人民政府关于促进民办教育发展的意见	2008 年 2 月 20 日	岳阳市人民政府
重庆市人民政府关于促进民办教育发展的意见	2008 年 6 月 12 日	重庆市人民政府
四川省《中华人民共和国民办教育促进法》实施办法	2008 年 7 月 25 日	四川省人大常委会

2005 年 9 月 14—16 日，由全国人大教科文卫委员会、教育部、劳动和社会保障部共同举办的“民办教育地方立法研讨会”在西安召开。会议重点研讨了“对促进民办教育发展的扶持和奖励政策、保障民办学校及其师生与公办学校及其师生具有同等的法律地位、保障民办学校的办学自主权、规范政府的管理行为、规范民办学校的办学行为和关于公办学校举办民办学校”等六个问题，会议还特别强调在民办教育地方立法中“要把发展民办教育与推动教育事业整体发展结合起来、要在维护国家法制统一的基础上勇于创新、要积极吸取其他地区发展民办教育的经验教训”。在其后的几年中，民办教育地方立法工作迅速展开，各地在《民办教育促进法》及《民办教育促进法实施条例》的法律框架内，结合本地实际情况积极探索促进民办教育健康发展的政策环境。①

陕西省是《民办教育促进法》颁布以后率先开展民办教育地方立法的省份，2004 年 12 月 2 日《陕西民办教育促进条例》在陕西省第十届人民代表大会常务委员会第十五次会议通过，新一轮民办教育地方立法开始启动。②

《陕西民办教育促进条例》第二十七条规定：“办学积累达到一定规模且有办学结余的民办学校，对未明确出资额的实际举办者，经学校理事会、董事会或者其他形式的决策机构决定，审批机关核准，可以给予一次性奖励。具体办法由省人民政府制定。”这是

① 据不完全统计，目前已有陕西、上海、北京、贵州、山西、内蒙古、江西、湖南、辽宁、吉林、黑龙江、重庆、四川十三个省级政府和宁波（副省级）、深圳（副省级）、昆明（副省级）、海口、漳州、绵阳、九江、常德、岳阳、焦作、恩施、淄博等三十多个市级政府通过了关于促进民办教育发展的地方立法或相关政策。

② 按中国大陆的法律体系，只有省和较大的市，如宁波市、深圳市等才有地方立法权，从这个意义上，尽管在陕西省之前已经有市、县政府制定了旨在促进当地民办教育发展的政府文件，但规范意义上的民办教育地方立法还是自陕西省开始。

《民办教育促进法》颁布以来在地方立法中试图破解产权难题的第一个尝试，但对于这个奖励以什么方式实现以及它对学校现行产权结构的影响等问题仍然没有明确的规定。①

一年以后，在《黑龙江省人民政府关于促进民办教育发展的若干意见》中对这一问题有了更具体的规定："对于《中华人民共和国民办教育促进法》施行前滚动发展起来的民办学校，目前办学积累达到一定规模但没有明确出资比例的举办者，根据对学校发展贡献情况，经学校理事会或者董事会同意，审批机关核定，可以一次性给予举办者相当于学校净资产（扣除国有资产和社会捐赠部分）15%的奖励，作为举办者的初始出资额。"与《陕西民办教育促进条例》的相关规定相比，这里明确了奖励作为股权的出资性质，体现了一种更加积极的态度。

民办学校教师养老保险问题是各地在民办教育地方立法中另一个高度关注的问题。在目前困扰我国民办教育健康发展的几大问题中，人们普遍认为，民办学校教师的稳定性居于核心位置，而目前影响其稳定性的最大障碍是在养老保险方面民办学校的教师不能享受公办学校教师同样的社会保障制度，导致民办学校教师的职业评价下降，骨干教师流失现象严重。这种歧视性政策的存在，使得不少教师对在民办学校任教和谋求发展缺乏信心，流动频繁，民办学校难以引进和留住高素质的教师，中青年骨干教师比较缺乏。一项调查显示，浙江省民办学校中三年以上聘期的专任教师占同类学校同类教师的比例是：幼儿园为29%，小学为29%，中学为38.2%，民办高校为39%。②

浙江省宁波市对此进行了积极探索。《宁波市民办教育促进条例》第三十一条规定："实施学历教育和学前教育的民办学校，符合规定条件的，其聘用的具有中级以上专业技术职务的教师，可按规定参加事业养老保险。"在其后发布的"浙江省宁波市人民政府《关于贯彻实施〈宁波市民办教育促进条例〉的若干规定》(甬政发［2007］58号)"第三条第二款进一步规定："对全日制民办中小学和幼儿园为具有专业技术职务的教师按规定缴纳的社会保险费中学校承担部分，给予不少于1/2的补助。"③这些政策不但有效改善了民办学校教师的社会保障，而且可以大大减轻民办学校的办学成本压力，是解决民办学校提高教师福利和控制办学成本之间矛盾的有效途径。

从贯彻执行《民办教育促进法》和保持民办学校教师职业稳定性的现实需要出发，宁波的做法是一种有效和可行的公共政策选择。但是，养老保险相对于现期收入并不是影响就业选择的核心要素，如果民办学校不能为教师提供高于公办学校教师的现期收入，即便如宁波方案解决了养老保险的制度选择问题，仍然难以提高民办学校对教师的吸引力。这个问题前几年并不突出的一个重要背景是民办学校教师工资普遍高于公办学

① 关于这种奖励是以股权形式还是以现金或实物形式、奖励的来源是什么、奖励以后学校的股权结构将如何变化等问题都没有更明确的规定。

② 吴霓，明航．浙江、广东两省民办教育的调研报告［J］．民办教育研究（双月刊），2007(1)．

③ 浙江省宁波市人民政府《关于贯彻实施〈宁波市民办教育促进条例〉的若干规定》（甬政发［2007］58号）。

校教师工资。目前这种曾经的薪酬优势正在消失，民办学校在为教师提供的工作与生活条件已经普遍不如优质公办学校，民办教育正面临整体走弱的系统性风险。

河南省周口市在稳定教师方面进行了另外一种模式的政策探索。该市民办教育呈现蓬勃发展的态势，其奥秘就是制定了“对于达到一定办学条件和规模要求的民办学校的教师，由当地财政发放与当地公办学校教师同样的工资，并在《民办教育促进法》规定的其他各个方面享受与公办学校教师同等的待遇”的优惠政策，从而推动当地民办教育蓬勃发展。① 虽然目前在省级政府层面还没有类似的政策出台，但在市、县一级政府管辖的范围内却有丰富的政策实践，并且都取得了良好的效果。②

政府对民办学校提供直接的财政资助是《民办教育促进法》出台以后各地支持民办教育发展最重要的政策之一。在《民办教育促进法》出台以前，这方面影响最大的一个重要案例当属浙江省的“教育券”。从2001年起，浙江省长兴县政府为了支持本地民办教育发展，对所有入读本县民办学校和职业学校的本县学生一律提供价值300—500元的“教育券”，由此引发一场遍及全国的“教育券”热潮。③ 虽然这一政策目前并没有进一步的发展，但其基于学生权利的教育公共财政思想却为今后形成公平对待民办教育的公共财政制度发挥了重要的思想启蒙作用。《民办教育促进法》颁布以后，各地政府开始逐步按照通过设立民办教育专项资金来支持当地民办教育发展。在2005年2月份召开的上海民办教育工作会议上，上海市政府宣布，从2004年起，上海市政府将每年拿出不少于4000万元的资金专门用于扶持民办教育发展。④ 尽管相对上海20万在民办学校就读的学生来说，4000万元相当于生均200元，只有上海公办学校生均经费的1/40—1/50，但毕竟是落实民办教育促进法的一个实际行动，其象征意义远远超过了经济价值，在全国起到了示范作用。⑤

上面提到的“周口经验”也可以在政府对民办学校提供直接财政资助的范畴中考虑。这样政府对民办教育的直接财政资助就有了三种基本的做法：教育券、教师工资和专项资金，成为政府利用公共资源支持民办教育发展的基本政策选择。

---

① 详见本书第三章第七节关于周口经验的论述。

② 《焦作市实施〈民办教育促进法〉办法（试行）》第二十八条规定“民办学校教师应缴纳的社会保险和住房公积金除去个人应负担的部分，其余部分由所在学校和审批机关的同级财政各负担50%。”第二十九条规定“对于位于焦作市区并由市级审批机关审批和直接管理的民办学校，其净资产或建校投入达到规定数额，经有资质的中介机构评估和财政部门认定后，市财政部门可以根据市人事、编制部门核定的办学规模，依照上年公办学校教师平均工资标准拨付一定比例的教职工工资，连续扶持10年。”2005年11月25—27日在浙江诸暨召开“民办教育区域发展战略研讨会”，会上总结诸暨民办教育发展的重要经验就是政府为民办学校提供30%的公办教师编制。这个经验在江苏宝应翔宇教育集团和浙江椒江书生中学的办学实践中都得到了验证，也成为转制学校和“名校办民校”所要求的主要政策优惠。

③ 吴华，薛兆丰，艾萨克. 教育券的中国实践——现状、问题与前景［J］. 教育发展研究，2005(6).

④ 上海民办教育工作会议召开，http：//www.shmec.gov.cn/web/news/show_article.php？article_id＝19300.

⑤ 目前宣布对民办教育提供专项资金扶持的省、市政府有上海市2004—2007年，每年4000万元；广东省2005—2010年，每年3000万元；四川省100万元；北京市800万元；贵阳市300万元等。其实浙江省自2001年长兴县实施“教育券”政策以来，各级政府通过“教育券”方式已经对民办教育提供了持续的财政支持。

综合目前各地对民办教育提供财政资助的政策实践可以澄清一个普遍的误解。一直以来，人们对《民办教育促进法》总则第二条“利用非国家财政性经费”的规定常常被片面地理解为“民办学校不能利用国家财政性经费”，从而使政府对民办教育的扶持政策也只能停留在精神鼓励层面。而上述各地的实践表明，对《民办教育促进法》总则第二条应该被理解为对举办者设立民办学校时需要具备的法律要件的规定，并不是对民办学校运行过程中得到政府财政性经费的禁止性规范。事实上，各地对民办教育的扶持政策绝大多数最终都要通过财政性经费来体现，否则的话，政府对民办教育的扶持政策大部分都将无法落实。①

除了直接的财政性经费的支持以外，各地政府还结合本地民办教育发展的需要出台各种优惠政策落实《民办教育促进法》的相关规定。

江苏宿迁市规定:②

> “**第四条** 凡非义务阶段教育的公办学校，在扩大办学规模时，必须吸纳社会资本实行民营机制。义务阶段教育的公办学校，在扩大办学规模时，可采取“公办民助”、“公办民营”等形式，广泛吸纳各类资本，扩大办学资源来源。”
>
> “**第六条** 实施“名校办民校”战略。市内三星级以上高中、省示范初中、省实验小学和省示范幼儿园等教育教学质量和社会信誉较高的公办学校，应择址创办独立校园、独立核算、独立法人的民有民营、自然人控股的股份制教育机构。”
>
> “**第十一条** 民办教育机构除按国家有关规定享受税收优惠政策外，免收市权范围内的所有行政性收费。”
>
> “**第十八条** 健全公、民办教育机构之间的教师流动机制。公办学校专任教师可以流动到民办教育机构任教，当地教育行政主管部门应给予办理有关手续。在民办教育机构工作期间，教龄连续计算。民办教育机构可以面向社会自主招聘教职工，所聘教职工与公办教育机构教职工同等待遇，统一纳入教育人才服务中心管理，实行人事关系代理。”

河南邓州市、河北衡水市等地方政府也在土地征用、税收减免、教师身份、社会保障、金融支持、财政资助、合作方式等各个方面制定了扶持当地民办教育发展的具体政策。③

仔细阅读这些文件我们会发现，自《民办教育促进法》出台以后，地方各级政府

① 吴华. 宝应改革的意义［EB/OL］.(2006－05－08). http://www.usors.cn/blog/wuhua/MyEssayDetail.asp? id＝25.

② 《宿迁市进一步加快民办教育发展的若干规定》（宿迁市人民政府·宿政发［2004］96号）

③ 《中共衡水市委衡水市人民政府关于大力促进民办教育发展的若干意见》（中共衡水市委文件·衡发［2005］2号）。《关于加快民办教育发展的意见》（河南省邓州市人民政府·邓政［2005］45号），其中明确规定“对投资多、规模大、生源较好的民办学校，市政府将根据其投资的金额为其选派公办教师。公派教师由市财政发放工资，发放工资的年限，根据投资额具体商定。选派教师比例为：对一次性投资1000万元以上的，市政府选派核编教师的30%；投资2000万元以上的选派50%；投资3000万元以上，市政府公派所有核编教师。若投资者愿面向社会招聘教师，市政府将按上述比例解决与公派教师等额的工资。”

在促进当地民办教育发展方面已经进行了多方面的政策创新探索，其基本指导思想就是丰富《民办教育促进法》的立法精神，对民办教育提供公共资源支持。在这个问题上，地方政府明显比中央政府更为积极，也更为务实，一个由地方政府推动的民办教育发展的新路径正在逐步清晰起来。[①]

从《民办教育促进法》出台以后各地民办教育发展的实践可以看出，只要中央政府没有对民办教育制定具体的禁止性规范，地方政府总是想方设法为当地民办教育创设更好的政策环境，颇有些类似于20世纪90年代初各地开始的国有企业改造。当然，在民办教育和公办教育的利益发生冲突时，地方政府通常还是站在公办教育一边，其中最典型的例子就是地方教育行政部门对外地民办学校招生设置行政壁垒，使民办学校异地招生非常困难。类似的歧视性政策在安排本地公办学校和民办学校的招生次序、限制民办学校录取方式等方面上还是相当普遍，对民办学校自主办学造成很大干扰。

以上种种问题反映了在我国民办教育发展中普遍存在的政策冲突现象，其中既有中央政府和地方政府之间的政策冲突，也有中央政府部门之间、地方政府部门之间的政策冲突，这里面除了不同政策制定主体对民办教育存在认识上的差异以外，利益冲突以及伴随中国社会转型产生的法制不健全、不协调都是不可忽视的重要原因。[②]

（二）“国有民办”学校引起争议

“国有民办”学校是20世纪90年代以后我国民办教育发展中的一个重要现象。“国有民办”学校来源于“基础教育阶段办学体制改革试验”，由于此类学校在办学行为上兼有民办学校的定价特征和公办学校的国有特征，即所谓的“国有民办”，由此形成对传统民办学校的市场竞争优势和对学生的高收费定位成为民办学校和部分公众共同的抨击对象。[③] 公众的这种不满情绪对政府施加的压力最终导致教育部发文明确反对优质公办学校改制，并要求各地严格控制改制学校的数量。[④]

---

① 在这些大力发展民办教育的地区，政府目前对民办教育的态度与政府对民营经济的态度非常一致，民办教育已经纳入当地政府经济社会发展整体规划之中。

② 中国由传统社会向法治社会转型过程中，法律之间的冲突是一个普遍现象，目前规范的解决办法是依据《中华人民共和国立法法》的规定处理，但现实的解决途径一般是通过行政机关之间的协调。

③ 此类学校在办学体制上的共同特征是兼有公办和民办两种体制资源。尽管“改制学校”一定包含“民”的成分：或者是“民有”，或者是“民营”，但各地基本上都没有将其纳入民办学校统计，明显不符合《民办教育促进法》对民办学校的认定。虽然如此，“改制学校”已经是民办教育领域的重要研究对象。

④ 在《国务院办公厅转发教育部关于义务教育阶段办学体制改革试验工作若干意见的通知》（1998年6月25日国办发［1998］96号）中规定，“义务教育阶段公办学校办学体制改革试验要从严控制。公办学校的办学体制改革试验，须经省级教育行政部门批准并严格控制进行办学体制改革试验的学校数量。”“进行‘公办民助’、‘民办公助’等办学体制改革的试验，应该主要选择基础薄弱学校进行。”江苏省教育厅在2005年10月31日颁布的《江苏省教育厅关于基础教育办学体制改革的意见》中已经明确肯定了非义务教育阶段公办学校转制的合理性：“非义务教育阶段公办学校可以试行‘国有民办’”，“非义务教育阶段公办学校可以整体转制为民办学校”，“积极推进股份制形式的合作办学。积极发展由公有资本和非公有资本等相互参股的合作办学，建立国家财政对非义务教育投资有进有退、合理流动的新机制”。（苏教法［2005］2号）这是目前关于公办学校转制最积极的省级政府地方政策。

国家教育发展研究中心的调研报告指出：

> “1994—1995年度一些省市民办中小学校的数量几乎翻番，其中大部分属于‘改制学校’。上海市公办中小学校改制与民办学校的发展几乎是同步进行，主要改制方式是将原有基础薄弱的公办学校或新建学校交给个人或团体承办。广州市改制的对象是相对薄弱的公办中小学校，承办方主要是社会团体或企业集团，不是公办学校校长个人，故学校改制被视为建立多元化办学体制的重要组成部分。天津市学校改制始于1992年，1995年以后逐步形成规模，1995、1996年度增幅最大，每年增加50所左右，目前已达120所，成为全国公办学校改制之最。北京市从1996年起对一些公办中小学校进行改制试验。1998年以前主要有三种类型：基础较好学校的改制，薄弱学校的改制，新建学校的改制。1998年北京市改制学校的数量明显增多，且出现一种新的改制形态，即一些名校、重点校，利用初、高中分离的机会，兼并薄弱学校，另办一所新的初中改制校，与天津市依托型改制学校的情况相类似。此外，沈阳市、哈尔滨市和长春市均有不同程度的发展。”①

1993年以后，公办学校改制试验在全国各地开展起来，改制的主要动力也从学校争取更大的办学自主权转变为学校和政府都更多地关注由此产生的现实和潜在的经济利益，表明决策部门对公办学校改制的意义还缺乏深刻的认识和系统的设计。②

从“国有民办”学校的实践来看，公办学校以这种方式进行的办学体制改革在改造薄弱学校、吸引民间资金、迅速改善办学条件、提高学校管理水平等方面都产生了积极效果，特别是从发展民办教育的策略选择而言，公办学校转制也是优化存量公办教育

① 叶之红，汪明．对我国公办中小学改制的调查与研究［J］．教育发展研究，1999(4)．

② 在公办学校改制试验的前期阶段，确实有相当一批学校是出于探索新的教育教学途径的需要，希望通过办学体制方面的改革，寻找突破应试教育、实践素质教育的有效途径。但除非转制学校获得了释放升学压力的非正规途径，比如出国等，否则，没有一所学校能够承受升学率下降产生的巨大压力，特别是当转制学校的财政来源严重依赖于升学率的社会评价时就更是如此了。在人们发现了这个事实以后，公办学校在办学体制改革中所追求的也就只能是非教育目标了。这已经是一个普遍事实，只要看看大多数转制学校并没有在教育创新方面有所作为就真是一件令人遗憾的事情，这也是我们整个教育体制的问题。独立学院政策就是一个典型案例。这一点在教育部《关于规范并加强普通高校以新的机制和模式试办独立学院管理的若干意见》中有明确的要求：“四、试办独立学院要一律采用民办机制。试办独立学院建设、发展所需经费及其他相关支出，均由合作方承担或以民办机制筹措解决。”除此以外，几乎所有转制学校都被停止了公共财政支持的制度设计更进一步说明，减轻财政压力是政府推动公办学校转制的重要动机。减轻择校压力也是政府鼓励和开展公办学校转制实验的初衷之一，但这个出发点本身是有问题的。除此以外，把中国大陆的公办学校改制实验与美国的特许学校进行比较更能说明上面的判断。在《教育部关于加强基础教育办学管理若干问题的通知》［（2002年2月26日）教基［2002］1号］中，肯定了“近几年来，各地在进行公办学校办学体制改革试点、鼓励社会力量办学、改造薄弱学校、扩大优质教育资源、推进义务教育阶段招生考试制度改革等方面取得了明显成效。”但第一条“一、发展基础教育是各级政府应尽的职责。各地不得将公办中、小学校和幼儿园以出售、拍卖等方式进行转让，已经转让并造成公有资产流失、减损的，应当及时予以纠正。”第二条中“办学水平和教育质量较高、社会声誉较好的公办中小学和幼儿园是长期积累形成的公共教育资源，不得改为民办或以改制为名实行高收费。”的规定把公办学校转制与政府的教育责任对立起来，存在明显的认识偏差。

资源、促进民办教育快速发展的有效途径。① 有人曾就公办学校改制的政策效应作过一个具体的案例分析，结论是改制公办学校在增加教育投入、改善办学条件、提高教育质量、促进学校之间竞争和满足公众教育选择权等多个方面都有良好表现。② 虽然目前还缺乏在全国水平上关于公办学校改制后绩效的全面评估，但根据上面提供的案例并依常理分析，公办学校改制对于增加教育供给，特别是增加优质教育供给的积极意义是毋庸置疑的；在改造薄弱学校方面，在提高教育资源的利用效率方面，转制学校通常都有良好表现；在改善教育公平和增加教育的选择性方面也有积极贡献。③

2005 年以后，中央政府在公办学校转制问题上发生了重大的政策转变，在《国家发展改革委、教育部关于做好清理整顿改制学校收费准备工作的通知》（发改价格［2005］2827 号）中明确从 2006 年 1 月 1 日以后各地全面停止审批新的改制学校，在其后发布的《国务院办公厅转发监察部和国务院纠正行业不正之风办公室关于 2006 年纠风工作实施意见的通知》（国办发［2006］20 号）、《教育部等七部门关于 2006 年治理教育乱收费工作实施意见》（教监［2006］6 号）、《教育部关于贯彻〈义务教育法〉进一步规范义务教育办学行为的若干意见》（教基［2006］19 号）、《教育部等部门关于 2007 年规范教育收费、进一步治理教育乱收费工作的实施意见》（教监［2007］4 号）、《教育部、国务院纠风办、监察部、国家发展改革委、财政部、审计署、新闻出版总署关于 2008 年规范教育收费进一步治理教育乱收费工作的实施意见》（教监［2008］7 号）等一系列文件中都强调“坚决制止以改制为名乱收费，进一步规范公办学校办学行为”，意味着中央政府放弃了通过公办学校改制发展民办教育的政策选择。在此宏观政策背景下，各地政府也纷纷表态在近期之内对“国有民办”学校进行清理，清理的基本原则是“有进有退，不进则退”。

“国有民办”学校退出民办教育发展序列并没有扩张所谓纯民办学校的市场空间，

① 这容易让人们联想到国有企业改革，但把这两者等同起来的认识限制了公共政策的选择空间，这是目前教育部提倡对“国有民办”学校采取“黑白分明”政策的重要根源。

② 胡卫．摆脱困境的成功尝试［J］．教育发展研究，1999(4)．

③ 转制学校的成本优势除了在固定资产投资方面的原因以外，一个也许更为重要的原因是转制学校的教师与民办学校的教师在社会保障方面的身份差异，由此导致民办学校必须支付更高的工资成本。当然，对转制学校与民办学校之间竞争合理性的最终评判还取决于双方的财务结构以及在营利性行为方面的界定与区别。由于转制学校普遍的“国有”性质，在制度设计上就不应该存在“合理回报”的问题，因此，在判断可以取得“合理回报”的民办学校和不用考虑“合理回报”的转制学校之间的竞争时，更需要跳出具体学校的立场。公办学校转制增加了消费者福利的事实应该得到充分肯定。这个福利增量的一个重要源泉是民办学校因竞争加剧而提供的利益转移，包括降低收费和创新教育服务，它也意味着民办学校的成本增加和利益流失。虽然由此引起的利益格局调整符合社会整体利益，但如果民办学校竞争压力过大导致民办学校退出市场，社会整体利益将会受损。虽然转制学校不能再得到财政拨款，但转制学校的教师通常都保留公办教师身份，相对于民办学校他们有更高的职业稳定性；在“国有民办”类型的转制学校中，由于不用承担新建学校的投资成本，使他们的资金压力大大减小，更有利于学校选择稳健的市场策略；与此同时，一部分转制学校还占有了转制前公办学校的品牌资源，使他们更容易得到家长的认可。所有这些因素都导致他们在与民办学校的竞争中处于更加有利的市场位置，从而构成对民办学校的不公平竞争，这也是转制学校受到民办学校强烈反对的原因所在。

因为“国有民办”学校原有的市场份额并没有释放出来，恰恰相反，其中的一大部分被再转制的公办学校分割，客观上是缩减了民办教育总的市场份额。至于这种清理整顿是否能对地方政府产生更积极地支持民办教育发展的政策激励，从逻辑上判断将得出相反的结论，因为必须有更多的公共资金用于公办教育，这意味着政府支持民办教育的财力和意愿都将减弱。因此，由中央政府主导和推动的这个民办教育发展路径选择对我国民办教育长远发展的影响还需要进一步观察。

（三）“独立学院”作用明显

独立学院是我国政府在高等教育领域利用公办教育资源发展民办教育的一个典型案例。2007 年，全国共有 318 所独立学院，在校生 186.6 万人，占全国普通高等教育本、专科在校生总数的比率超过 10%；其中，独立学院本科在校生 165.7 万人，占全国民办本科高等教育在校生总数的 88.7%，独立学院对于我国高等教育的大众化进程作用明显。①

1999 年扩招以来，中国高等教育快速发展，到 2006 年年底，全国各类高等教育总规模已经超过 2700 万人，高等教育毛入学率达到 23%。② 但是，这样的高等教育规模仍然不能满足全社会日益增长的高等教育需求，2007 年的高考录取率仍然低于 60%，而且随着全国高中普及率的持续提高，高等教育面临的高中升学压力会日益突出。

按照每提高高等教育毛入学率一个百分点，需要增加在校生 100 万—120 万估算，如果要达到 30% 的高等教育毛入学率，还需要增加在校生近 800 万—1000 万人，由此需要增加高等学校建校投资超过一万亿元人民币③，如果这个投资需求都由政府公共财政来承担，在 2005 年 250 亿的投资水平上，需要 40 年以上的时间才能完成，完全不能适应社会经济发展对高等教育的需要。④ 因此，大力发展民办高等教育，已经成为继续扩大高等教育规模的必然选择。⑤ 与此同时，由于国家对高等教育资源的高度垄断和严

---

① 独立学院的前身是公立大学下设的民办二级学院。1996 年率先成立的四川师范大学电影电视学院，是全国第一所公办大学下设的民办二级学院。1999 年高等教育迅速扩大招生规模后，一些高校为了完成国家扩招计划，同时也为了解决办学经费不足的问题，纷纷办起二级学院，也就是现在的独立学院，我国高等教育找到了一条同时利用市场机制和政府机制实现超常规发展的道路。

② 教育部. 2007 年全国教育事业发展统计公报［EB/OL］. http：//www.moe.gov.cn/edoas/website18/54/info1209972965475254.htm.

③ 按教育部普通高等学校设置标准推算。

④ 在政府预算内教育经费支出构成中，基建经费约占 10%，而其中的 50%，即预算内教育经费总支出中的 5% 用于高等教育基建投资。

⑤ 中国教育投入占 GDP 比例是世界上最低的国家之一，但中国有限的财政教育经费中，拨给大学的远远超过世界平均水平。我们来对比中、美、日、韩政府和民间对高等教育和基础教育的投入比例，初、中等教育当中，非政府投入，即民间投入中国是占 30%，美国占 9.2%，日本 8.3%，韩国是占 20% 左右，就是说在初等教育、中等教育里，中国老百姓投入是最高的。再看高等教育非政府投入占教育经费的比例，中国是 46.6%，韩国是 83%，日本是 58%，美国是 53%，通过对比可以看出，目前最不合理的是，中国政府在基础教育的投资比例非常低，老百姓交钱非常多；反过来在高等教育里，政府出钱很多。在中国发展论坛上财政部副部长楼继伟表示未来几年财政部不可能大规模给高校增加拨款，政府财政投入的工作重点是在农村，是在基础教育上。

格的准入管制和价格管制，对民办高等教育的政策性歧视，导致民办高等教育发展面临新的困难，特别是在影响力方面，社会对民办高等教育的认同还是严重不足。[①] 这个事实引导我们去思考，目前对民办教育的狭隘理解并不符合我国的国情，也不符合国际上公用事业民营化的大趋势。如果能够整合公办和民办两种体制优势，就有可能开辟民办高等教育发展新的空间，也一定能够对中国高等教育的整体发展创造新的机会。当然，这一切都只有通过全面的制度创新才能实现。

表 4－2　2006 年各省人均 GDP 与高等教育生均教育经费（元）

地　区	人均 GDP	预算内生均教育事业费	预算内公用经费	城镇居民人均收入
贵州	4893	3905	891	9117
甘肃	7232	4734	1551	8921
云南	7701	4663	2100	10070
安徽	8292	3485	671	9771
广西	8311	4084	1444	9899
四川	8465	2352	1207	9350
宁夏	8933	5861	1238	9177
西藏	9149	9872	2932	8941
湖南	9312	2722	840	10505
江西	9501	2219	503	9551
重庆	9761	3597	2045	11570
陕西	9918	3466	1249	9268
湖北	9973	3325	1367	9803
青海	10085	7343	1126	9000
河南	10842	4487	1873	9810
海南	11049	2693	386	9395
山西	11994	3939	1128	10028
吉林	13347	4024	2104	9775
新疆	13652	3651	1357	8871
黑龙江	14436	3844	1158	9182
河北	14858	3625	974	10305
内蒙古	16032	4109	889	10358

① 《中华人民共和国民办教育促进法》及《民办教育促进法实施条例》虽然规定了民办教育与公办教育同等的法律地位，但在现实中仍然存在形形色色的观念、体制与政策歧视。

续表

地　区	人均 GDP	预算内生均教育事业费	预算内公用经费	城镇居民人均收入
福建	18476	4522	1531	13753
辽宁	18781	4386	1613	10370
山东	20118	3371	848	12192
江苏	24584	5315	2227	14084
广东	26134	8272	3591	16016
浙江	28318	7154	2331	18265
天津	35791	9158	4458	14283
北京	45652	18228	11389	19978
上海	52378	11942	7043	20668

近年来，民办教育发展迅猛，民办高等教育发展更是异军突起，短短五年时间内，在校生人数已经从2001年的14.3万人增加到2006年的280.5万人，大幅增长约19倍，其中独立学院为此贡献了增长额约10倍，而同期全国普通高等学校在校生总量只增长了1.4倍。① 虽然关于独立学院发展对于民办高等教育发展的利弊一直是激烈争论的话题，但如果把独立学院排除在民办高等教育之外，目前民办高等教育的规模、层次都将大幅降低却是一个毋庸置疑的事实。

不过同时我们看到，除了独立学院以外的民办高等教育，尽管在规模上同样增长迅速，但在结构改善和层次提升方面却进展缓慢。截至2007年5月18日，除独立学院之外的民办普通高校中的本科院校只有29所，本科生也只有12.54万人，不到此类民办高校在校生总数的1/10，与独立学院本科生占85%以上的层次结构特征正好形成鲜明的对照。②

与基础教育阶段的中央政府对“国有民办”学校的身份选择不同，独立学院已经完全定位于民办教育，这无疑增强了我国民办高等教育的整体实力，民办高等教育从完全依靠民间资源走向更多利用公办教育资源的新型发展道路，在这个制度变迁中原来的民办高等学校面临极大的市场竞争压力，需要政府制定更为公平的市场竞争规则，使独立学院和其他民办高等学校都能获得更大的发展空间。③

---

① 根据教育部历年全国教育事业发展统计公报测算。

② 教育部. 全国民办普通高等院校名单［EB/OL］. http：//gaokao. chsi. com. cn/gkxx/gxmd/mbpt. shtml. 截至2007年年底，全国民办高校297所，在校生163.07万人，其中本科生21.12万人，专科生141.94万人，另有其他形式教育的学生22.36万人；独立学院318所，在校生186.62万人，其中本科生165.68万人，专科生20.94万人，另有其他形式教育的学生0.87万人；民办的其他高等教育机构906所，各类注册学生87.34万人。

③ 规则公平指参与竞争的所有学校有相同的权利和义务，这一要求目前远远没有实现。与此同时，独立学院又比其他民办高等学校拥有更多的公共教育资源，形成市场竞争优势，在这种情况下，实现双方公平竞争的思路往往想到的是限制独立学院享有的两种体制资源，而忽视了让民办高等学校也享有两种体制资源是实现公平竞争的可能途径。

（四）资本市场对民办教育发展影响逐渐增加

改革开放以来，我国民办教育从复苏到快速发展的大部分时间里都是通过自我积累实现规模扩张，即便在 20 世纪 90 年代中后期开始有民间资金对民办教育进行大规模投资，但民办教育在人们的印象中始终只是教育领域，无论是将其称为“教育事业”、“教育产业”或者“教育实业”，但这种认识状况随着国内著名英语培训机构“新东方”在美国上市而发生改变。

成立于 1993 年的新东方，是目前中国最大的民营教育机构。截至 2006 年新东方上市前，新东方已累计培训了 300 多万名学生，仅 2006 年就达 87.2 万名。根据新东方提供的资料，截至 2006 年 5 月 31 日，新东方拥有 25 所学校、111 个学习中心和 13 个书店，大约有 1700 名教师分布在 24 个城市。同时，大约有 200 万用户在新东方网络虚拟社区注册。

据媒体报道，随着新东方在美国上市成功，公司从资本市场融资 1.125 亿美元，也令持有公司 31.18% 股权的新东方创始人董事长俞敏洪一跃成为亿万富翁。根据新东方首日收盘价 20.88 美元计算，其财富将高达 2.30 亿美元（超过 18 亿元人民币），将可跻身中国百名富豪之列，无疑成为中国最富有的老师，其他管理人员拥有公司 16% 的股权，市值约 10 亿元人民币。[①]

据资料统计，目前国内已有多家民办教育机构赴海外上市。

新东方上市成功及随后一批民办教育机构的海外上市，为中国民办教育利用资本市场提供了示范价值。虽然目前这些上市机构均非从事学历教育，但并不意味着只有非学历教育机构才能上市，事实上，目前国内已有多家从事学历教育的大型民办教育机构正在与海外风险资本进行合作，他们的上市也将在未来成为影响中国民办教育长远发展具有独特意义的历史性事件。

民办教育机构上市除了具有融资功能以外，对于目前相关政策法规关于民办学校产权归属缺乏明确规定的宏观政策环境，还提供了民办学校投资人正常退出的合法途径，这也是目前相当一部分举办者关注这方面动态的一个重要背景。

不可回避的问题是，上市通道的开通在实现吸引民间资本投资教育的同时，民办教育的传统形象将会发生深刻的变化，这种变化对人们心理的冲击和对公共政策的影响，目前都还难以作出准确的判断。

（五）义务教育阶段民办学校及其学生权益保障

2008 年 8 月 1 日，《中国教育报》刊出一篇来源于《中国青年报》的长篇访谈《教

---

① 新京报：新东方大涨　俞敏洪财富超 18 亿［EB/OL］.（2006－09－09）. http：//tech. sina. com. cn/i/2006－09－09/05321127912. shtml. 新东方股价最高超过 100 美元，近期在 60—80 美元区间波动。

育部有关负责人详解免除城市义务教育学杂费》。该负责人在记者问到“在民办义务教育学校就读的学生是否能够享受免费政策?”时回答:“国务院文件要求，在接受政府委托、承担义务教育办学任务的民办学校就读的学生，与当地义务教育阶段学生一样享受免除学杂费政策。”其后，在记者问到“进城务工人员子女是否也能同城里的学生一样享受到这个新政策?”时，该负责人再次强调指出:“在接受政府委托、承担义务教育办学任务的民办义务教育学校就读的进城务工人员随迁子女，按照和公办学校学生一样的标准享受免除学杂费政策。”毫无疑问，这个政策不但是对《义务教育法》的严重误解，也是对民办学校及其相关利益群体合法权益的严重侵犯。①

在现行《义务教育法》的法律框架内，义务教育阶段的适龄儿童、少年无论在公办学校还是在民办学校接受的都是义务教育。在这个前提下，根据《义务教育法》第二条第三款“实施义务教育，不收学费、杂费。”第四款“国家建立义务教育经费保障机制，保证义务教育制度实施。”第四十二条第一款“国家将义务教育全面纳入财政保障范围，义务教育经费由国务院和地方各级人民政府依照本法规定予以保障。”公共财政对义务教育阶段的民办学校提供普遍的经费资助的法律责任已经毋庸置疑，否则，政府就是直接违反了《义务教育法》第四条“凡具有中华人民共和国国籍的适龄儿童、少年，不分性别、民族、种族、家庭财产状况、宗教信仰等，依法享有平等接受义务教育的权利并履行接受义务教育的义务。”因此，在《义务教育法》实施以后，在民办学校就读的学生获得公共财政资助就成为由《义务教育法》保障的合法权利。

2007 年在河南省就发生了一场涉及在民办学校就读学生合法权益的公共政策危机。2007 年 2 月 14 日，河南省财政厅、教育厅联合发布了《关于做好 2007 年春季农村义务教育“两免一补”工作的通知》。这个文件将在民办中小学就读的学生排除在外，从而引发了一场河南农村民办学校的生存危机。② 虽然这场危机在各方面的共同努力下已经得到初步解决，2007 年 8 月 30 日，河南省人民政府办公厅转发省财政厅、省教育厅制定的《河南省农村义务教育“两免一补”实施方案》，将在 2007 年年初被排除在“两免一补”政策之外的民办学校学生重新纳入政策保障范围，一场有可能引发河南农村民

① 根据现行《义务教育法》的规定，接受义务教育是适龄儿童、少年的权利（第一条），同时也是每个适龄儿童、少年必须履行的义务（第二条）。因此，2006 年 9 月 1 日新《义务教育法》实施以后，适龄儿童、少年在任何一所国家认可的学校接受的都是义务教育，否则，不但受教育者没有履行他（她）的法定义务而要承担相应的法律责任，学校和政府也都要承担相应的法律责任。新《义务教育法》对国家强制实施义务教育所作的相关规定，是我们正确认识民办学校及其在校学生在义务教育中的权利与义务的法律依据。

② 详见:《人民政协报》（教育在线双周刊）2007 年 6 月 6 日相关报道。

办学校大范围倒闭事件的公共政策危机总算得以避免。[①]

河南省的《关于做好2007年春季农村义务教育“两免一补”工作的通知》把在民办学校就读的学生排除在“两免一补”政策之外，其认识上的重要根源是混淆了《义务教育法》和《民办教育促进法》在义务教育制度中对两种不同权利的设定。在《民办教育促进法》中，政府在委托民办学校承担相应的义务教育任务时，与政府相对的权利主体是民办学校，政府与民办学校之间建立的是一种民事法律关系，民办学校获得政府的经费资助是因为承担了原来由政府承担的责任，是政府对民办学校承担相应公共服务提供的成本补偿。因此，往往导致在同一所民办学校同时存在委托生和非委托生的不合理现象。而在《义务教育法》中，政府与适龄儿童、少年之间建立的是一种行政法律关系，与政府相对的权利主体是学生，他们的受教育权利并不以在公办学校就读为前提，当然也不会因为在民办学校就读而受到限制。相对于前述《民办教育促进法》中规定的民办学校受政府委托时产生的合法权利而言，由《义务教育法》规定的学生接受义务教育的受教育权利是一种公民基本权利，这种权利不会因政府与学校之间的关系而改变，因而必须得到优先满足。

通过上面的分析不难看出，《国务院关于做好免除城市义务教育阶段学生学杂费工作的通知》（国发［2008］25号）存在三个方面的问题：第一，实施义务教育不分公办学校还是民办学校，国务院通知中的相关规定侵犯或剥夺了民办学校学生接受义务教育的权利，违反了《义务教育法》；第二，对学校而言，实施义务教育既是义务，也是权利，国务院通知中的相关规定剥夺了部分民办学校的合法权利，不仅违反了《民办教育促进法》，更违反了《义务教育法》；第三，实施义务教育是政府责任，但不是政府特权，更不是公办学校的特权，国务院通知中的相关规定对具有同等法律地位和同样权利的实施义务教育的合法主体采取歧视性对待，不但违反了《义务教育法》和《民办教育促进法》，而且也违反了《行政许可法》。值得人们深思的是，为什么这种明显违背《义务教育法》和《民办教育促进法》相关规定的政策会一而再，再而三地出台？而

① 详见：《人民政协报》（教育在线双周刊）2007年相关报道。值得注意的是，河南省财政厅、教育厅联合发布的《关于做好2007年春季农村义务教育“两免一补”工作的通知》中将在农村民办学校就读的学生排除在“两免一补”政策之外的规定直接引自财政部、教育部2006年1月19日（教财［2006］4号）文，这也是当地有关部门在受到民办学校质询时所谓的依据所在。在这个问题上，充分暴露了政府职能部门目前在具体行政过程中对“红头文件”的重视程度远远超过对法律的重视，反映了行政系统中法治理念的缺失和法治意识的淡漠。对于“河南民办学校维护正当权利事件”而言，根据上面的分析，在《中华人民共和国义务教育法》的法律框架内，在民办学校就读的学生也应该享受与在公办学校就读学生同样的公共财政资助，而并非仅仅只是享受“两免一补”政策。但鉴于当前中国经济社会发展的现实水平，主要是社会文化心理还没有形成关于教育公平的正确的观念基础，在近期内使义务教育阶段在民办学校就读学生的上述权利得到全部实现的现实可能性还不大。因此，作为一种现实的考虑，当前我们应该做也能够做的事情是，尽快制定将民办教育包括在内的、包括全部义务教育阶段在民办学校就读学生的“两免一补”政策，在这个基础上，逐步加大对在民办学校就读学生的财政资助力度，直至最终实现民办学校学生与公办学校学生享有同等权利的社会公平与社会正义目标。

与此同时，在一些地方政府出台的义务教育政策中，民办学校已经被包括在公共财政资助的范畴之内了。[①]

二、基本结论与政策建议

根据对上面所述事实的观察与分析，我们得到的基本结论有以下几方面。

1. 民办教育政策推动模式已经从中央主导转变为地方主导。因此，鼓励地方制度创新，积极探索解决地方民办教育发展中面临的实际问题，应该成为今后一个长时期内国家民办教育发展的基本战略。对地方创新精神的鼓励应该落实在中央政府及其职能部门对地方政府和民办学校放松规制上面，引导和推动地方政府放松对本地民办学校的规制，更多发挥市场机制的资源配置作用，保障民办学校办学自主权。

2. 停止以“国有民办”学校为代表的公办学校办学体制改革试验是简单化思维的产物，对民办教育发展的正面效应未能得到经验事实的有力支持，其实质合理性与程序合理性都无法得到充分说明。因此，在目前停止试验趋势已经形成的现实情况下，应该鼓励和要求地方政府委托专业机构对此政策开展规范的、实事求是的政策评估，中央政府应该允许各地在实事求是和认真清理整顿的基础上，以保障学校办学自主权为导向重新启动公办学校办学体制改革试验，继续探索优化存量公办教育资源，超越传统“公办”、“民办”的所有制障碍，以“公共教育”为核心理念，实现公办教育与民办教育的制度融合。

3. 独立学院已经成为民办高等教育发展的中坚力量，对于保障中国在2020年实现高等教育毛入学率达到36%或更高的高等教育大众化目标，具有不可替代的作用。因此，中央政府应该制定更加宽松的政策积极鼓励地方政府和高等学校发展独立学院，放弃目前僵化的、一刀切的、不切实际的独立学院设置标准，保障独立学院快速健康发展。

民办教育是市场经济的产物。当我国实行改革开放并选择市场经济体制以后，按计划经济模式运行的传统公办教育体制就已经不能适应市场经济对资源自由流动的基本要求，民办教育就是在这种社会变革背景下得以发生并发展起来的。因此，只要我国继续搞社会主义市场经济，民办教育的存在就是这个体制的内在要求。目前人们普遍认为，在高等教育、职业教育、教育培训等市场化程度较高的领域，民办教育的存在与发展是毋庸置疑的。但对于在基础教育领域，特别是在义务教育等具有更强公共产品性质的领域，是否有必要发展民办教育则存在明显的意见分歧，从目前的政策走向来看，限制、否定民办教育在这些领域发展的政策思想已经占了上风，但其合理性无论是从理论还是

---

① 《浙江省义务教育中小学生免除学杂费的实施意见》（浙政办发［2006］66号）中明确规定将民办学校包括在内：“经批准创办的民办学校（含按民办机制运行的公办学校）按规定仍可收取学费，但在学生注册报到时，根据价格部门核准的学费标准，按当地公办学校免费标准作相应扣减。”另外，前面提到的河南省对农村义务教育阶段的民办学校也作了相应的规定，但全国没有把民办学校包括在内的省份仍然占大部分。

从实践来看都缺乏充分的理由。①

由于我国民办教育发展的特殊国情和历史原因，我们不应该因为目前传统意义上的民办学校没有平等享受各类“国有公办”学校已经享有的公共教育资源，就狭隘地认为他们享有公共教育资源是政策失误，希望剥夺他们的合法权益。恰恰相反，实践证明了利用公共教育资源给予民办教育以更加积极的支持才是促进民办教育健康发展的康庄大道。过去因为种种原因导致传统意义上的民办学校没有获得他们应该获得的公共教育资源支持，现在应该采取切实的措施纠正以往的政策偏差，如此才能建立更加公平的竞争环境以推动中国民办教育更快和更加健康地发展。

针对目前民办教育发展中存在的急迫问题和影响民办教育长期发展的重大问题，在政府的政策实践中需要特别关注以下几个方面。

第一，保障民办学校的合法权益。

严格执行《民办教育促进法》及《民办教育促进法实施条例》关于不要求取得合理回报的民办学校享受公办学校同等税收优惠的规定，同时对于要求取得合理回报的民办学校制定最为优惠的税收政策，免征营业税和企业所得税，仅对举办者征收个人所得税，努力减轻民办学校办学成本，为民间资金和国际资本投资我国民办教育建立稳定的政策预期。

鼓励地方政府制定与民办学校办学水平挂钩的教师养老保险学校缴纳部分的分担政策，切实减轻民办学校办学成本。

切实保障民办学校办学自主权。允许和鼓励民办学校因地制宜、因校制宜自主决定招生计划，消除民办学校招生过程中面临的地方保护主义壁垒。在招生方式上，特别是对实施义务教育的民办学校，允许采取考试等录取方式，不应以公办学校为标准限制民办学校的选拔式录取方式。在课程设置上，鼓励民办学校在遵循国家课程标准的前提下，开拓创新，积极发展校本课程，努力形成办学特色。②

---

① 理论上，非竞争性和非排他性是公共产品的两个基本特征，但只要人们消费的产品或劳务之间存在差异，并且这种差异不可忽略，则公共产品的两个基本属性就不可能严格得到满足，而这种情形恰恰是教育活动的常态。义务教育作为公共产品只是一种制度安排，而不是它本身所具有的消费属性。在现实的教育服务的消费层面，无论是义务教育还是别的什么教育都是更多地具有私人产品的属性而不是公共产品的属性。事实上，世界各国的义务教育实践表明，完全由政府经营的义务教育无论是在质量还是效率方面都不比私立教育（民办教育）更出色。也就是说，无论我们赋予义务教育什么样的产品属性，民办教育在提供义务教育服务的质量方面一点都不会比公办教育表现逊色。

② 民办学校中进行的教育活动可以分解成两个部分：一个是与公办学校所开展的教育活动相对应的部分；另一个是体现民办学校自身办学特色的部分。前者可以称之为“法定教育”，后者可以称之为“校定教育”。正是由于义务教育阶段的民办学校向适龄儿童、少年提供的符合国家要求的“法定教育”，所以才保证了国家义务教育制度的完整性与统一性，也正是因为这个原因，国家才必须向义务教育阶段的民办学校提供普遍的公共财政资助，并且这种经费支持必须被理解为是基于学生的法定权利和政府的法定义务，而不应被看成是出于支持民办教育的政策目标，尽管由此必然产生对民办教育的支持作用；与此同时，民办学校还向适龄儿童、少年提供体现学校办学特色的“校定教育”，正是这一部分教育的存在，为民办学校体现它的办学自主权提供了现实依据，也为民办学校在获得政府财政支持的同时还可以自行决定是否还向学生收取学杂费提供了合理合法的观念基础。

在高等教育领域，根据国家高等教育体制改革进程，逐步放松和取消对民办高校、独立学院在招生计划、专业设置、收费水平、毕业证书认定上的行政规制，鼓励民办学校根据市场需求自主决策。

第二，保障民办学校举办者的合法权益。

《民办教育促进法》、《民办教育促进法实施条例》在相关条款中规定了民办学校举办者拥有办学权、民办学校章程制定权、组建民办学校首届理事会、董事会或者其他形式决策机构权、担任民办学校法定代表人权、依照民办学校章程规定的权限与程序参与学校办学与管理活动权、获得合理回报权等各项权利，需要政府主管部门确实遵照执行。

鼓励民办学校举办者将办学节余用于改善学校办学条件和提高教师工资，对学校资产增值部分的归属建立与民办学校运行期间政策优惠反向挂钩的激励性规制。在相关的法律和行政法规出台之前，各地进行的有益探索都应该得到鼓励。

第三，保障民办学校教师的合法权益。

中央政府应该重申《民办教育促进法》第二十七条关于“民办学校的教师、受教育者与公办学校的教师、受教育者具有同等的法律地位”的规定，制定民办学校教师与公办学校教师享有同等权利的社会保障政策，立即纠正把民办学校教师纳入企业养老保险体系的错误规定。在相关文件出台之前，可以鼓励地方出台解决这一问题的过渡性办法。

由于国家已经启动事业单位养老保险制度改革，制度设计的基本方向是建立“统、账结合”并与现行企业单位养老保险体制并轨的社会养老保障体系。在此背景下，国家教育行政部门应该积极推动民办学校教师和公办学校教师养老保险制度的并轨，防止在新的社会保障体系中民办学校和公办学校教师受到新的不公平对待。

第四，保障民办学校学生的合法权益。

建立学生是公共财政教育支出法定受益人的现代公共财政理念。以《义务教育法》、《民办教育促进法》的相关规定为依据，对义务教育阶段民办学校的学生提供基于学生人数的公共财政资助，解决目前普遍存在的制度性歧视问题。

对非义务教育阶段民办学校的学生提供体现非歧视性的、与政府财力相当的公共财政资助，确保受教育者的合法权益不因学校举办者不同而受到歧视。

建立多层次的国家“教育凭证”体系，保障流动人口子女享有平等的受教育权利。

第五，对中国民办教育的中长期发展战略作出慎重抉择。

转变目前公、民分离（分立）的传统“共同发展战略”，逐步形成公、民融合的现代“共同发展战略”，超越目前“公办”、“民办”的意识形态局限，建立符合社会主义市场经济体系、与现代政府公共治理结构相一致的现代公共教育体系。

第三节　民办教育发展的地区性差异分析①

引　言

改革开放以来，中国民办教育获得了快速发展，截至2007年年底，全国各级各类民办学校（教育机构）达9.52万所，在校生2583.50万人。② 这个数量尽管只占当年全国学校数的17.6%和学生数的10.3%，但在1996—2007年这12年间的增长幅度，还是远远超过同期公办学校的增长幅度（表4－3）。③

2002年年底《民办教育促进法》的出台和2004年《民办教育促进法实施条例》的颁布实施，为我国民办教育的发展建立了基本法律框架，民办教育进入了一个新的发展时期。

但是，从表4－3中我们也可以清楚地注意到，几乎所有类别的民办学校从2003年起增速都开始减小，意味着民间资金对民办教育的投资意愿减弱。其中，小学和初中学校数从2006年起已经连续两年减少，普通高中在2007年出现学校数和学生人数的同时减少，虽然职业中学在此期间还表现出较快增长，但增速也开始减小。这个现象为什么与《民办教育促进法》及《民办教育促进法实施条例》同步出现？两者之间存在什么关系？这个趋势是否已经形成？是否意味着我国民办教育的规模扩张已经达到了极限？这些都还有待于进一步观察。

事实上，中国民办教育正在面临自《民办教育促进法》颁布以来最为严峻的挑战：一方面是中央政府对民办教育的关注程度下降，另一方面，民办学校及其相关利益群体的合法权益却始终没有得到应有的尊重和保障，无论是在《民办教育促进法》出台以前还是出台以后，民办教育事实上都没有获得与公办教育同等的法律地位，《民办教育促进法》关于民办学校及其相关利益群体与公办学校及其相关利益群体之间平等法律地位的规定，在政府的政策实践中还远远没有得到认真的落实。④ 在《中华人民共和国民办教育促进法》颁布实施五周年之际，政府在推进城市义务教育免除学杂费的政策中还是再次将大部分义务教育阶段的民办学校排除在外，《民办教育促进法》和《义务教育法》

① 此部分系《国家中长期民办教育改革和发展研究》课题之《我国民办教育改革和发展的地区性差异分析与若干启示》调研组成果；调研负责人：吴华；执笔：吴华。

② 参见：《2007年全国教育事业发展统计公报》，http：//www.moe.edu.cn/edoas/website18/54/info1209972965475254.

③ 因1996年以前全国教育统计数据中没有民办教育的相关统计。我国民办教育从无到有，如果比较期间前推，则民办教育的增长幅度更是大大超过公办教育的增长幅度。

④ 民办教育的平等权利得不到保障的原因主要有三个方面：一是在政府决策部门和社会公众的意识中仍然没有形成民办教育和公办教育都是社会公共教育组成部分的正确观念，特别是政府的教育行政主管部门仍然把自己定位于公办教育的管理者而不是公共教育的管理者；二是在现存体制中形成的政策冲突等体制性障碍；三是民办教育及其利益群体与公办教育及其利益群体之间的利益冲突。

表 4-3　1996—2007 年我国民办教育发展统计

年份	幼儿园		小学		初中		普通高中		中等职业		普通高校	
	学校（所）	学生（万人）	学校（所）	学生（万人）	学校（所）	学生（万人）	学校（所）	学生（万人）	学校（所）	学生（万人）	学校（所）	学生（万人）
1996	24466	130.39	1453	46.32	1191	29.76	483	9.23	545	12.41	21	1.21
1997	24643	134.88	1806	52.23	1460	40.39	637	14.83	673	17.74	20	1.61
1998	30824	170.78	2504	72.76	1809	53.59	874	24.16	885	23.64	25	2.22
1999	37020	222.43	3264	97.69	2129	71.71	1177	36.32	937	26.75	37	4.02
2000	44317	284.26	4341	130.81	2730	99.14	1517	51.48	978	29.19	37	6.83
2001	44526	341.93	4846	181.84	3171	160.42	1849	74.51	999	35.67	89	14.04
2002	48400	400.52	5122	222.14	学校：5362		学生：305.91		1085	47.05	133	31.98
2003	55500	480.23	5676	274.93	3651	256.57	2679	141.37	1377	79.31	175	81
2004	62200	584.11	6047	328.32	4243	317.17	2953	184.73	1633	109.94	228	139.75
2005	68800	668.09	6242	388.94	4608	372.42	3175	226.78	2017	154.14	252	105.17
2006	75426	775.69	6161	412.09	4550	394.06	3246	247.72	2559	202.63	278	133.79
2007	77616	868.75	5798	448.79	4482	412.55	3101	245.96	2958	257.54	297	163.07
全国（1996）	187300	2666.33	64.6 万	13615	6.76 万	5047.95	13900	769.25	24100	1320.06	1032	302.11
全国（2007）	129100	2348.83	32.01 万	10564	5.94 万	5736.19	15681	2522.4	14832	1987.01	1908	1880.9
增幅 1（%）	217	566	299	869	276	1286	542	2565	443	1975	1314	13377
增幅 2（%）	-31.08	-11.92	-50.45	-22.41	-12.14	13.63	12.81	227.9	-38.46	50.52	84.88	522.59

资料来源：教育部历年《全国教育事业发展统计公报》；《2002 年中国民办教育绿皮书》（上海教育出版社，2003 年 4 月）。

注：1. 增幅的计算公式是［（2007 年数据 - 1996 年数据）÷1996 年数据］×100%；2. 2002 年统计数据没有区分初、高中；3. 2004 年的民办高校在校学生数中含独立学院学生数；4. 增幅 1 为民办教育，增幅 2 为全国总数。

的相关法律规定形同虚设，民办学校及其相关利益群体的合法权益又一次受到严重损害。[①]

与此同时，引起我们注意的另一种现象是，与《民办教育促进法》出台以后中央政府对民办教育的消极立场形成鲜明对照的是，以 2004 年 12 月 2 日《陕西民办教育促进条例》的出台为标志，各地纷纷出台支持当地民办教育发展的地方性法规及其他政策文件，一些在《民办教育促进法》及《民办教育促进法实施条例》中被回避或暂时难以在国家层面解决的问题，在地方的政策实践中正在进行积极的探索并取得很好的效果，一个以地方政府主导的民办教育发展新模式已经逐渐清晰起来。[②]

显而易见，在国家制定中长期教育改革与发展规划之际，对民办教育的战略地位、发展模式、成功经验等作出客观准确的判断并在此基础上制定正确的决策是至关重要的，而通过民办教育区域发展比较来形成这种认识具有方法论上的合理性。[③]

本次调研以中央政府和各地政府的政策文件为主要的分析对象。由于网络和信息技术的发展，加上目前政府对信息公开的倡导，这方面的资料基本可以通过各级政府的官方网站获取。与此同时，在中国民办教育协会的联络和支持下，我们对其中一些省份的政府官员、当地民办教育协会负责人和民办学校的举办者与办学者开展了深度访谈，通过与前述文献分析相互对照，可以基本保证访谈的质量和文献分析的深度，为本专题研究活动的深入展开提供了重要的基础。

非均衡性是民办教育发展区域比较中可以观察到的一个显著特征，但以往对民办教育区域特征的描述受困于数据获取的难度，一般仅限于在省级区域（空间）尺度的讨论，使得一些只有在更小尺度上才能发现的民办教育区域发展特征被忽视，在我们这次调研中虽然也没有获得市、县水平的统计数据，但通过结合典型案例把空间尺度进一步缩小到市、县两级进行了更深入的分析。

我国民办教育经过近 30 年的发展，我们可以观察到，在一些地区形成了具有地

---

① 2008 年 8 月 12 日，在《国务院关于做好免除城市义务教育阶段学生学杂费工作的通知》（国发［2008］25 号）中将享受财政补助的学生限制在公办学校和受政府委托的民办学校之内，而义务教育阶段的民办学校大部分是没有受政府委托的，他们实施的也是合法的义务教育，由此可见这个《通知》中的相关规定并不符合《义务教育法》和《民办教育促进法》的相关规定。

② 在各地的地方立法和颁布的公共政策中，对于困扰民办教育健康发展的教师身份问题、税收问题、合理回报问题和资产归属问题等都提出了创造性的解决办法。

③ 民办教育在中国教育与社会发展中已经发挥着不可或缺的重要作用，截至 2007 年年底，义务教育阶段的民办学校容纳了学生 861 万人；为劳动力市场提供了 300 万个教职工就业岗位和分流了高中及其以上学生 800 万人，总计相当于提供了 1100 万个就业岗位，如果按提供一个城市就业岗位需投资 10 万元计算，相当于增加社会就业投资 1.1 万亿元，或减少失业率 4% 以上；2006 年以来，民办学校每年吸纳的学杂费在 1000 亿元以上，按 2006 年财政性教育经费占当年教育总经费 65% 测算，相当于增加年度公共教育经费 600 亿元以上。2002—2007 年，民办教育吸纳的学杂费（不计资本性投资）总额超过 3000 亿元，相当于增加公共教育经费总额 1500 亿元以上，而同期各级政府公共财政在“西部两基攻坚计划”、“农村寄宿制学校建设工程”、“农村中小学远程教育工程”、“农村义务教育经费保障新机制”等教育类重大社会发展项目的投资总额还没有超过 1000 亿元。中国各地民办教育发展极不平衡，表现为发展阶段不同步和发展特征具有地方特色，为开展区域发展比较研究提供了不可多得的实践样本。

域特色的民办教育发展现象，包括制度环境、产业结构、发展模式等多个重要的方面。在不同的空间尺度上，区域之间的这种发展差异具有不同的含义。

一、省级区域民办教育的发展特征

阎凤桥在《民办教育规模在同级教育中所占比例的影响因素分析》① 一文中，利用2002年的统计数据（表4－4，表4－5，表4－6）对民办教育在省级尺度上的与公办教育之间的比例关系及其影响因素进行了细致的统计分析，结果得出结论："中国民办教育区域发展采取的是一种资源主导性或经济主导性模式，与国外私立教育研究中提出的文化主导模式和政策主导模式有一定的差别"。②

表4－4　2002年全国各省民办教育机构（所）

省（市、自治区）	幼儿园	小　学	普通中学	职业中学	民办高等教育机构			总　计
					高等学校	其他高等教育机构		
						计	学历文凭考试机构	
低收入省（市、自治区）								
贵州	544	405	208	29	1	3	—	1189
甘肃	433	44	44	3	1	25	30	549
广西	1574	353	262	61	1	4	—	2254
陕西	658	233	182	71	10	57	—	1201
江西	2763	109	257	55	4	37	29	3221
云南	789	31	66	7	2	4	4	897
四川	5833	728	137	36	4	33	20	6767
宁夏	44	7	18	1	1	1	—	70
安徽	1146	222	253	61	7	6	—	1688
山西	628	117	311	23	1	47	3	1126
西藏	14	6	7	1	—	—	—	28
青海	103	9	13	—	—	1	1	126

① 《北大教育经济研究》电子季刊. 2004（2）.

② 我们的调研因无法从教育部获取2002年以后民办教育的分省统计数据，只能以此为基础并结合对典型省份的近期数据进行分析推断。

续表

省（市、自治区）	幼儿园	小　学	普通中学	职业中学	民办高等教育机构			总　计
					高等学校	其他高等教育机构		
						计	学历文凭考试机构	
中下收入省（市、自治区）								
重庆	1876	357	131	48	4	13	3	2425
河南	902	444	460	29	5	70	21	1905
湖南	950	245	275	139	2	51	12	1660
内蒙古	491	100	137	6	1	57	5	791
吉林	1688	28	57	8	3	22	8	1803
海南	461	78	61	14	2	2	2	616
中上收入省（市、自治区）								
湖北	952	116	153	13	9	14	—	1248
新疆	226	34	43	2	—	—	—	305
河北	373	378	461	71	7	75	25	1358
黑龙江	1511	47	133	4	3	55	11	1750
山东	1671	114	363	37	11	109	45	2294
高收入省（市、自治区）								
辽宁	3064	24	110	77	5	30	30	3305
福建	2183	79	112	32	8	6	6	2412
江苏	2313	72	253	18	11	41	16	2697
广东	5372	556	259	57	10	48	38	6292
浙江	9173	130	282	144	6	37	36	9766
天津	206	10	52	18	1	47	—	333
北京	227	8	74	18	3	86	27	413
上海	197	38	188	2	10	222	21	647
合计	48365	5122	5362	1085	133	1202	393	61136

注：该表结构设计不尽合理，总计数据不含右起第 2、第 4 两列数据，原表如此，未作改动。下同。

表 4－5　2002 年全国各省民办教育规模（万人）

省（市、自治区）	幼儿园	小　学	普通中学	职业中学	民办高等教育机构			总　计
					高等学校	其他高等教育机构		
						计	学历文凭考试机构	
低收入省（市、自治区）								
贵州	6.44	13.81	5.88	0.45	0.004	0.11	—	26.69
甘肃	3.80	0.40	1.33	0.08	0.06	1.06	0.13	6.67
广西	11.81	13.58	13.53	2.34	0.22	0.09	—	41.35
陕西	6.29	7.77	9.57	4.04	3.02	17.17	7.13	44.85
江西	17.46	3.27	12.32	3.27	1.00	6.69	1.88	43.01
云南	7.58	1.52	1.79	1.30	0.07	0.16	0.08	12.34
四川	42.76	17.34	5.80	2.73	0.32	1.72	0.38	70.35
宁夏	0.63	0.23	0.51	0.01	0.05	0.05	—	1.38
安徽	9.82	9.81	16.19	3.27	1.05	0.50	—	39.60
山西	5.77	5.68	15.04	0.56	0.08	2.09	0.34	29.14
西藏	0.25	0.28	0.19	—	—	—	—	0.73
青海	0.93	0.49	0.14	—	—	0.11	—	1.67
中下收入省（市、自治区）								
重庆	13.30	6.65	4.31	1.74	0.11	2.05	0.02	28.05
河南	12.95	14.83	22.85	2.49	1.27	8.73	1.22	61.85
湖南	8.94	6.06	18.23	5.17	1.28	3.41	1.57	41.81
内蒙古	4.05	4.77	5.71	0.13	0.12	1.84	0.74	16.50
吉林	8.31	1.28	3.93	0.25	0.36	1.23	0.34	15.01
海南	4.26	4.69	2.18	0.19	0.03	0.05	—	11.37
中上收入省（市、自治区）								
湖北	8.62	6.32	5.20	0.26	3.40	0.49	—	20.89
新疆	2.70	1.84	1.82	0.05	—	—	—	6.41
河北	4.69	15.77	30.03	1.91	0.25	7.54	1.78	59.94
黑龙江	8.22	1.81	9.44	0.10	0.47	2.46	0.28	22.03
山东	13.95	7.11	30.81	2.14	2.65	7.33	2.62	61.33

续表

省 （市、自治区）	幼儿园	小　学	普通中学	职业中学	民办高等教育机构			总　计
					高等学校	其他高等教育机构		
						计	学历文凭考试机构	
高收入省（市、自治区）								
辽宁	15.90	1.18	6.60	1.65	0.88	2.86	1.00	28.18
福建	14.18	3.66	5.82	1.13	1.17	0.55	0.55	25.33
江苏	24.73	5.89	22.47	0.33	3.59	2.96	0.76	56.38
广东	65.08	49.45	14.62	2.92	2.51	3.38	1.29	135.45
浙江	70.04	10.43	21.58	7.30	3.82	2.48	1.95	111.83
天津	1.76	0.30	2.70	0.74	0.18	2.58	0.04	8.08
北京	2.35	0.43	2.81	0.37	1.36	26.71	4.19	32.68
上海	2.96	5.47	12.50	0.14	2.67	34.00	2.83	55.07
合计	400.52	222.14	305.91	47.05	31.98	140.35	31.12	1115.9

表 4－6　2002 年各省各级民办教育规模在同级教育规模中所占的比例（%）

省（市、自治区）	小　学	中　学	高　校	全　体
低收入省（市、自治区）				
贵州	2.85	2.69	0.49	2.73
甘肃	0.12	0.78	4.69	0.58
广西	2.66	4.75	0.86	3.38
陕西	1.79	4.28	32.71	5.99
江西	0.82	4.88	18.78	3.76
云南	0.34	1.25	0.86	0.68
四川	2.23	1.68	2.65	2.07
宁夏	0.35	1.27	0.76	0.70
安徽	1.43	4.15	3.09	2.55
山西	1.62	5.77	5.95	3.62
西藏	0.88	1.88	0.00	1.08
青海	0.97	0.48	2.73	0.88

续表

省（市、自治区）	小　学	中　学	高　校	全　体
中下收入省（市、自治区）				
重庆	2.38	3.32	6.71	3.01
河南	1.34	3.10	13.84	2.58
湖南	1.14	4.50	6.51	3.18
内蒙古	2.60	3.24	9.16	3.46
吉林	0.63	2.38	3.80	1.76
海南	4.59	4.53	1.39	4.46
中上收入省（市、自治区）				
湖北	1.09	1.19	4.30	1.39
新疆	0.78	1.25	0.00	0.90
河北	2.34	5.38	10.14	4.26
黑龙江	0.74	3.37	5.78	2.52
山东	1.07	4.29	11.08	3.46
高收入省（市、自治区）				
辽宁	0.39	3.01	5.74	2.19
福建	1.08	2.49	6.08	1.99
江苏	0.93	4.21	6.37	2.81
广东	5.05	3.03	7.79	4.54
浙江	3.03	8.59	9.41	6.37
天津	0.48	4.42	9.16	3.83
北京	0.72	3.29	37.16	15.49
上海	8.05	11.16	72.98	24.89
平均值 （标准差） [相对差异系数]	1.76 (1.67) [0.95]	3.57 (2.22) [0.62]	9.71 (14.5) [1.49]	3.91 (4.74) [1.21]

由于缺乏2007年全国民办教育分省统计数据，我们无法对阎凤桥利用2002年统计数据分析得出的“人均GDP是影响民办教育规模比例最重要因素”的结论进行检验，但这个结论在民办高等教育领域如果用2007年的数据检验则需要修正。

图4－7显示：各省的人均GDP排名与本省以高等学校数表征的民办教育规模之间不存在明确的联系。

表 4－7　全国民办高等教育地域分布①

省（市、自治区）	独立学院（所）	民办高校（所）
1. 北京	5	10
2. 天津	10	1
3. 河北	18	14
4. 山西	8	6
5. 内蒙古	2	5
6. 辽宁	23	10
7. 吉林	11	4
8. 黑龙江	9	7
9. 上海	5	16
10. 江苏	26	21
11. 浙江	22	11
12. 安徽	11	13
13. 福建	9	23
14. 江西	13	10
15. 山东	12	24
16. 河南	10	10
17. 湖北	31	11
18. 湖南	15	13
19. 广东	17	28
20. 广西	9	9
21. 海南	1	3
22. 重庆	7	6
23. 四川	12	9
24. 贵州	8	1
25. 云南	7	7
26. 陕西	12	17
27. 甘肃	5	1

① 规范意义上的民办高等教育还应该包含国家教育事业统计中的“民办其他高等教育机构”，比如专修学院等，但由于缺乏分省数据来源，同时其实际规模自 2003 年的（1104 所，100.40 万人）以来持续下降至 2007 年的（906 所，87.34 万人），故在本项分析中暂不考虑。

续表

省（市、自治区）	独立学院（所）	民办高校（所）
28. 宁夏	2	2
29. 青海	1	0
30. 新疆	5	3
总计：独立学院326所，其中30所以上1省（湖北/31）；20—29所3省（辽宁/23；江苏/26；浙江/22）；10—19所11省（市）；1—9所15省（市、自治区）； 总计：民办高校295所，其中20所以上4省（江苏/21；福建/23；山东/24；广东/28）；10—19所11省（市）；1—9所14省（市、自治区）。		

资料来源：独立学院名单，2008年5月更新，http：//www. moe. gov. cn/edoas/website18/67/info7067. htm. 民办高校，2007年5月18日，http：//www. eol. cn/gao _ xiao _ ji _ he _ 3000/20060712/t20060712 _188072. shtml.

表4-8　2007年各省人均GDP排名与民办高等教育学校数排名

省（市、自治区）	人均GDP排名	独立学院排名	民办普通高校排名	民办高校总排名
贵州	31	8/19	1/27	9/24
甘肃	29	5/23	1/27	6/27
广西	28	9/16	9/16	18/16
陕西	21	12/9	17/5	29/9
江西	24	13/8	10/12	23/12
云南	30	7/21	7/18	14/19
四川	25	12/9	9/16	19/15
宁夏	23	2/27	2/26	4/28
安徽	27	11/12	13/8	24/11
山西	15	8/19	6/20	14/19
西藏	26	0/31	0/30	0/31
青海	22	1/29	0/30	1/30
重庆	18	7/21	6/20	13/22
河南	16	10/13	10/12	20/14
湖南	20	15/7	13/8	28/10
内蒙古	8	2/27	5/22	7/26
吉林	13	10/13	4/23	14/19
海南	19	1/29	3/24	4/28
湖北	17	31/1	11/10	42/3

续表

省（市、自治区）	人均GDP排名	独立学院排名	民办普通高校排名	民办高校总排名
新疆	14	5/23	3/24	8/25
河北	11	18/5	14/7	32/7
黑龙江	12	9/16	7/18	16/17
山东	7	12/9	24/2	36/4
辽宁	9	23/3	10/12	33/5
福建	10	9/16	23/3	32/7
江苏	5	26/2	21/4	47/1
广东	6	17/6	28/1	45/2
浙江	4	22/4	11/10	33/5
天津	3	10/13	1/27	11/23
北京	2	5/23	10/12	15/18
上海	1	5/23	16/6	21/13

从表4－8可以清楚地看到，2007年那些民办高等学校数量排名靠前的省份既有GDP排名靠前的，也有GDP排名靠后的，表明在省级尺度上的区域民办高等学校发展规模与该省的人均GDP没有相关性；所有民办高等学校数量排名靠前的省份的共同特征都是人口大省，而所有民办高等学校数量排名靠后的省份的共同特征都是人口小省，这意味着决定当地民办高等学校数量发展的首要因素是本地未能被公办高等学校满足的高等教育需求，当这种需求与当地政府对民办高等教育的扶持政策结合时就成为推动当地民办高等教育发展的强劲动力。① 这个判断在安徽、四川、江西、陕西、湖南、湖北等人均GDP排名靠后，而民办高等学校数量却排名靠前省份的数据中得到有力的支持。

学前教育是目前在全国层面上民办教育学校数量唯一超过公办教育的领域。2007年，全国幼儿园总数为12.91万所，其中民办幼儿园总数为77616所，占全国幼儿园总数的60%；全国幼儿园在园儿童总数为2348.83万人，其中民办幼儿园在园儿童总数为868.75万人，占全国幼儿园在园儿童总数的37%。在省级尺度上，浙江（8181所，91.74万人；79%，62.1%）、广东（6941所，104.23万人；65.35%，47.53%）、江苏（4772所，67.5万人；73%，49%）、江西（4110所，32.51万人；70%，45.36%）、河南（3392所，48.9万人；70%，32%）等地的民办学前教育规模都超过了全国平均水平，其中浙江省在幼儿园数和在园幼儿数上都超过了本省公办学前教育的规模。

① 这个判断的一个重要制度背景是，在我们目前的高等教育管理体制中，由教育部统筹协调平衡的各省高等学校招生计划中，外省来本省招生人数都在本省招生总人数的30%以下。因此，本省高中毕业生的高等教育入学机会主要还是由本省高等学校提供。

在义务教育阶段，受分省统计数据限制，目前还没有发现可以辨别的省级尺度上的民办教育发展模式。只有广东省在小学数据上大大高于全国平均水平（民办小学 859 所，占广东省小学总数的 4.19%，在校生 119.91 万人，占广东省小学生总数的 11.35%），但其初中数据与全国水平比较在学生数方面没有明显差异（民办普通初中 559 所，占广东省普通初中总数的 16.8%，在校生 38.53 万人，占广东省普通初中生总数的 8.1%；2007 年民办小学占全国小学学校数的 1.8%、民办小学在校生占全国小学在校生的 4.2%、民办初中占全国初中学校数的 7.5%、民办初中在校生占全国初中在校生的 7.2%），至于学校数高出全国水平一倍以上的现象，如果结合小学数据分析，是否可以理解为当地为解决流动人口子女入学问题而导致大量民办学校的出现，由于缺乏更具体的统计资料，还不能作出准确判断。

在高中教育阶段（普通高中和职业高中），我们还没有发现在省级尺度上民办教育存在明显的区域发展差异。

在以往的讨论中，北京、天津、上海等地在“深化办学体制改革试验”中通过“国有民办”学校发展当地民办教育的政策设计曾经引起广泛的关注和争议，但随着教育部三令五申严厉限制此种办学类型的发展，各地义务教育阶段的“国有民办”学校已经渐趋式微。

总体而言，在省级尺度上民办教育的区域发展特征只在政府规制相对比较宽松的学前教育和高等教育领域有所表现，前者表现为在数量上超过公办教育，而后者则表现为在人们通常认为严重依赖于当地经济发展水平（以人均 GDP 为标志），因而更应该在发达地区得到发展的民办高等教育恰恰在那些人均 GDP 较低的省份得到蓬勃发展。

二、市（地）民办教育的发展特征

在省级行政区内，民办教育发展在市（地）尺度上形成了鲜明的区域积聚现象。

以浙江省为例，杭州、宁波、温州、台州四个市（地）集中了浙江省从小学到高中大部分民办教育资源，四地民办小学共 160 所，占全省民办小学总数的 75.5%，民办小学在校生 202143 人，占全省民办小学在校生总数的 72.3%；民办中学共 234 所，占全省民办中学总数的 67.4%，民办中学在校生 226463 人，占全省民办中学在校生总数的 60.8%。

表 4-9 2007 年浙江省民办学校地区分布

单位：所，人，%

地区	小学				初中		高中	
	学校	比例	学生	比例	学生	比例	学生	比例
浙江省	212	4.4	279587	8.3	181882	10.1	190820	21.9
杭州市	24	5.5	50619	11.1	26665	11.2	19040	15.5
宁波市	82	13.2	89340	18.9	31813	13.7	23004	22.4
温州市	31	3.3	30614	5.3	23696	7.2	56855	36.9
嘉兴市	3	1.2	10707	4.3	15594	10.5	13908	21.3
湖州市	14	7.6	17330	9.7	8322	8.3	11965	24.2
绍兴市	15	2.8	15934	5.0	9975	5.8	18045	17.6
金华市	12	2.2	17192	5.2	8768	4.9	18176	20.7
衢州市	3	1.2	1599	1.0	12683	14.1	5953	14.1
舟山市	3	4.8	5193	10.7	4107	15.6	4585	27.1
台州市	23	3.4	31570	7.8	29542	15.1	15848	17.2
丽水市	12	3.8	9489	5.7	10717	12.9	3441	9.9

资料来源：根据《浙江省教育事业统计资料 2007 年》整理。因中学存在完全中学和九年一贯制学校等，难以明确区分初、高中，故省略相关数据。

民办教育在市（地）尺度上的积聚现象在河南省的统计数据中得到进一步验证。2007 年，河南省有民办小学 797 所，在校学生 409085 人；民办初中 501 所，在校学生 361373 人；其中，民办小学在校学生人数最多的前六个地区（周口市、商丘市、濮阳市、驻马店市、平顶山市、南阳市）有民办小学 434 所，占全省民办小学总数的 54.5%，民办小学在校生 217797 万人，占全省民办小学在校学生总数的 53.2%；民办初中在校学生人数最多的前六个地区（周口市、郑州市、商丘市、濮阳市、开封市、新乡市）有民办初中 229 所，占全省民办初中学校总数的 45.7%，民办初中在校生 203485 万人，占全省民办初中在校生总数的 56.3%。

表 4－10　2007 年河南省民办学校地区分布

地　区	初中校数总计	其中：民办	民办所占比例（%）	小学校数总计	其中：民办	民办所占比例（%）	初中人数总计	其中：民办	民办所占比例（%）	小学人数总计	其中：民办	民办所占比例（%）
河南省	5090	501	9.84	31410	797	2.54	5406380	361373	6.68	9970930	409085	4.10
驻马店市	292	15	5.14	2523	71	2.81	454890	12901	2.84	988385	32877	3.33
周口市	474	68	14.35	3698	118	3.19	620185	60623	9.77	1347394	62695	4.65
郑州市	273	29	10.62	1007	30	2.98	316284	37526	11.86	492102	23687	4.81
许昌市	237	46	19.41	1289	45	3.49	234458	20199	8.62	367391	18990	5.17
信阳市	259	21	8.11	2231	45	2.02	366491	22603	6.17	699402	20590	2.94
新乡市	397	43	10.83	1752	50	2.85	266696	22651	8.49	513429	30002	5.84
商丘市	359	39	10.86	2252	73	3.24	510112	33950	6.66	918131	39498	4.30
三门峡市	149	6	4.03	917	3	0.33	119915	2930	2.44	190013	3436	1.81
濮阳市	211	27	12.80	1360	72	5.29	262962	23816	9.06	381750	28555	7.48
平顶山市	265	26	9.81	1531	58	3.79	224551	9554	4.25	404284	17775	4.40
南阳市	424	33	7.78	3358	50	1.49	401243	15418	3.84	740344	24170	3.26
漯河市	109	2	1.83	535	3	0.56	119934	1315	1.10	205336	3514	1.71
洛阳市	365	21	5.75	2400	30	1.25	342467	8786	2.57	636662	11466	1.80
开封市	257	23	8.95	1538	17	1.11	235042	24919	10.60	445536	20325	4.56
焦作市	232	29	12.50	729	24	3.29	187604	15875	8.46	332875	20003	6.01
鹤壁市	87	14	16.09	478	15	3.14	85914	9919	11.55	162617	6883	4.23
安阳市	337	30	8.90	1668	46	2.76	253961	9669	3.81	448294	17767	3.96
永城市	82	11	13.41	524	21	4.01	98425	9715	9.87	155210	13060	8.41
项城市	65	4	6.15	388	2	0.52	75216	11104	14.76	142384	6340	4.45
济源市	38	1	2.63	122	0	0.00	32407	893	2.76	52136	861	1.65
固始县	53	5	9.43	404	19	4.70	81527	5314	6.52	148647	5232	3.52
巩义市	51	2	3.92	137	0	0.00	44171	472	1.07	53195	212	0.40
邓州市	74	6	8.11	569	5	0.88	71925	1221	1.70	145413	1147	0.79

资料来源：《河南省义务教育阶段民办中小学基本情况 2007》（内部资料）。

周口市的民办教育发展提供了河南民办教育发展市（地）尺度上区域积聚现象的典型案例。周口市位于河南省东南部，东临安徽省，面积11950平方公里，总人口1068万人。辖扶沟县、西华县、商水县、太康县、鹿邑县、郸城县、淮阳县、沈丘县、项城市、川汇区和开发区11个县市区。该市现有各级各类民办学校483所，在校生17.73万人，教师11562人，分别占河南省民办教育学校数、在校生人数和教师人数的17%、19%和16%。全市民办高中20所，在校生23803人；民办初中77所，在校生57554人；民办小学160所，在校生61381人；民办幼儿园211所，在园幼儿25838人；民办职业学校（含非学历职业学校）15所，在校生8747人。

周口被称为“河南民办教育第一城”，几年来创造了河南民办教育领域的众多第一，包括半年引资近10亿元的奇迹；在办学形式上几乎囊括了民办教育的所有形式，有境外办学、私人独资办学、企业集团办学、股份制办学等。

江苏省宿迁市提供了市（地）尺度上民办教育区域积聚现象的江苏省版本。位于苏北经济欠发达地区的宿迁市，近年来民办学校遍地开花，民办教育机构数量已占到全市教育总量的一半，较好地解决了当地老百姓子女渴望接受多种层次规格教育的难题。人们将当地民办教育蓬勃兴起的情景称之为“宿迁现象”。

几年前，宿迁市高中入学率不到50%，比全省平均水平低很多。如今，这一比例已提高到近90%，一跃而位居苏北第一，其中民办教育的蓬勃兴起发挥了关键作用。

“十五”期间，宿迁市民办教育投资14.2亿元，累计达到16亿元；全市民办教育机构有973所，在校生29.6万人，占在校生总数的26.5%。高中阶段民办学校占总数的63%；2005年全市高中阶段学校招生8.04万人，其中民办校招收4.18万人，占总数的52%。

2006年1月，总投资逾3亿元的江苏军星科技学院开始建设，至此，宿迁民办教育经过5年发展已涵盖了学前、初等、中等、高等教育各个层次。目前，全市有17所民办中职和213所民办职业技术培训学校，涉及服装、机电、化工、建筑、烹饪、电子、电信等20多个专业，每年向社会输送大批中等技术人才，进行劳动力转移培训约10万人次。①

2001年秋，时任宿迁市委书记的仇和确立四大产权制度改革，其中，大规模的教育改革引起全国关注。改革初期，宿迁的教育水平曾排在江苏省的末位。教育状况被描述为八个“不”字，即“总量不够，规模不大，经费不足，投入渠道不畅，机制不活，动力不强，质量不高，后劲不强”。2000年，尽管宿迁的教育经费投入达到4.54亿元，占财政收入的40.3%，但全市仅有幼儿园415所，幼儿入园率仅为55%；高中阶段学校55所，入学率仅为47.8%，比全省平均水平低22个百分点，受学校规模的限制，将

① 民办教育兴起惠及一方百姓［EB/OL］.(2006-04-28). http://jyj.suqian.gov.cn/news/jyjb32/2006-05/ufIp6U_1148870124.shtml.

近3万名初中毕业生难以走进高中校门。同时，仍有123万平方米危旧校舍无法按期改造，改造资金缺口3.8亿元，图书、仪器更难以添置。政府根本无力包办教育。

2000年5月，宿迁市政府出台了《关于鼓励社会力量兴办教育事业的意见》，制定了发展社会力量办学的一系列鼓励扶持政策。同年7月，市政府出台了《关于加快高中阶段教育发展的意见》，鼓励社会力量重点兴办高中阶段教育，并规定“在土地征用上，政府可以无偿提供，也可以按土地实际价值作为政府投入的股份”。2004年6月，市政府出台了《关于进一步加快民办教育发展的若干规定》，对民办教育制定了较为完善的优惠政策和奖励措施。2005年5月，市委、市政府召开了建市以来规模最大、规格最高的全市民办及职业教育工作会议。时任市委书记的仇和同志在会上强调，要像办公办教育那样大办民办教育，为全面推动民办教育的快速发展鼓足了底气。这次会议还出台了《关于进一步加快民办教育发展的补充规定》，对民办学校教师保险、财政投入等方面进一步进行了细化和明确。2006年2月，在总结以往办学经验基础上，市委、市政府制定下发了《关于进一步加快民办教育发展的意见》，为民办教育发展制定了更加优惠的扶持政策，创设了更加宽松的政策环境。

宿迁发展民办教育的经验是制定了较为完善的优惠政策。(1) 实行统一规划。各地把民办教育发展纳入本地区经济社会发展和教育发展规划。(2) 优惠土地使用。新建、扩建民办学校的用地应当符合土地利用总体规划，可根据投资者意愿采取出让或划拨方式优先供地。(3) 减免有关税费。民办学校享受与公办学校同等的税收及其他优惠政策。在民办学校建设中免收市权范围内的各项规费，并本着特事特办、急事急办的原则，简化学校建设的相关手续。(4) 市、县（区）财政设立民办教育发展基金。资助和奖励民办学校，如对创建成三星级以上普通高中、省重点职业中学、省合格职教中心、国家级重点职业中学和省示范幼儿园的民办学校，按等级给予20万—60万元的一次性奖励等。鼓励金融机构利用信贷手段支持民办教育发展。

在教师任用上给予强大的支持。(1) 民办学校达到一定规模和水平的，可以纳入事业编制的统计、宣传和管理。(2) 民办学校教师和民办非教育机构中具有高级技师职称的教职工，经批准，可自主选择参加事业养老保险或企业养老保险，公办学校改制为民办学校的原有在编教职工、本市范围内原公办学校在编教师应聘到民办学校任教的，保持其事业身份不变，原在公办学校期间的连续工龄，视同缴费年限。上述人员在该市民办学校连续工作，并从到民办学校任教之日起足额缴纳后续的事业养老保险费，退休时由人事部门核批退休待遇，享受公办教职工同等退休待遇。(3) 民办学校自主聘任符合任职条件的教职工，自主决定是否实行人事代理或人才派遣。(4) 支持公办教师在公办学校和民办学校之间有序流动。根据民办学校要求，教育行政部门可以选派教师到义务教育阶段的民办学校支教。被选派的教师身份岗位不变，时间为1—2年，期满后可回原单位，也可留下来工作。民办学校教师也可以参加公办学校的公开招聘，一经录用，工龄、教龄可连续计算。(5) 民办学校教职工与公办学校教职工具有同等的法律地位，在资格认定、职称评定、岗位聘用、业务培训、评选先进、教育科研、教龄和工龄计算、名师名校长津贴等方面，与公办学校教职工同等对待。

民办教育的发展，有效地扩大了全社会的教育投入，使教育资源总量迅速增加，各类教育的普及率快速提高。截至 2005 年年底，全市民资教育投入累计达到 16 亿元，举办民办中小学和幼儿园 973 所，占全市学校总数的 56.8%；在校生 29.7 万人，占全市在校生总数的 26.9%。其中，学前教育阶段共有民办幼儿园 822 所、在园幼儿 8.3 万人，分别占全市幼儿园的 99.2%、在园幼儿的 94.6%。全市 2—5 周岁幼儿入园率达到 83.5%，比 2000 年提高了 28.5 个百分点；义务教育阶段共新办民办小学 47 所、在校生 4.6 万人，分别占全市小学的 7.7%、在校生的 9.1%。新办民办初中 51 所、在校生 9.1 万人，分别占全市初中的 27.7%、在校生的 27.5%。"普九"成果得到进一步巩固提高。高中阶段共新办民办普通高中和中等职业学校 53 所，在校生 7.7 万人，分别占全市高中阶段学校的 63.1%、在校生的 41.6%。全市初中毕业生升学率达到 88.51%，比 2000 年提高了 40.7 个百分点，并首次位居苏北五市第一。①

这样的典型案例在浙江、广东、江西、湖南等地还可以举出很多，但由于缺乏更多省区的分市（地）统计资料，我们还无法在全国水平上检验一省范围内民办教育是否存在普遍的市（地）尺度上的区域积聚现象，相关结论还需要进一步观察。

三、县级尺度上民办教育的发展特征

我国基础教育特别是义务教育实行"以县为主，分级管理"的体制，县级政府及其政策设计与执行成为影响当地教育发展的关键因素，这个结论对民办教育也不例外。

浙江省长兴县、浙江省瑞安市等通过"教育券"促进当地民办教育发展取得良好效果，是县级政府利用制度创新实现自主发展的典型案例。②

浙江省诸暨市通过对民办学校提供基于学生人数的公共财政资助和为民办学校提供学校教师编制总数 1/3 的公办教师编制，有力地促进了当地民办教育发展，以至于在一

---

① 刘昭华：江苏省宿迁市制定"一保三放开"促进民办教育 [EB/OL].(2008-09-24). http://learning.sohu.com/20080924/n259719762.shtml.

② 中国大陆的"教育券"实践始于 2001 年的"长兴实验"。2001 年 7 月，长兴县教育局出台《长兴县教育局关于教育券使用办法的通知》，规定自 2001 年起凡就读民办学校的新生可获得一张面额为 500 元的教育券，报名就读职业类学校的新生可获得面额为 300 元的教育券，中国的"教育券"实践就此拉开序幕。2002 年 12 月，浙江省教育厅在长兴召开现场会，研讨教育券的理论、政策与操作问题，鼓励省内各地、县开展实验，并且第一个在全省范围内推广"教育券"制度，到 2003 年年底，全省已经有多个县市开展了多种形式的"教育券"实验，浙江省也从 2003 年开始在全省范围内对贫困家庭子女提供生活补助类型的"教育券"。[《浙江省教育厅、浙江省财政厅关于对经济困难家庭子女接受中小学教育实行免费入学的通知》（浙计教 [2003] 164 号）、《浙江省人民政府办公厅转发省教育厅省财政厅关于全省农村中小学"四项工程"实施办法的通知》（浙政办发 [2005] 39 号）] 与此同时，全国各地也开展了多种形式的"教育券"试验，但已经不限于促进民办教育发展的政策目标。吴华，薛兆丰，艾萨克．教育券的中国实践——现状、问题与前景 [J]．教育发展研究，2005(6)．

个县级市出现了3所6000人以上的民办学校，并且60%以上生源来自于诸暨市以外，成为浙江民办教育发展中的一个独特现象。[①]

这种在县级政府政策支持下促进本县民办教育发展的现象在浙江省的各个地区都有典型案例。

最近几年，河南省的相当一部分县，在当地政府的积极支持下，民办教育得到蓬勃发展，其中比较典型的案例有周口市、新密县、商丘市、方城县等。[②]

江苏宿迁泗阳的民办教育是江苏省民办教育县域发展现象的一个典型。[③] 泗阳县有学前教育机构114个，其中113个是民办性质，规模较大的幼儿园有50所。全县有省级优质幼儿园1所，市级优质幼儿园4所，乡镇中心幼儿园14所。根据县政府2007年教育发展规划，今年全县18个乡镇均要完成中心园建设任务，其中80%以上要达到省优质园标准。

泗阳县共有义务教育阶段民办学校11所，其中初中3所，小学8所，另有名校办民校的初中、小学各1所。这些学校办学条件过硬，教师素质好，教学质量高。

泗阳县现有民办普通高中4所，在校学生数已与公办学校持平，教学质量也非常显著。国家级示范中学、四星级学校泗阳中学引进江苏新华集团投资5500万元建立的高中新校区，在校生达7800人，初高中总生数达1.5万人，实现了品牌优势与资本优势相结合。致远中学总投入目前已达1.5亿元，校舍面积5万平方米，在校生总数达1.42万人，并高标准通过省三星级高中验收。致远中学办学品位高，教育质量好，得到上级领导的充分肯定和全县人民的高度认可。省、市、县主要领导多次莅临该校检查指导工作，2006年该校高考本科达线542人，其中2人被清华大学录取，1人被复旦大学录取，本科达线率、重点本科上线率居全市同类学校第一；2007年，该校高考本科达线897人，伏星源同学为宿迁市唯一一名保送生，本科达线率、重点本科上线率居全市同类学校第一。

经过近十年的发展，泗阳民办学校从无到有、由弱到强，蓬勃发展，在促进教育改革、减轻政府财政压力、稳定师资队伍、缓解就业压力、促进经济社会发展等方面取得了令人瞩目的成果。

在广东的一些地区，如深圳的宝安、龙岗，广州的天河以及东莞市等，民办教育在学校数和在校生规模方面都超过了公办教育。这些地区的一个共同特征是外来务工人口超过当地原户籍人口，公办学校无法解决流动人口子女的教育问题，于是民办教育应运

① 言宏. 诸暨民办教育共生共荣［EB/OL］.（2005－12－06）. http：//www.ep-china.net/content/news/c/20051206195154.htm.

② 案例资料主要根据褚清源在河南《教育时报》上发表的系列报道改写，http：//www.usors.cn/blog/chuqy/.

③ 泗阳县民办教育发展概况，http：//www.syjyj.org.cn/00_view.asp？id＝3451&da＝11&xiao＝5.

而生，在当地政府的积极倡导与支持下发展壮大起来。①

把省、市、县三个尺度上的民办教育区域发展现象联系起来分析，我们得出的基本结论是：

在省级尺度上，民办教育发展的基本特征是市场主导，是否存在没有被公办教育满足的教育需要，是决定当地民办教育发展的最终力量；

在市级尺度上，民办教育发展的基本特征是政策主导，只有当本地政府能够提供比周边地区更为优惠的民办教育政策环境时，才能对民间资金投资教育产生足够的吸引力，在此基础上才有可能产生民办教育发展的区域积聚现象；

在县级尺度上，民办教育发展的基本特征是学校主导，省级层面的市场力量、市级层面的政策力量，最终都只有借助于民办学校实现资源整合，使民办教育发展的潜可能性转化为现实。

所以，一个地区民办教育的现实发展是市场需要、政策支持、民办学校举办者与办学者以及学生家庭背景、当地文化传统等多种因素共同作用的结果，民办教育在不同地区呈现的发展差异正是对上述各种因素形成不同组合关系的反映。

于是，我们可以解释，为什么在公办教育相对发达的城市，与公办学校提供相似教育服务的民办学校通常难以生存，原因在于缺乏强劲的市场需求力量；为什么在近几年来大多数民办学校感到招生困难，办学成本增加，竞争日益激烈的宏观环境中，仍然有为数不少的民办学校事业快速发展，因为这些学校能够在获取足够的市场资源的条件下为社会提供了公办学校满足不了的教育需要。②

政府在促进民办教育发展时应该保持清醒的头脑，政府在很多问题上并不是无所不能的。政府一般没有办法直接影响社会对民办教育的需求，政府一般也没有办法直接影响民办学校的办学特色，也就是说，除非政府直接控制公办学校的发展规模，否则，政府对于增强民办学校的市场竞争力发挥不了什么作用。同时，政府在促进民办教育发展时又是可以有所作为的，政府如果坚定地执行《民办教育促进法》，切实保障民办学校的办学自主权，积极推行市场开放政策，对民办学校就会产生扩大市场空间的直接影响。政府如果进一步对民办学校提供直接的财政资助和广泛的政策优惠，就可以降低民办学校办学成本，也可以引导民办学校降低学费水平，从而在扩大市场空间和减轻资金压力两个方面帮助民办学校提高市场竞争力。

从理论上分析，市场需求、政策环境和资源约束是影响区域民办教育发展的三个关

① 内部资料，由张铁明专题组提供。另据东莞教育网登载的资料，至2007年年底，全市有幼儿园559所，其中公办幼儿园188所，经批准开办的民办幼儿园有371所；全市有小学369所，民办中小学有220所，其中，办学层次为小学的有117所，初级中学9所，九年一贯制学校82所，完全中学2所，高级中学2所，多层次学校8所。全市中小学非户籍学生有44.2万人，其中，在公办中小学借读的有11.9万人，占全市非户籍中小学生的26.9%，在民办学校就读的有32.3万人，占全市非户籍中小学生的73.1%。

② 浙江荣怀教育集团、浙江书生教育集团、江苏翔宇教育集团、广东信孚教育集团、河南江河教育集团等，都是这方面的典型案例。

键因素，但所有这些因素只有通过民办学校才能实现有效整合，这样我们就可以解释为什么在民办教育发展进入买方市场阶段以后，一个地区民办教育的发展总是与优质民办学校、与有远见的举办者和杰出的民办学校校长联系在一起的原因。

第四节　民办学校规范发展的制度设计①

一、中国民办教育发展迫切需要规范性的制度安排

要深刻理解加强民办教育规范管理，促进民办教育健康发展的重要性和必要性。

《民办教育促进法》及《民办教育促进法实施条例》都规定，民办教育事业和公办教育事业一样属于公益性事业，是社会主义教育事业的组成部分，承担着培养社会主义建设事业各类人才的重任。大力发展民办教育是经济社会发展的必然要求，是加快发展教育事业的客观需要和办学体制改革的重大突破，有利于缓解人民群众日益增长的教育需求与教育资源不足的矛盾，有利于向人民群众提供多样化的教育选择，提高全体社会成员的受教育水平。在新的形势下加强民办教育规范管理、促进民办教育健康发展，一个重要目的就是确保民办教育的公益性事业性质，确保民办教育的社会主义办学方向，确保民办学校全面贯彻国家的教育方针。因此，各级教育机关要始终坚定正确认识民办教育的地位和作用，各级各类民办学校要始终端正办学思想，全面学习理解、深入贯彻落实党和国家的有关决策部署和法律法规，正确把握形势变化发展的要求，始终保持清醒头脑，牢固树立“百年育人”的理念，为全面建设小康社会、基本实现社会主义现代化、构建和谐社会培养合格人才并提供智力支持，为实施科教兴国、人才强国战略作出应有贡献。

当前，加强民办教育规范管理、促进民办教育健康发展，从经济社会发展和教育现代化建设特别是民办教育面临的挑战来看，极具必要性和紧迫性。

（一）加强民办教育规范管理、促进民办教育健康发展，是坚持科学发展、促进社会和谐的需要

坚持科学发展、促进社会和谐，对民办教育发展提出了新的挑战。和谐社会下的和谐教育，是以人为本的教育，是与经济社会协调发展的教育，是教育本身的全面、协调、可持续发展，这必然要求更加重视满足人民群众对各级各类教育的需求，更加重视提高教育教学质量，更加重视提高教育管理水平和办学效益。这对民办教育的发展来说，既是机遇，也是挑战，必然要求各级各类民办学校把坚持科学发展、促进社会和谐

① 此部分系《国家中长期民办教育改革和发展研究》课题之《民办教育规范发展机制研究》调研组成果；调研负责人：张铁明；执笔：张铁明。

的要求和学校自身发展的实际结合起来，大力推进和谐校园建设，着力转变发展观念，自觉地把学校各项事业的发展全面转入科学发展的轨道，做到重视条件、强化保障，加强管理、提高质量，诚信办学、规范行为，实现可持续发展。

近年来，一些民办学校在招生、管理、教学等方面存在混乱现象和严重问题，有些地方甚至发生因学籍、学历、收费等问题而导致的学生群体性事件，给教育秩序和社会稳定造成严重的影响和冲击。这就警示我们，对民办教育中存在的不规范、不稳定、不和谐的问题，必须应引起各级教育机关和各级各类民办学校的高度重视，要切实依法规范管理，提高各项管理能力和水平，切实消除办学和管理中的不稳定因素，有效预防和化解发展中的不和谐事件，把一切积极性、创造性引导到促进学校科学发展、统筹发展、和谐发展上来。

（二）加强民办教育规范管理、促进民办教育健康发展，是营造公平竞争环境、推动民办教育与公办教育共同进步的需要

在我国，民办教育由于发展历史较短，与长期依靠公共资源发展起来的公办学校特别是那些享受公共资源倾斜投入的优质公办学校相比，在整体办学水平和质量上还存在较大差距。民办教育要想赢得竞争优势，需要一个较长期的过程，也需要有一个能公平地参与竞争的外部环境。加强民办教育规范管理、促进民办教育健康发展，从根本上说，就是要营造公平竞争环境，就是为民办教育加快发展寻求保障。舍此，没有别的捷径。这就需要各级各类民办学校既充分发挥体制机制优势，又自觉遵守法律法规和政策要求，加强内在素质锤炼，以实际行动赢得社会公众的认可。如果以为办教育可以急功近利，如果以为发展需要不择手段，那必将自毁前程，必将损害民办教育的整体形象，降低人们对整个民办教育的认可度，从而损害发展的大环境，最终“欲速则不达”。现实中，确实有一些民办学校急于从投入中求得最快最大的回报，有一些民办学校互相诋毁，有一些民办学校违背诚信原则办学，再加之一些媒体炒作，无疑会使本来社会认可程度还不太高的民办教育事业的形象进一步扭曲，不但严重影响当事学校自身的声誉和形象，更严重地影响整个民办教育事业的发展。因此，要规范与促进并举，引导和支持结合，形成维护各级各类民办学校利益的合力，推动民办教育与公办教育共同进步。

（三）加强民办教育规范管理、促进民办教育健康发展，是防范办学风险、实现民办学校事业可持续的需要

教育事业有其特殊性和内在规律，目前各级政府对民办教育监督管理方面的制度，也还不够健全、不够规范和完善，民办教育面临的风险不容忽视。风险的产生往往与法制观念的淡漠和侥幸心理的存在有着必然的因果关系。从诸如“南洋教育集团”这样号称“中国民办教育航母”的民办教育机构的连锁倒闭，到省内一些靠收取高额储备金的所谓“贵族学校”的破产，再到个别民办学校举办者抽逃学校资金办实业招致学校关门等案例，都充分说明，在法律体系尚不完备的时期，可能会存在利用政策空间抢得发展先机、获取不正当利益甚至于危害教师和受教育者利益的情况，但随着国家民主与法制建设的不断推进，尤其是《民办教育促进法》及《民办教育促进法实施条例》的不断深入贯彻，对民办学校来说，依法治校、规范办学才是规避和降低风险的最佳屏障。另外，在民办学校自身尚缺乏风险防范意识和抵御能力的情况下，政府的正确引导和有效管理，可以帮助民办学校克服办学上的盲目性、运行上的无序性、教学上的随意性，从而大大降低办学风险。为此，各级教育机关要加强民办教育规范管理，各级各类民办学校要保持对教育事业和人民群众高度负责的精神，不断增强防范风险的意识，积极主动配合政府部门特别是教育机关的规范管理，健全法人治理结构，确保学校各项事业健康有序发展。

（四）加强民办教育规范管理、促进民办教育健康发展，也是积极推进国家和各级政府有关法规不断完善、科学合法行政、转变职能、实现“服务政府”目标的需要

民办教育和公办教育一样属于公益性事业，是社会主义教育事业。发展民办教育也是政府的责任，办好民办教育也是政府的政绩。政府要把公办、民办教育统一规划。政府除加强宏观管理和指导外，还要及时发现民办学校办学中的问题并努力解决，增强服务意识，主动为民办学校排忧解难。

解决现实问题，迫切需要结合民办教育实际，积极制定相应的有中国特色、更具开放性的法规和政策措施，包括对民办教育在税收、土地使用、金融信贷、合理回报、举办权益、学校和教师的身份及其福利待遇、学生权益等方面的具有可操作性的优惠政策；以及制定对民办学校财产与财务管理、法律责任、管理与监督等方面减除风险的法律法规等。政府应该通过积极规制、规范，加强专家的引导，使民办教育真正做到有法可依，快发展少风险，以吸引更多的社会资金投入办教育。

同时，各级政府如何科学合法行政，理顺管理关系，完善管理体制，实现“服务政府”职能；建立健全各级各类民办学校的直接管理机构，配备人员编制，建立起县级以上政府教育行政部门对辖区内民办学校的属地管理制度，加强对民办办学行为的规范管理，避免民办学校之间的恶性竞争；规范各级各类民办学校的准入条件，积极研究制定我国民办学校设置标准，严格执行准入审批制度，提升民办学校整体水平；加强招生和收费行为的规范，切实规范招生行为，招生简章和广告须报审批机关备案，惩处虚假欺骗行为；规范民办学校学费收取行为，加大查处惩治力度；建立必要适度的年检制度，建立民办学校的教学工作、教育质量评估考核体系、财务监督审计体系、各类各级学校办学的合格评价体系三大监督体系，加强对民办学校的审核和评估；建立年度检查的信息发布制度等。

而且，民办教育是直接连接国际教育发展动脉的板块。加入 WTO 过渡期完结后，大量的国外教育资本涌入我国，其首先青睐的就是民办教育。我国“教育服务贸易”

的制度安排压力在增大。面对今后的国际教育深层合作，不仅充满着无限机遇，也面临着巨大的挑战，毫无疑问将对大陆的民办教育具有特殊意义。但这些都还是空白。如何有力促进民办教育规范发展，政府应大有作为。

二、中国民办教育规范发展的主要问题

我国民办教育发展已经有相当规模，但存在的非规范问题也不少。直面现实问题是解决问题的前提。

（一）国家制度层面

《民办教育促进法》缺乏法律程序上的操作性，法律条款中诸多重大问题没能解决或与前后法规矛盾，政府部门法律理解不一，出台政策不配套，或不一致、不规范。

（二）政府行政的角度

存在着“促进”导向不明，扶持不到位；观念错位，认识偏差大；管理缺位，政策没到位；法治水平偏低；体制性排挤；公校“争食”缺乏规范等问题。

国家的制度安排建构起的教育运行的社会框架，是民办教育最基本的核心社会机制。现实中，民办教育发展中大量的不规范行为，其根子其实就在于国家的制度和政府政策的非规范安排。因此，要规范的首先就是国家制度与政府行为。不正视这一点，就只能隔靴抓痒，而不可能从根本上去解决民办教育发展的问题。

（三）民办教育本身的发展现状

规模尚小，水平不高，门槛较低，鱼龙混杂，非良性竞争倾向明显，学校举办权的交易频繁，公益观念不强，体制形式欠规范，师资稳定性差，办学自主权有待完善，现代学校制度建设不力，知识资本介入不足。

（四）民办教育发展的内部机制

主要存在资产与财务管理制度不规范，民办学校的办学风险难以监控问题；民办学校的法人治理结构不健全，出资人与学校法人及其管理机构权责不很清晰，内部管理机制不完善问题；教师和受教育者的权益得不到切实保障，影响了民办学校的稳定问题；民办学校教育品牌意识不强，部分办学水平差、依法治校意识淡薄，损害整个行业形象问题；教育集团的法律地位及其规范问题；民办学校党组织的设立、地位和管理规范问题等。

（五）民办教育发展的政策比较

虽然《民办教育促进法》和《民办教育促进法实施条例》已经实行5年了，但对民办教育的具体扶持政策事实上还没有落实到位。一是国家立法与执法脱节；二是发达省份的民办教育地方立法进程（如，粤、浙）反而落后于其他省份等；三是上层落后于基层；四是管理落后于发展；五是部门利益及体制强力牵制阻滞了实践；六是官方滞后于民间。

（六）民办教育发展的要素

在民办学校法人机构和教师身份性质、征地、基建、税收、贷款及教师与学生社会待遇等方面，以及奖励、合理回报、举办权归属等方面的政策扶持还不够明确、不够统一，甚至有着强势的体制歧视；有些地方甚至把向民办学校收税作为重要税源，在政策上还没能最大限度地调动社会力量投资办教育的积极性，致使大量社会资金还处于观望状态。

（七）民办教育发展的环境

有民办教育行业组织的地位、作用和到位的行业自律与管理机制问题；专家机构的服务和指导缺位问题；新闻媒体偏见与引导错位问题等。

也因为以上诸多问题，致使今天的民办教育还是一个有多方面社会风险的不够规范的公益事业。对此视而不见、不研究或这方面的法律不赶快跟上的话，今后出现的问题会更多、更严重。而出现这些问题时产生的责任，最后都要由政府承担。

三、关于民办学校规范发展的政策建议

要实现小康及基本现代化、落实科学发展观、建设和谐社会，面临着各种压力和巨大的挑战。但是也有着天时、地利、人和等良好条件。如，经过改革开放三十年，党中央带头解放思想，国家综合经济实力增强，社会资金较厚实，国民观念开放，社会市场化程度逐步提高，社会法制程度进一步完善，教育市场发育良好，需求量大，有着巨大的举办教育的民间资金和积极性。

如何快速发展中国教育？这是继续解放思想要破解的难题。发展教育不是没有钱，而是没有有力促进教育发展规范的“硬”政策；大力发展民办教育不是一时之举措，而是建设和谐社会、提升现代化水平的重要战略。没有这种认识，民办教育不可能发展提升，教育现代化也不可能更快到来。可以说，长期以来或让民办教育自生自灭，或存在着严重的“体制性歧视”而管、卡、压，在教育上缺乏两条腿走路的发展战略眼光，就是阻滞我国教育整体良好发展的大障碍！

民办学校曾帮了政府的忙。据国家有关部门公布的数据，在我国的罪犯中70%是青少年，其中又有近70%是应该在学校读书而没有在校的人，即在册罪犯中约有一半是应该在学校读书却已经失学的人。中央综治委的调查表明，有近一半的青少年罪犯没有完成九年义务教育。统计数字表明，20世纪80年代末以来，广州未成年人犯罪大幅上升，青少年犯罪率已超过全国平均水平。其中辍学生和流失生是犯罪主体，犯罪年龄低龄化。而在校生与闲散未成年人犯罪形势十分严峻，分别占34%和66%，而闲散未成年人违法犯罪明显多于非闲散未成年人。这些闲散未成年人绝大部分是辍学生和流失生，游离于学校之外，多数有学业失败的经历。其中，闲散未成年人大部分是外来务工人员子女。而我国仅刑罚执行过程而言，政府每年就需为每一个狱中罪犯的改造拨款一万元。比任何一个学生占有的财政经费都还要昂贵得多！可见教育落后了就一定要付出巨大而惨痛的经济和社会代价；也证明多建一所学校总比多建一所监狱强千万倍！民办教育是减轻政府财政负担，保障社会更加和谐、稳定大问题的不可缺少的社会机制和机构。不这样衡量民办教育的价值，就不可能有好的促进政策。只有从这一根本的、具本质意义的认识基点出发，才能从法律政策上统一把握，即既从根本的法制环境、政务环境上寻求最合理的解决办法和对策，又从市场环境、社会环境和舆论环境上清除障碍，以全面培育出社会主义的和谐教育。

（一）真正解放思想，建立为全民服务的公共教育财政制度，切实保障民办学校应有的“同等法律地位”，与公办学校一视同仁，公共资源积极扶持民办教育发展应该制度化。这是民办教育规范发展不可缺少的政治社会环境、舆论环境和激励机制保障

要把“民办教育事业属于公益性事业，是社会主义教育事业的组成部分”法理真正落到实处。从改变城乡严格分割、以“公”排斥“非公”的非国民化理念的“公办的”教育财政制度这一顽症中入手，政府不能只是“公办”的政府，教育局不能仅仅是“公办”的教育局！在确立国民的教育财政制度前提下，准确把握《民办教育促进法》的“促进”核心宗旨，以“促进”作为“规范”的发展指向。

第一，要将民办教育事业纳入国民经济和社会发展总体规划。全面清除歧视民办教育的法律法规条款和政策措施，加大民办教育有序规范快速发展步伐，要切实保障民办学校应有的“同等法律地位”，与公办学校一视同仁。

第二，破除片面教条的“国有资产流失”观念，政府手里的公共资源应积极扶持民办学校的发展并制度化。

第三，县级以上人民政府设立的民办教育发展专项资金，应当与同级财政收入增长幅度同步逐年增加。各级政府的财政性教育经费里应有一定比例用于民办教育事业。

第四，专项资金用于：一对符合规定条件，实施义务教育、中等职业教育和高等教育的民办学校，按照同类公办学校生均教育经费的一定比例给予补助；二对符合规定条件，为具有专业技术职务的教师按规定缴纳社会保险费用的实施学历教育和学前教育的民办学校，给予补助；三奖励和表彰对民办教育事业有突出贡献的集体、机构和个人等。

（二）规范政府管理民办教育的行政行为和程序，这是规范民办教育发展的国家制度性组织保障

1. 成立“教育部民办教育司”，各省市和县教育行政机关统一独立设置专司民办教育的职能管理部门，并由其协调与政府其他职能部门的关系

民办教育发展规模越来越庞大（广东占25%份额），层级齐全，类型复杂，形式多样，机制灵活，存在各种风险，问题繁杂。没有专司之政府机关和专管民办教育的干部，是很不正常的。没有人管或仅仅是兼着管，既谈不上规范管理，也根本做不好规范管理（广东省教育厅也只是在“政策法规处”内兼设“民办教育管理办公室”，也没有专职干部）。

2. 成立省市“民办教育研究与指导中心”，在教育行政部门领导下，建立教育行政主管与专家指导相结合，推进民办教育规范发展的工作机制

单靠政府机关寥寥几个干部，也是很难做到及时到位地给予指导的。因此，必须在设有专司之政府机关和专管民办教育的干部的基础上，由省市教育行政部门成立省市“民办教育研究与指导中心”（下设“评议委员会”），依托大学，组织和整合当地专家力量，加强理论和实践探索研究，积极提供信息和咨询服务，加强对民办学校规范发展的常规和及时的评估、指导服务。这些都是必备的组织和制度性保障措施。

3. 要规范政府管理民办教育的行政行为和程序

政府服务主要通过审批前的学校论证评议、年度检查、教学工作水平评估、就业率与就业满意度检查等形式，对民办学校准入门槛、办学条件和教育教学质量进行宏观控制与结果评价；通过公示、警示等手段来监督管理学校，引导学校的市场选择。

民办学校主管部门和政府其他有关部门有违法规行为的，由上一级政府追究主管领导和直接责任人员的责任。

（三）改变法律上“缺位”、“错位”现象，规范和完善国家现有有关法规最关键条款。这是民办教育正常规范运行迫切需要的最基本的法制保障

1. 要打破“事业编制”这一计划经济体制壁垒，应非常明确地抛弃违反上位法的不伦不类的“非企业法人”概念和相关制度，认同教师的“事业编制”

时至今日，民办学校及其教师的身份问题，已经成了民办教育发展的瓶颈。我们应该突破民办教育发展中这一体制壁垒。

第一，按照《国务院关于鼓励支持和引导个体私营等非公有制经济发展的若干意见》中“允许非公有资本进入社会事业领域”有关精神，突破民办学校不能登记为“事业单位”法人的传统观念和政策障碍，确认民办教育机构为“民办事业法人”登记。

第二，确认民办学校教师为“自筹事业编制”，法律要明确建立民办学校教师人事管理和职称评聘制度，县级以上人民政府对本区域内办学信誉好、办学质量高的民办学校可以给予一定数量的自筹经费的事业编制；给民办高校设立人事专用户头。

第三，民办学校教师与民办学校解除聘用关系后，可按事业单位工作人员的招聘办法，到公办学校应聘。公办学校教师应聘到民办学校任教，身份、级别、待遇不变，退休时由政府按公办编制时的财政支付办法实行。

第四，建立政府对民办教师的社保、医保津贴制，稳定民办教师队伍。政府对列入自筹经费的事业编制的全日制民办中小学和幼儿园为具有专业技术职称的教师养老、医疗、失业等社会保险费，应参照公办教师标准给予适当补助。

第五，实施学历教育和学前教育的民办学校，符合规定条件的，其聘用的具有中级以上专业技术职称的教师，可按规定参加事业养老保险。鼓励民办学校为教职工办理补充养老保险，提高民办学校教职工的退休待遇。

第六，在校生人数达到本市同类学校校均规模的全日制民办中小学和幼儿园，对聘用的具有专业技术职称的教师，按规定报审批机关办理有关手续后，可申报参加事业养老保险。民办学校参加事业养老保险的教师，到达法定退休年龄后，由所在民办学校、审批机关办理相关退休手续，申报计发事业单位基本养老金。

第七，鼓励民办学校从外区引进教师和学校管理人才。有关部门应当按照有关规定及时办理户口迁移和社会保险等手续。县级人民政府应当开展民办学校教师人事代理。

第八，建立和完善教师管理制度，民办学校教师办理专业技术职称评定、教师资格认定、评先评优等，与公办教师一视同仁。民办学校校长（干部）、教师队伍培训纳入教育系统培训计划；参加国家、省规定的教师继续教育学习的，与公办学校一视同仁，学习期间的工资福利待遇不变。

第九，严格实施民办教师最低工资制，民办学校教师收入不得低于当地职工最低收入的2倍。严格实施中小幼教师在校工作最多7小时制和最大班级学生人数制。

第十，公办学校教职工按规定辞聘后从事民办教育工作的，单位应按工龄为其购买社会保险，在原单位已购买的住房保留。

2. 法律要保障民办教育举办、投资者的合法产权，明确给予举办者应有的举办权益。建立和规范民办学校的投入和举办权转让退出机制，积极引导现代学校制度的建设和完善

第一，民办学校的变更项目包括：分立、合并、举办者、法定代表人、校长、章程、学校名称、层次、类别及董事会（理事会）成员、办学地址、注册资金、出资比例、是否需要合理回报等。

第二，变更应由学校举办者或董事会（理事会）提出，报审批机关审批或核准，并向社会公告。民办学校存续期间的变更，不得影响该学校的正常教育教学活动。

第三，民办学校举办者变更，应由举办者提出，在进行财务清算后，经学校董事会

（理事会）同意，报审批机关核准。

第四，共同举办的民办学校，举办者向其他机构或个人转让其举办权时，两个举办者的，转让者应当提前60天通知另一举办者；三个及以上举办者的，应当经占份额2/3的按份共有人或者全体共同共有人同意，但举办者之间另有约定的除外。民办学校举办者转让其举办权，在同等条件下，其他举办者有优先受让权。

第五，民办学校举办权变更时，必须依法进行财务核算，并报审批机关备案。

第六，民办学校终止时，必须依法进行财务清算。出资人要求取得合理回报的民办学校清偿债务后的剩余财产，经审批机关核准，可以以出资额为限，返还出资人。

第七，增加民办学校的融资方式和渠道，民办学校可以用非教学资产作抵押和学费收费权作质押向银行申请贷款。鼓励办学实际控制人用其他资产为学校“反担保”。

3. 法律要保障教育出资获取回报的合理、合法性，明确其取得的操作程序，要充分用足“奖励”政策，真正建立起相应的责、权、利、风险相一致的规范制度

第一，采取学费（自然年）当年备案制，制止实际收费与报批学费价不一致（提高或降低）的做法。

第二，出资人不要求取得合理回报的，经学校董事会（理事会）讨论决定，可以以出资人举办时的出资数额为限，每年按不超过出资额的10%从学校办学结余中逐步提取（提满即止），用于奖励出资人。

第三，学校不分配的结余，不得征课任何税费。结余用于分配，学校不征所得税，举办者提取合理回报依法征课所得税。

第四，出资人将应取得的合理回报，用于学校发展的，可以作为再注资投入，计入其出资额，不计所得税费。举办者不得从民办学校收费中直接提取回报。

第五，全国统一民办学校的会计与核算制度。

4. 法律要明确公办、民办学校用土地、用电水等价格的同一性质和税收平等条款

第一，县级以上人民政府应当将民办学校的建设纳入城乡建设规划。新建、扩建民办学校，按照公益事业用地及建设的有关规定，优惠批拨建校用地。出资人不要求取得合理回报的民办学校，其建校用地可无偿划拨，并和校舍建设一样享受与公办学校同等的规费减免政策；“有偿划拨”的价格不得高于当地的征地价，并可以用于融资抵押，政府回收时应予返还本息。

第二，民办学校依法享受公益性事业税收优惠政策。捐资举办的民办学校和出资人不要求取得合理回报的民办学校，依法享受与公办学校同等的税收及其他优惠政策。取消学校营业税，政府财政部门应当为民办学校收取学费配发事业单位专用发票。对要求取得合理回报的民办学校，税收应予优惠并制定相关细则。

第三，民办学校用电、用水、用气、排污、通信及相应建设项目等收费，应与公办学校同一标准，按国家对公益事业有关规定执行。民办学校的客货校车，应当免征营运税费，优惠车船使用税、桥路费等。

第四，民办学校举办者对学校的资产过户规费予以全部免除。用于教育用途的房产物业的租赁收入免征税费。企业用税后利润在所在地投资办学的，与其投资额相对应的企业所得税地方所得部分，由财政部门列收列支予以返还，全额用于办学。

第五，对实施学历教育的民办学校经依法批准收取的纳入财政预算外资金专户管理的收费，免征企业所得税。

第六，向民办学校收取行政事业费的项目与数额应相同于同级同类公办学校。

5. 法规要细化不同教育类别、不同教育消费阶层和收费的民办学校的准入条件，实施分类管理；改变对民办学校不平等的质量考评、招生录取制度

6. 法规要积极规范公办学校参与举办的民办学校，应强调具有独立校名、独立法人资格，具有独立校园，实行独立的财务会计制度，独立招生，独立颁发学业证书

严格控制新校举办，要严格按照《民办教育促进法实施条例》的有关规定和民办学校的设置标准来审批，公办学校参与举办民办学校所取得的收益，应当专项列支并全部用于教育发展的基础建设。

（四）要积极建立起防范办学经济风险，促进民办教育健康发展的“社会联动风险减除机制”，提高民办学校的抗风险能力

第一，建立地区民办教育风险保险基金；自建校舍，拥有教育教学设施等财产的，不缴交风险保险基金（不是“风险保证金”）。

第二，民办学校可以用教育教学设施以外的财产和收费权作为质抵押，向银行申请贷款。鼓励金融机构对业绩优、资信高的民办学校实行信用贷款。

第三，政府或民办教育发展基金，应对真正声誉好、有发展前途、暂时有经济困难的民办学校，优先给予贴息贷款支持。

第四，鼓励保险公司增设民办学校办学保险、受教育者学费保险和学校责任事故保险等险种。鼓励民办学校购买办学保险、受教育者学费保险和学校责任事故保险。

第五，县级以上人民政府购买学校责任险时，民办学校享有与公办学校同等待遇。

第六，涉及国有资产占用的学校、接受政府经常性财政资助的学校、接受社会捐赠的学校以及教育集团，应当以监事会等形式建立监督检查机构。监事会有权对民办学校的决策、财务状况及校长的工作执行情况进行监督，并向学校相关机构和政府主管部门报告，也可向学校董事会直接提出意见和建议。

第七，鼓励地方教育局、银行与学校三方签订可行的资金监管制度。

第八，严格学校的安全管理制度，加强对校舍建筑、食堂卫生、电器电路、防火防盗、车辆安全及司机资格等方面检查。

（五）要积极建立起稳定提高办学质量水平的组织及规范监督机制，提高民办学校的自主品牌建设能力，这是民办教育的平衡机制保障

第一，民办学校自主办学。应当依法设立学校理事会或董事会等形式的决策机构，界定出资人（股东）与董（理）事的职责、权利。无职务学校举办人不得直接干扰学校事务。法定代表人应由符合资质的理事长（董事长）或者校长担任。

第二，民办学校应当聘任专职校长，双方应当依法签订聘任合同，聘期三年到四年。

第三，民办高校依法自定规模、自主学科专业建设（专业设置、专业方向、专业数量、专业规模等），实行申请备案制和合格评估制。政府根据评估结果核定次年招生指标数额。

第四，建立健全党团组织，推行教职工代表大会、校务公开等民主管理和监督制度；完善教学、科研、人事、财务、安全等各项管理制度。

（六）实现教育公平政策，必须真正落实到学生的利益基点上

第一，民办学校的受教育者在升学、转学、就业、助学贷款、困难资助、档案管理、社会优待、医疗保险、评选先进、乘车等方面，享有与同级同类公办学校受教育者同等的权利。

第二，政府委托本行政区域民办学校承担教育任务的，应当与学校签订委托协议；政府委托民办学校承担义务教育、高级中等教育任务的，应当按照当地同类公办学校生均教育经费标准拨付相应的教育经费。生均教育事业经费，由民办学校审批机关所在地的人民政府承担。

第三，本区籍学生、正常转入当地就读的学生以及符合条件的外来（非本区户籍）务工人员子女在当地民办中小学义务教育阶段就读的，民办学校在学生注册报到时，根据价格部门核准的学费标准，按照当地公办学校生均教育事业经费标准作相应扣减，再由学校所在地政府核拨补助资金。

第四，省市财政根据民办高校生均投入情况按比例给予适当补助，并视财力情况予以逐步增加。

第五，推进地区性“教育券”制度试验，根据地区的教育成本计算出义务教育段学生的生均财政培养成本，印发“教育代金券”，由财政统一兑付，学生在公办、民办学校之间自由择读，真正做到公办、民办学校在同一平台上的平等竞争。

（七）依法建立起规范办学制度，强化民办教育行业组织的作用，加强行业自律，肃整违反法规的办学行为

第一，违反国家有关规定举办民办学校、非法开展教育教学活动的，由所在地县级以上人民政府责令改正，情节严重的，予以取缔；有违法所得的，退还所收取的费用后，没收违法所得。以欺诈等不正当手段骗取学费，构成犯罪的，依法追究刑事责任。

第二，民办学校有下列情形之一的，依法予以处罚：①举办者虚假出资的；②没有依法设立学校独立银行账号、建立规范财务会计制度的；③举办者未在规定期限内办理资产过户手续的；④未经备案，违法散发、刊登、张贴招生简章和招生广告的；⑤没有按时委托会计师事务所依法进行财务审计、向审批机关如实报送财务会计报告和审计报告的；⑥没有建立学校公共安全制度，学校校车及其他教育教学设施、设备质量不符合国家有关安全规定的；⑦伪造或夸大办学结余，违规提取回报的。

第三，鼓励成立民办教育协会，积极发挥行业组织的作用，加强行业的规范和自律。各级“民办教育协会”在同级政府教育主管部门和“民办教育研究与指导中心”的指导下，开展行业自律与规范，制定行业规章制度，加强横向协调与联合，促进民办教育的健康发展。政府应该把部分职能（如学校评估、教师流动约束等）交与民办教育协会去执行或实施。如，各省市给民办教师统一颁发教师（工作记录）证书，任何学校录用教师都必须核验该教师证书中所任职单位的工作记录鉴定，任何学校不能录用擅自离职、被开除或没解除聘用合同的教师。

总之，民办教育的规范发展绝不是一个简单的教育问题。在我国应该有“办一所、成一所、办好一所”的良好社会环境和规范的制度安排。这是一个关系到政治稳定、社会和谐、民生难点、国民生活质量、民族文化传承和国家竞争力水平的战略大问题。

第五节　国外私立教育发展的模式[①]

一、办学体制及其争论

办学体制是由政府和民间在教育中的权利和义务关系构成的制度安排，其中主要涉及两个方面：教育经费的提供和教育活动的管理。典型的公办（公立）教育体制是由政府通过财政经费提供全额资助并通过行政体系管理教育活动；典型的民办（私立）教育体制是由民间（包括家长、个人以及非政府组织等）提供教育经费并由非政府机构对教育活动进行管理。

在世界各国的教育系统中，几乎不存在所有教育活动都只是由单一公立学校或私立学校提供的案例，几乎所有国家的教育系统都包含公立教育与私立教育两部分，所不同的是私立教育和公立教育在各级各类教育中的比例。在有些国家，公立教育为整个教育系统的主体；在另外一些国家，私立教育的比例很高。因此，关于办学体制的一个重要

① 此部分系《国家中长期民办教育改革和发展研究》课题之《国外私立教育发展的经验及启示》调研组成果之一；调研负责人：文东茅；执笔：文东茅。

争议是：在一个国家教育体系中，是否存在公立、私立教育的合理比例？如何确定这种比例？

另外，主要从20世纪80年代以来，世界上许多国家都进行了不同程度的办学体制改革，这些改革模糊了公立教育、私立教育之间的界线，其表现形式为：公立学校在政府拨款之外还通过收取学费等方式自筹部分经费；私立学校在一定程度上接受政府的拨款，并且接受政府对于教育质量的监控和其他公共政策的约束；一些公立和私立学校也从事部分营利性的活动。因此，许多国家的公立学校和私立学校都不再是原来典型意义上的公立、私立学校，一些“混合制学校”开始出现。这些实践使办学体制问题变得更为复杂。人们开始进一步探讨以下问题：到底公立、私立教育体制各有何利弊？如何才能充分发挥不同办学体制的优势以实现整个教育系统的功能优化？

本部分将试图通过相关统计数据，综合国内外相关研究成果，对上述问题作尝试性回答，并在此基础上探讨国际上办学体制及其改革实践对我国的启示。

二、公立、私立教育机构在校生比例的比较

根据教育机构是否由政府建立和管理，可以将教育机构分为公立教育机构和私立教育机构，公立教育机构由政府出资建立并管理，私立教育机构由个人或非政府机构出资建立和管理。根据不同性质教育机构的比例或就读这些机构的学生比例，有学者将教育体制概况为“私立教育主导型”、“私立教育与公立教育均衡发展型”、“私立教育补充型”等几种模式。在私立教育主导型体系中，私立学校数及其在校生数均高于公立学校，在初等教育阶段，荷兰、比利时、黎巴嫩、津巴布韦等国属于这种模式；在中等教育阶段，荷兰、比利时、孟加拉、博茨瓦纳、海地等国属于这种模式；在高等教育阶段，日本、韩国、菲律宾、哥伦比亚、智利等国属于这种模式。在公立、私立教育均衡发展型教育体系中，公立教育和私立教育的比例相当，二者在国家教育体系中扮演着同样重要的角色。在初等教育阶段，智利、苏里南、西班牙、阿联酋等国属于这种模式；在中等教育阶段，印尼、坦桑尼亚、智利、韩国、哥伦比亚等国属于这种模式；在高等教育阶段，巴西、印度属于这种模式。从整体上看，世界各国教育体系中，大多数都属于私立教育补充型，前两种模式在实践中都只是少数。①

有学者分析联合国教科文组织1992年统计数据发现，在提供了相关数据的98个国家中，初等教育阶段私立教育在校生比例在0—4%的国家有韩国、日本等26个国家和地区，在5%—9%的有英国、意大利、菲律宾等17个国家，在10%—24%的有美国、法国、泰国、新加坡等34个国家，在25%—49%的有西班牙、智利等11个国家，在50%—100%的有荷兰、比利时、爱尔兰等10个国家；在提供了相关数据的78个国家

---

① 高金岭. 国际视野中的私立教育发展模式研究［J］. 教育理论与实践，2000(11).

和地区中，中等教育阶段私立教育在校生比例在0—4%的有希腊、土耳其等7个国家，在5%—9%的有美国、意大利、加拿大等14个国家，在10%—24%的有日本、法国、阿联酋等26个国家，在25%—49%的有印尼、韩国、智利等19个国家，在50%—100%的有孟加拉国、荷兰、津巴布韦等12个国家。[①] 在高等教育阶段，爱尔兰、丹麦、新西兰、澳大利亚等国公立高校在校生占98%以上，而比利时、荷兰、英国私立高校在校生占100%。[②] 由此可见，在世界各国，私立教育在各级各类教育中的比例并没有一个统一的模式，不论在发达国家还是在发展中国家，都可以找到私立教育主导型的案例，也可以找到公立教育主导型的案例。

值得关注的是，在世界各国是否存在一种普遍的“民营化”趋势？有学者同样利用联合国教科文组织统计数据，对比1980年和1992年私立教育在校生比例变化情况发现，在此期间，提供了相关数据的98个国家中，初等教育阶段私立学校在校生比例增加的有53个国家，占54%，相应比例下降的有28个国家，占28.6%，比例不变的有17个国家，占17.3%；在这98个国家中，私立教育在校生比例增减幅度在5%以上的只有15个，占15.3%，而且主要分布在非洲、拉丁美洲和亚洲，很少出现在欧洲（东欧出外）和北美洲。在提供了相关数据的78个国家中，中等教育阶段私立学校在校生比例增加、减少和不变的国家分别为42、31、5个，分别占53.8%、39.7%、6.4%，升降幅剧烈的国家也主要在亚洲、拉丁美洲和非洲，欧美国家公私立教育的平衡已经基本形成，很少出现大起大落的现象。[③]

需要注意的另一个事实是，“私立学校”或“私立教育”在不同国家的内涵并不一致。在世界绝大部分国家，公立学校和私立学校的“公”与“私”都不是绝对的，公立学校很可能从政府之外收取学费或接受政府资助，许多国家的私立学校也接受政府提供的公共经费资助，在一些国家（如荷兰），私立学校不仅可以获得与公立学校同等的财政资助，甚至也同样是由政府出资建立的，只不过拥有更大的管理自主权而已。[④] 因此，在OECD等国际组织对各国公立、私立教育进行统计时，有时会将教育机构分为三类：公立学校、依赖政府的私立学校、独立的私立学校。其中，依赖政府的私立学校在很大程度上是由公共财政提供资助，只是在管理上有更大的自主权。根据这种分类，如果“私立高校”指“独立于政府的私立学校”，那么只有日本和韩国属于“私立学校主导型”，私立高校在校生分别占75%和78%；美国和墨西哥大体上可以属于“公立、私立学校均衡发展型”，其私立高校在校生比例分别占32%和34%。但如果将“依赖于政府的私立学校”也视为“私立学校”，则可以看到，在英国、荷兰、比利时三个国家，其高校在校生100%都在“私立高校”。除上述国家之外，其余提供了相关数据的15个

①③ 洪成文．世界私立中小学教育的发展与现状［J］．比较教育研究，1998(3)．

② 相关数据见联合国教科文组织统计处网站。

④ 洪成文．荷兰私立中小学教育——一种独特的模式［J］．外国中小学教育，1995(1)．

国家的高等教育都属于"公立学校主导型"，公立高校在校生至少在87%以上，平均为92.3%，在这15个国家的高等学校在校生中，"依赖于政府的私立学校"和"独立于政府的私立学校"分别占3.9%和3.8%。[①] 从以上统计口径也可以看出，国际上对"私立教育"的定义主要是依据"管理"而不是"经费来源"，即公立学校是指"接受政府直接行政管理的学校"，而私立学校则是"独立于政府直接行政管理的学校"。

三、教育经费来源及其分配

衡量办学体制的另一个重要指标是政府和民间在教育经费方面的分担情况。在"完全公办"体制下，教育经费应该全部由政府通过财政经费提供；在"完全民办"体制下，教育经费则全部由个人或非政府机构提供。由于各国办学体制往往是公立、私立教育的混合体，公立、私立学校都接受政府财政资助，也都自筹经费，所以，比较简单可行的办法是看各国教育经费总量中政府和非政府经费的比例，政府公共教育经费比例越高，"公立"性质越强，反之，则"私立"性质越强。

在OECD国家，公共教育经费占整个教育经费的比例在各国平均为87%，不过在不同国家之间有明显的差异，丹麦、芬兰、希腊、葡萄牙、瑞典、土耳其等国公共教育经费占国家教育的比例均在95%以上，说明这些国家的教育主要是由政府提供或"购买"的；而韩国、美国、日本、澳大利亚等国的公共教育经费占教育经费的比例均在75%以下，其中韩国只有60.5%，说明这些国家的教育中有较大比例是由非政府经费提供或"购买"的。在不同阶段，公共教育经费所占的比例有较大差异。在学前教育阶段各国平均为80.0%，其中比利时、法国该比例在95%以上，而韩国（37.9%）、日本（50.0%）、新西兰（57.6%）均在60%以下；在高等教育阶段，OECD国家公共教育经费所占比例平均为75.7%，其中丹麦、芬兰、希腊在95%以上，而韩国（21.0%）、美国（35.7%）、日本（41.2%）、澳大利亚（47.2%）均在50%以下；由于实行免费义务教育制度，OECD国家中小学教育经费中公共经费所占比例达到91.8%，有10个国家该比例超过95%，其中芬兰、葡萄牙、瑞典均在99%以上，最低的为韩国，也达到79.5%，在"高等教育民营化"程度较高的美国、日本，该比例也超过90%。[②] 从以上数据可以看出，从经费角度看，在OECD国家，政府承担了举办教育的主要责任，尤其是在中小学教育阶段，政府承担了90%以上的教育经费。

从发展趋势来看，对比1995年和2004年数据可以看出，在可以获得对比数据的国家中，除匈牙利、爱尔兰、西班牙公共教育经费比例有所增加外，其他大多数国家公共教育经费所占比例都有一定程度的下降，不过下降幅度在1个百分点以上的只有6个国家，超过4个百分点的只有斯洛伐克和澳大利亚两个国家。从总体上看，在此期间，公

①② 相关数据见联合国教科文组织统计处网站。

共教育经费增长了40%，不过非政府教育经费增长更快，达到了110%。在高等教育阶段，捷克、爱尔兰公共教育经费比例提高了13个百分点，日本、西班牙也有一定程度提高，此外的大多数国家公共教育经费所占比例都有一定程度下降，其中澳大利亚、斯洛伐克、意大利、英国、葡萄牙下降幅度超过10个百分点，分别为17、14、13、10、10个百分点，说明这些国家非政府经费的增长幅度更快，这与高校收费、发展私立高校、大量招收国际学生等有较密切关系。

需要特别指出的是，在大多数OECD国家，公共教育经费都或多或少地用于资助私立教育机构或学生个人。在2005年，OECD国家公共教育经费平均有84.7%用于资助公立教育机构，用于资助私人部门的占15.3%，其中8.4%用于直接资助私立教育机构的占8.4%，7.0%是通过资助学生等方式间接资助私立教育。在比利时、荷兰等国家，尽管私立教育机构的在校生比例非常高，但公共教育经费占整个教育经费的比例也很高，这些国家的私立学校基本上不收费或收费很低，政府对私立教育提供了强大的资助，在比利时，公共教育经费中只有43.7%用于公立教育机构，有51.2%被用于直接资助私立教育机构，另外5.1%也被用于间接资助私立教育部门。在英国，高等教育阶段公共教育经费中74.2%被用于直接资助私立教育机构，其余25.8%也被间接用于资助私立教育机构，因为其高等教育机构是“私立高校”。

综合上述“在校生规模”和“经费来源”两方面，可以将世界各国办学体制大体上分为以下四种类型：

1. “大的公共部门，高的公共经费资助”，即在校生的主体在公立学校，教育经费也主要来自政府财政拨款。OECD的大部分国家的各级教育都表现为这种模式。

2. “小的公共部门，低的公共经费资助”，即在校生的主体在私立学校，教育经费也主要来自学费等非政府经费。韩国、日本的高等教育阶段属于这种状况，其公立高校在校生分别只占22%和25%，高等教育阶段公共教育经费也分别只占21.0%和41.2%。

3. “大的公共部门，低的公共经费资助”，即在校生的主体在公立学校，而教育经费中主体是非政府部门提供，澳大利亚的高等教育阶段就属于这种状况，其高校在校生中的98%在公立高校，而高等教育经费只有47.8%来自政府部门，美国也接近于这种模式，其公立高校在校生占68%，而其高等教育阶段公共教育经费的比例只有35.2%。

4. “小的公共部门，高的公共经费资助”，即在校生的主体在私立高校，而教育经费的主体却来自政府，在比利时、荷兰的基础教育阶段属于这种状况，1992年比利时初等教育在校生中有56%在私立高校，荷兰该比例达到76%，[①] 而两国基础教育阶段公共教育经费所占比例分别达到94.9%和94.1%。比利时、荷兰和英国的高等教育阶段

① 洪成文. 世界私立中小学教育的发展与现状［J］. 比较教育研究，1998(3).

也属于这种状况，其在校生100%在私立高校，而这三个国家高等教育阶段公共教育经费的比例分别为90.4%、77.6%和69.6%。

四、公立、私立教育体制与教育成效

（一）办学体制与办学效率

关于公立、私立教育办学效率的比较是学术界长期研究的问题。1982年詹姆斯·科尔曼（James S. Coleman）等人的一份研究表明，与公立学校比，私立学校可以使学生得到更高的学业成就，而且天主教学校学生中种族隔离倾向更少。① 这一研究导致此后持续的相关研究以及关于统计技术的争论。约翰·丘伯（John Chubb）和泰力·默（Terry Moe）于1990年出版的《政治、市场和学校》认为私立高校由于管理体制的灵活性而具有更高的效率，不过其研究方法也同样遭到了不少人的批评。② 此后的大多数研究表明，在控制办学成本、学校规模、学生家庭、社会经济背景等因素之后，公立、私立学校之间在标准化考试方面的差异并不明显。有人对美国40个有关教育竞争与效率关系的实证研究进行分析发现，竞争与教育效率之间只有非常弱的相关关系；2/3的研究显示竞争对学校效率没有显著影响。③ 在2007年《OECD教育概览》中，研究者利用数据包络分析技术（DEA），对6204所学校（其中私立学校672所）的办学效率（资源配置与PISA成绩）之间的关系进行了研究，同样发现，不论从在校生角度还是从经费来源角度看，公立、私立学校的办学效率都没有显著的差异（见表4-12）。④ 詹姆斯（Thomas James）和莱文（Henry M. Levin）在总结有关公私立学校学生成就问题的研究后得出的基本结论是：公立、私立学校之间可测量的学术成绩的差异很大程度上受研究假设和统计方法的影响，这些研究的主要贡献可能在于促进了关于研究方法方面的争论，提出了关于比较公立、私立学校成就差异的一些重要问题，如公立、私立学校如何相互取长补短等。⑤

① COLEMAN J, HOFFER T, KILGORE S. High School Achievement: Public, Catholic, and Private High Schools Compared [M]. New York: Basic Books, 1982.

② 杰夫·惠迪，萨莉·鲍尔，大卫·哈尔平. 教育中的放权与择校：学校、政府和市场 [M]. 马忠虎，译. 北京：教育科学出版社，2003：456.

③ BELFIELD C R, LEVIN H M. The Effects of competition on educational outcomes: a review of the United States evidence [J]. Review of Educational Research, 2002(27).

④ OECD. Education at a Glance 2007. OECD Indicators, 268.

⑤ JAMES THOMAS and LEVIN HENRY M. (edited). Comparing Public and Private Schools, Volume 1: Institutions and Organizations, The Falmer Press, 1988: 10.

表 4－11 小学和初中公立、私立学校办学效率比较

项 目	输入效率	输出效率	学校数（所）
总体	0.693	0.782	6204
公立学校	0.689	0.777	4834
依赖政府的私立学校	0.715	0.805	672
独立的私立学校	0.684	0.799	194
公共资助超过 50% 的学校	0.693	0.780	5469
公共资助低于 50% 的学校	0.693	0.803	397

资料来源：OECD. Education at a Glance 2007: OECD Indicators, 268.

（二）办学体制与教育机会提供与分配

关于发展私立教育，其中一个重要的理由就是认为可以扩大教育选择。对于私立教育能否扩大教育选择，相关实证研究结论也是矛盾的。一方面，研究表明，拥有择校权并业已择校的家长确实对现选学校更满意，而且对学校的参与更多；另一方面，也有研究（如马丁·卡诺伊等对智利教育券的研究）表明，由于在择校信息、交通条件、对教育的重视程度等方面拥有优势，富裕家庭在择校体制下可以更多地选择，贫困家庭的选择性并没有提高。① 还有研究认为："至今没有证据表明择校会使学校体制多样化；相反，有证据表明，如果不是政府特别投资来开办一些特色技术学校，学校便有更趋一致的倾向。换句话说，是政府的介入而不是家长择校使供方发生了变革。"②

从办学体制与国民受教育程度或教育普及状况看，没有明显的证据表明免费的公办体制就一定更利于教育的普及，同样也没有证据表明收费的私立教育主导模式就不能导致教育的普及。从 OECD 国家的经验可以看出，在基础教育阶段，不论是"大的公共部门，大的公共财政"的国家（如法国、德国），还是"小的公共部门，大的公共财政"的国家（如荷兰、比利时），都实现了基础教育的普及；在高等教育阶段，英国、比利时、荷兰等国家通过"小的公共部门，大的公共财政"实现了高等教育的大众化或普及化，而日本、韩国等国家则通过"小的公共部门，小的公共财政"模式同样实现了高等教育的普及化。可见，办学体制与教育机会的总量和类型都没有必然的联系。

此外，研究者还对办学体制与教育公平、社会凝聚力等方面的关系进行了探讨。反对教育民营化的人认为，由于收费、学生自由择校，将导致学生群体的"同质类聚"，

① CARNOY M, MCEWAN P J. Does Privatization Improve Education? The Case of Chile's National Voucher Plan [M] //PLANK D N and SYKES G. (Edited): Choosing Choice: School Choice in International Perspective. Teachers College Press, New York, 2003.

② 杰夫·惠迪，萨莉·鲍尔，大卫·哈尔平. 教育中的放权与择校：学校、政府和市场［M］. 马忠虎，译. 北京：教育科学出版社，2003：447.

即不同民族、宗教、家庭背景的学生聚积到相同的学校，导致社会分化，同时，弱势群体将可能被聚集到薄弱学校，导致教育不公。但是，民营化的倡导者认为，私立学校实际上更强调道德教育和公民教育，更像一所“共同学校”，美国的统计数据也表明，在私立的天主教学校中，少数民族学生的比例达到40%，远远高于公立学校，相反，恰恰是公立学校中种族隔离的现象加重了：从1968年到1995年，美国10个大城市中心公立学校中白人学生的比例从51%猛降到16%。[①] 从办学体制与社会、经济发展之间的关系看，在智利等国家，民营化有加剧社会经济分层的趋势，而在日本，主要由私人经费维持和私立高校提供的高等教育体系却并没有加剧社会的不公平，其反映社会贫富差距的基尼系数长期只有0.27左右，属于“非常公平”之列。可见，办学体制与教育公平或社会凝聚之间的关系也非常复杂。

综合上述分析可见，目前对于办学体制的教育民营化（包括增加民间经费和民间管理），不论是在理论上还是在实践效果的判断上都存在严重的分歧和争论。不过可以肯定的是，民营化既不是医治公立教育各种问题的“灵丹妙药”，也不是导致各种教育和社会问题的“洪水猛兽”，教育民营化的影响可能既与一个国家社会、经济、文化和历史传统等有关，也与具体教育政策有关，例如，当私立学校为高收费且没有政府补助模式时，很可能加剧教育机会不均；反之，当私立学校为政府高资助、不收费或低收费模式时，则不会对教育公平产生明显影响；不止针对贫困家庭学生的“扶贫性教育券”则甚至很可能促进教育公平。

五、主要结论、讨论和建议

通过对联合国教科文组织和OECD相关统计数据分析可以发现，不论从办学机构还是从教育经费来源看，各国办学体制都表现出非常强的多样性，公立学校和私立学校在校生的比例都可以高达100%；而从教育经费来源看，在部分国家的初等教育阶段，公共教育经费所占比例可以接近100%，而在部分国家的高等教育阶段和学前教育阶段，公共教育经费的比例也可以低到20%左右。根据办学机构和经费来源两个指标，可以发现在不同国家，至少存在“大的公共部门，高的公共经费资助”、“小的公共部门，低的公共经费资助”、“大的公共部门，低的公共经费资助”、“小的公共部门，高的公共经费资助”等模式，而且不同模式都有可能使一个国家教育事业得到高度的发展。

相关材料和研究也显示，各国办学体制有一种从传统的公立、私立决然分开状态走向公立、私立融合的趋势，在经费来源和分配方面，公共教育经费有较大比例用于资助私立学校，公立学校也有较大比例经费来自非政府拨款；在办学机构方面，出现了美国的“特许学校”、英国的“独立于地方政府的公立学校”等多种混合制的学校，有人将

① E. S. 萨瓦斯. 民营化与公私部门的伙伴关系［M］. 北京：中国人民大学出版社，2002：283.

这些变化视为一次“公共教育体制的重构”。[①] 在此过程中，政府与民间在教育中的权利与义务也发生了相应的变化，民间承担了更多的资助教育的义务，同时也获得了更多的自主管理学校的权利，但是，政府只是放松了对公立学校具体办学过程的管制，却加强了对包括私立学校在内的各类学校在课程、师资等方面的宏观管理，杰夫·惠迪等在对英国、美国、新西兰、澳大利亚、瑞典五国公立教育改革进行研究后认为：“在我们所选定的五国中，无论是国家还是州政府，都掌握了决定学校知识的标准、成就评估的方式以及评估报告的对象等新的权力。”[②]

从本部分的国际比较，可以就我国办学体制改革提供以下启示和讨论。

第一，如何定义“民办教育”？从国际教育机构的统计数据看，只要是“非政府管理”的学校，即使这些学校由政府兴建并接受政府的全额资助，也属于“私立学校”。在我国《民办教育促进法》中的“民办教育”是指“国家机构以外的社会组织或者个人，利用非国家财政性经费，面向社会举办学校及其他教育机构的活动”，即必须同时满足“非公共经费”和“非政府管理”两个条件。可见，国际上“私立教育”的外延明显比我国的“民办教育”要广，如果仅以“民间管理”为判断标准，我国的“转制学校”、“独立学院”、按民办机制运行的“名校办民校”等都可以属于民办学校。

第二，如何理解“大力发展民办教育”？如果从在校生的比例看，我国民办教育还远远低于世界上的许多国家，如韩国、日本、英国、比利时、荷兰等，但从非政府经费比例看，我国则属于世界上最高的国家之一，2005 年我国财政预算内教育经费占全国教育经费的比例只有 55.42%，[③] 而在小学、初中、高中和高等教育阶段，民办学校在校生的比例分别只有 3.85%、6.62%、17.91%、16.13%[④]，由此看来，我国办学体制也属于比较典型的“大的公共部门，低的公共财政”模式。如果“发展民办教育”指“扩大非政府教育经费比例”，那么该比例现在已经很高了，是否需要进一步提高？如果指扩大“非政府管理”的民办学校在校生的比例，那么是否可以通过类似美国“特许学校”（“公共资助、民间管理”）的方式实现？如果指扩大“传统民办学校”在校生比例，那么，到底应该提高到什么程度？是否可以模仿日本、韩国模式？

第三，为什么要大力发展民办教育？这一问题被再次提出绝不是无病呻吟。鉴于国际上相关研究对于私立教育是否提高了办学效率、是否增加了教育的多样性和学生选择、是否影响了教育公平等问题都没有得出明确的结论，我们也需要冷静地思考发展民办教育对我国整个教育事业以及社会经济发展的影响。如果认为发展民办教育的主要目

① 劳凯声. 重构公共教育体制：别国的经验和我国的实践 [J]. 北京师范大学学报：社会科学版，2003(4).

② 杰夫·惠迪，萨莉·鲍尔，大卫·哈尔平. 教育中的放权与择校：学校、政府和市场 [M]. 马忠虎，译. 北京：教育科学出版社，2003：49.

③ 教育部财务司，国家统计局社会和科技统计处. 中国教育经费统计年鉴 2006 [M]. 北京：中国统计出版社，2005.

④ 根据教育部公布的《2006 年全国教育事业发展统计公报》相关数据计算所得，其中高中阶段包括普通高中、职业高中、中专、技校，高等教育阶段民办学校包括独立学院。

的在于节省政府教育经费，那么是否意味着在政府财政经费增加的情况下，民办教育将退出历史舞台？如果民办教育的发展是为了增加教育的多样性和学生选择，那么如何才能实现这种功能？能否通过对公立学校的放权同样实现教育的多样性？如果说发展民办教育是为了提高办学效率，那么如何解释民办学校大量倒闭和整体质量较低的现状？如果发展民办教育是为了更好地实现“教育资源动员”，那么民办教育收费的目标群体是哪些人？在我国社会贫富差距较大而低收入群体人数比例极高的情况下，是否有可能在维持高学费的前提下实现民办高校在校生比例的大幅度提高？

第四，如何发展民办教育？从《民办教育促进法》的精神看，我国促进民办教育的主要做法是“产权激励”，即通过明晰产权、允许取得合理回报等方式促进社会力量举办民办教育，但由于学校资产产权不明晰、合理回报规定较苛严等原因，该法的颁布并没有达到预期的“促进”效果。从国外的实践看，私立教育往往是非营利性的，办学者并不期望从办学中获得回报，我国公立学校在政府提供基建经费和日常经费，并且可以收费的情况下尚且不能盈利，又怎能期望民办学校仅靠自筹经费建校和办学还可以获得盈利？简单的办法是增加政府对民办学校的资助，使民办学校学生的学费降低到与公立学校接近的水平，这样才可能提高民办学校在招生中的竞争力，扩大民办学校在校生的规模和比例。那么，能否将政府财政经费资助民办教育作为一项稳定的制度？如何具体落实政府对民办学校的资助？

根据以上讨论，笔者提出以下建议：

第一，修改“民办教育”定义，主要从“管理”而不是从“经费”或“经费及管理”来定义民办教育，与国际接轨；

第二，进一步明确发展民办教育的目的和意义，在此基础上有针对性地制定民办教育发展的目标和政策，形成中国特色的办学体制；

第三，要扩大政府对教育的财政投入，大幅度提高公共教育经费占全国教育经费的比例，使公共教育经费在教育事业发展中发挥基础性和保障性作用；

第四，建立政府公共教育经费资助民办教育的制度，并以此引导民办学校充分发挥在扩大教育选择、维护教育公平等方面的积极作用。

第六节　OECD 国家政府对私立教育的资助①

一、有关概念与 OECD 国家私立教育发展情况

（一）基本概念的界定

1. “私立学校”或“私立教育”

“私立学校”或“私立教育”在不同国家的内涵并不一致。我国将“民办教育”定义为“国家机构以外的社会组织或者个人，利用非国家财政性经费，面向社会举办学校及其他教育机构的活动”，即从法律主体和办学经费来源两个角度进行界定。而西方国家则倾向于从法律主体的角度对公立教育和私立教育进行区分，即公立教育的办学主体是政府或其代理机构，而私立教育的办学主体是民间组织或个人。换言之，国际上对“私立教育”的定义主要是依据“管理”而不是“经费来源”，即公立学校是指“接受政府直接行政管理的学校”，而私立学校则是“独立于政府直接行政管理的学校”。

如联合国教科文组织将私立教育机构（Private Educational Institution）定义为“由非政府组织（教会、工会或企业）控制和管理的教育机构，不论其是否接受公共权力机构的资金支持”。② 在其 1995 年的《世界教育报告》中特别指出“由政府提供资助的学校，如果其属于私人管理，即被视做私立学校。”③ OECD 对各国公立、私立教育进行统计时，区分“公立教育机构”与“私立教育机构”的主要标准是“按照该教育机构最终是由公立部门享有控制权还是由私立部门享有控制权”。④ 与此同时，“私立教育机构”又按照对政府教育经费的依赖程度大小分为“政府依赖型私立教育机构”（government-dependent private institutions）和“独立型私立教育机构”（independent private institutions），其中“政府依赖型私立教育机构”是指其主要办学经费的 50% 以上来源于政府部门，或其教师工资是由政府部门来支付的教育机构；而“独立型私立教育机构”是指从政府部门获得的经费资助少于其全部办学经费的 50% 或其教师工资并非由政府

① 此部分系《国家中长期民办教育改革和发展研究》课题之《国外私立教育发展的经验及启示》调研组成果之一；执笔：丁秀棠。

② Private Educational Institution is one controlled and managed by a non-governmental organization (church, trade union or business enterprise), whether or not it receives financial support form public authorities.

③ Government-aided schools are considered as private if they are privately managed.

④ The classification between public and private institution is made according to whether a public agency or a private entity has the ultimate control over the institution.

部门支付的教育机构。[①]

因此，本部分在以 OECD 国家为例进行分析时，我们应当明确其“私立教育”含义要远比我国的“民办教育”宽泛得多。

2. 政府资助及其主要形式

政府资助是指政府通过各种渠道、以各种形式给予私立学校的政府公共资源之总和。政府公共资源既包括资金，也包括相当于资金形式的其他资源，如政府提供的服务、土地使用等。政府资助形式多种多样，如学校开办时提供基础教育设施与设备、免税期（tax holiday）、关税减免、免费或低价提供土地或出租土地等；在学校运营过程中，政府财政支持可以通过经费资助体系，向学校提供补贴、学生贷款、科研基金、学生奖学金和助学金，实行教育券计划等。

3. 政府公共教育经费支出的主要形式

OECD 统计体系中，政府下拨给教育机构的支出分为直接支出和非直接支出。直接支出有两种形式：（1）政府直接购买的用于教育机构的教育资源，如教师工资、基建支出、教科书；（2）政府拨付给教育机构而后由后者自行购买的支出。例如，政府向大学拨款用于支付员工工资或购买其他资源，政府为财政自治的公立学校分配资金，政府补贴私立学校，以及政府在合约基础上为私人部门进行的教育研究付费。非直接支出包括两类。第一类是政府间的教育转移支付，即中央政府给予地方政府的转移支付。第二类是政府给予私人部门的非直接公共转移支付，包括：（1）政府给予家庭的补贴，包括奖学金、学生贷款、学生生活费用补贴等；（2）政府以转移支付和其他特定的支付方式（主要是津贴）给其他私立机构的款项，含转移支付给商业或者劳动者协会的用来提供数据统计范围内的成人教育资金、给予私立机构的补贴（如工会支付给学校的培训费）、给予提供学生贷款的金融机构的利息补贴或者延误支付担保金。[②]

（二）OECD 国家私立教育发展状况

按照 OECD 国家对私立教育的界定，尽管各国各级各类私立教育发展很不均衡，但私立学校在校生都已占到了一定的比例，甚至在部分国家的部分教育阶段占了绝对主体的地位。总体来看，学前教育阶段私立学校在校生所占比例皆是各国各级各类私立学校在校生所占比例最大的。

11 个国家学前教育阶段私立学校在校生所占比例最高达到 77.7%（韩国），最低达

---

① For private institutions, the distinction between government-dependent and independent refers only to the degree of a private institution's dependence on funding from government sources: a government-dependent private institution receives 50% or more of its core funding from government agencies or one whose teaching personnel are paid by government agency. An independent private institution is one that receives less than 50% of its core funding from government agencies and whose teaching personnel are not paid by a government agency.

② 丁颖. 教育支出在公私之间的分担——美国、日本、韩国、法国、德国、英国比较［J］. 北京大学教育评论，2008(4).

到12.8%（法国），且在数据有效的10个国家中有5个（澳大利亚、比利时、德国、日本、韩国）超过了50%，此外有4个也超过了25%。同时，有4个国家（比利时、澳大利亚、奥地利、法国）全部或绝大部分为政府依赖型私立学校在校生，其他数据有效的5个国家（美国、英国、日本、韩国、意大利）全部为独立型私立学校在校生。

义务教育阶段私立学校在校生所占比例基本上是各国各级各类私立学校在校生所占比例最小的。就OECD国家平均来看，小学为9.5%，其中政府依赖型为6.6%，独立型为2.9%；初中平均为12.4%，其中政府依赖型为9.4%，独立型为3.0%。就各国来看，小学最高达到54.1%（比利时），但该国私立小学在校生全部为政府依赖型私立教育机构在校生；小学最低的达到1%（日本），11个国家中有7个国家的比例低于10%（其中4个国家不到5%），而其他高于10%的4个国家（澳大利亚、比利时、丹麦、法国）的私立小学在校生又主要或全部属于政府依赖型私立教育机构在校生。初中阶段最高达到56.4%（比利时），但全部为政府依赖型私立教育机构在校生；最低达到3.6%（意大利），全部为独立型私立教育机构在校生；11个国家中有5个国家（奥地利、德国、日本、英国、美国）的比例低于10%，多数为独立型私立教育机构在校生，其他高于10%的5个国家则全部或大部分分布在政府依赖型私立教育机构中。高中阶段私立学校在校生OECD平均值为18%，其中政府依赖型为12.6%，独立型为5.4%。11个国家中比例最高的为57.5%（比利时）和48.5%（韩国），但全部是政府依赖型私立学校在校生；最低的为2.6%（丹麦），全部为政府依赖型私立学校在校生；11个国家中日本高中阶段全部为独立型私立学校在校生，其他10个国家则全部或主要是政府依赖型私立学校在校生。

高等教育阶段私立学校在校生按照高等教育B类（职业技术性）和A类（学术性）进行划分，B类OECD的平均值为32.9%，其中政府依赖型为19.8%，独立型为13.1%；而A类OECD的平均值为23%，其中政府依赖型为9.1%，独立型为13.9%。11个国家中B类和A类最高的都高达100%（英国），全部为政府依赖型；比利时B类和A类私立在校生所占比例也较大，分别为53.4%和57.5%，但全部为政府依赖型。而B类和A类最低的分别为1.8%和1.9%（丹麦），也全部是政府依赖型。无论是B类和A类，日本和韩国私立高等教育在校生都占了绝对比例，且全部为独立型私立高等教育在校生，如B类中日本为92.9%，韩国为82.1%，A类中日本为75.9%，韩国为77.8%，显示了与其他OECD国家截然不同的高等教育发展特征，说明两国高等教育主要由私立教育机构承担，且教育经费主要由私人支出，政府投入很少。

二、OECD国家政府资助私立教育总体情况比较

在多数OECD国家，公共教育经费都或多或少地会用于资助私立教育机构或学生个人。据2004年统计，OECD国家公共教育经费中平均有15.1%被用于直接或间接资助

私立教育机构，高等教育阶段为26.4%。而2005年，OECD国家公共教育经费平均有15.3%用于资助私立部门，比2004年略有增长，其中8.4%用于直接资助私立教育机构，7%是通过资助学生等方式间接资助私立教育。在丹麦、英国等超过20%的公共教育经费被直接或间接分配给了私立部门。在比利时，大部分公共教育经费流向了政府依赖型教育机构，公共教育经费中只有43.7%用于公立教育机构，有51.2%被用于直接资助私立教育机构，另外5.1%也被用于间接资助私立教育部门。尽管私立教育机构的在校生比例非常高，但公共教育经费占整个教育经费的比例也很高，私立学校基本上不收费或收费很低，政府对私立教育提供了强大的资助。

学前教育阶段，英国私立在校生占29%，然而私立部门获得的政府教育经费却高达40%，显示了英国政府对私立部门的资助力度高于公立部门；而其他国家私立部门获得的政府教育经费比例要小于私立在校生所占比例，其中奥地利、比利时、丹麦、法国和德国等国家二者比例相差不大，显示政府对私立和公立的资助力度相差较小；意大利、日本、韩国和美国则二者比例相差较大，显示政府对私立部门的资助力度大大小于公立部门。初等教育、中等教育和高中后非高等教育阶段，OECD国家平均约12%的公共教育经费被分配给了私立教育机构，与该阶段私立学校在校生所占比例相比基本持平。高等教育阶段，OECD国家平均来看26%的公共教育经费用于资助私立高等教育，其中8.4%为直接支出，17.6%为转移支付比例。除了韩国、日本私立高等教育机构获得政府资助比例远远小于其在校生所占比例以外，美国为略低，而其他国家二者比例则相差不大，从而表明韩国、日本政府对私立高等教育资助力度最小，其次为美国，而其他国家政府资助私立高等教育的力度略小于对公立高等教育资助力度。

三、各国政府财政资助私立教育的主要依据及特点分析

（一）主要资助依据和原因

关于政府资助私立教育的基本理论依据，美国兰德尔教授认为可以从私立学校的“公共性”（publicness）中寻找。他在《私立学校与公立学校：多元化的案例》一书中将私立学校的“公共性”概括为：（1）服务于家长的教育选择，提供与公立学校不同的教育服务；（2）培养的人才供社会享有；（3）节约公共教育开支；（4）探索新的办学模式为公立学校改革提供借鉴。[①] 私立学校的“公共性”实际上也是私立教育的主要作用，即通过发展私立教育可以增加教育选择、提高教育效率、节约政府公共教育经费开支等，这些成为各国政府对私立教育进行资助的主要原因。此外，政府对私立教育进行资助还出于其他一些原因。具体来看包括以下方面。

---

① 洪成文. 国外私学公助实践模式的比较及思考［J］. 比较教育研究，2003(3).

1. 确保人民受教育的基本权利

一些国家对私立教育进行政府资助，是为了履行宪法和有关法律对“确保人民受教育权利”的承诺。如意大利，其2000年通过的一部法律中原本排除了向私立学校举办者提供直接经费支持的可能性，但同时为了确保公众受教育权利，又允许向地方管理部门设立特殊政府财政项目，专门为某类私立学校提供资助。① 对学费成本进行补偿的各种措施非常有助于解决私立教育机构所面临的一个困境，即由于收费而可能导致其教育服务对部分群体是难以支付的②，这种困境将使部分群体的受教育权利遭到损害。因此，扩展对私立部门学生和教育机构的财政支持力度，能够确保政府和私立部门在教育领域中的互补作用，共同维护和保障人民的基本受教育权利。

2. 提高教育领域的“竞争与选择”

一些国家之所以提供私立教育财政资助，其根本出发点旨在提高家长的选择权，增加教育竞争，提高教育效率。OECD报告明确指出：“国家鼓励公立学校和私立学校发展并提供资源是出于多种原因。在许多国家，一个原因就是为了扩展学生及家庭的教育选择权。”③ 自从20世纪90年代初期以来，瑞典一直采用类似教育券（Voucher）的方式，给家长政府资助，让他们有权利选择送孩子去公立学校还是去独立学校（私立学校）学习。美国部分州也是发送教育券给家长，允许他们选择私立学校。④ 通过提高人们的教育选择性，使那些被家长“抛弃”不选的学校不得不通过各种措施提高教育质量与可选择性，加强学校之间的竞争，提高教育效率。

3. 加强政府对私立教育的控制与管理

政府对私立教育进行公共资助，既体现政府对私立教育的支持，也是政府对私立教育进行管理和控制的一种手段。⑤ 政府在提供资助时总是会附加一定的条件，使得这种资助模式对接受资助的学校既是一种激励，也是一种约束。⑥ 如德国规定私立学校在接受政府各种资助与补贴的同时，只能收取一定数量的学费，用于补充实际办学成本。这样通过政府资助便对私立学校的学费水平进行了有效的控制和管理，避免因学费水平过高而给学生家庭造成经济负担。

4. 扩展教育机会和推动教育公平

近几年，OECD国家对教育进一步发展尤其是对高等教育规模扩展与质量提高的要

① Private education—Non public education in the European Union, Italy (2000). NCSPE.

② FIELDEN J & LAROCQUE N. The Evolving Regulatory Context for Private Education in Emerging Economies. The World Bank Education Working Paper Series Number - 14. June, 2008.

③ OECD. Education at a Glance 2008. OECD Indicators.

④ EFA Global Monitoring Report 2009.

⑤ 阎凤桥. 满足多样化教育需求，构建多元化教育提供机制［M］//闵维方. 2005—2006年中国教育与人力资源发展报告. 北京：北京大学出版社，2006：102.

⑥ Block, Howard M. & Derek S. Johnston. Stocks for All Seasons-Education Services Industry Overview [J]. San Francisco: Banc of America Securities Equity Research Division, 2003(7).

求迅速增加，在此过程中加大了对私立高校的政府资助，从而确保私立高校在高等教育规模扩展中发挥了重要作用，扩展了教育机会。选择私立教育，无论是主动选择还是被动选择，政府皆有责任确保教育公平。为此，政府应通过资助来确保私立教育机构教育质量和教育收费水平，加大对受教育者的补贴。

（二）各国政府资助的主要特点

1. 政府资助的基本前提是非营利性机构

多数国家政府资助的前提是私立学校应当是非营利性组织，尤其是政府公共教育经费的直接支出对象几乎不可能是营利性私立学校，在其他方面也对营利性教育机构进行限制。如，德国州政府对私立学校进行资助的必要前提是要求举办者必须属于非营利机构。在美国，非营利性私立学校可以享受免除收入税的优惠，向非营利性机构的捐赠款可以抵税，在有些地方，非营利机构还可以享受到免费公益广告和优惠价格的邮政服务；而营利性私立学校，虽然获得认证后学生可以获得政府贷款等有关资助，但学校却一般不能享受联邦政府和州政府的其他直接资助和优惠政策，而且须按章纳税。

2. 不同教育阶段获得政府资助的力度不同

上述国家各级教育阶段都不同程度地获得政府资助，将不同教育阶段私立在校生所占比例与其直接或间接所获得的公共教育经费比例进行比较，可以发现义务教育阶段获得政府资助的力度最大。即各国公共教育经费在义务教育阶段私立学校中的支出比例基本与其在校生所占比例相匹配，从而反映出在这些国家对待义务教育阶段的私立学校与公立学校基本上是平等的，在进行资助时往往参照公立学校教育成本，扣除私立学校自身应该或可能筹集到的经费数额，对不足部分政府给予“补足”，以确保义务教育阶段的私立在校生能够享受基本同等质量的教育。其他教育阶段，尽管各国对私立部门的资助力度要小于公立部门，但除了日本和韩国以外，各国实际上差别并不是很大，反映了其他国家比较平等地对待私立教育。日本和韩国的私立教育政府资助力度远远小于其他国家，属于私立教育发展特征比较独特的两个国家。其次为美国，总体来看其私立教育获得政府资助力度要低于私立学校在校生所占比例。

3. 不同国家不同教育阶段公共教育经费支出形式不同

从公共教育经费支出形式来看，OECD 国家平均直接支出比例要略高于非直接支出比例，但不同国家的不同教育阶段有着不同的特征。如学前教育阶段，奥地利、丹麦和英国主要采用转移支付方式资助私立部门；而法国、德国、日本和美国则全部采用直接经费支出形式；英国、韩国和意大利同时通过直接支出与转移支付两种方式进行资助。中等教育阶段和高中后非高等教育阶段，OECD 国家平均直接支出比例 8.5% 高于转移支付比例 3.7%。除丹麦其转移支付比例大大高于直接支出比例以外，其他国家皆主要通过直接支出形式或两种形式差不多的方式资助私立教育。高等教育阶段，OECD 国家平均转移支付比例要远远大于直接支出比例，分别为 17.6% 和 8.4%，说明该阶段政府主要通过转移支付给学生个人或其家庭来资助私立教育，这一特征在澳大利亚、奥地利、丹麦、德国、意大利和美国都非常明显。而韩国政府对私立高等教育的资助则主要通过直接支出形式，占21.9%，转移支付仅占2.9%。

4. 政府具体资助形式和资助途径多样

从具体形式来看，对私立学校进行税收减免是各国普遍的基本做法。如意大利宪法规定，团体和私人均有权建立私立大学、中小学或从事学历教育的教育机构，而不必向国家纳税。韩国对私立学校进行税制支援，与学校正常运营直接相关的国税、地方税以非课税为原则，在教学设备购买和进口时可以减免特别消费税，对学校法人收益事业的税收、附属医院等实行税收优惠。与此同时，多数国家按照一定的标准对私立学校基础建设费用和日常办学经费进行直接补贴，包括人事费用、教材图书、教师养老金基金补贴等，同时加大对学生补贴力度，包括学费补贴、食宿补贴、交通费用补贴等。对私立高等教育，许多国家除了提供基础建设费用外，特别注重加大对学校的研究资助力度，以提升私立大学研究水平。

5. 不同类型的私立学校获得的政府资助不同

许多国家的私立学校类型多样，但并非每一类都能平等地获得政府资助，同时同一类型的私立学校也因不同教育阶段而获得政府资助情况不同。如德国私立学校分为选择性学校（alternative school）和补充性学校（complementary school）两种，原则上在《基本法》的规定下，只有选择性学校能够获得财政资助，但在有些州，如果补充性学校达到一定的条件也可以获得州政府的补贴。意大利私立学校分为三类，根据法律规定原则上只向义务教育和高中教育阶段的政府学校（state school）和享有同等地位学校（equal-status school）中的学生提供资助。而对非政府学校（non-state school）的资助则主要限于两个领域，即托儿所和享受同等待遇的小学（primary schools that enjoy equal treatment）。[①] 澳大利亚天主教学校约70%的资金来自于政府补贴，独立学校平均有1/3的资金来自于政府补贴。

6. 中央和地方政府资助力度和方式等很不均衡

不同国家在各级政府对私立教育财政资助方面的职责不同，由此各级政府的资助力度与资助内容有所差异。如，有些国家中央政府（联邦政府）在私立教育财政资助方面发挥主要作用，有些国家则主要由地方政府负责。有些国家有全国统一的资助方案，没有的国家则由地方政府负责，各地往往资助情况很不均衡。在意大利，教育行政部门对私立学校的经费资助是按个案资助的方式来进行，没有全国统一的国家财政资助政策。澳大利亚州政府主要负责对公立学校的资助，而联邦政府主要对私立学校资助。德国法律禁止联邦政府向私立学校的开办者提供经费支持，但宪法规定州政府应当确保私立学校的存在，保证学生不因家庭经济状况受到歧视，因此，州政府有法律义务向私立

① Private education—Non public education in the European Union, Italy (2000). NCSPE.

学校提供财政资助，但资助的数额与具体资助条件各州差异较大，并且不同类型的学校之间也差异较大。另外，中央（联邦）政府与地方政府的资助内容不同，如美国联邦政府对私立教育的资助主要是馈赠办学土地、就读学生优惠贷款和科研项目研究经费，州政府对私立教育的支持则主要是提供科研经费、学生资助和税收优惠。

四、主要结论

（一）结合民办教育作用研究政府资助依据

从以上对 OECD 国家政府资助私立教育情况的分析来看，私立教育与公立教育一样，是一个国家或地区公共教育体系的重要组成部分。多数国家对于私立学校的“私性”（privateness）更多地强调其管理控制权由私人部门掌握，在进行政府资助时更为看重私立教育所具有的各种“公共性”（publicness）。因此，我国应根据各级各类民办教育在不同区域的具体作用进行分析，探讨政府资助民办教育的理论依据。

（二）根据民办学校作用和组织属性对民办学校进行分类

各国的私立学校类型多样，相应地政府资助也不同。在我国，除了可以考虑从营利性与非营利性角度对民办学校进行分类之外，还应当研究其他的分类方式，如可参考德国的选择性学校和补充性学校分类法，区分具有不同作用和不同组织属性的民办学校，以便更合理地设计政府资助方案。

（三）加大政府对学前教育和高中阶段教育的投入

将 OECD 国家各级各类教育经费来源的总体情况与我国进行比较，发现无论是哪个阶段的教育，我国政府公共教育经费所占比例都偏小，尤其在学前教育和高中教育阶段更小。2005 年 OECD 国家教育经费约 85% 来自于公共资源，而 2005 年我国财政预算内教育经费占全国教育经费的比例只有 55.42%。[①] 因此，应进一步扩大政府对各级各类教育的财政投入力度，大幅度提高公共教育经费占全国教育经费的比例，使公共教育经费在教育事业发展中发挥基础性和保障性作用。[②] 在教育经费有限的情况下，尤其侧重向学前教育阶段和高中教育阶段进行倾斜。

（四）合理利用公共教育经费的直接支出形式和转移支付形式

从不同教育阶段教育经费支出形式来看，学前教育阶段和高等教育阶段应当主要采

① 教育部财务司，国家统计局社会和科技统计处．中国教育经费统计年鉴 2006［M］．北京：中国统计出版社，2005．

② 文东茅．办学体制的国际比较及其启示［Z］．中国民办教育协会简报，2008(27)．

用转移支付形式，尤其加大对个人和家庭的资助和补贴力度；而义务教育阶段和高中教育阶段则两种方式相结合。在政府资助私人部门的途径和形式上，应采取多种方式，注意公平和效率问题。

表 4－12　OECD 部分国家各级各类教育经费来源所占比例（2005）（%）

国　别	学前教育		小学和初中		高中教育		高中后非高等		高等教育	
	公共	私人	公共	私人	公共	私人	公共	私人	公共	私人
澳大利亚	67.5	32.5	84.7	15.3	82.1	17.9	85.6	14.4	64.4	35.6
奥地利	82.1	17.9	97.1	2.9	95.6	4.4	29.4	70.6	100.0	0
比利时	94.0	6.0	94.0	6.0	94.8	5.2	0	0	92.0	8.0
丹麦	82.4	17.6	97.4	2.6	99.4	0.6	0	0	97.7	2.3
法国	94.3	5.7	92.7	7.3	88.8	11.2	83.2	16.8	85.1	14.9
德国	72.1	27.9	92.9	7.1	70.5	29.5	50.5	49.5	75.0	25.0
意大利	92.2	7.8	90.6	9.4	83.4	16.6	100.0	0.0	71.9	28.1
日本	37.4	62.6	76.4	23.6	58.5	41.5	0	0	41.7	58.3
韩国	55.1	44.9	84.2	15.8	66.0	34.0	0	0	25.0	75.0
英国	93.3	6.7	87.4	12.6	87.6	12.4	72.7	27.3	80.9	19.1
美国	76.2	23.8	91.3	8.7	90.0	10.0	0	0	45.4	54.6

数据来源：http：//stats. oecd. org/WBOS/Index. aspx.

注：在 OECD 统计体系中，将教育经费来源分为三类，分别是公共资金、私人资金和国际资金。由于在上述国家中来自国际机构的资金很少或没有，因此部分国家的私人资金所占比例将比表中所示的略低一些，但差异不大。

附　　录

一、有关民办教育的重要法律法规和文件

中华人民共和国民办教育促进法

（2002 年 12 月 28 日第九届全国人民代表大会
常务委员会第三十一次会议通过
2002 年 12 月 28 日中华人民共和国主席令
第 80 号公布　自 2003 年 9 月 1 日起施行）

第一章　总　则

第一条　为实施科教兴国战略，促进民办教育事业的健康发展，维护民办学校和受教育者的合法权益，根据宪法和教育法制定本法。

第二条　国家机构以外的社会组织或者个人，利用非国家财政性经费，面向社会举办学校及其他教育机构的活动，适用本法。本法未作规定的，依照教育法和其他有关教育法律执行。

第三条　民办教育事业属于公益性事业，是社会主义教育事业的组成部分。

国家对民办教育实行积极鼓励、大力支持、正确引导、依法管理的方针。

各级人民政府应当将民办教育事业纳入国民经济和社会发展规划。

第四条　民办学校应当遵守法律、法规，贯彻国家的教育方针，保证教育质量，致力于培养社会主义建设事业的各类人才。

民办学校应当贯彻教育与宗教相分离的原则。任何组织和个人不得利用宗教进行妨碍国家教育制度的活动。

第五条　民办学校与公办学校具有同等的法律地位，国家保障民办学校的办学自主权。

国家保障民办学校举办者、校长、教职工和受教育者的合法权益。

第六条　国家鼓励捐资办学。

国家对为发展民办教育事业做出突出贡献的组织和个人，给予奖励和表彰。

第七条　国务院教育行政部门负责全国民办教育工作的统筹规划、综合协调和宏观管理。

国务院劳动和社会保障行政部门及其他有关部门在国务院规定的职责范围内分别负责有关的民办教育工作。

第八条　县级以上地方各级人民政府教育行政部门主管本行政区域内的民办教育工作。

县级以上地方各级人民政府劳动和社会保障行政部门及其他有关部门在各自的职责范围内，分别负责有关的民办教育工作。

第二章　设　立

第九条　举办民办学校的社会组织，应当具有法人资格。

举办民办学校的个人，应当具有政治权利和完全民事行为能力。

民办学校应当具备法人条件。

第十条　设立民办学校应当符合当地教育发展的需求，具备教育法和其他有关法律、法规规定的条件。

民办学校的设置标准参照同级同类公办学校的设置标准执行。

第十一条　举办实施学历教育、学前教育、自学考试助学及其他文化教育的民办学校，由县级以上人民政府教育行政部门按照国家规定的权限审批；举办实施以职业技能为主的职业资格培训、职业技能培训的民办学校，由县级以上人民政府劳动和社会保障行政部门按照国家规定的权限审批，并抄送同级教育行政部门备案。

第十二条　申请筹设民办学校，举办者应当向审批机关提交下列材料：

（一）申办报告，内容应当主要包括：举办者、培养目标、办学规模、办学层次、办学形式、办学条件、内部管理体制、经费筹措与管理使用等；

（二）举办者的姓名、住址或者名称、地址；

（三）资产来源、资金数额及有效证明文件，并载明产权；

（四）属捐赠性质的校产须提交捐赠协议，载明捐赠人的姓名、所捐资产的数额、用途和管理方法及相关有效证明文件。

第十三条　审批机关应当自受理筹设民办学校的申请之日起三十日内以书面形式作出是否同意的决定。

同意筹设的，发给筹设批准书。不同意筹设的，应当说明理由。

筹设期不得超过三年。超过三年的，举办者应当重新申报。

第十四条 申请正式设立民办学校的，举办者应当向审批机关提交下列材料：

（一）筹设批准书；

（二）筹设情况报告；

（三）学校章程、首届学校理事会、董事会或者其他决策机构组成人员名单；

（四）学校资产的有效证明文件；

（五）校长、教师、财会人员的资格证明文件。

第十五条 具备办学条件，达到设置标准的，可以直接申请正式设立，并应当提交本法第十二条和第十四条（三）、（四）、（五）项规定的材料。

第十六条 申请正式设立民办学校的，审批机关应当自受理之日起三个月内以书面形式作出是否批准的决定，并送达申请人；其中申请正式设立民办高等学校的，审批机关也可以自受理之日起六个月内以书面形式作出是否批准的决定，并送达申请人。

第十七条 审批机关对批准正式设立的民办学校发给办学许可证。

审批机关对不批准正式设立的，应当说明理由。

第十八条 民办学校取得办学许可证，并依照有关的法律、行政法规进行登记，登记机关应当按照有关规定即时予以办理。

第三章 学校的组织与活动

第十九条 民办学校应当设立学校理事会、董事会或者其他形式的决策机构。

第二十条 学校理事会或者董事会由举办者或者其代表、校长、教职工代表等人员组成。其中三分之一以上的理事或者董事应当具有五年以上教育教学经验。

学校理事会或者董事会由五人以上组成，设理事长或者董事长一人。理事长、理事或者董事长、董事名单报审批机关备案。

第二十一条 学校理事会或者董事会行使下列职权：

（一）聘任和解聘校长；

（二）修改学校章程和制定学校的规章制度；

（三）制定发展规划，批准年度工作计划；

（四）筹集办学经费，审核预算、决算；

（五）决定教职工的编制定额和工资标准；

（六）决定学校的分立、合并、终止；

（七）决定其他重大事项。

其他形式决策机构的职权参照本条规定执行。

第二十二条 民办学校的法定代表人由理事长、董事长或者校长担任。

第二十三条 民办学校参照同级同类公办学校校长任职的条件聘任校长，年龄可以适当放宽，并报审批机关核准。

第二十四条 民国办学校校长负责学校的教育教学和行政管理工作，行使下列职权：

（一）执行学校理事会、董事会或者其他形式决策机构的决定；

（二）实施发展规划，拟订年度工作计划、财务预算和学校规章制度；

（三）聘任和解聘学校工作人员，实施奖惩；

（四）组织教育教学、科学研究活动，保证教育教学质量；

（五）负责学校日常管理工作；

（六）学校理事会、董事会或者其他形式决策机构的其他授权。

第二十五条 民办学校对招收的学生，根据其类别、修业年限、学业成绩，可以根据国家有关规定发给学历证书、结业证书或者培训合格证书。

对接受职业技能培训的学生，经政府批准的职业技能鉴定机构鉴定合格的，可以发给国家职业资格证书。

第二十六条 民办学校依法通过以教师为主体的教职工代表大会等形式，保障教职工参与民主管理和监督。

民办学校的教师和其他工作人员，有权依照工会法，建立工会组织，维护其合法权益。

第四章 教师与受教育者

第二十七条 民办学校的教师、受教育者与公办学校的教师、受教育者具有同等的法律地位。

第二十八条 民办学校聘任的教师，应当具有国家规定的任教资格。

第二十九条 民办学校应当对教师进行思想品德教育和业务培训。

第三十条 民办学校应当依法保障教职工的工资、福利待遇，并为教职工缴纳社会保险费。

第三十一条 民办学校教职工在业务培训、职务聘任、教龄和工龄计算、表彰奖励、社会活动等方面依法享有与公办学校教职工同等权利。

第三十二条 民办学校依法保障受教育者的合法权益。

民办学校按照国家规定建立学籍管理制度，对受教育者实施奖励或者处分。

第三十三条 民办学校的受教育者在升学、就业、社会优待以及参加先进评选等方面享有与同级同类公办学校的受教育者同等权利。

第五章 学校资产与财务管理

第三十四条 民办学校应当依法建立财务、会计制度和资产管理制度，并按照国家有关规定设置会计账簿。

第三十五条 民办学校对举办者投入民办学校的资产、国有资产、受赠的财产以及办学积累，享有法人财产权。

第三十六条 民办学校存续期间，所有资产由民办学校依法管理和使用，任何组织和个人不得侵占。

任何组织和个人都不得违反法律、法规向民办教育机构收取任何费用。

第三十七条 民办学校对接受学历教育的受教育者收取费用的项目和标准由学校制定，报有关部门批准并公示；对其他受教育者收取费用的项目和标准由学校制定，报有关部门备案并公示。

民办学校收取的费用应当主要用于教育教学活动和改善办学条件。

第三十八条 民办学校资产的使用和财务管理受审批机关和其他有关部门的监督。

民办学校应当在每个会计年度结束时制作财务会计报告，委托会计师事务所依法进行审计，并公布审计结果。

第六章 管理与监督

第三十九条 教育行政部门及有关部门应当对民办学校的教育教学工作、教师培训工作进行指导。

第四十条 教育行政部门及有关部门依法对民办学校实行督导，促进提高办学质量；组织或者委托社会中介组织评估办学水平和教育质量，并将评估结果向社会公布。

第四十一条 民办学校的招生简章和广告，应当报审批机关备案。

第四十二条 民办学校侵犯受教育者的合法权益，受教育者及其亲属有权向教育行政部门和其他有关部门申诉，有关部门应当及时予以处理。

第四十三条 国家支持和鼓励社会中介组织为民办学校提供服务。

第七章 扶持与奖励

第四十四条 县级以上各级人民政府可以设立专项资金，用于资助民办学校的发展，奖励和表彰有突出贡献的集体和个人。

第四十五条 县级以上各级人民政府可以采取经费资助，出租、转让闲置的国有资产等措施对民办学校予以扶持。

第四十六条 民办学校享受国家规定的税收优惠政策。

第四十七条 民办学校依照国家有关法律、法规，可以接受公民、法人或者其他组织的捐赠。

国家对向民办学校捐赠财产的公民、法人或者其他组织按照有关规定给予税收优惠，并予以表彰。

第四十八条　国家鼓励金融机构运用信贷手段，支持民办教育事业的发展。

第四十九条　人民政府委托民办学校承担义务教育任务，应当按照委托协议拨付相应的教育经费。

第五十条　新建、扩建民办学校，人民政府应当按照公益事业用地及建设的有关规定给予优惠。教育用地不得用于其他用途。

第五十一条　民办学校在扣除办学成本、预留发展基金以及按照国家有关规定提取其他的必需的费用后，出资人可以从办学结余中取得合理回报。取得合理回报的具体办法由国务院规定。

第五十二条　国家采取措施，支持和鼓励社会组织和个人到少数民族地区、边远贫困地区举办民办学校，发展教育事业。

第八章　变更与终止

第五十三条　民办学校的分立、合并，在进行财务清算后，由学校理事会或者董事会报审批机关批准。

申请分立、合并民办学校的，审批机关应当自受理之日起三个月内以书面形式答复；其中申请分立、合并民办高等学校的，审批机关也可以自受理之日起六个月内以书面形式答复。

第五十四条　民办学校举办者的变更，须由举办者提出，在进行财务清算后，经学校理事会或者董事会同意，报审批机关核准。

第五十五条　民办学校名称、层次、类别的变更，由学校理事会或者董事会报审批机关批准。

申请变更为其他民办学校，审批机关应当自受理之日起三个月内以书面形式答复；其中申请变更为民办高等学校的，审批机关也可以自受理之日起六个月内以书面形式答复。

第五十六条　民办学校有下列情形之一的，应当终止：

（一）根据学校章程规定要求终止，并经审批机关批准的；

（二）被吊销办学许可证的；

（三）因资不抵债无法继续办学的。

第五十七条　民办学校终止时，应当妥善安置在校学生。实施义务教育的民办学校终止时，审批机关应当协助学校安排学生继续就学。

第五十八条　民办学校终止时，应当依法进行财务清算。

民办学校自己要求终止的，由民办学校组织清算；被审批机关依法撤销的，由审批机关组织清算；因资不抵债无法继续办学而被终止的，由人民法院组织清算。

第五十九条 对民办学校的财产按照下列顺序清偿：

（一）应退受教育者学费、杂费和其他费用；

（二）应发教职工的工资及应缴纳的社会保险费用；

（三）偿还其他债务。

民办学校清偿上述债务后的剩余财产，按照有关法律、行政法规的规定处理。

第六十条 终止的民办学校，由审批机关收回办学许可证和销毁印章，并注销登记。

第九章 法律责任

第六十一条 民办学校在教育活动中违反教育法、教师法规定的，依照教育法、教师法的有关规定给予处罚。

第六十二条 民办学校有下列行为之一的，由审批机关或者其他有关部门责令限期改正，并予以警告；有违法所得的，退还所收费用后没收违法所得；情节严重的，责令停止招生、吊销办学许可证；构成犯罪的，依法追究刑事责任：

（一）擅自分立、合并民办学校的；

（二）擅自改变民办学校名称、层次、类别和举办者的；

（三）发布虚假招生简章或者广告，骗取钱财的；

（四）非法颁发或者伪造学历证书、结业证书、培训证书、职业资格证书的；

（五）管理混乱严重影响教育教学，产生恶劣社会影响的；

（六）提交虚假证明文件或者采取其他欺诈手段隐瞒重要事实骗取办学许可证的；

（七）伪造、变造、买卖、出租、出借办学许可证的；

（八）恶意终止办学、抽逃资金或者挪用办学经费的。

第六十三条 审批机关和有关部门有下列行为之一的，由上级机关责令其改正；情节严重的，对直接负责的主管人员和其他直接责任人员，依法给予行政处分；造成经济损失的，依法承担赔偿责任；构成犯罪的，依法追究刑事责任：

（一）已受理设立申请，逾期不予答复的；

（二）批准不符合本法规定条件申请的；

（三）疏于管理，造成严重后果的；

（四）违反国家有关规定收取费用的；

（五）侵犯民办学校合法权益的；

（六）其他滥用职权、徇私舞弊的。

第六十四条 社会组织和个人擅自举办民办学校的，由县级以上人民政府的有关行政部门责令限期改正，符合本法及有关法律规定的民办学校条件的，可以补办审批手续；逾期仍达不到办学条件的，责令停止办学，造成经济损失的，依法承担赔偿责任。

第十章 附 则

第六十五条 本法所称的民办学校包括依法举办的其他民办教育机构。

本法所称的校长包括其他民办教育机构的主要行政负责人。

第六十六条 在工商行政管理部门登记注册的经营性的民办培训机构的管理办法，由国务院另行规定。

第六十七条 境外的组织和个人在中国境内合作办学的办法，由国务院规定。

第六十八条 本法自2003年9月1日起施行。1997年7月31日国务院颁布的《社会力量办学条例》同时废止。

国家中长期教育改革和发展规划纲要（2010—2020年）[①]

目　　录

---

① 参见：《中国教育报》2010年7月30日第一、第二、第三版。

(四十五) 健全统筹有力、权责明确的教育管理体制
(四十六) 加强省级政府教育统筹
(四十七) 转变政府教育管理职能

第十六章 扩大教育开放

(四十八) 加强国际交流与合作
(四十九) 引进优质教育资源
(五十) 提高交流合作水平

第四部分 保障措施

第十七章 加强教师队伍建设

(五十一) 建设高素质教师队伍
(五十二) 加强师德建设
(五十三) 提高教师业务水平
(五十四) 提高教师地位待遇
(五十五) 健全教师管理制度

第十八章 保障经费投入

(五十六) 加大教育投入
(五十七) 完善投入机制
(五十八) 加强经费管理

第十九章 加快教育信息化进程

(五十九) 加快教育信息基础设施建设
(六十) 加强优质教育资源开发与应用
(六十一) 构建国家教育管理信息系统

第二十章 推进依法治教

(六十二) 完善教育法律法规
(六十三) 全面推进依法行政
(六十四) 大力推进依法治校
(六十五) 完善督导制度和监督问责机制

第二十一章 重大项目和改革试点

(六十六) 组织实施重大项目
(六十七) 组织开展改革试点

第二十二章 加强组织领导

(六十八) 加强和改善对教育工作的领导
(六十九) 加强和改进教育系统党的建设
(七十) 切实维护教育系统和谐稳定

实施

根据党的十七大关于“优先发展教育，建设人力资源强国”的战略部署，为促进教育事业科学发展，全面提高国民素质，加快社会主义现代化进程，制定本《教育规划纲要》。

序 言

百年大计，教育为本。教育是民族振兴、社会进步的基石，是提高国民素质、促进人的全面发展的根本途径，寄托着亿万家庭对美好生活的期盼。强国必先强教。优先发展教育、提高教育现代化水平，对实现全面建设小康社会奋斗目标、建设富强民主文明和谐的社会主义现代化国家具有决定性意义。

党和国家历来高度重视教育。新中国成立以来，在以毛泽东同志、邓小平同志、江泽民同志为核心的党的三代中央领导集体和以胡锦涛同志为总书记的党中央领导下，全党全社会同心同德，艰苦奋斗，开辟了中国特色社会主义教育发展道路，建成了世界最大规模的教育体系，保障了亿万人民群众受教育的权利。教育投入大幅增长，办学条件显著改善，教育改革逐步深化，办学水平不断提高。进入本世纪以来，城乡免费义务教育全面实现，职业教育快速发展，高等教育进入大众化阶段，农村教育得到加强，教育公平迈出重大步伐。教育的发展极大地提高了全民族素质，推进了科技创新、文化繁荣，为经济发展、社会进步和民生改善作出了不可替代的重大贡献。我国实现了从人口大国向人力资源大国的转变。

当今世界正处在大发展大变革大调整时期。世界多极化、经济全球化深入发展，科技进步日新月异，人才竞争日趋激烈。我国正处在改革发展的关键阶段，经济建设、政治建设、文化建设、社会建设以及生态文明建设全面推进，工业化、信息化、城镇化、市场化、国际化深入发展，人口、资源、环境压力日益加大，经济发展方式加快转变，都凸显了提高国民素质、培养创新人才的重要性和紧迫性。中国未来发展、中华民族伟大复兴，关键靠人才，基础在教育。

面对前所未有的机遇和挑战，必须清醒认识到，我国教育还不完全适应国家经济社会发展和人民群众接受良好教育的要求。教育观念相对落后，内容方法比较陈旧，中小学生课业负担过重，素质教育推进困难；学生适应社会和就业创业能力不强，创新型、实用型、复合型人才紧缺；教育体制机制不完善，学校办学活力不足；教育结构和布局不尽合理，城乡、区域教育发展不平衡，贫困地区、民族地区教育发展滞后；教育投入不足，教育优先发展的战略地位尚未得到完全落实。接受良好教育成为人民群众强烈期盼，深化教育改革成为全社会共同心声。

国运兴衰，系于教育；教育振兴，全民有责。在党和国家工作全局中，必须始终坚持把教育摆在优先发展的位置。按照面向现代化、面向世界、面向未来的要求，适应全面建设小康社会、建设创新型国家的需要，坚持育人为本，以改革创新为动力，以促进公平为重点，以提高质量为核心，全面实施素质教育，推动教育事业在新的历史起点上科学发展，加快从教育大国向教育强国、从人力资源大国向人力资源强国迈进，为中华民族伟大复兴和人类文明进步作出更大贡献。

第一部分　总体战略

第一章　指导思想和工作方针

（一）指导思想。高举中国特色社会主义伟大旗帜，以邓小平理论和“三个代表”重要思想为指导，深入贯彻落实科学发展观，实施科教兴国战略和人才强国战略，优先发展教育，完善中国特色社会主义现代教育体系，办好人民满意的教育，建设人力资源强国。

全面贯彻党的教育方针，坚持教育为社会主义现代化建设服务，为人民服务，与生产劳动和社会实践相结合，培养德智体美全面发展的社会主义建设者和接班人。

全面推进教育事业科学发展，立足社会主义初级阶段基本国情，把握教育发展阶段性特征，坚持以人为本，遵循教育规律，面向社会需求，优化结构布局，提高教育现代化水平。

（二）工作方针。优先发展、育人为本、改革创新、促进公平、提高质量。

把教育摆在优先发展的战略地位。教育优先发展是党和国家提出并长期坚持的一项重大方针。各级党委和政府要把优先发展教育作为贯彻落实科学发展观的一项基本要求，切实保证经济社会发展规划优先安排教育发展，财政资金优先保障教育投入，公共资源优先满足教育和人力资源开发需要。充分调动全社会关心支持教育的积极性，共同担负起培育下一代的责任，为青少年健康成长创造良好环境。完善体制和政策，鼓励社会力量兴办教育，不断扩大社会资源对教育的投入。

把育人为本作为教育工作的根本要求。人力资源是我国经济社会发展的第一资源，教育是开发人力资源的主要途径。要以学生为主体，以教师为主导，充分发挥学生的主动性，把促进学生健康成长作为学校一切工作的出发点和落脚点。关心每个学生，促进每个学生主动地、生动活泼地发展，尊重教育规律和学生身心发展规律，为每个学生提供适合的教育。努力培养造就数以亿计的高素质劳动者、数以千万计的专门人才和一大批拔尖创新人才。

把改革创新作为教育发展的强大动力。教育要发展，根本靠改革。要以体制机制改革为重点，鼓励地方和学校大胆探索和试验，加快重要领域和关键环节改革步伐。创新人才培养体制、办学体制、教育管理体制，改革质量评价和考试招生制度，改革教学内容、方法、手段，建设现代学校制度。加快解决经济社会发展对高质量多样化人才需要与教育培养能力不足的矛盾、人民群众期盼良好教育与资源相对短缺的矛盾、增强教育活力与体制机制约束的矛盾，为教育事业持续健康发展提供强大动力。

把促进公平作为国家基本教育政策。教育公平是社会公平的重要基础。教育公平的关键是机会公平，基本要求是保障公民依法享有受教育的权利，重点是促进义务教育均衡发展和扶持困难群体，根本措施是合理配置教育资源，向农村地区、边远贫困地区和民族地区倾斜，加快缩小教育差距。教育公平的主要责任在政府，全社会要共同促进教育公平。

把提高质量作为教育改革发展的核心任务。树立科学的质量观，把促进人的全面发展、适应社会需要作为衡量教育质量的根本标准。树立以提高质量为核心的教育发展观，注重教育内涵发展，鼓励学校办出特色、办出水平，出名师，育英才。建立以提高教育质量为导向的管理制度和工作机制，把教育资源配置和学校工作重点集中到强化教学环节、提高教育质量上来。制定教育质量国家标准，建立健全教育质量保障体系。加强教师队伍建设，提高教师整体素质。

第二章　战略目标和战略主题

（三）战略目标。到2020年，基本实现教育现代化，基本形成学习型社会，进入人力资源强国行列。

实现更高水平的普及教育。基本普及学前教育；巩固提高九年义务教育水平；普及高中阶段教育，毛入学率达到90%；高等教育大众化水平进一步提高，毛入学率达到40%；扫除青壮年文盲。新增劳动力平均受教育年限从12.4年提高到13.5年；主要劳动年龄人口平均受教育年限从9.5年提高到11.2年，其中受过高等教育的比例达到20%，具有高等教育文化程度的人数比2009年翻一番。

形成惠及全民的公平教育。坚持教育的公益性和普惠性，保障公民依法享有接受良好教育的机会。建成覆盖城乡的基本公共教育服务体系，逐步实现基本公共教育服务均等化，缩小区域差距。努力办好每一所学校，教好每一个学生，不让一个学生因家庭经济困难而失学。切实解决进城务工人员子女平等接受义务教育问题。保障残疾人受教育权利。

提供更加丰富的优质教育。教育质量整体提升，教育现代化水平明显提高。优质教育资源总量不断扩大，更好满足人民群众接受高质量教育的需求。学生思想道德素质、科学文化素质和健康素质明显提高。各类人才服务国家、服务人民和参与国际竞争能力显著增强。

构建体系完备的终身教育。学历教育和非学历教育协调发展，职业教育和普通教育相互沟通，职前教育和职后教育有效衔接。继续教育参与率大幅提升，从业人员继续教育年参与率达到50%。现代国民教育体系更加完善，终身教育体系基本形成，促进全体人民学有所教、学有所成、学有所用。

健全充满活力的教育体制。进一步解放思想，更新观念，深化改革，提高教育开放水平，全面形成与社会主义市场经济体制和全面建设小康社会目标相适应的充满活力、富有效率、更加开放、有利于科学发展的教育体制机制，办出具有中国特色、世界水平的现代教育。

（四）战略主题。坚持以人为本、全面实施素质教育是教育改革发展的战略主题，是贯彻党的教育方针的时代要求，其核心是解决好培养什么人、怎样培养人的重大问题，重点是面向全体学生、促进学生全面发展，着力提高学生服务国家服务人民的社会责任感、勇于探索的创新精神和善于解决问题的实践能力。

坚持德育为先。立德树人，把社会主义核心价值体系融入国民教育全过程。加强马克思主义中国化最新成果教育，引导学生形成正确的世界观、人生观、价值观；加强理想信念教育和道德教育，坚定学生对中国共产党领导、社会主义制度的信念和信心；加强以爱国主义为核心的民族精神和以改革创新为核心的时代精神教育；加强社会主义荣辱观教育，培养学生团结互助、诚实守信、遵纪守法、艰苦奋斗的良好品质。加强公民意识教育，树立社会主义民主法治、自由平等、公平正义理念，培养社会主义合格公民。加强中华民族优秀文化传统教育和革命传统教育。把德育渗透于教育教学的各个环节，贯穿于学校教育、家庭教育和社会教育的各个方面。切实加强和改进未成年人思想道德建设和大学生思想政治教育工作。构建大中小学有效衔接的德育体系，创新德育形式，丰富德育内容，不断提高德育工作的吸引力和感染力，增强德育工作的针对性和实效性。加强辅导员、班主任队伍建设。

坚持能力为重。优化知识结构，丰富社会实践，强化能力培养。着力提高学生的学习能力、实践能力、创新能力，教育学生学会知识技能，学会动手动脑，学会生存生活，学会做人做事，促进学生主动适应社会，开创美好未来。

坚持全面发展。全面加强和改进德育、智育、体育、美育。坚持文化知识学习与思想品德修养的统一、理论学习与社会实践的统一、全面发展与个性发展的统一。加强体育，牢固树立健康第一的思想，确保学生体育课程和课余活动时间，提高体育教学质量，加强心理健康教育，促进学生身心健康、体魄强健、意志坚强；加强美育，培养学生良好的审美情趣和人文素养。加强劳动教育，培养学生热爱劳动、热爱劳动人民的情感。重视安全教育、生命教育、国防教育、可持续发展教育。促进德育、智育、体育、美育有机融合，提高学生综合素质，使学生成为德智体美全面发展的社会主义建设者和接班人。

专栏 1：教育事业发展主要目标

指　标	单位	2009 年	2015 年	2020 年
学前教育				
幼儿在园人数	万人	2658	3400	4000
学前一年毛入园率	%	74.0	85.0	95.0
学前两年毛入园率	%	65.0	70.0	80.0
学前三年毛入园率	%	50.9	60.0	70.0
九年义务教育				
在校生	万人	15772	16100	16500
巩固率	%	90.8	93.0	95.0
高中阶段教育*				
在校生	万人	4624	4500	4700
毛入学率	%	79.2	87.0	90.0
职业教育				
中等职业教育在校生	万人	2179	2250	2350
高等职业教育在校生	万人	1280	1390	1480
高等教育**				
在学总规模	万人	2979	3350	3550
在校生	万人	2826	3080	3300
其中：研究生	万人	140	170	200
毛入学率	%	24.2	36.0	40.0
继续教育				
从业人员继续教育	万人次	16600	29000	35000

注：*含中等职业教育学生数；**含高等职业教育学生数。

专栏 2：人力资源开发主要目标

指　标	单位	2009 年	2015 年	2020 年
具有高等教育文化程度的人数	万人	9830	14500	19500
主要劳动年龄人口平均受教育年限	年	9.5	10.5	11.2
其中：受过高等教育的比例	%	9.9	15.0	20.0
新增劳动力平均受教育年限	年	12.4	13.3	13.5
其中：受过高中阶段及以上教育的比例	%	67.0	87.0	90.0

第二部分　发展任务

第三章　学前教育

（五）基本普及学前教育。学前教育对幼儿身心健康、习惯养成、智力发展具有重要意义。遵循幼儿身心发展规律，坚持科学保教方法，保障幼儿快乐健康成长。积极发展学前教育，到2020年，普及学前一年教育，基本普及学前两年教育，有条件的地区普及学前三年教育。重视0至3岁婴幼儿教育。

（六）明确政府职责。把发展学前教育纳入城镇、社会主义新农村建设规划。建立政府主导、社会参与、公办民办并举的办园体制。大力发展公办幼儿园，积极扶持民办幼儿园。加大政府投入，完善成本合理分担机制，对家庭经济困难幼儿入园给予补助。加强学前教育管理，规范办园行为。制定学前教育办园标准，建立幼儿园准入制度。完善幼儿园收费管理办法。严格执行幼儿教师资格标准，切实加强幼儿教师培养培训，提高幼儿教师队伍整体素质，依法落实幼儿教师地位和待遇。教育行政部门加强对学前教育的宏观指导和管理，相关部门履行各自职责，充分调动各方面力量发展学前教育。

（七）重点发展农村学前教育。努力提高农村学前教育普及程度。着力保证留守儿童入园。采取多种形式扩大农村学前教育资源，改扩建、新建幼儿园，充分利用中小学布局调整富余的校舍和教师举办幼儿园（班）。发挥乡镇中心幼儿园对村幼儿园的示范指导作用。支持贫困地区发展学前教育。

第四章　义务教育

（八）巩固提高九年义务教育水平。义务教育是国家依法统一实施、所有适龄儿童少年必须接受的教育，具有强制性、免费性和普及性，是教育工作的重中之重。注重品行培养，激发学习兴趣，培育健康体魄，养成良好习惯。到2020年，全面提高普及水平，全面提高教育质量，基本实现区域内均衡发展，确保适龄儿童少年接受良好义务教育。

巩固义务教育普及成果。适应城乡发展需要，合理规划学校布局，办好必要的教学点，方便学生就近入学。坚持以输入地政府管理为主、以全日制公办中小学为主，确保进城务工人员随迁子女平等接受义务教育，研究制定进城务工人员随迁子女接受义务教育后在当地参加升学考试的办法。建立健全政府主导、社会参与的农村留守儿童关爱服务体系和动态监测机制。加快农村寄宿制学校建设，优先满足留守儿童住宿需求。采取必要措施，确保适龄儿童少年不因家庭经济困难、就学困难、学习困难等原因而失学，努力消除辍学现象。

提高义务教育质量。建立国家义务教育质量基本标准和监测制度。严格执行义务教育国家课程标准、教师资格标准。深化课程与教学方法改革，推行小班教学。配齐音乐、体育、美术等学科教师，开足开好规定课程。大力推广普通话教学，使用规范汉字。

增强学生体质。科学安排学习、生活、锻炼，保证学生睡眠时间。大力开展"阳光体育"运动，保证学生每天锻炼一小时，不断提高学生体质健康水平。提倡合理膳食，改善学生营养状况，提高贫困地区农村学生营养水平。保护学生视力。

（九）推进义务教育均衡发展。均衡发展是义务教育的战略性任务。建立健全义务教育均衡发展保障机制。推进义务教育学校标准化建设，均衡配置教师、设备、图书、校舍等资源。

切实缩小校际差距，着力解决择校问题。加快薄弱学校改造，着力提高师资水平。实行县（区）域内教师、校长交流制度。实行优质普通高中和优质中等职业学校招生名额合理分配到区域内初中的办法。义务教育阶段不得设置重点学校和重点班。在保障适龄儿童少年就近进入公办学校的前提下，发展民办教育，提供选择机会。

加快缩小城乡差距。建立城乡一体化义务教育发展机制，在财政拨款、学校建设、教师配置等方面向农村倾斜。率先在县（区）域内实现城乡均衡发展，逐步在更大范围内推进。

努力缩小区域差距。加大对革命老区、民族地区、边疆地区、贫困地区义务教育的转移支付力度。鼓励发达地区支援欠发达地区。

（十）减轻中小学生课业负担。过重的课业负担严重损害儿童少年身心健康。减轻学生课业负担是全社会的共同责任，政府、学校、家庭、社会必须共同努力，标本兼治，综合治理。把减负落实到中小学教育全过程，促进学生生动活泼学习、健康快乐成长。率先实现小学生减负。

各级政府要把减负作为教育工作的重要任务，统筹规划，整体推进。调整教材内容，科学设计课程难度。改革考试评价制度和学校考核办法。规范办学行为，建立学生课业负担监测和公告制度。不得以升学率对地区和学校进行排名，不得下达升学指标。规范各种社会补习机构和教辅市场。加强校外活动场所建设和管理，丰富学生课外及校外活动。

学校要把减负落实到教育教学各个环节，给学生留下了解社会、深入思考、动手实践、健身娱乐的时间。提高教师业务素质，改进教学方法，增强课堂教学效果，减少作业量和考试次数。培养学生学习兴趣和爱好。严格执行课程方案，不得增加课时和提高难度。各种等级考试和竞赛成绩不得作为义务教育阶段入学与升学的依据。

充分发挥家庭教育在儿童少年成长过程中的重要作用。家长要树立正确的教育观念，掌握科学的教育方法，尊重子女的健康情趣，培养子女的良好习惯，加强与学校的沟通配合，共同减轻学生课业负担。

第五章　高中阶段教育

（十一）加快普及高中阶段教育。高中阶段教育是学生个性形成、自主发展的关键时期，对提高国民素质和培养创新人才具有特殊意义。注重培养学生自主学习、自强自立和适应社会的能力，克服应试教育倾向。到2020年，普及高中阶段教育，满足初中毕业生接受高中阶段教育需求。

根据经济社会发展需要，合理确定普通高中和中等职业学校招生比例，今后一个时期总体保持普通高中和中等职业学校招生规模大体相当。加大对中西部贫困地区高中阶段教育的扶持力度。

（十二）全面提高普通高中学生综合素质。深入推进课程改革，全面落实课程方案，保证学生全面完成国家规定的文理等各门课程的学习。创造条件开设丰富多彩的选修课，为学生提供更多选择，促进学生全面而有个性的发展。逐步消除大班额现象。积极开展研究性学习、社区服务和社会实践。建立科学的教育质量评价体系，全面实施高中学业水平考试和综合素质评价。建立学生发展指导制度，加强对学生的理想、心理、学业等多方面指导。

（十三）推动普通高中多样化发展。促进办学体制多样化，扩大优质资源。推进培养模式多样化，满足不同潜质学生的发展需要。探索发现和培养创新人才的途径。鼓励普通高中办出特色。鼓励有条件的普通高中根据需要适当增加职业教育的教学内容。探索综合高中发展模式。采取多种方式，为在校生和未升学毕业生提供职业教育。

第六章　职业教育

（十四）大力发展职业教育。发展职业教育是推动经济发展、促进就业、改善民生、解决“三农”问题的重要途径，是缓解劳动力供求结构矛盾的关键环节，必须摆在更加突出的位置。职业教育要面向人人、面向社会，着力培养学生的职业道德、职业技能和就业创业能力。到2020年，形成适应经济发展方式转变和产业结构调整要求、体现终身教育理念、中等和高等职业教育协调发展的现代职业教育体系，满足人民群众接受职业教育的需求，满足经济社会对高素质劳动者和技能型人才的需要。

政府切实履行发展职业教育的职责。把职业教育纳入经济社会发展和产业发展规划，促使职业教育规模、专业设置与经济社会发展需求相适应。统筹中等职业教育与高等职业教育发展。健全多渠道投入机制，加大职业教育投入。

把提高质量作为重点。以服务为宗旨，以就业为导向，推进教育教学改革。实行工学结合、校企合作、顶岗实习的人才培养模式。坚持学校教育与职业培训并举，全日制与非全日制并重。制定职业学校基本办学标准。加强“双师型”教师队伍和实训基地建设，提升职业教育基础能力。建立健全技能型人才到职业学校从教的制度。完善符合职业教育特点的教师资格标准和专业技术职务（职称）评聘办法。建立健全职业教育质量保障体系，吸收企业参加教育质量评估。开展职业技能竞赛。

（十五）调动行业企业的积极性。建立健全政府主导、行业指导、企业参与的办学机制，制定促进校企合作办学法规，推进校企合作制度化。鼓励行业组织、企业举办职业学校，鼓励委托职业学校进行职工培训。制定优惠政策，鼓励企业接收学生实习实训和教师实践，鼓励企业加大对职业教育的投入。

（十六）加快发展面向农村的职业教育。把加强职业教育作为服务社会主义新农村建设的重要内容。加强基础教育、职业教育和成人教育统筹，促进农科教结合。强化省、市（地）级政府发展农村职业教育的责任，扩大农村职业教育培训覆盖面，根据需要办好县级职教中心。强化职业教育资源的统筹协调和综合利用，推进城乡、区域合作，增强服务“三农”能力。加强涉农专业建设，加大培养适应农业和农村发展需要的专业人才力度。支持各级各类学校积极参与培养有文化、懂技术、会经营的新型农民，开展进城务工人员、农村劳动力转移培训。逐步实施农村新成长劳动力免费劳动预备制培训。

（十七）增强职业教育吸引力。完善职业教育支持政策。逐步实行中等职业教育免费制度，完善家庭经济困难学生资助政策。改革招生和教学模式。积极推进学历证书和职业资格证书“双证书”制度，推进职业学校专业课程内容和职业标准相衔接。完善就业准入制度，执行“先培训、后就业”、“先培训、后上岗”的规定。制定退役士兵接受职业教育培训的办法。建立健全职业教育课程衔接体系。鼓励毕业生在职继续学习，完善职业学校毕业生直接升学制度，拓宽毕业生继续学习渠道。提高技能型人才的社会地位和待遇。加大对有突出贡献高技能人才的宣传表彰力度，形成行行出状元的良好社会氛围。

第七章　高等教育

（十八）全面提高高等教育质量。高等教育承担着培养高级专门人才、发展科学技术文化、促进社会主义现代化建设的重大任务。提高质量是高等教育发展的核心任务，是建设高等教育强国的基本要求。到2020年，高等教育结构更加合理，特色更加鲜明，人才培养、科学研究和社会服务整体水平全面提升，建成一批国际知名、有特色、高水平的高等学校，若干所大学达到或接近世界一流大学水平，高等教育国际竞争力显著增强。

（十九）提高人才培养质量。牢固确立人才培养在高校工作中的中心地位，着力培养信念执著、品德优良、知识丰富、本领过硬的高素质专门人才和拔尖创新人才。加大教学投入。把教学作为教师考核的首要内容，把教授为低年级学生授课作为重要制度。

加强实验室、校内外实习基地、课程教材等基本建设。深化教学改革。推进和完善学分制，实行弹性学制，促进文理交融。支持学生参与科学研究，强化实践教学环节。加强就业创业教育和就业指导服务。创立高校与科研院所、行业、企业联合培养人才的新机制。全面实施“高等学校本科教学质量与教学改革工程”。严格教学管理。健全教学质量保障体系，改进高校教学评估。充分调动学生学习积极性和主动性，激励学生刻苦学习，增强诚信意识，养成良好学风。

大力推进研究生培养机制改革。建立以科学与工程技术研究为主导的导师责任制和导师项目资助制，推行产学研联合培养研究生的“双导师制”。实施“研究生教育创新计划”。加强管理，不断提高研究生特别是博士生培养质量。

（二十）提升科学研究水平。充分发挥高校在国家创新体系中的重要作用，鼓励高校在知识创新、技术创新、国防科技创新和区域创新中作出贡献。大力开展自然科学、技术科学、哲学社会科学研究。坚持服务国家目标与鼓励自由探索相结合，加强基础研究；以重大现实问题为主攻方向，加强应用研究。促进高校、科研院所、企业科技教育资源共享，推动高校创新组织模式，培育跨学科、跨领域的科研与教学相结合的团队。促进科研与教学互动、与创新人才培养相结合。充分发挥研究生在科学研究中的作用。加强高校重点科研创新基地与科技创新平台建设。完善以创新和质量为导向的科研评价机制。积极参与马克思主义理论研究和建设工程。深入实施“高等学校哲学社会科学繁荣计划”。

（二十一）增强社会服务能力。高校要牢固树立主动为社会服务的意识，全方位开展服务。推进产学研用结合，加快科技成果转化，规范校办产业发展。为社会成员提供继续教育服务。开展科学普及工作，提高公众科学素质和人文素质。积极推进文化传播，弘扬优秀传统文化，发展先进文化。积极参与决策咨询，主动开展前瞻性、对策性研究，充分发挥智囊团、思想库作用。鼓励师生开展志愿服务。

（二十二）优化结构办出特色。适应国家和区域经济社会发展需要，建立动态调整机制，不断优化高等教育结构。优化学科专业、类型、层次结构，促进多学科交叉和融合。重点扩大应用型、复合型、技能型人才培养规模。加快发展专业学位研究生教育。优化区域布局结构。设立支持地方高等教育专项资金，实施中西部高等教育振兴计划。新增招生计划向中西部高等教育资源短缺地区倾斜，扩大东部高校在中西部地区招生规模，加大东部高校对西部高校对口支援力度。鼓励东部地区高等教育率先发展。建立完善军民结合、寓军于民的军队人才培养体系。

促进高校办出特色。建立高校分类体系，实行分类管理。发挥政策指导和资源配置的作用，引导高校合理定位，克服同质化倾向，形成各自的办学理念和风格，在不同层次、不同领域办出特色，争创一流。

加快建设一流大学和一流学科。以重点学科建设为基础，继续实施“985 工程”和优势学科创新平台建设，继续实施“211 工程”和启动特色重点学科项目。改进管理模式，引入竞争机制，实行绩效评估，进行动态管理。鼓励学校优势学科面向世界，支持参与和设立国际学术合作组织、国际科学计划，支持与境外高水平教育、科研机构建立联合研发基地。加快创建世界一流大学和高水平大学的步伐，培养一批拔尖创新人才，形成一批世界一流学科，产生一批国际领先的原创性成果，为提升我国综合国力贡献力量。

第八章　继续教育

（二十三）加快发展继续教育。继续教育是面向学校教育之后所有社会成员的教育活动，特别是成人教育活动，是终身学习体系的重要组成部分。更新继续教育观念，加大投入力度，以加强人力资源能力建设为核心，大力发展非学历继续教育，稳步发展学历继续教育。重视老年教育。倡导全民阅读。广泛开展城乡社区教育，加快各类学习型组织建设，基本形成全民学习、终身学习的学习型社会。

（二十四）建立健全继续教育体制机制。政府成立跨部门继续教育协调机构，统筹指导继续教育发展。将继续教育纳入区域、行业总体发展规划。行业主管部门或协会负责制定行业继续教育规划和组织实施办法。加快继续教育法制建设。健全继续教育激励机制，推进继续教育与工作考核、岗位聘任（聘用）、职务（职称）评聘、职业注册等人事管理制度的衔接。鼓励个人多种形式接受继续教育，支持用人单位为从业人员接受继续教育提供条件。加强继续教育监管和评估。

（二十五）构建灵活开放的终身教育体系。发展和规范教育培训服务，统筹扩大继续教育资源。鼓励学校、科研院所、企业等相关组织开展继续教育。加强城乡社区教育机构和网络建设，开发社区教育资源。大力发展现代远程教育，建设以卫星、电视和互联网等为载体的远程开放继续教育及公共服务平台，为学习者提供方便、灵活、个性化的学习条件。

搭建终身学习“立交桥”。促进各级各类教育纵向衔接、横向沟通，提供多次选择机会，满足个人多样化的学习和发展需要。健全宽进严出的学习制度，办好开放大学，改革和完善高等教育自学考试制度。建立继续教育学分积累与转换制度，实现不同类型学习成果的互认和衔接。

第九章　民族教育

（二十六）重视和支持民族教育事业。加快民族教育事业发展，对于推动少数民族和民族地区经济社会发展，促进各民族共同团结奋斗、共同繁荣发展，具有重大而深远的意义。要加强对民族教育工作的领导，全面贯彻党的民族政策，切实解决少数民族和民族地区教育事业发展面临的特殊困难和突出问题。

在各级各类学校广泛开展民族团结教育。推动党的民族理论和民族政策、国家法律法规进教材、进课堂、进头脑，引导广大师生牢固树立马克思主义祖国观、民族观、宗教观，不断夯实各民族大团结的基础，增强中华民族自豪感和凝聚力。

（二十七）全面提高少数民族和民族地区教育发展水平。公共教育资源要向民族地区倾斜。中央和地方政府要进一步加大对民族教育支持力度。

促进民族地区各级各类教育协调发展。巩固民族地区义务教育普及成果，确保适龄儿童少年依法接受义务教育，全面提高普及水平，全面提高教育教学质量。支持边境县和民族自治地方贫困县义务教育学校标准化建设，加强民族地区寄宿制学校建设。加快民族地区高中阶段教育发展。支持教育基础薄弱地区改扩建、新建一批高中阶段学校。大力发展民族地区职业教育。加大对民族地区中等职业教育的支持力度。积极发展民族地区高等教育。支持民族院校加强学科和人才队伍建设，提高办学质量和管理水平。进一步办好高校民族预科班。加大对人口较少民族教育事业的扶持力度。

大力推进双语教学。全面开设汉语文课程，全面推广国家通用语言文字。尊重和保障少数民族使用本民族语言文字接受教育的权利。全面加强学前双语教育。国家对双语教学的师资培养培训、教学研究、教材开发和出版给予支持。

加强教育对口支援。认真组织落实内地省市对民族地区教育支援工作。充分利用内地优质教育资源，探索多种形式，吸引更多民族地区少数民族学生到内地接受教育。办好面向民族地区的职业学校。加大对民族地区师资培养培训力度，提高教师的政治素质和业务素质。国家制定优惠政策，鼓励支持高等学校毕业生到民族地区基层任教。支持民族地区发展现代远程教育，扩大优质教育资源覆盖面。

第十章　特殊教育

（二十八）关心和支持特殊教育。特殊教育是促进残疾人全面发展、帮助残疾人更好地融入社会的基本途径。各级政府要加快发展特殊教育，把特殊教育事业纳入当地经济社会发展规划，列入议事日程。全社会要关心支持特殊教育。

提高残疾学生的综合素质。注重潜能开发和缺陷补偿，培养残疾学生积极面对人生、全面融入社会的意识和自尊、自信、自立、自强的精神。加强残疾学生职业技能和就业能力培养。

（二十九）完善特殊教育体系。到 2020 年，基本实现市（地）和 30 万人口以上、残疾儿童少年较多的县（市）都有一所特殊教育学校。各级各类学校要积极创造条件接收残疾人入学，不断扩大随班就读和普通学校特教班规模。全面提高残疾儿童少年义务教育普及水平，加快发展残疾人高中阶段教育，大力推进残疾人职业教育，重视发展残疾人高等教育。因地制宜发展残疾儿童学前教育。

（三十）健全特殊教育保障机制。国家制定特殊教育学校基本办学标准，地方政府制定学生人均公用经费标准。加大对特殊教育的投入力度。鼓励和支持接收残疾学生的普通学校为残疾学生创造学习生活条件。加强特殊教育师资队伍建设，采取措施落实特殊教育教师待遇。在优秀教师表彰中提高特殊教育教师比例。加大对家庭经济困难残疾学生的资助力度。逐步实施残疾学生高中阶段免费教育。

第三部分　体制改革

第十一章　人才培养体制改革

（三十一）更新人才培养观念。深化教育体制改革，关键是更新教育观念，核心是改革人才培养体制，目的是提高人才培养水平。树立全面发展观念，努力造就德智体美全面发展的高素质人才。树立人人成才观念，面向全体学生，促进学生成长成才。树立多样化人才观念，尊重个人选择，鼓励个性发展，不拘一格培养人才。树立终身学习观念，为持续发展奠定基础。树立系统培养观念，推进小学、中学、大学有机衔接，教学、科研、实践紧密结合，学校、家庭、社会密切配合，加强学校之间、校企之间、学校与科研机构之间合作以及中外合作等多种联合培养方式，形成体系开放、机制灵活、渠道互通、选择多样的人才培养体制。

（三十二）创新人才培养模式。适应国家和社会发展需要，遵循教育规律和人才成长规律，深化教育教学改革，创新教育教学方法，探索多种培养方式，形成各类人才辈出、拔尖创新人才不断涌现的局面。

注重学思结合。倡导启发式、探究式、讨论式、参与式教学，帮助学生学会学习。激发学生的好奇心，培养学生的兴趣爱好，营造独立思考、自由探索、勇于创新的良好环境。适应经济社会发展和科技进步的要求，推进课程改革，加强教材建设，建立健全教材质量监管制度。深入研究、确定不同教育阶段学生必须掌握的核心内容，形成教学内容更新机制。充分发挥现代信息技术作用，促进优质教学资源共享。

注重知行统一。坚持教育教学与生产劳动、社会实践相结合。开发实践课程和活动课程，增强学生科学实验、生产实习和技能实训的成效。充分利用社会教育资源，开展各种课外及校外活动。加强中小学校外活动场所建设。加强学生社团组织指导，鼓励学生积极参与志愿服务和公益事业。

注重因材施教。关注学生不同特点和个性差异，发展每一个学生的优势潜能。推进分层教学、走班制、学分制、导师制等教学管理制度改革。建立学习困难学生的帮助机制。改进优异学生培养方式，在跳级、转学、转换专业以及选修更高学段课程等方面给予支持和指导。健全公开、平等、竞争、择优的选拔方式，改进中学生升学推荐办法，创新研究生培养方法。探索高中阶段、高等学校拔尖学生培养模式。

（三十三）改革教育质量评价和人才评价制度。改进教育教学评价。根据培养目标和人才理念，建立科学、多样的评价标准。开展由政府、学校、家长及社会各方面参与的教育质量评价活动。做好学生成长记录，完善综合素质评价。探索促进学生发展的多种评价方式，激励学生乐观向上、自主自立、努力成才。

改进人才评价及选用制度，为人才培养创造良好环境。树立科学人才观，建立以岗位职责为基础，以品德、能力和业绩为导向的科学化、社会化人才评价发现机制。强化人才选拔使用中对实践能力的考查，克服社会用人单纯追求学历的倾向。

第十二章　考试招生制度改革

（三十四）推进考试招生制度改革。以考试招生制度改革为突破口，克服一考定终身的弊端，推进素质教育实施和创新人才培养。按照有利于科学选拔人才、促进学生健康发展、维护社会公平的原则，探索招生与考试相对分离的办法，政府宏观管理，专业机构组织实施，学校依法自主招生，学生多次选择，逐步形成分类考试、综合评价、多元录取的考试招生制度。加强考试管理，完善专业考试机构功能，提高服务能力和水平。成立国家教育考试指导委员会，研究制定考试改革方案，指导考试改革试点。

（三十五）完善中等学校考试招生制度。完善初中就近免试入学的具体办法。完善学业水平考试和综合素质评价，为高中阶段学校招生录取提供更加科学的依据。改进高中阶段学校考试招生方式，发挥优质普通高中和优质中等职业学校招生名额合理分配的导向作用。规范优秀特长生录取程序与办法。中等职业学校实行自主招生或注册入学。

（三十六）完善高等学校考试招生制度。深化考试内容和形式改革，着重考查综合素质和能力。以高等学校人才选拔要求和国家课程标准为依据，完善国家考试科目试题库，保证国家考试的科学性、导向性和规范性。探索有的科目一年多次考试的办法，探索实行社会化考试。

逐步实施高等学校分类入学考试。普通高等学校本科入学考试由全国统一组织；高等职业教育入学考试由各省、自治区、直辖市组织。成人高等教育招生办法由各省、自治区、直辖市确定。深入推进研究生入学考试制度改革，加强创新能力考查，发挥和规范导师在选拔录取中的作用。

完善高等学校招生名额分配方式和招生录取办法，建立健全有利于促进入学机会公平、有利于优秀人才选拔的多元录取机制。普通高等学校本科招生以统一入学考试为基本方式，结合学业水平考试和综合素质评价，择优录取。对特长显著、符合学校培养要求的，依据面试或者测试结果自主录取；高中阶段全面发展、表现优异的，推荐录取；符合条件、自愿到国家需要的行业、地区就业的，签订协议实行定向录取；对在实践岗位上作出突出贡献或具有特殊才能的人才，建立专门程序，破格录取。

（三十七）加强信息公开和社会监督。完善考试招生信息发布制度，实现信息公开透明，保障考生权益，加强政府和社会监督。公开高等学校招生名额分配原则和办法，公开招生章程和政策、招生程序和结果，公开自主招生办法、程序和结果。加强考试招生法规建设，规范学校招生录取程序，清理并规范升学加分政策。强化考试安全责任，加强诚信制度建设，坚决防范和严肃查处考试招生舞弊行为。

第十三章　建设现代学校制度

（三十八）推进政校分开、管办分离。适应中国国情和时代要求，建设依法办学、自主管理、民主监督、社会参与的现代学校制度，构建政府、学校、社会之间新型关系。适应国家行政管理体制改革要求，明确政府管理权限和职责，明确各级各类学校办学权利和责任。探索适应不同类型教育和人才成长的学校管理体制与办学模式，避免千校一面。完善学校目标管理和绩效管理机制。健全校务公开制度，接受师生员工和社会的监督。随着国家事业单位分类改革推进，探索建立符合学校特点的管理制度和配套政策，克服行政化倾向，取消实际存在的行政级别和行政化管理模式。

（三十九）落实和扩大学校办学自主权。政府及其部门要树立服务意识，改进管理方式，完善监管机制，减少和规范对学校的行政审批事项，依法保障学校充分行使办学自主权和承担相应责任。高等学校按照国家法律法规和宏观政策，自主开展教学活动、科学研究、技术开发和社会服务，自主设置和调整学科、专业，自主制定学校规划并组织实施，自主设置教学、科研、行政管理机构，自主确定内部收入分配，自主管理和使用人才，自主管理和使用学校财产和经费。扩大普通高中及中等职业学校在办学模式、育人方式、资源配置、人事管理、合作办学、社区服务等方面的自主权。

（四十）完善中国特色现代大学制度。完善治理结构。公办高等学校要坚持和完善党委领导下的校长负责制。健全议事规则与决策程序，依法落实党委、校长职权。完善大学校长选拔任用办法。充分发挥学术委员会在学科建设、学术评价、学术发展中的重要作用。探索教授治学的有效途径，充分发挥教授在教学、学术研究和学校管理中的作用。加强教职工代表大会、学生代表大会建设，发挥群众团体的作用。

加强章程建设。各类高校应依法制定章程，依照章程规定管理学校。尊重学术自由，营造宽松的学术环境。全面实行聘任制度和岗位管理制度。确立科学的考核评价和激励机制。

扩大社会合作。探索建立高等学校理事会或董事会，健全社会支持和监督学校发展的长效机制。探索高等学校与行业、企业密切合作共建的模式，推进高等学校与科研院所、社会团体的资源共享，形成协调合作的有效机制，提高服务经济建设和社会发展的能力。推进高校后勤社会化改革。

推进专业评价。鼓励专门机构和社会中介机构对高等学校学科、专业、课程等水平和质量进行评估。建立科学、规范的评估制度。探索与国际高水平教育评价机构合作，形成中国特色学校评价模式。建立高等学校质量年度报告发布制度。

（四十一）完善中小学学校管理制度。完善普通中小学和中等职业学校校长负责制。完善校长任职条件和任用办法。实行校务会议等管理制度，建立健全教职工代表大会制度，不断完善科学民主决策机制。扩大中等职业学校专业设置自主权。建立中小学家长委员会。引导社区和有关专业人士参与学校管理和监督。发挥企业参与中等职业学校发展的作用。建立中等职业学校与行业、企业合作机制。

第十四章　办学体制改革

（四十二）深化办学体制改革。坚持教育公益性原则，健全政府主导、社会参与、办学主体多元、办学形式多样、充满生机活力的办学体制，形成以政府办学为主体、全社会积极参与、公办教育和民办教育共同发展的格局。调动全社会参与的积极性，进一步激发教育活力，满足人民群众多层次、多样化的教育需求。

深化公办学校办学体制改革，积极鼓励行业、企业等社会力量参与公办学校办学，扶持薄弱学校发展，扩大优质教育资源，增强办学活力，提高办学效益。各地可从实际出发，开展公办学校联合办学、委托管理等试验，探索多种形式，提高办学水平。

改进非义务教育公共服务提供方式，完善优惠政策，鼓励公平竞争，引导社会资金以多种方式进入教育领域。

（四十三）大力支持民办教育。民办教育是教育事业发展的重要增长点和促进教育改革的重要力量。各级政府要把发展民办教育作为重要工作职责，鼓励出资、捐资办学，促进社会力量以独立举办、共同举办等多种形式兴办教育。完善独立学院管理和运行机制。支持民办学校创新体制机制和育人模式，提高质量，办出特色，办好一批高水平民办学校。

依法落实民办学校、学生、教师与公办学校、学生、教师平等的法律地位，保障民办学校办学自主权。清理并纠正对民办学校的各类歧视政策。制定完善促进民办教育发展的优惠政策。对具备学士、硕士和博士学位授予单位条件的民办学校，按规定程序予以审批。建立完善民办学校教师社会保险制度。

健全公共财政对民办教育的扶持政策。政府委托民办学校承担有关教育和培训任务，拨付相应教育经费。县级以上人民政府可以根据本行政区域的具体情况设立专项资金，用于资助民办学校。国家对发展民办教育作出突出贡献的组织、学校和个人给予奖励和表彰。

（四十四）依法管理民办教育。教育行政部门要切实加强民办教育的统筹、规划和管理工作。积极探索营利性和非营利性民办学校分类管理。规范民办学校法人登记。完善民办学校法人治理结构。民办学校依法设立理事会或董事会，保障校长依法行使职权，逐步推进监事制度。积极发挥民办学校党组织的作用。完善民办高等学校督导专员制度。落实民办学校教职工参与民主管理、民主监督的权利。依法明确民办学校变更、退出机制。切实落实民办学校法人财产权。依法建立民办学校财务、会计和资产管理制度。任何组织和个人不得侵占学校资产、抽逃资金或者挪用办学经费。建立民办学校办学风险防范机制和信息公开制度。扩大社会参与民办学校的管理与监督。加强对民办教育的评估。

第十五章　管理体制改革

（四十五）健全统筹有力、权责明确的教育管理体制。以转变政府职能和简政放权为重点，深化教育管理体制改革，提高公共教育服务水平。明确各级政府责任，规范学校办学行为，促进管办评分离，形成政事分开、权责明确、统筹协调、规范有序的教育管理体制。中央政府统一领导和管理国家教育事业，制定发展规划、方针政策和基本标准，优化学科专业、类型、层次结构和区域布局。整体部署教育改革试验，统筹区域协调发展。地方政府负责落实国家方针政策，开展教育改革试验，根据职责分工负责区域内教育改革、发展和稳定。

（四十六）加强省级政府教育统筹。进一步加大省级政府对区域内各级各类教育的统筹。统筹管理义务教育，推进城乡义务教育均衡发展，依法落实发展义务教育的财政责任。促进普通高中和中等职业学校合理分布，加快普及高中阶段教育，重点扶持困难地区高中阶段教育发展。促进省域内职业教育协调发展和资源共享，支持行业、企业发展职业教育。完善以省级政府为主管理高等教育的体制，合理设置和调整高等学校及学科、专业布局，提高管理水平和办学质量。依法审批设立实施专科学历教育的高等学校，审批省级政府管理本科院校学士学位授予单位和已确定为硕士学位授予单位的学位授予点。完善省对省以下财政转移支付体制，加大对经济欠发达地区的支持力度。根据国家标准，结合本地实际，合理确定各级各类学校办学条件、教师编制等实施标准。统筹推进教育综合改革，促进教育区域协作，提高教育服务经济社会发展的水平。支持和督促市（地）、县级政府履行职责，发展管理好当地各类教育。

（四十七）转变政府教育管理职能。各级政府要切实履行统筹规划、政策引导、监督管理和提供公共教育服务的职责，建立健全公共教育服务体系，逐步实现基本公共教育服务均等化，维护教育公平和教育秩序。改变直接管理学校的单一方式，综合应用立法、拨款、规划、信息服务、政策指导和必要的行政措施，减少不必要的行政干预。

提高政府决策的科学性和管理的有效性。规范决策程序，重大教育政策出台前要公开讨论，充分听取群众意见。成立教育咨询委员会，为教育改革和发展提供咨询论证，提高重大教育决策的科学性。建立和完善国家教育基本标准。整合国家教育质量监测评估机构及资源，完善监测评估体系，定期发布监测评估报告。加强教育监督检查，完善教育问责机制。

培育专业教育服务机构。完善教育中介组织的准入、资助、监管和行业自律制度。积极发挥行业协会、专业学会、基金会等各类社会组织在教育公共治理中的作用。

第十六章　扩大教育开放

（四十八）加强国际交流与合作。坚持以开放促改革、促发展。开展多层次、宽领域的教育交流与合作，提高我国教育国际化水平。借鉴国际上先进的教育理念和教育经验，促进我国教育改革发展，提升我国教育的国际地位、影响力和竞争力。适应国家经济社会对外开放的要求，培养大批具有国际视野、通晓国际规则、能够参与国际事务和国际竞争的国际化人才。

（四十九）引进优质教育资源。吸引境外知名学校、教育和科研机构以及企业，合作设立教育教学、实训、研究机构或项目。鼓励各级各类学校开展多种形式的国际交流与合作，办好若干所示范性中外合作学校和一批中外合作办学项目。探索多种方式利用国外优质教育资源。

吸引更多世界一流的专家学者来华从事教学、科研和管理工作，有计划地引进海外高端人才和学术团队。引进境外优秀教材，提高高等学校聘任外籍教师的比例。吸引海外优秀留学人员回国服务。

（五十）提高交流合作水平。扩大政府间学历学位互认。支持中外大学间的教师互派、学生互换、学分互认和学位互授联授。加强与国外高水平大学合作，建立教学科研合作平台，联合推进高水平基础研究和高技术研究。加强中小学、职业学校对外交流与合作。加强国际理解教育，推动跨文化交流，增进学生对不同国家、不同文化的认识和理解。

推动我国高水平教育机构海外办学，加强教育国际交流，广泛开展国际合作和教育服务。支持国际汉语教育。提高孔子学院办学质量和水平。加大教育国际援助力度，为发展中国家培养培训专门人才。拓宽渠道和领域，建立高等学校毕业生海外志愿者服务机制。

创新和完善公派出国留学机制，在全国公开选拔优秀学生进入国外高水平大学和研究机构学习。加强对自费出国留学的政策引导，加大对优秀自费留学生资助和奖励力度。坚持“支持留学、鼓励回国、来去自由”的方针，提高对留学人员的服务和管理水平。

进一步扩大外国留学生规模。增加中国政府奖学金数量，重点资助发展中国家学生，优化来华留学人员结构。实施来华留学预备教育，增加高等学校外语授课的学科专业，不断提高来华留学教育质量。

加强与联合国教科文组织等国际组织的合作，积极参与双边、多边和全球性、区域性教育合作。积极参与和推动国际组织教育政策、规则、标准的研究和制定。搭建高层次国际教育交流合作与政策对话平台，加强教育研究领域和教育创新实践活动的国际交流与合作。

加强内地与港澳台地区的教育交流与合作。扩展交流内容，创新合作模式，促进教育事业共同发展。

第四部分 保障措施

第十七章 加强教师队伍建设

（五十一）建设高素质教师队伍。教育大计，教师为本。有好的教师，才有好的教育。提高教师地位，维护教师权益，改善教师待遇，使教师成为受人尊重的职业。严格教师资质，提升教师素质，努力造就一支师德高尚、业务精湛、结构合理、充满活力的高素质专业化教师队伍。

（五十二）加强师德建设。加强教师职业理想和职业道德教育，增强广大教师教书育人的责任感和使命感。教师要关爱学生，严谨笃学，淡泊名利，自尊自律，以人格魅力和学识魅力教育感染学生，做学生健康成长的指导者和引路人。将师德表现作为教师考核、聘任（聘用）和评价的首要内容。采取综合措施，建立长效机制，形成良好学术道德和学术风气，克服学术浮躁，查处学术不端行为。

（五十三）提高教师业务水平。完善培养培训体系，做好培养培训规划，优化队伍结构，提高教师专业水平和教学能力。通过研修培训、学术交流、项目资助等方式，培养教育教学骨干、“双师型”教师、学术带头人和校长，造就一批教学名师和学科领军人才。

以农村教师为重点，提高中小学教师队伍整体素质。创新农村教师补充机制，完善制度政策，吸引更多优秀人才从教。积极推进师范生免费教育，实施农村义务教育学校教师特设岗位计划，完善代偿机制，鼓励高校毕业生到艰苦边远地区当教师。完善教师培训制度，将教师培训经费列入政府预算，对教师实行每五年一周期的全员培训。加大民族地区双语教师培养培训力度。加强校长培训，重视辅导员和班主任培训。加强教师教育，构建以师范院校为主体、综合大学参与、开放灵活的教师教育体系。深化教师教育改革，创新培养模式，增强实习实践环节，强化师德修养和教学能力训练，提高教师培养质量。

以“双师型”教师为重点，加强职业院校教师队伍建设。加大职业院校教师培养培训力度。依托相关高等学校和大中型企业，共建“双师型”教师培养培训基地。完善教师定期到企业实践制度。完善相关人事制度，聘任（聘用）具有实践经验的专业技术人员和高技能人才担任专兼职教师，提高持有专业技术资格证书和职业资格证书教师比例。

以中青年教师和创新团队为重点，建设高素质的高校教师队伍。大力提高高校教师教学水平、科研创新和社会服务能力。促进跨学科、跨单位合作，形成高水平教学和科研创新团队。创新人事管理和薪酬分配方式，引导教师潜心教学科研，鼓励中青年优秀教师脱颖而出。实施海外高层次人才引进计划、“长江学者奖励计划”和“国家杰出青年科学基金”等人才项目，为高校集聚具有国际影响的学科领军人才。

（五十四）提高教师地位待遇。不断改善教师的工作、学习和生活条件，吸引优秀人才长期从教、终身从教。依法保证教师平均工资水平不低于或者高于国家公务员的平均工资水平，并逐步提高。落实教师绩效工资。对长期在农村基层和艰苦边远地区工作的教师，在工资、职务（职称）等方面实行倾斜政策，完善津贴补贴标准。建设农村艰苦边远地区学校教师周转宿舍。研究制定优惠政策，改善教师工作和生活条件。关心教师身心健康。落实和完善教师医疗养老等社会保障政策。国家对在农村地区长期从教、贡献突出的教师给予奖励。

（五十五）健全教师管理制度。完善并严格实施教师准入制度，严把教师入口关。国家制定教师资格标准，提高教师任职学历标准和品行要求。建立教师资格证书定期登记制度。省级教育行政部门统一组织中小学教师资格考试和资格认定，县级教育行政部门按规定履行中小学教师的招聘录用、职务（职称）评聘、培养培训和考核等管理职能。

逐步实行城乡统一的中小学编制标准，对农村边远地区实行倾斜政策。制定幼儿园教师配备标准。建立统一的中小学教师职务（职称）系列，在中小学设置正高级教师职务（职称）。探索在职业学校设置正高级教师职务（职称）。制定高等学校编制标准。加强学校岗位管理，创新聘用方式，规范用人行为，完善激励机制，激发教师积极性和创造性。建立健全义务教育学校教师和校长流动机制。城镇中小学教师在评聘高级职务（职称）时，原则上要有一年以上在农村学校或薄弱学校任教经历。加强教师管理，完善教师退出机制。制定校长任职资格标准，促进校长专业化，提高校长管理水平。推行校长职级制。

创造有利条件，鼓励教师和校长在实践中大胆探索，创新教育思想、教育模式和教育方法，形成教学特色和办学风格，造就一批教育家，倡导教育家办学。大力表彰和宣传模范教师的先进事迹。国家对作出突出贡献的教师和教育工作者设立荣誉称号。

第十八章　保障经费投入

（五十六）加大教育投入。教育投入是支撑国家长远发展的基础性、战略性投资，是教育事业的物质基础，是公共财政的重要职能。要健全以政府投入为主、多渠道筹集教育经费的体制，大幅度增加教育投入。

各级政府要优化财政支出结构，统筹各项收入，把教育作为财政支出重点领域予以优先保障。严格按照教育法律法规规定，年初预算和预算执行中的超收收入分配都要体现法定增长要求，保证教育财政拨款增长明显高于财政经常性收入增长，并使按在校学生人数平均的教育费用逐步增长，保证教师工资和学生人均公用经费逐步增长。按增值税、营业税、消费税的3%足额征收教育费附加，专项用于教育事业。提高国家财政性教育经费支出占国内生产总值比例，2012年达到4%。

社会投入是教育投入的重要组成部分。充分调动全社会办教育积极性，扩大社会资源进入教育途径，多渠道增加教育投入。完善财政、税收、金融和土地等优惠政策，鼓励和引导社会力量捐资、出资办学。完善非义务教育培养成本分担机制，根据经济发展状况、培养成本和群众承受能力，调整学费标准。完善捐赠教育激励机制，落实个人教育公益性捐赠支出在所得税税前扣除规定。

（五十七）完善投入机制。进一步明确各级政府提供公共教育服务职责，完善各级教育经费投入机制，保障学校办学经费的稳定来源和增长。各地根据国家办学条件基本标准和教育教学基本需要，制定并逐步提高区域内各级学校学生人均经费基本标准和学生人均财政拨款基本标准。

义务教育全面纳入财政保障范围，实行国务院和地方各级人民政府根据职责共同负担，省、自治区、直辖市人民政府负责统筹落实的投入体制。进一步完善中央财政和地方财政分项目、按比例分担的农村义务教育经费保障机制，提高保障水平。尽快化解农村义务教育学校债务。

非义务教育实行以政府投入为主、受教育者合理分担、其他多种渠道筹措经费的投入机制。学前教育建立政府投入、社会举办者投入、家庭合理负担的投入机制。普通高中实行以财政投入为主，其他渠道筹措经费为辅的机制。中等职业教育实行政府、行业、企业及其他社会力量依法筹集经费的机制。高等教育实行以举办者投入为主、受教育者合理分担培养成本、学校设立基金接受社会捐赠等筹措经费的机制。

进一步加大农村、边远贫困地区、民族地区教育投入。中央财政通过加大转移支付，支持农村欠发达地区和民族地区教育事业发展，加强关键领域和薄弱环节，解决突出问题。

健全国家资助政策体系。各地根据学前教育普及程度和发展情况，逐步对农村家庭经济困难和城镇低保家庭子女接受学前教育予以资助。提高农村义务教育家庭经济困难寄宿生生活补助标准，改善中小学生营养状况。建立普通高中家庭经济困难学生国家资助制度。完善普通本科高校、高等职业学校和中等职业学校家庭经济困难学生资助政策体系。完善助学贷款体制机制。推进生源地信用助学贷款。建立健全研究生教育收费制度，完善资助政策，设立研究生国家奖学金。根据经济发展水平和财力状况，建立国家奖助学金标准动态调整机制。

（五十八）加强经费管理。坚持依法理财，严格执行国家财政资金管理法律制度和财经纪律。建立科学化、精细化预算管理机制，科学编制预算，提高预算执行效率。设立高等教育拨款咨询委员会，增强经费分配的科学性。加强学校财务会计制度建设，完善经费使用内部稽核和内部控制制度。完善教育经费监管机构职能，在高等学校试行设立总会计师职务，提升经费使用和资产管理专业化水平。公办高等学校总会计师由政府委派。加强经费使用监督，强化重大项目建设和经费使用全过程审计，确保经费使用规范、安全、有效。建立并不断完善教育经费基础信息库，提升经费管理信息化水平。防范学校财务风险。建立经费使用绩效评价制度，加强重大项目经费使用考评。加强学校国有资产管理，建立健全学校国有资产配置、使用、处置管理制度，防止国有资产流失，提高使用效益。

完善学校收费管理办法，规范学校收费行为和收费资金使用管理。坚持勤俭办学，严禁铺张浪费，建设节约型学校。

第十九章　加快教育信息化进程

（五十九）加快教育信息基础设施建设。信息技术对教育发展具有革命性影响，必须予以高度重视。把教育信息化纳入国家信息化发展整体战略，超前部署教育信息网络。到2020年，基本建成覆盖城乡各级各类学校的教育信息化体系，促进教育内容、教学手段和方法现代化。充分利用优质资源和先进技术，创新运行机制和管理模式，整合现有资源，构建先进、高效、实用的数字化教育基础设施。加快终端设施普及，推进数字化校园建设，实现多种方式接入互联网。重点加强农村学校信息基础建设，缩小城乡数字化差距。加快中国教育和科研计算机网、中国教育卫星宽带传输网升级换代。制定教育信息化基本标准，促进信息系统互联互通。

（六十）加强优质教育资源开发与应用。加强网络教学资源体系建设。引进国际优质数字化教学资源。开发网络学习课程。建立数字图书馆和虚拟实验室。建立开放灵活的教育资源公共服务平台，促进优质教育资源普及共享。创新网络教学模式，开展高质量高水平远程学历教育。继续推进农村中小学远程教育，使农村和边远地区师生能够享受优质教育资源。

强化信息技术应用。提高教师应用信息技术水平，更新教学观念，改进教学方法，提高教学效果。鼓励学生利用信息手段主动学习、自主学习，增强运用信息技术分析解决问题能力。加快全民信息技术普及和应用。

（六十一）构建国家教育管理信息系统。制定学校基础信息管理要求，加快学校管理信息化进程，促进学校管理标准化、规范化。推进政府教育管理信息化，积累基础资料，掌握总体状况，加强动态监测，提高管理效率。整合各级各类教育管理资源，搭建国家教育管理公共服务平台，为宏观决策提供科学依据，为公众提供公共教育信息，不断提高教育管理现代化水平。

第二十章　推进依法治教

（六十二）完善教育法律法规。按照全面实施依法治国基本方略的要求，加快教育法制建设进程，完善中国特色社会主义教育法律法规。根据经济社会发展和教育改革的需要，修订教育法、职业教育法、高等教育法、学位条例、教师法、民办教育促进法，制定有关考试、学校、终身学习、学前教育、家庭教育等法律。加强教育行政法规建设。各地根据当地实际，制定促进本地区教育发展的地方性法规和规章。

（六十三）全面推进依法行政。各级政府要按照建设法治政府的要求，依法履行教育职责。探索教育行政执法体制机制改革，落实教育行政执法责任制，及时查处违反教育法律法规、侵害受教育者权益、扰乱教育秩序等行为，依法维护学校、学生、教师、校长和举办者的权益。完善教育信息公开制度，保障公众对教育的知情权、参与权和监督权。

（六十四）大力推进依法治校。学校要建立完善符合法律规定、体现自身特色的学校章程和制度，依法办学，从严治校，认真履行教育教学和管理职责。尊重教师权利，加强教师管理。保障学生的受教育权，对学生实施的奖励与处分要符合公平、公正原则。健全符合法治原则的教育救济制度。

开展普法教育。促进师生员工提高法律素质和公民意识，自觉知法守法，遵守公共生活秩序，做遵纪守法的楷模。

（六十五）完善督导制度和监督问责机制。制定教育督导条例，进一步健全教育督导制度。探索建立相对独立的教育督导机构，独立行使督导职能。健全国家督学制度，建设专职督导队伍。坚持督政与督学并重、监督与指导并重。加强义务教育督导检查，开展学前教育和高中阶段教育督导检查。强化对政府落实教育法律法规和政策情况的督导检查。建立督导检查结果公告制度和限期整改制度。

严格落实问责制。主动接受和积极配合各级人大及其常委会对教育法律法规执行情况的监督检查以及司法机关的司法监督。建立健全层级监督机制。加强监察、审计等专门监督。强化社会监督。

第二十一章　重大项目和改革试点

（六十六）组织实施重大项目。2010—2012年，围绕教育改革发展战略目标，着眼于促进教育公平，提高教育质量，增强可持续发展能力，以加强关键领域和薄弱环节为重点，完善机制，组织实施一批重大项目。

义务教育学校标准化建设。完善城乡义务教育经费保障机制，科学规划、统筹安排、均衡配置、合理布局。实施中小学校舍安全工程，集中开展危房改造、抗震加固，实现城乡中小学校舍安全达标；改造小学和初中薄弱学校，尽快使义务教育学校师资、教学仪器设备、图书、体育场地基本达标；改扩建劳务输出大省和特殊困难地区农村学校寄宿设施，改善农村学生特别是留守儿童寄宿条件，基本满足需要。

义务教育教师队伍建设。继续实施农村义务教育学校教师特设岗位计划，吸引高校毕业生到农村从教；加强农村中小学薄弱学科教师队伍建设，重点培养和补充一批边远贫困地区和革命老区急需紧缺教师；对义务教育教师进行全员培训，组织校长研修培训；对专科学历以下小学教师进行学历提高教育，使全国小学教师学历逐步达到专科以上水平。

推进农村学前教育。支持办好现有的乡镇和村幼儿园；重点支持中西部贫困地区充分利用中小学富余校舍和社会资源，改扩建或新建乡镇和村幼儿园；对农村幼儿园园长和骨干教师进行培训。

职业教育基础能力建设。支持建设一批职业教育实训基地，提升职业教育实践教学水平；完成一大批“双师型”教师培训，聘任（聘用）一大批有实践经验和技能的专兼职教师；支持一批中等职业教育改革示范校和优质特色校建设，支持高等职业教育示范校建设；支持一批示范性职业教育集团学校建设，促进优质资源开放共享。

提升高等教育质量。实施中西部高等教育振兴计划，加强中西部地方高校优势学科和师资队伍建设；实施东部高校对口支援西部高校计划；支持建设一批高等学校产学研基地；实施基础学科拔尖学生培养试验计划和卓越工程师、医师等人才教育培养计划；继续实施“985工程”和优势学科创新平台建设，继续实施“211工程”和启动特色重点学科项目；继续实施“高等学校本科教学质量与教学改革工程”、“研究生教育创新计划”、“高等学校哲学社会科学繁荣计划”和“高等学校高层次创新人才计划”。

发展民族教育。巩固民族地区普及九年义务教育成果，支持边境县和民族自治地方贫困县实现义务教育学校标准化；重点扶持和培养一批边疆民族地区紧缺教师人才；加强对民族地区中小学和幼儿园双语教师培养培训；加快民族地区高中阶段教育发展，启动内地中职班，支持教育基础薄弱县改扩建、新建一批普通高中和中等职业学校；支持民族院校建设。

发展特殊教育。改扩建和新建一批特殊教育学校，使市（地）和30万人口以上、残疾儿童少年较多的县（市）都有一所特殊教育学校；为现有特殊教育学校添置必要的教学、生活和康复训练设施，改善办学条件；对特殊教育教师进行专业培训，提高教育教学水平。

家庭经济困难学生资助。启动民族地区、贫困地区农村小学生营养改善计划；免除中等职业教育家庭经济困难学生和涉农专业学生学费；把普通高中学生和研究生纳入国家助学体系。

教育信息化建设。提高中小学每百名学生拥有计算机台数，为农村中小学班级配备多媒体远程教学设备；建设有效共享、覆盖各级各类教育的国家数字化教学资源库和公共服务平台；基本建成较完备的国家级和省级教育基础信息库以及教育质量、学生流动、资源配置和毕业生就业状况等监测分析系统。

教育国际交流合作。支持一批示范性中外合作办学机构；支持在高校建设一批国际合作联合实验室、研究中心；引进一大批海外高层次人才；开展大中小学校长和骨干教师海外研修培训；支持扩大公派出国留学规模；实施留学中国计划，扩大来华留学生规模；培养各种外语人才；支持孔子学院建设。

（六十七）组织开展改革试点。成立国家教育体制改革领导小组，研究部署、指导实施教育体制改革工作。根据统筹规划、分步实施、试点先行、动态调整的原则，选择部分地区和学校开展重大改革试点。

推进素质教育改革试点。建立减轻中小学生课业负担的有效机制；加强基础教育课程教材建设；开展高中办学模式多样化试验，开发特色课程；探索弹性学制等培养方式；完善教育质量监测评估体系，定期发布测评结果等。

义务教育均衡发展改革试点。建立城乡一体化义务教育发展机制；实行县（区）域内教师、校长交流制度；实行优质普通高中和优质中等职业学校招生名额合理分配到区域内初中的办法；切实解决区域内义务教育阶段择校问题等。

职业教育办学模式改革试点。以推进政府统筹、校企合作、集团化办学为重点，探索部门、行业、企业参与办学的机制；开展委托培养、定向培养、订单式培养试点；开展工学结合、弹性学制、模块化教学等试点；推进职业教育为“三农”服务、培养新型农民的试点。

终身教育体制机制建设试点。建立区域内普通教育、职业教育、继续教育之间的沟通机制；建立终身学习网络和服务平台；统筹开发社会教育资源，积极发展社区教育；建立学习成果认证体系，建立“学分银行”制度等。

拔尖创新人才培养改革试点。探索贯穿各级各类教育的创新人才培养途径；鼓励高等学校联合培养拔尖创新人才；支持有条件的高中与大学、科研院所合作开展创新人才培养研究和试验，建立创新人才培养基地。

考试招生制度改革试点。完善初中和高中学业水平考试和综合素质评价；探索实行高水平大学联考；探索高等职业学校自主考试或根据学业水平考试成绩注册入学；探索自主录取、推荐录取、定向录取、破格录取的具体方式；探索缩小高等学校入学机会区域差距的举措等。

现代大学制度改革试点。研究制定党委领导下的校长负责制实施意见。制定和完善学校章程，探索学校理事会或董事会、学术委员会发挥积极作用的机制；全面实行聘任制度和岗位管理制度；实行新进人员公开招聘制度；探索协议工资制等灵活多样的分配办法；建立多种形式的专职科研队伍，推进管理人员职员制；完善校务公开制度等。

深化办学体制改革试点。探索公办学校联合办学、中外合作办学、委托管理等改革试验；开展对营利性和非营利性民办学校分类管理试点；建立民办学校财务、会计和资产管理制度；探索独立学院管理和发展的有效方式等。

地方教育投入保障机制改革试点。建立多渠道筹措教育经费长效机制；制定各级学校学生人均经费基本标准和学生人均财政拨款基本标准；探索政府收入统筹用于支持教育的办法；建立教育投入分项分担机制；依法制定鼓励教育投入的优惠政策；对长期在农村基层和艰苦边远地区工作的教师实行工资福利倾斜政策等。

省级政府教育统筹综合改革试点。探索政校分开、管办分离实现形式；合理部署区域内学校、学科、专业设置；制定办学条件、教师编制、招生规模等基本标准；推进县（市）教育综合改革试点；加强教育督导制度建设，探索督导机构独立履行职责的机制；探索省际教育协作改革试点，建立跨地区教育协作机制等。

第二十二章　加强组织领导

（六十八）加强和改善对教育工作的领导。各级党委和政府要以邓小平理论和“三个代表”重要思想为指导，深入贯彻落实科学发展观，把推动教育事业优先发展、科学发展作为重要职责，健全领导体制和决策机制，及时研究解决教育改革发展的重大问题和群众关心的热点问题。要把推进教育事业科学发展作为各级党委和政府政绩考核的重要内容，完善考核机制和问责制度。各级政府要定期向同级人民代表大会或其常务委员会报告教育工作情况。建立各级党政领导班子成员定点联系学校制度。有关部门要切实履行职责，支持教育改革和发展。扩大人民群众对教育事业的知情权、参与度。

加强教育宏观政策和发展战略研究，提高教育决策科学化水平。鼓励和支持教育科研人员坚持理论联系实际，深入探索中国特色社会主义教育规律，研究和回答教育改革发展重大理论和现实问题，促进教育事业科学发展。

（六十九）加强和改进教育系统党的建设。把教育系统党组织建设成为学习型党组织。深入学习马克思列宁主义、毛泽东思想、邓小平理论、“三个代表”重要思想以及科学发展观，坚持用发展着的马克思主义武装党员干部、教育广大师生。深入推动中国特色社会主义理论体系进教材、进课堂、进头脑。深入开展社会主义核心价值体系学习教育。

健全各级各类学校党的组织。把全面贯彻党的教育方针、培养社会主义建设者和接班人贯穿学校党组织活动始终，坚持社会主义办学方向，牢牢把握党对学校意识形态工作的主导权。高等学校党组织要充分发挥在学校改革发展中的领导核心作用，中小学党组织要充分发挥在学校工作中的政治核心作用。加强民办学校党的建设，积极探索党组织发挥作用的途径和方法。

加强学校领导班子和领导干部队伍建设，不断提高思想政治素质和办学治校能力。坚持德才兼备、以德为先用人标准，选拔任用学校领导干部。加大学校领导干部培养培训和交流任职力度。

着力扩大党组织的覆盖面，推进工作创新，增强生机活力。充分发挥学校基层党组织战斗堡垒作用和党员先锋模范作用。加强在优秀青年教师、优秀学生中发展党员工作。重视学校共青团、少先队工作。

加强教育系统党风廉政建设和行风建设。大兴密切联系群众之风、求真务实之风、艰苦奋斗之风、批评和自我批评之风。坚持标本兼治、综合治理、惩防并举、注重预防的方针，完善体现教育系统特点的惩治和预防腐败体系。严格执行党风廉政建设责任制，加大教育、监督、改革、制度创新力度，坚决惩治腐败。坚持从严治教、规范管理，积极推行政务公开、校务公开。坚决纠正损害群众利益的各种不正之风。

（七十）切实维护教育系统和谐稳定。加强和改进学校思想政治工作，加强校园文化建设，深入开展平安校园、文明校园、绿色校园、和谐校园创建活动。重视解决好师生员工的实际困难和问题。完善矛盾纠纷排查化解机制，完善学校突发事件应急管理机制，妥善处置各种事端。加强校园网络管理。建立健全安全保卫制度和工作机制，完善人防、物防和技防措施。加强师生安全教育和学校安全管理，提高预防灾害、应急避险和防范违法犯罪活动的能力。加强校园和周边环境治安综合治理，为师生创造安定有序、和谐融洽、充满活力的工作、学习、生活环境。

实　　施

《教育规划纲要》是21世纪我国第一个中长期教育规划纲要，涉及面广、时间跨度大、任务重、要求高，必须周密部署、精心组织、认真实施，确保各项任务落到实处。

明确目标任务，落实责任分工。贯彻实施《教育规划纲要》，是各级党委和政府的重要职责。各地区各部门要在中央统一领导下，按照《教育规划纲要》的部署和要求，对目标任务进行分解，明确责任分工。国务院教育行政部门负责《教育规划纲要》的组织协调与实施，各有关部门积极配合，密切协作，共同抓好贯彻落实。

提出实施方案，制定配套政策。各地要围绕《教育规划纲要》确定的战略目标、主要任务、体制改革、重大措施和项目等，提出本地区实施的具体方案和措施，分阶段、分步骤组织实施。各有关部门要抓紧研究制定切实可行、操作性强的配套政策，尽快出台实施。

鼓励探索创新，加强督促检查。充分尊重人民群众的首创精神，鼓励各地积极探索，勇于创新，创造性地实施《教育规划纲要》。对各地在实施《教育规划纲要》中好的做法和有效经验，要及时总结，积极推广。对《教育规划纲要》实施情况进行监测评估和跟踪检查。

广泛宣传动员，营造良好环境。广泛宣传党的教育方针政策，广泛宣传优先发展教育、建设人力资源强国的重要性和紧迫性，广泛宣传《教育规划纲要》的重大意义和主要内容，动员全党全社会进一步关心支持教育事业的改革和发展，为《教育规划纲要》的实施创造良好社会环境和舆论氛围。

中华人民共和国民办教育促进法实施条例

（2004年2月25日国务院第41次常务会议通过
2004年3月5日国务院令第399号公布
自2004年4月1日起施行）

目　录

第一章　总　则

第一条　根据《中华人民共和国民办教育促进法》（以下简称民办教育促进法），制定本条例。

第二条　国家机构以外的社会组织或者个人可以利用非国家财政性经费举办各级各类民办学校；但是，不得举办实施军事、警察、政治等特殊性质教育的民办学校。

民办教育促进法和本条例所称国家财政性经费，是指财政拨款、依法取得并应当上缴国库或者财政专户的财政性资金。

第三条　对于捐资举办民办学校表现突出或者为发展民办教育事业做出其他突出贡献的社会组织或者个人，县级以上人民政府给予奖励和表彰。

第二章　民办学校的举办者

第四条　国家机构以外的社会组织或者个人可以单独或者联合举办民办学校。联合举办民办学校的，应当签订联合办学协议，明确办学宗旨、培养目标以及各方的出资数额、方式和权利、义务等。

第五条　民办学校的举办者可以用资金、实物、土地使用权、知识产权以及其他财产作为办学出资。

国家的资助、向学生收取的费用和民办学校的借款、接受的捐赠财产，不属于民办学校举办者的出资。

第六条　公办学校参与举办民办学校，不得利用国家财政性经费，不得影响公办学校正常的教育教学活动，并应当经主管的教育行政部门或者劳动和社会保障行政部门按照国家规定的条件批准。公办学校参与举办的民办学校应当具有独立的法人资格，具有与公办学校相分离的校园和基本教育教学设施，实行独立的财务会计制度，独立招生，独立颁发学业证书。

参与举办民办学校的公办学校依法享有举办者权益，依法履行国有资产的管理义务，防止国有资产流失。

实施义务教育的公办学校不得转为民办学校。

第七条　举办者以国有资产参与举办民办学校的，应当根据国家有关国有资产监督管理的规定，聘请具有评估资格的中介机构依法进行评估，根据评估结果合理确定出资额，并报对该国有资产负有监管职责的机构备案。

第八条　民办学校的举办者应当按时、足额履行出资义务。民办学校存续期间，举办者不得抽逃出资，不得挪用办学经费。

民办学校的举办者不得向学生、学生家长筹集资金举办民办学校，不得向社会公开募集资金举办民办学校。

第九条　民办学校的举办者应当依照民办教育促进法和本条例的规定制定学校章程，推选民办学校的首届理事会、董事会或者其他形式决策机构的组成人员。

民办学校的举办者参加学校理事会、董事会或者其他形式决策机构的，应当依据学校章程规定的权限与程序，参与学校的办学和管理活动。

第十条　实施国家认可的教育考试、职业资格考试和技术等级考试等考试的机构，不得举办与其所实施的考试相关的民办学校。

第二章　民办学校的设立

第十一条　设立民办学校的审批权限，依照有关法律、法规的规定执行。

第十二条　民办学校的举办者在获得筹设批准书之日起3年内完成筹设的，可以提出正式设立申请。

第十三条　申请正式设立实施学历教育的民办学校的，审批机关受理申请后，应当组织专家委员会评议，由专家委员会提出咨询意见。

第十四条　民办学校的章程应当规定下列主要事项：

（一）学校的名称、地址；

（二）办学宗旨、规模、层次、形式等；

（三）学校资产的数额、来源、性质等；

（四）理事会、董事会或者其他形式决策机构的产生方法、人员构成、任期、议事规则等；

（五）学校的法定代表人；

（六）出资人是否要求取得合理回报；

（七）学校自行终止的事由；

（八）章程修改程序。

第十五条 民办学校只能使用一个名称。

民办学校的名称应当符合有关法律、行政法规的规定，不得损害社会公共利益。

第十六条 申请正式设立民办学校有下列情形之一的，审批机关不予批准，并书面说明理由：

（一）举办民办学校的社会组织或者个人不符合法律、行政法规规定的条件，或者实施义务教育的公办学校转为民办学校的；

（二）向学生、学生家长筹集资金举办民办学校或者向社会公开募集资金举办民办学校的；

（三）不具备相应的办学条件、未达到相应的设置标准的；

（四）学校章程不符合本条例规定要求，经告知仍不修改的；

（五）学校理事会、董事会或者其他形式决策机构的人员构成不符合法定要求，或者学校校长、教师、财会人员不具备法定资格，经告知仍不改正的。

第十七条 对批准正式设立的民办学校，审批机关应当颁发办学许可证，并将批准正式设立的民办学校及其章程向社会公告。

民办学校的办学许可证由国务院教育行政部门制定式样，由国务院教育行政部门、劳动和社会保障行政部门按照职责分工分别组织印制。

第十八条 民办学校依照有关法律、行政法规的规定申请登记时，应当向登记机关提交下列材料：

（一）登记申请书；

（二）办学许可证；

（三）拟任法定代表人的身份证明；

（四）学校章程。

登记机关应当自收到前款规定的申请材料之日起5个工作日内完成登记程序。

第四章 民办学校的组织与活动

第十九条 民办学校理事会、董事会或者其他形式决策机构的负责人应当品行良好，具有政治权利和完全民事行为能力。

国家机关工作人员不得担任民办学校理事会、董事会或者其他形式决策机构的成员。

第二十条 民办学校的理事会、董事会或者其他形式决策机构，每年至少召开一次会议。经三分之一以上组成人员提议，可以召开理事会、董事会或者其他形式决策机构临时会议。

民办学校的理事会、董事会或者其他形式决策机构讨论下列重大事项，应当经三分之二以上组成人员同意方可通过：

（一）聘任、解聘校长；

（二）修改学校章程；

（三）制定发展规划；

（四）审核预算、决算；

（五）决定学校的分立、合并、终止；

（六）学校章程规定的其他重大事项。

民办学校修改章程应当报审批机关备案，由审批机关向社会公告。

第二十一条 民办学校校长依法独立行使教育教学和行政管理职权。

民办学校内部组织机构的设置方案由校长提出，报理事会、董事会或者其他形式决策机构批准。

第二十二条 实施高等教育和中等职业技术学历教育的民办学校，可以按照办学宗旨和培养目标，自行设置专业、开设课程，自主选用教材。但是，民办学校应当将其所设置的专业、开设的课程、选用的教材报审批机关备案。

实施高级中等教育、义务教育的民办学校，可以自主开展教育教学活动。但是，该民办学校的教育教学活动应当达到国务院教育行政部门制定的课程标准，其所选用的教材应当依法审定。

实施学前教育的民办学校可以自主开展教育教学活动，但是，该民办学校不得违反有关法律、行政法规的规定。

实施以职业技能为主的职业资格培训、职业技能培训的民办学校，可以按照国家职业标准的要求开展培训活动。

第二十三条 民办学校聘任的教师应当具备《中华人民共和国教师法》和有关行政法规规定的教师资格和任职条件。

民办学校应当有一定数量的专职教师；其中，实施学历教育的民办学校聘任的专职教师数量应当不少于其教师总数的三分之一。

第二十四条 民办学校自主聘任教师、职员。民办学校聘任教师、职员，应当签订聘任合同，明确双方的权利、义务等。

民办学校招用其他工作人员应当订立劳动合同。

民办学校聘任外籍人员，按照国家有关规定执行。

第二十五条 民办学校应当建立教师培训制度，为受聘教师接受相应的思想政治培训和业务培训提供条件。

第二十六条 民办学校应当按照招生简章或者招生广告的承诺，开设相应课程，开展教育教学活动，保证教育教学质量。

民办学校应当提供符合标准的校舍和教育教学设施、设备。

第二十七条 民办学校享有与同级同类公办学校同等的招生权，可以自主确定招生的范围、标准和方式；但是，招收接受高等学历教育的学生应当遵守国家有关规定。

县级以上地方人民政府教育行政部门、劳动和社会保障行政部门应当为外地的民办学校在本地招生提供平等待遇，不得实行地区封锁，不得滥收费用。

民办学校招收境外学生，按照国家有关规定执行。

第二十八条 民办学校应当依法建立学籍和教学管理制度，并报审批机关备案。

第二十九条 民办学校及其教师、职员、受教育者申请国家设立的有关科研项目、课题等，享有与公办学校及其教师、职员、受教育者同等的权利。

民办学校的受教育者在升学、就业、社会优待、参加先进评选、医疗保险等方面，享有与同级同类公办学校的受教育者同等的权利。

第三十条 实施高等学历教育的民办学校符合学位授予条件的，依照有关法律、行政法规的规定经审批同意后，可以获得相应的学位授予资格。

第三十一条 教育行政部门、劳动和社会保障行政部门和其他有关部门，组织有关的评奖评优、文艺体育活动和课题、项目招标，应当为民办学校及其教师、职员、受教育者提供同等的机会。

第三十二条 教育行政部门、劳动和社会保障行政部门应当加强对民办学校的日常监督，定期组织和委托社会中介组织评估民办学校办学水平和教育质量，并鼓励和支持民办学校开展教育教学研究工作，促进民办学校提高教育教学质量。

教育行政部门、劳动和社会保障行政部门对民办学校进行监督时，应当将监督的情况和处理结果予以记录，由监督人员签字后归档。公众有权查阅教育行政部门、劳动和社会保障行政部门的监督记录。

第三十三条 民办学校终止的，由审批机关收回办学许可证，通知登记机关，并予以公告。

第五章　民办学校的资产与财务管理

第三十四条 民办学校应当依照《中华人民共和国会计法》和国家统一的会计制度进行会计核算，编制财务会计报告。

第三十五条 民办学校对接受学历教育的受教育者收取费用的项目和标准，应当报价格主管部门批准并公示；对其他受教育者收取费用的项目和标准，应当报价格主管部门备案并公示。具体办法由国务院价格主管部门会同教育行政部门、劳动和社会保障行政部门制定。

第三十六条 民办学校资产中的国有资产的监督、管理，按照国家有关规定执行。

民办学校接受的捐赠财产的使用和管理，依照《中华人民共和国公益事业捐赠法》的有关规定执行。

第三十七条 在每个会计年度结束时，捐资举办的民办学校和出资人不要求取得合理回报的民办学校应当从年度净资产增加额中、出资人要求取得合理回报的民办学校应当从年度净收益中，按不低于年度净资产增加额或者净收益的25%的比例提取发展基金，用于学校的建设、维护和教学设备的添置、更新等。

第六章 扶持与奖励

第三十八条 捐资举办的民办学校和出资人不要求取得合理回报的民办学校，依法享受与公办学校同等的税收及其他优惠政策。

出资人要求取得合理回报的民办学校享受的税收优惠政策，由国务院财政部门、税务主管部门会同国务院有关行政部门制定。

民办学校应当依法办理税务登记，并在终止时依法办理注销税务登记手续。

第三十九条 民办学校可以设立基金接受捐赠财产，并依照有关法律、行政法规的规定接受监督。

民办学校可以依法以捐赠者的姓名、名称命名学校的校舍或者其他教育教学设施、生活设施。捐赠者对民办学校发展做出特殊贡献的，实施高等学历教育的民办学校经国务院教育行政部门按照国家规定的条件批准，其他民办学校经省、自治区、直辖市人民政府教育行政部门或者劳动和社会保障行政部门按照国家规定的条件批准，可以以捐赠者的姓名或者名称作为学校校名。

第四十条 在西部地区、边远贫困地区和少数民族地区举办的民办学校申请贷款用于学校自身发展的，享受国家相关的信贷优惠政策。

第四十一条 县级以上人民政府可以根据本行政区域的具体情况，设立民办教育发展专项资金。民办教育发展专项资金由财政部门负责管理，由教育行政部门或者劳动和社会保障行政部门报同级财政部门批准后使用。

第四十二条 县级人民政府根据本行政区域实施义务教育的需要，可以与民办学校签订协议，委托其承担部分义务教育任务。县级人民政府委托民办学校承担义务教育任务的，应当根据接受义务教育学生的数量和当地实施义务教育的公办学校的生均教育经费标准，拨付相应的教育经费。

受委托的民办学校向协议就读的学生收取的费用，不得高于当地同级同类公办学校的收费标准。

第四十三条 教育行政部门应当会同有关行政部门建立、完善有关制度，保证教师在公办学校和民办学校之间的合理流动。

第四十四条 出资人根据民办学校章程的规定要求取得合理回报的，可以在每个会计年度结束时，从民办学校的办学结余中按一定比例取得回报。

民办教育促进法和本条例所称办学结余，是指民办学校扣除办学成本等形成的年度净收益，扣除社会捐助、国家资助的资产，并依照本条例的规定预留发展基金以及按照国家有关规定提取其他必需的费用后的余额。

第四十五条 民办学校应当根据下列因素确定本校出资人从办学结余中取得回报的比例：

（一）收取费用的项目和标准；

（二）用于教育教学活动和改善办学条件的支出占收取费用的比例；

（三）办学水平和教育质量。

与同级同类其他民办学校相比较，收取费用高、用于教育教学活动和改善办学条件的支出占收取费用的比例低，并且办学水平和教育质量低的民办学校，其出资人从办学结余中取得回报的比例不得高于同级同类其他民办学校。

第四十六条 民办学校应当在确定出资人取得回报比例前，向社会公布与其办学水平和教育质量有关的材料和财务状况。

民办学校的理事会、董事会或者其他形式决策机构应当根据本条例第四十四条、第四十五条的规定作出出资人取得回报比例的决定。民办学校应当自该决定作出之日起15日内，将该决定和向社会公布的与其办学水平和教育质量有关的材料、财务状况报审批机关备案。

第四十七条 民办学校有下列情形之一的，出资人不得取得回报：

（一）发布虚假招生简章或者招生广告，骗取钱财的；

（二）擅自增加收取费用的项目、提高收取费用的标准，情节严重的；

（三）非法颁发或者伪造学历证书、职业资格证书的；

（四）骗取办学许可证或者伪造、变造、买卖、出租、出借办学许可证的；

（五）未依照《中华人民共和国会计法》和国家统一的会计制度进行会计核算、编制财务会计报告，财务、资产管理混乱的；

（六）违反国家税收征管法律、行政法规的规定，受到税务机关处罚的；

（七）校舍或者其他教育教学设施、设备存在重大安全隐患，未及时采取措施，致使发生重大伤亡事故的；

（八）教育教学质量低下，产生恶劣社会影响的。

出资人抽逃资金或者挪用办学经费的，不得取得回报。

第四十八条 除民办教育促进法和本条例规定的扶持与奖励措施外，省、自治区、直辖市人民政府还可以根据实际情况，制定本地区促进民办教育发展的扶持与奖励措施。

第七章　法律责任

第四十九条　有下列情形之一的，由审批机关没收出资人取得的回报，责令停止招生；情节严重的，吊销办学许可证；构成犯罪的，依法追究刑事责任：

（一）民办学校的章程未规定出资人要求取得合理回报，出资人擅自取得回报的；

（二）违反本条例第四十七条规定，不得取得回报而取得回报的；

（三）出资人不从办学结余而从民办学校的其他经费中提取回报的；

（四）不依照本条例的规定计算办学结余或者确定取得回报的比例的；

（五）出资人从办学结余中取得回报的比例过高，产生恶劣社会影响的。

第五十条　民办学校未依照本条例的规定将出资人取得回报比例的决定和向社会公布的与其办学水平和教育质量有关的材料、财务状况报审批机关备案，或者向审批机关备案的材料不真实的，由审批机关责令改正，并予以警告；有违法所得的，没收违法所得；情节严重的，责令停止招生、吊销办学许可证。

第五十一条　民办学校管理混乱严重影响教育教学，有下列情形之一的，依照民办教育促进法第六十二条的规定予以处罚：

（一）理事会、董事会或者其他形式决策机构未依法履行职责的；

（二）教学条件明显不能满足教学要求、教育教学质量低下，未及时采取措施的；

（三）校舍或者其他教育教学设施、设备存在重大安全隐患，未及时采取措施的；

（四）未依照《中华人民共和国会计法》和国家统一的会计制度进行会计核算、编制财务会计报告，财务、资产管理混乱的；

（五）侵犯受教育者的合法权益，产生恶劣社会影响的；

（六）违反国家规定聘任、解聘教师的。

第八章　附　则

第五十二条　本条例施行前依法设立的民办学校继续保留，并在本条例施行之日起1年内，由原审批机关换发办学许可证。

第五十三条　本条例规定的扶持与奖励措施适用于中外合作办学机构。

第五十四条　本条例自2004年4月1日起施行。

民办非企业单位登记管理暂行条例

（1998 年 10 月 25 日国务院令第 251 号发布）

第一章 总 则

第一条 为了规范民办非企业单位的登记管理，保障民办非企业单位的合法权益，促进社会主义物质文明、精神文明建设，制定本条例。

第二条 本条例所称民办非企业单位，是指企业事业单位、社会团体和其他社会力量以及公民个人利用非国有资产举办的，从事非营利性社会服务活动的社会组织。

第三条 成立民办非企业单位，应当经其业务主管单位审查同意，并依照本条例的规定登记。

第四条 民办非企业单位应当遵守宪法、法律、法规和国家政策，不得反对宪法确定的基本原则，不得危害国家的统一、安全和民族的团结，不得损害国家利益、社会公共利益以及其他社会组织和公民的合法权益，不得违背社会道德风尚。民办非企业单位不得从事营利性经营活动。

第五条 国务院民政部门和县级以上地方各级人民政府民政部门是本级人民政府的民办非企业单位登记管理机关（以下简称登记管理机关）。

国务院有关部门和县级以上地方各级人民政府的有关部门、国务院或者县级以上地方各级人民政府授权的组织，是有关行业、业务范围内民办非企业单位的业务主管单位（以下简称业务主管单位）。

法律、行政法规对民办非企业单位的监督管理另有规定的，依照有关法律、行政法规的规定执行。

第二章 管 辖

第六条 登记管理机关负责同级业务主管单位审查同意的民办非企业单位的登记管理。

第七条 登记管理机关、业务主管单位与其管辖的民办非企业单位的住所不在一地的，可以委托民办非企业单位住所地的登记管理机关、业务主管单位负责委托范围内的监督管理工作。

第三章 登 记

第八条 申请登记民办非企业单位，应当具备下列条件：

（一）经业务主管单位审查同意；

（二）有规范的名称、必要的组织机构；

（三）有与其业务活动相适应的从业人员；

（四）有与其业务活动相适应的合法财产；

（五）有必要的场所。民办非企业单位的名称应当符合国务院民政部门的规定，不得冠以“中国”、“全国”、“中华”等字样。

第九条 申请民办非企业单位登记，举办者应当向登记管理机关提交下列文件：

（一）登记申请书；

（二）业务主管单位的批准文件；

（三）场所使用权证明；

（四）验资报告；

（五）拟任负责人的基本情况、身份证明；

（六）章程草案。

第十条 民办非企业单位的章程应当包括下列事项：

（一）名称、住所；

（二）宗旨和业务范围；

（三）组织管理制度；

（四）法定代表人或者负责人的产生、罢免的程序；

（五）资产管理和使用的原则；

（六）章程的修改程序；

（七）终止程序和终止后资产的处理；

（八）需要由章程规定的其他事项。

第十一条 登记管理机关应当自收到成立登记申请的全部有效文件之日起60日内作出准予登记或者不予登记的决定。

有下列情形之一的，登记管理机关不予登记，并向申请人说明理由：

（一）有根据证明申请登记的民办非企业单位的宗旨、业务范围不符合本条例第四条规定的；

（二）在申请成立时弄虚作假的；

（三）在同一行政区域内已有业务范围相同或者相似的民办非企业单位，没有必要成立的；

（四）拟任负责人正在或者曾经受到剥夺政治权利的刑事处罚，或者不具有完全民事行为能力的；

（五）有法律、行政法规禁止的其他情形的。

第十二条 准予登记的民办非企业单位，由登记管理机关登记民办非企业单位的名称、住所、宗旨和业务范围、法定代表人或者负责人、开办资金、业务主管单位，并根据其依法承担民事责任的不同方式，分别发给《民办非企业单位（法人）登记证书》、《民办非企业单位（合伙）登记证书》、《民办非企业单位（个体）登记证书》。

依照法律、其他行政法规规定，经有关主管部门依法审核或者登记，已经取得相应的执业许可证书的民办非企业单位，登记管理机关应当简化登记手续，凭有关主管部门出具的执业许可证明文件，发给相应的民办非企业单位登记证书。

第十三条 民办非企业单位不得设立分支机构。

第十四条 民办非企业单位凭登记证书申请刻制印章，开立银行账户。民办非企业单位应当将印章式样、银行账号报登记管理机关备案。

第十五条 民办非企业单位的登记事项需要变更的，应当自业务主管单位审查同意之日起30日内，向登记管理机关申请变更登记。民办非企业单位修改章程，应当自业务主管单位审查同意之日起30日内，报登记管理机关核准。

第十六条 民办非企业单位自行解散的，分立、合并的，或者由于其他原因需要注销登记的，应当向登记管理机关办理注销登记。

民办非企业单位在办理注销登记前，应当在业务主管单位和其他有关机关的指导下，成立清算组织，完成清算工作。清算期间，民办非企业单位不得开展清算以外的活动。

第十七条 民办非企业单位法定代表人或者负责人应当自完成清算之日起15日内，向登记管理机关办理注销登记。办理注销登记，须提交注销登记申请书、业务主管单位的审查文件和清算报告。

登记管理机关准予注销登记的，发给注销证明文件，收缴登记证书、印章和财务凭证。

第十八条 民办非企业单位成立、注销以及变更名称、住所、法定代表人或者负责人，由登记管理机关予以公告。

第四章 监督管理

第十九条 登记管理机关履行下列监督管理职责：

（一）负责民办非企业单位的成立、变更、注销登记；

（二）对民办非企业单位实施年度检查；

（三）对民办非企业单位违反本条例的问题进行监督检查，对民办非企业单位违反本条例的行为给予行政处罚。

第二十条　业务主管单位履行下列监督管理职责：

（一）负责民办非企业单位成立、变更、注销登记前的审查；

（二）监督、指导民办非企业单位遵守宪法、法律、法规和国家政策，按照章程开展活动；

（三）负责民办非企业单位年度检查的初审；

（四）协助登记管理机关和其他有关部门查处民办非企业单位的违法行为；

（五）会同有关机关指导民办非企业单位的清算事宜。业务主管单位履行前款规定的职责，不得向民办非企业单位收取费用。

第二十一条　民办非企业单位的资产来源必须合法，任何单位和个人不得侵占、私分或者挪用民办非企业单位的资产。

民办非企业单位开展章程规定的活动，按照国家有关规定取得的合法收入，必须用于章程规定的业务活动。

民办非企业单位接受捐赠、资助，必须符合章程规定的宗旨和业务范围，必须根据与捐赠人、资助人约定的期限、方式和合法用途使用。民办非企业单位应当向业务主管单位报告接受、使用捐赠、资助的有关情况，并应当将有关情况以适当方式向社会公布。

第二十二条　民办非企业单位必须执行国家规定的财务管理制度，接受财政部门的监督；资产来源属于国家资助或者社会捐赠、资助的，还应当接受审计机关的监督。

民办非企业单位变更法定代表人或者负责人，登记管理机关、业务主管单位应当组织对其进行财务审计。

第二十三条　民办非企业单位应当于每年3月31日前向业务主管单位报送上一年度的工作报告，经业务主管单位初审同意后，于5月31日前报送登记管理机关，接受年度检查。工作报告内容包括：本民办非企业单位遵守法律法规和国家政策的情况、依照本条例履行登记手续的情况、按照章程开展活动的情况、人员和机构变动的情况以及财务管理的情况。

对于依照本条例第十二条第二款的规定发给登记证书的民办非企业单位，登记管理机关对其应当简化年度检查的内容。

第五章　罚　则

第二十四条　民办非企业单位在申请登记时弄虚作假，骗取登记的，或者业务主管单位撤销批准的，由登记管理机关予以撤销登记。

第二十五条　民办非企业单位有下列情形之一的，由登记管理机关予以警告，责令改正，可以限期停止活动；情节严重的，予以撤销登记；构成犯罪的，依法追究刑事责任：

（一）涂改、出租、出借民办非企业单位登记证书，或者出租、出借民办非企业单位印章的；

（二）超出其章程规定的宗旨和业务范围进行活动的；

（三）拒不接受或者不按照规定接受监督检查的；

（四）不按照规定办理变更登记的；

（五）设立分支机构的；

（六）从事营利性的经营活动的；

（七）侵占、私分、挪用民办非企业单位的资产或者所接受的捐赠、资助的；

（八）违反国家有关规定收取费用、筹集资金或者接受使用捐赠、资助的。

前款规定的行为有违法经营额或者违法所得的，予以没收，可以并处违法经营额1倍以上3倍以下或者违法所得3倍以上5倍以下的罚款。

第二十六条 民办非企业单位的活动违反其他法律、法规的，由有关国家机关依法处理；有关国家机关认为应当撤销登记的，由登记管理机关撤销登记。

第二十七条 未经登记，擅自以民办非企业单位名义进行活动的，或者被撤销登记的民办非企业单位继续以民办非企业单位名义进行活动的，由登记管理机关予以取缔，没收非法财产；构成犯罪的，依法追究刑事责任；尚不构成犯罪的，依法给予治安管理处罚。

第二十八条 民办非企业单位被限期停止活动的，由登记管理机关封存其登记证书、印章和财务凭证。

民办非企业单位被撤销登记的，由登记管理机关收缴登记证书和印章。

第二十九条 登记管理机关、业务主管单位的工作人员滥用职权、徇私舞弊、玩忽职守构成犯罪的，依法追究刑事责任；尚不构成犯罪的，依法给予行政处分。

第六章　附　则

第三十条 民办非企业单位登记证书的式样由国务院民政部门制定。

对民办非企业单位进行年度检查不得收取费用。

第三十一条 本条例施行前已经成立的民办非企业单位，应当自本条例实施之日起1年内依照本条例有关规定申请登记。

第三十二条 本条例自发布之日起施行。

中华人民共和国中外合作办学条例

（2003年3月1日国务院令第372号发布）

第一章　总　则

第一条　为了规范中外合作办学活动，加强教育对外交流与合作，促进教育事业的发展，根据《中华人民共和国教育法》、《中华人民共和国职业教育法》和《中华人民共和国民办教育促进法》，制定本条例。

第二条　外国教育机构同中国教育机构（以下简称中外合作办学者）在中国境内合作举办以中国公民为主要招生对象的教育机构（以下简称中外合作办学机构）的活动，适用本条例。

第三条　中外合作办学属于公益性事业，是中国教育事业的组成部分。

国家对中外合作办学实行扩大开放、规范办学、依法管理、促进发展的方针。

国家鼓励引进外国优质教育资源的中外合作办学。

国家鼓励在高等教育、职业教育领域开展中外合作办学，鼓励中国高等教育机构与外国知名的高等教育机构合作办学。

第四条　中外合作办学者、中外合作办学机构的合法权益，受中国法律保护。

中外合作办学机构依法享受国家规定的优惠政策，依法自主开展教育教学活动。

第五条　中外合作办学必须遵守中国法律，贯彻中国的教育方针，符合中国的公共道德，不得损害中国的国家主权、安全和社会公共利益。

中外合作办学应当符合中国教育事业发展的需要，保证教育教学质量，致力于培养中国社会主义建设事业的各类人才。

第六条　中外合作办学者可以合作举办各级各类教育机构。但是，不得举办实施义务教育和实施军事、警察、政治等特殊性质教育的机构。

第七条　外国宗教组织、宗教机构、宗教院校和宗教教职人员不得在中国境内从事合作办学活动。

中外合作办学机构不得进行宗教教育和开展宗教活动。

第八条　国务院教育行政部门负责全国中外合作办学工作的统筹规划、综合协调和宏观管理。国务院教育行政部门、劳动行政部门和其他有关行政部门在国务院规定的职责范围内负责有关的中外合作办学工作。

省、自治区、直辖市人民政府教育行政部门负责本行政区域内中外合作办学工作的统筹规划、综合协调和宏观管理。省、自治区、直辖市人民政府教育行政部门、劳动行政部门和其他有关行政部门在其职责范围内负责本行政区域内有关的中外合作办学工作。

第二章 设 立

第九条 申请设立中外合作办学机构的教育机构应当具有法人资格。

第十条 中外合作办学者可以用资金、实物、土地使用权、知识产权以及其他财产作为办学投入。

中外合作办学者的知识产权投入不得超过各自投入的三分之一。但是，接受国务院教育行政部门、劳动行政部门或者省、自治区、直辖市人民政府邀请前来中国合作办学的外国教育机构的知识产权投入可以超过其投入的三分之一。

第十一条 中外合作办学机构应当具备《中华人民共和国教育法》、《中华人民共和国职业教育法》、《中华人民共和国高等教育法》等法律和有关行政法规规定的基本条件，并具有法人资格。但是，外国教育机构同中国实施学历教育的高等学校设立的实施高等教育的中外合作办学机构，可以不具有法人资格。

设立中外合作办学机构，参照国家举办的同级同类教育机构的设置标准执行。

第十二条 申请设立实施本科以上高等学历教育的中外合作办学机构，由国务院教育行政部门审批；申请设立实施高等专科教育和非学历高等教育的中外合作办学机构，由拟设立机构所在地的省、自治区、直辖市人民政府审批。

申请设立实施中等学历教育和自学考试助学、文化补习、学前教育等的中外合作办学机构，由拟设立机构所在地的省、自治区、直辖市人民政府教育行政部门审批。

申请设立实施职业技能培训的中外合作办学机构，由拟设立机构所在地的省、自治区、直辖市人民政府劳动行政部门审批。

第十三条 设立中外合作办学机构，分为筹备设立和正式设立两个步骤。但是，具备办学条件，达到设置标准的，可以直接申请正式设立。

第十四条 申请筹备设立中外合作办学机构，应当提交下列文件：

（一）申办报告，内容应当主要包括：中外合作办学者、拟设立中外合作办学机构的名称、培养目标、办学规模、办学层次、办学形式、办学条件、内部管理体制、经费筹措与管理使用等；

（二）合作协议，内容应当包括：合作期限、争议解决办法等；

（三）资产来源、资金数额及有效证明文件，并载明产权；

（四）属捐赠性质的校产须提交捐赠协议，载明捐赠人的姓名、所捐资产的数额、用途和管理办法及相关有效证明文件；

（五）不低于中外合作办学者资金投入百分之十五的启动资金到位证明。

第十五条 申请筹备设立中外合作办学机构的，审批机关应当自受理申请之日起45个工作日内作出是否批准的决定。批准的，发给筹备设立批准书；不批准的，应当书面说明理由。

第十六条 经批准筹备设立中外合作办学机构的，应当自批准之日起3年内提出正式设立申请；超过3年的，中外合作办学者应当重新申报。

筹备设立期内，不得招生。

第十七条 完成筹备设立申请正式设立的，应当提交下列文件：

（一）正式设立申请书；

（二）筹备设立批准书；

（三）筹备设立情况报告；

（四）中外合作办学机构的章程，首届理事会、董事会或者联合管理委员会组成人员名单；

（五）中外合作办学机构资产的有效证明文件；

（六）校长或者主要行政负责人、教师、财会人员的资格证明文件。

直接申请正式设立中外合作办学机构的，应当提交前款第（一）项、第（四）项、第（五）项、第（六）项和第十四条第（二）项、第（三）项、第（四）项所列文件。

第十八条 申请正式设立实施非学历教育的中外合作办学机构的，审批机关应当自受理申请之日起3个月内作出是否批准的决定；申请正式设立实施学历教育的中外合作办学机构的，审批机关应当自受理申请之日起6个月内作出是否批准的决定。批准的，颁发统一格式、统一编号的中外合作办学许可证；不批准的，应当书面说明理由。

中外合作办学许可证由国务院教育行政部门制定式样，由国务院教育行政部门和劳动行政部门按照职责分工分别组织印制；中外合作办学许可证由国务院教育行政部门统一编号，具体办法由国务院教育行政部门会同劳动行政部门确定。

第十九条 申请正式设立实施学历教育的中外合作办学机构的，审批机关受理申请后，应当组织专家委员会评议，由专家委员会提出咨询意见。

第二十条 中外合作办学机构取得中外合作办学许可证后，应当依照有关的法律、行政法规进行登记，登记机关应当依照有关规定即时予以办理。

第三章 组织与管理

第二十一条 具有法人资格的中外合作办学机构应当设立理事会或者董事会，不具有法人资格的中外合作办学机构应当设立联合管理委员会。理事会、董事会或者联合管理委员会的中方组成人员不得少于二分之一。

理事会、董事会或者联合管理委员会由5人以上组成，设理事长、副理事长，董事长、副董事长或者主任、副主任各1人。中外合作办学者一方担任理事长、董事长或者主任的，由另一方担任副理事长、副董事长或者副主任。

具有法人资格的中外合作办学机构的法定代表人，由中外合作办学者协商，在理事长、董事长或者校长中确定。

第二十二条 中外合作办学机构的理事会、董事会或者联合管理委员会由中外合作办学者的代表、校长或者主要行政负责人、教职工代表等组成，其中三分之一以上组成人员应当具有5年以上教育、教学经验。

中外合作办学机构的理事会、董事会或者联合管理委员会组成人员名单应当报审批机关备案。

第二十三条 中外合作办学机构的理事会、董事会或者联合管理委员会行使下列职权：

（一）改选或者补选理事会、董事会或者联合管理委员会组成人员；

（二）聘任、解聘校长或者主要行政负责人；

（三）修改章程，制定规章制度；

（四）制定发展规划，批准年度工作计划；

（五）筹集办学经费，审核预算、决算；

（六）决定教职工的编制定额和工资标准；

（七）决定中外合作办学机构的分立、合并、终止；

（八）章程规定的其他职权。

第二十四条 中外合作办学机构的理事会、董事会或者联合管理委员会每年至少召开一次会议。经三分之一以上组成人员提议，可以召开理事会、董事会或者联合管理委员会临时会议。

中外合作办学机构的理事会、董事会或者联合管理委员会讨论下列重大事项，应当经三分之二以上组成人员同意方可通过：

（一）聘任、解聘校长或者主要行政负责人；

（二）修改章程；

（三）制定发展规划；

（四）决定中外合作办学机构的分立、合并、终止；

（五）章程规定的其他重大事项。

第二十五条 中外合作办学机构的校长或者主要行政负责人，应当具有中华人民共和国国籍，在中国境内定居，热爱祖国，品行良好，具有教育、教学经验，并具备相应的专业水平。

中外合作办学机构聘任的校长或者主要行政负责人，应当经审批机关核准。

第二十六条 中外合作办学机构的校长或者主要行政负责人行使下列职权：

（一）执行理事会、董事会或者联合管理委员会的决定；

（二）实施发展规划，拟订年度工作计划、财务预算和规章制度；

（三）聘任和解聘工作人员，实施奖惩；

（四）组织教育教学、科学研究活动，保证教育教学质量；

（五）负责日常管理工作；

（六）章程规定的其他职权。

第二十七条 中外合作办学机构依法对教师、学生进行管理。

中外合作办学机构聘任的外籍教师和外籍管理人员，应当具备学士以上学位和相应的职业证书，并具有2年以上教育、教学经验。

外方合作办学者应当从本教育机构中选派一定数量的教师到中外合作办学机构任教。

第二十八条 中外合作办学机构应当依法维护教师、学生的合法权益，保障教职工的工资、福利待遇，并为教职工缴纳社会保险费。

中外合作办学机构的教职工依法建立工会等组织，并通过教职工代表大会等形式，参与中外合作办学机构的民主管理。

第二十九条 中外合作办学机构的外籍人员应当遵守外国人在中国就业的有关规定。

第四章　教育教学

第三十条 中外合作办学机构应当按照中国对同级同类教育机构的要求开设关于宪法、法律、公民道德、国情等内容的课程。

国家鼓励中外合作办学机构引进国内急需、在国际上具有先进性的课程和教材。

中外合作办学机构应当将所开设的课程和引进的教材报审批机关备案。

第三十一条 中外合作办学机构根据需要，可以使用外国语言文字教学，但应当以普通话和规范汉字为基本教学语言文字。

第三十二条 实施高等学历教育的中外合作办学机构招收学生，纳入国家高等学校招生计划。实施其他学历教育的中外合作办学机构招收学生，按照省、自治区、直辖市人民政府教育行政部门的规定执行。

中外合作办学机构招收境外学生，按照国家有关规定执行。

第三十三条 中外合作办学机构的招生简章和广告应当报审批机关备案。

中外合作办学机构应当将办学类型和层次、专业设置、课程内容和招生规模等有关情况，定期向社会公布。

第三十四条 中外合作办学机构实施学历教育的，按照国家有关规定颁发学历证书或者其他学业证书；实施非学历教育的，按照国家有关规定颁发培训证书或者结业证书。对于接受职业技能培训的学生，经政府批准的职业技能鉴定机构鉴定合格的，可以按照国家有关规定颁发相应的国家职业资格证书。

中外合作办学机构实施高等学历教育的，可以按照国家有关规定颁发中国相应的学位证书。

中外合作办学机构颁发的外国教育机构的学历、学位证书，应当与该教育机构在其所属国颁发的学历、学位证书相同，并在该国获得承认。

中国对中外合作办学机构颁发的外国教育机构的学历、学位证书的承认，依照中华人民共和国缔结或者加入的国际条约办理，或者按照国家有关规定办理。

第三十五条 国务院教育行政部门或者省、自治区、直辖市人民政府教育行政部门及劳动行政部门等其他有关行政部门应当加强对中外合作办学机构的日常监督，组织或者委托社会中介组织对中外合作办学机构的办学水平和教育质量进行评估，并将评估结果向社会公布。

第五章 资产与财务

第三十六条 中外合作办学机构应当依法建立健全财务、会计制度和资产管理制度，并按照国家有关规定设置会计账簿。

第三十七条 中外合作办学机构存续期间，所有资产由中外合作办学机构依法享有法人财产权，任何组织和个人不得侵占。

第三十八条 中外合作办学机构的收费项目和标准，依照国家有关政府定价的规定确定并公布；未经批准，不得增加项目或者提高标准。

中外合作办学机构应当以人民币计收学费和其他费用，不得以外汇计收学费和其他费用。

第三十九条 中外合作办学机构收取的费用应当主要用于教育教学活动和改善办学条件。

第四十条 中外合作办学机构的外汇收支活动以及开设和使用外汇账户，应当遵守国家外汇管理规定。

第四十一条 中外合作办学机构应当在每个会计年度结束时制作财务会计报告，委托社会审计机构依法进行审计，向社会公布审计结果，并报审批机关备案。

第六章 变更与终止

第四十二条 中外合作办学机构的分立、合并，在进行财务清算后，由该机构理事会、董事会或者联合管理委员会报审批机关批准。

申请分立、合并实施非学历教育的中外合作办学机构的，审批机关应当自受理申请之日起3个月内以书面形式答复；申请分立、合并实施学历教育的中外合作办学机构的，审批机关应当自受理申请之日起6个月内以书面形式答复。

第四十三条 中外合作办学机构合作办学者的变更，应当由合作办学者提出，在进行财务清算后，经该机构理事会、董事会或者联合管理委员会同意，报审批机关核准，并办理相应的变更手续。

中外合作办学机构住所、法定代表人、校长或者主要行政负责人的变更，应当经审批机关核准，并办理相应的变更手续。

第四十四条 中外合作办学机构名称、层次、类别的变更，由该机构理事会、董事会或者联合管理委员会报审批机关批准。

申请变更为实施非学历教育的中外合作办学机构的，审批机关应当自受理申请之日起3个月内以书面形式答复；申请变更为实施学历教育的中外合作办学机构的，审批机关应当自受理申请之日起6个月内以书面形式答复。

第四十五条 中外合作办学机构有下列情形之一的，应当终止：

（一）根据章程规定要求终止，并经审批机关批准的；

（二）被吊销中外合作办学许可证的；

（三）因资不抵债无法继续办学，并经审批机关批准的。

中外合作办学机构终止，应当妥善安置在校学生；中外合作办学机构提出终止申请时，应当同时提交妥善安置在校学生的方案。

第四十六条 中外合作办学机构终止时，应当依法进行财务清算。

中外合作办学机构自己要求终止的，由中外合作办学机构组织清算；被审批机关依法撤销的，由审批机关组织清算；因资不抵债无法继续办学而被终止的，依法请求人民法院组织清算。

第四十七条 中外合作办学机构清算时，应当按照下列顺序清偿：

（一）应当退还学生的学费和其他费用；

（二）应当支付给教职工的工资和应当缴纳的社会保险费用；

（三）应当偿还的其他债务。

中外合作办学机构清偿上述债务后的剩余财产，依照有关法律、行政法规的规定处理。

第四十八条 中外合作办学机构经批准终止或者被吊销中外合作办学许可证的，应当将中外合作办学许可证和印章交回审批机关，依法办理注销登记。

第七章 法律责任

第四十九条 中外合作办学审批机关及其工作人员，利用职务上的便利收取他人财物或者获取其他利益，滥用职权、玩忽职守，对不符合本条例规定条件者颁发中外合作办学许可证，或者发现违法行为不予以查处，造成严重后果，触犯刑律的，对负有责任的主管人员和其他直接责任人员，依照刑法关于受贿罪、滥用职权罪、玩忽职守罪或者其他罪的规定，依法追究刑事责任；尚不够刑事处罚的，依法给予行政处分。

第五十条 违反本条例的规定，超越职权审批中外合作办学机构的，其批准文件无效，由上级机关责令改正；对负有责任的主管人员和其他直接责任人员，依法给予行政处分；致使公共财产、国家和人民利益遭受重大损失的，依照刑法关于滥用职权罪或者其他罪的规定，依法追究刑事责任。

第五十一条 违反本条例的规定，未经批准擅自设立中外合作办学机构，或者以不正当手段骗取中外合作办学许可证的，由教育行政部门、劳动行政部门按照职责分工予以取缔或者会同公安机关予以取缔，责令退还向学生收取的费用，并处以10万元以下的罚款；触犯刑律的，依照刑法关于诈骗罪或者其他罪的规定，依法追究刑事责任。

第五十二条 违反本条例的规定，在中外合作办学机构筹备设立期间招收学生的，由教育行政部门、劳动行政部门按照职责分工责令停止招生，责令退还向学生收取的费用，并处以10万元以下的罚款；情节严重，拒不停止招生的，由审批机关撤销筹备设立批准书。

第五十三条 中外合作办学者虚假出资或者在中外合作办学机构成立后抽逃出资的，由教育行政部门、劳动行政部门按照职责分工责令限期改正；逾期不改正的，由教育行政部门、劳动行政部门按照职责分工处以虚假出资金额或者抽逃出资金额2倍以下的罚款。

第五十四条 伪造、变造和买卖中外合作办学许可证的，依照刑法关于伪造、变造、买卖国家机关证件罪或者其他罪的规定，依法追究刑事责任。

第五十五条 中外合作办学机构未经批准增加收费项目或者提高收费标准的，由教育行政部门、劳动行政部门按照职责分工责令退还多收的费用，并由价格主管部门依照有关法律、行政法规的规定予以处罚。

第五十六条 中外合作办学机构管理混乱、教育教学质量低下，造成恶劣影响的，由教育行政部门、劳动行政部门按照职责分工责令限期整顿并予以公告；情节严重、逾期不整顿或者经整顿仍达不到要求的，由教育行政部门、劳动行政部门按照职责分工责令停止招生，吊销中外合作办学许可证。

第五十七条 违反本条例的规定，发布虚假招生简章，骗取钱财的，由教育行政部门、劳动行政部门按照职责分工，责令限期改正并予以警告；有违法所得的，退还所收费用后没收违法所得，并可处以10万元以下的罚款；情节严重的，责令停止招生、吊销中外合作办学许可证；构成犯罪的，依照刑法关于诈骗罪或者其他罪的规定，依法追究刑事责任。

中外合作办学机构发布虚假招生广告的，依照《中华人民共和国广告法》的有关规定追究其法律责任。

第五十八条 中外合作办学机构被处以吊销中外合作办学许可证行政处罚的，其理事长或者董事长、校长或者主要行政负责人自中外合作办学许可证被吊销之日起10年内不得担任任何中外合作办学机构的理事长或者董事长、校长或者主要行政负责人。

违反本条例的规定，触犯刑律被依法追究刑事责任的，自刑罚执行期满之日起10年内不得从事中外合作办学活动。

第八章 附 则

第五十九条 香港特别行政区、澳门特别行政区和台湾地区的教育机构与内地教育机构合作办学的，参照本条例的规定执行。

第六十条 在工商行政管理部门登记注册的经营性的中外合作举办的培训机构的管理办法，由国务院另行规定。

第六十一条 外国教育机构同中国教育机构在中国境内合作举办以中国公民为主要招生对象的实施学历教育和自学考试助学、文化补习、学前教育等的合作办学项目的具体审批和管理办法，由国务院教育行政部门制定。

外国教育机构同中国教育机构在中国境内合作举办以中国公民为主要招生对象的实施职业技能培训的合作办学项目的具体审批和管理办法，由国务院劳动行政部门制定。

第六十二条 外国教育机构、其他组织或者个人不得在中国境内单独设立以中国公民为主要招生对象的学校及其他教育机构。

第六十三条 本条例施行前依法设立的中外合作办学机构，应当补办本条例规定的中外合作办学许可证。其中，不完全具备本条例所规定条件的，应当在本条例施行之日起2年内达到本条例规定的条件；逾期未达到本条例规定条件的，由审批机关予以撤销。

第六十四条 本条例自2003年9月1日起施行。

中共中央组织部　中共教育部党组
关于加强民办高校党的建设工作的若干意见

（2006年12月21日教党［2006］31号发布）

为加强党对民办高校的领导，促进民办高校健康发展，维护民办高校的和谐稳定，根据《中国共产党章程》和有关规定，现就加强民办高校党建工作提出以下意见。

一、充分认识加强民办高校党建工作的重要性和紧迫性

（一）《中华人民共和国民办教育促进法》实施以来，民办高校快速发展，取得了很大成绩，成为社会主义高等教育事业的重要组成部分。加强民办高校党建工作，对于全面贯彻党的教育方针、坚持社会主义办学方向、促进民办高校健康发展，对于加强和改进大学生思想政治教育、不断提高人才培养质量、为全面建设小康社会提供强有力的人才和人力资源保证，对于巩固党的阶级基础、扩大党的群众基础、加强党的执政能力建设和先进性建设，具有重要而深远的意义。

（二）近年来，各地各部门和民办高校按照中央有关要求，切实加强民办高校党建工作，民办高校党的组织体系逐步健全，党组织的创造力、凝聚力、战斗力不断增强。在新的历史条件下，民办高校党建工作还存在一些亟待解决的问题。有些地方对民办高校党建工作重视不够；有些民办高校忽视党的建设和思想政治工作，党组织的工作机制不够顺畅，党务干部队伍比较薄弱；有些民办高校党组织和党员不能充分发挥作用。这些问题严重影响了民办高校的改革发展稳定，必须引起高度重视，下大力气解决。

（三）加强民办高校党建工作，要以邓小平理论和“三个代表”重要思想为指导，全面贯彻落实科学发展观，坚持育人为本、德育为先，结合民办高校的办学特点和工作实际，采取有效措施，加强民办高校党的思想、组织、作风和制度建设，充分发挥民办高校党组织凝聚人心、推动发展、促进和谐的作用，为促进民办高校的健康发展提供坚强有力的政治保证。

二、健全组织，理顺关系，明确民办高校党组织的作用和职责

（四）建立健全民办高校党组织。具备建立党组织条件的，必须及时建立党组织。暂时不具备建立党组织条件的，要积极创造条件建立党组织。根据党员人数和工作需要，民办高校一般设立党的基层委员会。党组织应本着精干、高效和有利于加强党的建设的原则，设立办公室、组织部、宣传部和纪律检查等工作部门，配备必要的工作人

员。院系及以下单位党组织的设置形式，按照有关规定确定。党组织负责人应按照有关规定选举产生，并报上级党组织批准。党组织负责人工作变动时，必须征求上级党组织的意见。

（五）明确和理顺民办高校党组织的隶属关系。民办高校党组织原则上实行属地管理，党组织关系一般隶属于省（自治区、直辖市）、市（地、州、盟）党委教育工作部门党组织。有特殊情况的，党组织的隶属关系由党委教育工作部门商同级党委组织部门确定。

（六）民办高校党组织发挥政治核心作用，主要职责是：

1. 宣传和执行党的路线方针政策，执行上级党组织的决议，坚持社会主义办学方向和教育公益性原则，致力于培养社会主义建设事业的各类人才。

2. 引导和监督学校遵守法律法规，参与学校重大问题的决策，支持学校决策机构和校长依法行使职权，督促其依法治教、规范管理。

3. 支持学校改革发展，及时向上级党组织和政府职能部门反映学校的合理要求，帮助解决影响学校改革发展稳定的突出问题。

4. 全面加强学校党的思想、组织、作风和制度建设，做好党员教育管理工作。

5. 领导学校思想政治工作和德育工作。

6. 领导学校工会、共青团、学生会等群众组织和教职工代表大会。

7. 做好统一战线工作，支持学校内民主党派的基层组织按照各自的章程开展活动。

三、全面加强民办高校党组织自身建设

（七）加强民办高校党组织领导班子建设。坚持用马克思主义中国化的最新成果武装头脑、指导实践、推动工作，不断提高党组织领导班子成员的思想政治素质和工作能力。贯彻民主集中制原则，积极推进双向进入、交叉任职，党组织领导班子成员可通过法定程序进入学校决策机构和行政管理机构，符合条件的学校决策机构和行政管理机构中的党员可按照党的有关规定进入党组织领导班子。建立党组织与学校决策机构的协商沟通机制，与学校行政管理机构的联席会议制度。党组织对学校的发展规划、人事安排、财务预算、基本建设、招生收费等重大事项，提出意见建议，参与研究讨论。

（八）选好配强民办高校党组织负责人。民办高校必须有一名以上的专职党组织负责人。根据工作需要，党委教育工作部门可选派德才兼备、熟悉教育工作的党员，到民办高校担任党组织负责人，也可选派退休干部中的党员到民办高校党组织任职。加强教育培训，不断提高党组织负责人的素质。加强考核监督，确保党组织负责人努力工作，廉洁自律。党组织负责人兼任政府派驻学校的督导专员。

（九）加强民办高校党务干部队伍建设。从民办高校的实际出发，逐步建立一支素质优良、精干高效、专兼职结合的党务干部队伍。院系及以下党组织负责人应由政治素质好、群众威信高、工作能力强、热心党务工作的党员担任。院系党组织应至少配备1名专职组织员。对兼职从事党建工作的人员，应计算工作量。

（十）加强民办高校党员教育管理。抓好学习培训，通过培训班、党课、报告会和研讨会等形式，有计划地组织好党员的学习教育。加强实践锻炼，深入开展“创先争优”活动和主题实践活动，组织党员立足本职岗位发挥先锋模范作用。严格组织生活，认真执行“三会一课”制度，定期开展民主评议党员、党员党性分析评议。加强流动党员管理，在民办高校从事专职工作半年以上的党员，应转入组织关系。设立党校，充分发挥党校在党员教育中的重要作用。按照有关规定，妥善处置不合格党员。

（十一）积极而慎重地做好民办高校的发展党员工作。坚持和完善发展党员工作的标准和程序，成熟一个、发展一个，实行发展党员公示制和发展党员票决制，确保民办高校新党员的质量。坚持把培养教育贯穿于发展党员工作的全过程，切实加强入党前、入党时、入党后教育，实现党员组织入党和思想入党的统一。

四、加强和改进民办高校大学生思想政治教育

（十二）把社会主义核心价值体系融入民办高校大学生思想政治教育的全过程。用马克思主义中国化的最新成果教育广大学生，使马克思主义成为广大学生的精神支柱和强大思想武器。深入开展理想信念教育，引导广大学生牢固树立中国特色社会主义共同理想。大力弘扬以爱国主义为核心的民族精神和以改革创新为核心的时代精神，引导广大学生始终保持昂扬向上、奋发有为的精神状态。广泛进行社会主义荣辱观教育，推动形成知荣辱、讲正气、促和谐的良好风尚。

（十三）努力拓展民办高校大学生思想政治教育的有效途径。深入开展社会实践，大力建设校园文化，主动占领网络思想政治教育阵地，切实加强心理健康教育，认真做好毕业生的就业指导和服务工作，充分发挥党团组织、学生组织和班级、社团等组织的作用，不断增强思想政治教育的针对性、实效性和吸引力、感染力。

（十四）加强辅导员班主任队伍建设。辅导员总体上按师生比不低于1∶200的比例配备，每个班级都配备1名班主任。规模较小的学校，可适当增加比例。

五、维护民办高校安全稳定，努力建设和谐校园

（十五）建立健全维护民办高校安全稳定的工作机制。民办高校法定代表人是学校安全稳定工作的第一责任人。民办高校党组织要加强对安全稳定工作的督促检查，积极协调决策机构、行政管理机构，研究部署学校的安全稳定工作。推动建立科学有效的利益协调机制、诉求表达机制、矛盾调处机制、权益保障机制和舆情分析研判机制。拓宽师生意愿表达渠道，推行学校党政负责人接待师生、联系师生制度。综合运用法律、政策、行政等手段和教育、协商、疏导等办法，统筹化解矛盾纠纷。

（十六）加强民办高校安全稳定的基层基础工作。加强以院系党组织和学生党支部为核心的基层组织建设，推动完善维护安全稳定的基层组织网络。开展平安、健康、文明、和谐校园创建活动。强化学校内部管理，加强应急管理工作，推进学校安全保卫工

作队伍建设。加强师生安全教育和法制教育，提高师生守法自律意识，有效预防违法违纪行为。配合有关部门持续开展学校及周边治安综合治理，维护学校正常的教学、工作和生活秩序。

（十七）严格落实维护民办高校安全稳定责任追究制。推动建立学校安全稳定工作责任制和工作制度，逐级签订责任书，建立安全稳定工作责任体系。党委教育工作部门要加强对民办高校安全稳定工作的督导检查，对抓安全稳定工作成绩突出的要予以表彰；对思想不重视、工作不得力的要提出批评，限期整改；对不认真履行职责，没有及时解决责任范围内的安全稳定问题，造成不良影响和严重后果的，要追究相关责任人的责任。

六、切实加强对民办高校党建工作的领导

（十八）地方党委要把民办高校党建工作摆上重要议事日程，纳入党建工作责任制，切实加强领导，建立党员领导干部联系民办高校制度。党委组织部门要加强工作规划、政策指导，帮助解决民办高校党建工作中的实际问题。党委教育工作部门要加强组织协调、督促检查，负责指导本地民办高校党建工作。

（十九）不断完善加强民办高校党建工作的体制机制。民办高校党组织负责人是抓党建工作的第一责任人，要协调决策机构、行政管理机构成员，根据分工抓好职责范围内的党建工作，形成党组织统一领导，有关职能部门各司其职、密切配合的工作格局。健全民办高校党建工作保障体系，为党组织开展活动提供必要条件。党组织的活动经费必须列入学校年度经费预算，党组织活动的时间和场所要有保证。上级党组织在党费使用上，要对民办高校给予支持。

（二十）大力推进民办高校党建工作创新。鼓励和支持民办高校党组织根据学校特点和工作实际，探索充分发挥党组织和党员作用的有效方法，创造性地开展工作。鼓励和支持公办高校对口支持民办高校，将党建工作的好经验、好做法推广运用到民办高校。各地可根据实际，建立一批民办高校党建工作示范点，加大支持和指导力度，发挥示范点的辐射带动作用。树立正确舆论导向，大力宣传好的做法和经验，表彰先进典型。加强调查研究，组织理论工作者和实际工作者开展科学研究，为加强民办高校党建工作提供理论支持和决策依据。

（二十一）加强对民办高校党建工作的评估检查。党委教育工作部门要积极探索建立民办高校党建工作评估指标体系，定期开展民办高校党建工作督查检查，发现问题，及时解决。要会同有关部门，认真开展民办高校年度检查，把党的建设和思想政治工作情况作为年度检查的重要内容，促进民办高校提高党建工作水平。

本意见所指的民办高校是实施本、专科学历教育的民办高校。

独立学院党建工作参照本意见执行。

各地党委组织部门、党委教育工作部门和民办高校要结合本地本校实际，提出贯彻落实本意见的具体实施办法。

民办教育收费管理暂行办法①

第一条 为促进民办教育的健康发展，规范民办学校的收费行为，保障民办学校和受教育者的合法权益，根据《中华人民共和国价格法》、《中华人民共和国民办教育促进法》和《中华人民共和国民办教育促进法实施条例》制定本办法。

第二条 本办法适用于国家机构以外的社会组织或者个人，利用非国家财政性经费，面向社会举办的各级各类民办教育学校和教育机构（以下简称“民办学校”）。

第三条 民办学校对接受教育者可以收取学费（或培训费，下同），对在校住宿的学生可以收取住宿费。民办学校为学生在校学习期间提供方便而代收代管的费用，应遵循“学生自愿，据实收取，及时结算，定期公布”的原则，不得与学费、住宿费一并统一收取。

第四条 制定或调整民办学校对接受学历教育的受教育者收取的学费、住宿费标准，由民办学校提出书面申请，按学校类别和隶属关系报教育行政部门或劳动和社会保障行政部门审核，由教育行政部门或劳动和社会保障行政部门报价格主管部门批准。

民办学校对非学历教育的其他受教育者收取的学费、住宿费标准，由民办学校自行确定，报价格主管部门备案。

第五条 民办学校申请制定或调整学历教育收费标准应提交下列材料：

（一）申请学校的有关情况，包括学校名称、地址、法定代表人、法人登记证书以及教育行政部门或劳动和社会保障行政部门颁发的办学许可证；

（二）申请制定或调整教育收费标准的具体项目；

（三）现行教育收费标准和申请制定的教育收费标准或拟调整教育收费标准的幅度，以及年度收费额和调整后的收费增减额；

（四）申请制定或调整教育收费标准的依据和理由；

（五）申请制定或调整教育收费标准对学生负担及学校收支的影响；

（六）申请学校近三年的收入和支出状况，包括教职工人数、按规定折合标准的在校生人数、生均教育培养成本，财务决算报表中的固定资产购建和大修理支出情况、教育设备购置情况、工资总额及其福利费用支出等主要指标；

（七）价格主管部门、教育行政部门、劳动和社会保障行政部门要求提供的其他材料。

申请学校提供的材料应当真实有效。

① 参见：国家发展和改革委、教育部、劳动和社会保障部《关于印发〈民办教育收费管理暂行办法〉的通知》（发改价格［2005］309号）。

第六条 民办学校学历教育学费标准按照补偿教育成本的原则并适当考虑合理回报的因素制定。

教育成本包括人员经费、公务费、业务费、修缮费、固定资产折旧费等学校教育和管理的正常支出，不包括灾害损失、事故等非正常费用支出和校办产业及经营性费用支出。

民办学校学历教育住宿费标准按实际成本确定。

第七条 民办学校对接受学历教育的受教育者按学期或学年收取学费、住宿费。

第八条 受县级人民政府委托承担义务教育任务的民办学校，向协议就读的学生收取的费用，不得高于当地同级同类公办学校的收费标准。

第九条 民办学校学生退（转）学，学校应当根据实际情况退还学生一定费用。具体办法由省级教育行政部门、劳动和社会保障行政部门制定。

第十条 民办学校应通过设立公示栏、公示牌、公示墙等形式，向社会公示收费项目、收费标准等相关内容。

民办学校招生简章应写明学校性质、办学条件、收费项目和收费标准。民办学校对贫困生有学费减免规定和其他救助办法的，应在招生简章中明示。

第十一条 民办学校要按照有关会计制度的要求，建立健全财务管理和会计核算制度，实行成本核算，科学计算教育培养成本。

民办学校接受价格主管部门的监督检查时，要如实提供监督检查所必需的账簿、财务会计报告以及其他资料。

第十二条 民办学校取得的合法收费收入应主要用于教学活动和改善办学条件，任何单位和部门不得截留、平调。

任何组织和个人都不得违反法律、法规向民办教育机构收取任何费用。

第十三条 各级价格主管部门应加强对民办学校收费的管理和监督检查，引导学校建立健全收费管理制度，自觉执行国家的教育收费政策。对违反国家教育收费法律、法规和政策乱收费的行为，要依据《中华人民共和国价格法》、《价格违法行为行政处罚规定》等法律法规严肃查处。

第十四条 各省、自治区、直辖市人民政府价格主管部门、教育行政部门、劳动和社会保障行政部门可根据本办法制定具体实施细则。

第十五条 本办法由国家发展和改革委员会会同教育部、劳动和社会保障部负责解释。

第十六条 本办法自发布后30日施行。

民办高等学校办学管理若干规定

（2007年2月3日教育部令第25号发布）

第一条 为规范实施专科以上高等学历教育的民办学校（以下简称民办高校）的办学行为，维护民办高校举办者和学校、教师、学生的合法权益，引导民办高校健康发展，根据民办教育促进法及其实施条例和国家有关规定，制定本规定。

第二条 民办高校及其举办者应当遵守法律、法规、规章和国家有关规定，贯彻国家的教育方针，坚持社会主义办学方向和教育公益性原则，保证教育质量。

第三条 教育行政部门应当将民办高等教育纳入教育事业发展规划。按照积极鼓励、大力支持、正确引导、依法管理的方针，引导民办高等教育健康发展。

教育行政部门对民办高等教育事业做出突出贡献的集体和个人予以表彰奖励。

第四条 国务院教育行政部门负责全国民办教育统筹规划、综合协调和宏观管理工作。

省、自治区、直辖市人民政府教育行政部门（以下简称省级教育行政部门）主管本行政区域内的民办教育工作。对民办高校依法履行下列职责：

（一）办学许可证管理；

（二）民办高校招生简章和广告备案的审查；

（三）民办高校相关信息的发布；

（四）民办高校的年度检查；

（五）民办高校的表彰奖励；

（六）民办高校违法违规行为的查处；

（七）法律法规规定的其他职责。

第五条 民办高校的办学条件必须符合国家规定的设置标准和普通高等学校基本办学条件指标的要求。

民办高校设置本、专科专业，按照国家有关规定执行。

第六条 民办高校的举办者应当按照民办教育促进法及其实施条例的规定，按时、足额履行出资义务。

民办高校的借款、向学生收取的学费、接受的捐赠财产和国家的资助，不属于举办者的出资。

民办高校对举办者投入学校的资产、国有资产、受赠的财产、办学积累依法享有法人财产权，并分别登记建账。任何组织和个人不得截留、挪用或侵占民办高校的资产。

第七条 民办高校的资产必须于批准设立之日起一年内过户到学校名下。

本规定下发前资产未过户到学校名下的，自本规定下发之日起一年内完成过户工作。

资产未过户到学校名下前，举办者对学校债务承担连带责任。

第八条　民办高校符合举办者、学校名称、办学地址和办学层次变更条件的，按照民办教育促进法规定的程序，报审批机关批准。

民办高校应当按照办学许可证核定的学校名称、办学地点、办学类型、办学层次组织招生工作，开展教育教学活动。

民办高校不得在办学许可证核定的办学地点之外办学。不得设立分支机构。不得出租、出借办学许可证。

第九条　民办高校必须根据有关规定，建立健全党团组织。民办高校党组织应当发挥政治核心作用，民办高校团组织应当发挥团结教育学生的重要作用。

第十条　民办高校校长应当具备国家规定的任职条件，具有10年以上从事高等教育管理经历，年龄不超过70岁。校长报审批机关核准后，方可行使民办教育促进法及其实施条例规定的职权。

校长任期原则上为4年。报经审批机关同意后可以连任。

第十一条　未列入国务院教育行政部门当年公布的具有学历教育招生资格学校名单的民办高校，不得招收学历教育学生。

第十二条　民办高校招生简章和广告必须载明学校名称、办学地点、办学性质、招生类型、学历层次、学习年限、收费项目和标准、退费办法、招生人数、证书类别和颁发办法等。

民办高校应当依法将招生简章和广告报审批机关或其委托的机关备案。发布的招生简章和广告必须与备案的内容相一致。未经备案的招生简章和广告不得发布。

第十三条　民办高校招收学历教育学生的，必须严格执行国家下达的招生计划，按照国家招生规定和程序招收学生。对纳入国家计划、经省级招生部门统一录取的学生发放录取通知书。

第十四条　民办高校应当按照普通高等学校学生管理规定的要求完善学籍管理制度。纳入国家计划、经省级招生部门统一录取的学生入学后，学校招生部门按照国家规定对其进行复查，复查合格后予以电子注册并取得相应的学籍。

第十五条　民办高校自行招收的学生为非学历教育学生，学校对其发放学习通知书。学习通知书必须明确学习形式、学习年限、取得学习证书办法等。

民办高校对学习时间1年以上的非学历教育学生实行登记制度。已登记的学生名单及有关情况，必须于登记后7日内报省级教育行政部门备案。备案后的学生名单在校内予以公布。

第十六条　民办高校应当按照民办教育促进法及其实施条例的要求，配备教师，不断提高专职教师数量和比例。

民办高校应当依法聘任具有国家规定任教资格的教师，与教师签订聘任合同，明确双方的责任、权利、义务。保障教师的工资、福利待遇，按国家有关规定为教师办理社会保险和补充保险。

第十七条 民办高校应当加强教师的培养和培训，提高教师队伍整体素质。

第十八条 民办高校应当按照国家有关规定建立学生管理队伍。按不低于1∶200的师生比配备辅导员，每个班级配备1名班主任。

第十九条 民办高校应当建立健全教学管理机构，加强教学管理队伍建设。改进教学方式方法，不断提高教育质量。

不得以任何形式将承担的教育教学任务转交其他组织和个人。

第二十条 民办高校应当建立教师、学生校内申诉渠道，依法妥善处理教师、学生提出的申诉。

第二十一条 民办高校依法设置会计机构，配备会计人员。会计人员必须取得会计业务资格证书。建立健全内部控制制度，严格执行国家统一的会计制度。

第二十二条 民办高校必须严格执行政府有关部门批准的收费项目和标准。收取的费用主要用于教育教学活动和改善办学条件。

第二十三条 民办高校应当在每学年结束时制作财务会计报告，委托会计师事务所进行审计。必要时，省级教育行政部门可会同有关部门对民办高校进行财务审计。

第二十四条 民办高校的法定代表人为学校安全和稳定工作第一责任人。民办高校应当加强应急管理，建立健全安全稳定工作机制。推进学校安全保卫工作队伍建设，加强对学校教学、生活、活动设施的安全检查，落实各项安全防范措施，维护校园安全和教学秩序。

第二十五条 建立对民办高校的督导制度。

省级教育部门按照国家有关规定向民办高校委派的督导专员应当拥护宪法确定的基本原则，具有从事高等教育管理工作经历，熟悉高等学校情况，具有较强的贯彻国家法律、法规和政策的能力，年龄不超过70岁。督导专员的级别、工资、日常工作经费等由委派机构商有关部门确定。

督导专员任期原则上为4年。因工作需要的，委派机构可根据具体情况适当延长其任期。

第二十六条 督导专员行使下列职权：

（一）监督学校贯彻执行有关法律、法规、政策的情况；

（二）监督、引导学校的办学方向、办学行为和办学质量；

（三）参加学校发展规划、人事安排、财产财务管理、基本建设、招生、收退费等重大事项的研究讨论；

（四）向委派机构报告学校办学情况，提出意见建议；

（五）有关党政部门规定的其他职责。

第二十七条 省级教育行政部门应当建立健全民办高校办学过程监控机制，及时向社会发布民办高校的有关信息。

第二十八条 省级教育行政部门按照国家规定对民办高校实行年度检查制度。年度检查工作于每年12月31日前完成。省级教育行政部门根据年度检查情况和国务院教育行政部门基本办学条件核查的结果，在办学许可证副本上加盖年度检查结论戳记。

年度检查时，民办高校应当向省级教育行政部门提交年度学校自查报告、财务审计报告和要求提供的其他材料。

第二十九条 省级教育行政部门对民办高校年度检查的主要内容：

（一）遵守法律、法规和政策的情况；

（二）党团组织建设、和谐校园建设、安全稳定工作的情况；

（三）按照章程开展活动的情况；

（四）内部管理机构设置及人员配备情况；

（五）办学许可证核定项目的变动情况；

（六）财务状况，收入支出情况或现金流动情况；

（七）法人财产权的落实情况；

（八）其他需要检查的情况。

第三十条 民办高校出现以下行为的，由省级教育行政部门责令改正；并可给予1至3万元的罚款、减少招生计划或者暂停招生的处罚：

（一）学校资产不按期过户的；

（二）办学条件不达标的；

（三）发布未经备案的招生简章和广告的；

（四）年度检查不合格的。

第三十一条 民办高校违反民办教育促进法及其实施条例以及其他法律法规规定的，由省级教育行政部门或者会同相关部门依法予以处罚。

第三十二条 省级教育行政部门应当配合相关主管部门对发布违法招生广告的广告主、广告经营者、广告发布者和非法办学机构、非法中介进行查处。

第三十三条 教育行政部门会同民政部门加强对民办高等教育领域行业协会的业务指导和监督管理。充分发挥行业协会在民办高等教育健康发展中提供服务、反映诉求、行业自律的作用。

第三十四条 教育行政部门配合新闻单位做好引导民办高等教育健康发展的舆论宣传工作，营造有利于民办高校健康发展的舆论环境。

第三十五条 教育行政部门及其工作人员滥用职权、玩忽职守，违反民办教育促进法及其实施条例规定的，依法予以处理。

第三十六条 本规定自2007年2月10日起施行。

独立学院设置与管理办法

（2008 年 2 月 22 日教育部令第 26 号）

第一章　总　则

第一条　为了规范普通高等学校与社会组织或者个人合作举办独立学院活动，维护受教育者和独立学院的合法权益，促进高等教育事业健康发展，根据高等教育法、民办教育促进法、民办教育促进法实施条例，制定本办法。

第二条　本办法所称独立学院，是指实施本科以上学历教育的普通高等学校与国家机构以外的社会组织或者个人合作，利用非国家财政性经费举办的实施本科学历教育的高等学校。

第三条　独立学院是民办高等教育的重要组成部分，属于公益性事业。

设立独立学院，应当符合国家和地方高等教育发展规划。

第四条　独立学院及其举办者应当遵守法律、法规、规章和国家有关规定，贯彻国家的教育方针，坚持社会主义办学方向和教育公益性原则。

第五条　国家保障独立学院及其举办者的合法权益。

独立学院依法享有民办教育促进法、民办教育促进法实施条例规定的各项奖励与扶持政策。

第六条　国务院教育行政部门负责全国独立学院的统筹规划、综合协调和宏观管理。

省、自治区、直辖市人民政府教育行政部门（以下简称省级教育行政部门）主管本行政区域内的独立学院工作，依法履行下列职责：

（一）独立学院办学许可证的管理；

（二）独立学院招生简章和广告备案的审查；

（三）独立学院相关信息的发布；

（四）独立学院的年度检查；

（五）独立学院的表彰奖励；

（六）独立学院违法违规行为的查处；

（七）法律法规规定的其他职责。

第二章　设　立

第七条　参与举办独立学院的普通高等学校须具有较高的教学水平和管理水平，较好的办学条件，一般应具有博士学位授予权。

第八条　参与举办独立学院的社会组织，应当具有法人资格。注册资金不低于5000万元，总资产不少于3亿元，净资产不少于1.2亿元，资产负债率低于60%。

参与举办独立学院的个人，应当具有政治权利和完全民事行为能力。个人总资产不低于3亿元，其中货币资金不少于1.2亿元。

第九条　独立学院的设置标准参照普通本科高等学校的设置标准执行。

独立学院应当具备法人条件。

第十条　参与举办独立学院的普通高等学校与社会组织或者个人，应当签订合作办学协议。

合作办学协议应当包括办学宗旨、培养目标、出资数额和方式、各方权利义务、合作期限、争议解决办法等内容。

第十一条　普通高等学校主要利用学校名称、知识产权、管理资源、教育教学资源等参与办学。社会组织或者个人主要利用资金、实物、土地使用权等参与办学。

国家的资助、向学生收取的学费和独立学院的借款、接受的捐赠财产，不属于独立学院举办者的出资。

第十二条　独立学院举办者的出资须经依法验资，于筹设期内过户到独立学院名下。

本办法施行前资产未过户到独立学院名下的，自本办法施行之日起1年内完成过户工作。

第十三条　普通高等学校投入办学的无形资产，应当依法作价。无形资产的作价，应当委托具有资产评估资质的评估机构进行评估；无形资产占办学总投入的比例，由合作办学双方按照国家法律、行政法规的有关规定予以约定，并依法办理有关手续。

第十四条　独立学院举办者应当依法按时、足额履行出资义务。独立学院存续期间，举办者不得抽逃办学资金，不得挪用办学经费。

第十五条　符合条件的普通高等学校一般只可以参与举办1所独立学院。

第十六条　设立独立学院，分筹设和正式设立两个阶段。筹设期1至3年，筹设期内不得招生。筹设期满未申请正式设立的，自然终止筹设。

第十七条　设立独立学院由参与举办独立学院的普通高等学校向拟设立的独立学院所在地的省级教育行政部门提出申请，按照普通本科高等学校设置程序，报国务院教育行政部门审批。

第十八条　申请筹设独立学院，须提交下列材料：

（一）筹设申请书。内容包括：举办者、拟设立独立学院的名称、培养目标、办学规模、办学条件、内部管理体制、经费筹措与管理使用等。

（二）合作办学协议。

（三）普通高等学校的基本办学条件，专业设置、学科建设情况，在校学生、专任教师及管理人员状况，本科教学水平评估情况，博士点设置情况。

（四）社会组织或者个人的法人登记证书或者个人身份证明材料。

（五）资产来源、资金数额及有效证明文件，并载明产权。其中包括不少于500亩的国有土地使用证或国有土地建设用地规划许可证。

（六）普通高等学校主管部门审核同意的意见。

第十九条 申请筹设独立学院的，审批机关应当按照民办教育促进法规定的期限，作出是否批准的决定。批准的，发给筹设批准书；不批准的，应当说明理由。

第二十条 完成筹设申请正式设立的，应当提交下列材料：

（一）正式设立申请书；

（二）筹设批准书；

（三）筹设情况报告；

（四）独立学院章程，理事会或董事会组成人员名单；

（五）独立学院资产的有效证明文件；

（六）独立学院院长、教师、财会人员的资格证明文件；

（七）省级教育行政部门组织的专家评审意见。

第二十一条 独立学院的章程应当规定下列主要事项：

（一）独立学院的名称、地址；

（二）办学宗旨、规模等；

（三）独立学院资产的数额、来源、性质以及财务制度；

（四）出资人是否要求取得合理回报；

（五）理事会或者董事会的产生方法、人员构成、权限、任期、议事规则等；

（六）法定代表人的产生和罢免程序；

（七）独立学院自行终止的事由；

（八）章程修改程序。

第二十二条 独立学院的名称前冠以参与举办的普通高等学校的名称，不得使用普通高等学校内设院系和学科的名称。

第二十三条 申请正式设立独立学院，审批机关应当按照民办教育促进法规定的期限，作出是否批准的决定。批准的，发给办学许可证；不批准的，应当说明理由。

依法设立的独立学院，应当按照国家有关规定办理法人登记。

第二十四条 国务院教育行政部门受理申请筹设和正式设立独立学院的时间为每年第三季度。省级教育行政部门应当在每年9月30日前完成审核工作并提出申请。

审批机关审批独立学院，应当组织专家评议。专家评议的时间，不计算在审批期限内。

第三章 组织与活动

第二十五条 独立学院设立理事会或者董事会，作为独立学院的决策机构。理事会或者董事会由参与举办独立学院的普通高等学校代表、社会组织或者个人代表、独立学院院长、教职工代表等人员组成。理事会或者董事会中，普通高等学校的代表不得少于五分之二。

理事会或者董事会由5人以上组成，设理事长或者董事长1人。理事长、理事或者董事长、董事名单报审批机关备案。

第二十六条 独立学院的理事会或者董事会每年至少召开2次会议。经三分之一以上组成人员提议，可以召开理事会或者董事会临时会议。

理事会或者董事会会议应由二分之一以上的理事或者董事出席方可举行。

第二十七条 独立学院理事会或者董事会应当对所议事项形成记录，出席会议的理事或者董事和记录员应当在记录上签名。

第二十八条 独立学院理事会或者董事会会议作出决议，须经全体理事或者董事的过半数通过。但是讨论下列重大事项，须经理事会或者董事会三分之二以上组成人员同意方可通过：

（一）聘任、解聘独立学院院长；

（二）修改独立学院章程；

（三）制定发展规划；

（四）审核预算、决算；

（五）决定独立学院的合并、终止；

（六）独立学院章程规定的其他重大事项。

第二十九条 独立学院院长应当具备国家规定的任职条件，年龄不超过70岁，由参与举办独立学院的普通高等学校优先推荐，理事会或者董事会聘任，并报审批机关核准。

独立学院院长负责独立学院的教育教学和行政管理工作。

第三十条 独立学院应当按照办学许可证核定的名称、办学地址和办学范围组织开展教育教学活动。不得设立分支机构。不得出租、出借办学许可证。

第三十一条 独立学院必须根据有关规定，建立健全中国共产党和中国共产主义青年团的基层组织。独立学院党组织应当发挥政治核心作用，独立学院团组织应当发挥团结教育学生的重要作用。

独立学院应当建立教职工代表大会制度，保障教职工参与民主管理和监督。

第三十二条 独立学院的法定代表人为学校安全稳定工作第一责任人。独立学院应当建立健全安全稳定工作机制，建立学校安全保卫工作队伍。落实各项维护安全稳定措施，开展校园及周边治安综合治理，维护校园安全和教学秩序。

参与举办独立学院的普通高等学校应当根据独立学院的实际情况，积极采取措施，做好安全稳定工作。

第三十三条 独立学院应当按照国家核定的招生规模和国家有关规定招收学生，完善学籍管理制度，做好家庭经济困难学生的资助工作。

第三十四条 独立学院应当按照国家有关规定建立学生管理队伍。按不低于1:200的师生比配备辅导员，每个班级配备1名班主任。

第三十五条 独立学院应当建立健全教学管理机构，加强教学管理队伍建设。改进教学方式方法，不断提高教育质量。

第三十六条 独立学院应当按照国家有关规定完善教师聘用和管理制度，依法落实和保障教师的相关待遇。

第三十七条 独立学院应当根据核定的办学规模充实办学条件，并符合普通本科高等学校基本办学条件指标的各项要求。

第三十八条 独立学院对学习期满且成绩合格的学生，颁发毕业证书，并以独立学院名称具印。

独立学院按照国家有关规定申请取得学士学位授予资格，对符合条件的学生颁发独立学院的学士学位证书。

第三十九条 独立学院应当按照国家有关规定建立财务、会计制度和资产管理制度。

独立学院资产中的国有资产的监督、管理，按照国家有关规定执行。独立学院接受的捐赠财产的使用和管理，按照公益事业捐赠法的有关规定执行。

第四十条 独立学院使用普通高等学校的管理资源和师资、课程等教育教学资源，其相关费用应当按照双方约定或者国家有关规定，列入独立学院的办学成本。

第四十一条 独立学院收费项目和标准的确定，按照国家有关规定执行，并在招生简章和广告中载明。

第四十二条 独立学院存续期间，所有资产由独立学院依法管理和使用，任何组织和个人不得侵占。

第四十三条 独立学院在扣除办学成本、预留发展基金以及按照国家有关规定提取其他必需的费用后，出资人可以从办学结余中取得合理回报。

出资人取得合理回报的标准和程序，按照民办教育促进法实施条例和国家有关规定执行。

第四章 管理与监督

第四十四条 教育行政部门应当加强对独立学院教育教学工作、教师培训工作的指导。

参与举办独立学院的普通高等学校，应当按照合作办学协议和国家有关规定，对独立学院的教学和管理工作予以指导，完善独立学院教学水平的监测和评估体系。

第四十五条 独立学院的招生简章和广告的样本，应当及时报省级教育行政部门备案。

未经备案的招生简章和广告，不得发布。

第四十六条 省级教育行政部门应当按照国家有关规定，加强对独立学院的督导和年检工作，对独立学院的办学质量进行监控。

第四十七条 独立学院资产的使用和财务管理受审批机关和其他有关部门的监督。

独立学院应当在每个会计年度结束时制作财务会计报告，委托会计师事务所依法进行审计，并公布审计结果。

第五章 变更与终止

第四十八条 独立学院变更举办者，须由举办者提出，在进行财务清算后，经独立学院理事会或者董事会同意，报审批机关核准。

独立学院变更地址，应当报审批机关核准。

第四十九条 独立学院变更名称，应当报审批机关批准。

第五十条 独立学院有下述情形之一的，应当终止：

（一）根据独立学院章程规定要求终止，并经审批机关批准的；

（二）资不抵债无法继续办学的；

（三）被吊销办学许可证的。

第五十一条 独立学院终止时，在妥善安置在校学生后，按照民办教育促进法的有关规定进行财务清算和财产清偿。

独立学院举办者未履行出资义务或者抽逃、挪用办学资金造成独立学院资不抵债无法继续办学的，除依法承担相应的法律责任外，须提供在校学生的后续教育经费。

第五十二条 独立学院终止时仍未毕业的在校学生由参与举办的普通高等学校托管。对学习期满且成绩合格的学生，发给独立学院的毕业证书；符合学位授予条件的，授予独立学院的学士学位证书。

第五十三条 终止的独立学院，除被依法吊销办学许可证的外，按照国家有关规定收回其办学许可证、印章，注销登记。

第六章 法律责任

第五十四条 审批机关及其工作人员，利用职务上的便利收取他人财物或者获取其他利益，滥用职权、玩忽职守，对不符合本办法规定条件者颁发办学许可证，或者发现违法行为不予以查处，情节严重的，对直接负责的主管人员和其他直接人员，依法给予行政处分；构成犯罪的，依法追究刑事责任。

第五十五条 独立学院举办者虚假出资或者在独立学院设立后抽逃资金、挪用办学经费的，由省级教育行政部门会同有关部门责令限期改正，并按照民办教育促进法的有关规定给予处罚。

第五十六条 独立学院有下列情形之一的，由省级教育行政部门责令限期改正，并视情节轻重，给予警告、1至3万元的罚款、减少招生计划或者暂停招生的处罚：

（一）独立学院资产不按期过户的；

（二）发布未经备案的招生简章或广告的；

（三）年检不合格的；

（四）违反国家招生计划擅自招收学生的。

第五十七条 独立学院违反民办教育促进法以及其他法律法规规定的，由省级教育行政部门或者会同有关部门给予处罚。

第七章　附　则

第五十八条 本办法施行前设立的独立学院，按照本办法的规定进行调整，充实办学条件，完成有关工作。本办法施行之日起5年内，基本符合本办法要求的，由独立学院提出考察验收申请，经省级教育行政部门审核后报国务院教育行政部门组织考察验收，考察验收合格的，核发办学许可证。

第五十九条 本办法自2008年4月1日起施行。此前国务院教育行政部门发布的有关独立学院设置与管理的文件与本办法不一致的，以本办法为准。

二、中国民办教育协会简介

中国民办教育协会章程

（2008 年 5 月 17 日）

第一章　总　则

第一条　本团体的名称是：中国民办教育协会，英文名称：The Chinese Association for Non-Government Education，缩写：CANGE。

第二条　本团体是由全国各级各类民办教育机构和民办教育工作者自愿结成的、行业性的、全国性的非营利性的社会组织。

第三条　本团体的宗旨：团结全国各级各类民办教育机构和民办教育工作者，以马列主义、毛泽东思想和邓小平理论为指导，全面贯彻“三个代表”重要思想，坚持党的基本路线，坚持科学发展观，全面贯彻科教兴国、人才强国战略。遵守宪法、法律、法规和国家政策，遵守社会道德风尚。努力贯彻《民办教育促进法》和《民办教育促进法实施条例》，面向社会开展民办教育科学理论与实践研究，开展行业自律、行业维权与其他行业服务活动，为培养有理想、有道德、有文化、有纪律的社会主义建设者和接班人，提高劳动者素质，促进中国民办教育的健康发展而努力。

第四条　本团体接受登记管理机关中华人民共和国民政部和业务主管单位教育部的业务指导和监督管理。

第五条　本团体的住所北京市朝阳区霄云里 7 号楼。

第二章　业务范围

第六条　本会的业务范围是：

（一）宣传民办教育的意义和作用，促进社会各方面关心支持民办教育事业的发展；

（二）开展民办教育科学研究，促进民办学校办学质量和管理水平的提高，开展民办教育评估活动；推广民办教育科研成果和经验；

（三）为政府部门对民办教育的决策提供咨询服务；

（四）培训民办教育工作者和研究人员；

（五）组织编辑有关民办教育报刊和资料，交流民办教育信息；

（六）组织开展民办教育的对外交流与合作活动；

（七）开展民办教育的行业规范、行业自律和行业维权活动；

（八）提供符合本会宗旨的其他民办教育方面的服务。

第三章 会 员

第七条 本团体的会员种类：个人会员和单位会员，个人会员应当具有政治权利和完全民事行为能力，单位会员应当具有独立法人资格。

第八条 申请加入本会的会员，必须具备以下基本条件：

（一）拥护本团体的章程；

（二）有加入本团体的意愿；

（三）在本团体的业务（行业、学科）领域内具有一定的影响；

（四）关心民办教育事业的发展，参与民办教育科学研究或民办教育实践活动。

第九条 会员入会的程序是：

（一）提交入会申请书；

（二）经理事会讨论通过；

（三）由会长办公会作出决定；

（四）由理事会或理事会授权的机构发给会员证。

第十条 会员享有下列权利：

（一）本会的选举权、被选举权和表决权；

（二）参加本团体的活动；

（三）获得本团体服务的优先权；

（四）对本团体工作的批评建议权和监督权；

（五）入会自愿、退会自由。

第十一条 会员履行下列义务：

（一）执行本团体的决议；

（二）维护本团体合法权益；

（三）完成本团体交办的工作；

（四）按规定交纳会费；

（五）向本团体反映情况，提供有关资料。

第十二条 会员退会应书面通知本团体，并交回会员证。会员如果一年不交纳会费或不参加本团体活动的，视为自动退会。

第十三条 会员如有严重违反本章程的行为，经理事会或常务理事会表决通过，予以除名。

第四章　组织机构和负责人产生、罢免

第十四条　本团体的最高权力机构是会员代表大会，会员代表大会的职权是：

（一）制定和修改章程；

（二）选举和罢免理事；

（三）审议理事会的工作报告和财务报告；

（四）制定并修改会费标准；

（五）决定终止事宜；

（六）选举和罢免监事；

（七）审议监事会工作报告；

（八）决定其他重大事宜。

第十五条　会员代表大会须有2/3以上的会员代表出席方能召开，其决议须经到会会员代表半数以上表决通过方能生效。

第十六条　会员代表大会每届3年。因特殊情况需提前或延期换届的，须由理事会表决通过，报业务主管单位审查并经社团登记管理机关批准同意。但延期换届最长不超过1年。

第十七条　本团体设立常务理事会。理事会是会员代表大会的执行机构，在闭会期间领导本团体开展日常工作，对会员代表大会负责。

第十八条　理事会的职权是：

（一）执行会员代表大会的决议；

（二）选举和罢免会长、副会长、秘书长；选举和罢免常务理事；

（三）筹备召开会员代表大会；

（四）向会员代表大会报告工作和财务状况；

（五）决定会员的吸收或除名；

（六）决定设立办事机构、分支机构、代表机构和实体机构；

（七）决定副秘书长、各机构主要负责人的聘任；

（八）领导本团体各机构开展工作；

（九）制定内部管理制度；

（十）审议常务理事会的工作报告；

（十一）接受监事会提出的对本会违纪问题的处理意见，提出解决办法并接受其监督。

（十二）决定其他重大事项。

第十九条　理事会须有2/3以上理事出席方能召开，其决议须经到会理事2/3以上表决通过方能生效。

第二十条 理事会每年至少召开一次会议，情况特殊的，也可采用通讯形式召开。

第二十一条 本团体设立常务理事会。常务理事会由理事会选举产生，在理事会闭会期间行使第十八条第一、三、五、六、七、八、九项的职权，对理事会负责（常务理事人数不超过理事人数的1/3)。

第二十二条 常务理事会须有2/3以上常务理事出席方能召开，其决议须经到会常务理事2/3以上表决通过方能生效。

第二十三条 常务理事会至少半年召开一次会议；情况特殊的也可采用通讯形式召开。

第二十四条 本团体的会长、副会长、秘书长必须具备下列条件：

（一）坚持党的路线、方针、政策，政治素质好；

（二）在本团体业务领域内有较大影响；

（三）会长、副会长最高任职年龄不超过70周岁；

（四）秘书长最高任职年龄不超过70周岁，秘书长为专职；

（五）身体健康，能坚持正常工作；

（六）未受过剥夺政治权利的刑事处罚；

（七）具有完全民事行为能力。

第二十五条 本团体会长、副会长、秘书长如超过最高任职年龄的，须经理事会表决通过，报业务主管单位审查并经社团登记管理机关批准同意后，方可任职。

第二十六条 本团体会长、副会长、秘书长任期3年，最长不得超过两届。因特殊情况需延长任期的，须经会员代表大会2/3以上会员代表表决通过，报业务主管单位审查并经社团登记管理机关批准同意后方可任职。

第二十七条 本团体会长为本团体法定代表人，代表本团体签署有关重要文件。本团体法定代表人不兼任其他团体的法定代表人。

第二十八条 本团体会长行使下列职权：

（一）召集和主持理事会、常务理事会；

（二）检查会员代表大会、理事会、常务理事会决议的落实情况；

（三）代表本会签署有关重要文件；

（四）根据秘书长提名，决定副秘书长；

（五）决定设立办事机构、分支机构、代表机构和实体机构。

第二十九条 本团体秘书长行使下列职权：

（一）主持办事机构开展日常工作，组织实施年度工作计划；

（二）协调各分支机构、代表机构、实体机构开展工作；

（三）提名副秘书长以及各办事机构、分支机构、代表机构和实体机构主要负责人，交理事会或常务理事会决定；

（四）决定办事机构、代表机构、实体机构专职工作人员的聘用；

（五）处理其他日常事务。

第五章 资产管理、使用原则

第三十条 本团体经费来源：

（一）会费；

（二）捐赠；

（三）政府资助；

（四）在核准的业务范围内开展活动或服务的收入；

（五）利息；

（六）其他合法收入。

第三十一条 本团体按照国家有关规定收取会员会费。

第三十二条 本团体经费必须用于本章程规定的业务范围和事业的发展，不得在会员中分配。

第三十三条 本团体建立严格的财务管理制度，保证资产来源合法、真实、准确、完整。

第三十四条 本团体配备具有专业资格的会计人员。会计不得兼任出纳。会计人员必须进行会计核算，实行会计监督。会计人员调动工作或离职时，必须与接管人员办清交接手续。

第三十五条 本团体的资产管理必须执行国家规定的财务管理制度，接受会员代表大会和财政部门的监督。资产来源属于国家拨款或者社会捐赠、资助的，必须接受审计机关的监督，并将有关情况以适当方式向社会公布。

第三十六条 本团体换届或更换法定代表人之前必须接受社团登记管理机关和业务主管单位组织的财务审计。

第三十七条 本团体的资产，任何单位、个人不得侵占、私分和挪用。

第三十八条 本团体专职工作人员的工资和保险、福利待遇，参照国家对事业单位的有关规定执行。

第六章 章程的修改程序

第三十九条 对本团体章程的修改，须经理事会表决通过后报会员代表大会审议。

第四十条 本团体修改的章程，须在会员代表大会通过后15日内，经业务主管单位审查同意，并报社团登记管理机关核准后生效。

第七章　终止程序及终止后的财产处理

第四十一条　本团体完成宗旨或自行解散或由于分立、合并等原因需要注销的，由理事会或常务理事会提出终止动议。

第四十二条　本团体终止动议须经会员代表大会表决通过，并报业务主管单位审查同意。

第四十三条　本团体终止前，须在业务主管单位及有关机关指导下成立清算组织，清理债权债务，处理善后事宜。清算期间，不开展清算以外的活动。

第四十四条　本团体经社团登记管理机关办理注销登记手续后即为终止。

第四十五条　本团体终止后的剩余财产，在业务主管单位和社团登记管理机关的监督下，按照国家有关规定，用于发展与本团体宗旨相关的事业。

第八章　附　则

第四十六条　本章程经2008年5月17日中国民办教育协会第一届会员代表大会第一次会议表决通过。

第四十七条　本章程的解释权属本团体的理事会。

第四十八条　本章程自社团登记管理机关核准之日起生效。

中国民办教育协会组织架构

中国民办教育协会名誉会长　许嘉璐（九届、十届全国人大常委会副委员长，十届、十一届中国民主促进会中央委员会主席）

中国民办教育协会总顾问　柳　斌（国家教育委员会原党组副书记、副主任，原国家总督学，十届全国人大常委会委员）

顾　问：

杨海波（八届全国人大教科文卫委员会副主任委员）

汪家镠（九届全国人大教科文卫委员会副主任委员）

毛昭晰（九届全国人大常委会委员、浙江省人大常委会原副主任）

顾明远（中国教育学会会长）

周远清（中国高等教育学会会长）

张天保（中国职业技术教育学会会长）

朱新均（中国成人教育协会会长）

郝克明（中国教育发展战略学会会长）

潘懋元（厦门大学教授）

刘玉娥（湖南省人大常委会原副主任、湖南省教育基金会理事长）

郭燕杰（辽宁省政协原副主席、辽宁省民办教育协会会长）

唐之享（湖南省政府原副省长、湖南省民办教育协会会长、湖南省人大常委会党组成员、湖南省人民政府顾问）

梁公卿（云南省政府原副省长、云南省人大常委会原副主任、云南省民办教育协会会长）

贾连朝（河南省民办教育协会会长）

卢钟鹤（广东省民办教育协会名誉会长）

应松年（国家行政学院法学教研部主任，中国法学会行政法学研究会会长，中国政法大学教授、博士生导师）

中国民办教育协会会长　陶西平（国家总督学顾问、中国教育学会副会长、联合国教科文组织协会亚太地区联合会名誉主席、联合国教科文组织协会世界联合会副主席、北京市社科联名誉主席）

中国民办教育协会常务副会长　王佐书（十届、十一届全国人大常委会委员，十一届全国人大教科文卫委员会副主任委员，中国民主促进会中央委员会副主席）

中国民办教育协会监事会主席　胡大白（黄河科技学院院长，河南省民办教育协会执行会长）

中国民办教育协会副会长(按姓氏笔画排列):

丁祖诒(西安翻译学院院长)

于　果(江西蓝天学院董事长)

于松岭(黑龙江东方剑桥教育集团董事长)

王玉芬(江苏翔宇教育集团董事长)

王庆林(教育部办公厅原正局级副主任、社团管理中心原主任)

王琳达(怡海置业控股有限公司董事长)

任　芳(西安西京学院执行院长)

刘　林(北京城市学院党委书记、常务副院长)

孙珩超[银川科技职业学院(银川大学)董事长、院长]

朱　玉(浙江树人大学校长)

许志忠(内蒙古北方职业技术学院董事长、院长)

吴志清(广东深圳职业训练学院院长)

宋作文(山东烟台南山集团董事长)

张克强(广东华美国际投资集团董事长、总经理)

张杰庭(北京锡华未来教育实业股份有限公司董事长)

张剑波(湖南涉外经济学院董事长)

李书福[浙江吉利集团铭泰投资发展集团(教育)董事长]

李孝轩(云南爱因森教育投资集团、云南爱因森软件职业学院董事长)

李学春(重庆民生教育集团董事长)

李宣海(中共上海市教育卫生工作委员会书记)

陈　宇(中国就业促进会副会长)

陈万年(江苏三江学院理事长)

陈登斌(湖南信息科学职业学院董事长)

周星增(上海建桥学院董事长、上海工商联民办教育协会会长)

季明明(北京教育科学研究院原院长、党委副书记)

俞敏洪(新东方教育集团董事长)

胡　卫(上海市教育科学研究院副院长、研究员，上海市民办中小学协会会长)

赵　超(陕西国际商贸职业学院董事长)

秦　和(吉林华桥外国语学院院长)

黄　藤(西安外事学院董事长、院长)

黄纪云(浙江育英教育集团董事长)

谢可滔(广东白云学院董事长)

廖　鸿(民政部民间组织管理局巡视员、民间组织服务中心常务副主任)

瞿延东(教育部发展规划司原助理巡视员)

中国民办教育协会监事会副主席：

王志泽（北京汇佳教育机构董事长）

周延波（西安思源学院院长）

曹勇安（黑龙江齐齐哈尔职业学院院长）

黄新茂（浙江省教育厅原副厅长、浙江省民办教育协会会长）

中国民办教育协会秘书长　赵光华（中国民主促进会中央委员会原秘书长）

中国民办教育协会副秘书长（按姓氏笔画排列）：

王文源（北京教育科学研究院民办教育研究所所长）

冯　政（人力资源和社会保障部职业能力建设司职业培训处处长）

吴新秋（中国民主促进会中央委员会副秘书长）

金平一（教育部发展规划司民办教育管理处处长）

赵　泳（民政部民间组织管理局民办非企业登记管理处处长）

贺春兰（人民政协报教育在线周刊主编）

中国民办教育协会内设机构：

办公室

主任：王文源（兼）

事业发展部

部长：刘　林（兼）

法律事务部

部长：季明明（兼）

民办教育研究院

院长：王佐书（兼）

执行院长：胡　卫（兼）

中国民办教育协会分支机构：

高等教育专业委员会

理事长：周南照（中央教育科学研究所研究员、联合国教科文组织亚太国际教育与价值教育联合会会长、中国民办教育协会常务理事）

中小学专业委员会

理事长：郑增仪（教育部基础教育司原副司长、中国民办教育协会常务理事）

学前教育专业委员会

理事长：郭福昌（国家教委原专职委员、原国家副总督学、中国民办教育协会常务理事）

培训教育专业委员会（筹）

负责人：章家祥（北京市教育考试院原副院长）

已成立地方协会的地区：

北京市　天津市　河北省　山西省　内蒙古自治区　辽宁省　吉林省　黑龙江省
上海市　江苏省　浙江省　福建省　江西省　山东省　河南省　湖北省　湖南省
广东省　重庆市　四川省　云南省

三、附 表

1996—2008 年中国民办教育发展统计

年份	幼儿园		小 学		初 中		普通高中		中等职业		普通高校	
	学校（所）	学生（万人）	学校（所）	学生（万人）	学校（所）	学生（万人）	学校（所）	学生（万人）	学校（所）	学生（万人）	学校（所）	学生（万人）
1996	24466	130.39	1453	46.32	1191	29.76	483	9.23	545	12.41	21	1.21
1997	24643	134.88	1806	52.23	1460	40.39	637	14.83	673	17.74	20	1.61
1998	30824	170.78	2504	72.76	1809	53.59	874	24.16	885	23.64	25	2.22
1999	37020	222.43	3264	97.69	2129	71.71	1177	36.32	937	26.75	37	4.02
2000	44317	284.26	4341	130.81	2730	99.14	1517	51.48	978	29.19	37	6.83
2001	44526	341.93	4846	181.84	3171	160.42	1849	74.51	999	35.67	89	14.04
2002	48400	400.52	5122	222.14	学校：5362		学生：305.91		1085	47.05	133	31.98
2003	55500	480.23	5676	274.93	3651	256.57	2679	141.37	1377	79.31	175	81
2004	62200	584.11	6047	328.32	4243	317.17	2953	184.73	1633	109.94	228	139.75
2005	68800	668.09	6242	388.94	4608	372.42	3175	226.78	2017	154.14	252	105.17
2006	75426	775.69	6161	412.09	4550	394.06	3246	247.72	2559	202.63	278	133.79
2007	77616	868.75	5798	448.79	4482	412.55	3101	245.96	2958	257.54	297	163.07
2008	83119	982.03	5760	480.40	4415	428.58	2913	240.30	3234	291.81	318	182.86
全国（1996）	187300	2666.33	64.6 万	13615	6.76 万	5047.95	13900	769.25	24100	1320.06	1032	302.11
全国（2007）	133722	2475.0	30.1 万	10332	5.93 万	5628.29	15206	2476.3	14767	2056.72	2263	2021.0

资料来源：教育部历年《全国教育事业发展统计公报》。

2009年中国民办教育发展统计

各级各类教育	学校数（所）	在校生规模（人）	另有其他学生（人）	占同级教育规模比例（%）
一、民办高等教育				
（一）民办高校	658	4461395	193942	20.3
本科学生		2524755		
专科学生		1936640		
其中：独立学院		2413707	15962	
本科学生		2190096		
专科学生		223611		
（二）民办其他				
高等教育机构	812		852219	
二、民办中等教育				
（一）高中阶段教育	5868	5482256		13.0
1. 民办普通高中	2670	2301299		9.5
2. 民办中等职业教育	3198	3180957	400763	17.9
（二）初中阶段教育	4335	4339810		8.0
1. 民办普通初中	4331	4338852		
2. 民办职业初中	4	958		
三、民办普通小学	5496	5028766		5.0
四、民办幼儿园	89304	11341694		42.7
另有民办培训机构（不计校数）	（19395）		8449263	

注：1.“另有其他学生”包括：学历文凭考试学生、自考助学班学生、预科生、进修及培训学生数；

2. 民办中等职业教育未含技工学校数据；

3. “（）”内数据为不计校数。

数据来源：教育部《2009年全国教育事业发展统计公报》（未刊稿）。

部分境内外上市公司投资或举办民办高校统计表[①]

表 1　部分上市公司“反哺”民办高校统计表

代　码	上市公司名称	投资金额	投资学校名称
000583	托普软件	拟 10000 万元	四川托普信息技术学院和四川托普职业学校
		1.18 亿元	湖南托普软件职业技术学院
		3.5 亿元	上海托普软件职业技术学院
600223	万杰高科	7200 万元	万杰医学高等专科学校
600672	英豪科技	40000 万元	合办“广东英豪外国语学院”
600617	ST 联华	未披露	重庆海联（以 3.4 亿元资产入股，在澳大利亚借壳上市）
000415	汇通水利	1 亿元以上	长沙南方职业学院
000735	罗牛山	未披露	海南职业技术学院
600718	东软股份	未披露	大连东软信息职业技术学院
			成都东软信息职业技术学院
			南海东软信息职业技术学院
600221	海南航空	未披露	三亚旅游职业学院
600830	大红鹰	8000 万元	大红鹰职业技术学院
600009	上海机场	未披露	上海济光职业技术学院（参与创办）
600219	南山实业	3.6 亿元	山东南山职业技术学院

表 2　境外及港、澳上市公司“反哺”民办高校统计

上市公司名称	创办院校名称
香港亚洲电视有限公司	广东亚视演艺职业学院
“国际标榜”教育机构（美国）	四川国际标榜职业学院
澳门天华集团	重庆光彩职业技术学院
美国比海公司	兰州外语职业学院
澳大利亚 Amnet 公司	重庆海联职业技术学院（反向收购）
莱佛士—拉萨尔集团（新加坡）	北服—拉萨尔国际学院

① 高晓杰．美国营利性私立高等教育与资本市场［M］．广州：广东高等教育出版社，2008．

表 3 借壳上市的企业“反哺”民办高校统计

借壳上市企业	借壳名称	创办院校名称
步长集团	红河光明	陕西国际商贸职业学院
张家界新时代教育发展有限公司	ST 吉轻工	张家界吉首学院

表 4 上市公司与公立学校合作创办的独立学院（部分）

代码	上市公司名称	投资金额	创办院校名称
000547	闽福发	未披露	津桥工商专科学校（参与投资创办）
000557	银广厦	300 万元	西北农业大学葡萄酒学院（参股）
000836	天大天财	未披露	天大天财高等职业学院（筹建）
000812	陕西金叶	先期 5000 万元	西北工业大学信息技术学院
600624	复华实业	未披露	复旦大学远程教育学院
			上海港大—复旦专业进修学院
600221	实达电脑	1200 万元	闽大爱恩实达学院

OECD 国家（及其伙伴国）各级各类私立教育学生所占的比重

表 1　学前教育阶段学生在不同教育机构的分布情况（2006）①

OECD 部分成员国	公立学校在校生（%）	私立学校在校生（%）	其中：政府依赖型私立学校在校生（%）	其中：独立型私立学校在校生（%）
澳大利亚	33.4	66.6	66.6	a
奥地利	73.1	26.9	26.9	x
比利时	47.3	52.7	52.7	a
丹麦	m	m	m	m
法国	87.2	12.8	12.5	0.3
德国	37.3	62.7	0	0
意大利	70.0	30.0	a	30.0
日本	33.4	66.6	a	66.6
韩国	22.3	77.7	a	77.7
英国	71.0	29.0	a	29.0
美国	63.4	36.6	a	36.6

数据来源：OECD 网站内部数据，http：//stats. oecd. org/wbos/Index. aspx？DatasetCode = CSP2008.

图例：a（not applicable），不适用；m（missing value），缺失；n（eligible），忽略；x（included elsewhere），被其他地方包含，以下图表中含义相同。

表 2　初等教育和中等教育阶段学生在不同教育机构的分布情况（2006）②

	小学			初中			高中		
	公立学校在校生（%）	政府依赖型私立学校在校生（%）	独立型私立学校在校生（%）	公立学校在校生（%）	政府依赖型私立学校在校生（%）	独立型私立学校在校生（%）	公立学校在校生（%）	政府依赖型私立学校在校生（%）	独立型私立学校在校生（%）
OECD 部分成员国									
澳大利亚	70.5	29.5	a	67.5	32.5	a	78.6	21.3	0.1
奥地利	95.1	4.9	x（2）	92.3	7.7	x（5）	88.5	11.5	x（8）
比利时	45.9	54.1	m	43.6	56.4	m	42.5	57.5	m
丹麦	87.9	12.1	n	75.7	24.0	0.3	97.4	2.6	n
法国	85.0	14.5	0.5	78.6	21.1	0.3	69.6	29.5	0.9
德国	96.7	3.3	x（2）	92.1	7.9	x（5）	91.4	8.6	x（8）
意大利	93.2	a	6.8	96.4	a	3.6	94.5	0.8	4.7

①②　丁秀棠. 私立教育中的政府资助比较研究［Z］. 中国民办教育协会简报，2008(48).

续表

	小学			初中			高中		
	公立学校在校生（%）	政府依赖型私立学校在校生（%）	独立型私立学校在校生（%）	公立学校在校生（%）	政府依赖型私立学校在校生（%）	独立型私立学校在校生（%）	公立学校在校生（%）	政府依赖型私立学校在校生（%）	独立型私立学校在校生（%）
日本	99.0	a	1.0	93.3	a	6.7	69.2	a	30.8
韩国	98.7	a	1.3	81.2	18.8	a	51.5	48.5	a
英国	94.7	a	5.3	93.7	0.9	5.4	52.2	41.9	5.9
美国	90.2	a	9.8	91.6	a	8.4	92.0	a	8.0
OECD 平均值	91.1	6.6	2.9	84.9	9.4	3.0	83.2	12.6	5.4
EU19 平均值	89.9	7.9	2.7	87.4	10.7	2.2	83.3	13.4	3.9
		10.6			12.9			17.3	
OECD 伙伴国									
智利	47.2	46.8	6.0	51.4	42.7	5.9	44.3	49.0	6.7
爱沙尼亚	97.4	a	2.6	98.4	a	1.6	97.3	a	2.7
以色列	100.0	a	a	100.0	a	a	100.0	a	a
俄罗斯	99.4	a	0.6	99.6	a	0.4	99.0	a	1.0

数据来源：OECD. Education at a Glance 2008. Table C2.4.

注：OECD 平均值公立 + 私立的总和并非为 100.00%，因此文章中在计算私立学校在校生时将直接把政府依赖型私立学校在校生和独立型私立学校在校生相加，得出相应的数据。以下需要相关数据时处理方式皆同。

表 3　高等教育阶段学生在不同教育机构的分布情况（2006）①

	高等教育 B 类			高等教育 A 类		
	公立高等教育机构在校生（%）	政府依赖型私立高等教育机构在校生（%）	独立型私立高等教育机构在校生（%）	公立高等教育机构在校生（%）	政府依赖型私立高等教育机构在校生（%）	独立型私立高等教育机构在校生（%）
OECD 部分成员国						
澳大利亚	96.7	1.7	1.6	98.0	n	2.0
奥地利	67.3	32.7	x（2）	88.8	11.2	n

① 丁秀棠. 私立教育中的政府资助比较研究［Z］. 中国民办教育协会简报，2008(48).

续表

	高等教育 B 类			高等教育 A 类		
	公立高等教育机构在校生（%）	政府依赖型私立高等教育机构在校生（%）	独立型私立高等教育机构在校生（%）	公立高等教育机构在校生（%）	政府依赖型私立高等教育机构在校生（%）	独立型私立高等教育机构在校生（%）
比利时	46.6	53.4	a	42.5	57.5	a
丹麦	98.2	1.8	n	98.1	1.9	n
法国	72.1	8.3	19.6	87.1	0.7	12.3
德国	62.6	37.4	x（2）	95.9	4.1	x（5）
意大利	88.6	a	11.4	92.8	a	7.2
日本	7.1	a	92.9	24.1	a	75.9
韩国	15.9	a	84.1	22.2	a	77.8
英国	a	100.0	n	a	100.0	n
美国	84.3	a	15.7	71.9	a	28.1
OECD 平均值	65.5	19.1	13.8	78.5	9.1	13.9
EU19 平均值	68.3	20.7	6.1	81.5	12.1	6.8
		26.8			18.9	
OECD 伙伴国						
智利	7.1	3.0	89.9	32.3	22.2	45.5
爱沙尼亚	47.8	18.3	33.9	n	86.0	14.0
以色列	33.7	66.3	a	8.4	78.4	12.5
俄罗斯	95.4	a	4.6	85.0	a	15.0

数据来源：OECD. Education at a Glance 2008. Table C2.5.

OECD 国家（及其伙伴国）各级各类教育经费来源①

表 1　各级各类教育经费来源所占比例（%）

	学前教育		小学和初中		高中教育		高中后非高等		高等教育	
	公共	私人	公共	私人	公共	私人	公共	私人	公共	私人
澳大利亚	67.5	32.5	84.7	15.3	82.1	17.9	85.6	14.4	64.4	35.6
奥地利	82.1	17.9	97.1	2.9	95.6	4.4	29.4	70.6	100.0	0
比利时	94.0	6.0	94.0	6.0	94.8	5.2	0	0	92.0	8.0
丹麦	82.4	17.6	97.4	2.6	99.4	0.6	0	0	97.7	2.3
法国	94.3	5.7	92.7	7.3	88.8	11.2	83.2	16.8	85.1	14.9
德国	72.1	27.9	92.9	7.1	70.5	29.5	50.5	49.5	75.0	25.0
意大利	92.2	7.8	90.6	9.4	83.4	16.6	100.0	0.0	71.9	28.1
日本	37.4	62.6	76.4	23.6	58.5	41.5	0	0	41.7	58.3
韩国	55.1	44.9	84.2	15.8	66.0	34.0	0	0	25.0	75.0
英国	93.3	6.7	87.4	12.6	87.6	12.4	72.7	27.3	80.9	19.1
美国	76.2	23.8	91.3	8.7	90.0	10.0	0	0	45.4	54.6

数据来源：http：//stats. oecd. org/WBOS/Index. aspx.

注：在 OECD 统计体系中，将教育经费来源分为三类，分别是公共资金、私人资金和国际资金。由于在上述国家中来自国际机构的资金很少或没有，因此部分国家的私人资金所占比例将比表中所示的略低一些，但差异不大。

表 2　各级各类教育经费不同来源占 GDP 比例（2005）

	初等教育、中等教育和高中后非高等教育			高等教育			各级教育		
	公共	私人	合计	公共	私人	合计	公共	私人	合计
OECD 部分成员国									
澳大利亚	3.4	0.7	4.1	0.8	0.8	1.6	4.3	1.5	5.8
奥地利	3.5	0.2	3.7	1.2	0.1	1.3	5.2	0.4	5.6
比利时	3.9	0.2	4.1	1.3	0.1	1.3	5.8	0.2	6.0
丹麦	4.4	0.1	4.5	1.6	0.1	1.7	6.8	0.6	7.4
法国	3.8	0.2	4.0	1.1	0.2	1.3	5.6	0.5	6.1
德国	2.8	0.6	3.4	0.9	0.2	1.1	4.2	0.9	5.1

① 丁秀棠. 私立教育中的政府资助比较研究［Z］. 中国民办教育协会简报，2008(48).

续表

	初等教育、中等教育和高中后非高等教育			高等教育			各级教育		
	公共	私人	合计	公共	私人	合计	公共	私人	合计
意大利	3.2	0.1	3.3	0.6	0.3	0.9	4.3	0.4	4.7
日本	2.6	0.3	2.9	0.5	0.9	1.4	3.4	1.5	4.9
韩国	3.4	0.9	4.3	0.6	1.8	2.4	4.3	2.9	7.2
英国	3.8	0.8	4.6	0.9	0.4	1.3	5.0	1.2	6.2
美国	3.5	0.3	3.8	1.0	1.9	2.9	4.8	2.3	7.1
OECD 平均值	3.5	0.3	3.8	1.1	0.4	1.5	5.0	0.8	5.8
EU19 平均值	3.4	0.2	3.6	1.1	0.2	1.3	5.0	0.5	5.5
OECD 伙伴国									
智利	2.4	1.0	3.4	0.3	1.5	1.8	3.0	2.7	5.7
爱沙尼亚	3.5	n	3.5	0.3	0.9	1.2	4.7	0.3	5.0
以色列	4.2	0.3	4.5	1.0	0.9	1.9	6.2	1.8	8.0

数据来源：OECD. Education at a Glance 2008. Table B2.4.（www.oecd.org/edu/eag2008）.

注：1. 公共资金来源包括公共补贴给家庭并由家庭支付给教育机构的部分，同时也包括来自国际资金的教育机构的直接经费支出部分。

2. 智利数据为 2006 年。

后　记

以参与研究起草《国家中长期教育改革和发展规划纲要（2010—2020 年）》为背景，在历时一年多时间里，中国民办教育协会组织了全国范围的民办教育大调研，其成果为本书的出版奠定了基础。许多同志从不同角度、以不同方式为此作出了努力和贡献。

中国民办教育协会陶西平会长全面领导了上述大调研和本书的编辑出版工作，多次作指示，提出了一系列重要观点和思路，把握了大调研工作的重点，对大调研总报告及本书作终审。

王佐书常务副会长对大调研和本书的编辑出版工作高度重视和支持，给予直接指导，参与对大调研总报告及本书的审定。

季明明副会长起草大调研方案，全面协调大调研业务，主笔起草大调研总报告（本书总论），设计本书框架，承担本书统稿工作。

胡卫、王文源同志协助本书内容把关。董圣足同志协助本书统稿工作。

各省民办教育协会和有关省教育厅、有关地市政府认真组织调研，提交了地区调研报告或案例材料。

胡卫、刘林、陈宇副会长以及郭福昌、郑增仪、徐绪卿、吴华、张铁明、文东茅、丁秀棠、王一涛等同志分别组织或参与相关调研，提交了专题调研报告或专题研究文章。

邬大光、卢彩晨、程方平、杨红以及徐永吉、何晋秋、聂瑞麟、薛二勇同志分别提供了重要研究成果和文章。

胡卫、王文源、丁秀棠、吴华、周孟奎、王文博、董圣足、单伟娜、方建峰以及刘熙同志参与本书总论起草。董圣足同志协助修改总论。

王文博同志为各课题组推进大调研提供重要的帮助，并全面协调调研工作具体事务。

魏君兰同志带领协会办公室成员在下发调研通知、上下联络、催要稿件等方面做了大量工作。

单伟娜同志在协助编辑大调研简报、联系调研业务、参与本文书稿整理、编辑方面发挥了重要的作用。

编　者

二〇一〇年七月　于北京

责任编辑　吴莉莉
版式设计　贾艳凤
责任校对　张　珍
责任印制　曲凤玲

图书在版编目（CIP）数据

中国民办教育／陶西平，王佐书主编；中国民办教育协会组编. —北京：教育科学出版社，2010.8
ISBN 978－7－5041－5118－6

Ⅰ. ①中… Ⅱ. ①陶… ②王… ③中… Ⅲ. ①社会办学—研究—中国 Ⅳ. ①G522.74

中国版本图书馆 CIP 数据核字（2010）第 124042 号

出版发行	教育科学出版社		
社　址	北京·朝阳区安慧北里安园甲 9 号	市场部电话	010－64989009
邮　编	100101	编辑部电话	010－64981252
传　真	010－64891796	网　址	http://www.esph.com.cn
经　销	各地新华书店		
制　作	北京金奥都图文制作中心		
印　刷	保定市中画美凯印刷有限公司	版　次	2010 年 8 月第 1 版
开　本	184 毫米×260 毫米　16 开	印　次	2010 年 8 月第 1 次印刷
印　张	29.75	印　数	1—4 000 册
字　数	611 千	定　价	68.00 元

如有印装质量问题，请到所购图书销售部门联系调换。